Y0-DYO-608

GRADUALE ROMANUM

GRADUALE

SACROSANCTÆ ROMANÆ ECCLESIÆ
DE TEMPORE & DE SANCTIS

PRIMUM SANCTI PII X IUSSU RESTITUTUM & EDITUM, PAULI VI PONTIFICIS MAXIMI CURA NUNC RECOGNITUM, AD EXEMPLAR « ORDINIS CANTUS MISSÆ » DISPOSITUM, & RHYTHMICIS SIGNIS A SOLESMENSIBUS MONACHIS DILIGENTER ORNATUM

SOLESMIS
MCMLXXIX

Imprimatur

Tornaci, die 24 decembris 1973

J. Thomas, vic. gen.

ABBAYE SAINT-PIERRE DE SOLESMES

72 300 Sablé sur Sarthe, France

ISBN 2-85274-094-X

DECRETUM QUO APPROBATUR
« ORDO CANTUS MISSÆ »

Thesaurum cantus gregoriani, quem traditio usque ad nostram ætatem transmisit, sancte esse servandum et opportune adhibendum Concilium Vaticanum II in Constitutione de sacra Liturgia (nn. 114 et 117) expresse declaravit.

Ut hæc ergo norma ad effectum deduceretur, præsertim post editos novos libros liturgicos, secundum mentem eiusdem Concilii Vaticani instauratos, Sacra hæc Congregatio pro Cultu Divino opportunum duxit quædam indicare, quibus Graduale Romanum novæ rerum condicioni accommodaretur et nullus textus deperderetur thesauri authentici cantus gregoriani.

Statuit proinde Sacra hæc Congregatio, de mandato Summi Pontificis Pauli VI, ut, qui celebrationem eucharisticam lingua Latina peragunt, in disponendis cantibus ad illam pertinentibus novam hanc ordinationem sequantur.

Contrariis quibuslibet minime obstantibus.

Ex ædibus Sacræ Congregationis pro Cultu Divino, die 24 iunii 1972, in Nativitate sancti Ioannis Baptistæ.

ARTURUS Card. TABERA
Præfectus

✠ A. BUGNINI
Archiep. tit. Diocletianensis
a Secretis

PRÆNOTANDA

I. De instauratione Gradualis Romani

Instauratio Calendarii generalis et librorum liturgicorum, præsertim vero Missalis et Lectionarii, id effecit ut nonnullæ mutationes et accommodationes necessariæ evaderent etiam in Graduali Romano. Etenim, suppressis quibusdam celebrationibus in anno liturgico, veluti tempore Septuagesimæ, octava Pentecostes, Quattuor anni Temporibus, etiam Missæ ipsis respondentes auferendæ erant; quibusdam autem Sanctis ad aliud anni tempus translatis, opportunæ aptationes faciendæ erant; dum, e contra, novis Missis inductis cantus proprii erant providendi. Item nova ordinatio lectionum biblicarum requisivit ut nonnulli textus, ex. gr. antiphonæ ad communionem, quæ cum ipsis lectionibus arctius conectuntur, ad alios dies transferrentur.

Huiusmodi Gradualis Romani nova ordinatio facta est, præ oculis habitis iis quæ n. 114 Constitutionis de sacra Liturgia, *Sacrosanctum Concilium*, præcipiuntur : « Thesaurus musicæ sacræ summa cura servetur et foveatur ». Authenticum enim repertorium gregorianum nullum detrimentum passum est; immo aliquo modo fuit instauratum, sepositis recentioribus imitationibus, textibus antiquis aptiore ratione dispositis, quibusdam adiectis normis, quæ ipsius repertorii usum faciliorem et magis varium efficerent.

Imprimis ergo curæ fuit thesaurum gregorianum authenticum integre servare. Proinde cantus ad Missas pertinentes, quæ in anno liturgico locum iam non obtinent, ad alias Missas formandas adhibiti sunt (ex. gr. pro feriis Adventus, pro feriis inter Ascensionem et Pentecosten), aut pro aliis substituti sunt, qui pluries in anno occurrunt (ex. gr. tempore Quadragesimæ vel in dominicis per annum) aut, eorum indole permittente, celebrationibus Sanctorum attributi sunt.

Sed et viginti fere textus gregoriani authentici, qui decursu temporum ob varias mutationes inductas e repertorio deciderant, iterum in ipsum assumpti sunt. Provisum est quoque ne ullus cantus authenticus deturparetur vel mutilaretur, demptis ex eo quibusdam elementis, quæ cum aliquo tempore liturgico minus forsan conveniant, prouti sunt *Alleluia*, quæ in ipso antiphonarum textu aliquando occurrunt cum notis, quæ partem integram melodiæ constituunt.

Sepositio autem partium, quæ tardiores exhibent imitationes *neo-gregorianas*, præsertim in festis Sanctorum, id efficiet ut authenticæ solummodo retineantur cantilenæ gregorianæ, quamvis semper liceat, iis, qui maluerint, easdem melodias *neo-gregorianas* retinere et cantare [1]. Nulla enim ex his plane expungitur e Graduali Romano. Immo pro nonnullis, quæ in usum universalem receptæ sunt (ex. gr. in sollemnitatibus Ss.mi Cordis Iesu, D. N. Iesu Christi universorum Regis, Immaculatæ Conceptionis B. M. V.), nulla alia substituta est. Loco aliarum, e contra, proponuntur cantus ex authentico repertorio selecti, eundem textum, quantum fieri potest, referentes.

Curæ denique fuit authenticum repertorium gregorianum, melodiis non authenticis purgatum, aptius disponere, ut nimiæ repetitiones eorundem textuum vitarentur, et eorum loco assumerentur aliæ partes, optimæ quidem formæ, quæ semel tantum in anno occurrunt. Hinc omnimoda industria est adhibita quo ditiora fierent Communia, omnibus collectis in iis cantibus qui alicui Sancto stricte proprii non sunt, et proinde pro omnibus Sanctis eiusdem ordinis possunt assumi. Communia insuper ditata sunt pluribus cantibus, e Proprio de Tempore derivatis, qui raro adhibebantur. Rubricæ autem ampliorem facultatem præbent hauriendi e Communibus noviter dispositis, ita ut necessitatibus quoque pastoralibus largius satisfiat.

Eadem fere ratione facultas tribuitur eligendi inter cantus ad Proprium de Tempore pertinentes : nam pro textu diei proprio alium textum eiusdem temporis licet pro opportunitate substituere.

Normæ quoque pro cantu Missæ, initio Gradualis Romani (1908) exstantes, ita recognitæ sunt atque emendatæ, quo clarius munus uniuscuiusque cantus appareret.

[1] Illæ melodiæ in hac editione privata omittuntur.

II. De ritibus in cantu Missæ servandis

1. Populo congregato, et sacerdote cum ministris ad altare accedente, incipitur antiphona ad introitum. Eius intonatio brevior vel magis protracta pro opportunitate fieri potest, vel, melius, cantus potest ab omnibus simul inchoari. Asteriscus proinde, qui ad partem intonationis significandam in Graduali invenitur, signum habendum est solummodo indicativum.

Antiphona a choro decantata, versus a cantore vel a cantoribus proferatur, ac deinde antiphona resumatur a choro.

Huiusmodi antiphonæ et versiculorum alternatio haberi potest quoties sufficit ad processionem comitandam. Attamen antequam antiphona in fine repetatur cantari potest, ut ultimus versus, *Gloria Patri*, *Sicut erat*, per modum unius decantatus. Si autem *Gloria Patri* peculiarem habet terminationem melodicam, hæc eadem terminatio in omnibus versiculis adhibenda est.

Si contingat ex versu *Gloria Patri* et antiphonæ iteratione cantum nimis protrahi, omittitur doxologia. Si autem processio brevior est, unus tantum psalmi versus adhibetur, vel etiam sola antiphona, nullo addito versu.

Quoties vero liturgica processio Missam præcedit, antiphona ad introitum canitur dum processio ingreditur ecclesiam, vel etiam omittitur, prout singulis in casibus in libris liturgicis providetur.

2. Acclamationes *Kyrie, eleison* inter duos vel tres cantores aut choros, pro opportunitate, distribui possunt. Acclamatio quæque de more bis dicitur, non tamen excluso numero maiore, attenta præsertim ratione artis musicæ, ut indicatur infra, p. 709.

Quando *Kyrie* cantatur ut pars actus pænitentialis, singulis acclamationibus brevis tropus præponitur.

3. Hymnus *Gloria in excelsis* inchoatur a sacerdote vel, pro opportunitate, a cantore. Profertur autem aut alternatim a cantoribus et choro, aut a duobus choris sibi invicem respondentibus. Divisio versuum, quam significant geminatæ lineæ in Graduali Romano, non necessario servanda est, si quis aptior modus inveniatur, qui cum melodia possit componi.

4. Quoties sunt duæ lectiones ante Evangelium, prima lectio, quæ de more e Vetere Testamento depromitur, profertur secundum tonum lectionis seu prophetiæ, et terminatur consueta forma puncti. Etiam conclusio *Verbum Domini* cantatur eadem forma puncti, omnibus deinde acclamantibus *Deo gratias*, iuxta modum in fine lectionum consuetum.

5. Post primam lectionem dicitur Responsorium Graduale a cantoribus vel a choro. Versus autem a cantoribus profertur usque ad finem. Nulla proinde ratio habenda est asterisci, quo indicatur resumptio cantus a choro facienda in fine versus Gradualis, versus ad *Alleluia* et ultimi versus Tractus. Quando autem opportunum videtur, licet repetere primam partem Responsorii usque ad versum.

Tempore paschali, omisso Responsorio Graduali, cantatur *Alleluia*, prout infra describitur.

6. Lectio secunda, quæ e Novo Testamento desumitur, cantatur in tono Epistolæ, cum clausula finali propria. Potest etiam cantari in tono primæ lectionis. Conclusio autem *Verbum Domini* cantatur secundum melodiam in tonis communibus notatam, omnibus deinde acclamantibus *Deo gratias.*

7. Secundam lectionem sequitur *Alleluia* vel Tractus. Cantus *Alleluia* hoc modo ordinatur : *Alleluia* cum suo neumate canitur totum a cantoribus et repetitur a choro. Pro opportunitate tamen cantari potest semel tantum ab omnibus. Versus a cantoribus profertur usque ad finem; post ipsum vero *Alleluia* ab omnibus repetitur.

Tempore Quadragesimæ, loco *Alleluia* cantatur Tractus, cuius versus alternatim canuntur a duabus partibus chori sibi invicem respondentibus, vel alternatim a cantoribus et a choro. Ultimus versus ab omnibus cantari potest.

8. Sequentia, si casus fert, cantatur post ultimum *Alleluia* alternatim a cantoribus et a choro, vel a duabus partibus chori, omisso *Amen* in fine. Si non cantatur *Alleluia* cum suo versu, omittitur Sequentia.

9. Quoties una tantum fit lectio ante Evangelium, post eam cantatur Responsorium Graduale vel *Alleluia* cum suo versu. Tempore autem paschali canitur alterutrum *Alleluia.*

10. Ad cantum Evangelii, post clausulam finalem propriam, additur conclusio *Verbum Domini*, prout in tonis communibus notatur, omnibus deinde acclamantibus *Laus tibi, Christe.*

11. *Credo* de more aut ab omnibus aut alternatim cantatur.

12. Oratio universalis iuxta uniuscuiusque loci consuetudines peragitur.

13. Post antiphonam ad offertorium cantari possunt, iuxta traditionem, versiculi, qui tamen semper omitti possunt, etiam in antiphona *Domine Iesu Christe*, in Missa pro defunctis. Post singulos versus resumitur pars antiphonæ ad hoc indicata.

14. Præfatione peracta, omnes *Sanctus* cantant; post consecrationem vero, proferunt acclamationem anamneseos.

15. Expleta doxologia Precis eucharisticæ, omnes acclamant : *Amen.* Deinde sacerdos solus invitationem profert ad Orationem dominicam, quam omnes cum ipso dicunt. Ipse autem solus embolismum subdit, quem omnes doxologia concludunt.

16. Dum fractio panis et immixtio peraguntur, invocatio *Agnus Dei* a cantoribus, omnibus respondentibus, cantatur. Hæc invocatio repeti potest quoties necesse est ad fractionem panis comitandam, præ oculis habita eius forma musica. Ultima vice, invocatio concluditur verbis *dona nobis pacem.*

17. Dum sacerdos sumit Corpus Domini, inchoatur antiphona ad communionem. Cantus autem eodem modo peragitur ac cantus ad introitum, ita tamen ut cantores sacramentum commode participare possint.

18. Post benedictionem sacerdotis, diaconus profert monitionem *Ite, missa est*, omnibus acclamantibus *Deo gratias.*

Psalmi ad communionem

22. Psalmorum versiculorumque numeri sumuntur ex editione appellata « nova Vulgata » (Typis Polyglottis Vaticanis, 1969). Hi versiculi ac versiculorum partes disponuntur ut in libro Liturgiæ Horarum (Typis Polyglottis Vaticanis, 1971).

23. Asteriscus post numerum psalmi positus, indicat antiphonam non esse e psalterio sumptam, ideoque psalmum propositum esse ad libitum. Quo in casu, alius psalmus, si magis placuerit, substitui potest, exempli gratia psalmus 33, qui ad communionem ex antiqua traditione adhibetur.

Quando psalmus 33 indicatur ut psalmus ad communionem, nulli plerumque versus selecti proponuntur, quia singuli valde conveniunt.

PROPRIUM DE TEMPORE

In omnibus Missis de Tempore eligi potest pro opportunitate, loco cuiusvis cantus diei proprii, alius ex eodem tempore.

TEMPUS ADVENTUS

HEBDOMADA PRIMA ADVENTUS

Antiphona ad introitum VIII

Ps. 24, 1-4

Cf. Prænotanda, II, n. 1.

Feria 6 : Dóminus illuminátio mea, 288.

Ps. 24, 3. ℣. *4*

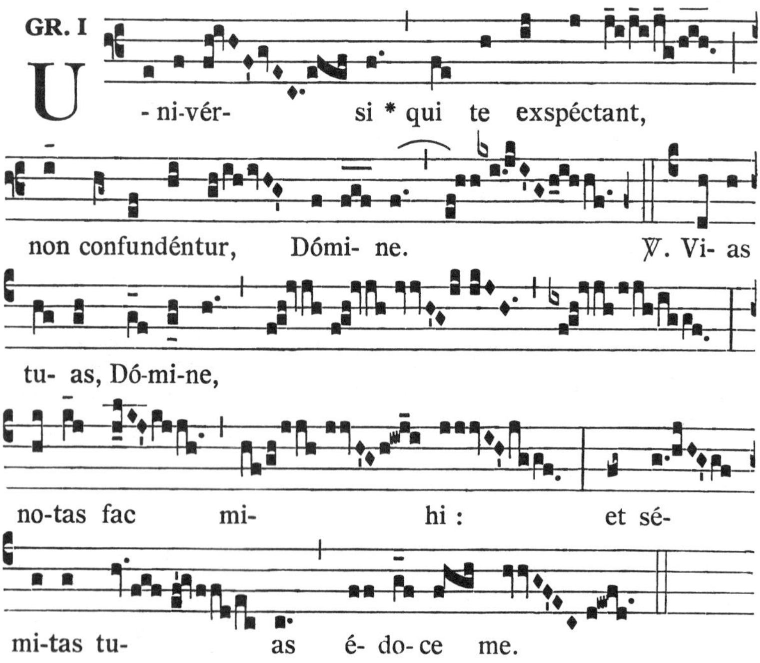
GR. I
U - ni-vér- si * qui te exspéctant,
non confundéntur, Dómi- ne. ℣. Vi- as
tu- as, Dó-mi-ne,
no-tas fac mi- hi : et sé-
mi-tas tu- as é- do- ce me.

Cf. Prænotanda, II, n. 5.

Feria 5 : Bonum est confídere, 324.

Ps. 84, 8

VIII
A L- le- lú- ia. ℣. Ostén-
de no- bis Dó- mi- ne mi-se-ri- cór- di- am tuam : et sa- lu- tá- re tu-

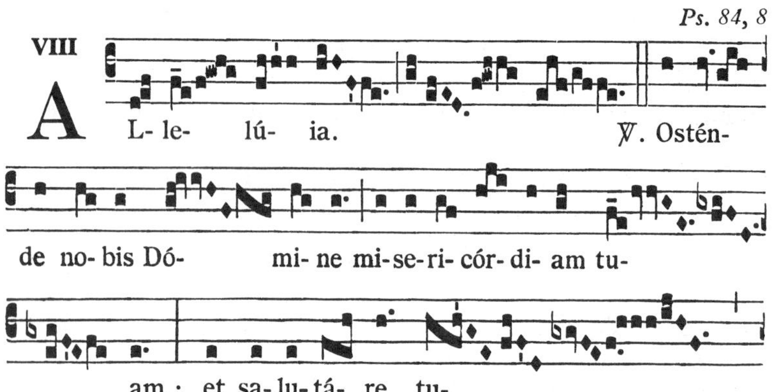

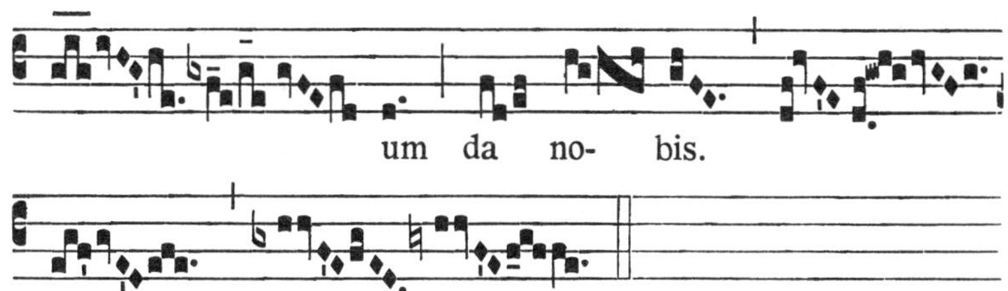

um da no- bis.

Cf. Prænotanda, II, nn. 7 et 9.

Ps. 24, 1-3

OF. II

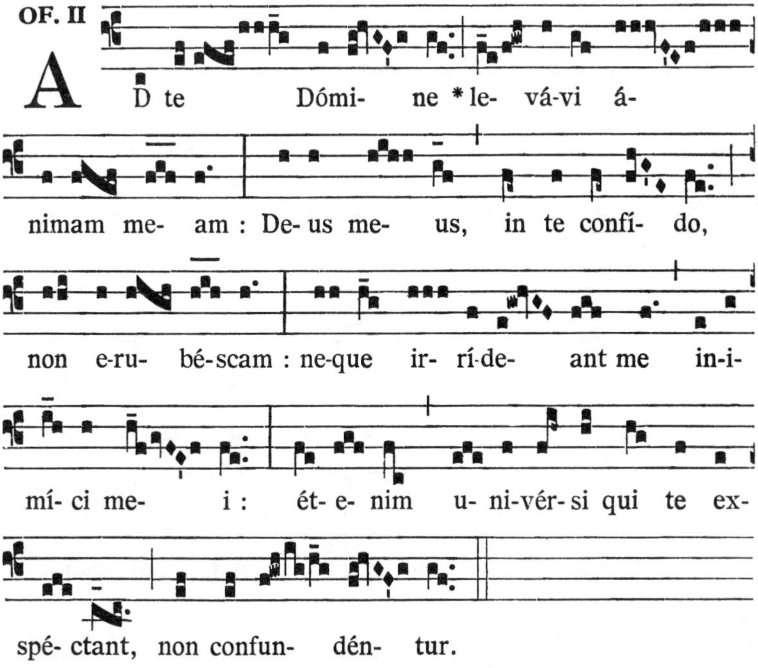

AD te Dómi- ne * le- vá-vi á-
nimam me- am : De- us me- us, in te confí- do,
non e-ru- bé-scam : ne-que ir- rí-de- ant me in-i-
mí- ci me- i : ét- e- nim u- ni-vér- si qui te ex-
spé- ctant, non confun- dén- tur.

Cf. Prænotanda, II, nn. 13 et 17.

Ps. 84, 13

CO. I

DO-mi- nus * da- bit be- nigni-tá- tem : et

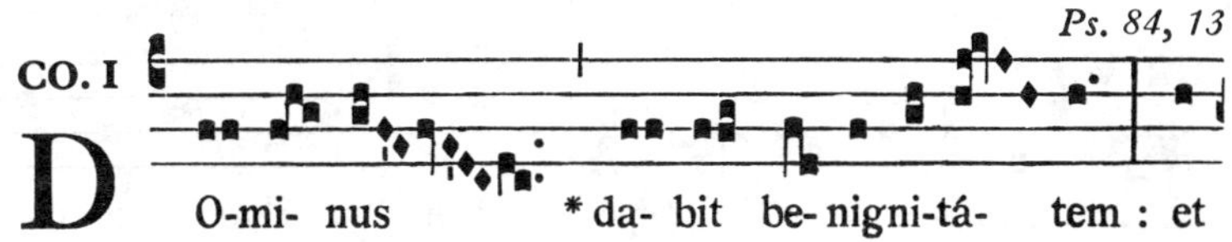

ter- ra no-stra da- bit fructum su- um.

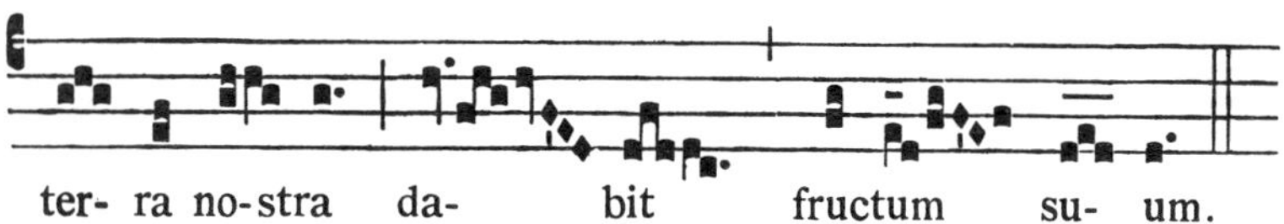

Ps. 84, 2. 3. 4. 5. 7. 8. 10. 11. 12

Cf. Prænotanda, II, nn. 22-23.

Feria 4 : Manducavérunt, 278.

HEBDOMADA SECUNDA ADVENTUS

Cf. Is. 30, 19. 30 ; Ps. 79

IN. VII

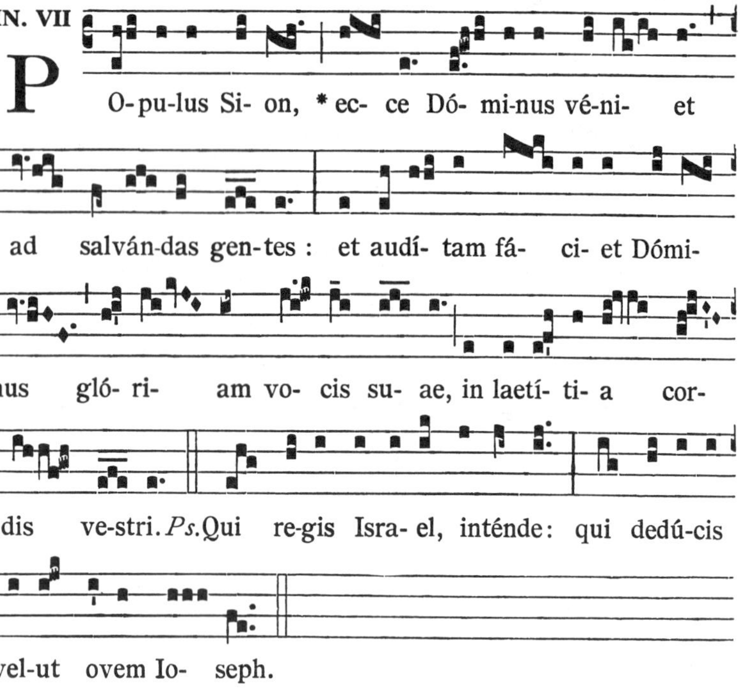

P
O-pu-lus Si- on, * ec- ce Dó- mi-nus vé-ni- et
ad salván-das gen-tes : et audí- tam fá- ci- et Dóminus gló- ri- am vo- cis su- ae, in laetí- ti- a cordis ve-stri. *Ps.* Qui re-gis Isra- el, inténde: qui dedú-cis
vel-ut ovem Io- seph.

Ps. 49, 2. 3. ℣. 5

GR. V

E
X Si- on * spé- ci- es de- có- ris

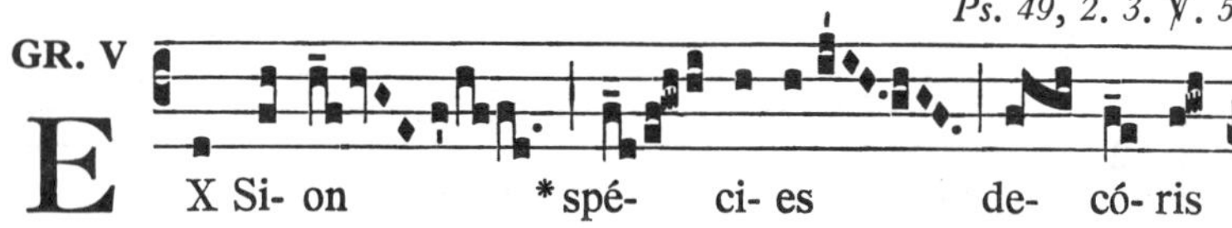

e-ius : De- us ma-ni- fé- ste vé-
ni- et. ℣. Congre-gá-
te il-li sanctos e- ius, qui ordi-
na- vé- runt
te-stamén-tum e- ius su-per sa-cri- fí-
ci- a.
Ps. 121, 1
I
A L-le- lú- ia.
℣. Laetá- tus sum in his quae di- cta sunt mi-

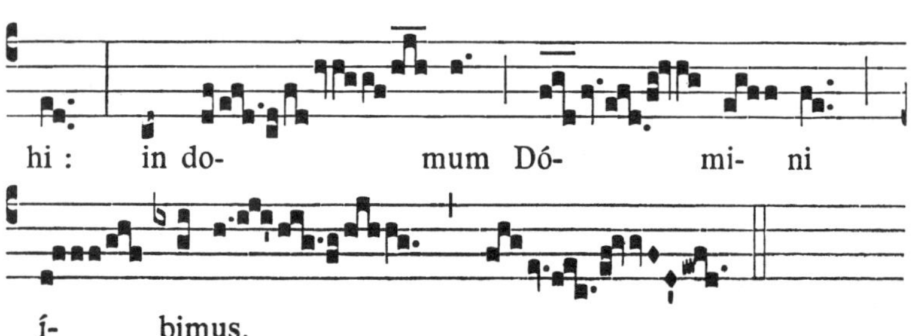

Feria 4 : Veníte ad me, 619.
— **6 :** Qui séquitur me, 480.

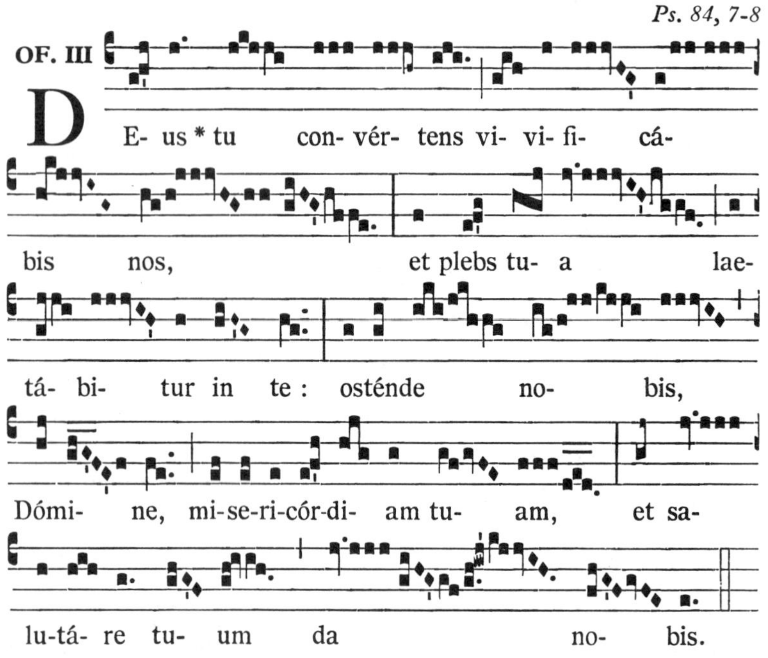

Feria 2 : Confortámini, 26.

Bar. 5, 5 ; 4, 36

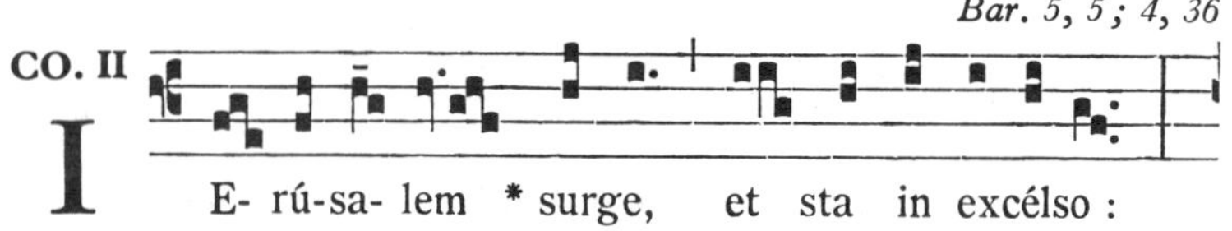

et vi- de iu-cun-di-tá- tem, quae vé-ni- et ti-
bi a De- o tu- o.

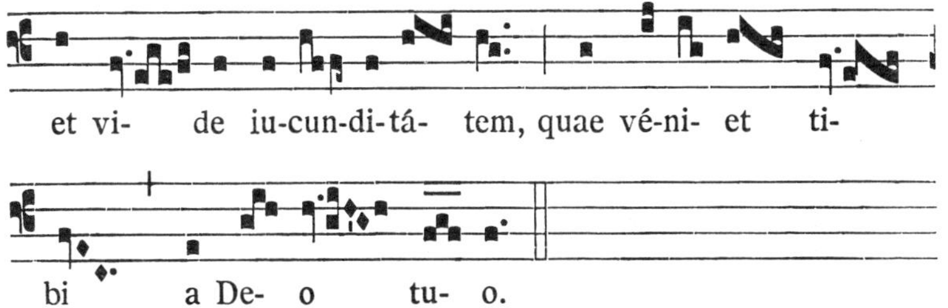

Ps. 147*, 12. 13. 14. 15. 17. 18. 19. 20

Feria 2 : Dícite : Pusillánimes, 23.
— **3 :** Revelábitur, 40.

HEBDOMADA TERTIA ADVENTUS

Phil. 4, 4. 5 ; Ps. 84

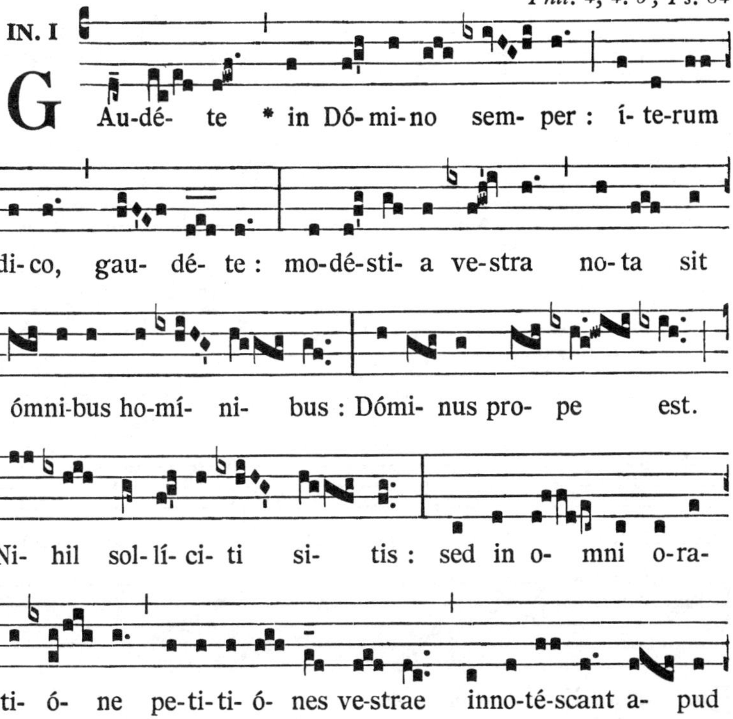
IN. I
GAu-dé- te * in Dó-mi-no sem- per : í- te-rum
di-co, gau- dé- te : mo-dé-sti- a ve-stra no-ta sit
ómni-bus ho-mí- ni- bus : Dómi- nus pro- pe est.
Ni- hil sol-lí- ci- ti si- tis : sed in o- mni o-ra-
ti- ó- ne pe-ti-ti- ó- nes ve-strae inno-té-scant a- pud

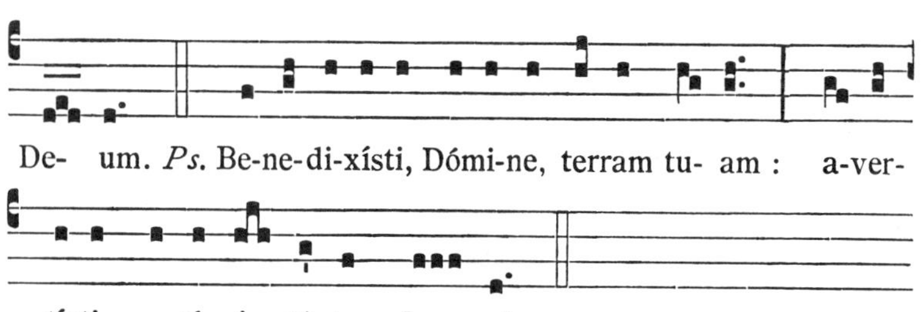

Feria 4 : *(si ante diem 17 decembris inciderit)*
IN. Roráte, 34.

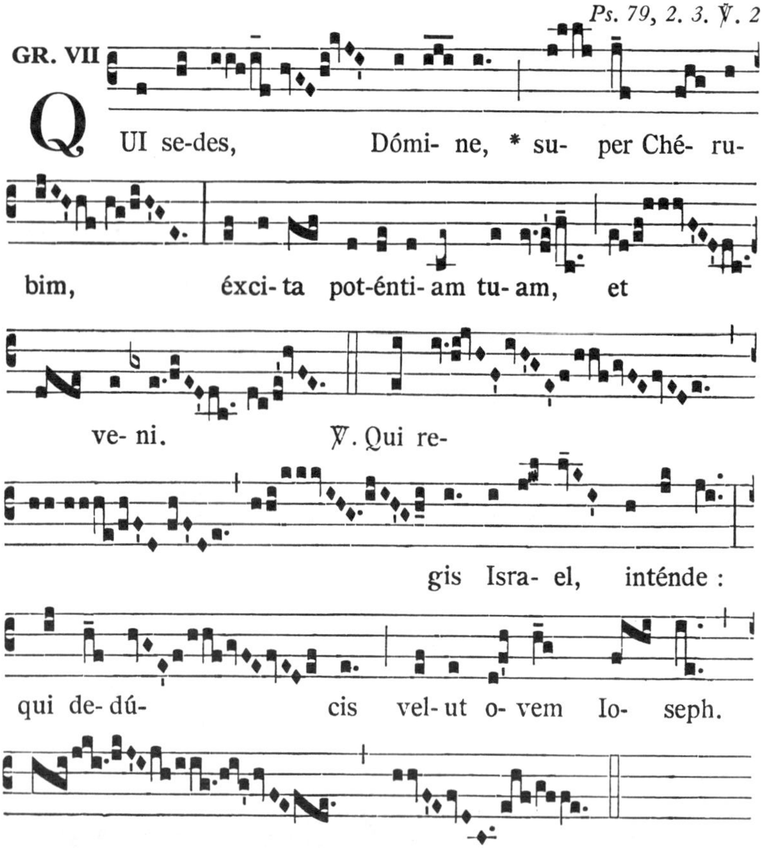

Ps. 79, 2. 3. ℣. 2

GR. VII

QUI se-des, Dómi- ne, * su- per Ché- ru- bim, éxci- ta pot-énti- am tu- am, et ve- ni. ℣. Qui re- gis Isra- el, inténde : qui de- dú- cis vel- ut o- vem Io- seph.

Dom. anno B : Fuit homo, 569.

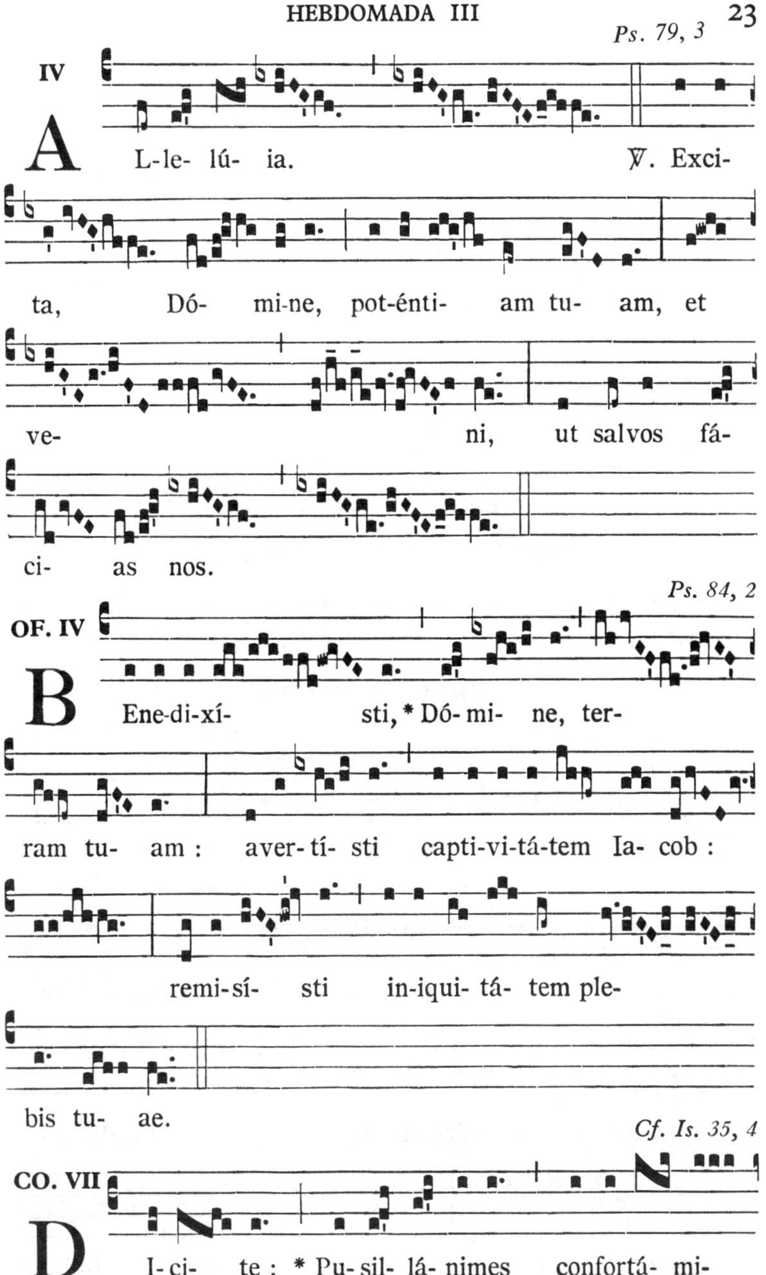
Ps. 79, 3
IV
A L-le- lú- ia. ℣. Exci-
ta, Dó- mi-ne, pot-énti- am tu- am, et
ve- ni, ut salvos fá-
ci- as nos.
Ps. 84, 2
OF. IV
B Ene-di-xí- sti, * Dó- mi- ne, ter-
ram tu- am : aver- tí- sti capti-vi-tá-tem Ia- cob :
remi-sí- sti in-iqui- tá- tem ple-
bis tu- ae.
Cf. Is. 35, 4
CO. VII
D I- ci- te : * Pu- sil- lá- nimes confortá- mi-

Cant. Isaiæ 35, 1. 2 cd. 2 ef. 3. 5. 6 ab. 6 cd. 7 ab

Feria 6 : *(si ante diem 17 decembris inciderit)*
CO. Domus mea, 402.

IN FERIIS ADVENTUS

a die 17 ad diem 24 decembris

A die 17 decembris cantus sic ordinantur, Alleluia *vero ad libitum de Tempore electo (cf. etiam infra pro diebus 19 et 20 decembris) :*

FERIA SECUNDA

Cf. Ps. 118, 151-152 et 1

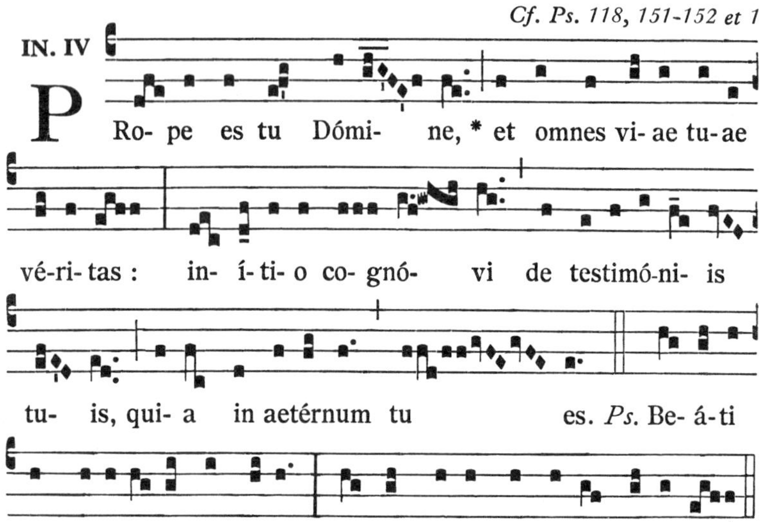

Ps. 23, 7. ℣. 3. 4
GR. II
TOl- li-te * por- tas, prín- ci- pes, vestras : et e- levá- mi-ni por- tae ae- ter-
ná- les : et intro- í- bit
Rex gló- ri- ae.
℣. Quis ascéndet in montem Dó- mi-
ni? aut quis stabit in lo-co sancto
e- ius? In-no-cens má-
nibus et mundo cor- de.

Ps. 49*, 1. 2-3 a. 3 bc. 4. 5. 6

FERIA TERTIA

Ps. 79, 4. 2

Ps. 18, 7. ℣. 2

rant gló- ri- am De-

i : et ó-pe-ra má-nu- um e- ius

annúnti- at firmamén- tum.

Zach. 9, 9

OF. III

E Xsúl- ta sa- tis * fí- li- a Si- on,

praédi- ca fí- li- a Ie- rú- sa- lem :

ec-ce Rex tu- us ve-nit ti- bi sanctus, et sal-

vá- tor.

Ps. 18, 6. 7

CO. VI

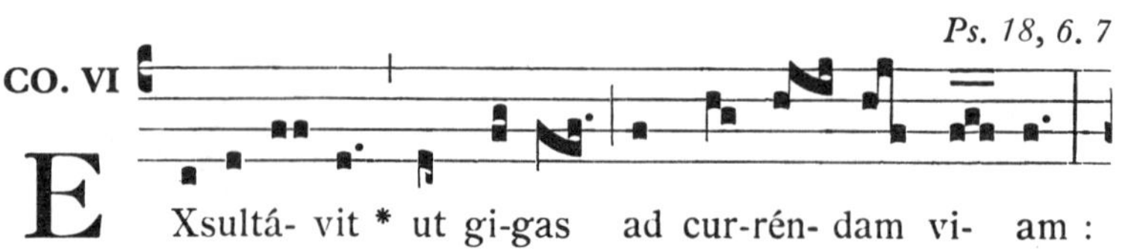

E Xsultá- vit * ut gi-gas ad cur-rén- dam vi- am :

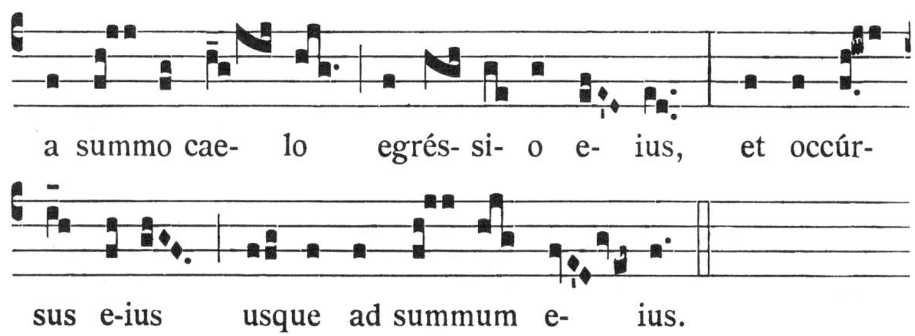

Ps. 18, 2. 3. 4. 5. 6 ab (Differentia : **g**)

FERIA QUARTA

Ps. 105, 4. 5. 1

IN. I

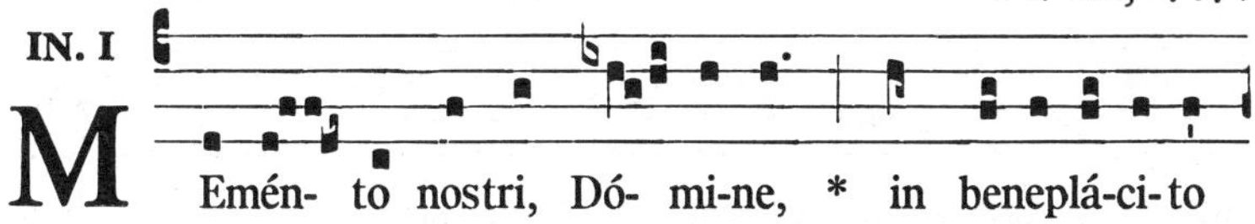

M Emén- to nostri, Dó- mi-ne, * in beneplá-ci- to

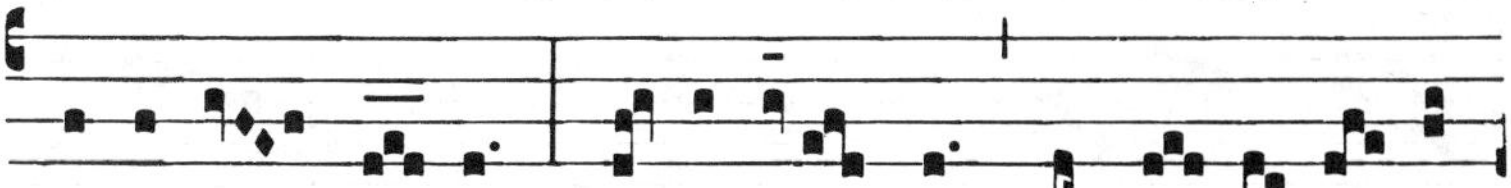

pó-pu- li tu- i : ví- si- ta nos in sa- lu- tá- ri

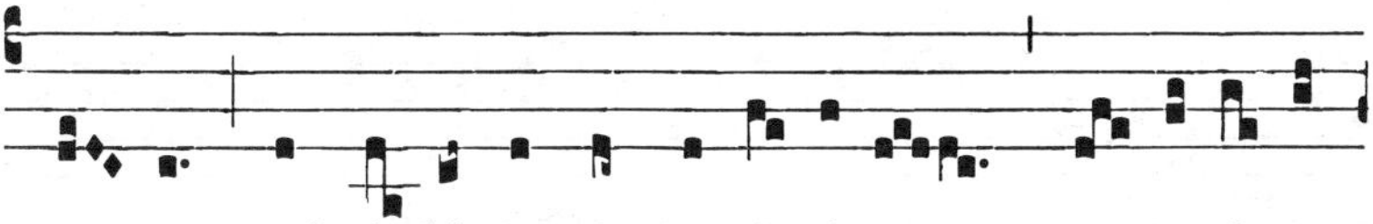

tu- o, ad vi- déndum in bo-ni- tá-te e- lectó- rum

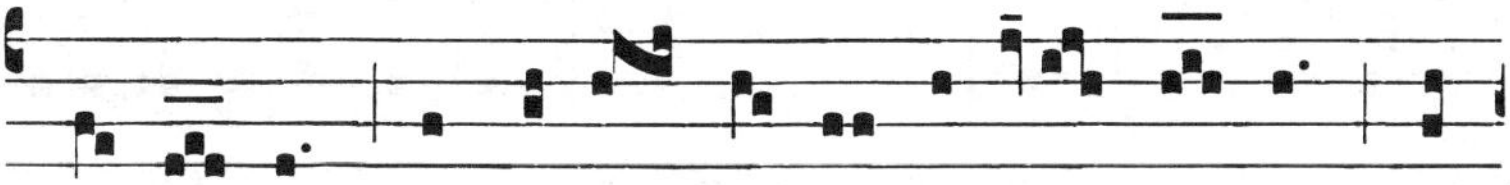

tu- ó- rum in læ- tí- ti- a gentis tu- æ, ut

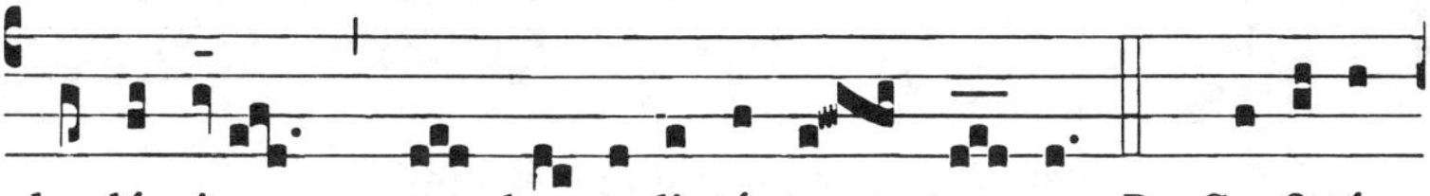

laudé- ris cum he- re-di- tá- te tu- a. *Ps.* Confi-té-

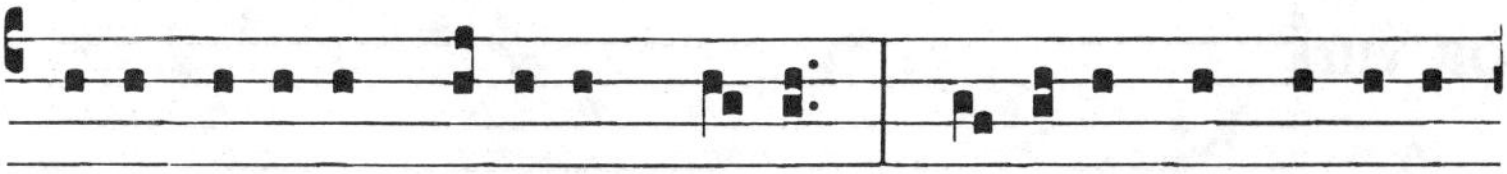

mi-ni Dómi-no quó-ni- am bo-nus : quó- ni- am in sǽ-cu-lum

mi- se-ri-cór- di- a e- ius.
Ps. 18, 6. ℣. 7
GR. II
IN so-le * pó- su- it taberná- cu- lum
su- um : et i- pse tamquam sponsus pro-cé-dens de thá- lamo su- o.
℣. A summo cae-
lo egrés- si- o e-
ius : et occúrsus e- ius
usque ad sum- mum e- ius.
OF. VIII
AU- di, * Isra- el : Ecce vé-

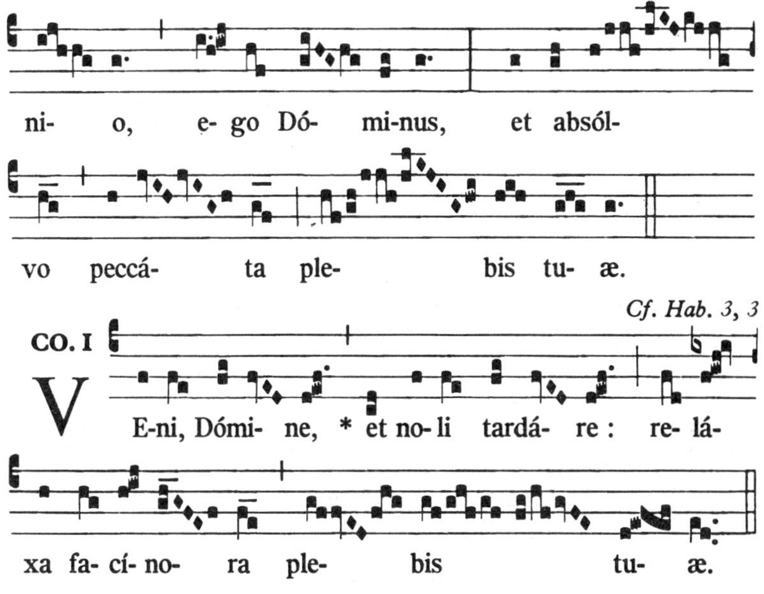

Ps. 84*, 2. 3. 4. 5. 7. 8. 10. 11. 12. 14

FERIA QUINTA

Ut supra feria 2, 24, præter :

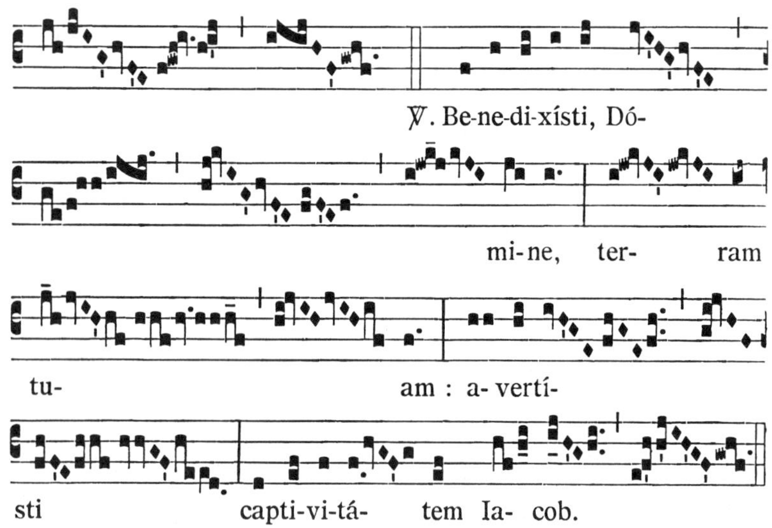

FERIA SEXTA

Ut supra feria 3, 27, prӕter :

Ps. 79, 20. ℣. 3

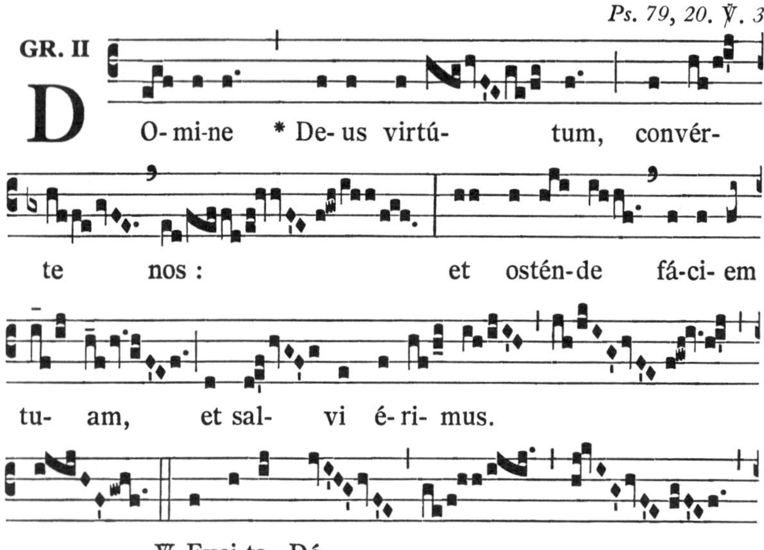

mi- ne, pot-én- ti- am tu- am, et ve-
ni, ut salvos fá- ci- as nos.

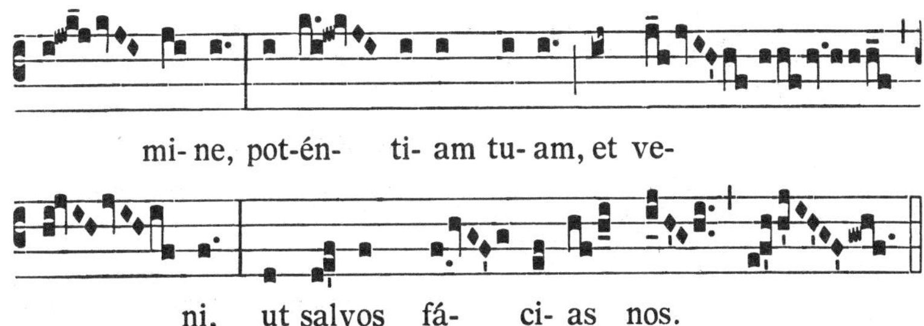

SABBATO

Ut supra feria 4, 29, præter :

Ps. 79, 3. ℣. 2. 3

GR. II

E

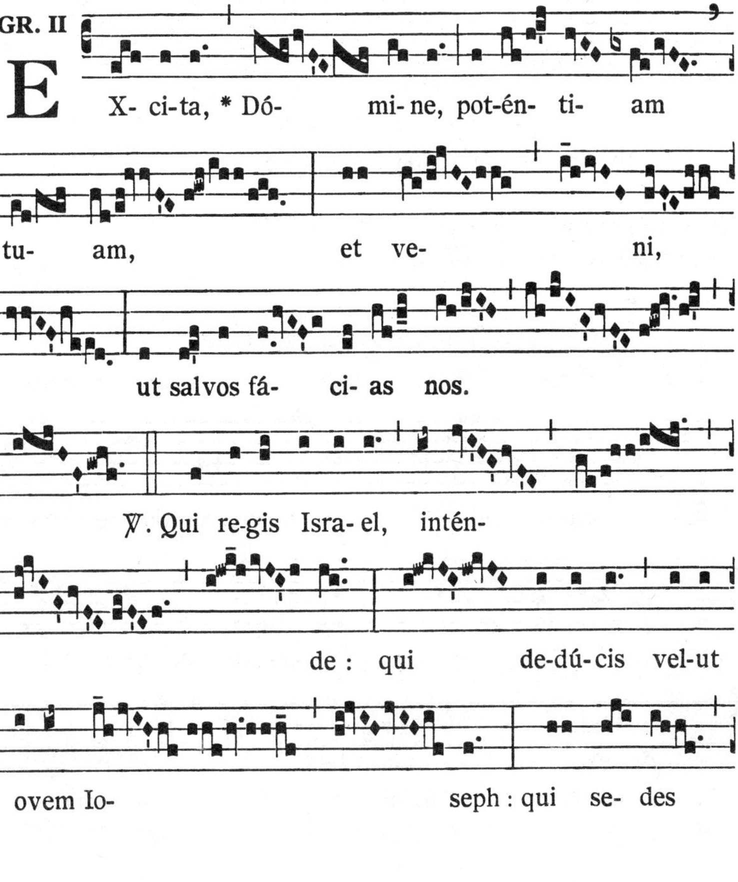
X- ci-ta, * Dó- mi- ne, pot-én- ti- am
tu- am, et ve- ni,
ut salvos fá- ci- as nos.
℣. Qui re-gis Isra- el, inténde : qui de-dú- cis vel-ut
ovem Io- seph : qui se- des

Cantus ad lectiones apti pro diebus 19 et 20 decembris :

Die 19 decembris

IN. Ne tímeas, Zachária, 568.

Die 20 decembris

OF. *et* CO. *e dom. IV Adventus*, 36.

Dominica quarta Adventus

Is. 45, 8 ; Ps. 18

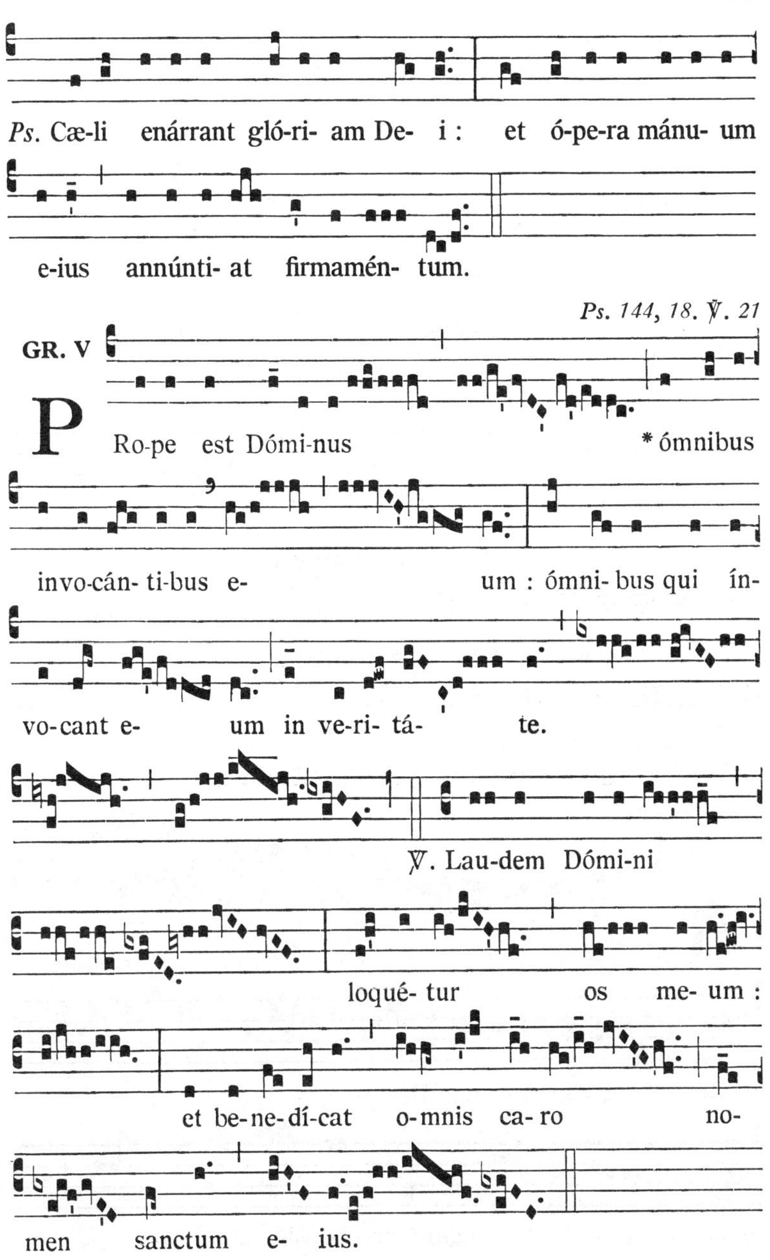
Ps. Cæli enárrant gló-ri- am De- i : et ó-pe-ra mánu- um
e-ius annúnti- at firmamén- tum.
Ps. 144, 18. ℣. 21
GR. V
PRo-pe est Dómi-nus * ómnibus
invo-cán- ti-bus e- um : ómni- bus qui ín-
vo-cant e- um in ve-ri- tá- te.
℣. Lau-dem Dómi-ni
loqué- tur os me- um :
et be-ne-dí-cat o-mnis ca- ro nomen sanctum e- ius.

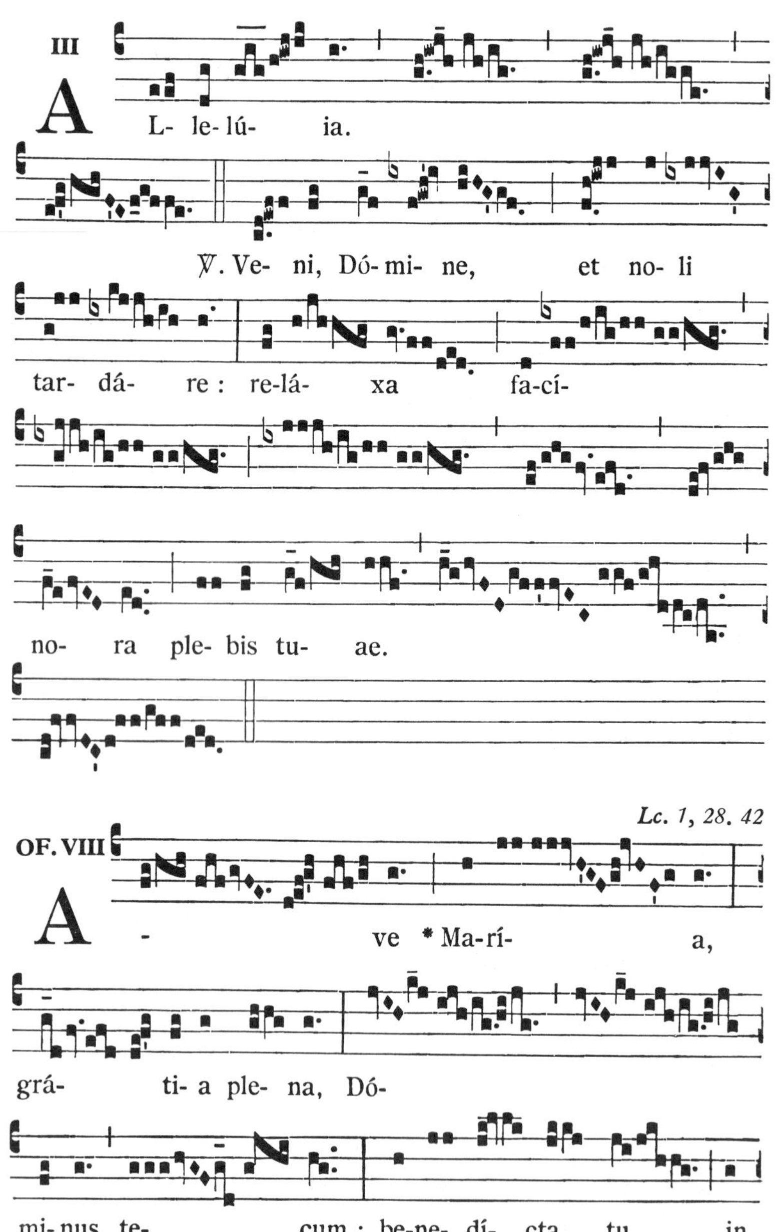
III
A L- le- lú- ia.
℣. Ve- ni, Dó- mi- ne, et no- li
tar- dá- re : re-lá- xa fa-cí-
no- ra ple- bis tu- ae.
Lc. 1, 28. 42
OF. VIII
A - ve * Ma-rí- a,
grá- ti- a ple- na, Dó-
mi- nus te- cum : be-ne- dí- cta tu in

Ps. 18*, 2. 3. 4. 5. 6. 7

Die 24 decembris, ad Missam matutinam

In feriis, una ex Missis supra notatis pro feriis, 24 *et seq.*
In dominica vero, Missa de dom. IV Adventus, 34.

TEMPUS NATIVITATIS

IN NATIVITATE DOMINI

AD MISSAM IN VIGILIA

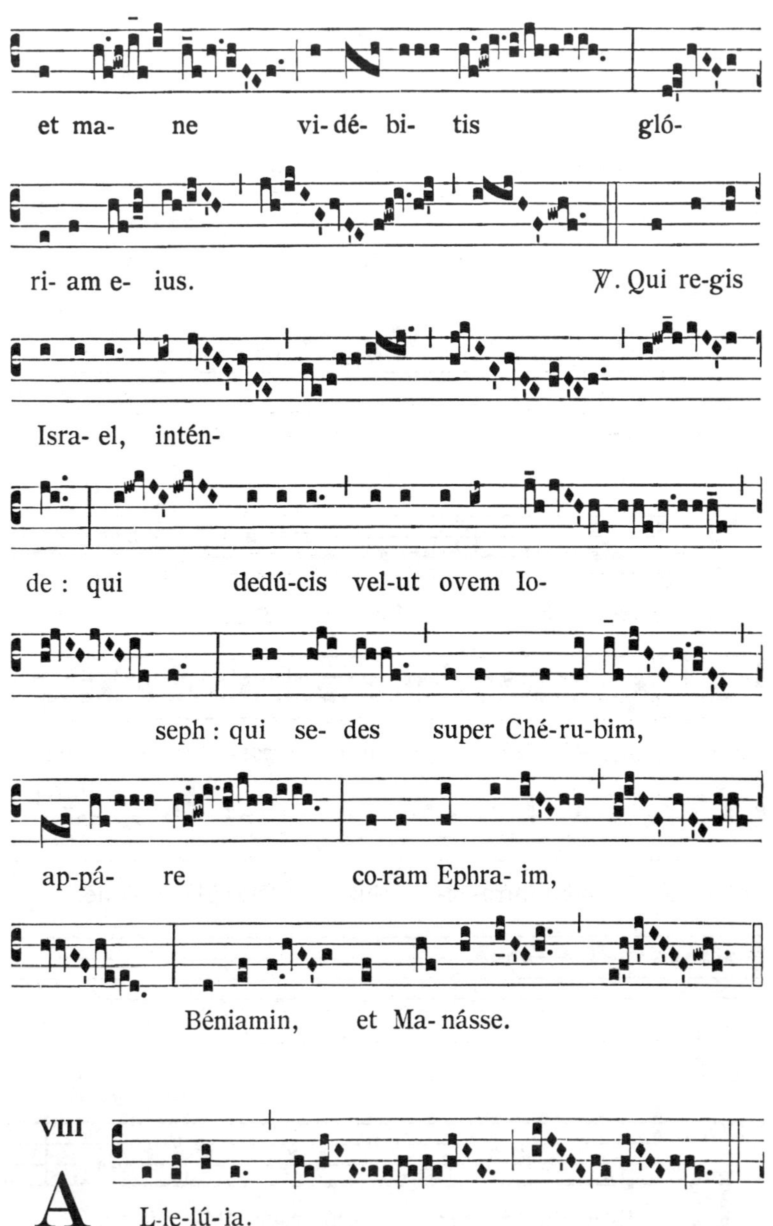
et ma- ne vi-dé- bi- tis gló-
ri- am e- ius. ℣. Qui re-gis
Isra- el, intén-
de : qui dedú-cis vel-ut ovem Io-
seph : qui se- des super Ché-ru-bim,
ap-pá- re co-ram Ephra- im,
Béniamin, et Ma- násse.
VIII
A L-le-lú- ia.

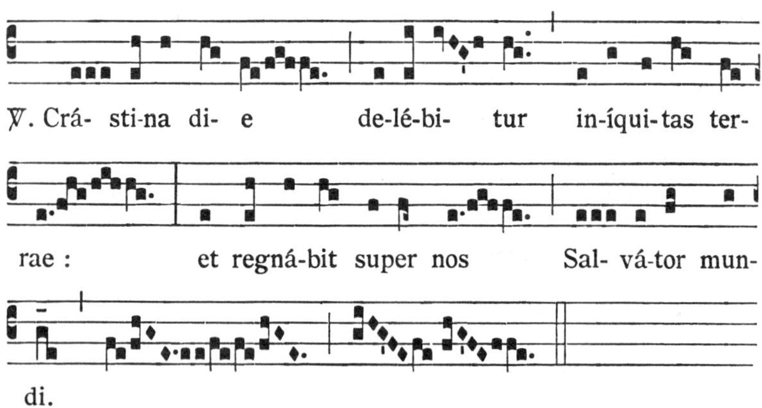

Ps. 23, 7

Cf. Is. 40, 5

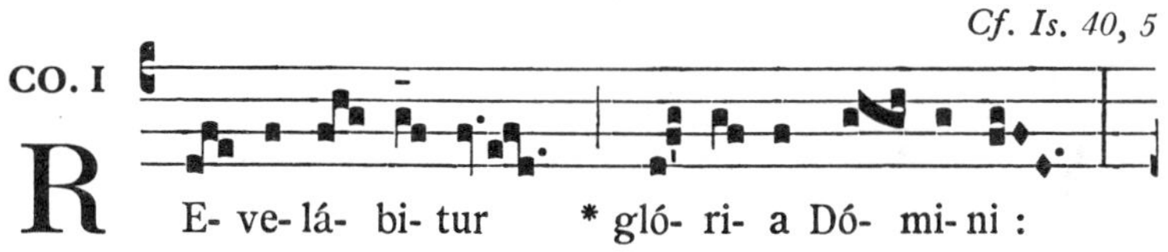

et vi- dé- bit o- mnis ca- ro sa- lu- tá- re
De- i no-stri.

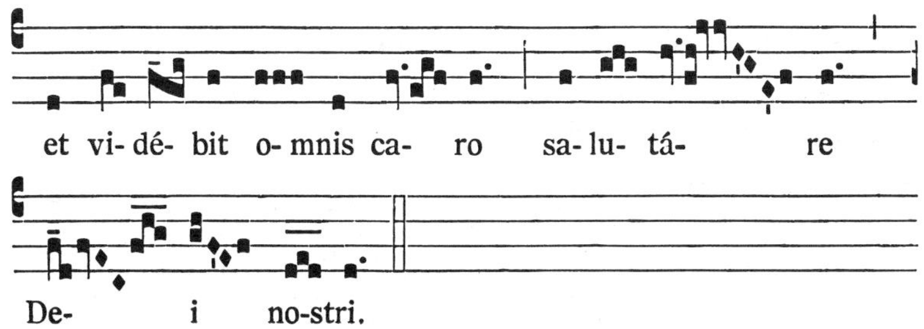

Ps. **23***, 1. 2. 3. 4. 5. 6. 7. 8

AD MISSAM IN NOCTE

Antiphona ad introitum II

Ps. 2, 7. ℣. 1. 2. 8

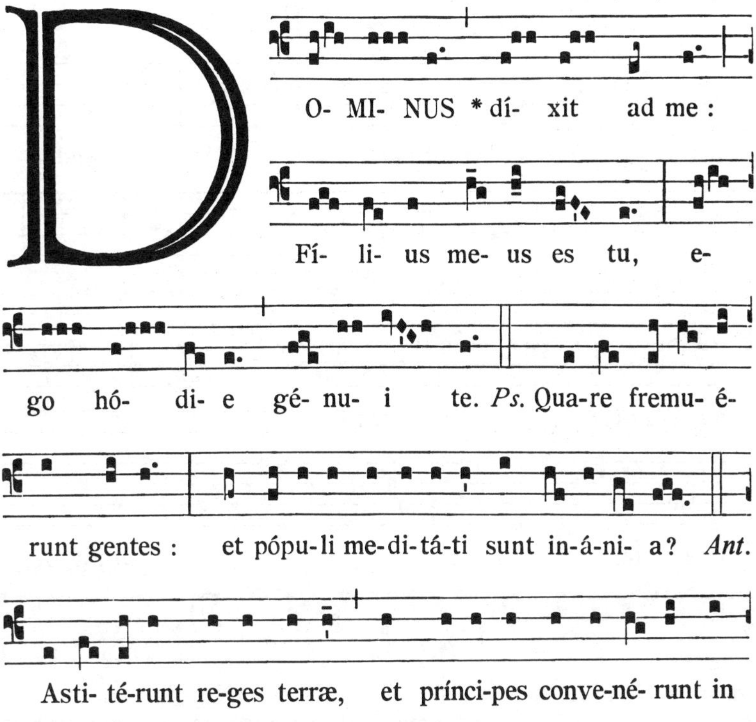
D O- MI- NUS * dí- xit ad me :
Fí- li- us me- us es tu, e-
go hó- di- e gé- nu- i te. *Ps.* Qua-re fremu- é-
runt gentes : et pópu-li me-di-tá-ti sunt in-á-ni- a? *Ant.*
Asti- té-runt re-ges terræ, et prínci-pes conve-né- runt in

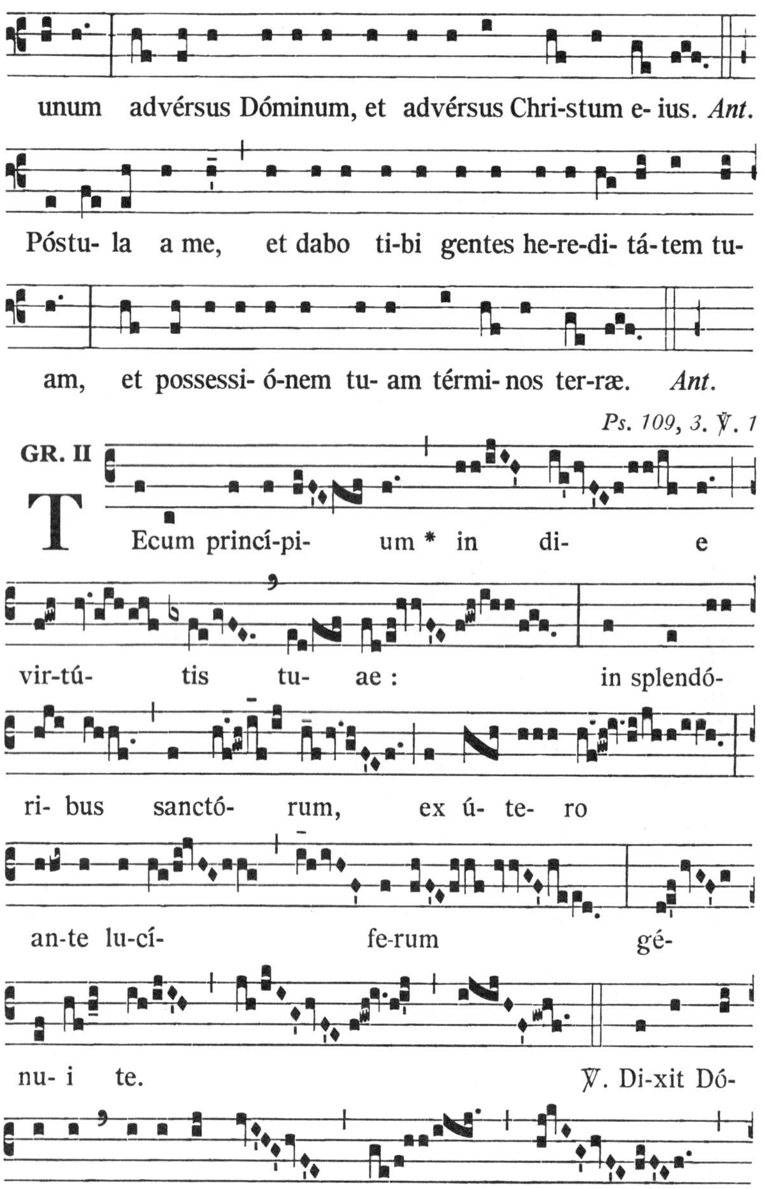
unum advérsus Dóminum, et advérsus Chri-stum e- ius. Ant.
Póstu- la a me, et dabo ti-bi gentes he-re-di- tá-tem tuam, et possessi- ó-nem tu- am términos ter-ræ. Ant.
Ps. 109, 3. ℣. 1
GR. II
TEcum princí-pi- um * in di- e
vir-tú- tis tu- ae : in splendó-
ri- bus sanctó- rum, ex ú- te- ro
an-te lu-cí- fe-rum gé-
nu- i te. ℣. Di-xit Dó-
mi-nus Dómi-no me-

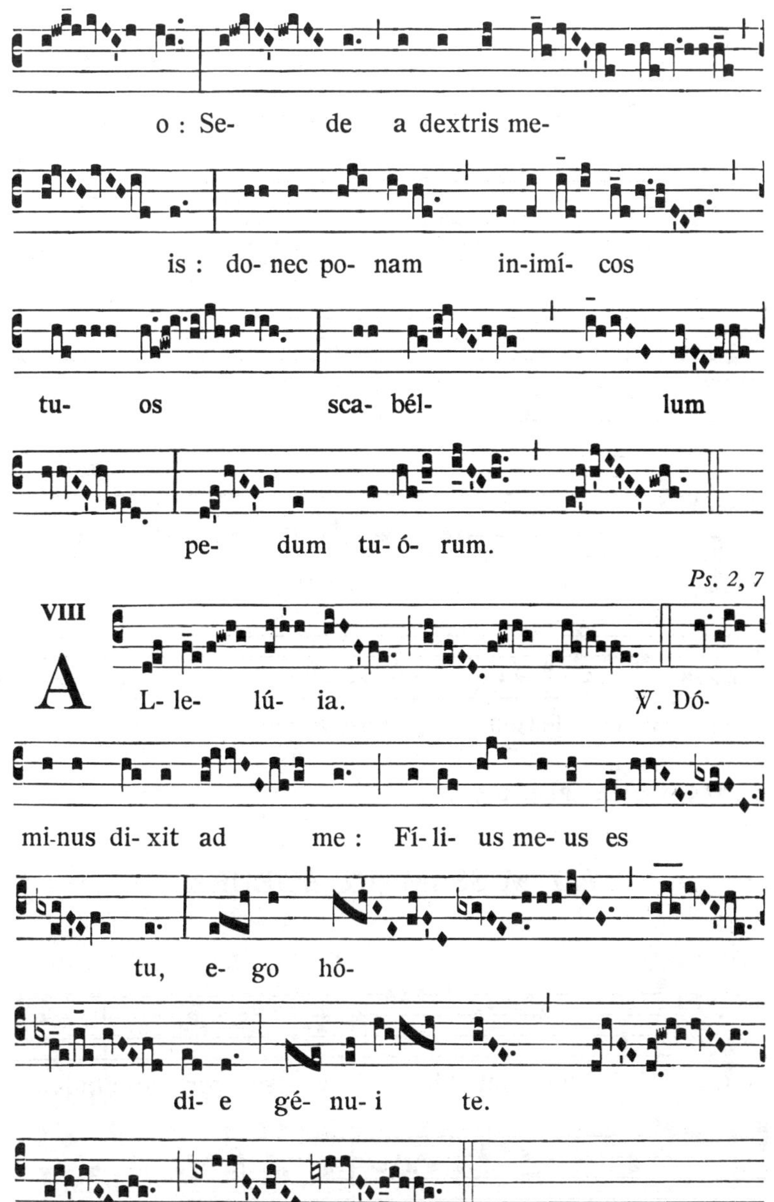
o : Se- de a dextris me-
is : do- nec po- nam in-imí- cos
tu- os scá- bél- lum
pe- dum tu- ó- rum.
Ps. 2, 7
VIII
A L- le- lú- ia. ℣. Dó-
mi-nus di- xit ad me : Fí- li- us me- us es
tu, e- go hó-
di- e gé- nu- i te.

Ps. 95, 11

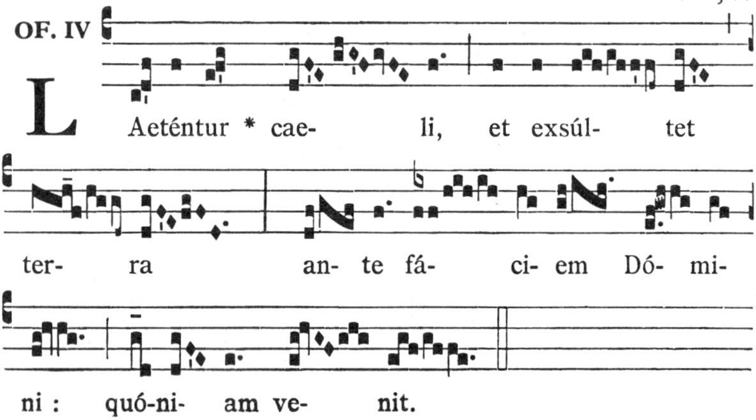
OF. IV
LAeténtur * cae- li, et exsúl- tet
ter- ra an- te fá- ci- em Dó- mi-
ni : quó-ni- am ve- nit.

Ps. 109, 3

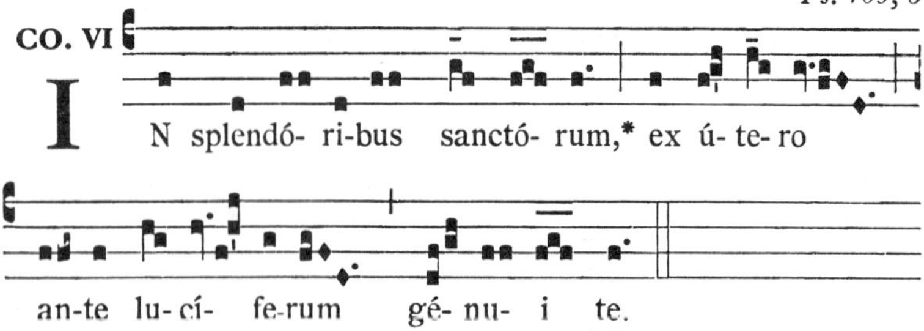
CO. VI
IN splendó- ri-bus sanctó- rum,* ex ú- te- ro
an-te lu- cí- fe-rum gé- nu- i te.

Ps. **109,** 1 a. 1 b. 2. 3. 4. 5. 7

AD MISSAM IN AURORA

Cf. Is. 9, 2. 6; Lc. 1, 33; Ps. 92

IN. VIII
LUX fulgé- bit * hó- di- e su- per nos : qui- a
na-tus est no-bis Dó- mi- nus : et vo- cá- bi- tur Admi-

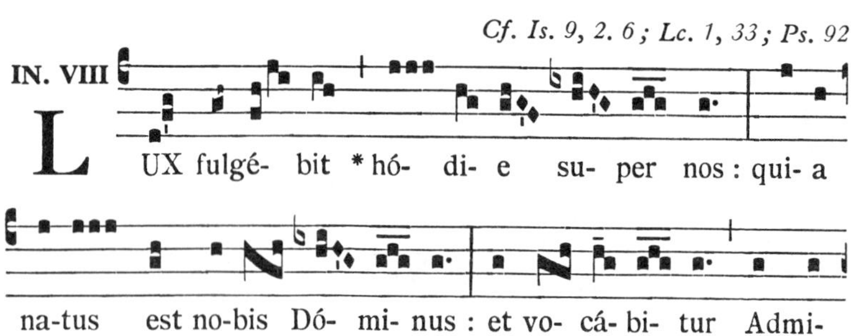

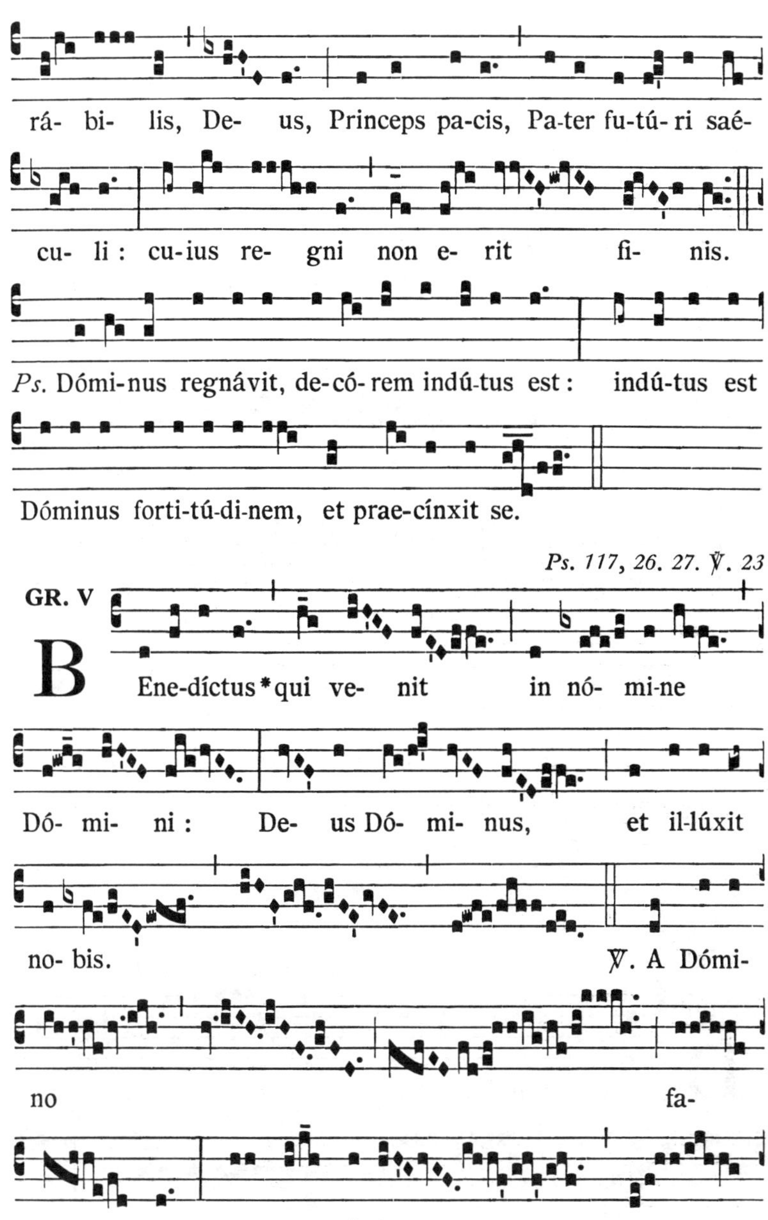
rá- bi- lis, De- us, Princeps pa-cis, Pa-ter fu-tú- ri saé-
cu- li : cu-ius re- gni non e- rit fi- nis.
Ps. Dómi-nus regnávit, de-có- rem indú-tus est : indú-tus est
Dóminus forti-tú-di-nem, et prae-cínxit se.
Ps. 117, 26. 27. ℣. 23
GR. V
BEne-díctus * qui ve- nit in nó- mi-ne
Dó- mi- ni : De- us Dó- mi- nus, et il-lúxit
no- bis. ℣. A Dómi-
no fa-
ctum est : et est mi-rá-

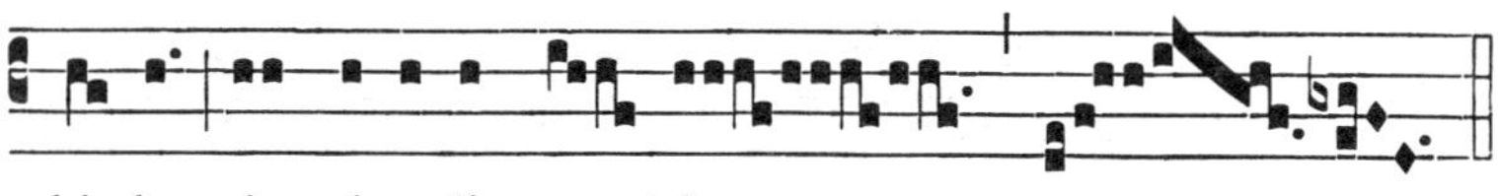

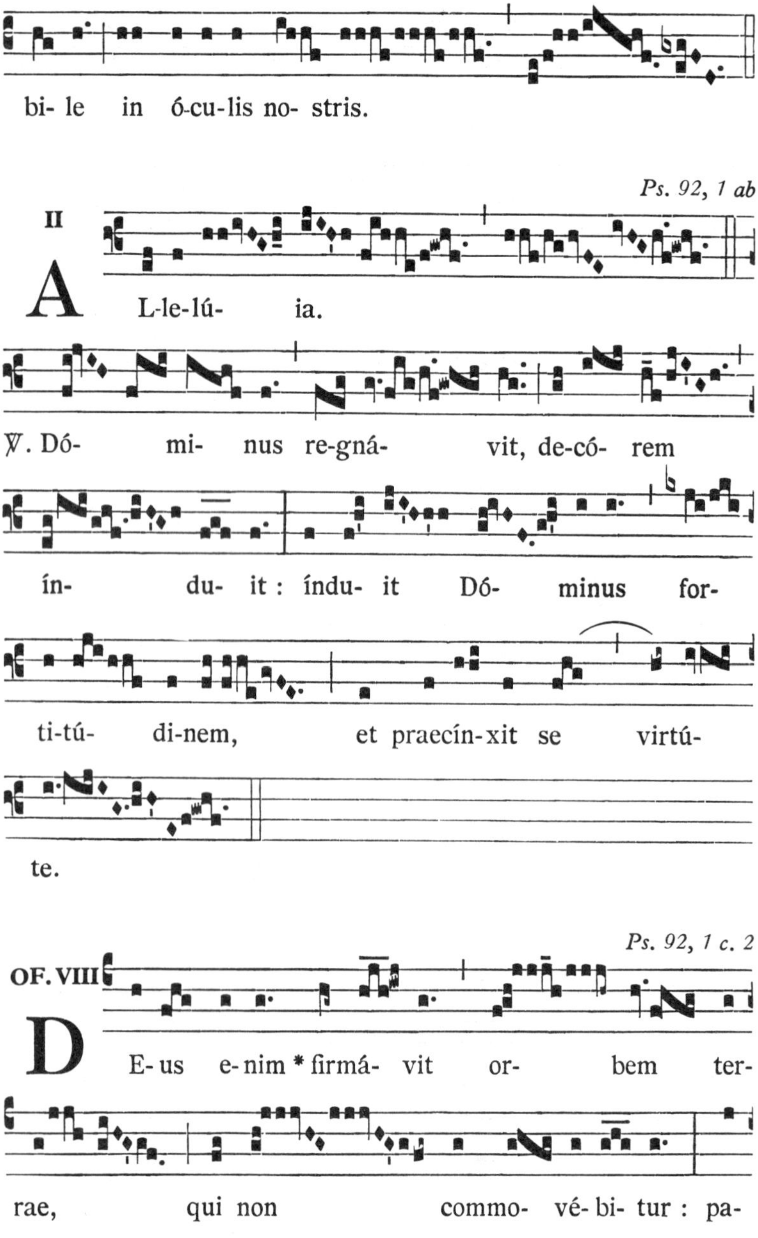

bi- le in ó-cu-lis no- stris.

Ps. 92, 1 ab

II

A L-le-lú- ia.

℣. Dó- mi- nus re-gná- vit, de-có- rem

ín- du- it : índu- it Dó- minus for-

ti-tú- di-nem, et praecín-xit se virtú-

te.

Ps. 92, 1 c. 2

OF. VIII

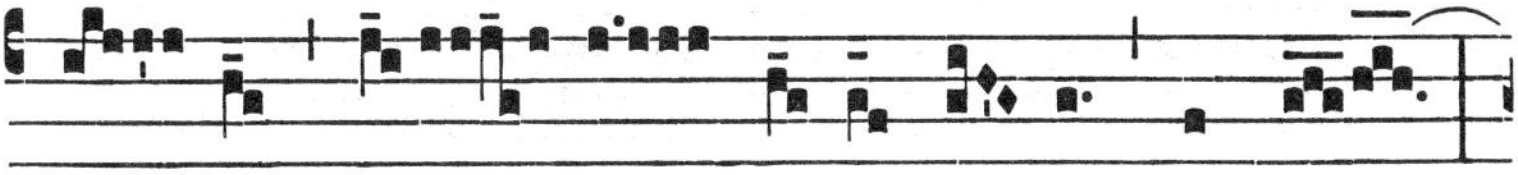

rá- ta se- des tu- a, De- us, ex tunc,

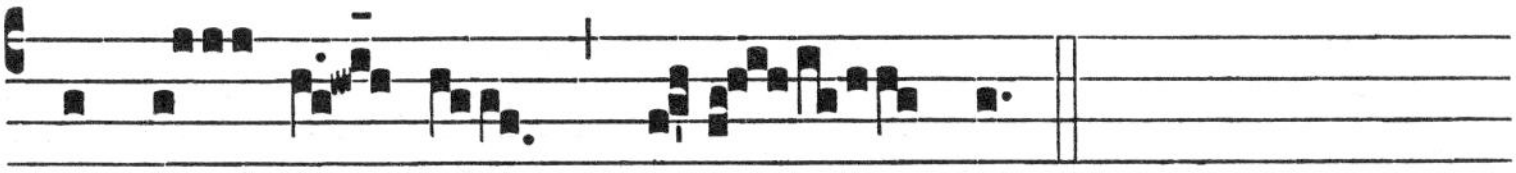

a saé- cu- lo tu es.

Zach. 9, 9

CO. IV

EX-súlta * fí- li- a Si- on, lauda fí- li- a Ie-

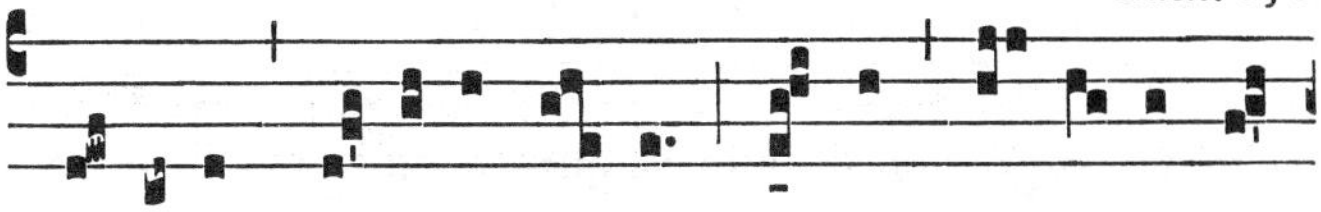

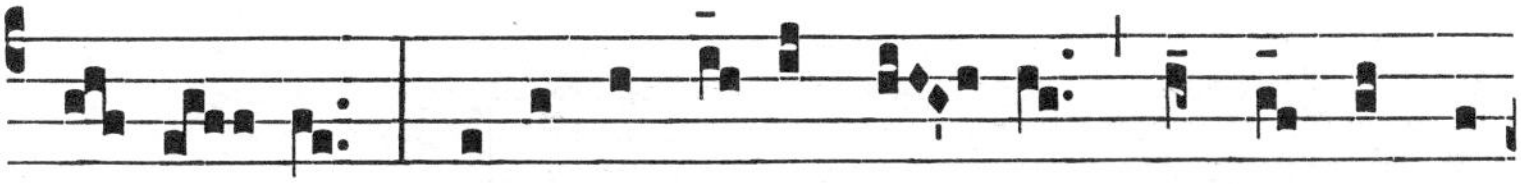

rú- sa- lem : ecce Rex tu- us ve- nit sanctus, et Sal-

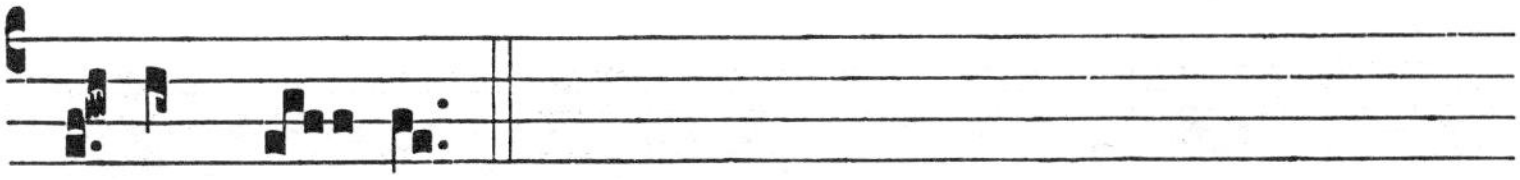

vá- tor mun- di.

Psalmus 33* (Differentia : g)

AD MISSAM IN DIE

Antiphona ad introitum VII

Is. 9, 6 ; Ps. 97

PUER * na- tus est no- bis, et fí- li- us

da- tus est no- bis : cu- ius impé- ri- um su- per

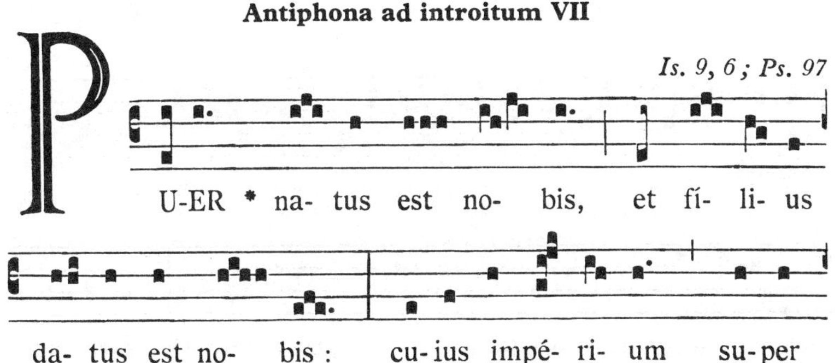

hú- me- rum e- ius : et vo-cá- bi- tur nomen
e- ius, magni consí- li- i An- ge- lus. Ps. Can- tá-te
Dómi-no cánti-cum no-vum : qui- a mi-ra-bí- li- a fe- cit.
Ps. 97, 3 cd - 4 ; ℣. 2
GR. V
V I-dé-runt o- mnes * fi-nes ter- rae sa-
lu- tá- re De- i nostri : iu-bi- lá-te De-
o o- mnis ter- ra. ℣. No-tum
fe-cit Dó-
mi- nus sa-lu- tá- re su- um : ante con-

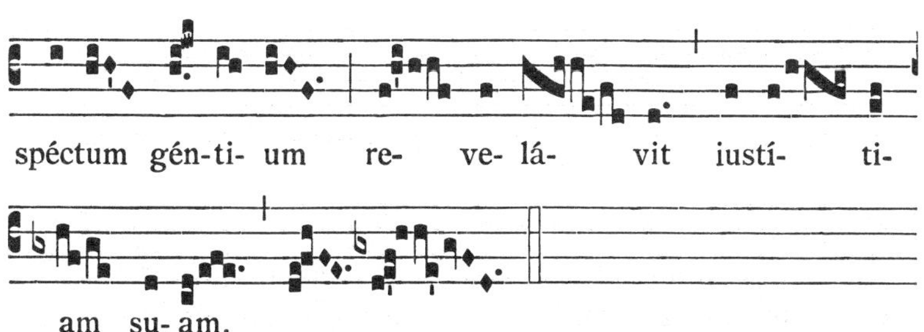

spéctum gén-ti- um re- ve- lá- vit iustí- tiam su- am.

II

A
L-le-lú- ia. ℣. Di-
es sancti- fi-cá-tus il-lúxit no- bis :
ve- ní-te gentes, et ado-rá-te Dóminum : qui- a hó- di- e descéndit lux magna su- per ter- ram.

Ps. 88, 12 et 15 a

OF. IV

T
U- I sunt * cae- li, et tu- a est

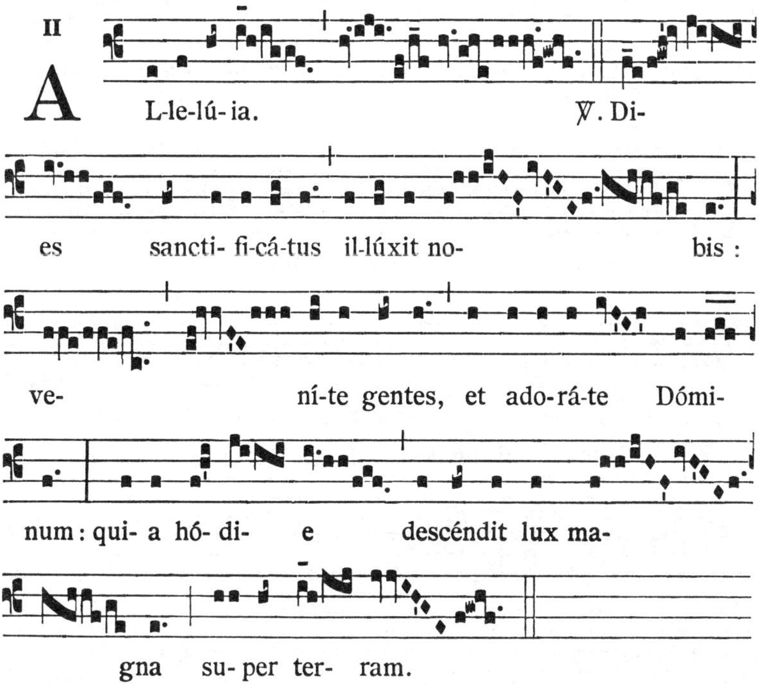

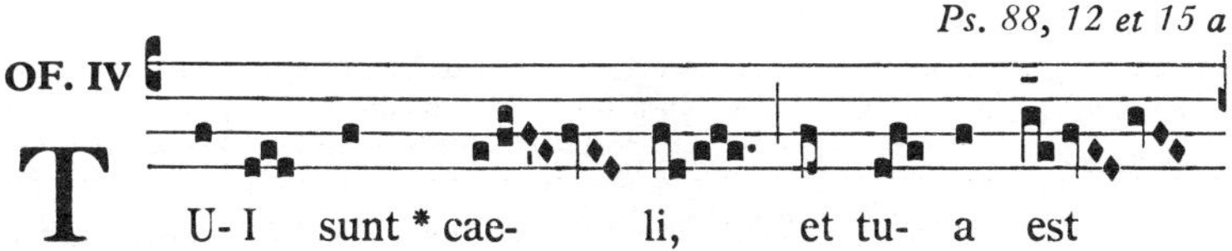

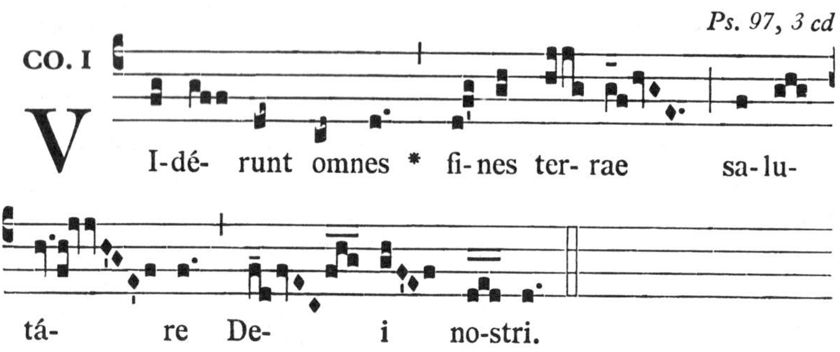

Ps. 97, 1 ab. 1 cd. 2. 3 ab. 4. 5. 6. 7. 8-9 a. 9 bc

Dominica infra octavam Nativitatis Domini
vel, ea deficiente, die 30 decembris

SANCTÆ FAMILIÆ IESU, MARIÆ ET IOSEPH

IN. Deus in loco sancto suo, 310.
GR. Unam pétii, 358.
AL. Gaudéte, iusti, 430.
OF. In te sperávi, Dómine, 322.

Lc. 2, 48, 49

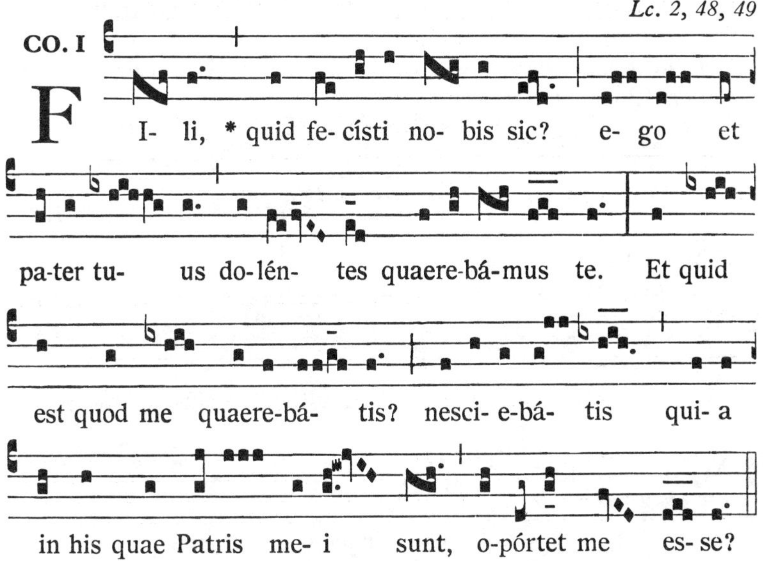

Ps. **26***, 1 a. 4 abc. 4 de. 5. 8. 13

Anno A :

Mt. 2, 20

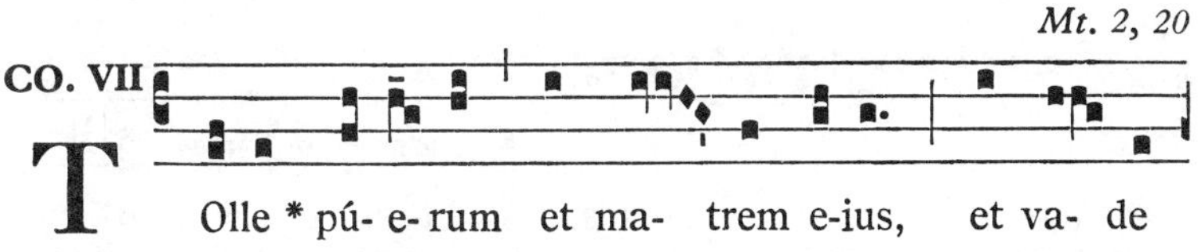

in terram Isra- el : de-fúncti sunt e- nim, qui quae-

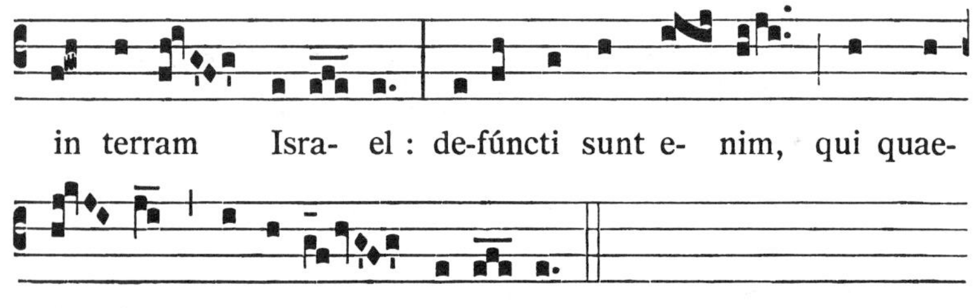

ré- bant á-nimam pú- e- ri.

Ps. **92***, 1 ab. 1 c-2 a. 3. 4. 5
vel ps. **127***, 1. 2. 3. 4. 5. 6

INFRA OCTAVAM NATIVITATIS DOMINI

Ut in Nativitate Domini ad Missam in aurora (Lux fulgébit), 44, *vel in die* (Puer), 47, *prǽter :*

Hebr. 1, 1. 2

VII

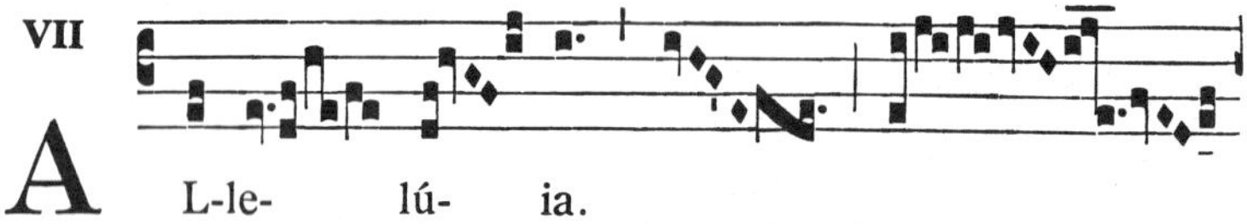
A L-le- lú- ia.

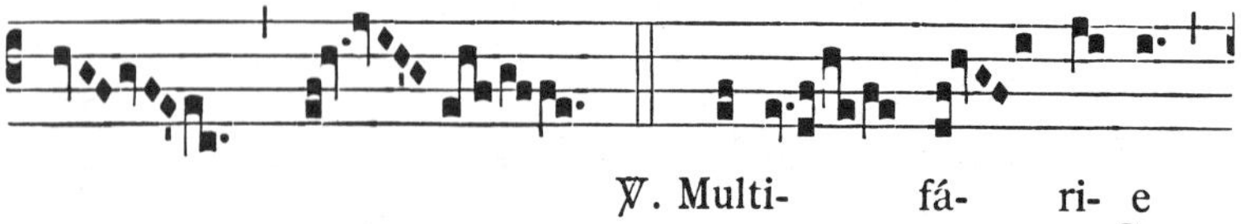
℣. Multi- fá- ri- e

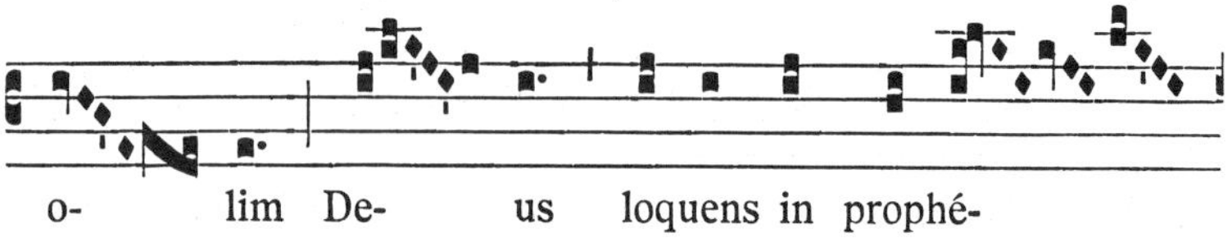
o- lim De- us loquens in prophé-

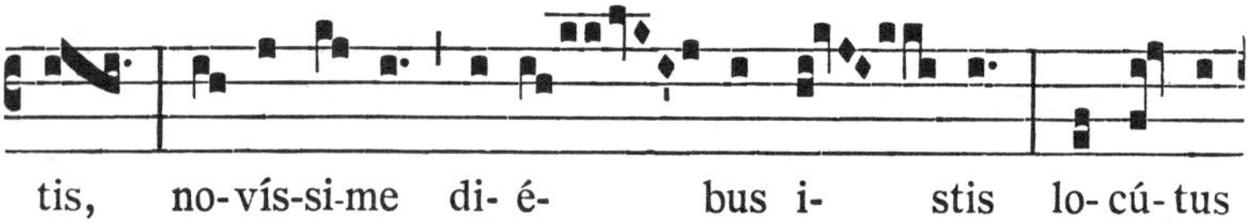
tis, no-vís-si-me di- é- bus i- stis lo-cú-tus

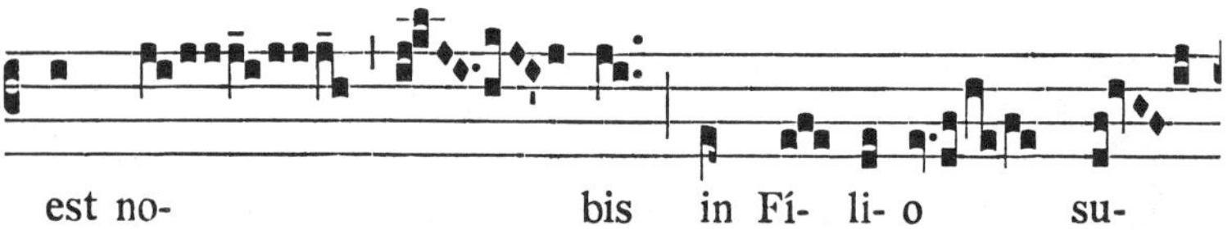
est no- bis in Fí- li- o su-

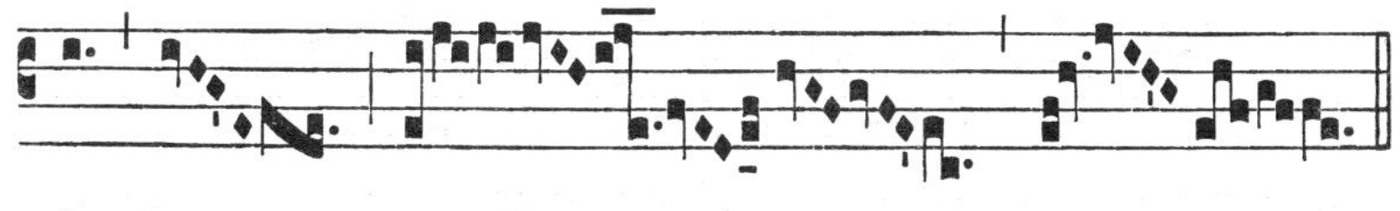

Die 29 decembris

CO. Respónsum, 544.

Die 1 ianuarii
In octava Nativitatis Domini

SOLLEMNITAS SANCTÆ DEI GENETRICIS MARIÆ

IN. Salve, sancta Parens, 403.
— Lux fulgébit, 44.
GR. Diffúsa est grátia, 408.
AL. Post partum, 414.
— Multifárie, 52.
OF. Felix namque es, 422.
CO. Exsúlta, fília Sion, 47,
cum ps. **44***, 2 ab. 9. 10. 11. 12. 13. 14 (Differentia : **g**)
vel cant. Magníficat : Lc **1**, 46-47. 48. 49. 50. 51. 52. 53. 54. 55

DOMINICA SECUNDA POST NATIVITATEM

Sap. 18, 14-15 ; Ps. 92

de cae- lis a regá- li-bus sé- di- bus ve- nit.
Ps. Dómi- nus regnávit, de-có-rem indú-tus est: indú-tus est
Dóminus forti-tú-di-nem, et prae-cínxit se.

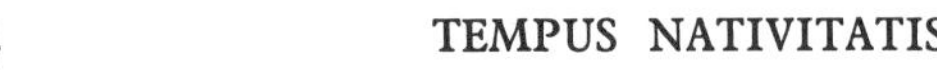

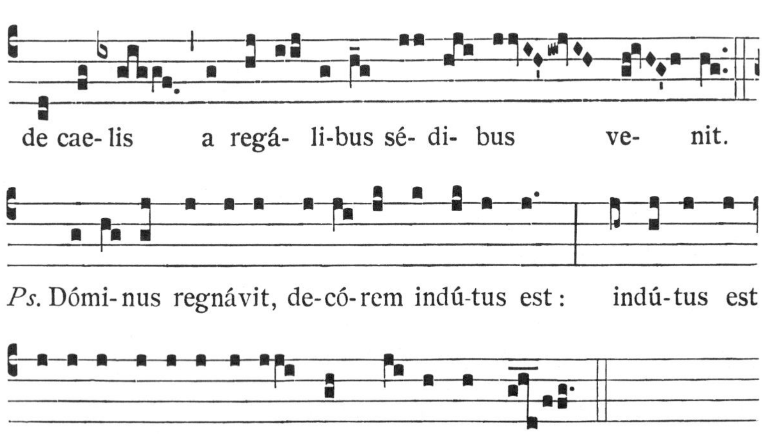

Ps. 44, 3 et 2

GR. III

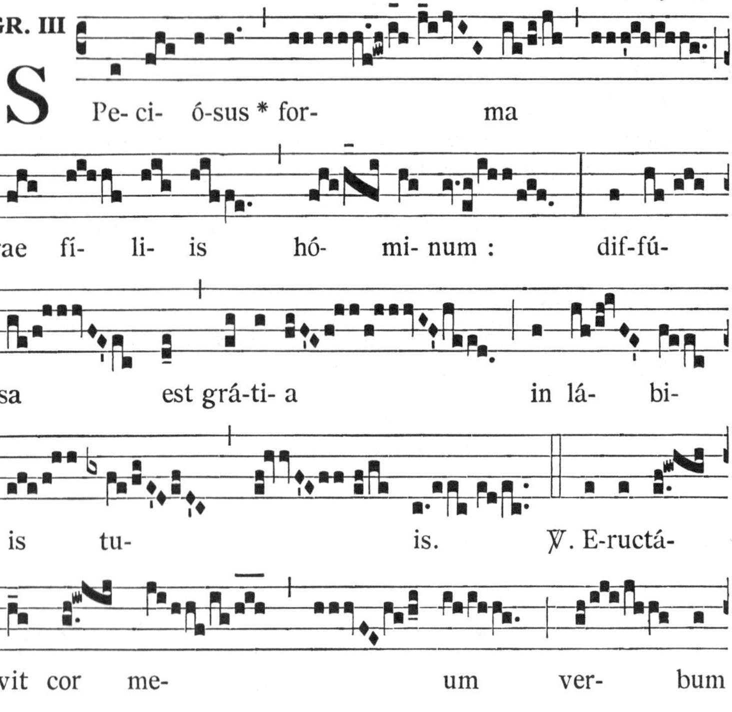

S
Pe- ci- ó-sus * for- ma
prae fí- li- is hó- mi- num : dif-fú-
sa est grá-ti- a in lá- bi-
is tu- is. ℣. E-ructá-
vit cor me- um ver- bum

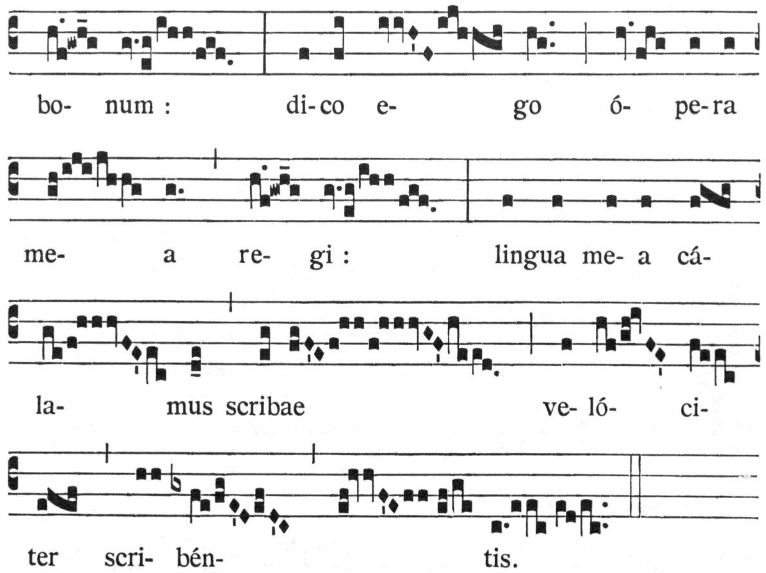

AL. Dóminus regnávit, decórem, 46.
OF. Bénedic, ánima mea, 362.
CO. Dómine, Dóminus noster, 357.

In feriis temporis Nativitatis

Ante sollemnitatem Epiphaniæ, ut in dom. II post Nativitatem, vel ut in Nativitate Domini ad Missam in die.

Die 4 ianuarii

CO. Dicit Andréas, 263, *cum* ps. **33***.

IN EPIPHANIA DOMINI

Antiphona ad introitum II

Cf. Mal. 3, 1; 1 Chron. 29, 12; Ps. 71, 1. 10. 11

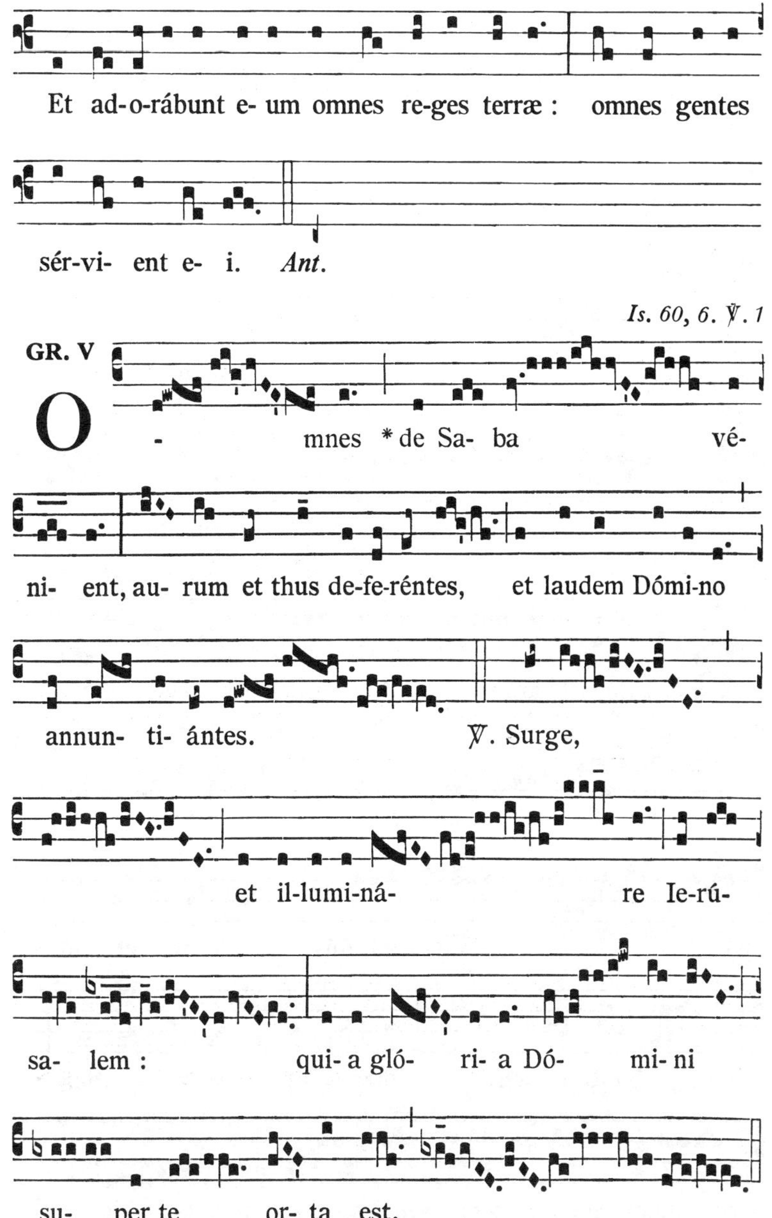
Et ad-o-rábunt e- um omnes re-ges terræ : omnes gentes
sér-vi- ent e- i. Ant.
Is. 60, 6. ℣. 1
GR. V
O - mnes * de Sa- ba vé-
ni- ent, au- rum et thus de-fe-réntes, et laudem Dómi-no
annun- ti- ántes. ℣. Surge,
et il-lumi-ná- re Ie-rú-
sa- lem : qui- a gló- ri- a Dó- mi- ni
su- per te or- ta est.

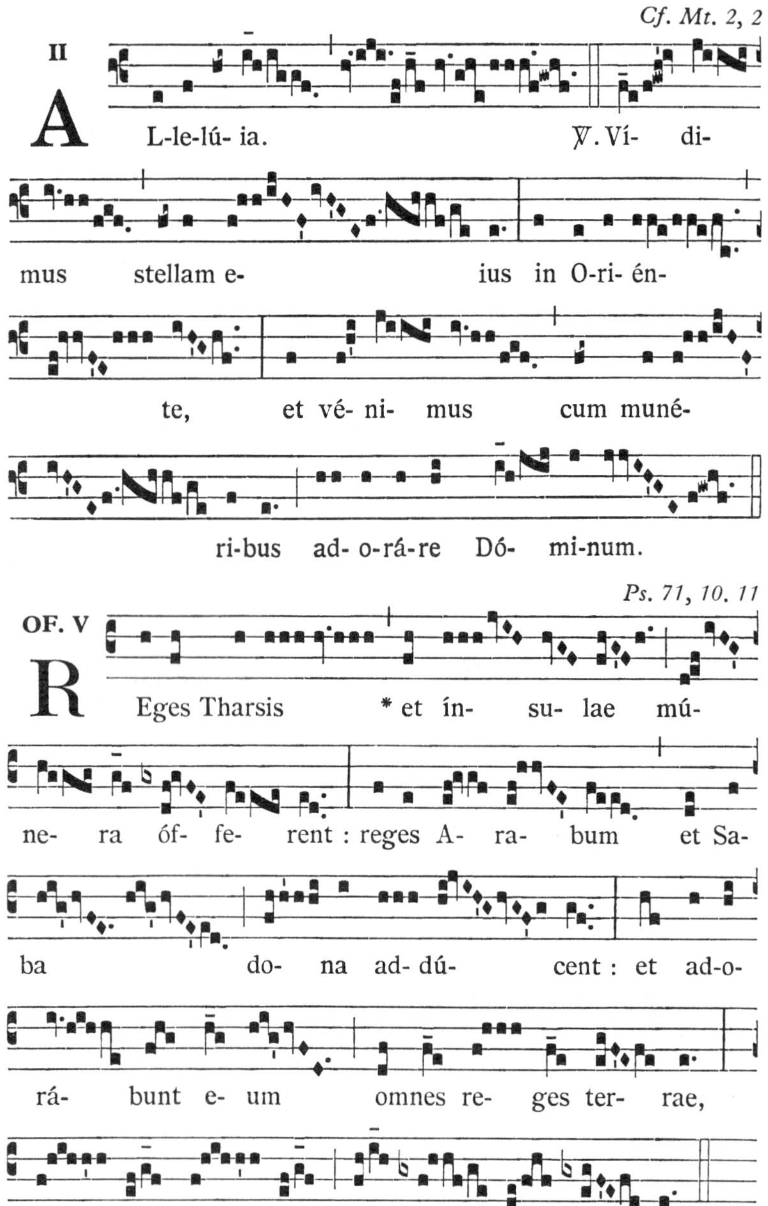
Cf. Mt. 2, 2
II
A L-le-lú- ia. ℣. Ví- di-
mus stellam e- ius in O-ri- énte, et vé- ni- mus cum muné-
ri-bus ad- o-rá-re Dó- mi-num.
Ps. 71, 10. 11
OF. V
R Eges Tharsis * et ín- su- lae mú-
ne- ra óf- fe- rent : reges A- ra- bum et Sa-
ba do- na ad- dú- cent : et ad-o-
rá- bunt e- um omnes re- ges ter- rae,
o- mnes gen- tes sér- vi- ent e- i.

Cf. Mt. 2, 2

Ps. 71*, 1. 2. 3. 7. 8. 10. 11. 12. 17 ab. 17 cd. 18

In feriis post Epiphaniam

Ut in Epiphania, vel in Nativitate Domini ad Missam in aurora.

Die 7 ianuarii

In regionibus ubi Epiphania celebratur dominica 8 ianuarii occurrente :
CO. Dicit Dóminus : Impléte hýdrias, 263.

Die 8 ianuarii, vel feria tertia post Epiphaniam

CO. Manducavérunt, 278.

Dominica post diem 6 ianuarii occurrente

IN BAPTISMATE DOMINI

IN. Dilexísti, 498.
GR. Benedíctus Dóminus Deus, 257.
— Dilexísti, 499.

Ps. 117, 26.

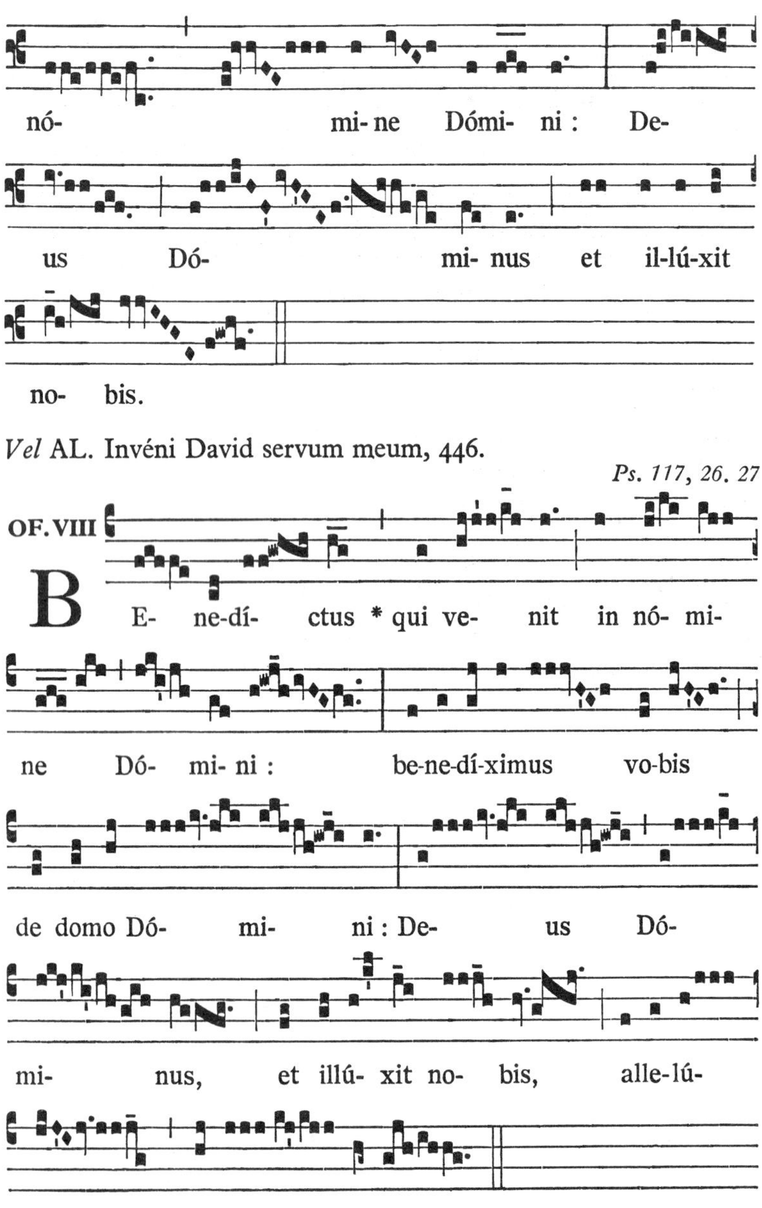
nó- mi- ne Dómi- ni : De-
us Dó- mi- nus et il-lú-xit
no- bis.
Vel AL. Invéni David servum meum, 446.
Ps. 117, 26. 27
OF. VIII
B E- ne-dí- ctus * qui ve- nit in nó- mi-
ne Dó- mi- ni : be-ne-dí-ximus vo-bis
de domo Dó- mi- ni : De- us Dó-
mi- nus, et illú- xit no- bis, alle-lú-
ia, alle- lú-ia.

Gal. 3, 27

CO. II

Ps. **28***, 1. 2. 3. 4. 5. 7-8. 10. 11

Quando sollemnitas Epiphaniæ Domini addominicam die 7 vel 8 ianuraii occurrentem transfertur, festum Baptismatis Domini feria secunda sequenti celebratur.

A feria 2 post hanc dominicam usque ad feriam 3 ante Quadragesimam, decurrit tempus per annum. In Missis, tum de dominica tum de feria, adhibentur cantus infra propositi, 257.

TEMPUS QUADRAGESIMÆ

FERIA QUARTA CINERUM

AD RITUS INITIALES ET LITURGIAM VERBI

Sap. 11, 24-25. 27 ; Ps. 56

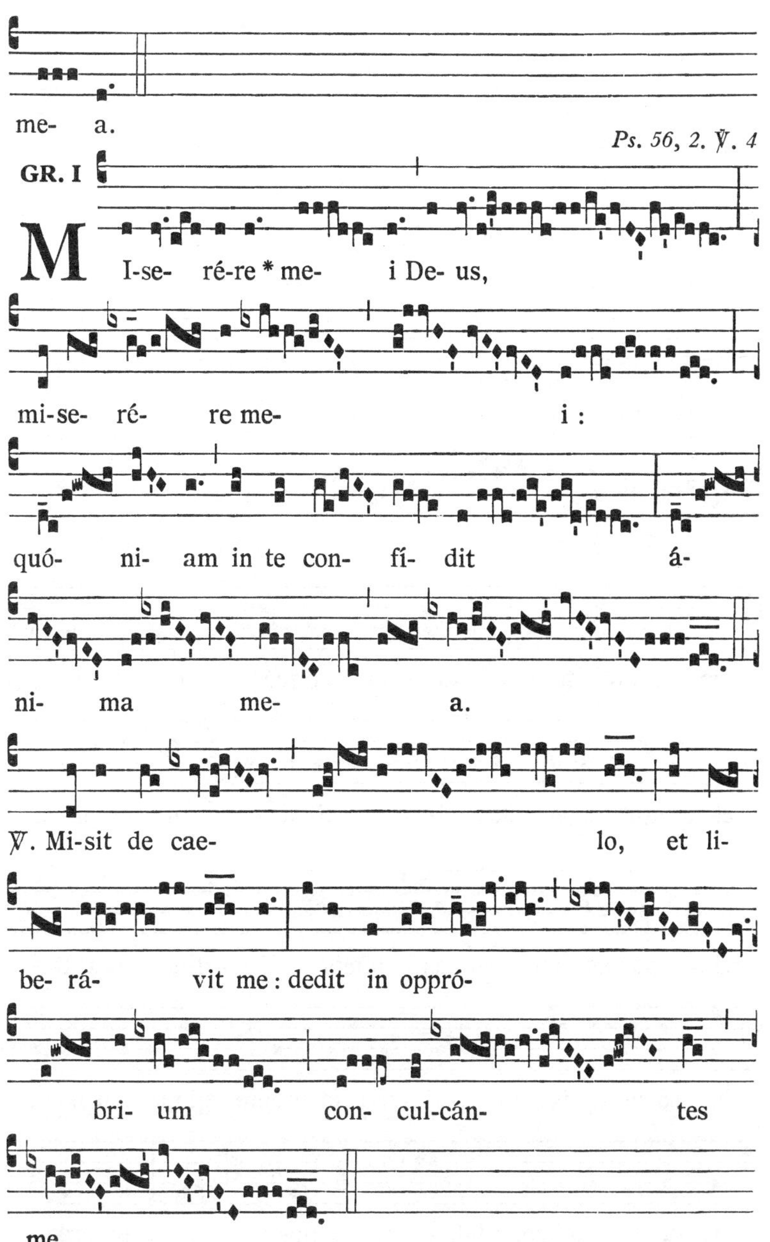
me- a.
Ps. 56, 2. ℣. 4
GR. I
M I-se- ré-re * me- i De- us,
mi-se- ré- re me- i :
quó- ni- am in te con- fí- dit á-
ni- ma me- a.
℣. Mi-sit de cae- lo, et li-
be- rá- vit me : dedit in oppró-
bri- um con- cul-cán- tes
me.

Ps. 102, 10 et 78, 8 et 9

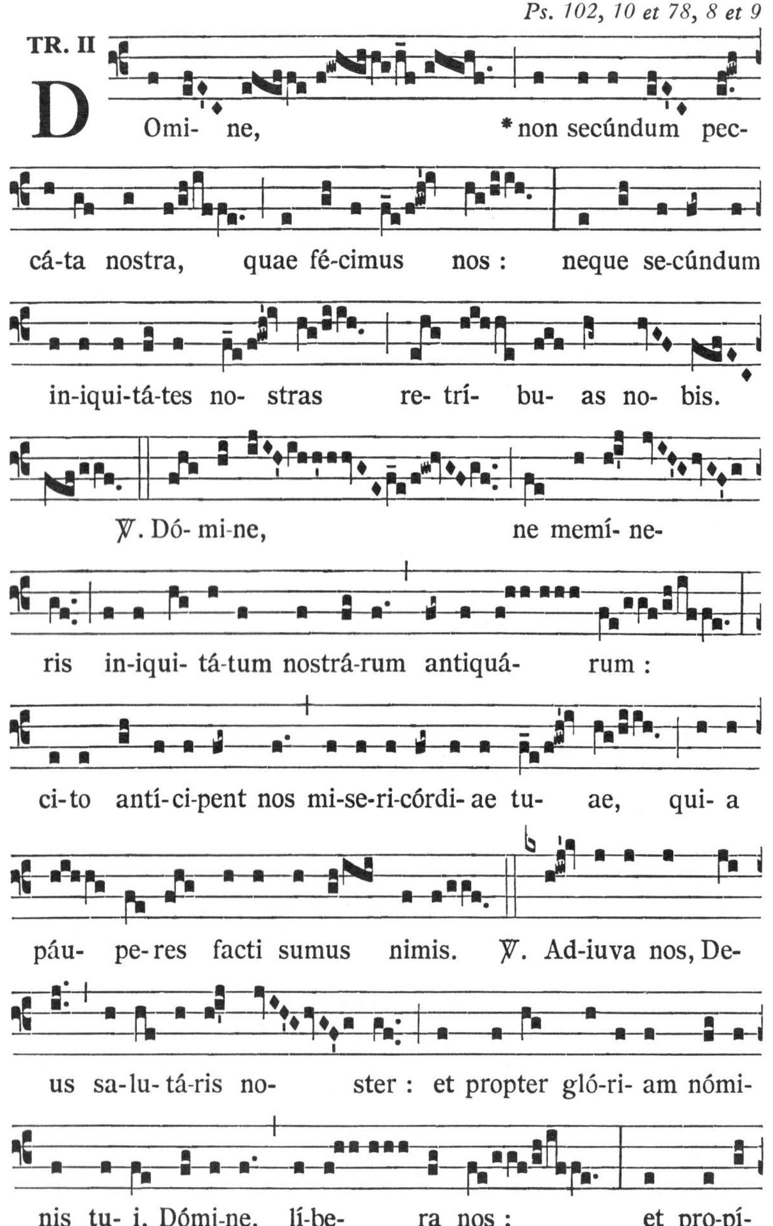

ti- us esto peccá-tis no- stris, pro- pter no- men

tu- um.

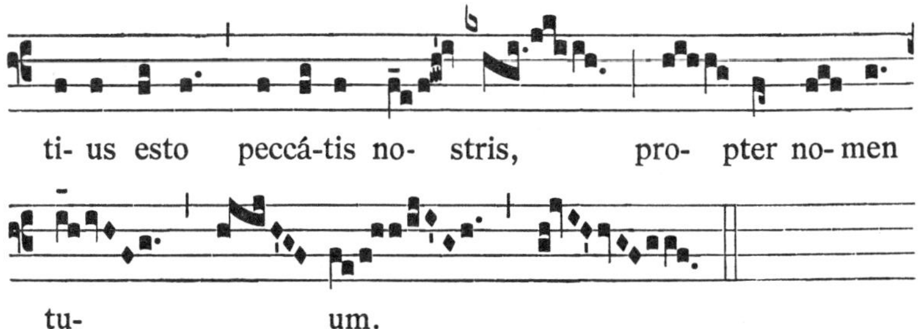

AD BENEDICTIONEM ET IMPOSITIONEM CINERUM

Dum sacerdos imponit cineres, cantantur :

Cf. Ioel, 2, 13

AN. I

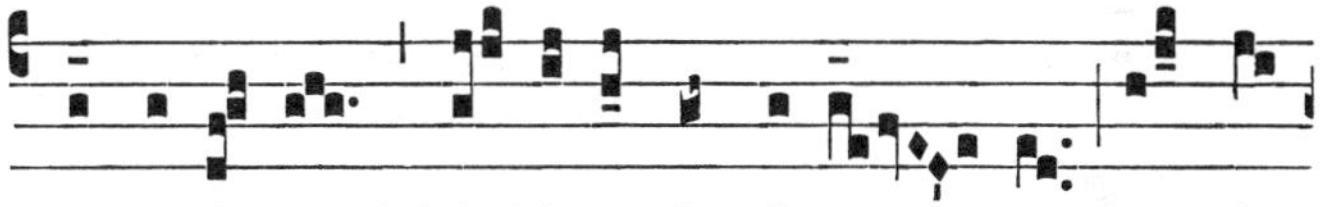

IMmu-té-mur * há- bi-tu, in cí-ne- re et ci-

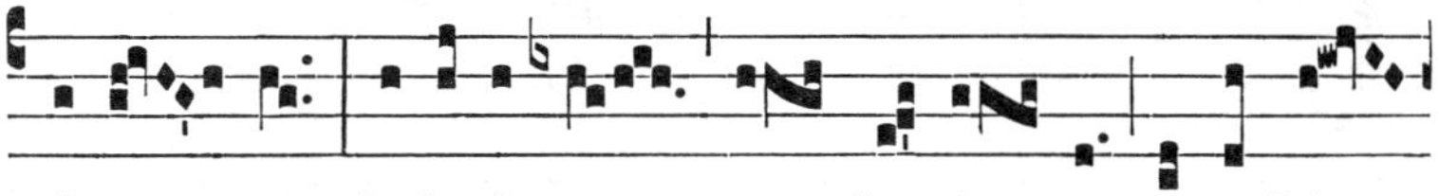

lí-ci- o : ie-iuné-mus, et plo- ré- mus ante Dó-

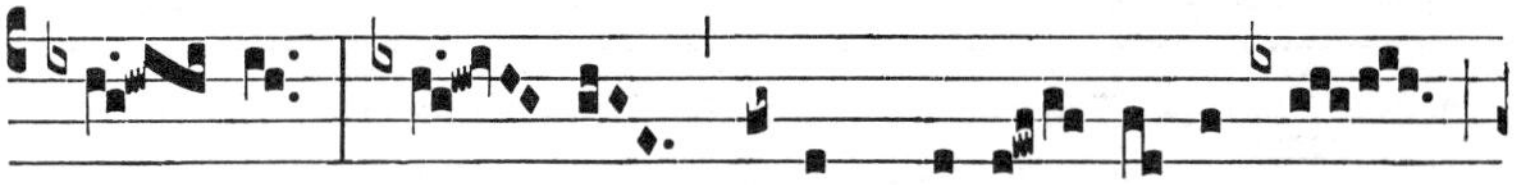

mi- num : qui- a multum mi-sé- ri- cors est

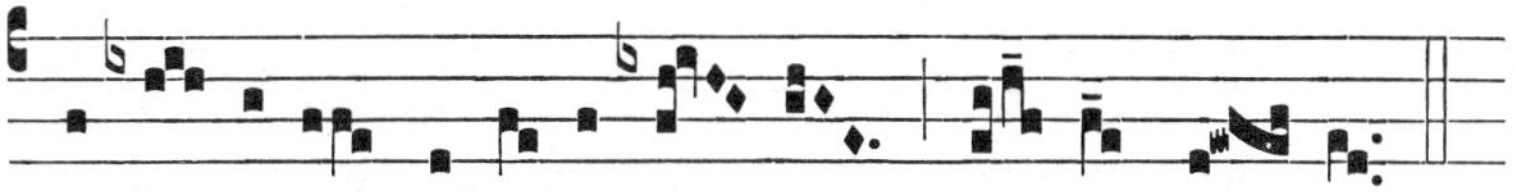

di-mít- te-re peccá- ta no- stra De- us no- ster.

Ioel, 2, 17 ; Est. 13, 17

AN. IV

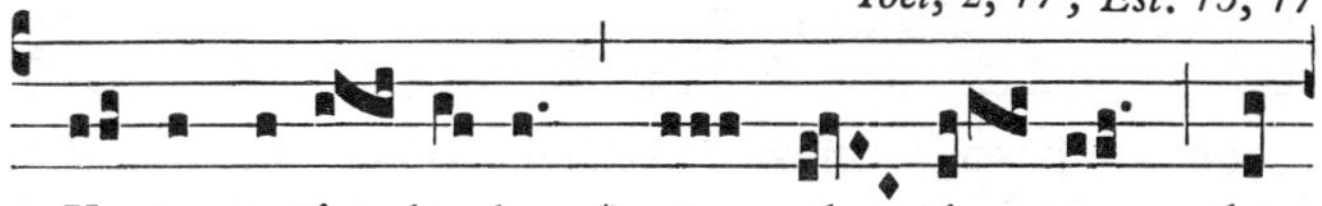

IUx-ta vestí- bu- lum * et al- tá- re plo-

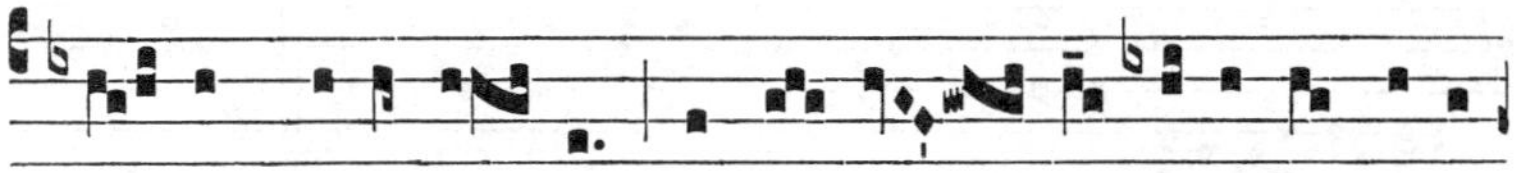

rá- bunt sa-cerdó- tes et le- ví- tae mi-nístri Dómi-

ni, et di- cent : Par-ce Dómi-ne, parce pópu-lo
tu- o : et ne dís- si-pes o-ra clamánti- um
ad te, Dó- mi- ne.
Cf. Bar. 3, 2. ℣. Ps. 78, 9
RE. II
E -mendé-mus * in mé- li- us, quae igno-rán- ter
pec- cá-vi- mus : ne sú-bi-to prae-occu-pá- ti di- e
mortis, quaerámus spá-ti- um paeni-ténti- ae, et inve-ní-re
non possí- mus. * Atténde Dómi- ne, et mi-se-ré-
re : qui- a peccá- vi-mus ti- bi. ℣. Ad- iuva

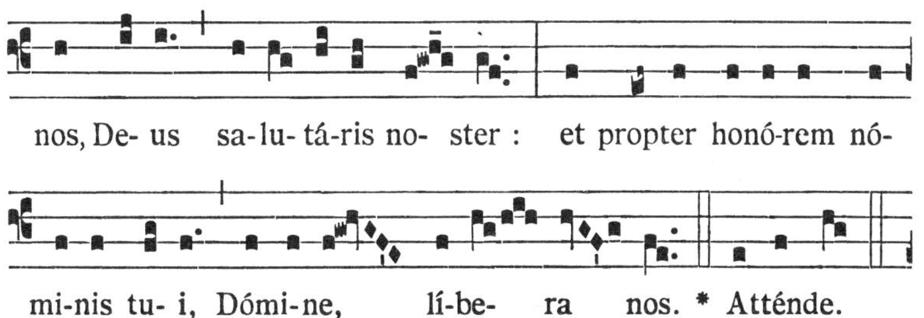

AD LITURGIAM EUCHARISTICAM

OF. Exaltábo te, 313.

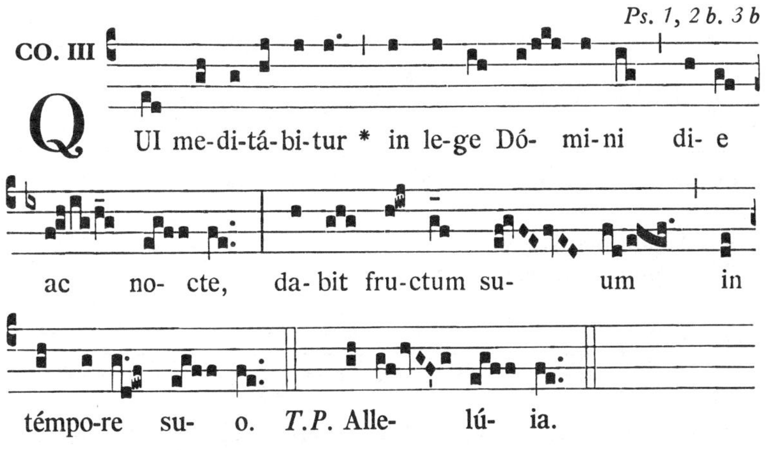

Ps. 1, 1. 2. 3 ab. 3 cd. 4. 5. 6

FERIA QUINTA POST CINERES

IN. Dum clamárem, 303.
GR. Convértere, 295.
OF. Ad te, Dómine, levávi, 17.
CO. Qui vult veníre, 484,
cum ps. **25***, 1. 3. 4. 5. 6. 7. 8. 12

FERIA SEXTA

Ps. 29, 11 et 2

GR. Unam pétii, 358.
OF. Dómine, vivífica me, 359.

Ps. 2, 11 et 12 ab

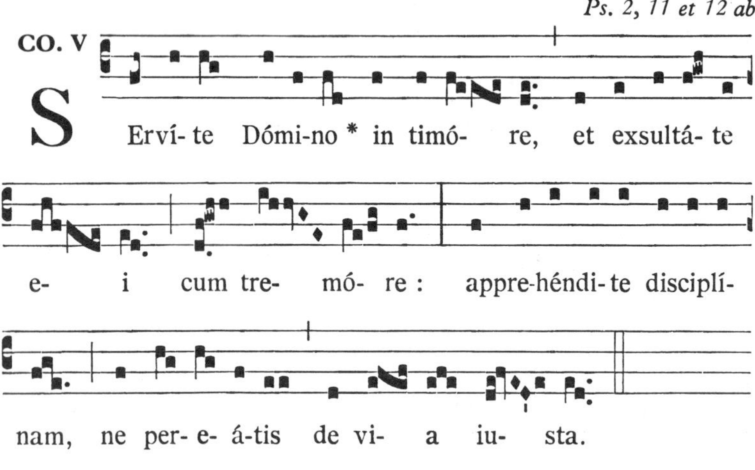

Ps. 2, 1. 2. 3. 4. 5. 6. 7. 8. 9

SABBATO

Ps. 68, 17 et 2

IN. VII

E X-áudi nos Dómi- ne, * quóni- am be- nígna

est mi-se-ri-cór- di- a tu- a : se-cúndum multi-tú-

di- nem mi-se-ra-ti- ó- num tu- á- rum ré-spi- ce nos,

Dó- mi- ne. *Ps.* Sal- vum me fac De- us : quóni- am intra-

vé-runt aquae usque ad á- nimam me- am.

Ps. 9, 10. 11. ℣. 19. 20

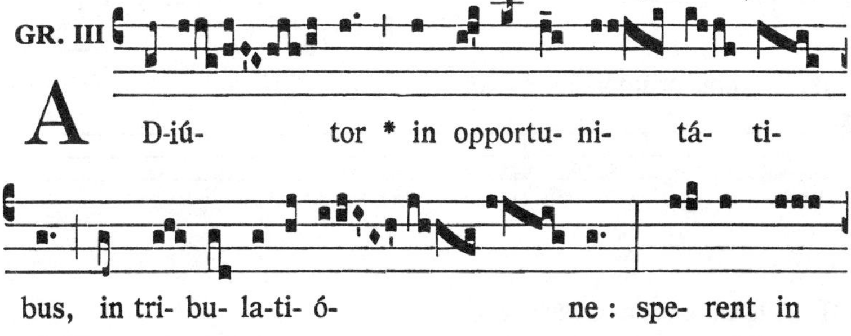

GR. III

A D-iú- tor * in opportu- ni- tá- ti-

bus, in tri- bu- la-ti- ó- ne : spe- rent in

OF. Dómine, convértere, 283.

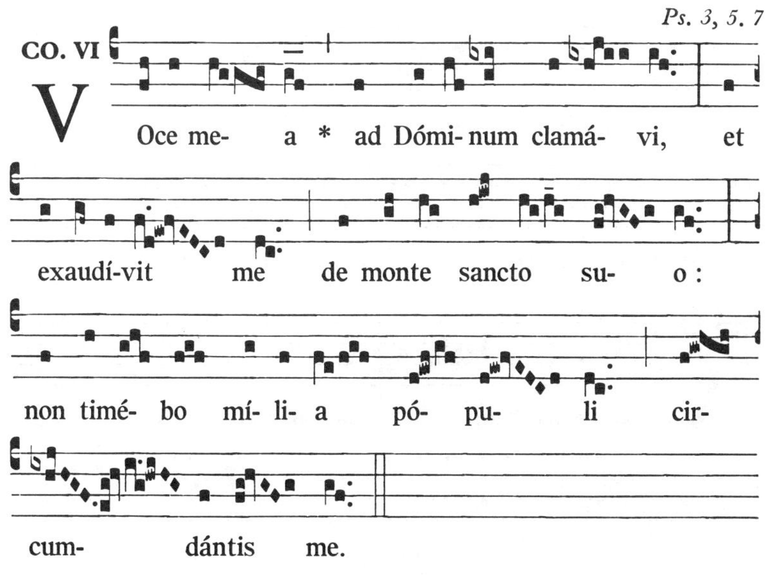

Ps. 3, 2. 3. 4. 6-7 b. 9

HEBDOMADA PRIMA QUADRAGESIMÆ

DOMINICA

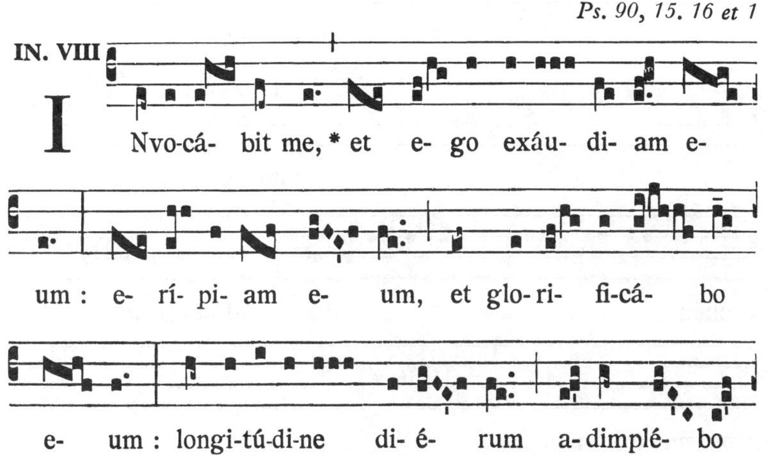

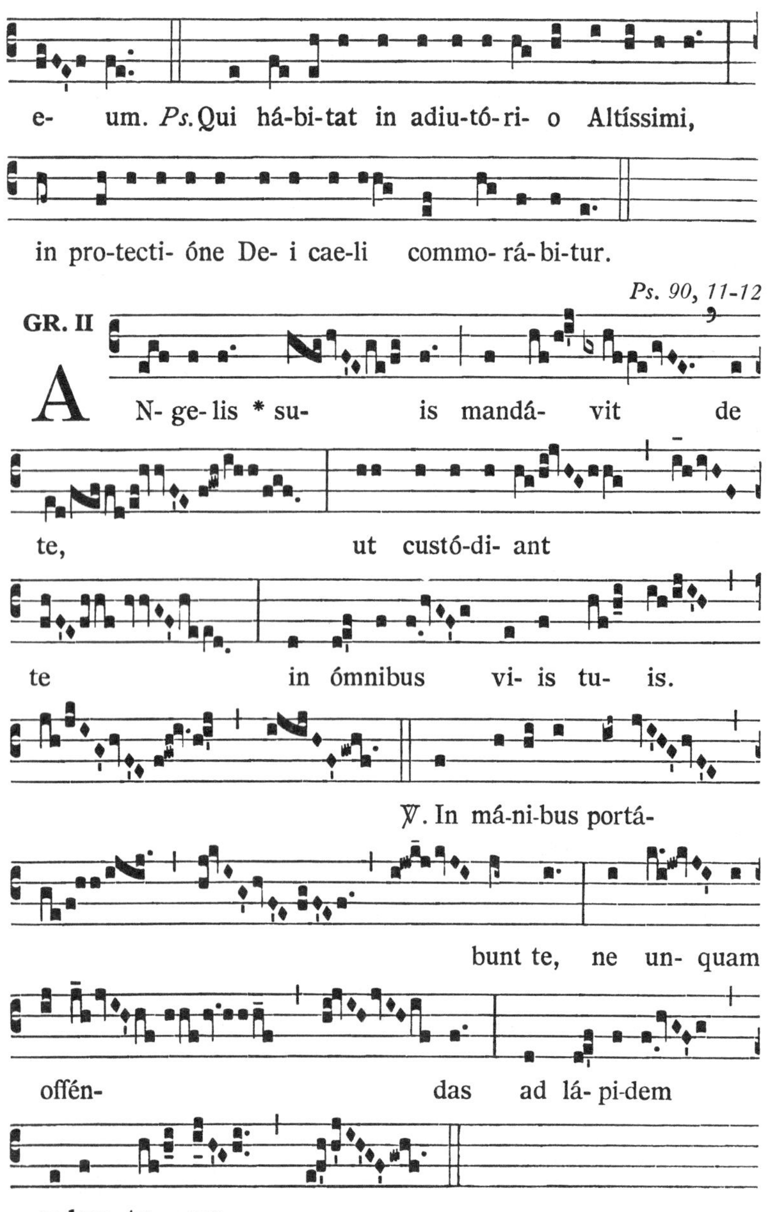
e- um. Ps. Qui há-bi-tat in adiu-tó-ri- o Altíssimi,
in pro-tecti- óne De- i cae-li commo- rá- bi-tur.
Ps. 90, 11-12
GR. II
A N- ge- lis * su- is mandá- vit de
te, ut custó-di- ant
te in ómnibus vi- is tu- is.
℣. In má-ni-bus portá-
bunt te, ne un- quam
offén- das ad lá- pi-dem
pedem tu- um.

Ps. 90, 1-7 et 11-16

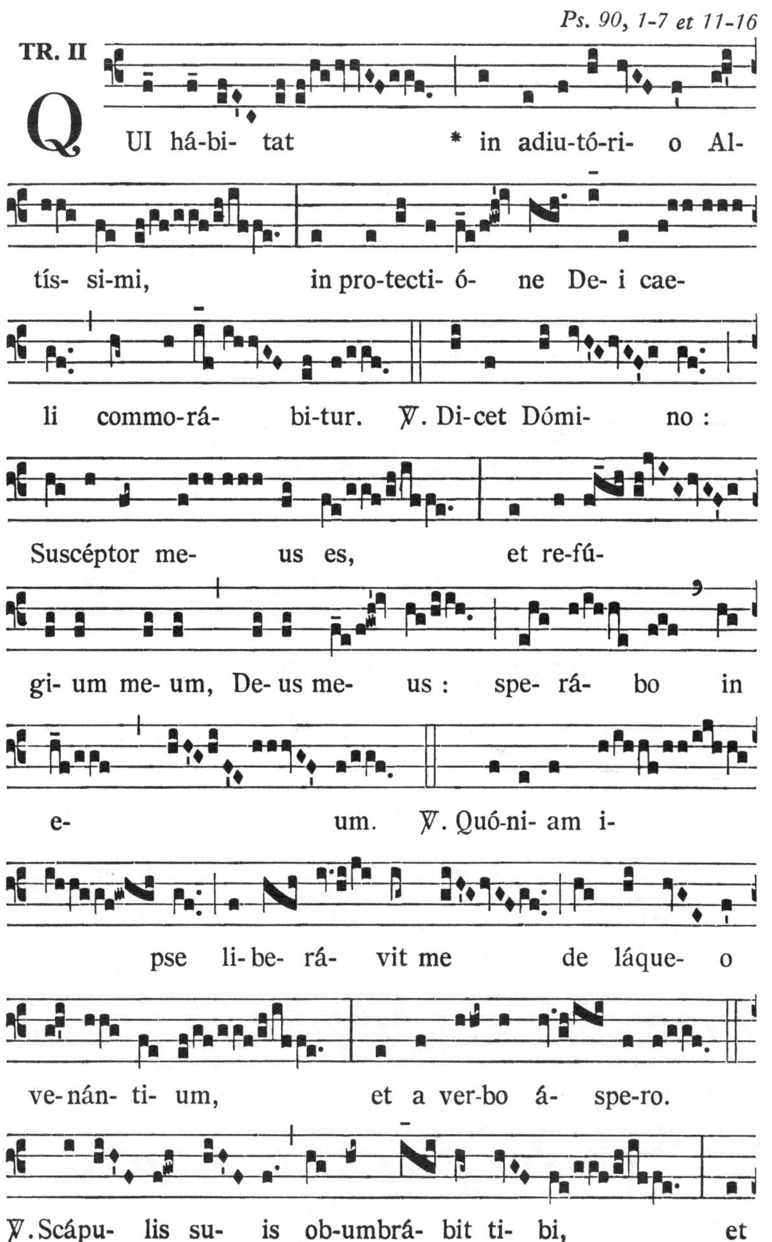

sub pennis e- ius spe- rá- bis. ℣. Scu-to
circúmda- bit te vé-ri- tas e- ius : non
timé- bis a timó-re noctúr- no. ℣. A sa-
gít- ta vo-lán- te per di- em, a negó- ti-
o per-ambu- lán- te in té- nebris,
a ru- í-na et daemó- ni- o me- ri-di- á-
no. ℣. Ca- dent a lá- te-
re tu- o mil- le, et de-cem
míl- li- a a dextris tu- is :

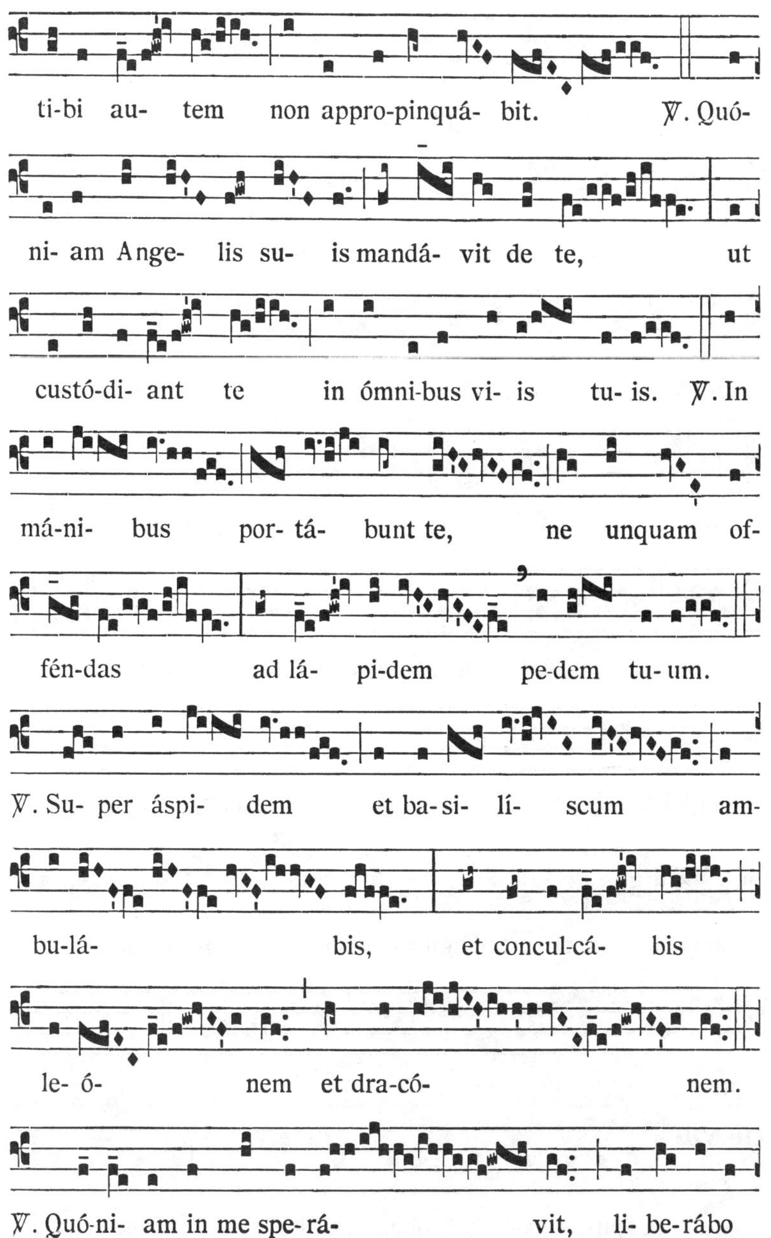
ti-bi au- tem non appro-pinquá- bit. ℣. Quó-
ni- am Ange- lis su- is mandá- vit de te, ut
custó-di- ant te in ómni-bus vi- is tu- is. ℣. In
má-ni- bus por- tá- bunt te, ne unquam of-
fén-das ad lá- pi-dem pe-dem tu- um.
℣. Su- per áspi- dem et ba- si- lí- scum am-
bu-lá- bis, et concul-cá- bis
le- ó- nem et dra-có- nem.
℣. Quó-ni- am in me spe- rá- vit, li- be-rábo

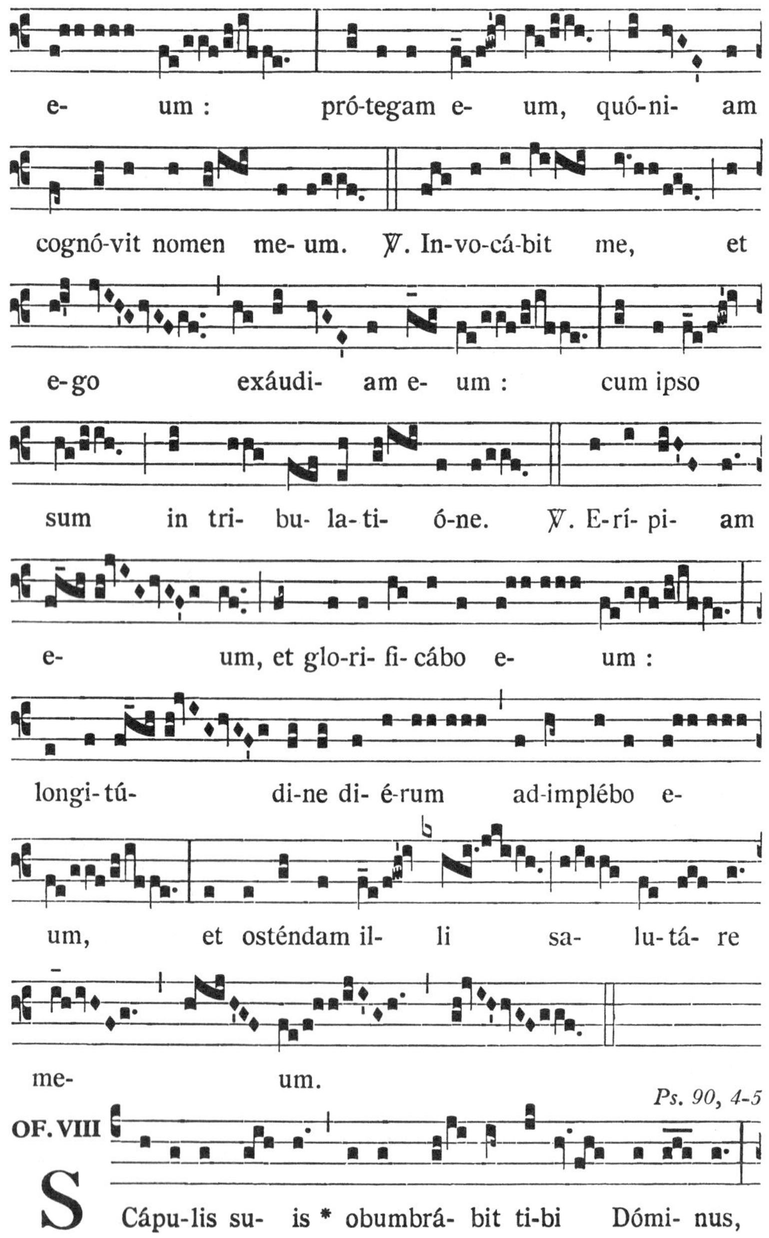

e- um : pró-tegam e- um, quó-ni- am
cognó-vit nomen me- um. ℣. In-vo-cá-bit me, et
e-go exáudi- am e- um : cum ipso
sum in tri- bu- la- ti- ó-ne. ℣. E-rí- pi- am
e- um, et glo-ri- fi- cábo e- um :
longi- tú- di-ne di- é-rum ad-implébo e-
um, et osténdam il- li sa- lu- tá- re
me- um.
Ps. 90, 4-5
OF. VIII
S Cápu-lis su- is * obumbrá- bit ti-bi Dómi- nus,

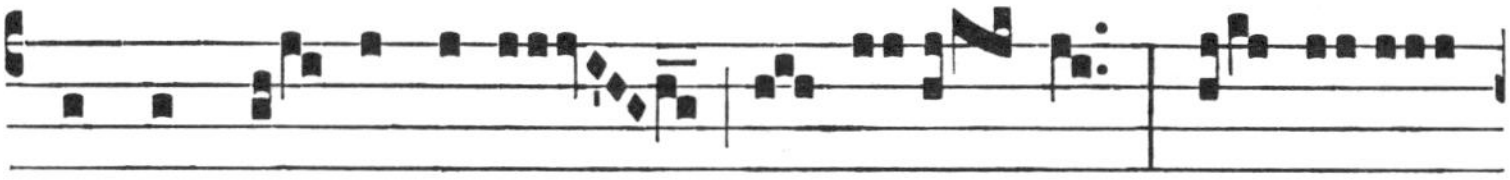

et sub pen- nis e-ius spe- rá- bis : scu- to

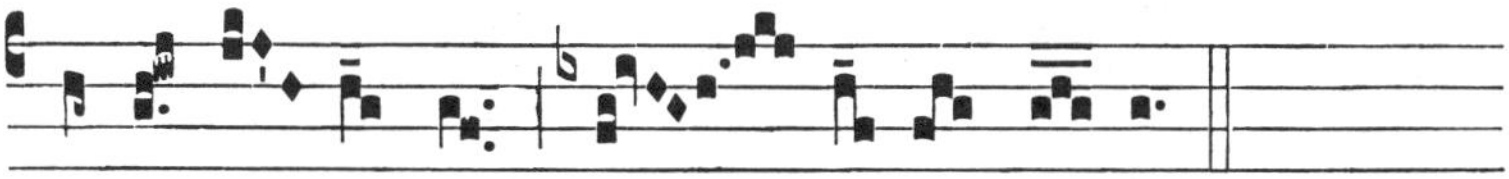

circúmda- bit te vé- ri- tas e- ius.

Ps. 90, 4-5

CO. III

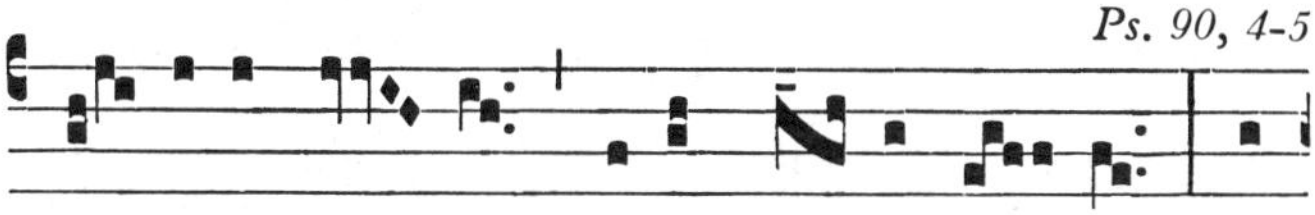

S Cá- pu-lis su- is * obumbrá- bit ti- bi, et

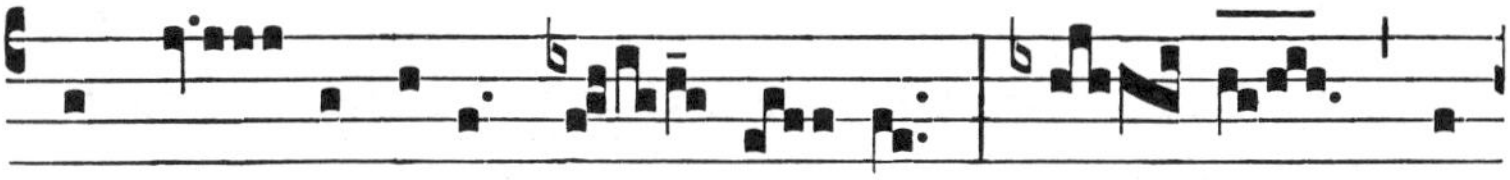

sub pen- nis e-ius spe- rá- bis : scu- to cir-

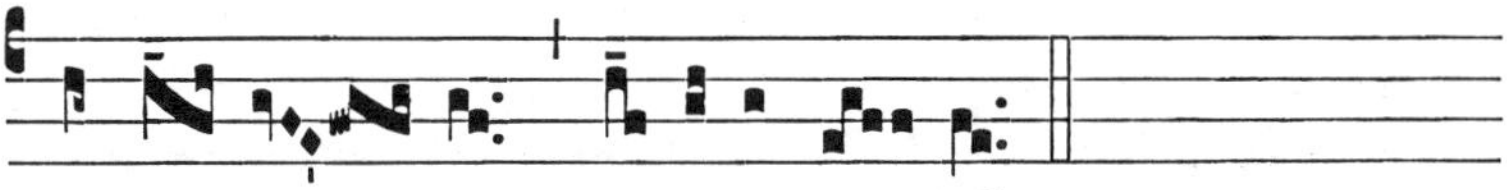

cúmda- bit te vé- ri- tas e- ius.

Ps. **90**, 1. 2. 3. 11. 12. 13. 14. 15. 16

FERIA SECUNDA

Ps. 122, 2. 3 et 1

IN. IV

S Ic- ut ó- cu- li servó-rum * in má- ni-bus do-

mi-nó- rum su- ó- rum : i- ta ó- cu-li nostri ad

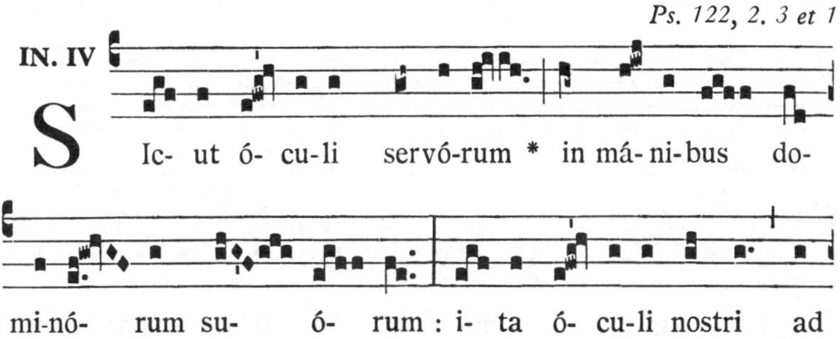

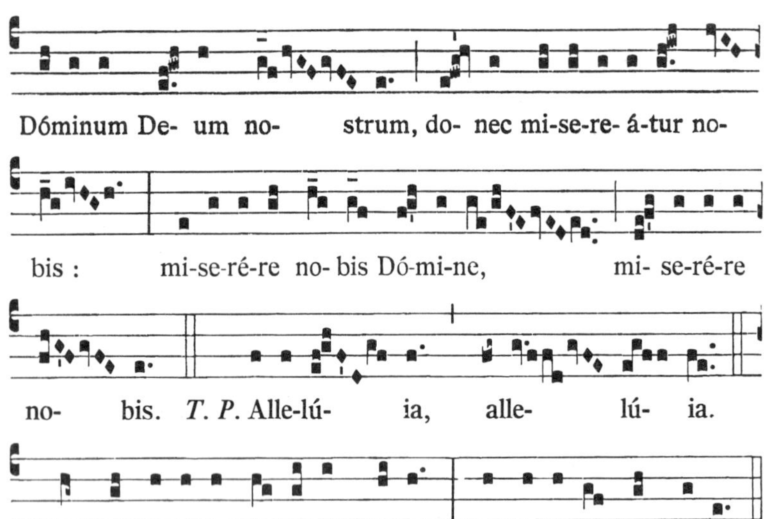

GR. Protéctor noster, 292.

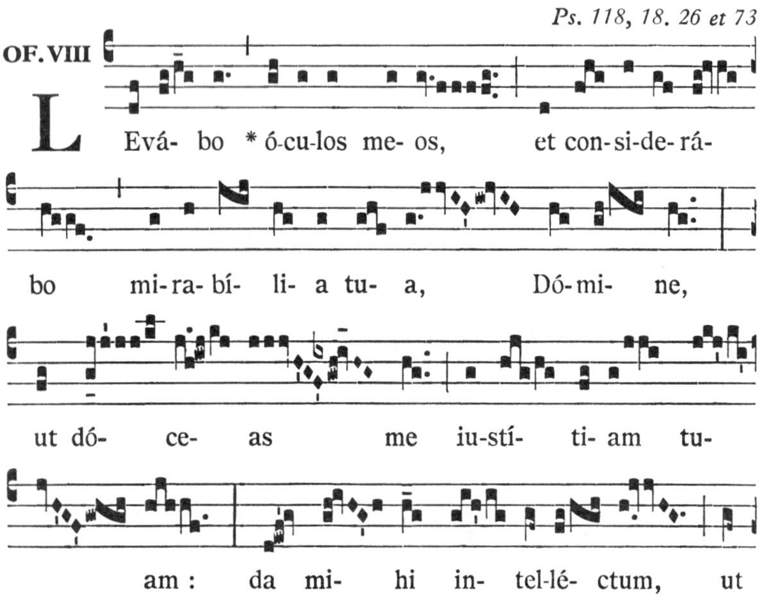

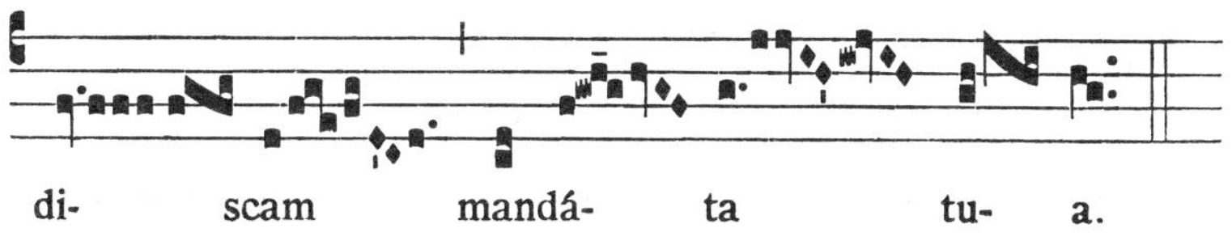

T. P. Allelúia, *VIII toni*, 826.

Mt. 25, 40. 34

Ps. 144*, 1. 5. 10. 11. 12. 13 ab. 15. 16 (Differentia : **f**)

FERIA TERTIA

Ps. 89, 1. 2

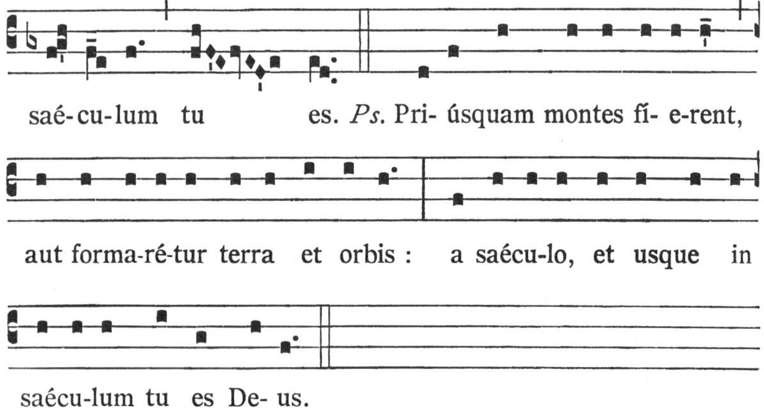

GR. Dirigátur, 340.
OF. In te sperávi, 322.

Ps. 4, 2

Ps. 4, 3. 4. 5. 6 a. 6 b - 7. 8

FERIA QUARTA

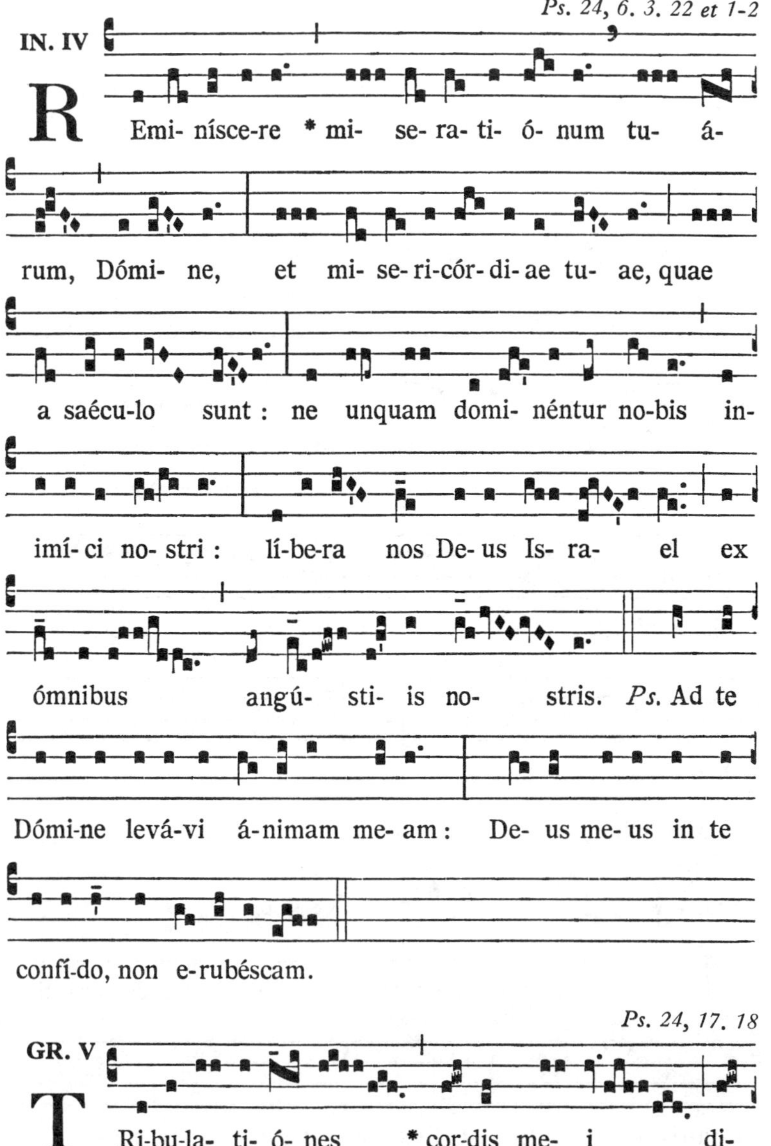

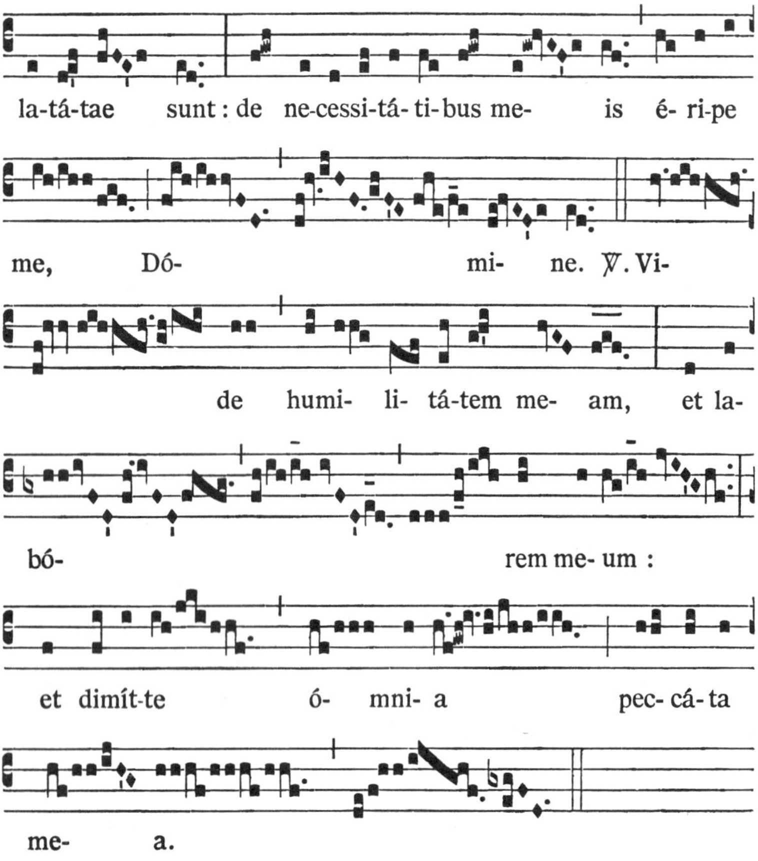
la-tá-tae sunt : de ne-cessi-tá- ti-bus me- is é- ri-pe
me, Dó- mi- ne. ℣. Vi-
de humi- li- tá-tem me- am, et la-
bó- rem me- um :
et dimít-te ó- mni- a pec- cá- ta
me- a.

OF. Meditábor, 356.

Ps. 5, 2. 3. 4 a

CO. V
INtél- lege clamó-rem me- um: * inténde vo- ci
o-ra-ti- ó- nis me- ae, Rex me- us, et De- us me-

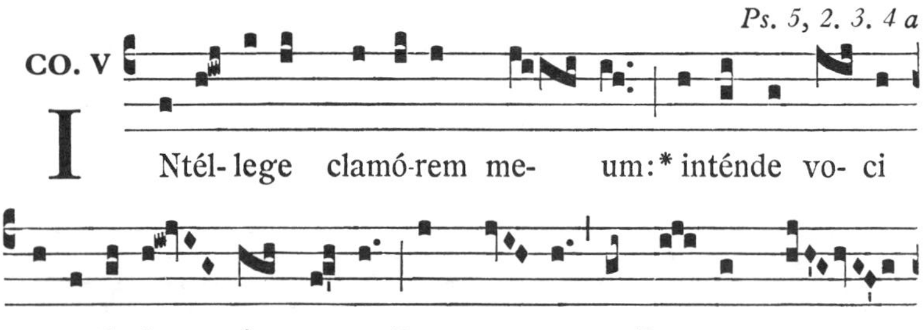

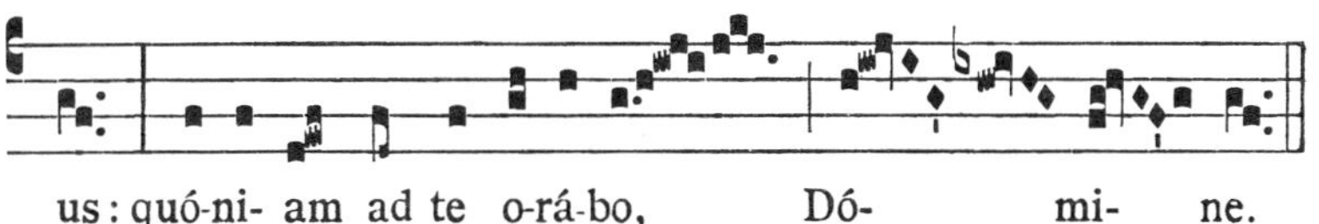

Ps. 5, 4 bc. 5 - 6. 7. 8. 12 ab. 12 bc. 13 (Differentia : g)

FERIA QUINTA

Ps. 5, 2. 3 et 4 ab

IN. V

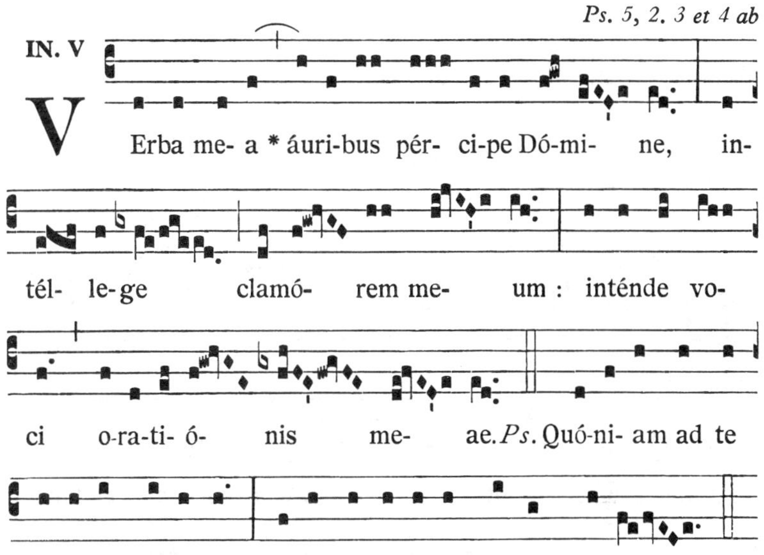

GR. Custódi me, 304.
OF. Recordáre mei, 352.

Cf. Lc. 11, 9. 10 ; Mt. 7, 7. 8 et 10, 1

CO. I

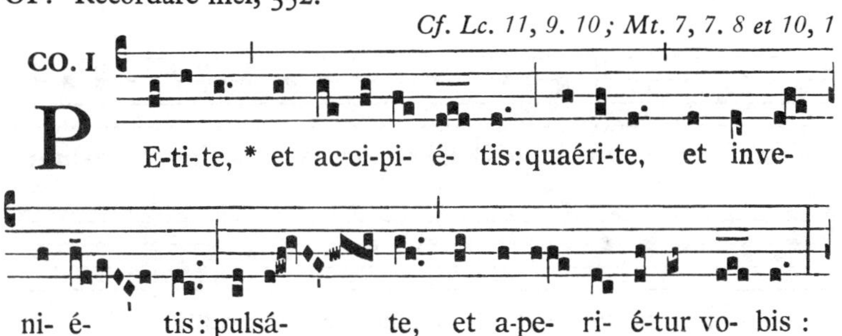

omnis e-nim qui pe-tit, ácci- pit : et qui quaerit, ínve-
nit : pulsán- ti a- pe- ri- é- tur.

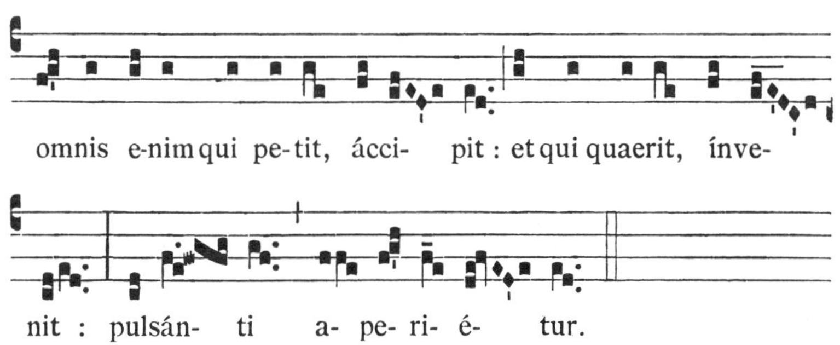

Ps. 30*, 2. 3 ab. 3 cd. 4. 5. 8 ab. 8 c-9

FERIA SEXTA

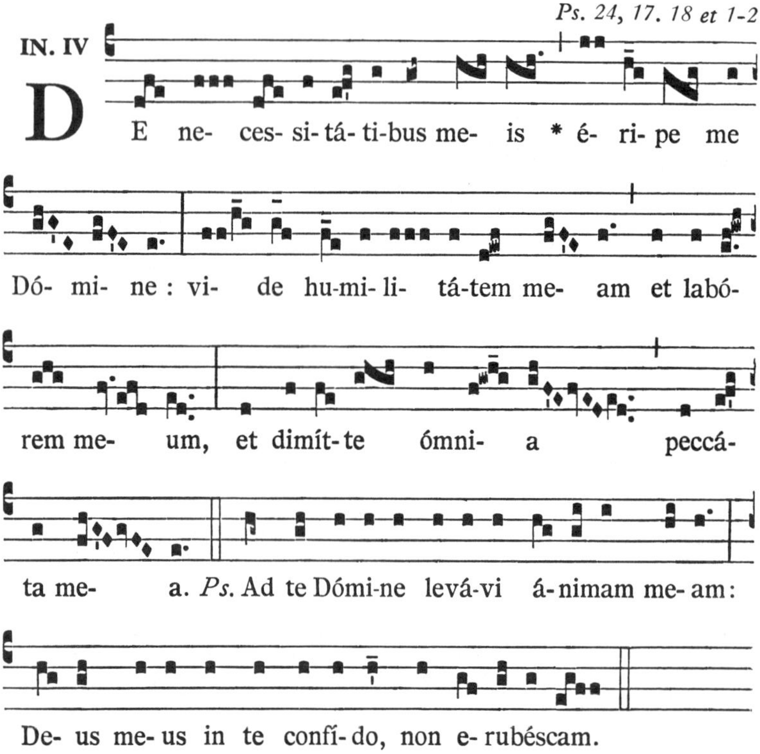
Ps. 24, 17. 18 et 1-2
IN. IV
DE ne- ces- si- tá- ti-bus me- is * é- ri- pe me
Dó- mi- ne : vi- de hu-mi- li- tá-tem me- am et labó-
rem me- um, et dimít- te ómni- a peccá-
ta me- a. Ps. Ad te Dómi-ne levá-vi á- nimam me- am :
De- us me- us in te confí- do, non e- rubéscam.

Ps. 85, 2. ℣. 6

GR. I

SAl- vum fac * ser- vum tu- um,
De- us me- us, spe-rántem in te.
℣. Auri-bus pér-
ci-pe Dó- mi-ne o-ra-ti- ó-nem meam.

OF. Bénedic, ánima mea, 362.

Ps. 6, 11

CO. IV

E - ru-bé- scant, * et conturbén- tur omnes in-i-
mí- ci me- i : avertántur retrór- sum, et e-rubé- scant
valde ve- ló- ci- ter.

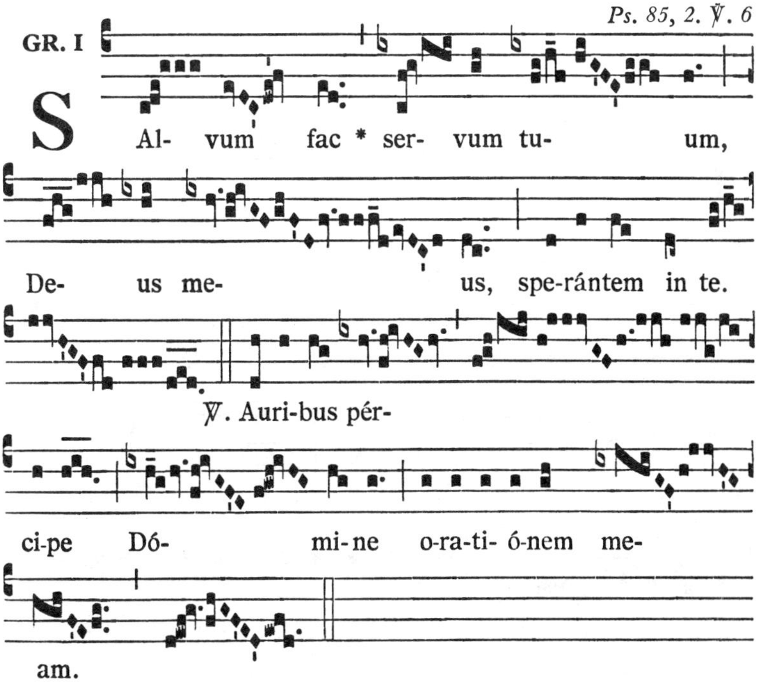

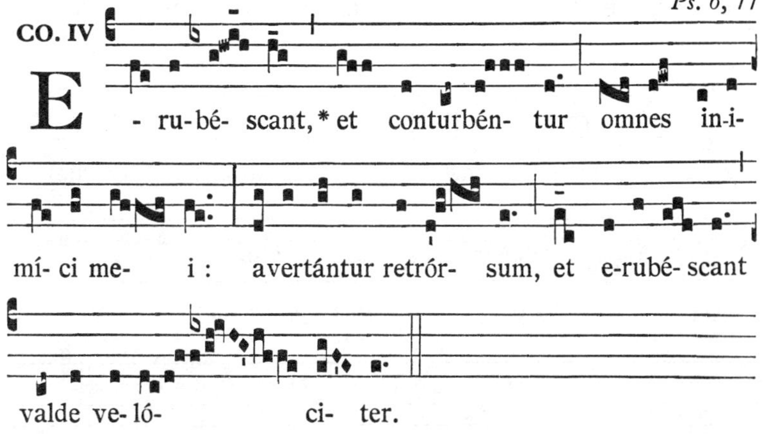

Ps. 6, 2. 3. 4. 5. 6. 7

SABBATO

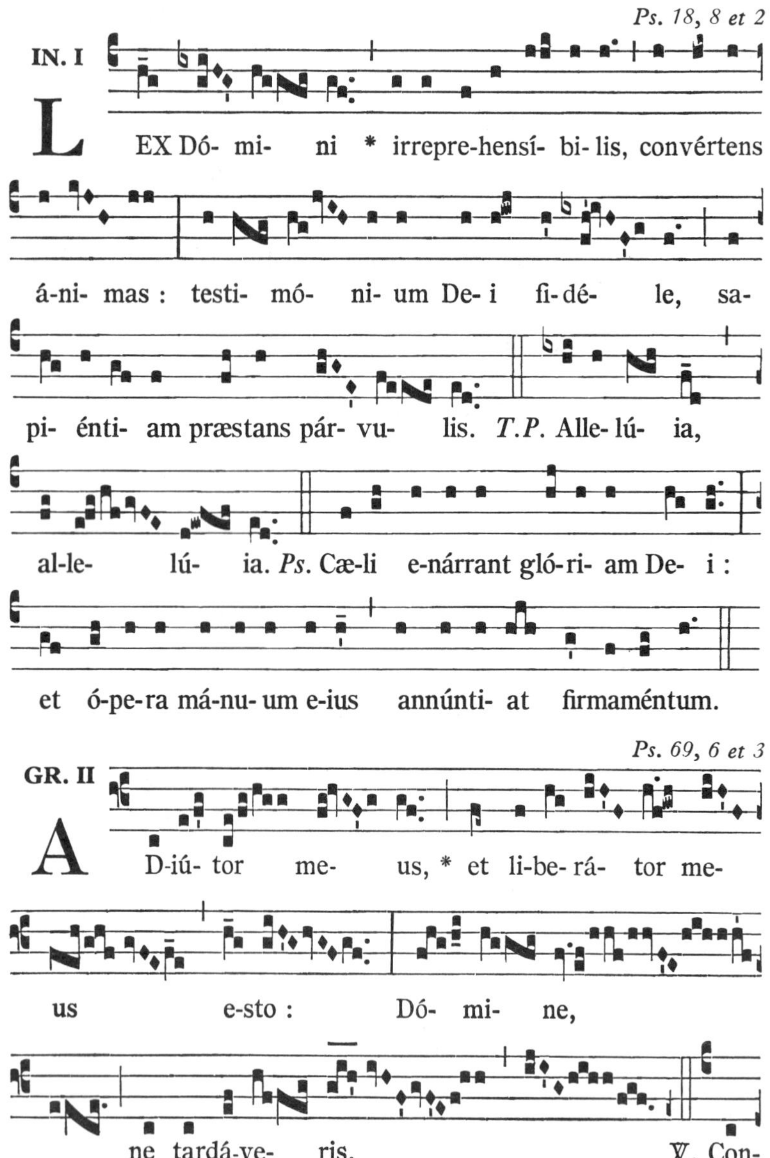
Ps. 18, 8 et 2
IN. I
LEX Dó- mi- ni * irrepre-hensí- bi- lis, convértens
á-ni- mas : testi- mó- ni- um De- i fi- dé- le, sa-
pi- énti- am præstans pár- vu- lis. T.P. Alle- lú- ia,
al-le- lú- ia. Ps. Cæ-li e-nárrant gló-ri- am De- i :
et ó-pe-ra má-nu- um e-ius annúnti- at firmaméntum.
Ps. 69, 6 et 3
GR. II
AD-iú- tor me- us, * et li-be- rá- tor meus e-sto : Dó- mi- ne,
ne tardá-ve- ris. ℣. Con-

fundán- tur, et reve-re- án-
tur in-i-mí- ci me- i, qui
quae-runt á- nimam me- am.

Ps. 87, 2. 3

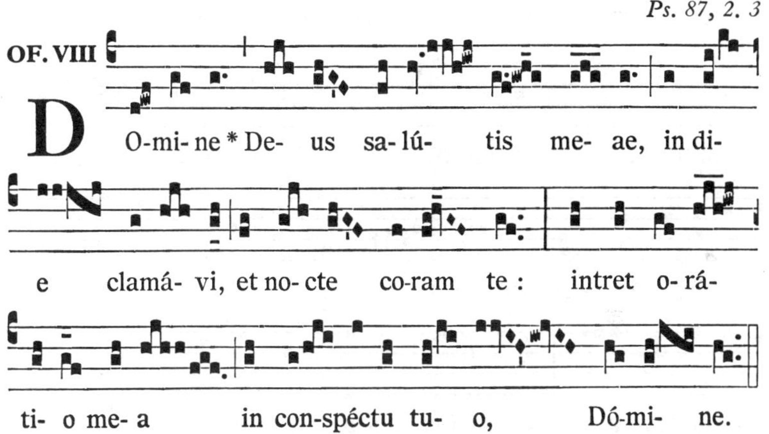
OF. VIII
DOmi-ne * De- us sa- lú- tis me- ae, in di-
e clamá- vi, et no- cte co-ram te : intret o- rá-
ti- o me- a in con-spéctu tu- o, Dó-mi- ne.

Ps. 7, 2

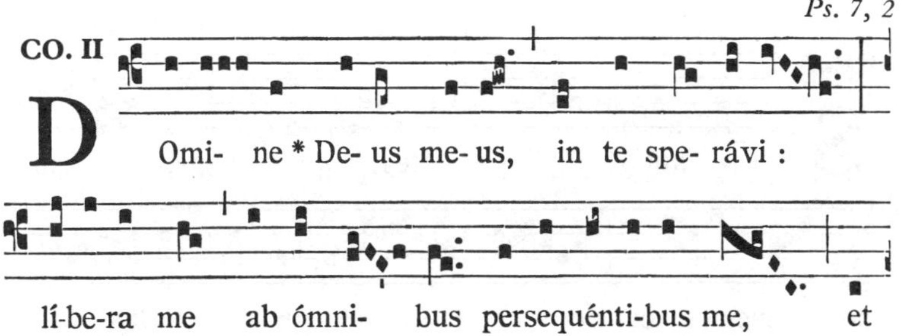
CO. II
DOmi- ne * De- us me- us, in te spe- rávi :
lí-be-ra me ab ómni- bus persequénti-bus me, et

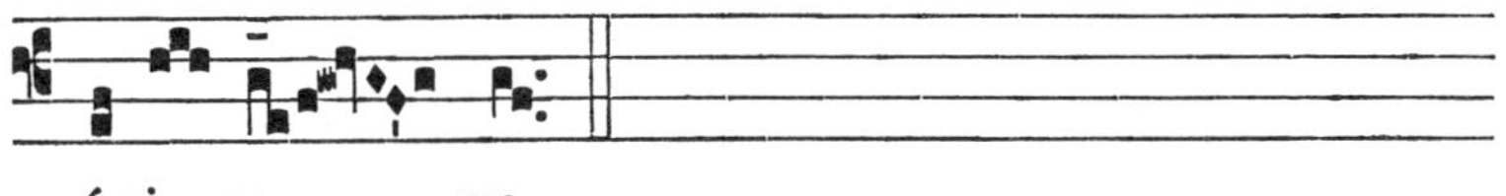

Ps. 7, 3. 9 bc. 11. 18

HEBDOMADA SECUNDA QUADRAGESIMÆ

DOMINICA

Vel : Reminíscere, 81.

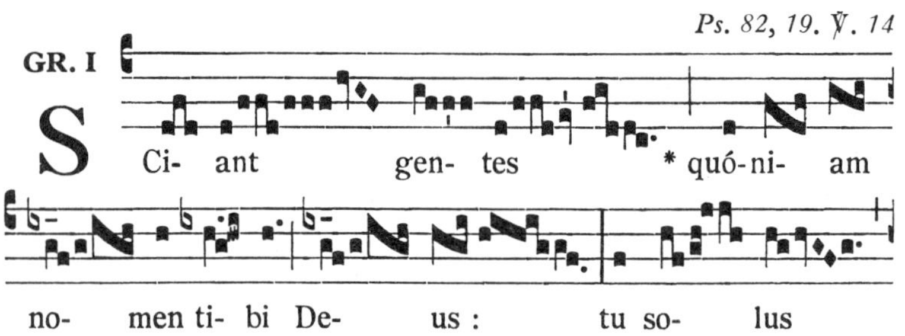

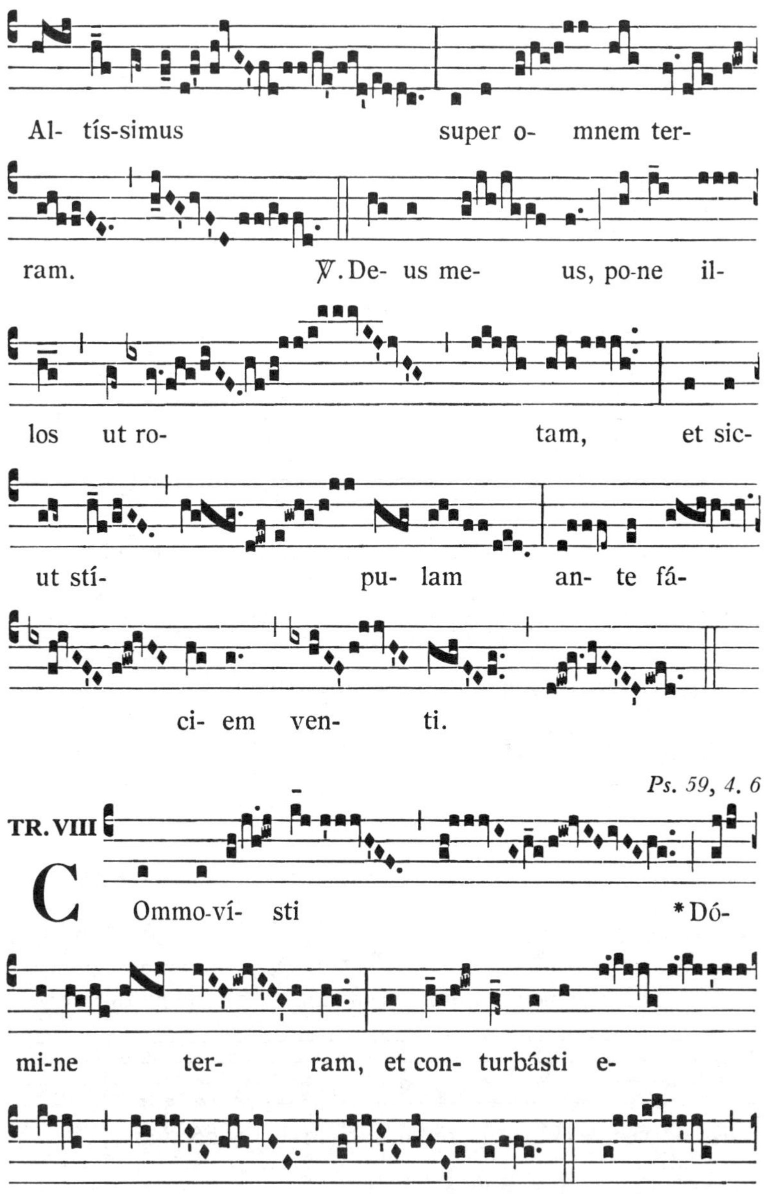
Al- tís-simus super o- mnem ter-
ram. ℣. De- us me- us, po-ne il-
los ut ro- tam, et sic-
ut stí- pu- lam an- te fá-
ci- em ven- ti.
Ps. 59, 4. 6
TR. VIII
C Ommo-ví- sti * Dó-
mi-ne ter- ram, et con- turbásti e-
am. ℣. Sa-

Ps. **44***, 2 ab. 3. 4. 5. 6. 7. 8. 18 ab
vel ps. **96***, 1. 2. 3. 4. 5. 6. 11. 12

FERIA SECUNDA

Ps. 25, 11. 12 et 1

IN. II

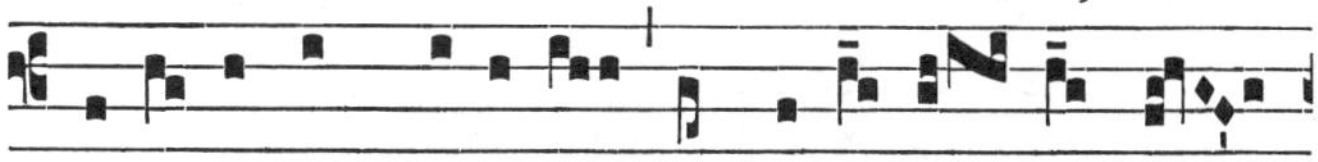

R Ed-ime me Dómi-ne, * et mi-se-ré- re me- 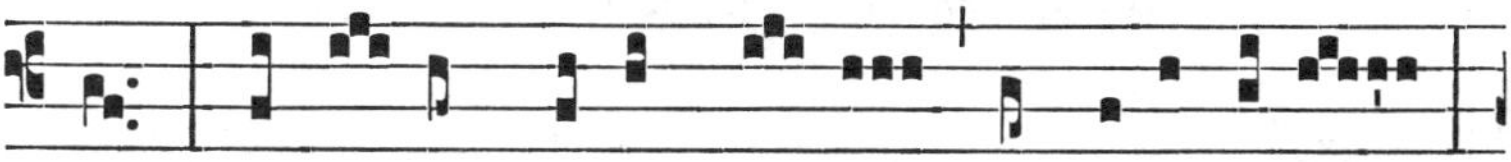 i : pes e- nim me- us ste- tit in vi- a recta 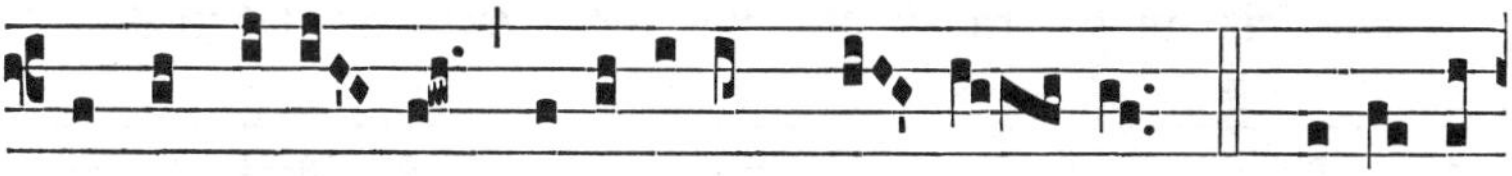 : in ecclé-si- is bene-dí-cam Dó- mi- num. *Ps.* Iú-di- ca 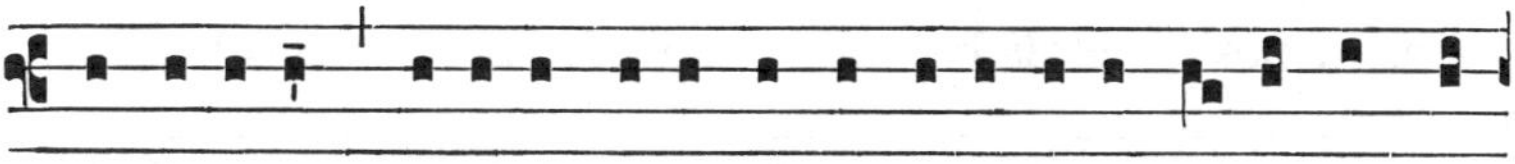 me Dómi-ne, quó-ni- am ego in inno-cénti- a me- a ingrés- 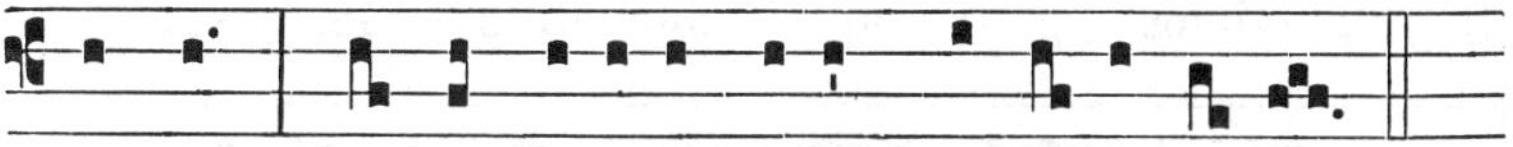 sus sum : et in Dómi-no spe-rans, non in-firmá-bor.

GR. Propítius esto, 288.
OF. Benedícam Dóminum, 293.
CO. Dómine Dóminus noster, 357.

FERIA TERTIA

Ps. 43, 24. 26 et 2

IN. I

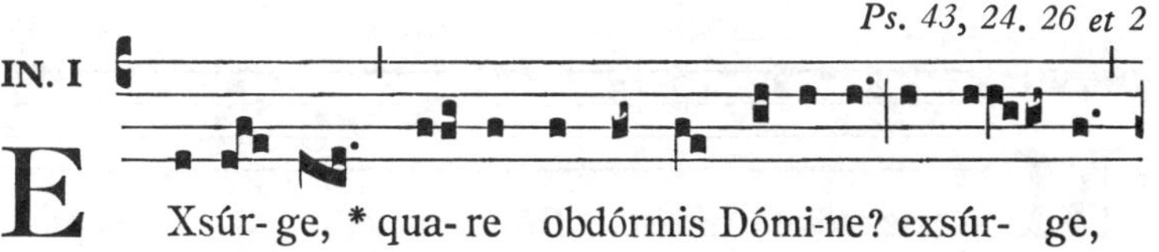

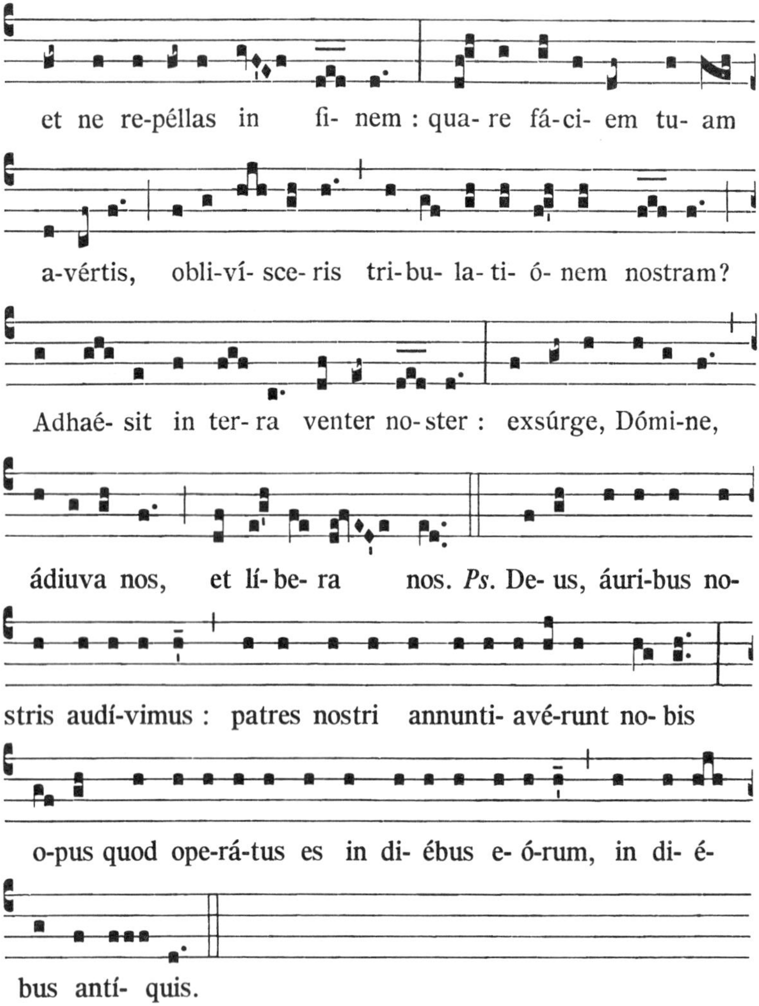
et ne re-péllas in fi- nem : qua- re fá-ci- em tu- am
a-vértis, obli-ví- sce- ris tri-bu- la- ti- ó- nem nostram?
Adhaé- sit in ter- ra venter no- ster : exsúrge, Dómi-ne,
ádiuva nos, et lí- be- ra nos. Ps. De- us, áuri-bus no-
stris audí-vimus : patres nostri annunti- avé-runt no- bis
o-pus quod ope-rá-tus es in di- ébus e- ó-rum, in di- é-
bus antí- quis.

GR. Iacta cogitátum tuum, 285.

Ps. 50, 3

OF. VIII

M I-se- ré-re mi-hi * Dó- mi- ne, se-cún-

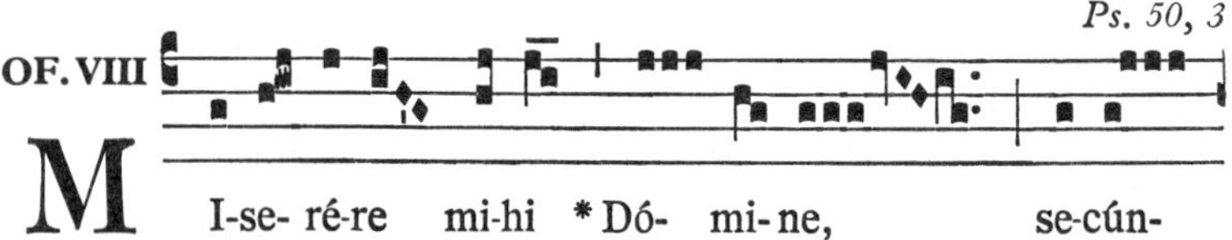

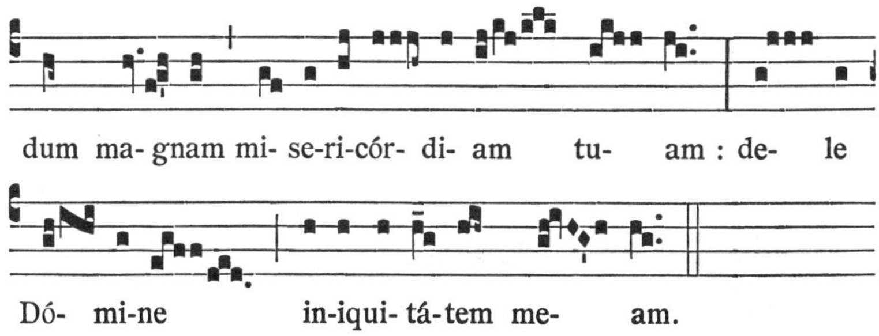

CO. Narrábo ómnia mirabília, 281,
cum ps. **9**, 4. 5. 10. 11. 12. 13. 14. 15

FERIA QUARTA

IN. Ne derelínquas me, 360.
GR. Salvum fac pópulum tuum, 354.
OF. Ad te, Dómine, levávi, 17.

Ps. 10, 7

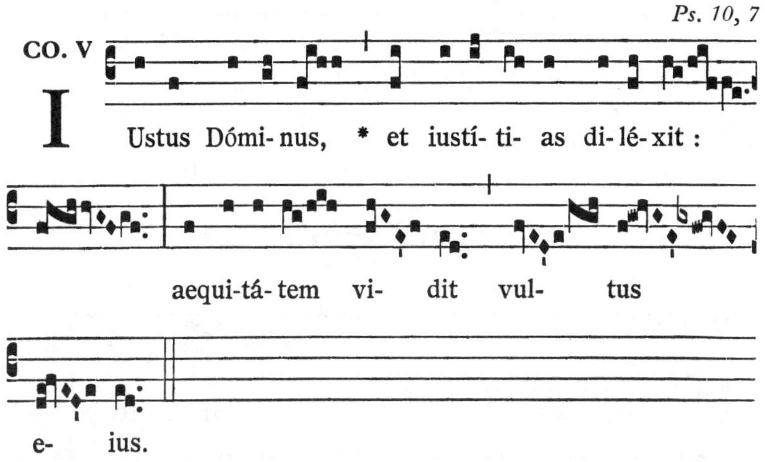

Ps. **10**, 1. 2. 3. 4 ab. 4 cd. 5

FERIA QUINTA

IN. Deus, in adiutórium, 315.
GR. Beátus vir, 475.

Cf. Ps. 39, 14. 15

OF. VI

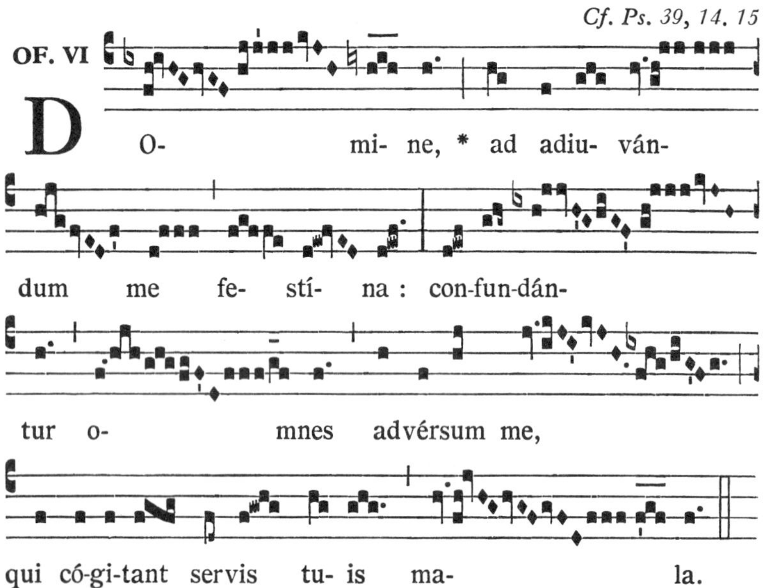

CO. Qui mandúcat, 383,
cum ps. 118*, 1. 2. 11. 49. 50. 72. 103. 105. 162

FERIA SEXTA

Ps. 16, 15 et 1

IN. I

GR. Ad Dóminum, 282.
OF. Dómine, in auxílium, 331.

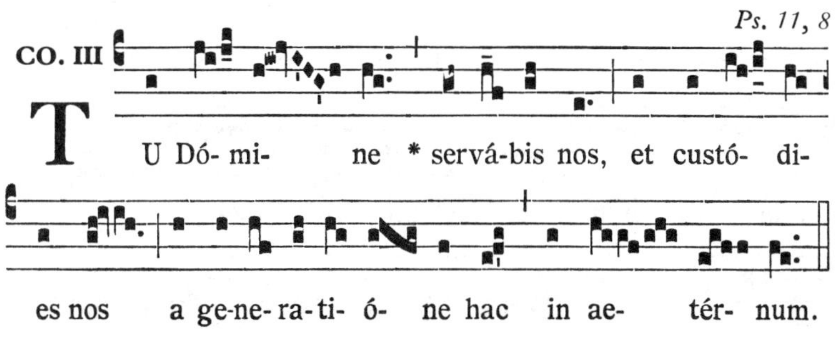

Ps. 11, 2. 3. 4. 5. 6. 7

SABBATO

IN. Intret orátio mea, 363.
GR. Bonum est confitéri, 327.
OF. Illúmina óculos meos, 290.

Ps. 31*, 1. 2. 3. 5 ab. 5 cd. 8. 10. 11

HEBDOMADA TERTIA QUADRAGESIMÆ

DOMINICA

Ps. 24, 15. 16 et 1-2

IN. VII

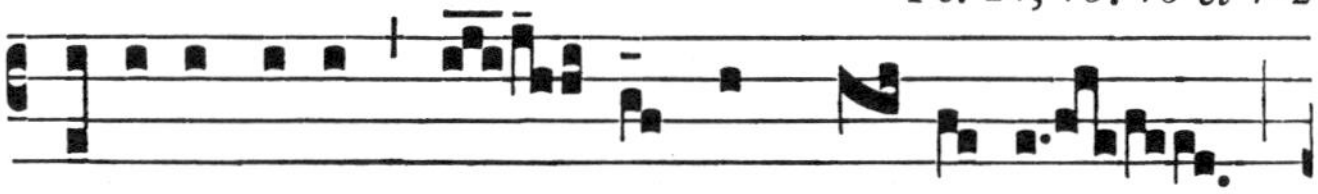

O - cu-li me- i * sem- per ad Dó- mi- num,

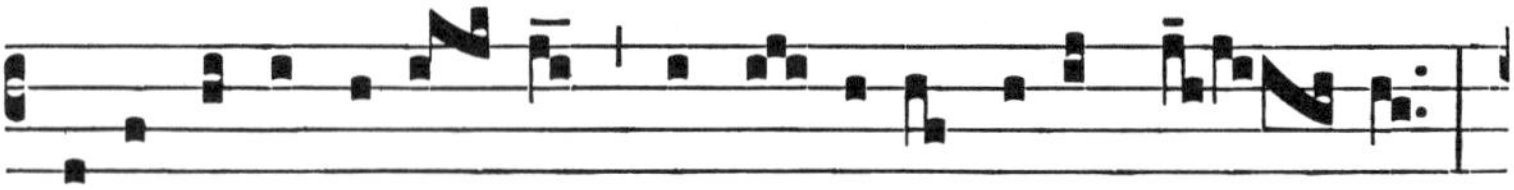

qui- a ipse evél- let de lá-que- o pedes me- os :

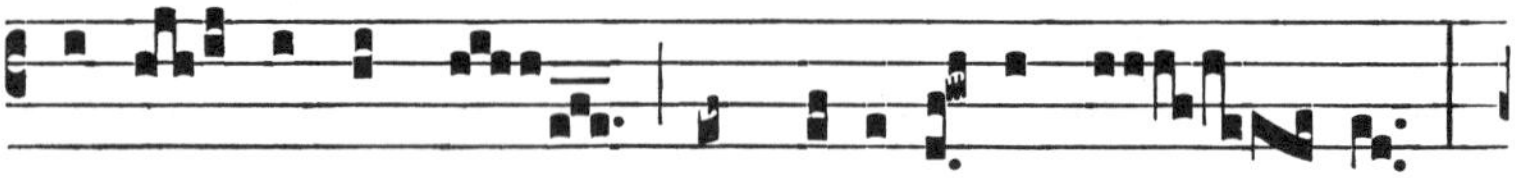

réspi- ce in me, et mi-se-ré- re me- i,

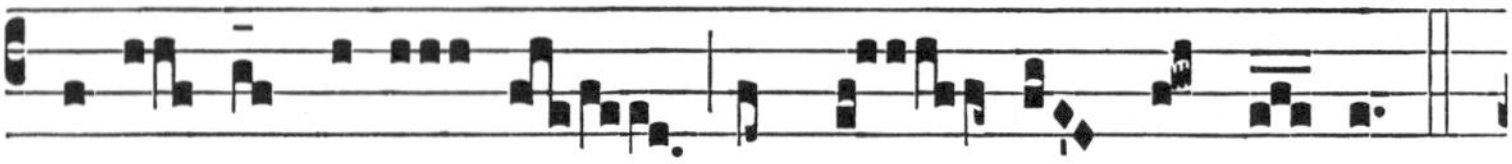

quóni- am úni- cus et pau- per sum e- go.

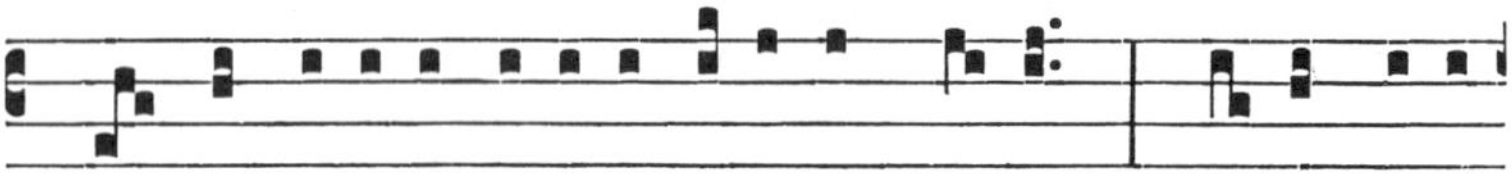

Ps. Ad te Dómi-ne levávi ánimam me- am : De- us me- us,

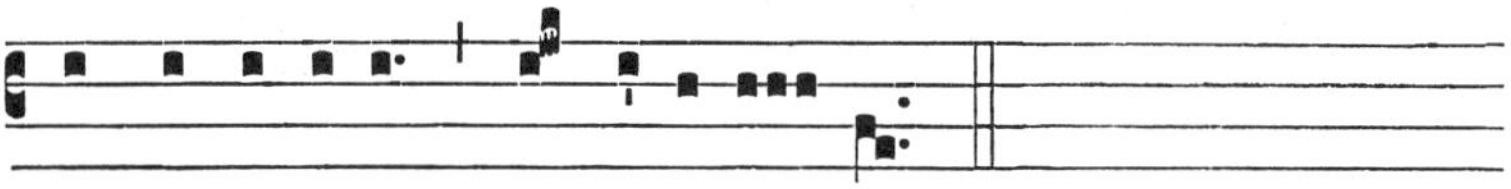

in te confí-do, non e-rubé- scam.

Vel : Dum sanctificátus fúero, 249.

Ps. 9, 20. ℣. 4

GR. III

E X- súr- ge * Dó- mi- ne, non

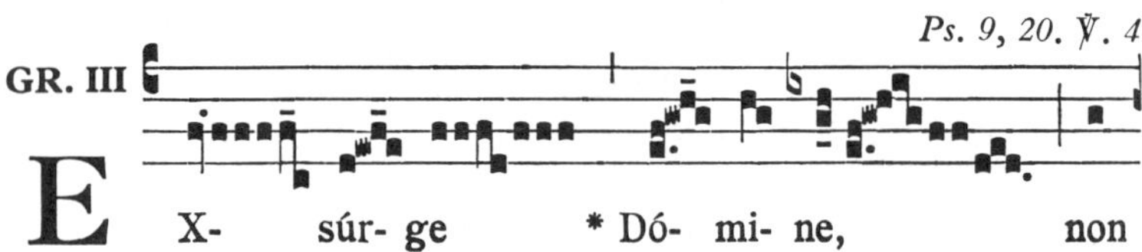

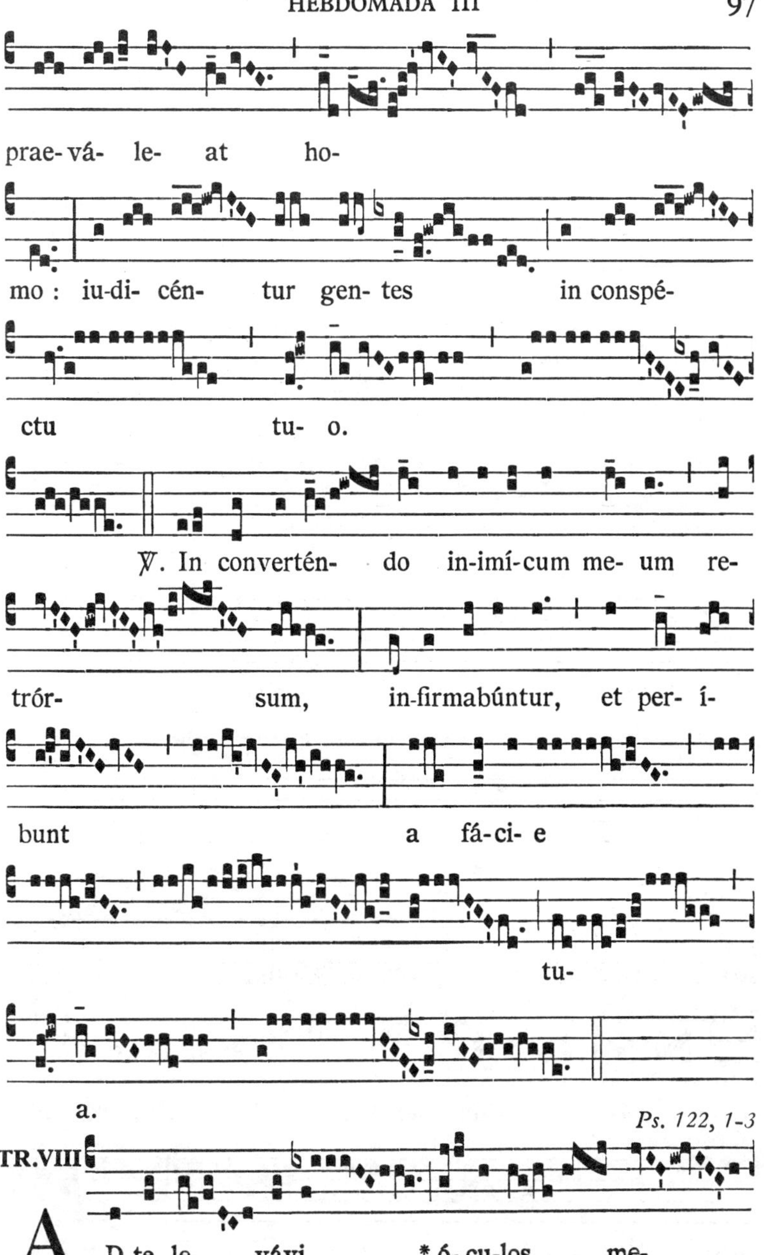

Ps. 122, 1-3

TR.VIII

AD te le- vávi * ó- cu-los me-

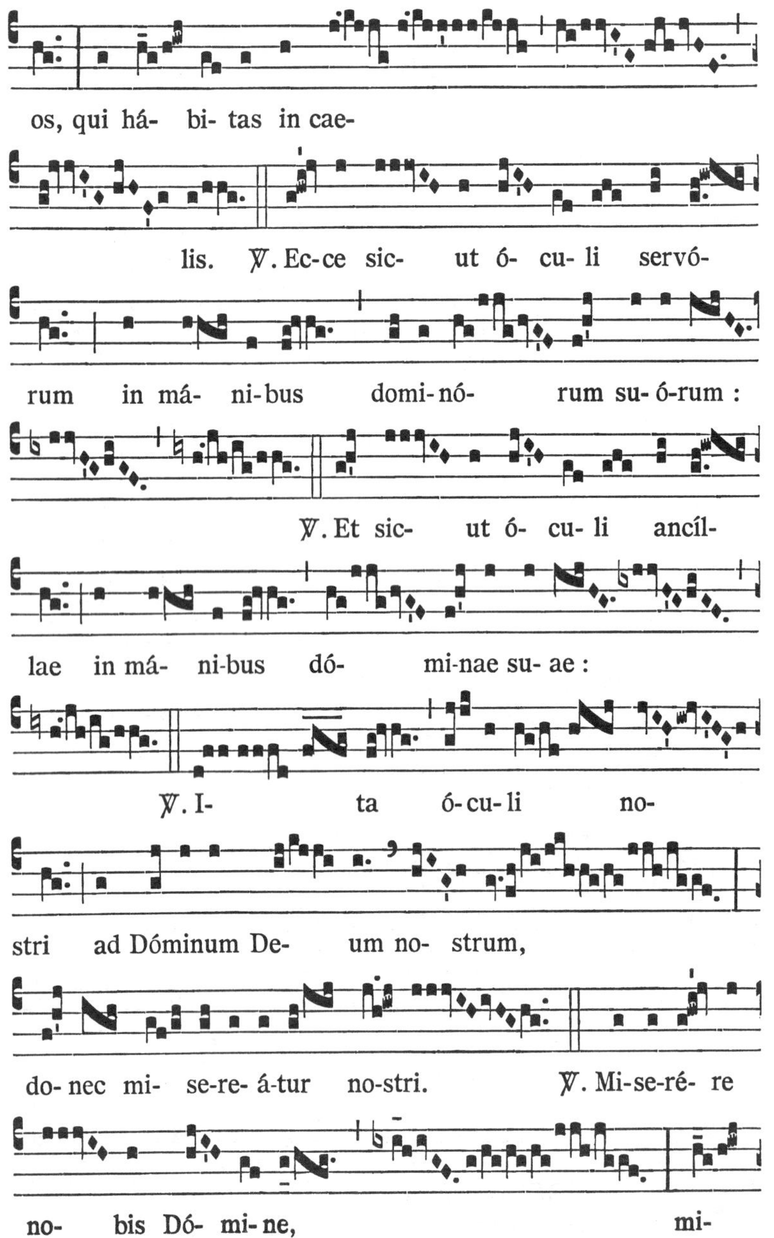

os, qui há- bi- tas in cae-
lis. ℣. Ec-ce sic- ut ó- cu- li servórum in má- ni-bus domi- nó- rum su- ó-rum :
℣. Et sic- ut ó- cu- li ancíl-
lae in má- ni-bus dó- mi-nae su- ae :
℣. I- ta ó-cu- li no-
stri ad Dóminum De- um no- strum,
do- nec mi- se-re- á-tur no-stri. ℣. Mi-se-ré- re
no- bis Dó- mi-ne, mi-

OF. Iustítiæ Dómini, 309.

Quando legitur Evangelium de Samaritana :

Io. 4, 13. 14

CO. III

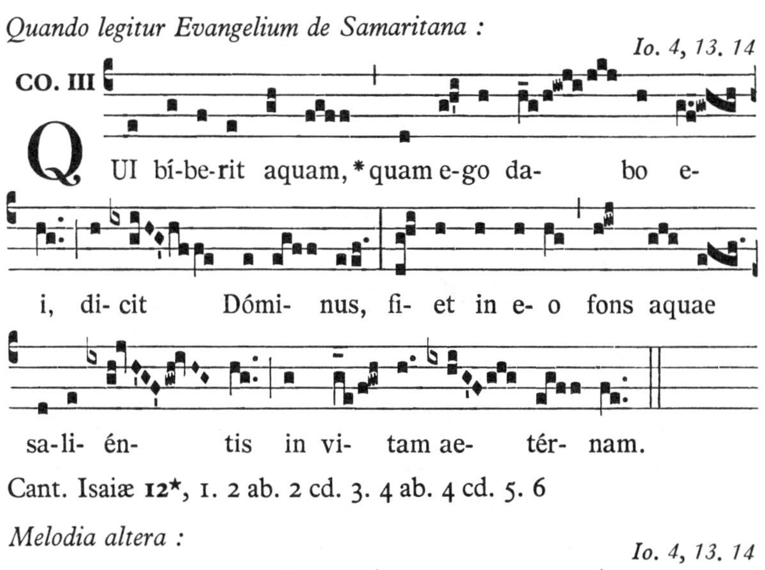

Cant. Isaiæ 12*, 1. 2 ab. 2 cd. 3. 4 ab. 4 cd. 5. 6

Melodia altera :

Io. 4, 13. 14

CO. VII

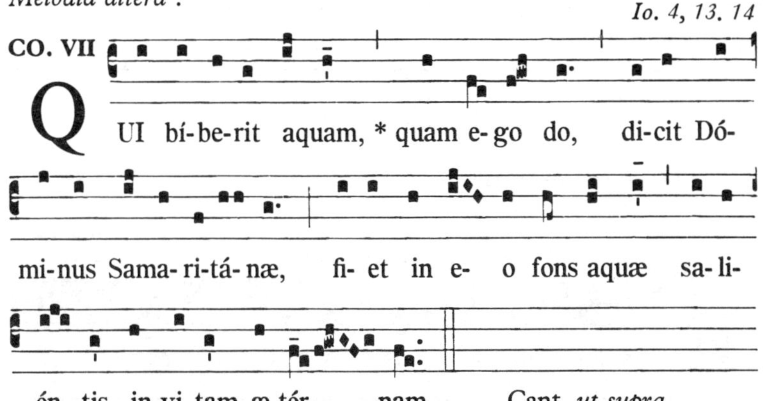

Cant. *ut supra.*

Quando legitur aliud Evangelium :
CO. Passer invénit, 306.

FERIA SECUNDA

Ps. 55, 11-12 et 2

IN. III

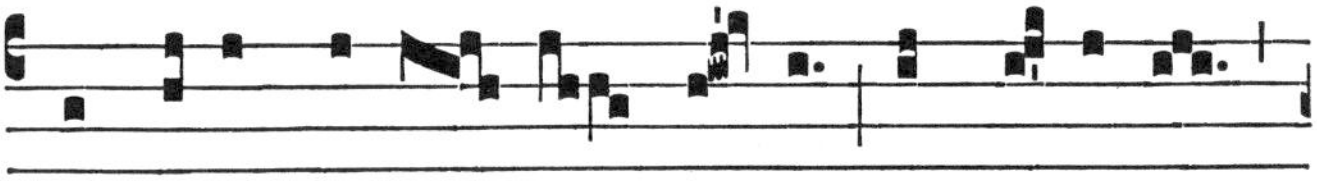

I N De- o * laudá- bo ver-bum, in Dó-mi-no

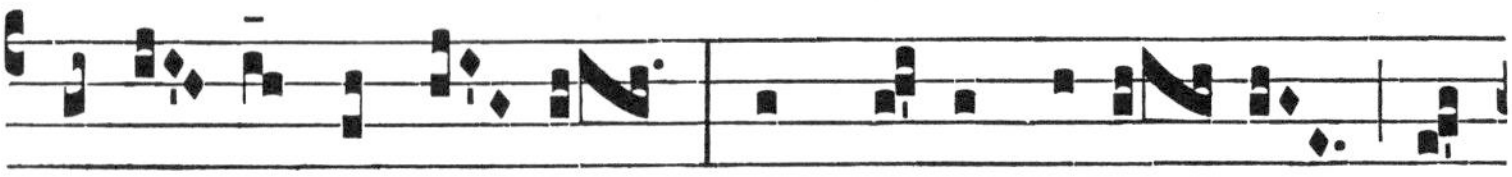

laudá- bo sermó- nem : in De- o spe-rá- vi, non

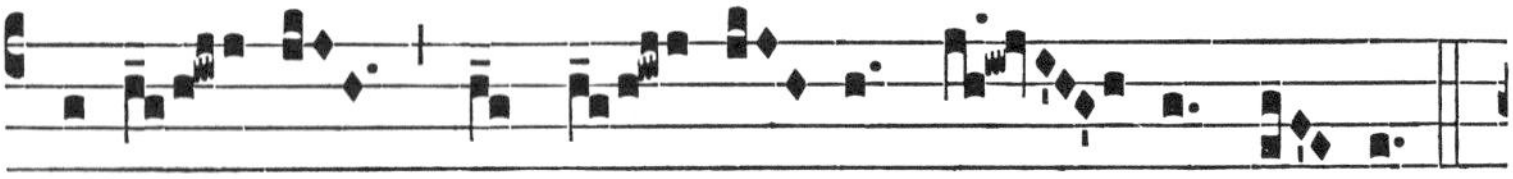

timé- bo quid fá- ci- at mi- hi ho- mo.

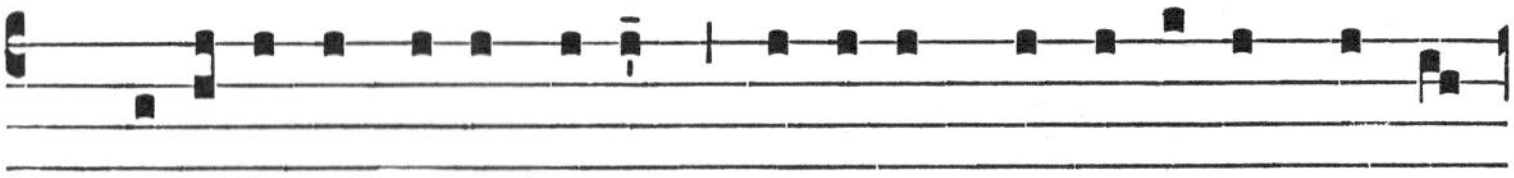

Ps. Mi-se-ré-re me- i De- us, quó-ni- am conculcá-vit me ho-

mo : to- ta di- e impúgnans tri- bu- lá-vit me.

GR. In Deo sperávit, 311.

Ps. 54, 2-3

OF. VIII

E X-áu- di De- us * o- ra-ti- ó- nem

me- am : et ne de- spé- xe- ris de- pre- ca-ti- ó-

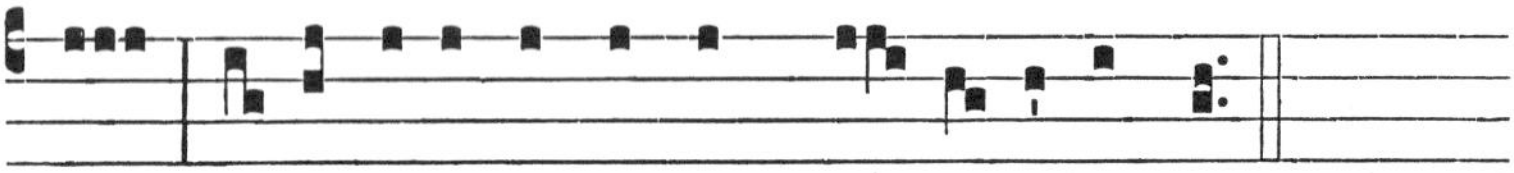

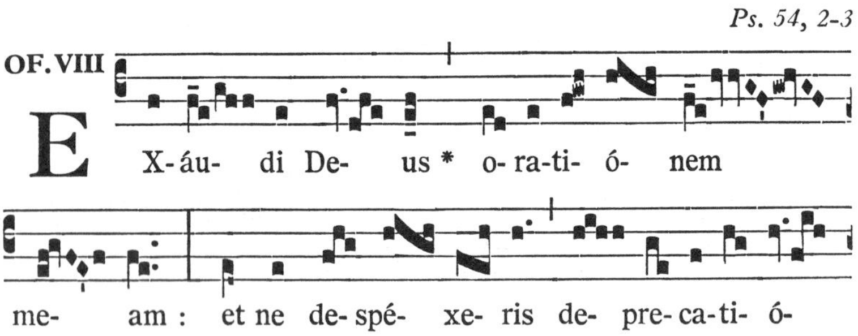

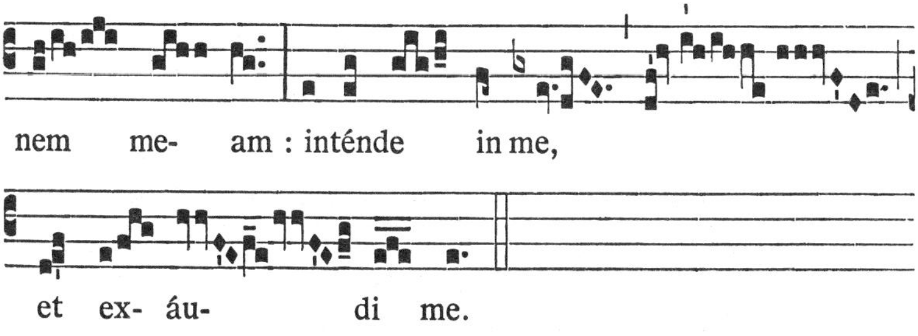

nem me- am : inténde in me,
et ex- áu- di me.

Ps. 13, 7

CO. V

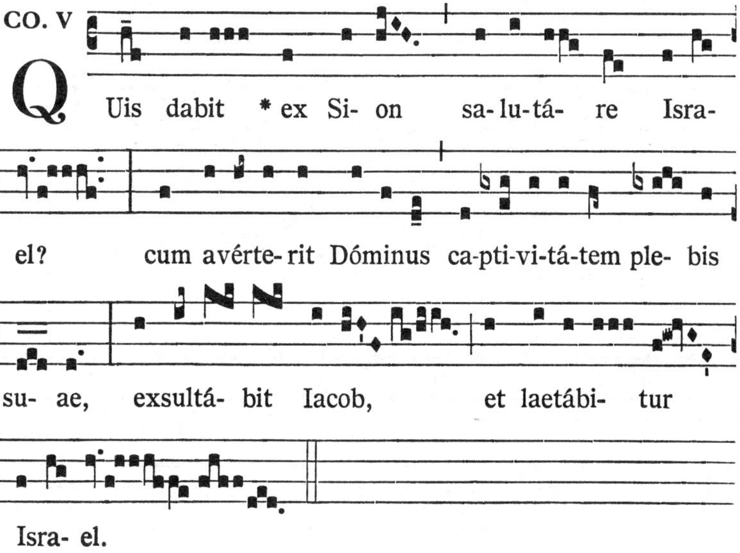

QUis dabit * ex Si- on sa-lu-tá- re Israel? cum avérte-rit Dóminus ca-pti-vi-tá-tem ple- bis
su- ae, exsultá- bit Iacob, et laetábi- tur
Isra- el.

Ps. 13, 1. 2. 3. 6

FERIA TERTIA

IN. Ego clamávi, 354.

Ps. 18, 13. 14

GR. II

AB occúltis * me- is mun- da me

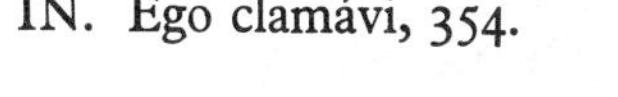

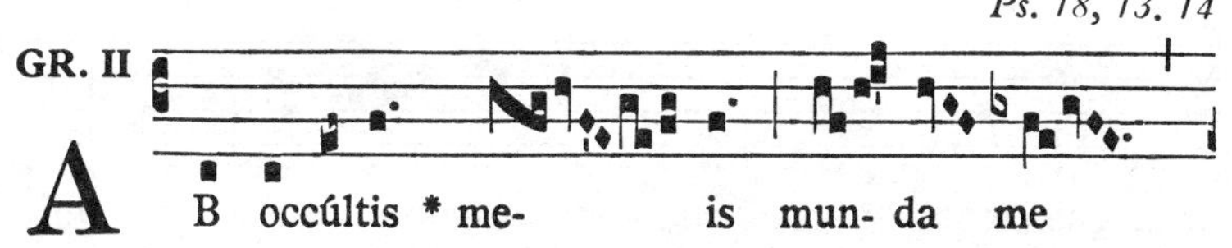

OF. Sicut in holocáusto, 299.

Ps. 14, 1. 2 a

ingré- di- tur si- ne mácu- la, et ope- rá- tur iu-

stí- ti- am.

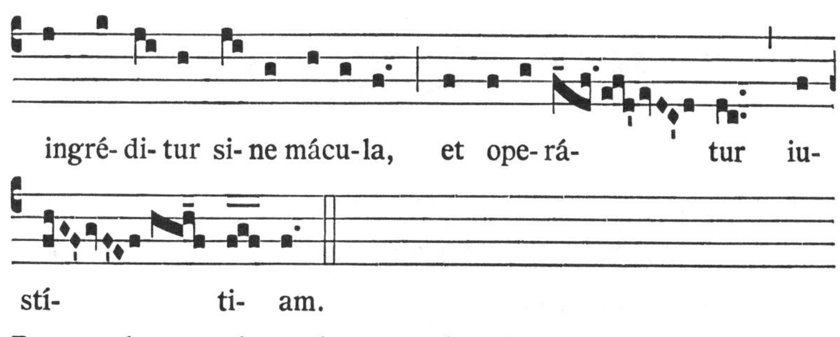

Ps. 14, 2 b - 3 a. 3 bc. 4 ab. 4 c - 5 ab

FERIA QUARTA

Ps. 18, 15 et 2

IN. I

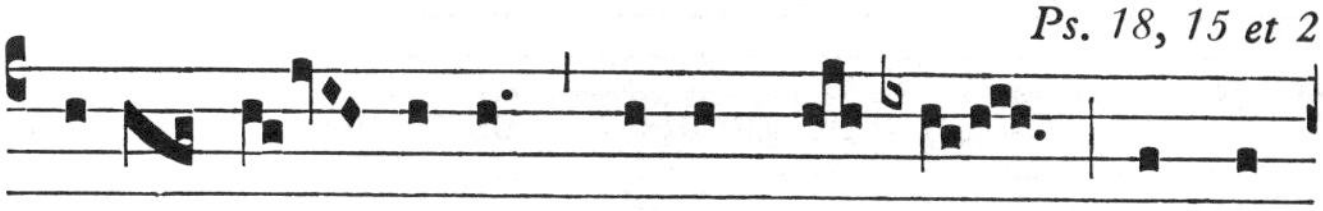

M Edi- tá- ti- o * cordis me- i in con-

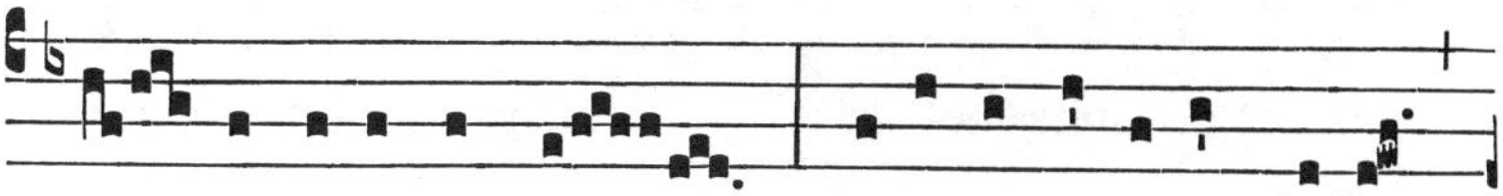

spé- ctu tu- o semper : Dómi-ne adiú-tor me- us,

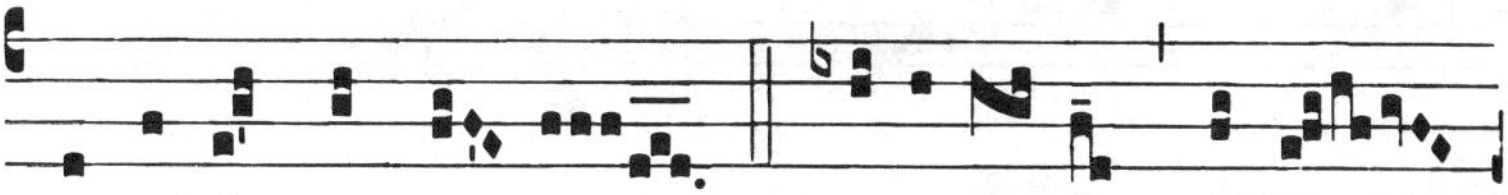

et red-émptor me- us. *T.P.* Alle-lú- ia, al-le-

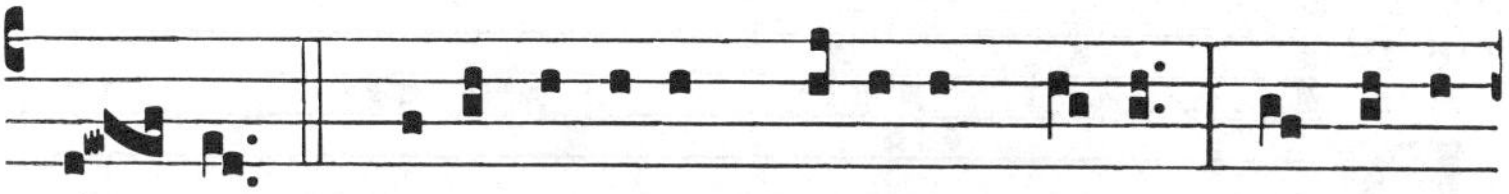

lú- ia. *Ps.* Cæ-li e-nárrant gló-ri- am De- i : et ó-pe-

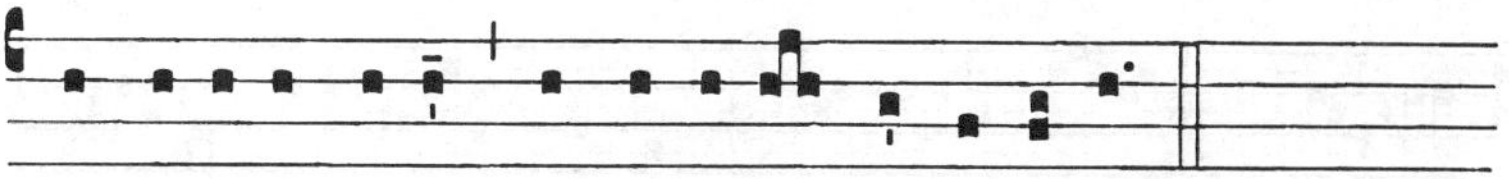

ra mánu- um e-ius annúnti- at firmaméntum.

Ps. 6, 3. 4

GR. VII

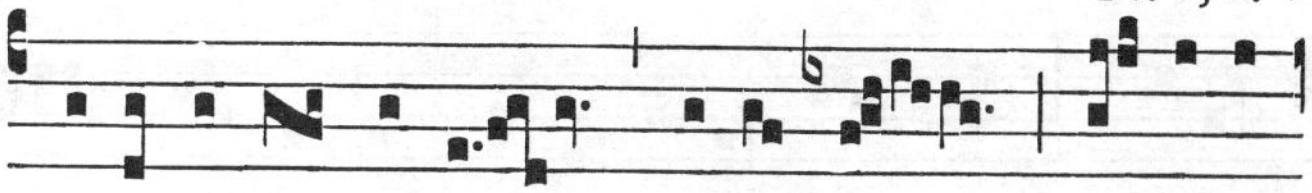

M I-se-ré- re mi- hi, * Dómi- ne, quó- ni- am

infírmus sum : sa-na me, Dómi- ne.
℣. Conturbá-ta
sunt ómni- a ossa me- a :
et á- nima me- a turbá- ta est valde.
Ps. 108, 21
OF. IV
D Omi-ne, * fac me- cum mi- se-ri-
cór- di- am tu- am, propter no- men tuum : qui- a su- á-vis est mi- se- ri- cór- di-

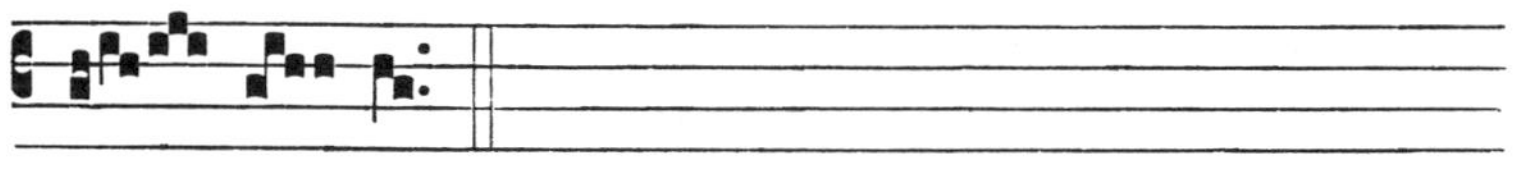

a tu- a.

CO. Notas mihi fecísti, 362.

FERIA QUINTA

IN. Salus pópuli, 339.
GR. Beáta gens, 333.
OF. Si ambulávero, 341.
CO. Tu mandásti, 342,
cum ps. **118**, 1. 2. 3. 8. 9. 26. 59. 60. 134. 168

FERIA SEXTA

Ps. 85, 17 et 1

IN. II

F AC me- cum, * Dómi- ne, signum in bo- num : ut ví-de- ant qui me odé- runt, et confundán- tur : quó-ni- am tu Dó- mi- ne adiu-vísti me, et con- so-lá- tus es me. *Ps.* Inclí- na Dómi-ne aurem tu- am, et exáudi me : quó-ni- am in-ops et pauper sum e-go.

GR. Bonum est confídere, 324.
OF. Inténde voci oratiónis meæ, 280.
CO. Ego clamávi, 287,
cum ps. **16**, 1 ab. 1 cd. 2. 3. 5. 7. 8-9 a. 15

SABBATO

Ps. 43, 26 et 2. 5. 9

IN. II

Ps. 53, 4. ℣. 3

GR. VIII

D E- us * ex- áu- di o- ra-ti- ó- nem me- am : áu- ri-bus pér- ci- pe ver-ba o- ris me- i. ℣. De- us in nó- mi-ne tu- o sal- vum me fac, et in virtú- te tu- a iú- di- ca

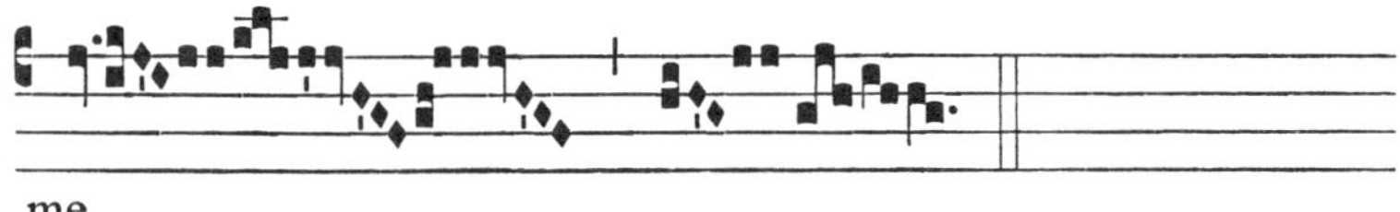

OF. Dómine, convértere, 283.

Ps. 23, 10

CO. III

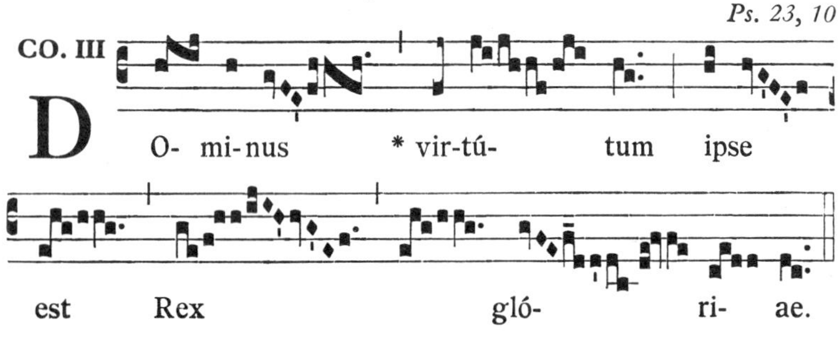

Ps. 23, 1. 2. 3. 4. 5. 6. 7

HEBDOMADA QUARTA QUADRAGESIMÆ

DOMINICA

Cf. Is. 66, 10. 11 ; Ps. 121

IN. V

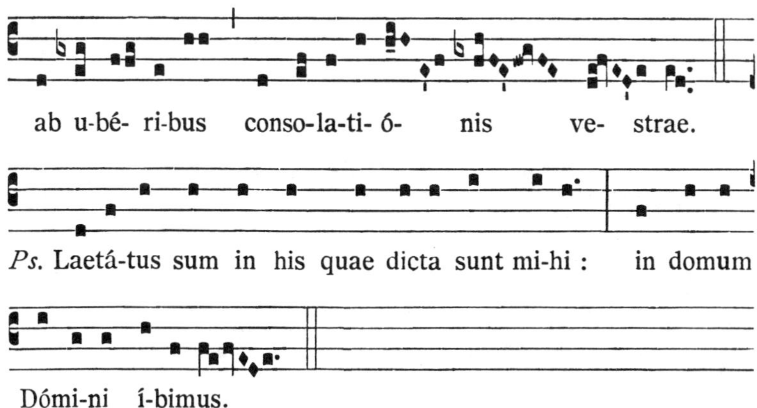

ab u-bé- ri-bus conso-la-ti- ó- nis ve- strae.
Ps. Laetá-tus sum in his quae dicta sunt mi-hi : in domum
Dómi-ni í-bimus.

GR. Lætátus sum, 336.

Ps. 124, 1. 2

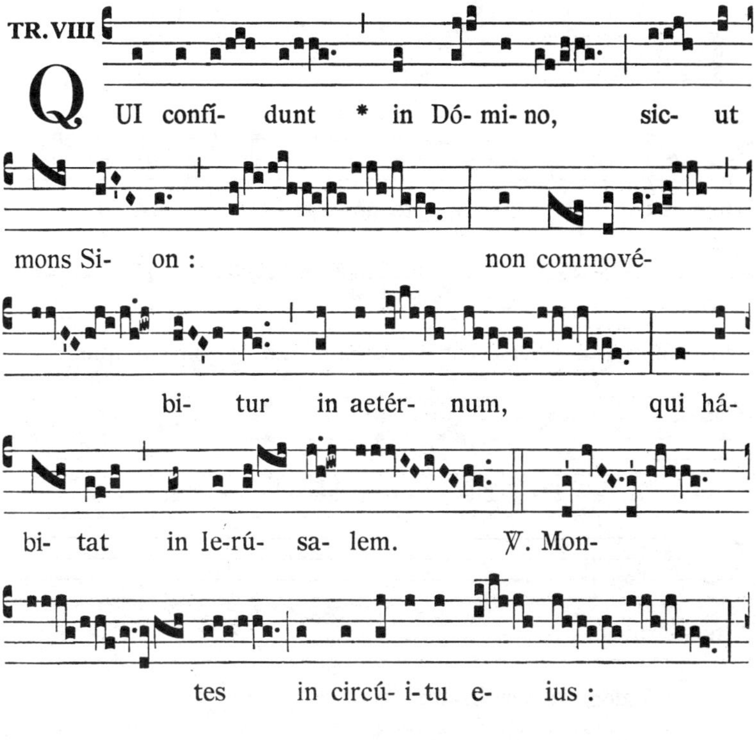

TR. VIII
QUI confí- dunt * in Dó- mi- no, sic- ut
mons Si- on : non commové-
bi- tur in aetér- num, qui há-
bi- tat in Ie-rú- sa- lem. ℣. Montes in circú- i-tu e- ius :

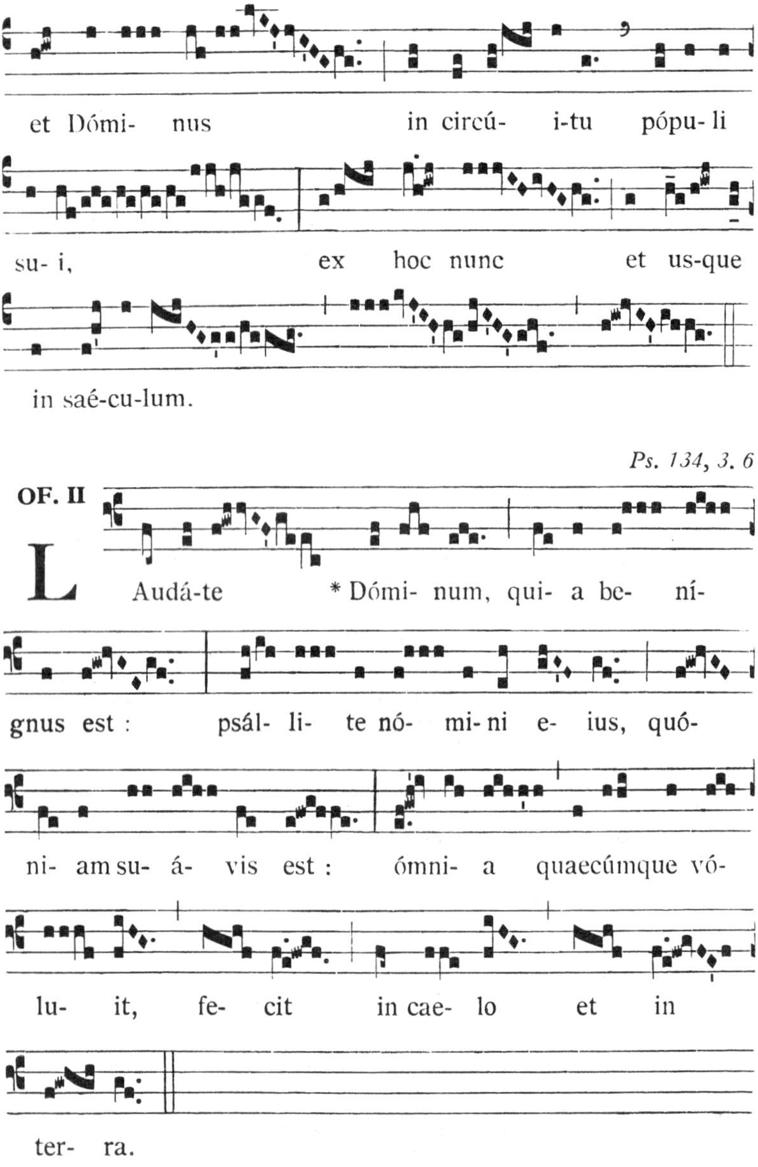

Ps. 134, 3. 6

OF. II

L Audá-te * Dómi- num, qui- a be- ní- gnus est : psál- li- te nó- mi- ni e- ius, quó- ni- am su- á- vis est : ómni- a quaecúmque vó- lu- it, fe- cit in cae- lo et in ter- ra.

CO. Ierúsalem quæ ædificátur, 370.

Quando legitur Evangelium de cæco nato :

Io. 9, 6. 11. 38

CO. VI

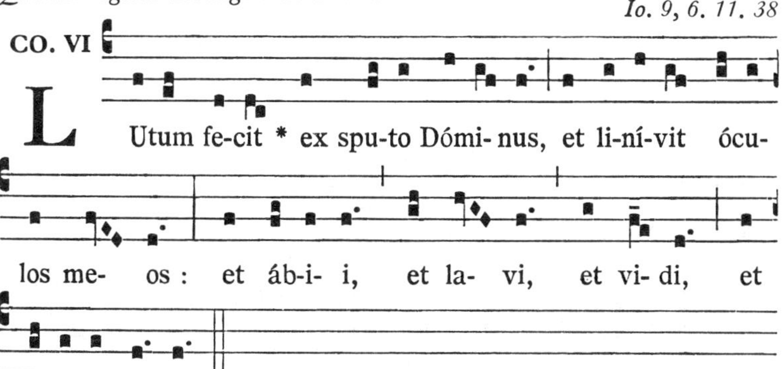

Ps. **26***, 1 a. 1 b. 4 abc. 4 de. 5. 6 ab. 6 cd. 9 ab. 9 cd. 10. 13

Quando legitur Evangelium de filio prodigo :
OF. Illúmina óculos meos, 290.
CO. Opórtet te, 95.

FERIA SECUNDA

Ps. 30, 7. 8 et 2

IN. I

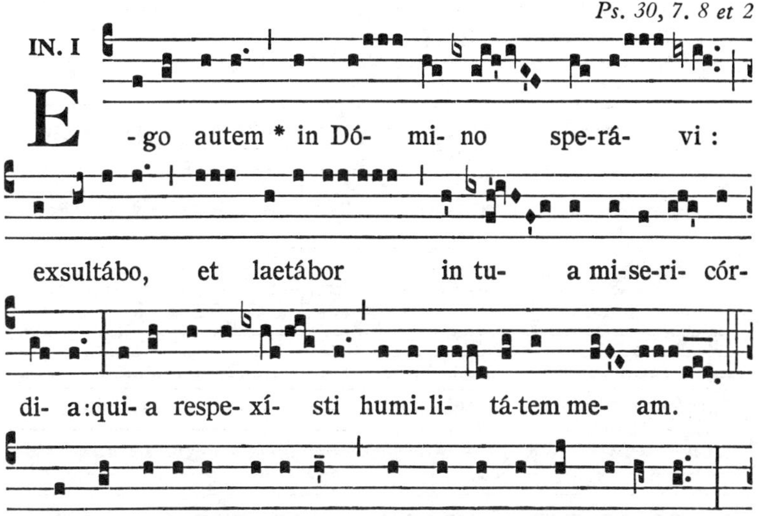

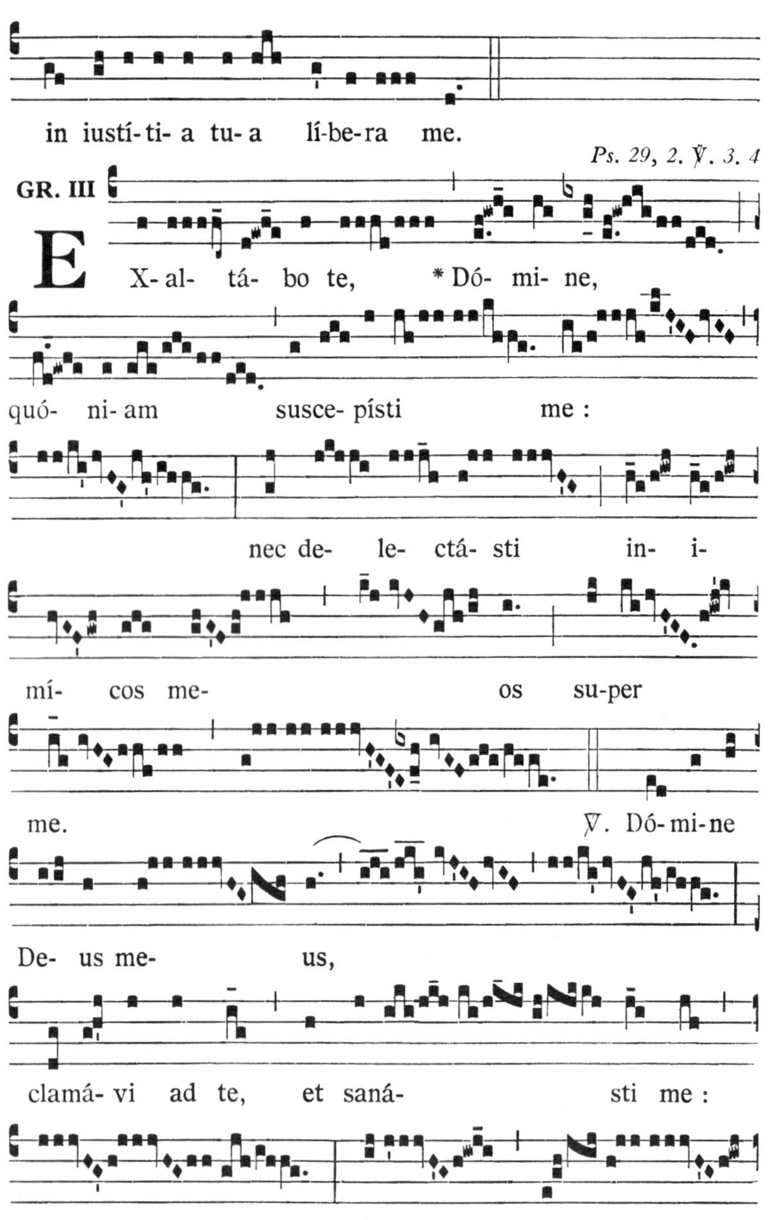
in iustí-ti- a tu- a lí-be-ra me.
Ps. 29, 2. ℣. 3. 4
GR. III
E X- al- tá- bo te, * Dó- mi- ne,
quó- ni- am susce- písti me :
nec de- le- ctá- sti in- i-
mí- cos me- os su-per
me. ℣. Dó-mi-ne
De- us me- us,
clamá- vi ad te, et saná- sti me :
Dó-

OF. Iubiláte Deo omnis terra, 259.

Ps. 18, 2. 3. 4. 5. 8. 15 ab

FERIA TERTIA

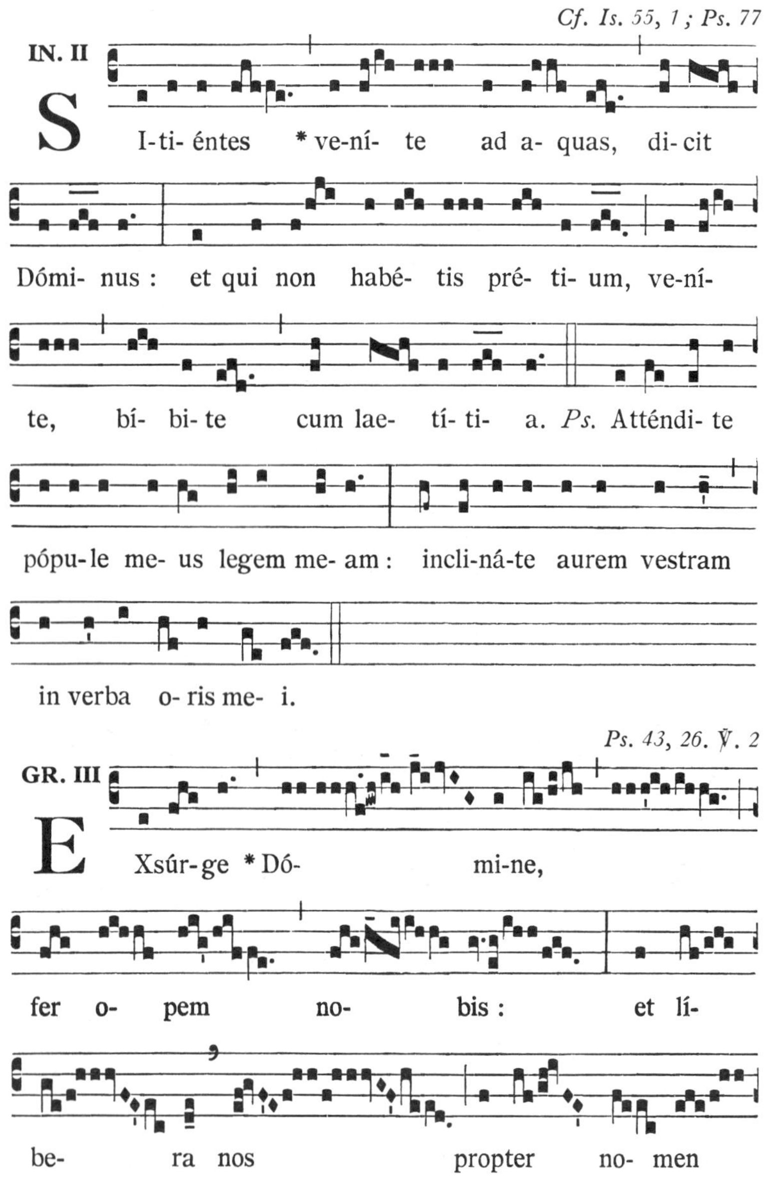

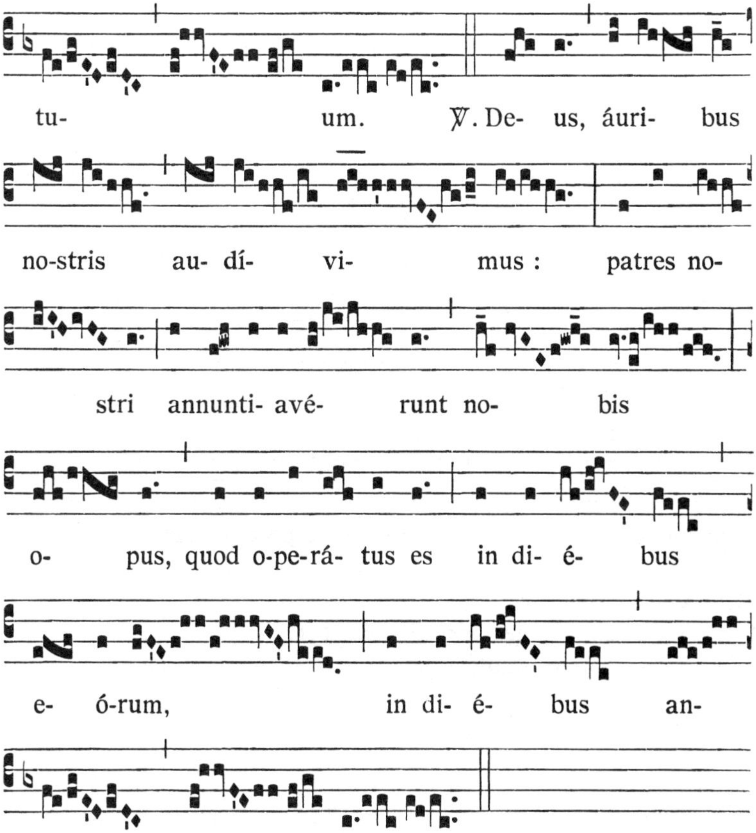

tu- um. ℣. De- us, áuri- bus
no-stris au- dí- vi- mus : patres nostri annunti- avé- runt no- bis
o- pus, quod o-pe-rá- tus es in di- é- bus
e- ó-rum, in di- é- bus an-
tí- quis.

OF. Exspéctans exspectávi, 328.
CO. Dóminus regit me, 365.

FERIA QUARTA

Ps. 54, 2. 3. 4

IN. V
E
Xáudi De- us * o-ra-ti- ó- nem me- am, et ne

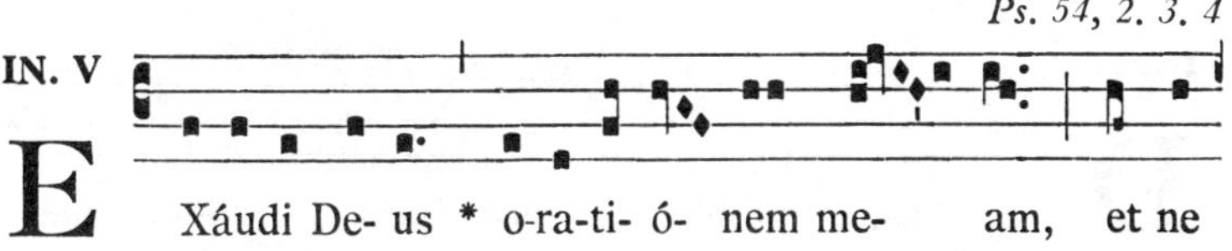

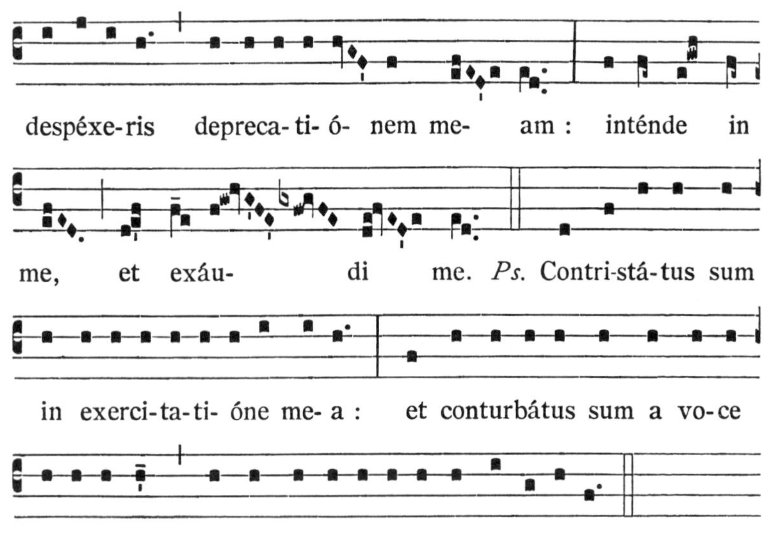

GR. Veníte, fílii, 298.
OF. Benedícite, gentes, *sine* allelúia, 231.
CO. Lætábimur in salutári tuo, 359.

FERIA QUINTA

IN. Lætétur cor, 268.
GR. Réspice, Dómine, 320.
OF. Precátus est, 317.
CO. Dómine, memorábor, 332,
cum ps. **70**, 1. 2. 3. 5. 6. 12. 14. 23

FERIA SEXTA

Ps. 53, 3. 4. 5

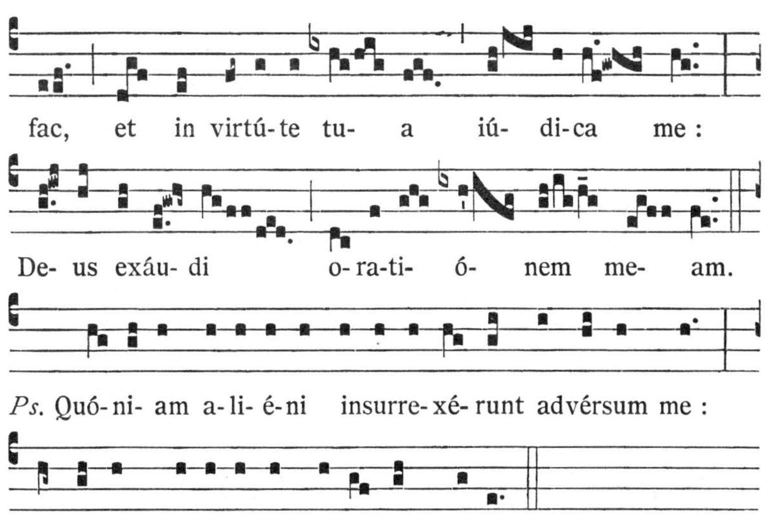

GR. Clamavérunt iusti, 454.
OF. Pópulum húmilem, 302.
CO. Dico vobis : Gáudium est, 387.

SABBATO

Ps. 17, 5 a. 6 a. 7 ac. 2 et 3 a

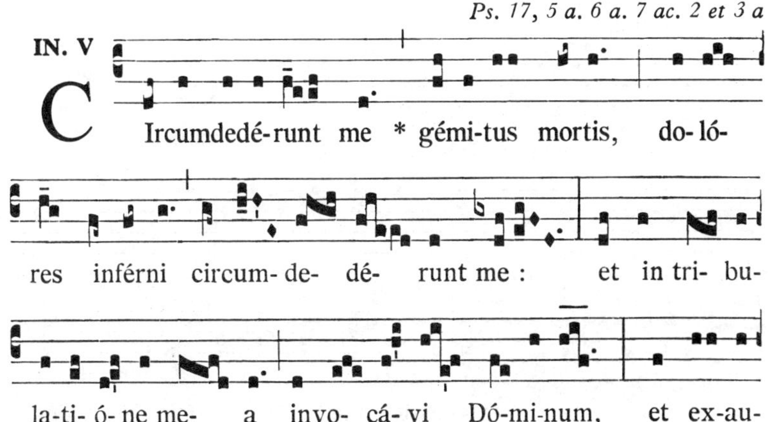

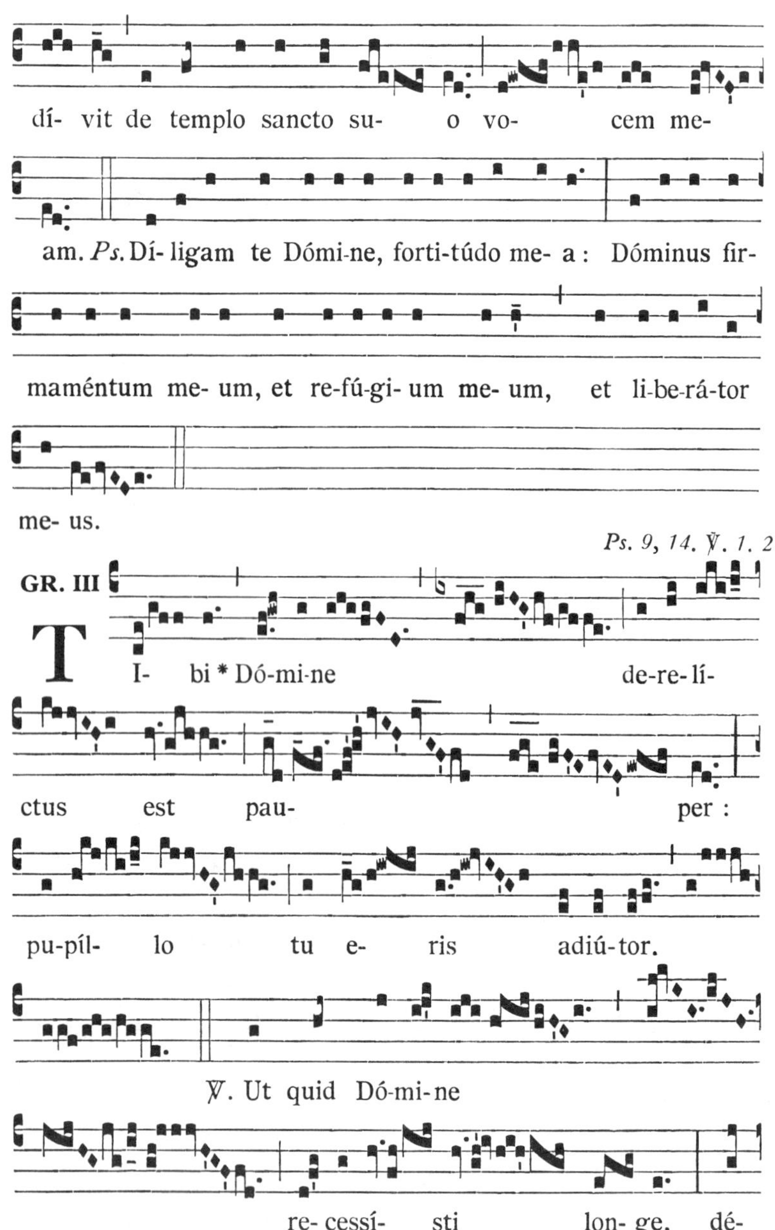
dí- vit de templo sancto su- o vo- cem me-
am. Ps. Dí- ligam te Dómi-ne, forti-túdo me- a : Dóminus firmaméntum me- um, et re-fú-gi- um me- um, et li-be-rá-tor
me- us.
Ps. 9, 14. ℣. 1. 2
GR. III
T I- bi * Dó-mi-ne de-re-lí-
ctus est pau- per :
pu-píl- lo tu e- ris adiú-tor.
℣. Ut quid Dó-mi-ne
re- cessí- sti lon- ge, dé-

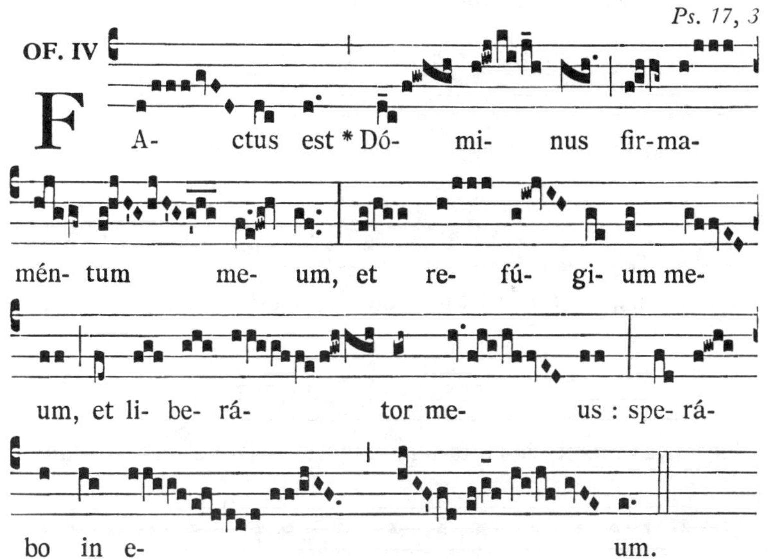

CO. Dóminus firmaméntum meum, 290,
cum ps. 17, 3 c. 4. 5. 6. 7 ab. 28. 29. 33. 35

HEBDOMADA QUINTA QUADRAGESIMÆ

DOMINICA

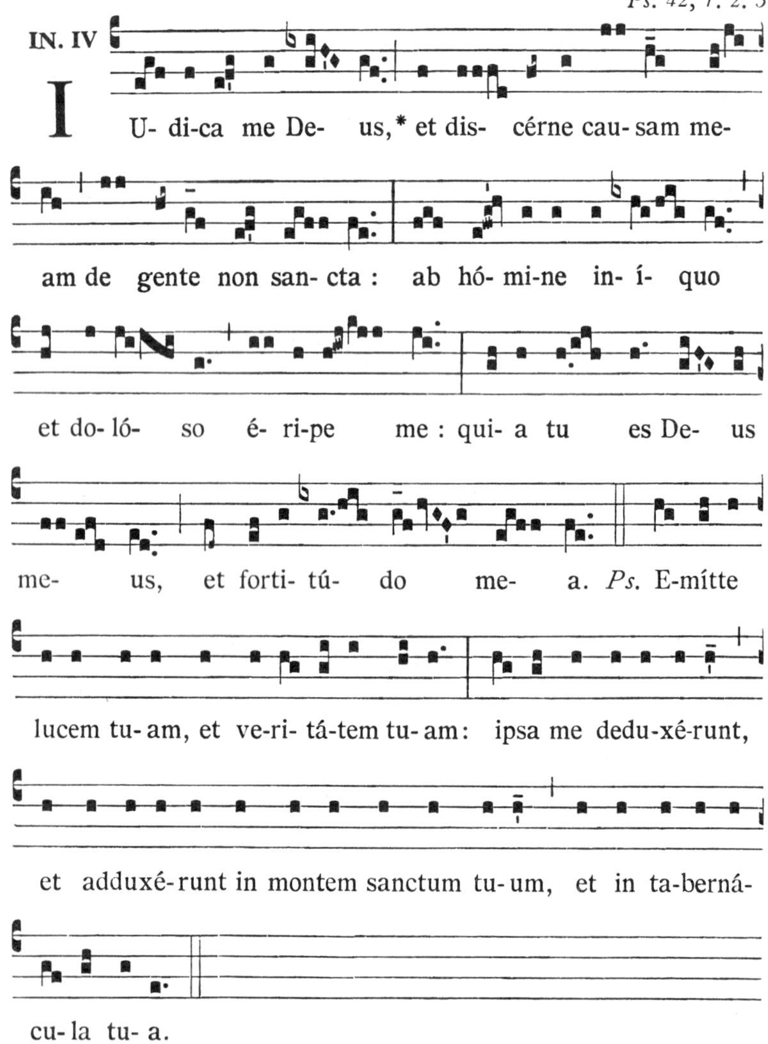

Ps. 142, 9. 10. ℣. *Ps. 17, 48. 49*

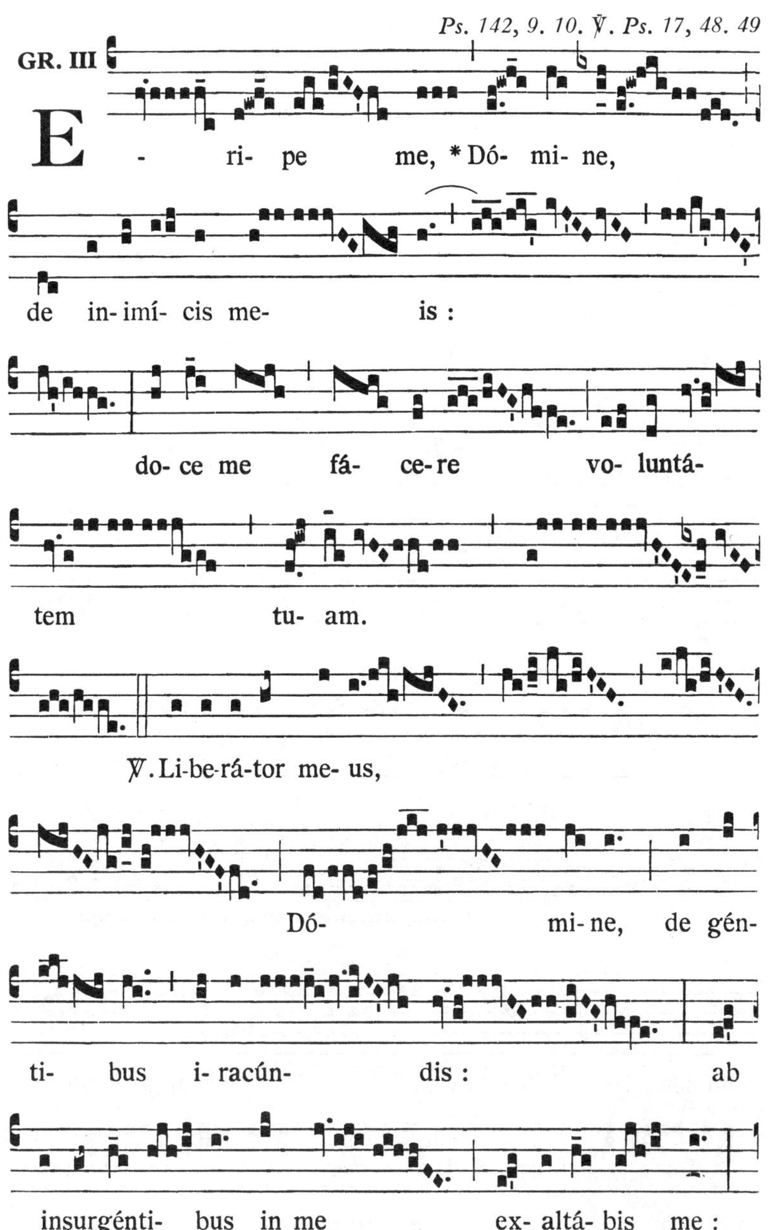

a vi- ro in- íquo e- rí- pi- es
me.
Ps. 128, 1-4
TR. VIII
S Aepe * expugna-vé- runt me
a iu- ven- tú- te me- a.
℣. Di- cat nunc Isra- el : saepe
expugna- vé-runt me a iu- ven- tú- te me-
a. ℣. Et-e-
nim non po- tu- é- runt mi-hi : supra dorsum
me- um fabri-ca-vé- runt pecca- tó-

res. ℣. Pro- longa- vé- runt in-i-
qui-tá- tem si-bi : Dóminus iustus con-
cí- det cerví- ces pecca- tó-
rum.
Ps. 118, 7. 10. 17. 25
OF. I
COnfi- té- bor * ti- bi, Dó- mi- ne, in to- to
cor- de me- o : retrí- bu- e servo tu- o :
vi- vam, et custó- di- am sermó- nes tu- os :
vi- ví- fi-ca me se-cún- dum ver- bum
tu- um, Dómi- ne.

Quando legitur Evangelium de Lazaro :

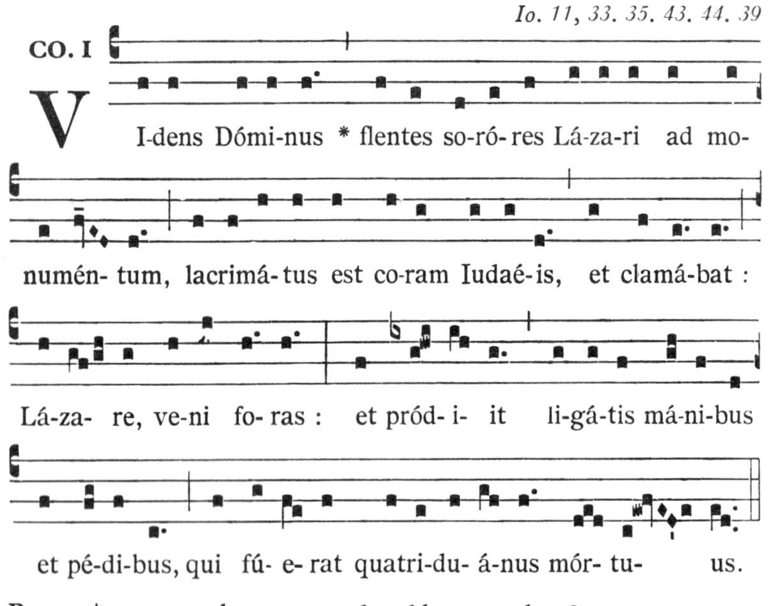

Ps. **129***, 1 - 2 a. 2 bc. 3. 4. 5 - 6 a. 6 b - 7 a. 7 bc. 8

Quando legitur Evangelium de muliere adultera :

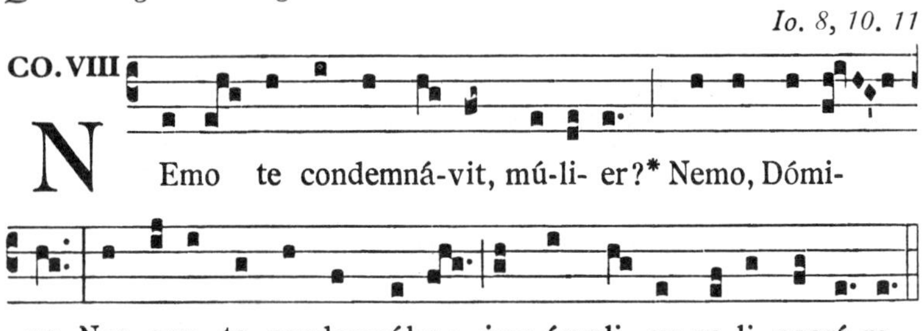

Ps. **31***, 1. 2. 3. 5 ab. 5 cd. 8. 10. 11

Quando legitur aliud Evangelium :

CO. Qui mihi minístrat, 484,
cum ps. **16***, 1 ab. 1 cd. 2. 9 b - 10. 11. 12. 15

FERIA SECUNDA

Ps. 22, 4

GR. I

SI ámbu- lem * in mé- di- o um-

brae mor- tis, non ti-mé- bo ma- la :

quóni- am tu me- cum es, Dómi-

OF. Gressus meos, 365.

Quando legitur Evangelium de muliere adultera :
CO. Nemo te condemnávit, 124,
cum ps. **31***

Quando legitur aliud Evangelium :
CO. Panis quem ego dédero, 322,
cum ps. **110***, 1. 2. 3. 4. 5. 6-7 a. 7 b-8. 9 ab. 9 c-10 a. 10 bc

FERIA TERTIA

Ps. 26, 14 et 1

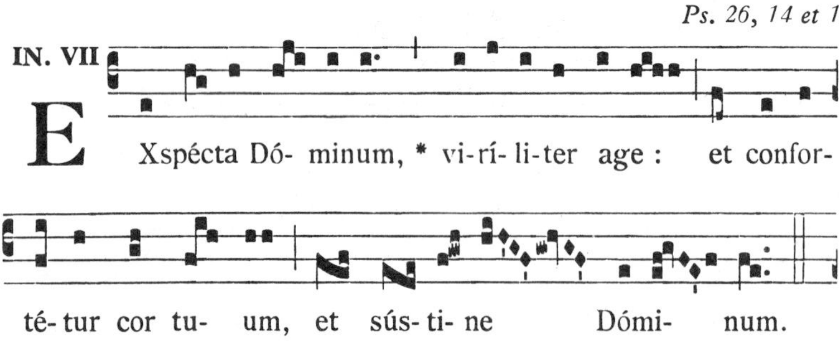

OF. Sperent in te, 286.

Ps. 24, 22

CO. VII

R Edime me, * De- us Is-ra- el, ex

ó- mni-bus angú- sti- is me- is.

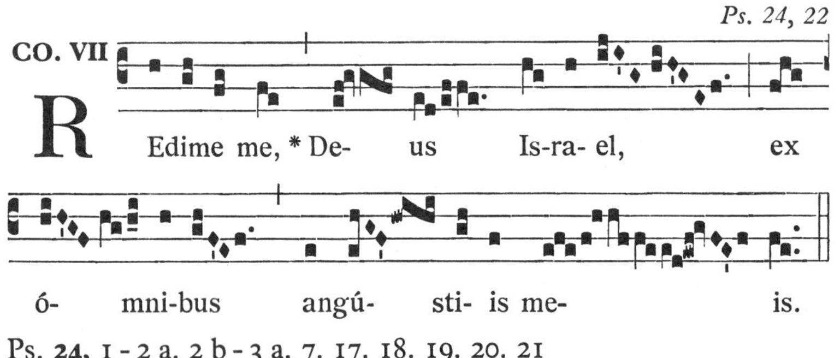

Ps. 24, 1 - 2 a. 2 b - 3 a. 7. 17. 18. 19. 20. 21

FERIA QUARTA

Ps. 17, 48. 49 et 2. 3

IN. III

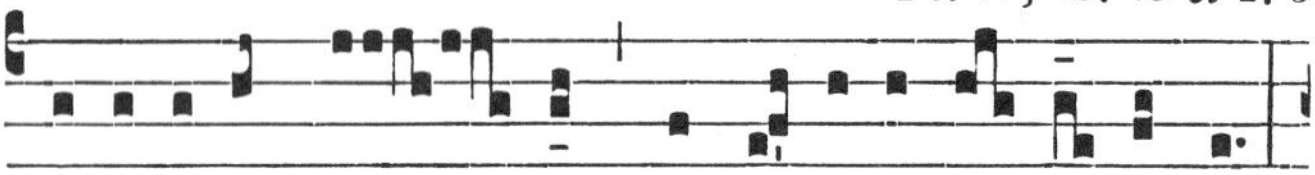

L I-be-rá-tor me- us * de gén-ti-bus i- ra-cúndis :

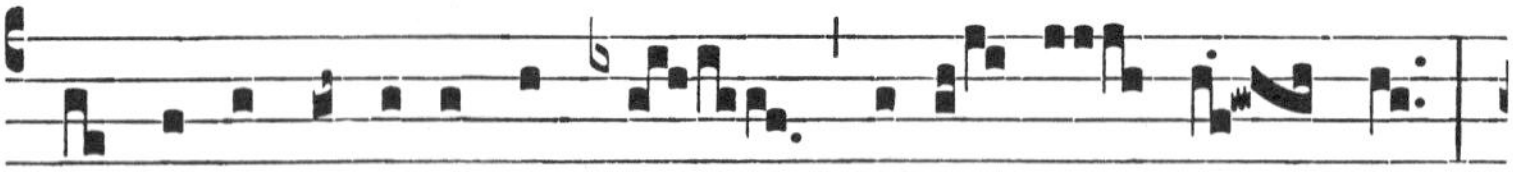

ab insurgénti-bus in me exal- tá- bis me :

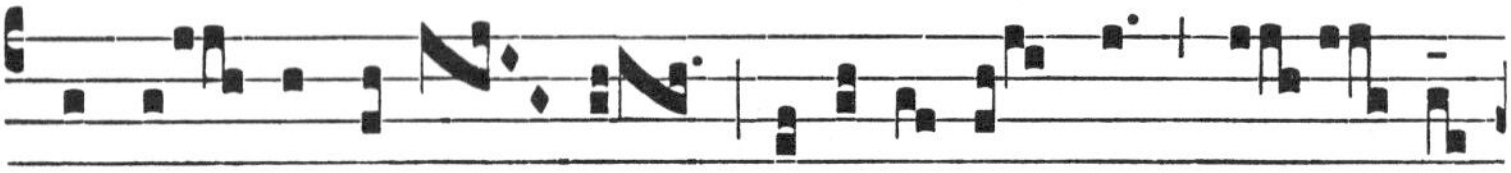

a vi- ro in-í- quo e-rí-pi- es me, Dó- mi-

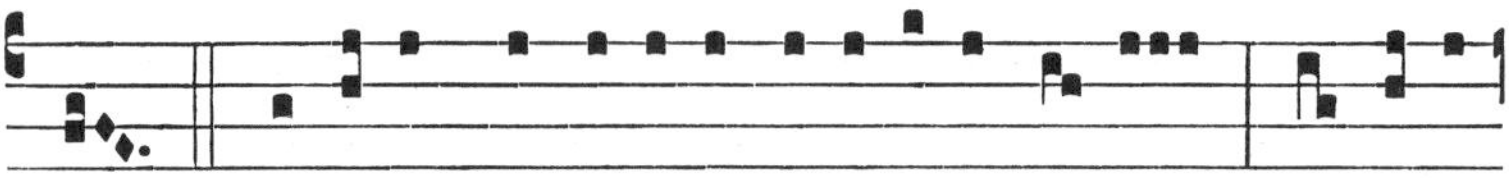

ne. *Ps.* Dí-li-gam te Dómi-ne, forti-túdo me- a : Dó-mi-nus

firmaméntum me- um, et re-fú-gi- um me- um, et li-be- rá-

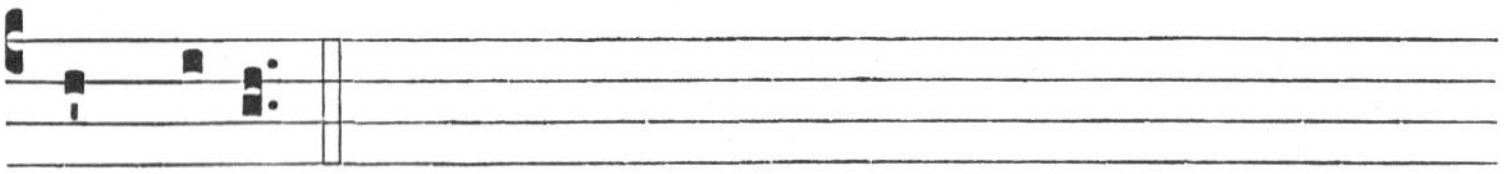

tor me- us.

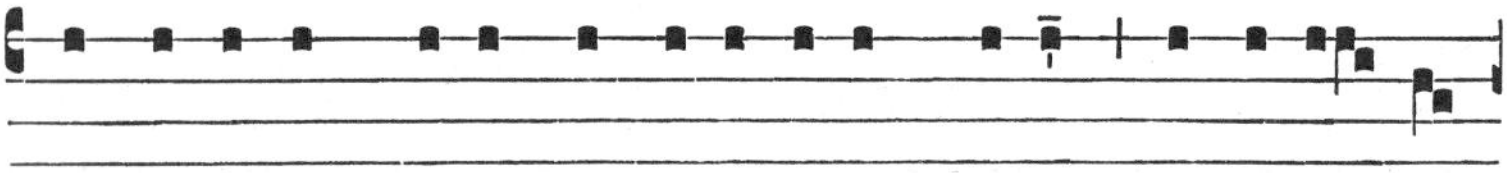

GR. Benedíctus es, Dómine, 372.

Ps. 58, 2

OF. VII

E - ri-pe me * de in-imí- cis
me- is, De- us me- us :
et ab insurgén- ti-
bus in me lí-be-ra me, Dó-
mi- ne.

Ps. 25, 6. 7

rem u-ni-vérsa mi-ra-bí- li- a tu- a.

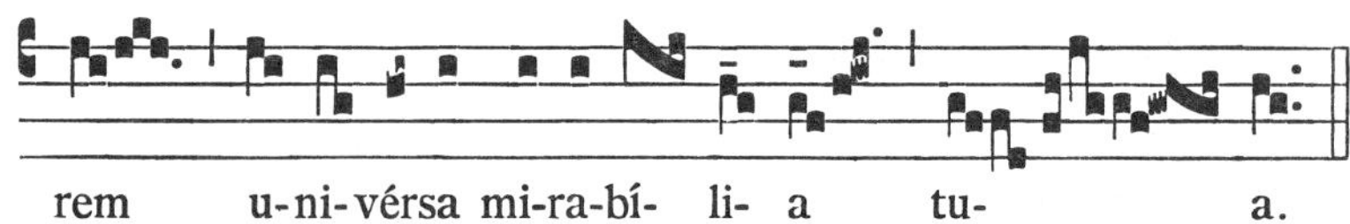

Ps. 25, 1. 2. 3. 8. 9. 11. 12 (Differentia G*)

FERIA QUINTA

IN. Omnia quæ fecísti, 342.
GR. Esto mihi, 301.
OF. Super flúmina Babylónis, 345.
CO. Meménto verbi tui, 346.

FERIA SEXTA

Ps. 30, 10. 16. 18 et 2

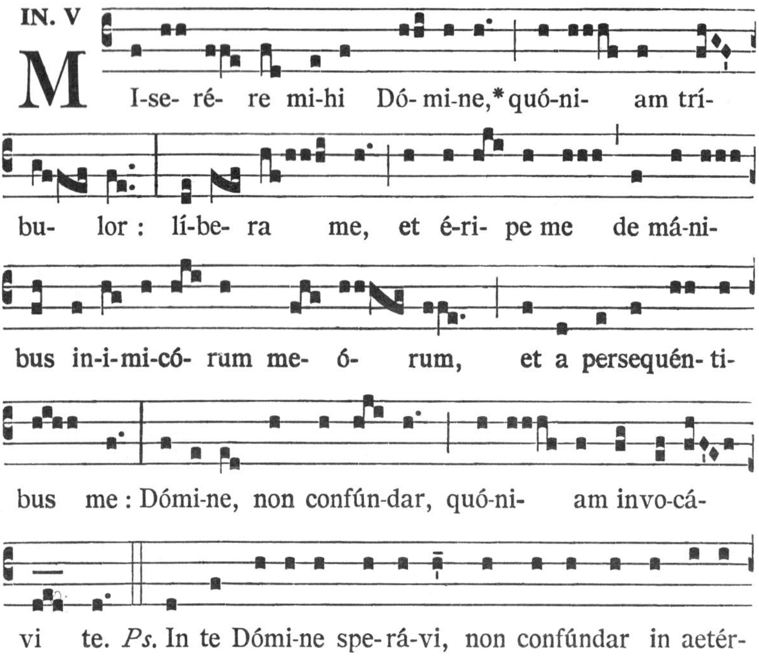
IN. V
M I-se- ré- re mi-hi Dó- mi-ne,* quó-ni- am trí-
bu- lor : lí-be- ra me, et é-ri- pe me de má-ni-
bus in-i-mi-có- rum me- ó- rum, et a persequén- ti-
bus me : Dómi-ne, non confún-dar, quó-ni- am invo-cá-
vi te. *Ps.* In te Dómi-ne spe- rá-vi, non confúndar in aetér-

num : * in iustí- ti- a tu- a lí-be-ra me.

Ps. 34, 20(13) et Ps. 54, 4. ℣. Ps. 34, 22

GR. V

P A-cí- fi-ce * loquebántur mi- hi in-imí-

ci me- i : et in i-

ra mo- lé- sti e- rant mi- hi.

℣. Vi-dísti, Dómi-ne, ne sí-

le- as : ne discé- das a me.

Ps. 118, 12. 121. 122. 42

OF. VIII

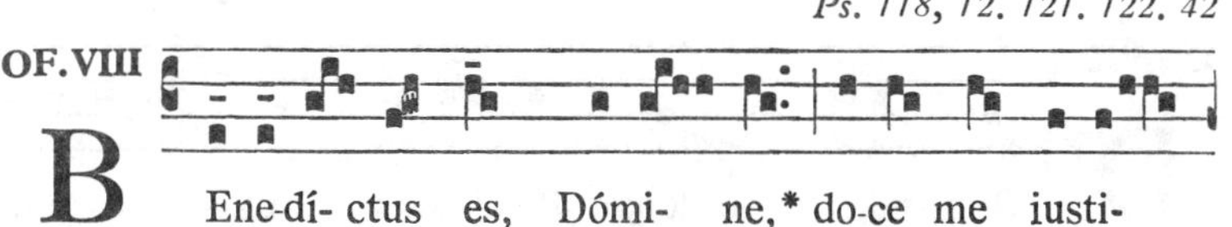

B Ene-dí- ctus es, Dómi- ne,* do-ce me iusti-

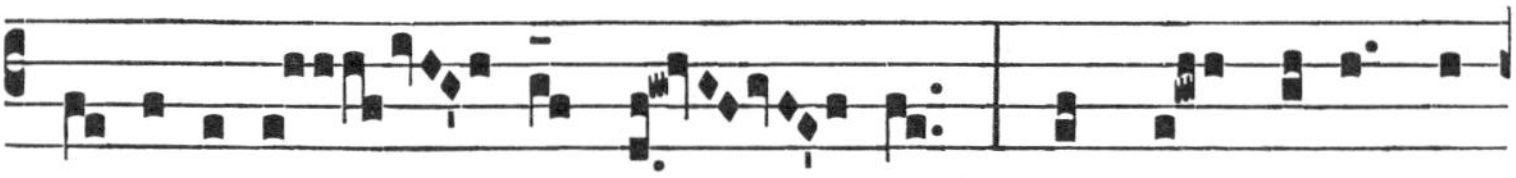

fi- ca-ti- ó- nes tu- as : et non tradas ca-

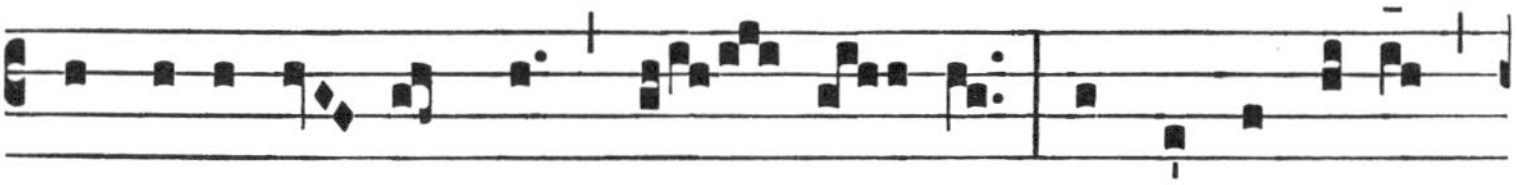

lumni- ánti- bus me su- pér- bis : et respondé-bo

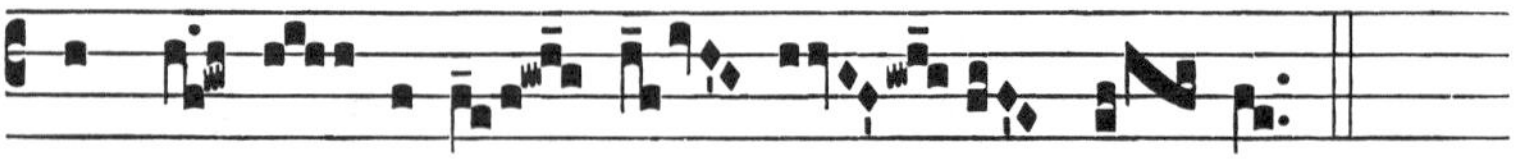

expro-brán- ti-bus mi- hi ver- bum.

Ps. 26, 12

CO. VII

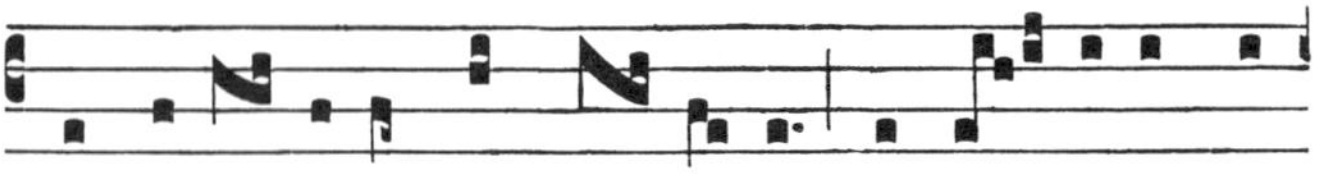

NE tra-dí- de-ris me, Dó- mi- ne, * in á- nimas per-

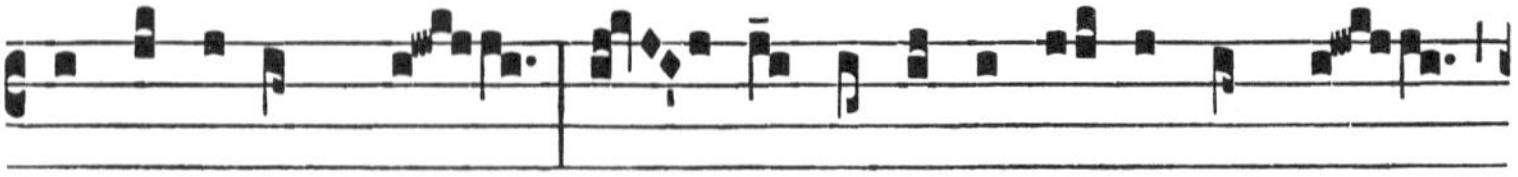

sequénti- um me : qui- a insurre-xé- runt in me

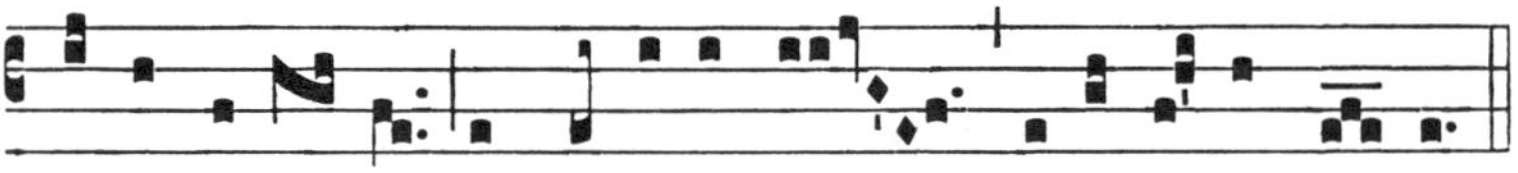

testes in-í- qui, et mentí-ta est in-íqui- tas si- bi.

Ps. **26,** 1 a. 1 b. 2 ab. 3 ab. 9 ab. 9 cd. 13. 14

SABBATO

Ps. 21, 20. 22 et 2

IN. VIII

DO-mi-ne, * ne longe fá-ci- as auxí- li- um

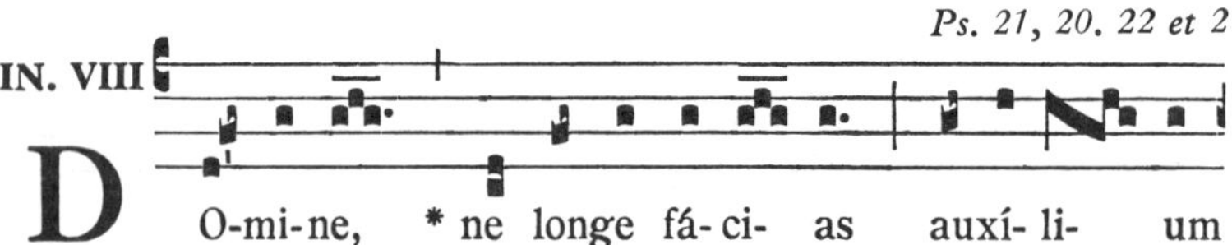

tu- um a me, ad de- fensi- ó-nem me- am
áspi- ce : lí- be- ra me de o- re le- ó-
nis, et a córni- bus u- ni- cornu- ó- rum hu-mi- li-
tá- tem me- am. Ps. De- us, De- us me- us, ré-spi-ce
in me, qua-re me de-re- liquísti? longe a sa-lú-te me- a
verba de- lictó- rum me- ó-rum.
Ps. 72, 23. 24. ℣. 1-3
GR. IV
TEnu- ísti * ma- num déx- te- ram
me- am : in vo- luntá-te tu-

a de- du-xí- sti me : et cum gló-
ri- a as- sumpsí-sti me.
℣. Quam bo- nus Isra- el Deus re-
ctis cor- de! me- i au- tem pe-ne
mo- ti sunt pe- des,
pe-ne effú- si sunt gres- sus me- i : qui- a
ze- lá-vi in pec- ca- tó- ri-bus,
pa- cem pec- ca-tó- rum

vi- dens.

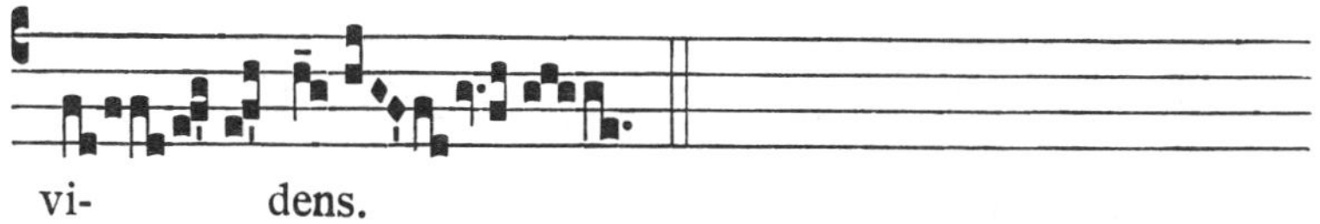

Vel cantatur pro Graduali :

Io. 11, 47. 48. 49. 50. 53

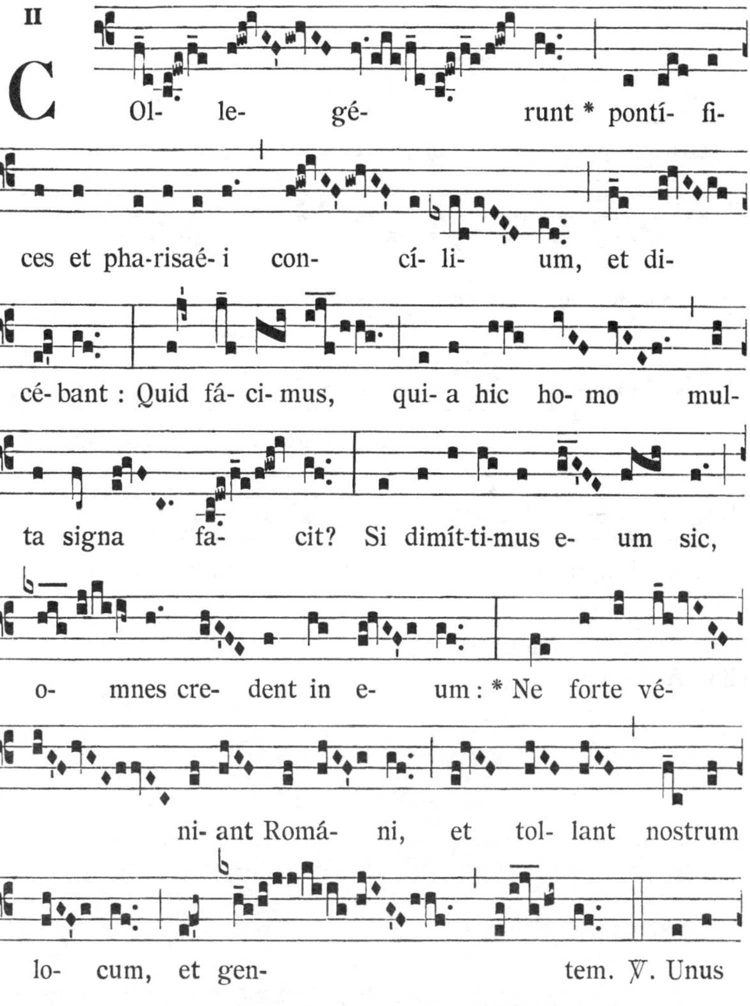
II
COl- le- gé- runt * pontí- fi-
ces et pha-risaé- i con- cí- li- um, et di-
cé- bant : Quid fá- ci- mus, qui- a hic ho- mo multa signa fa- cit? Si dimít-ti-mus e- um sic,
o- mnes cre- dent in e- um : * Ne forte vé-
ni- ant Romá- ni, et tol- lant nostrum
lo- cum, et gen- tem. ℣. Unus

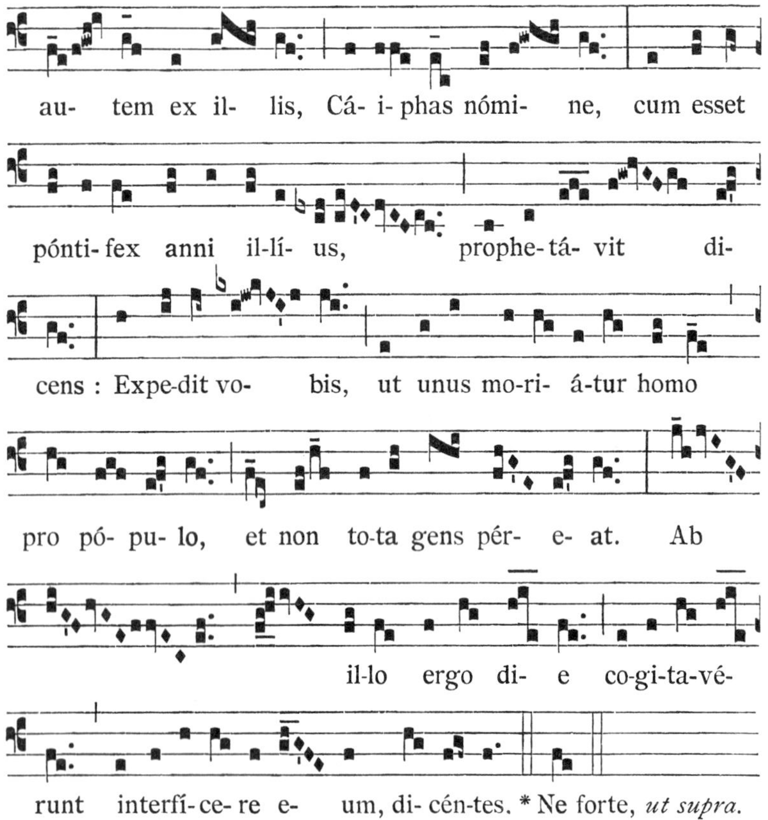

OF. Dómine, vivífica me, 359.
CO. Aufer a me, 353.

HEBDOMADA SANCTA

DOMINICA IN PALMIS DE PASSIONE DOMINI

Commemoratio ingressus Domini in Ierusalem

Dum celebrans accedit, cantatur :

Antiphona VII a

Psalmus 117

Post antiphonam ab omnibus decantatam, cantor, vel cantores, versum integrum canunt. Intonatio rursus cantatur initio cuiusque versiculi.

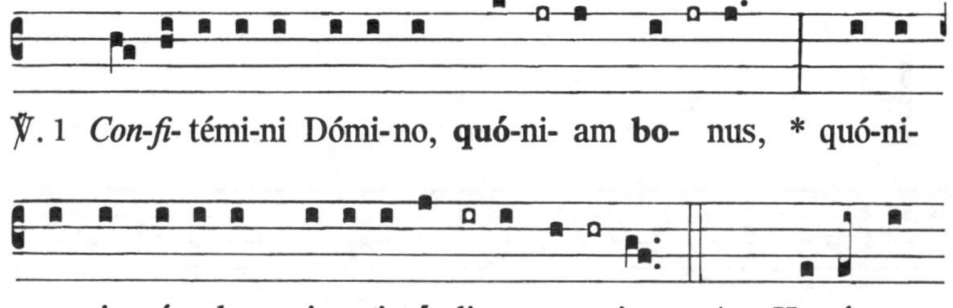

22 *Lápi*dem quem reprobavérunt æ**dificán**tes, * hic factus est in **ca**put **án**guli. *Ant.* Hosánna.

23 *A Dó*mino **fac**tum est **is**tud, * et est mirábile in **ó**culis **no**stris. *Ant.* Hosánna.

27 *Deus* Dóminus et **illú**xit **no**bis. * Instrúite sollemnitátem in ramis condénsis, usque ad córnu**a** al**tá**ris. *Ant.* Hosánna.

28 *Deus* meus es tu, et confi**té**bor **ti**bi, * Deus meus, et **exaltá**bo te. *Ant.* Hosánna.

AD PROCESSIONEM

Diaconus [seu celebrans], dicit :

Pro-ce-dámus in pa-ce.

Respondent omnes :

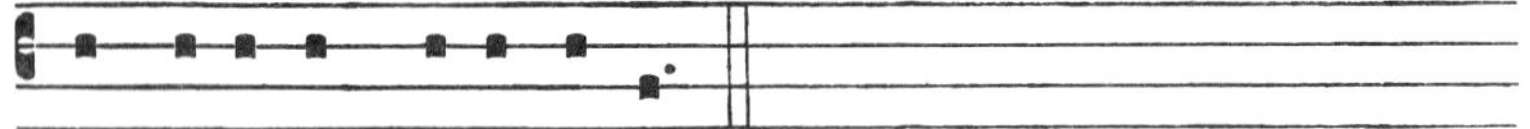

In nómi-ne Christi. Amen.

Progrediente processione, canuntur a schola et populo cantus sequentes (vel alii apti) :

1 antiphona 1 f

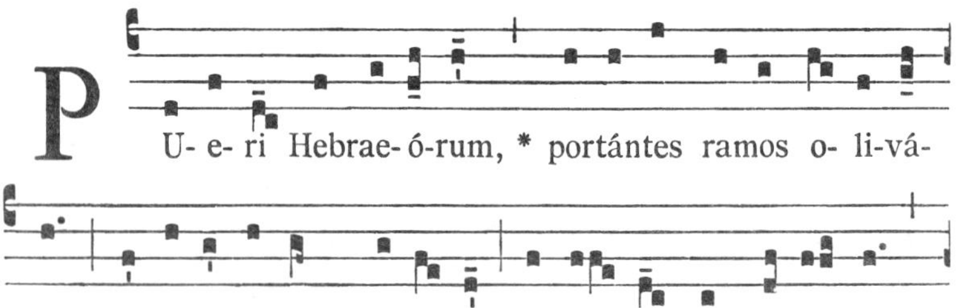

PU-e-ri Hebrae-ó-rum, * portántes ramos o-li-vá-rum, obvi-a-vé-runt Dómi-no, clamán-tes et di-cén-tes :

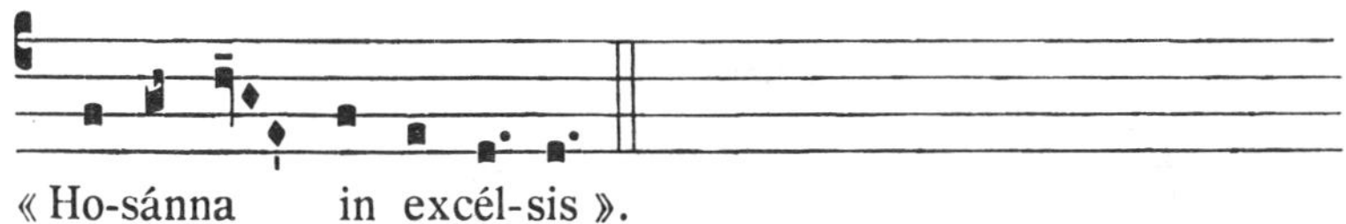

Psalmus 23

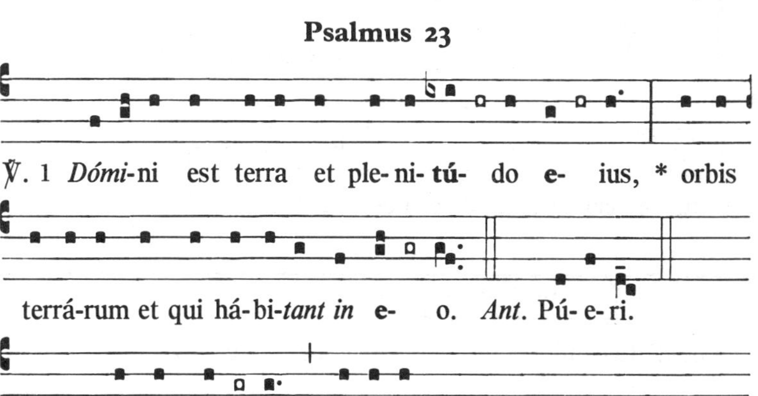

Flexa : mundo **cor-** de, †

2 *Quia* ipse super mária fun**dá**vit **eum**, * et super flúmina fir*mávit* **eum**. *Ant.* Púeri.

3 *Quis a*scéndet in **mon**tem **Dó**mini, * aut quis stabit in loco *sancto* **eius**? *Ant.* Púeri.

4 *Inno*cens mánibus et mundo **cor**de, † qui non accépit in vanum **no**men **eius**, * nec iurá*vit in* **do**lum. *Ant.* Púeri.

5 *Hic ac*cípiet benedicti**ó**nem a **Dó**mino, * et iustificatiónem a Deo salu*tári* **suo**. *Ant.* Púeri.

6 *Hæc est* generátio quæ**rén**tium **eum**, * quæréntium fáciem *Dei* **Ia**cob. *Ant.* Púeri.

7 *Attól*lite, portæ, cápita **ve**stra, † et elevámini, portæ **æter**-**ná**les, * et intro*íbit rex* **gló**riæ. *Ant.* Púeri.

8 *Quis est* iste rex **gló**riæ? † Dóminus **for**tis et **po**tens, * Dóminus po*tens in* **prœ**lio. *Ant.* Púeri.

9 *Attól*lite, portæ, cápita **ve**stra, † et elevámini, portæ **æter**-**ná**les, * et intro*íbit rex* **gló**riæ. *Ant.* Púeri.

10 *Quis est* **iste** rex **gló**riæ? * Dóminus virtútum ipse *est rex* **gló**riæ. *Ant.* Púeri.

Omittitur Glória Patri.

Psalmus 46

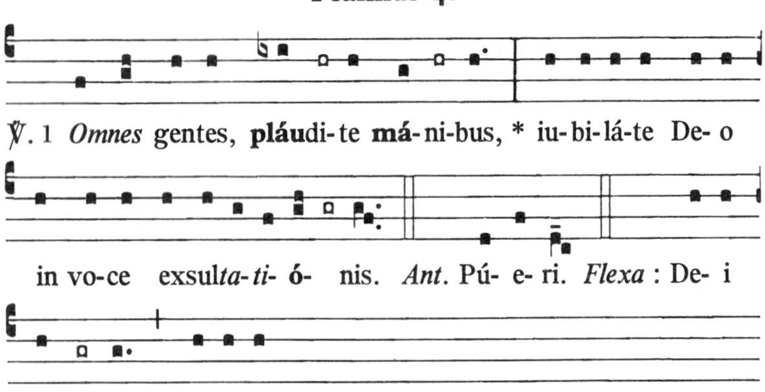

2 *Quóni*am Dóminus Altíssi**mus**, ter**rí**bilis, * rex magnus super *omnem* **ter**ram. *Ant.* Púeri.

3 *Subié*cit **pó**pulos **no**bis, * et gentes sub pé*dibus* **nos**tris. *Ant.* Púeri.

4 *Elé*git nobis heredi**tá**tem **nos**tram, * glóriam Iacob *quem di***lé**xit. *Ant.* Púeri.

5 *Ascénd*it **De**us in **iú**bilo, * et Dóminus in *voce* **tu**bæ. *Ant.* Púeri.

6 *Psálli*te **Deo**, **psál**lite; * psállite regi *nostro*, **psál**lite. *Ant.* Púeri.

7 *Quóni*am rex omnis **ter**ræ **De**us, * psállite *sapi***én**ter. *Ant.* Púeri.

8 *Regná*vit Deus **su**per **gen**tes, * Deus sedet super sedem *sanctam* **su**am. *Ant.* Púeri.

9 *Prínci*pes populórum congregáti sunt cum pópulo Dei **A**braham,† quóniam Dei sunt **scu**ta **ter**ræ : * veheménter *ele***vá**tus est. *Ant.* Púeri.

Omittitur Glória Patri.

Hymnus ad Christum Regem

Omnes : Glória, laus. *ut supra.*

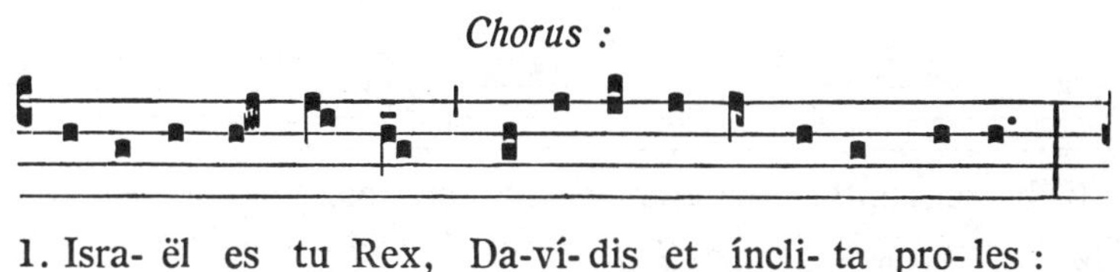

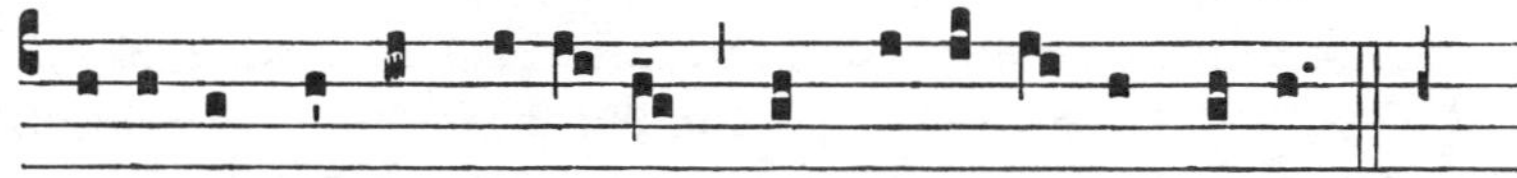

Omnes : Glória, laus. *ut supra.*

Chorus :

Omnes : Glória, laus. *ut supra.*

Chorus :

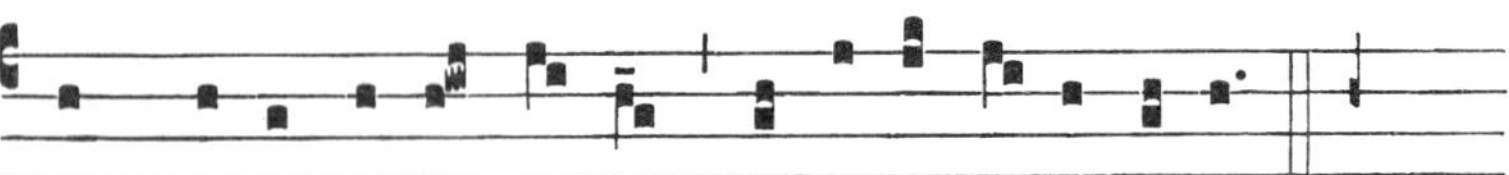

Omnes : Glória, laus. *ut supra.*

Chorus :

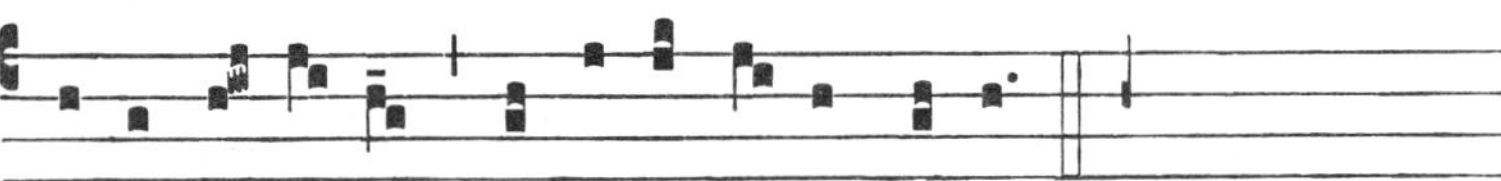

Omnes : Glória, laus. *ut supra.*

Chorus :

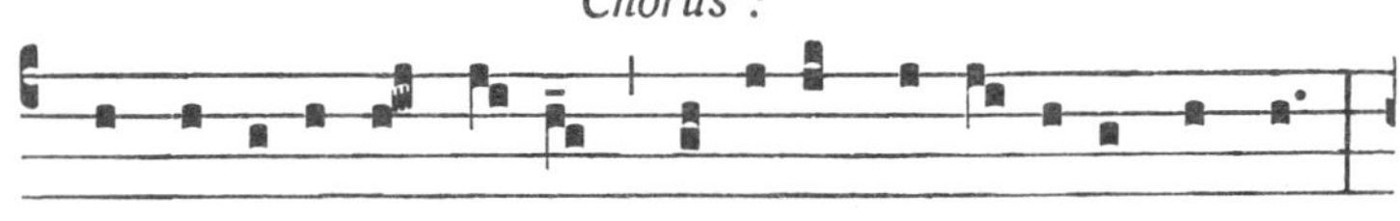

Rex bo-ne, Rex cle-mens, cui bo-na cuncta pla-cent.

Omnes : Glória, laus. *ut supra.*

Intrante processione in ecclesiam, cantatur :

Responsorium II

INgre-di- énte Dó-mi-no * in sanctam ci-vi- tá- tem, Hebrae-ó- rum pú-e- ri re-surre-cti- ó-nem vi-tae pro- nunti- án- tes, * Cum ramis pal-má- rum : « Ho-sánna, clamá- bant, in ex- cél-sis ». ℣. Cumque audísset pópu-lus, quod Ie-sus ve-ní-ret Ie-ro-só-ly- mam, ex-i- é-runt ób- vi- am e- i.

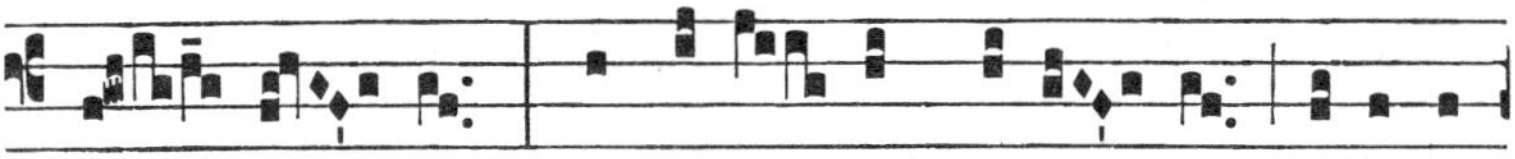

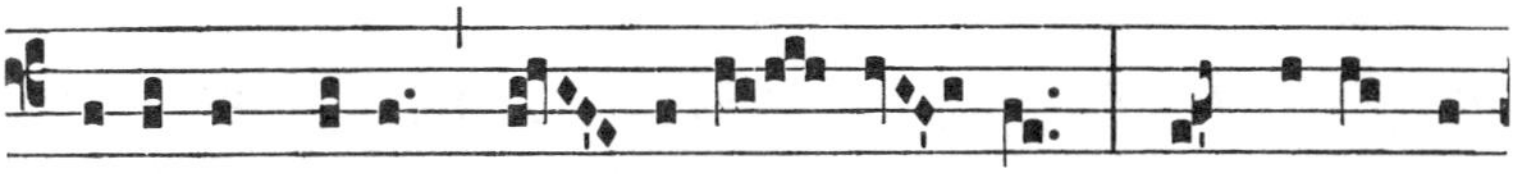

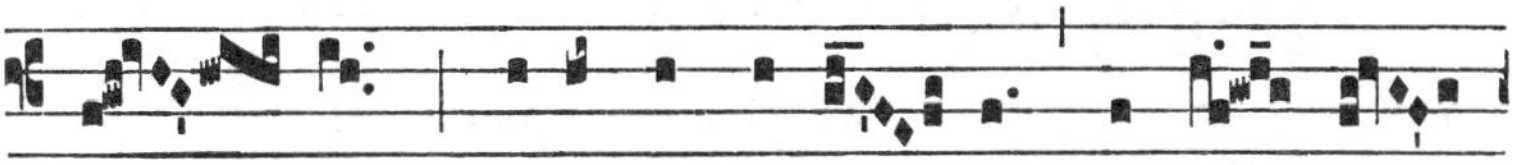

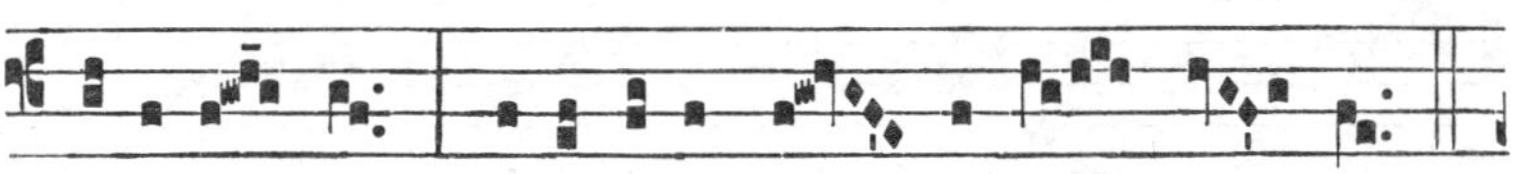

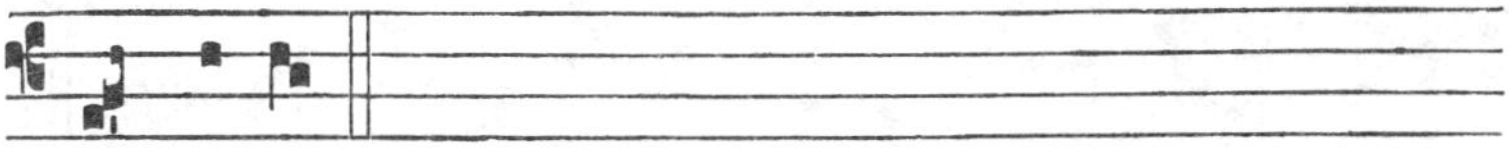

* Cum ramis.

AD MISSAM

Post processionem celebrans dicit collectam.

Post lectionem I :

Ps. 21, 2-9. 18. 19. 22. 24. 32

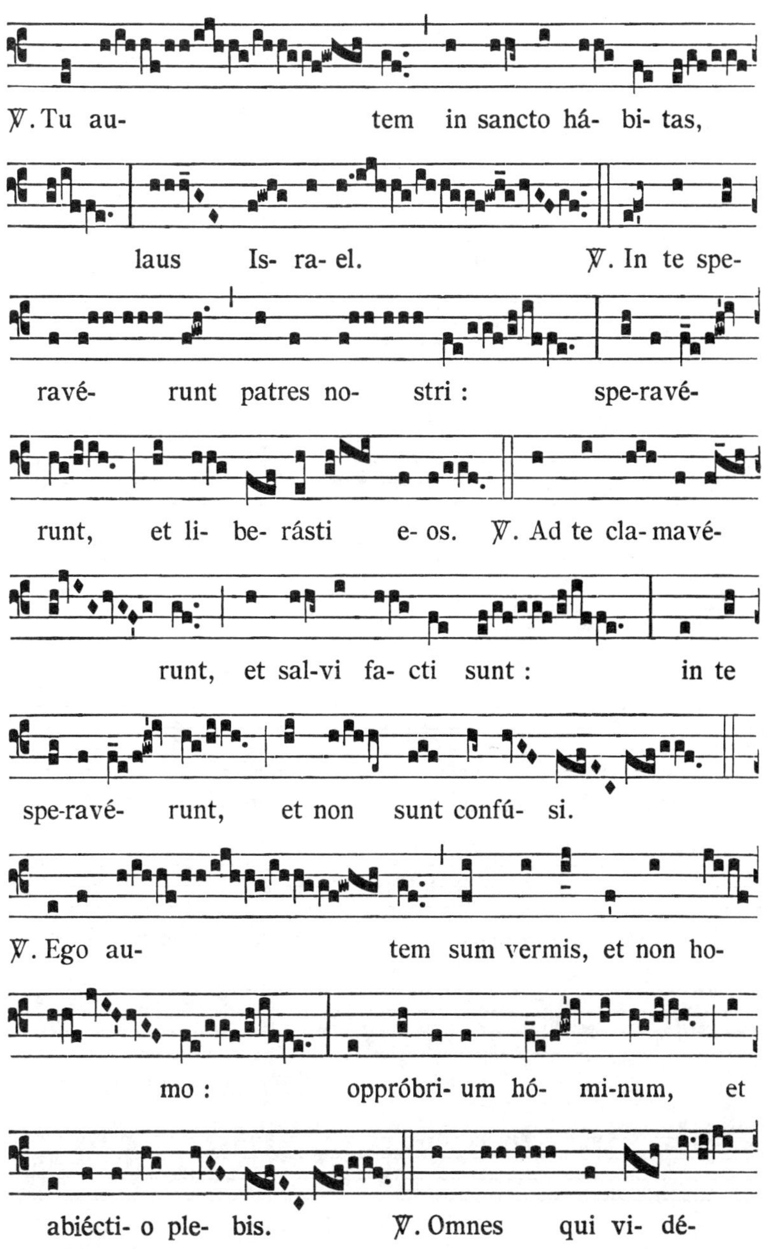
℣. Tu au- tem in sancto há- bi- tas,
laus Is- ra- el. ℣. In te spe-
ravé- runt patres no- stri : spe-ravé-
runt, et li- be- rásti e- os. ℣. Ad te cla- mavé-
runt, et sal-vi fa- cti sunt : in te
spe-ravé- runt, et non sunt confú- si.
℣. Ego au- tem sum vermis, et non homo : oppróbri- um hó- mi-num, et
abiécti- o ple- bis. ℣. Omnes qui vi- dé-

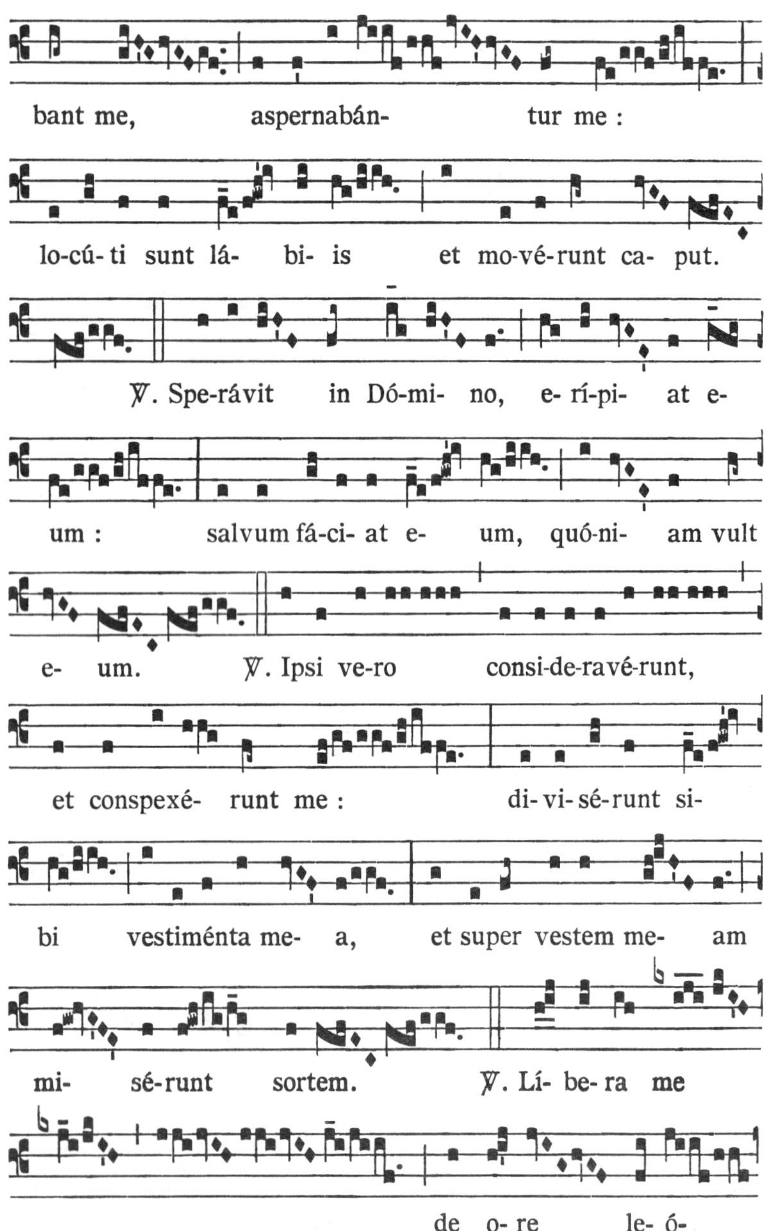
bant me, aspernabán- tur me :
lo-cú- ti sunt lá- bi- is et mo-vé-runt ca- put.
℣. Spe-rávit in Dó-mi- no, e- rí-pi- at e-
um : salvum fá-ci- at e- um, quó-ni- am vult
e- um. ℣. Ipsi ve-ro consi-de-ravé-runt,
et conspexé- runt me : di- vi- sé-runt si-
bi vestiménta me- a, et super vestem me- am
mi- sé-runt sortem. ℣. Lí- be- ra me
de o- re le- ó-

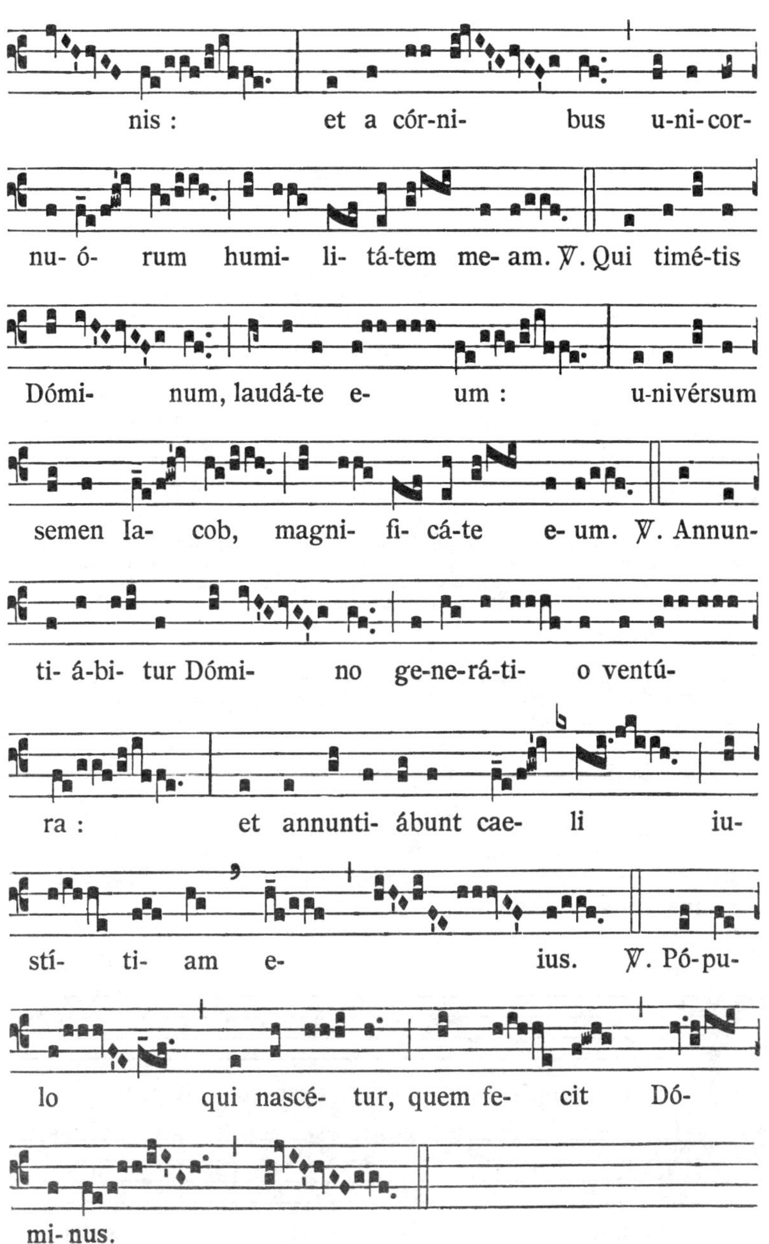
nis : et a cór-ni- bus u-ni-cor-
nu- ó- rum humi- li- tá-tem me- am. ℣. Qui timé-tis
Dómi- num, laudá-te e- um : u-nivérsum
semen Ia- cob, magni- fi- cá-te e- um. ℣. Annun-
ti- á-bi- tur Dómi- no ge-ne-rá-ti- o ventú-
ra : et annunti- ábunt cae- li iu-
stí- ti- am e- ius. ℣. Pó-pu-
lo qui nascé- tur, quem fe- cit Dó-
mi- nus.

Post lectionem II :

Phil. 2, 8. ℣. 9

GR. V

CHristus * factus est pro nobis obédiens usque ad mortem, mortem autem crucis. ℣. Propter quod et Deus exaltávit illum, et dedit illi nomen, quod est super omne nomen.

Ps. 68, 21. 22

OF. VIII

IMpropérium * exspectávit cor meum, et misériam : et sustí-

nu- i qui si- mul contrista-ré- tur, et non
fu- it : con- so-lán- tem me quae- sí- vi, et
non invé- ni : et de-dé- runt
in e- scam me- am fel, et in si- ti me- a
po-ta- vé- runt me acé- to.

Mt. 26, 42

CO. VIII

P A- ter, * si non pot- est hic ca- lix transí- re,
ni-si bi-bam il- lum : fi- at vo-lúntas tu- a.

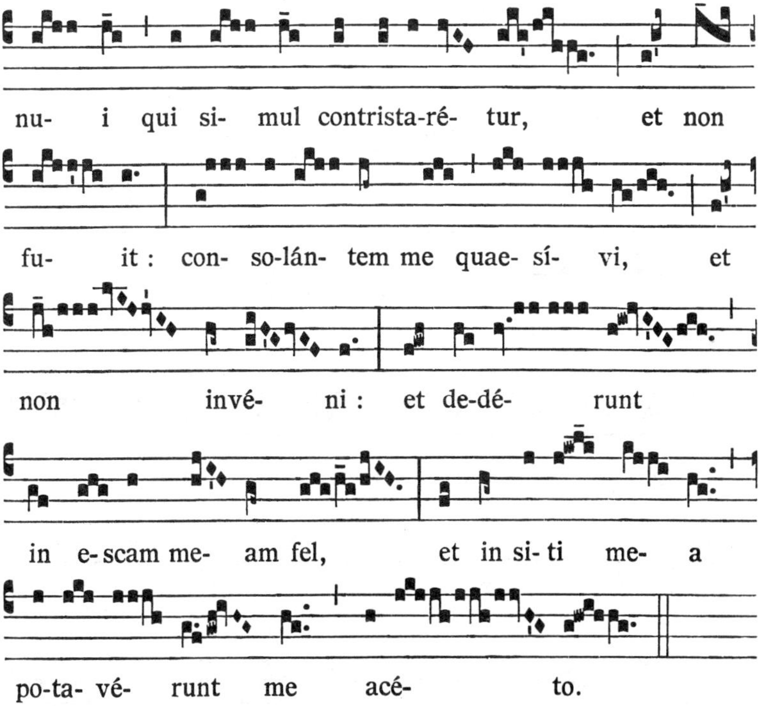

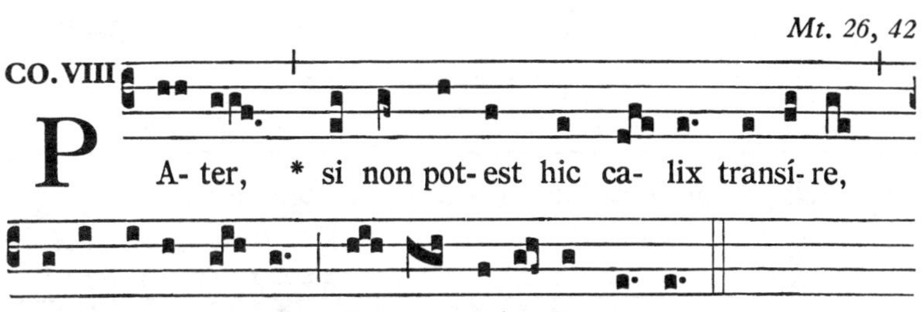

Ps. **21***, 2. 3. 5. 7. 15 cd. 17 ab. 17 c-18. 22. 23. 24. 28.
30 c-31 a. 31 b-32
vel ps. **115***, 10. 11. 12. 13. 14. 15. 16 ab. 16 c-17. 18. 19

FERIA SECUNDA

Ps. 34, 1. 2. 3 et Ps. 139, 8

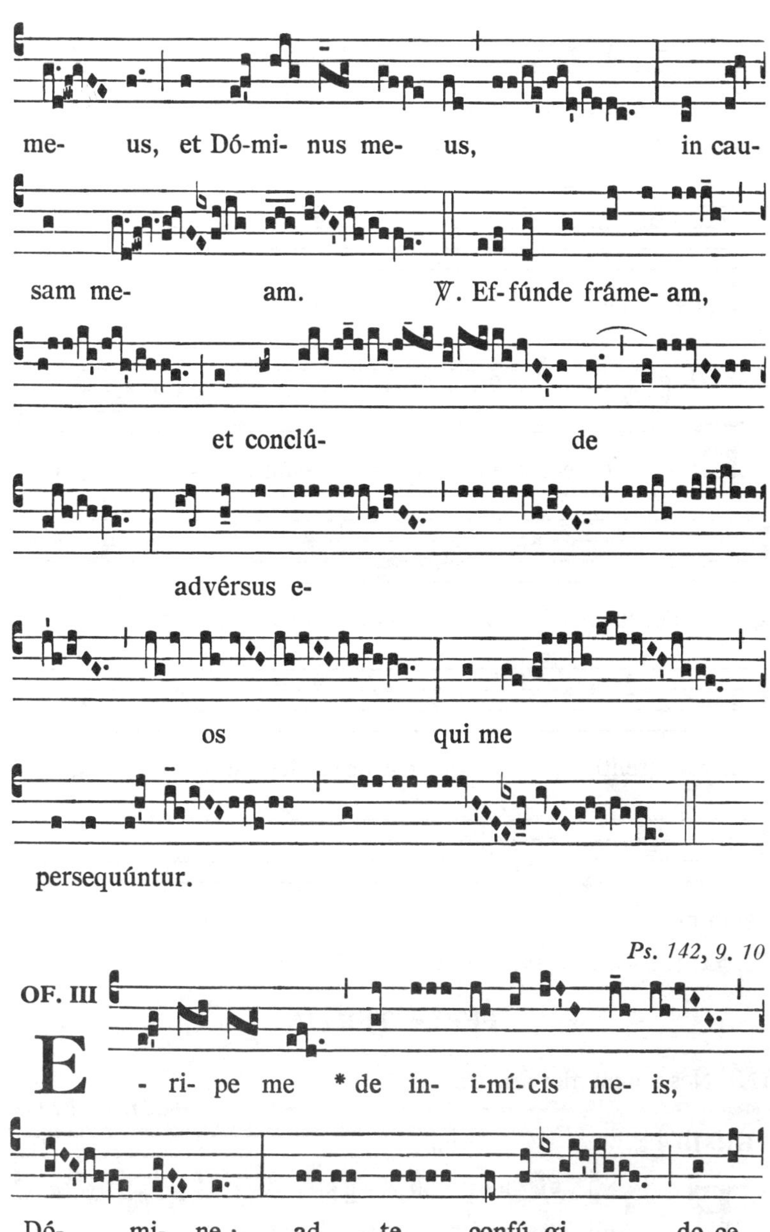
me- us, et Dó-mi- nus me- us, in cau-
sam me- am. ℣. Ef-fúnde fráme- am,
et conclú- de
advérsus e-
os qui me
persequúntur.
Ps. 142, 9. 10
OF. III
E - ri- pe me * de in- i-mí-cis me- is,
Dó- mi- ne: ad te confú- gi, do-ce

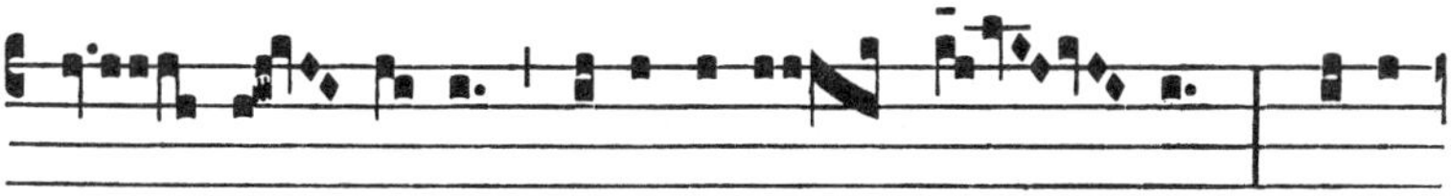

me fá- ce-re vo-luntá-tem tu- am : qui- a

De- us me- us es tu.

Ps. 34, 26

CO. VII

E - rubé- scant * et re-ve- re- ántur si- mul, qui

gra-tu- lántur ma- lis me- is : indu- ántur pu-dó- re

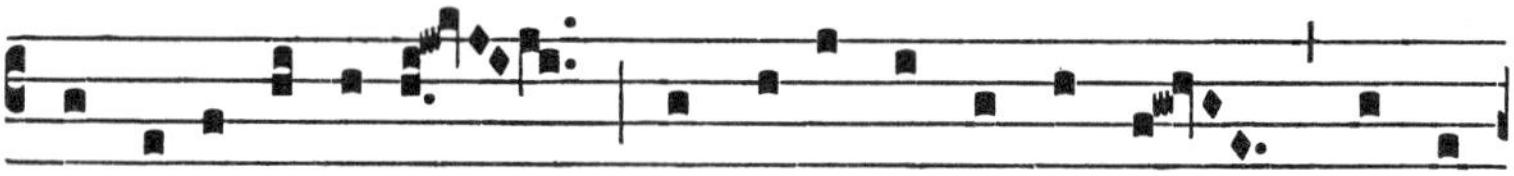

et reve- rénti- a, qui ma-lígna loquúntur advér-

sum me.

Ps. 34, 1. 2-3 c. 9. 17. 18. 28

FERIA TERTIA

IN. Nos autem gloriári, 162.

Ps. 34, 13. ℣. 1-2

GR. III

E - go au- tem, * dum mi- hi mo- lé- sti

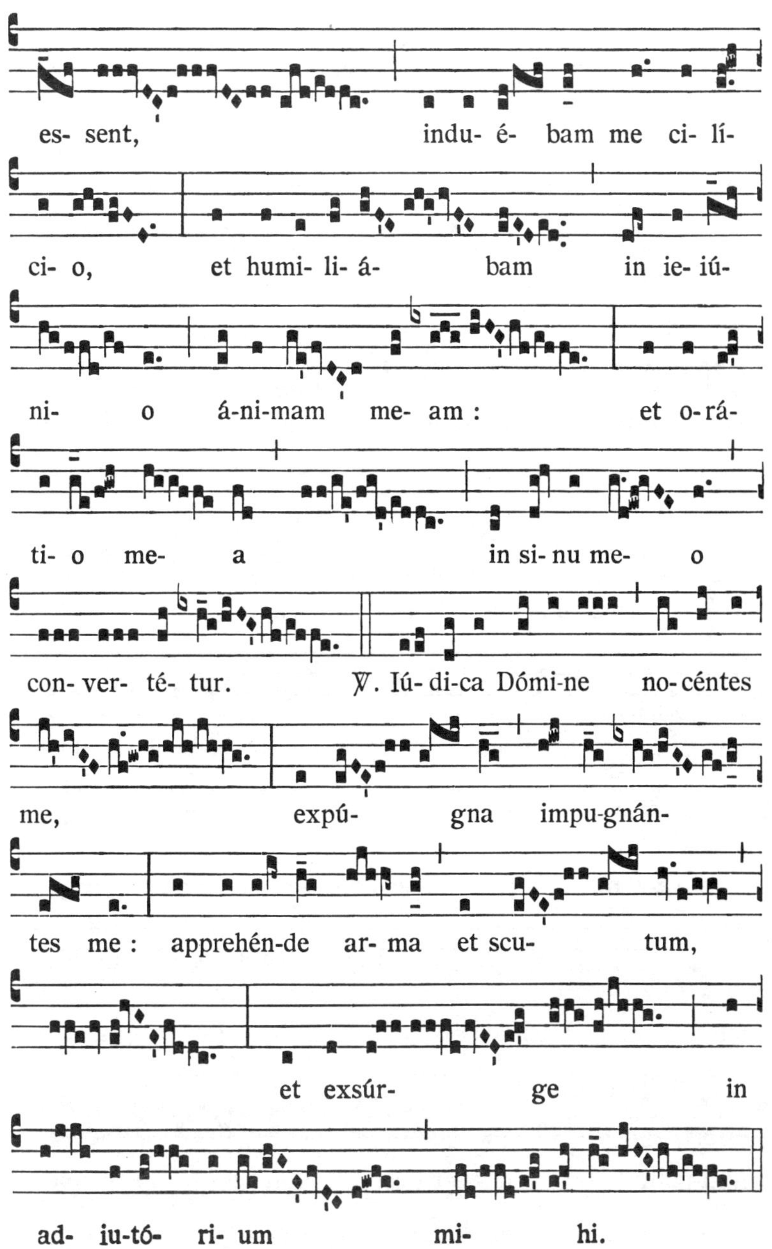
es- sent, indu- é- bam me ci- lí-
ci- o, et humi- li- á- bam in ie- iú-
ni- o á-ni-mam me- am : et o- rá-
ti- o me- a in si- nu me- o
con- ver- té- tur. ℣. Iú- di-ca Dómi-ne no- céntes
me, expú- gna impu-gnán-
tes me : apprehén-de ar- ma et scu- tum,
et exsúr- ge in
ad- iu-tó- ri- um mi- hi.

Ps. 68, 2. 3. 14 ab. 14 cd. 17. 18. 31. 35

FERIA QUARTA

Phil. 2, 10. 8. 11; Ps. 101, 2

Ps. 68, 18. ℣. 2. 3

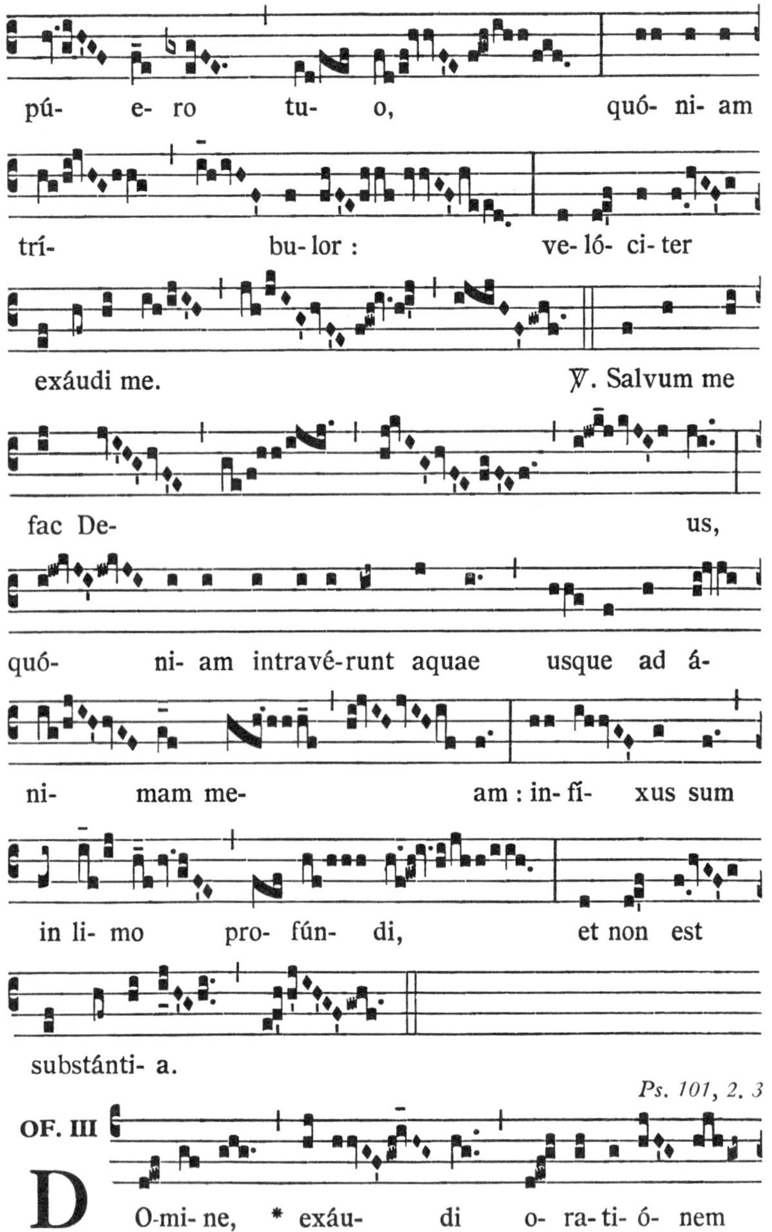
pú- e- ro tu- o, quó- ni- am
trí- bu- lor : ve- ló- ci- ter
exáudi me. ℣. Salvum me
fac De- us,
quó- ni- am intravé-runt aquae usque ad á-
ni- mam me- am : in- fí- xus sum
in li- mo pro- fún- di, et non est
substánti- a.
Ps. 101, 2. 3
OF. III
D O-mi- ne, * exáu- di o- ra- ti- ó- nem

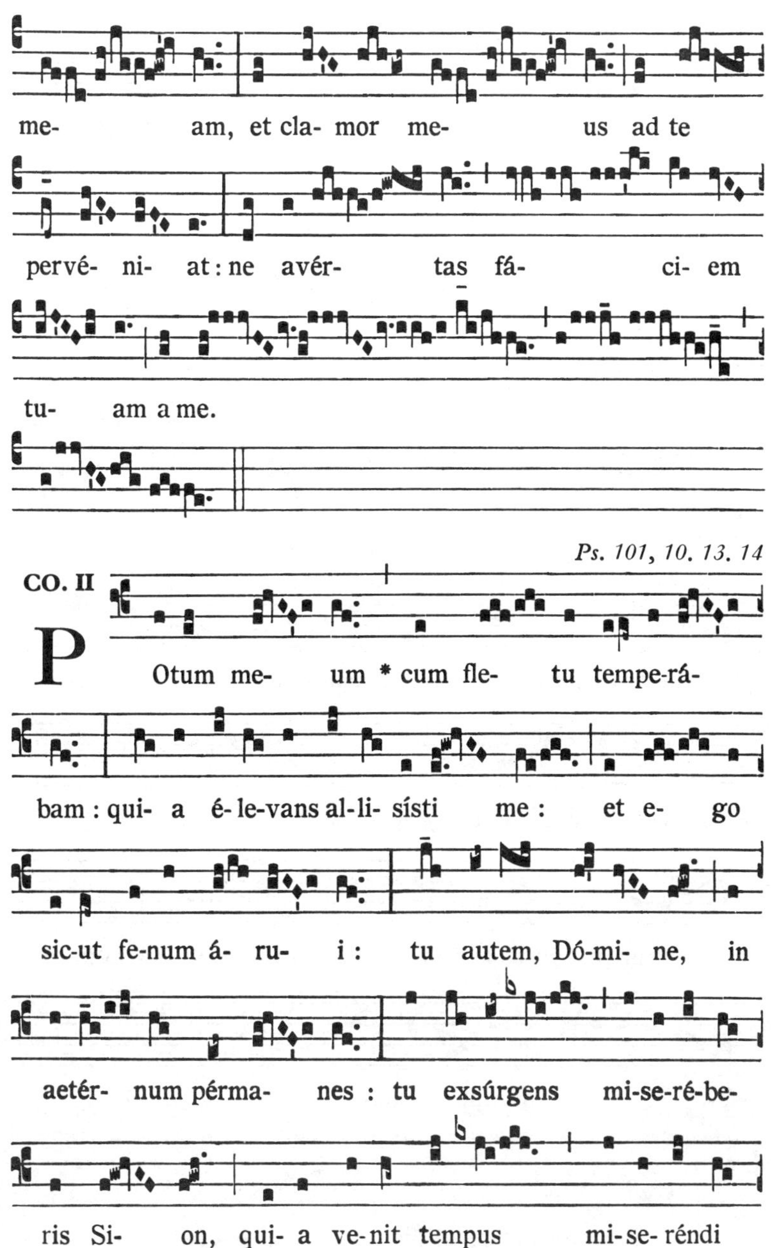
me- am, et cla- mor me- us ad te
pervé- ni- at : ne avér- tas fá- ci- em
tu- am a me.
Ps. 101, 10. 13. 14
CO. II
POtum me- um * cum fle- tu tempe-rá-
bam : qui- a é- le-vans al-li- sísti me : et e- go
sic-ut fe-num á- ru- i : tu autem, Dó-mi- ne, in
aetér- num pérma- nes : tu exsúrgens mi-se-ré-be-
ris Si- on, qui- a ve-nit tempus mi-se- réndi

e- ius. Ps. **101**, 2. 3 abc. 3 de. 18

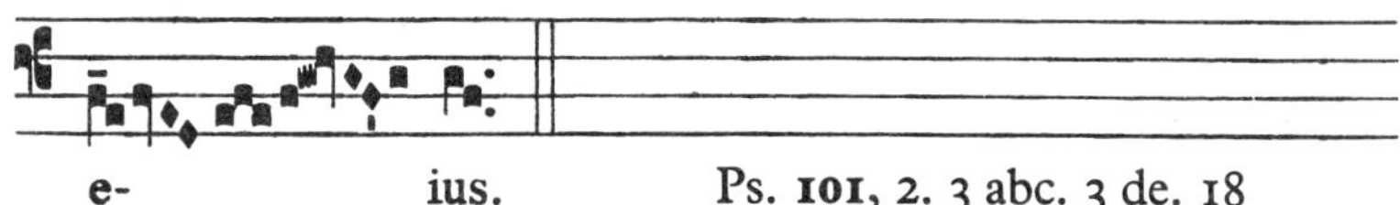

FERIA QUINTA

AD MISSAM CHRISMATIS

IN. Dilexísti, 498.
GR. Invéni David, 445.

Ps. 105, 1. 2. 3. 4

TR. II

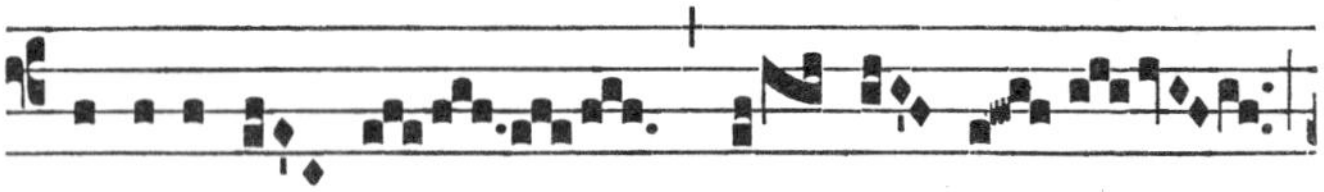

C Onfitémi- ni *Dó- mi- no,

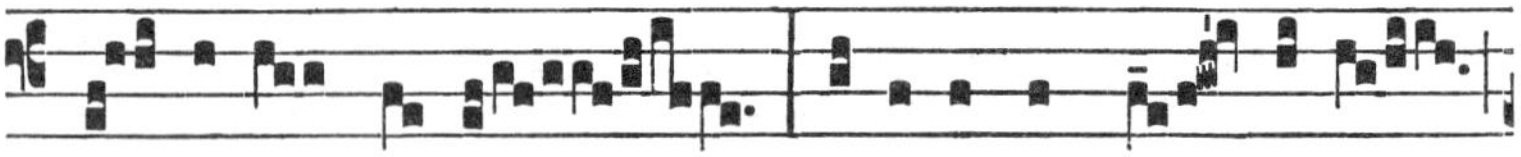

quó- ni- am bo-nus : quó-ni- am in saé- cu-lum

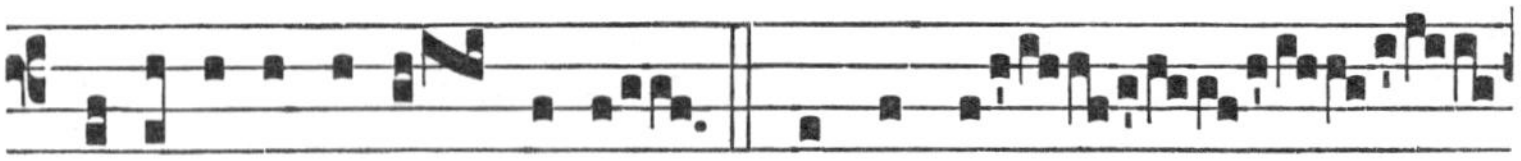

mi-se-ri-córdi- a e-ius. ℣. Quis loqué-

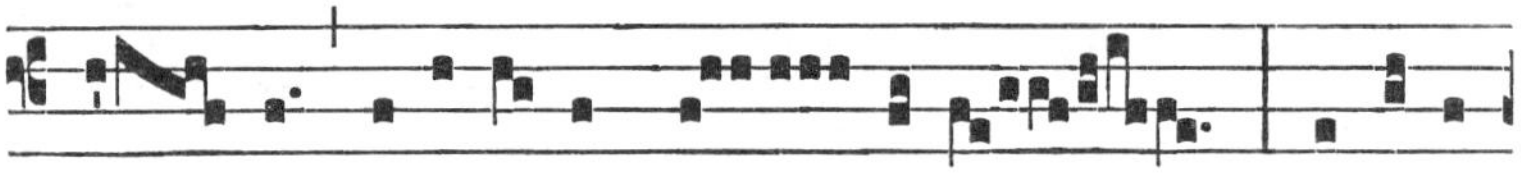

tur pot-énti- as Dó- mi-ni : audí-tas

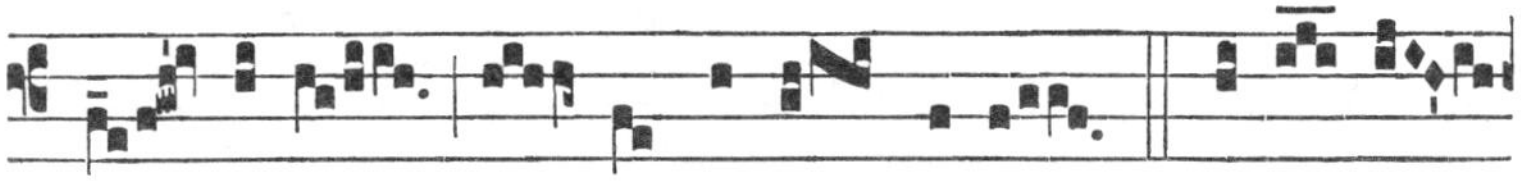

fá- ci- et o- mnes laudes e-ius? ℣. Be- á- ti

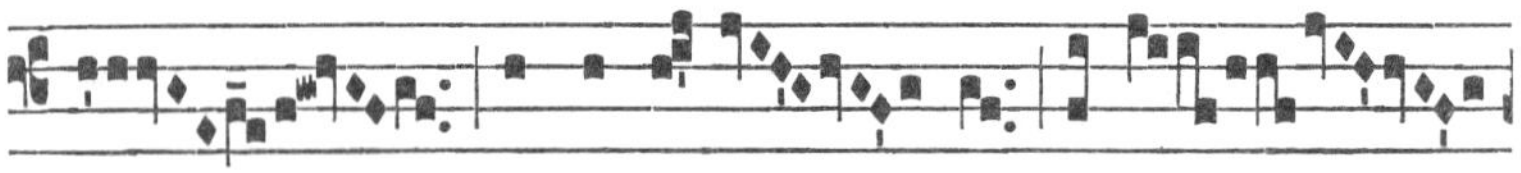

qui custó-di- unt iu-dí-

ci- um, et fá-ci- unt iustí- ti- am in omni
tém- po- re. ℣. Memén- to
nostri, Dó-mi- ne, in beneplá-ci-to pópu- li tu-
i : ví-si-ta nos in sa- lu-tá- ri
tu- o.

Pro OF., *Hymnus* O Redémptor.

Duo cantores cantant versus sequentes :

O Red-émptor, sume carmen Te-met conci-nénti- um.

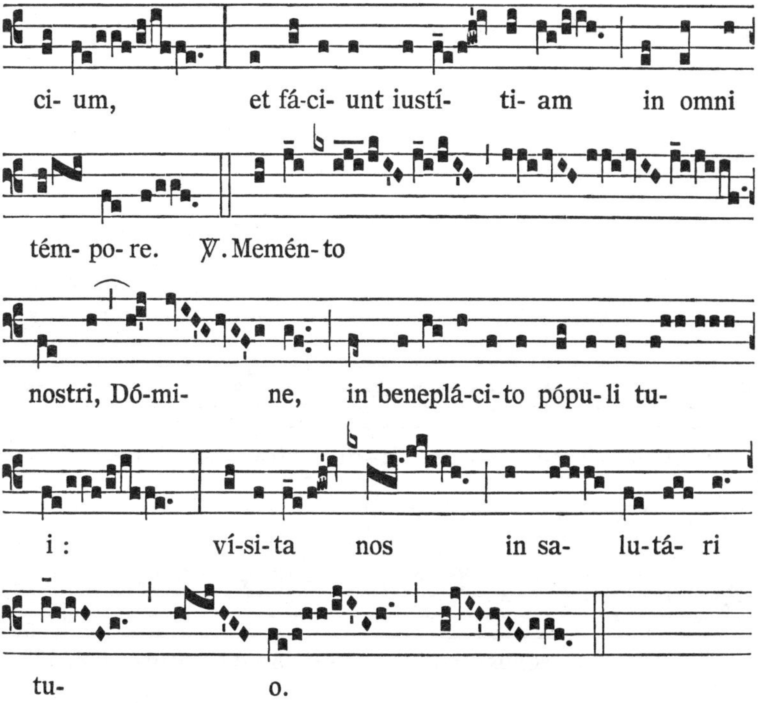

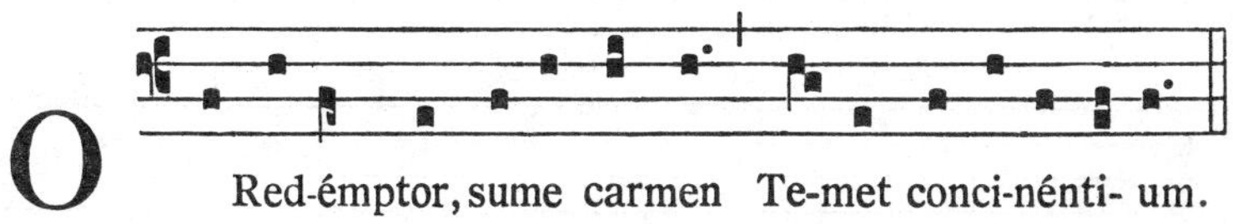

Et Chorus idem replicat. Deinde duo cantores prosequuntur sequentes versus :

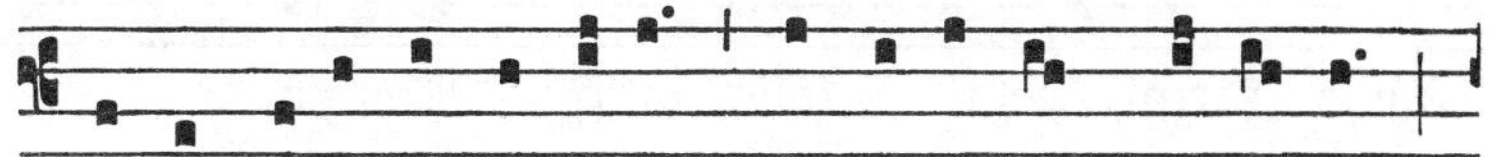

Arbor fœta alma lu-ce Hoc sacrándum pró- tu- lit,

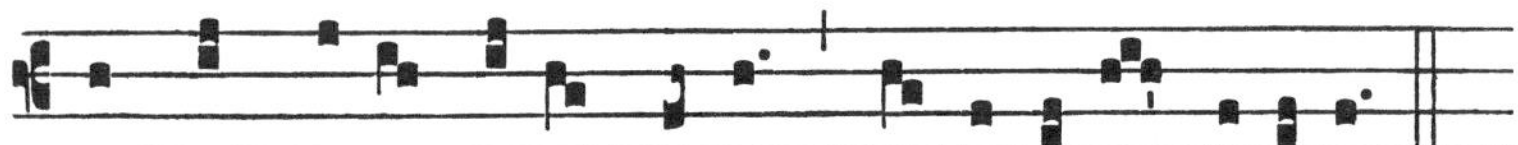

Fert hoc pro-na praesens turba Sal-va-tó-ri saécu-li.

Chorus : O Redémptor.

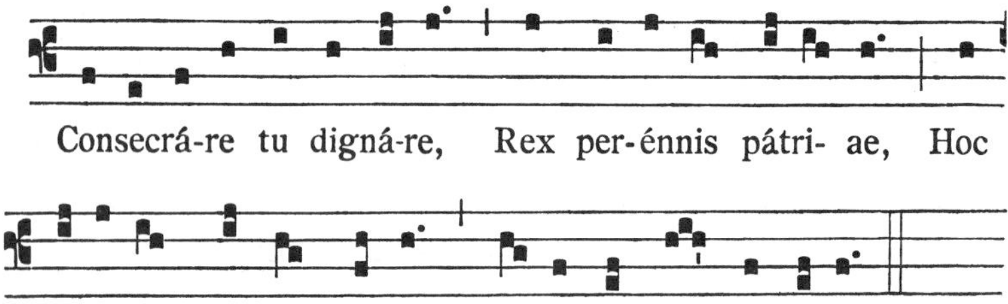

Chorus : O Redémptor.

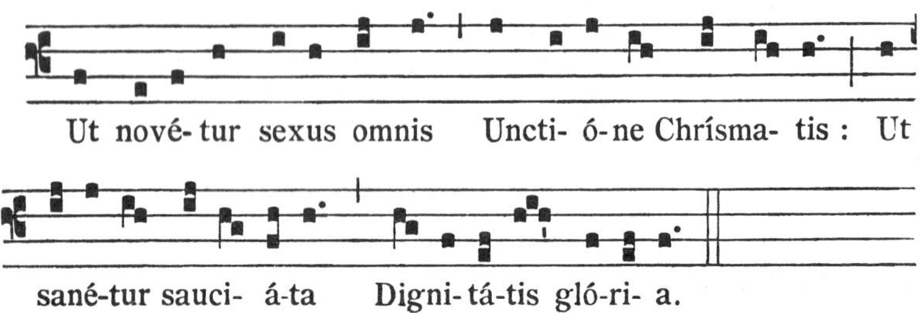

Chorus : O Redémptor.

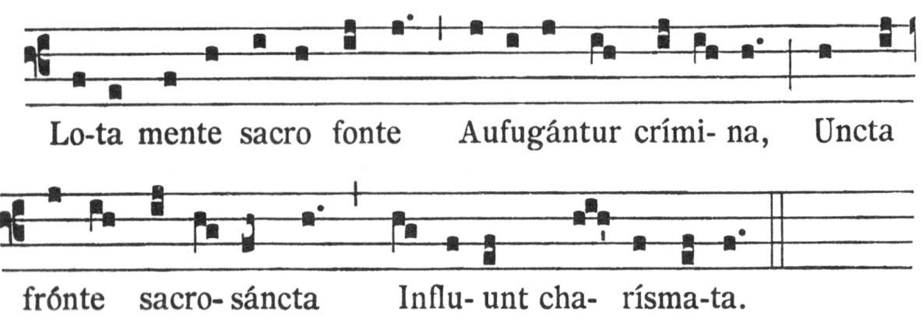

Chorus : O Redémptor.

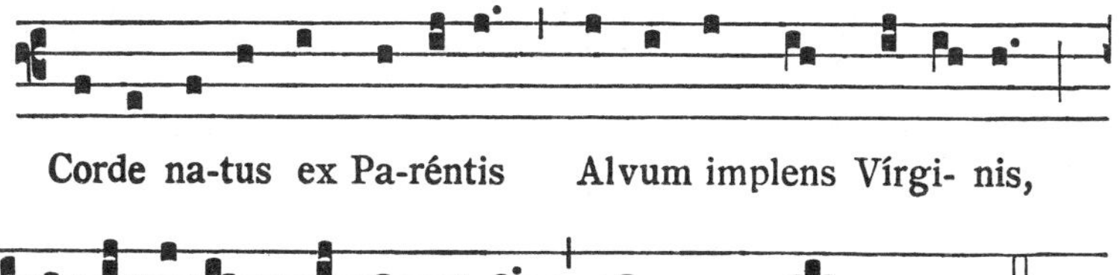

Corde na-tus ex Pa-réntis Alvum implens Vírgi- nis,

Praesta lu-cem, claude mortem Chrísma-tis con-sórti-bus.

Chorus : O Redémptor.

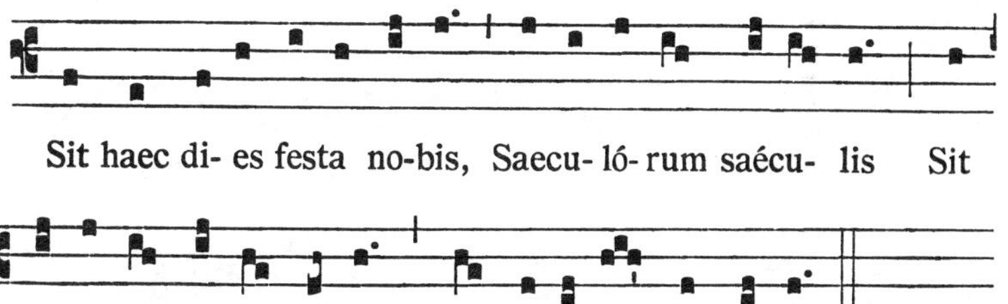

Sit haec di- es festa no-bis, Saecu- ló- rum saécu- lis Sit

sacrá-ta digna laude, Nec senéscat témpo-re.

Chorus : O Redémptor.

CO. Dilexísti, 506,
cum ps. 44, 2. 3. 4. 5. 6. 7. 9

SACRUM TRIDUUM PASCHALE
PASSIONIS ET RESURRECTIONIS DOMINI

MISSA VESPERTINA IN CENA DOMINI

AD LITURGIAM VERBI

Antiphona ad introitum IV

Cf. Gal. 6, 14 ; Ps. 66

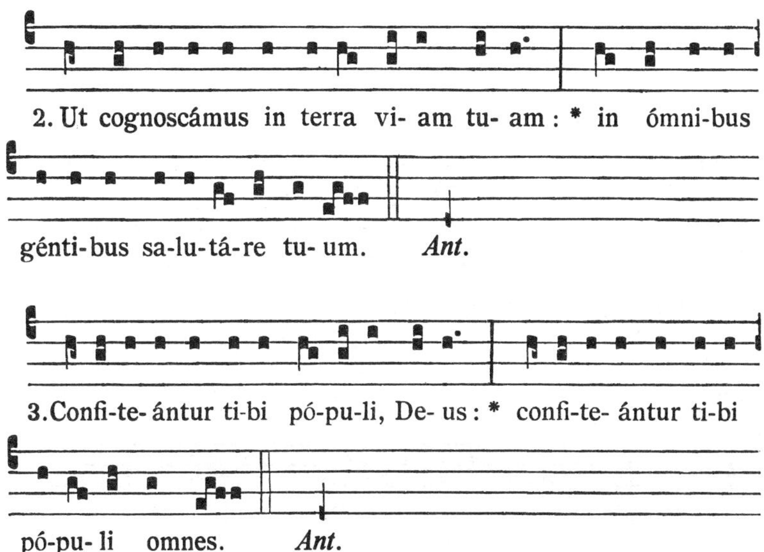

Dicitur Glória in excélsis.
GR. Oculi ómnium, 343.

Mal. 1, 11 et Prov. 9, 5

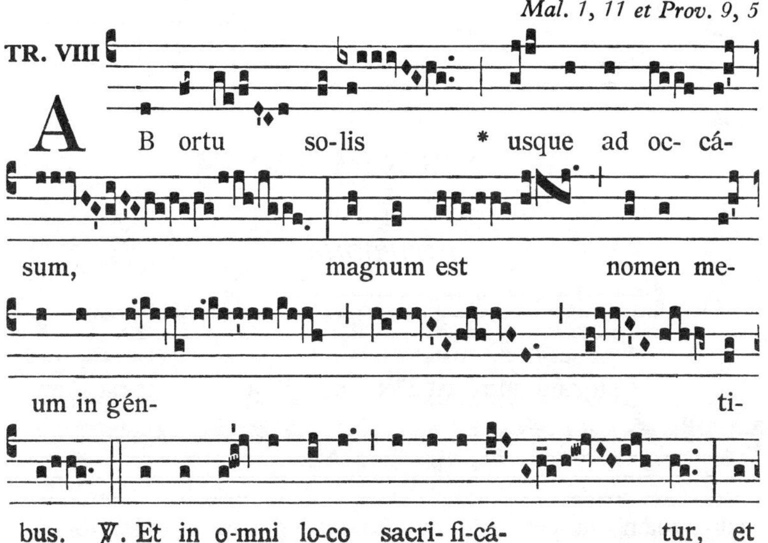

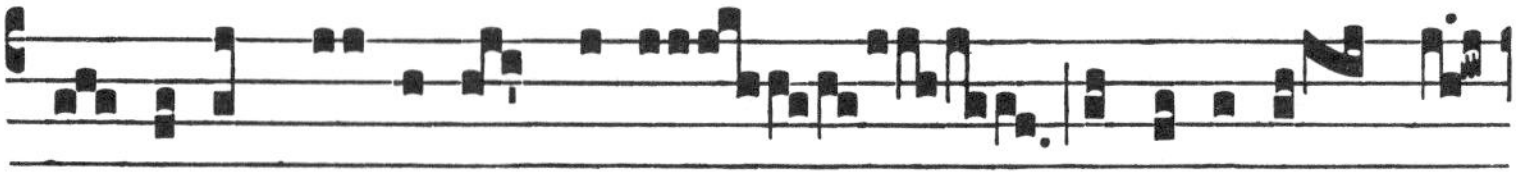

of- fértur nó- mi-ni me- o oblá- ti- o mun-

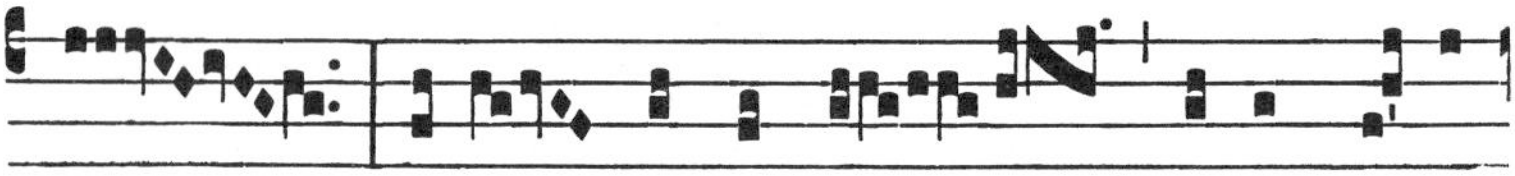

da : qui- a magnum est nomen me- um

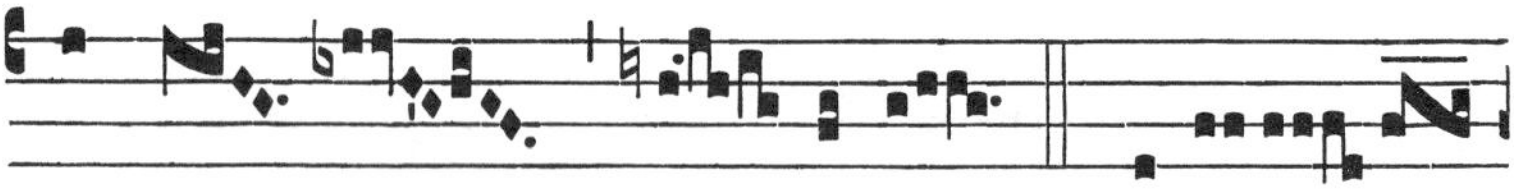

in gén- ti- bus. ℣. Ve-ní-

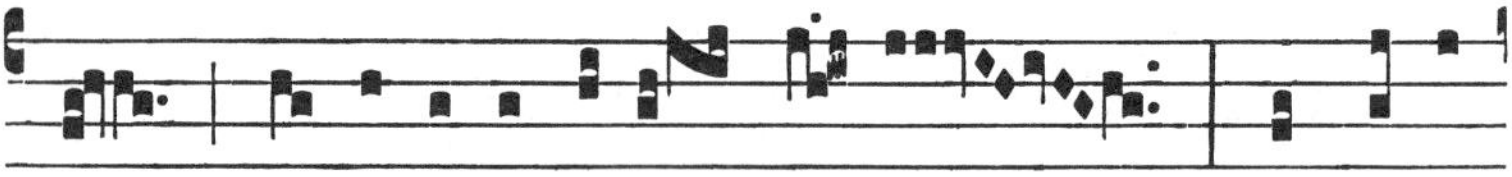

te, com-é- di- te panem me- um : et bí- bi-

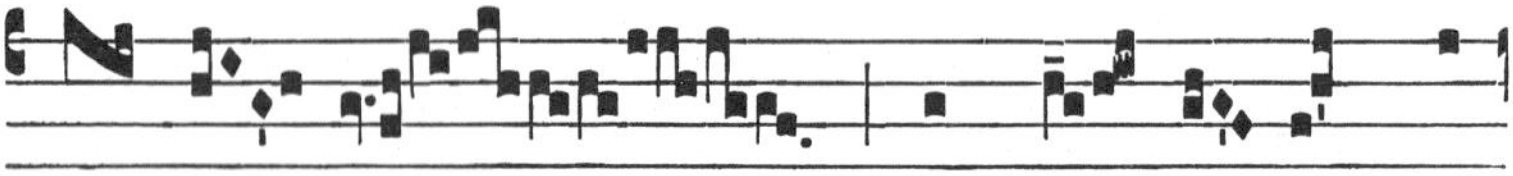

te vi- num, quod mí- scu- i vo-

bis.

AD LOTIONEM PEDUM

I

ANTIPHONA

Cf. Io. 13, 4. 5. 15

IV

P Ostquam surré-xit Dómi-nus * a ce-na, mi-

sit aquam in pel- vim, cœ-pit lavá- re pe-des di-sci-

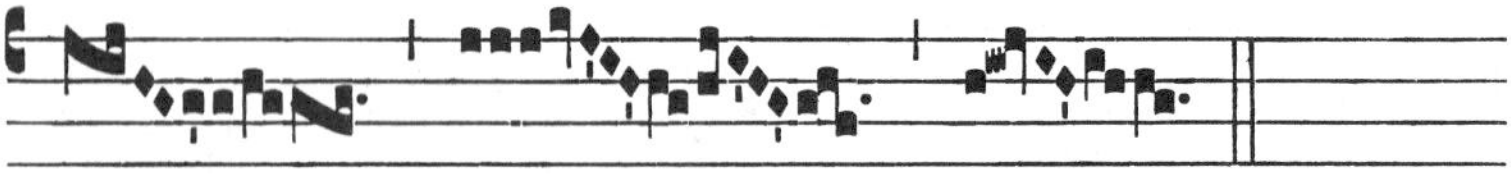

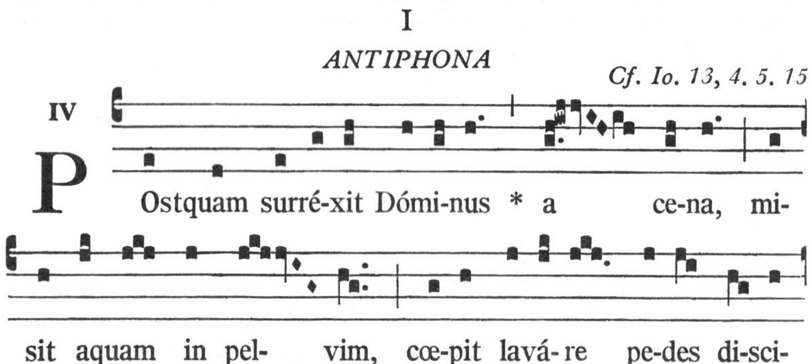

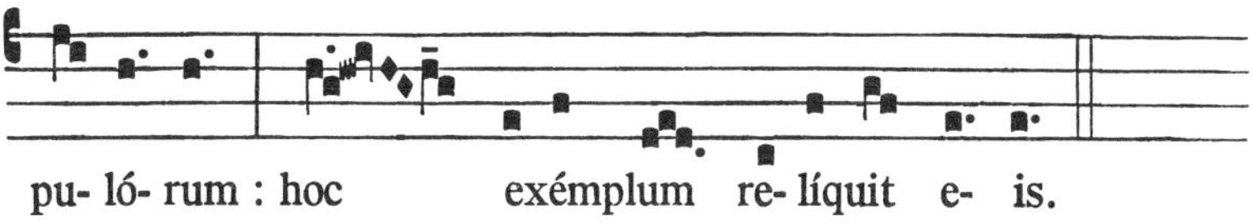
pu- ló- rum : hoc exémplum re- líquit e- is.

II *(ad libitum)*

ANTIPHONA

Io. 13, 12. 13. 15

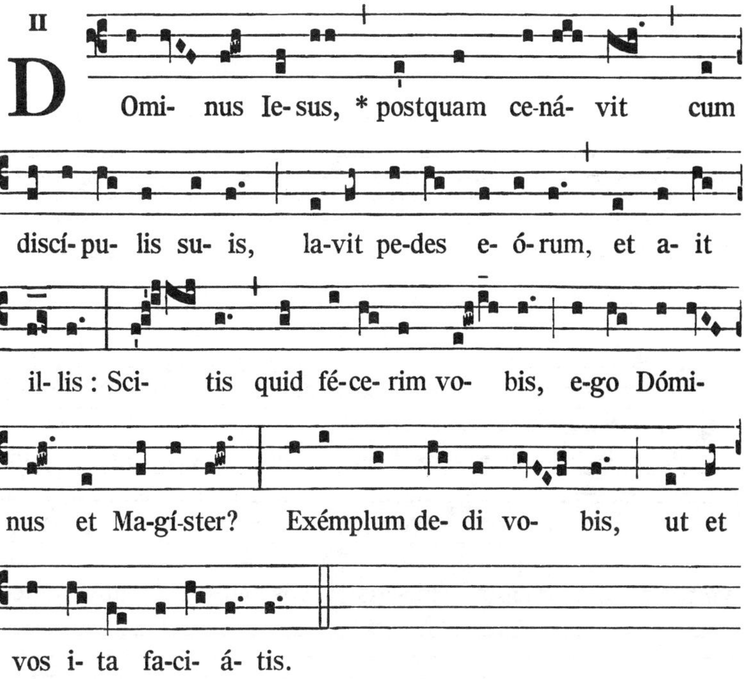
II
DOmi- nus Ie- sus, * postquam ce-ná- vit cum
discí- pu- lis su- is, la-vit pe-des e- ó- rum, et a- it
il- lis : Sci- tis quid fé-ce- rim vo- bis, e-go Dóminus et Ma-gí-ster? Exémplum de- di vo- bis, ut et
vos i- ta fa-ci- á- tis.

III

ANTIPHONA

Io. 13, 6. 7. 8

V
DOmi- ne, * tu mi- hi la- vas pe- des? Respóndit

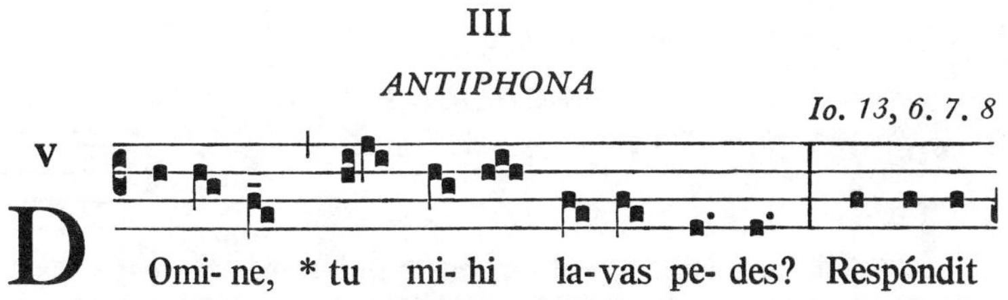

Ie-sus, et di-xit e- i : Si non láve-ro ti- bi pe- des,
non ha-bé- bis partem me- cum. ℣. Ve-nit ergo ad Simó-nem
Petrum, et di-xit e- i Petrus. Dómi- ne. ℣. Quod e-go fá-
ci- o, tu nescis mo-do : sci- es autem póste- a. Dómi- ne.
IV
ANTIPHONA
Cf. Io. 13, 14
IV
SI ego Dómi-nus * et Ma- gíster ve- ster lavi
vo-bis pe- des : quanto ma-gis vos debé- tis alter alté-
ri- us lavá- re pe- des?
V
ANTIPHONA
Io. 13, 35
VII
IN hoc cognóscent omnes, * qui- a me- i estis discí-

Non dicitur Credo.

AD LITURGIAM EUCHARISTICAM

Pro OF., Ubi cáritas est vera.

Qui cantus sic ordinatur : Ant. Ubi cáritas *integra canitur a cantoribus et repetitur ab omnibus. Pro opportunitate tamen potest cantari semel tantum ab omnibus. Versus autem alternatim canuntur a duabus partibus chori sibi invicem respondentibus, vel alternatim a cantoribus et a choro. Quando antiphona repetitur, semper ab omnibus canitur.*

Auctor ignotus in Italia (sæc. IX-X?)

℣. Simul ergo cum in u- num congregámur :
℣. Ne nos mente di- vi-dámur, cave- ámus.
℣. Cessent iúrgi- a ma- lígna, cessent li- tes.
℣. Et in mé-di- o nostri sit Christus De- us.
U - bi cá-ri- tas est ve-ra, De- us i-bi est.
℣. Simul quoque cum be- á- tis vi-de- ámus
℣. Glo- ri- ánter vul-tum tu- um, Christe De- us :
℣. Gáudi- um, quod est imménsum, atque probum,
℣. Saécu- la per infi-ní- ta saecu- ló- rum.

1 Cor. 11, 24. 25

CO. VIII

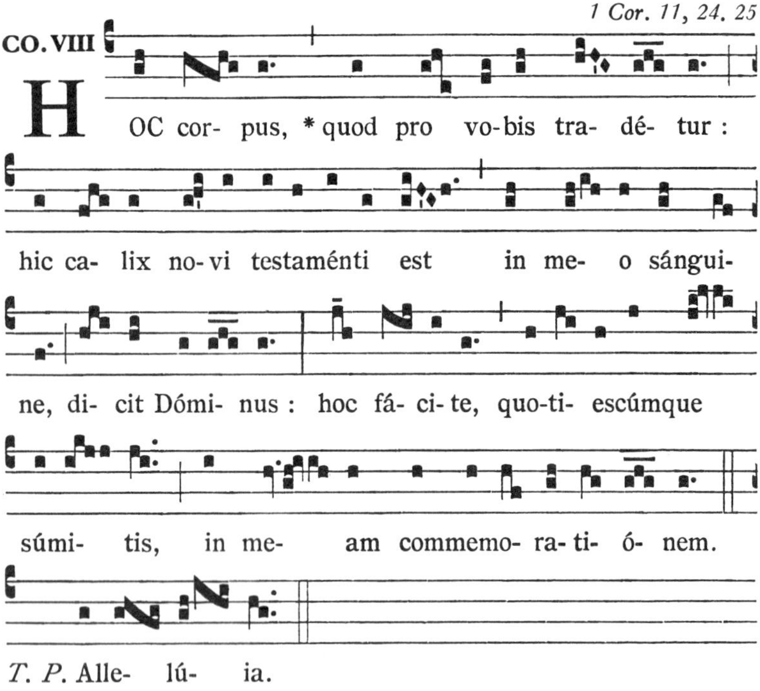
HOC corpus, * quod pro vobis tra- dé- tur :
hic ca- lix no- vi testaménti est in me- o sángui-
ne, di- cit Dómi- nus : hoc fá- ci- te, quo-ti- escúmque
súmi- tis, in me- am commemo- ra- ti- ó- nem.
T. P. Alle- lú- ia.

Ps. **22***, 1 - 2 a. 2 b - 3 a. 3 b. 4 ab. 4 cd. 5 ab. 5 cd. 6 ab
vel ps. **115***, *ut supra*, 149.

AD TRANSLATIONEM SS.MI SACRAMENTI

Interim cantatur hymnus Pange, lingua *(exclusis duabus ultimis strophis)*, *vel alius cantus eucharisticus.*

Thomas de Aquino (?)

III

PAnge lingua glo-ri- ó-si Córpo-ris mysté-ri- um,
Sangui-nísque pre- ti- ó-si, Quem in mundi pré-ti- um Fructus

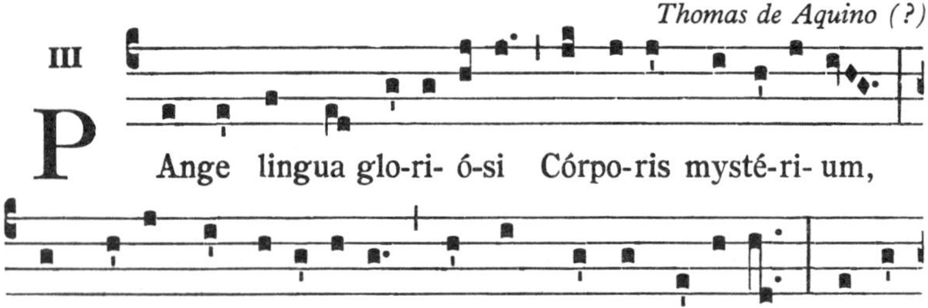

ventris gene-ró-si Rex effú-dit gén-ti- um. 2. No-bis da-tus,
no-bis na-tus Ex intácta Vírgi-ne, Et in mundo con-
versá-tus, Sparso verbi sémi-ne, Su- i mo-ras inco-lá-tus
Mi-ro clausit ór-di-ne. 3. In suprémae nocte cenae Recúmbens cum frátri-bus, Observá-ta lege ple-ne Ci-bis
in le-gá- li-bus, Ci-bum turbae du- o-dénae Se dat su- is
má- ni-bus. 4. Verbum ca-ro, panem ve-rum Verbo carnem
éf-fi-cit : Fitque sanguis Christi me-rum, Et si sensus
dé- fi-cit, Ad firmándum cor sincé-rum So-la fi- des súf- fi-cit.

Cum processio pervenerit ad locum repositionis, cantatur :

5 Tantum ergo sacraméntum
venerémur cérnui,
et antíquum documéntum
novo cedat rítui;
præstet fides suppleméntum
sénsuum deféctui.

6 Genitóri Genitóque
laus et iubilátio,
salus, honor, virtus quoque
sit et benedíctio;
procedénti ab utróque
compar sit laudátio. Amen.

FERIA SEXTA IN PASSIONE DOMINI

AD LITURGIAM VERBI

Post lectionem I :

Ps. 101, 2-5 et 14

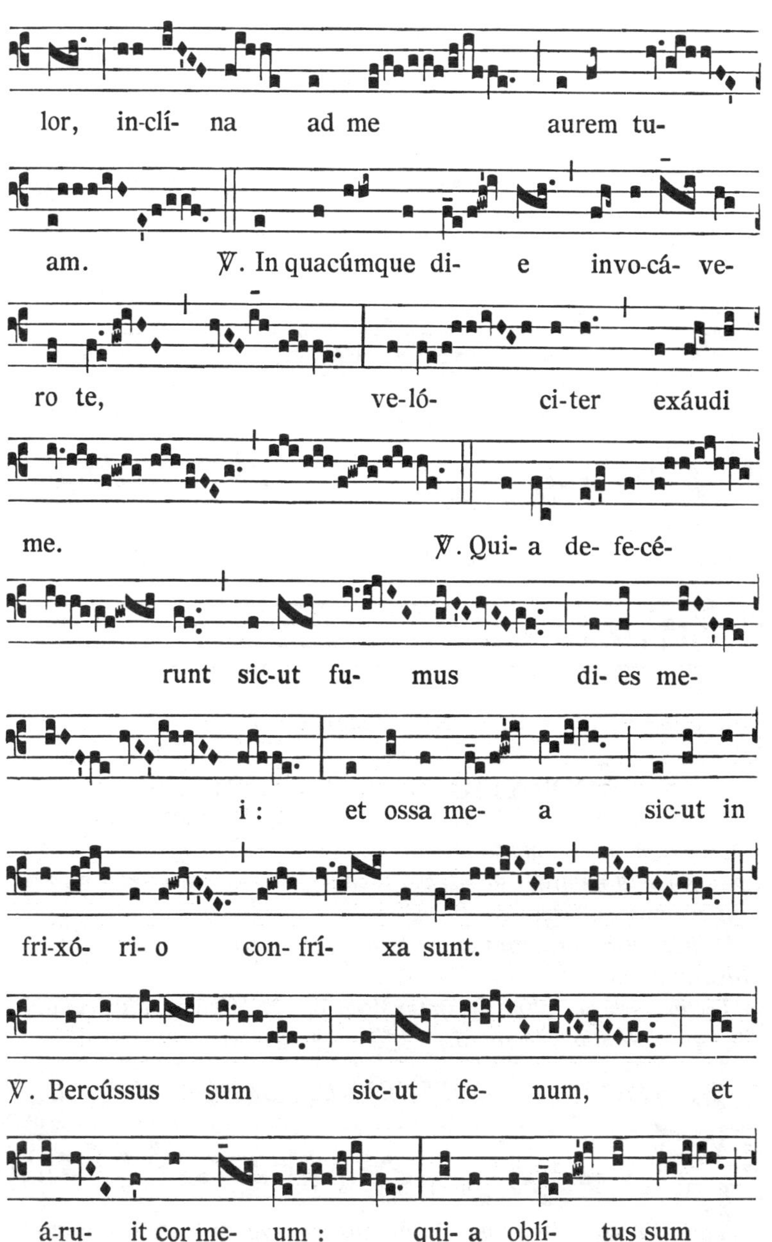
lor, in-clí- na ad me aurem tu-
am. ℣. In quacúmque di- e invo-cá- ve-
ro te, ve-ló- ci-ter exáudi
me. ℣. Qui- a de- fe-cé-
runt sic-ut fu- mus di- es me-
i : et ossa me- a sic-ut in
fri-xó- ri- o con- frí- xa sunt.
℣. Percússus sum sic-ut fe- num, et
á-ru- it cor me- um : qui- a oblí- tus sum

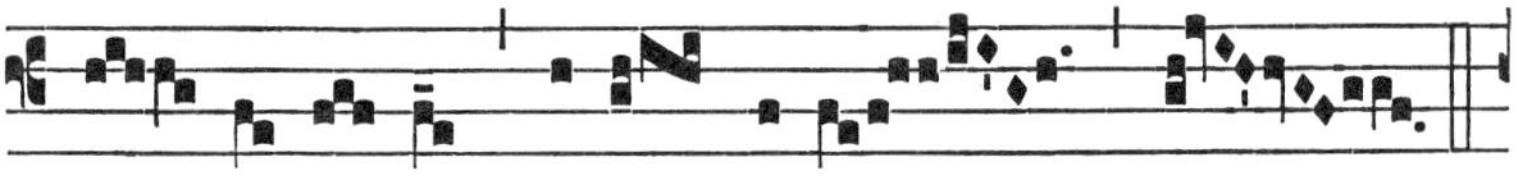

man- du-cá- re panem me- um.

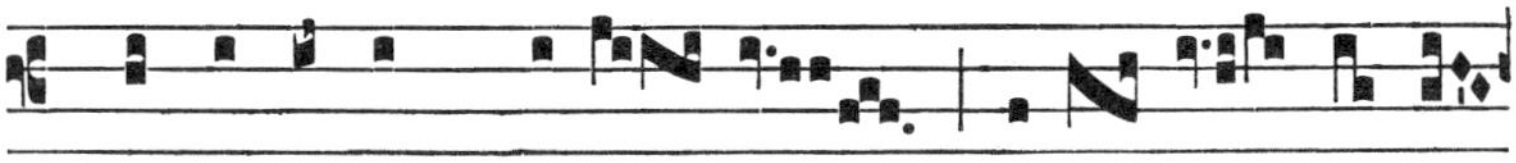

℣. Tu exsúrgens, Dómi- ne, mi-se- ré- be- ris

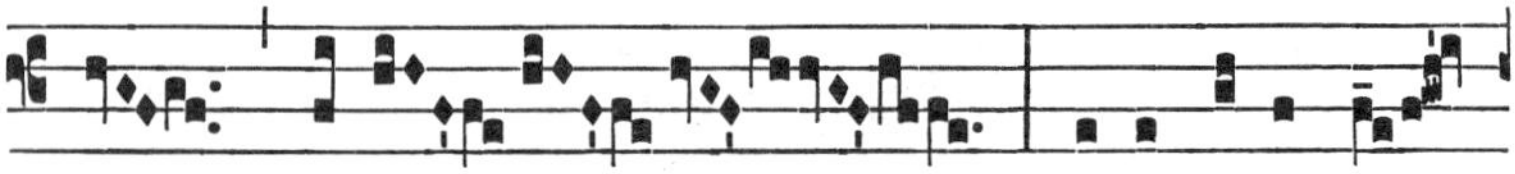

Si- on : qui- a ve-nit tem-

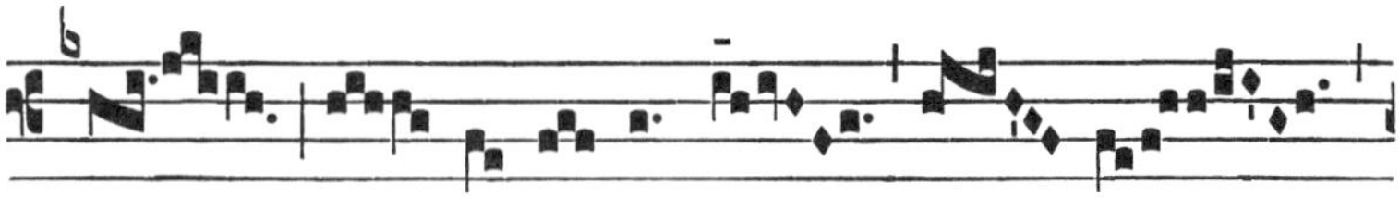

pus mi- se-rén-di e- ius.

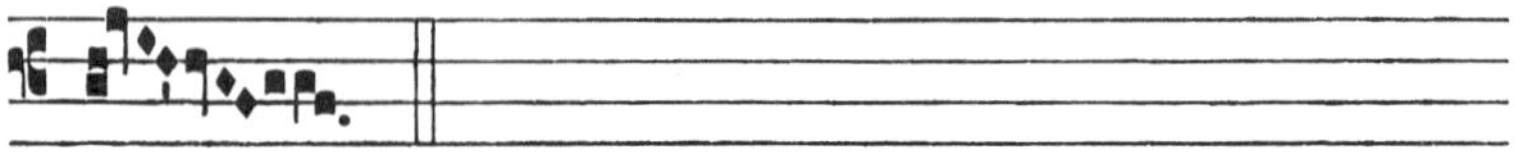

Post lectionem II : GR. Christus factus est, 148.

ADORATIO SANCTÆ CRUCIS

Celebrans incipit invitationem Ecce lignum Crucis, *eum adiuvantibus in cantu ministris sacris, vel si casus fert, schola. Omnes respondent :* Veníte, adorémus.

Deinde celebrans, altius quam primo, incipit : Ecce lignum Crucis, *aliis cantantibus et adorantibus ut supra.*

Tertio celebrans altius incipit : Ecce lignum Crucis, *aliis cantantibus et adorantibus ut supra.*

INVITATIO IN OSTENDENDA SANCTA CRUCE

VI

E Cce li- gnum Cru- cis, in quo sa- lus mun-

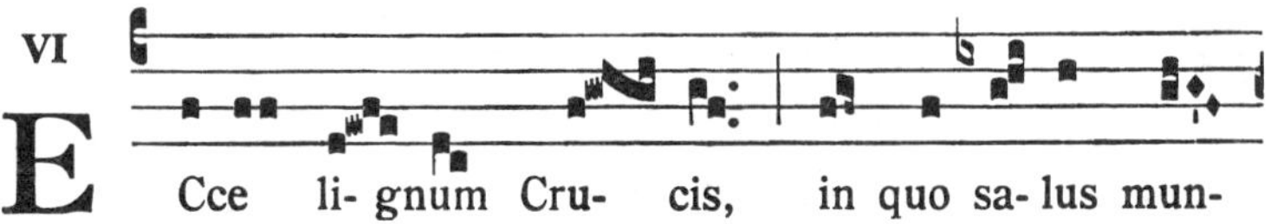

di pe- pén- dit.

Omnes :

Ve- ní- te, ad- o-ré- mus.

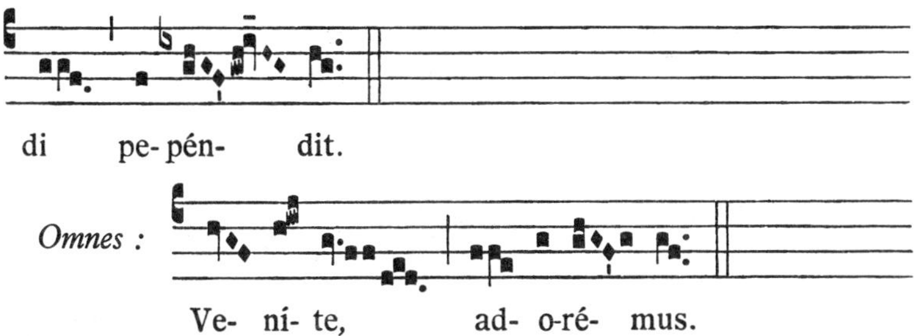

CANTUS IN ADORATIONE S. CRUCIS PERAGENDI

Ps. 66, 2

AN. IV

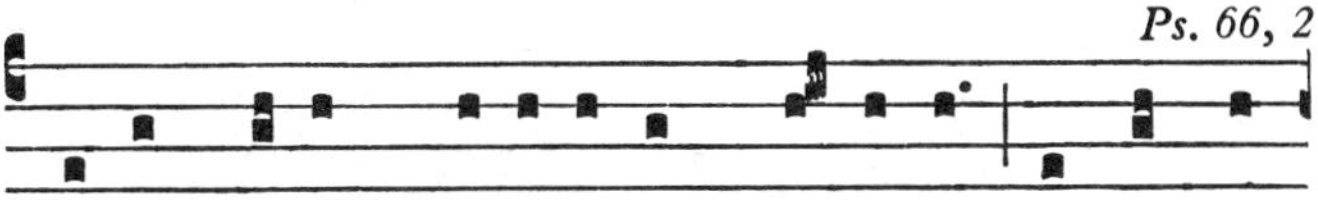

C Ru-cem tu-am * ado-rámus, Dó-mi-ne : et sanctam

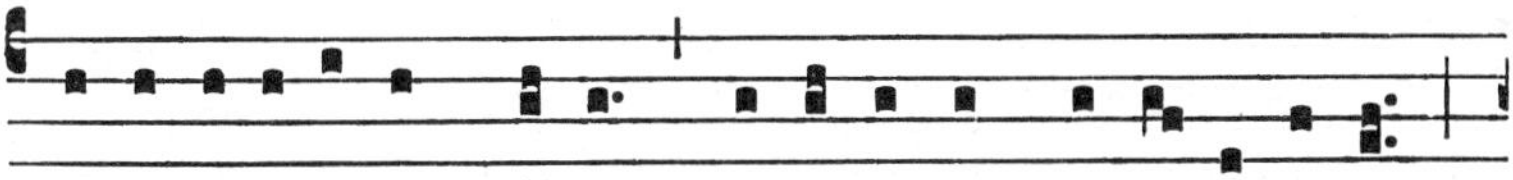

re-surrecti- ó-nem tu- am laudámus et glo- ri- fi-cámus :

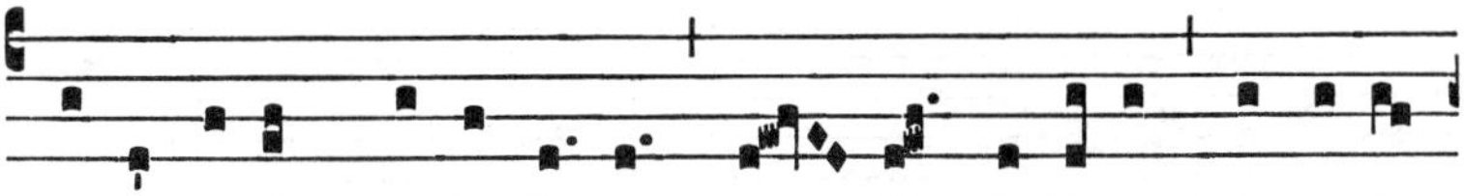

ecce e-nim propter lignum ve- nit gáudi- um in u-ni-

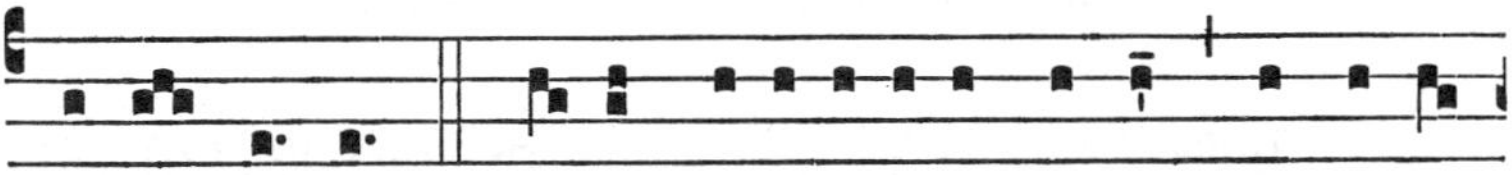

vérso mundo. *Ps.* De- us mi-se-re- á-tur nostri, et be-ne-

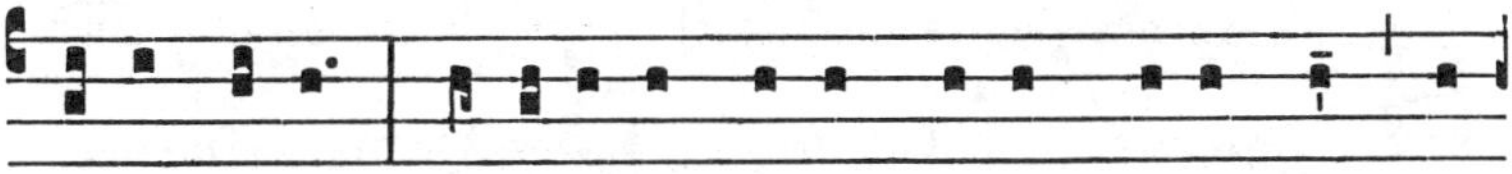

dí-cat no-bis : il-lúmi-net vultum su- um super nos, et

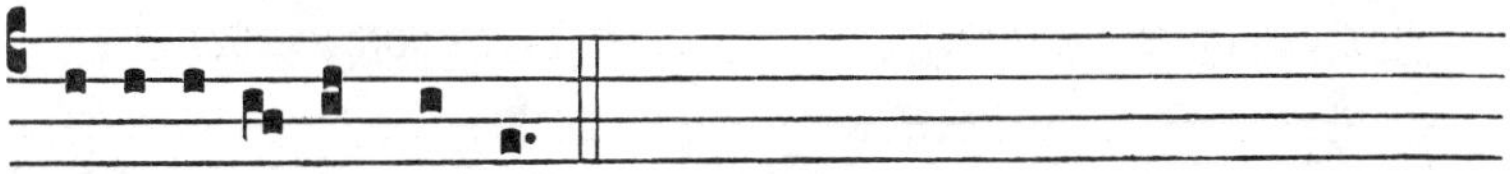

mi-se-re- á- tur nostri.

Et repetitur antiphona Crucem tuam.

IMPROPERIA

I

Duo cantores in medio chori cantant :

Mich. 6, 3

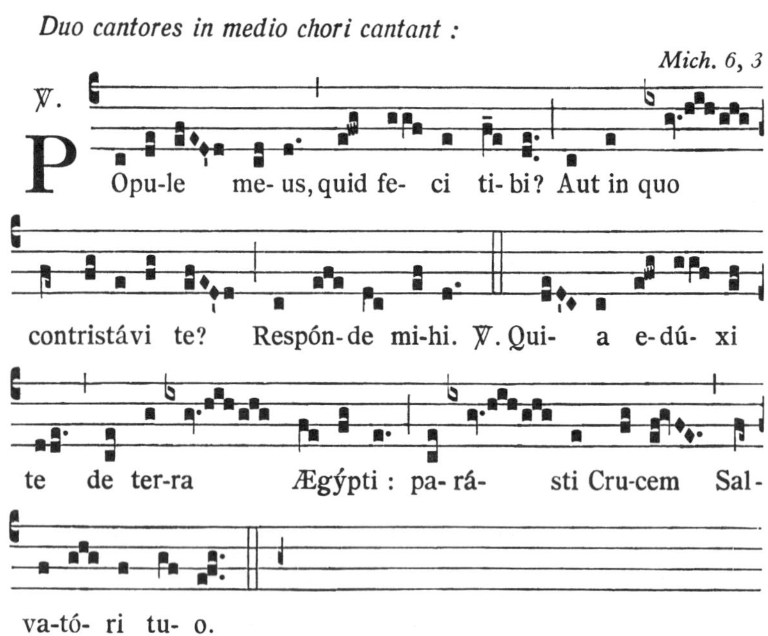

Unus chorus cantat : *Alius chorus respondet :*

Primus chorus : *Secundus chorus :*

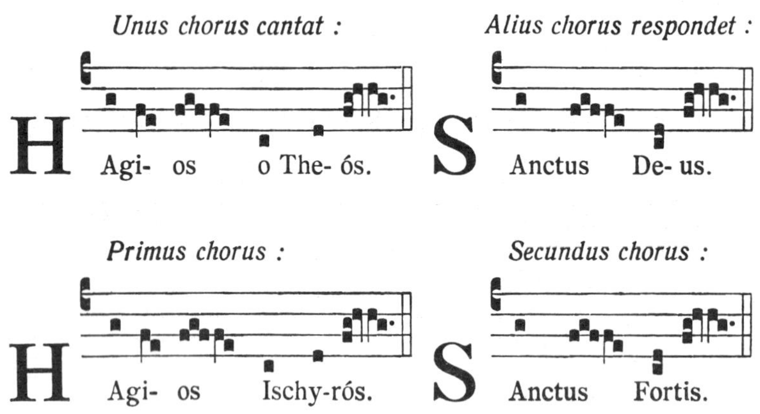

Secundus chorus :

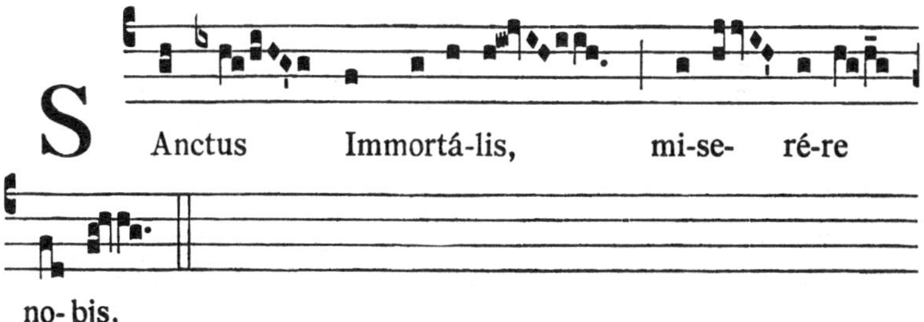

Postea duo de secundo choro cantant :

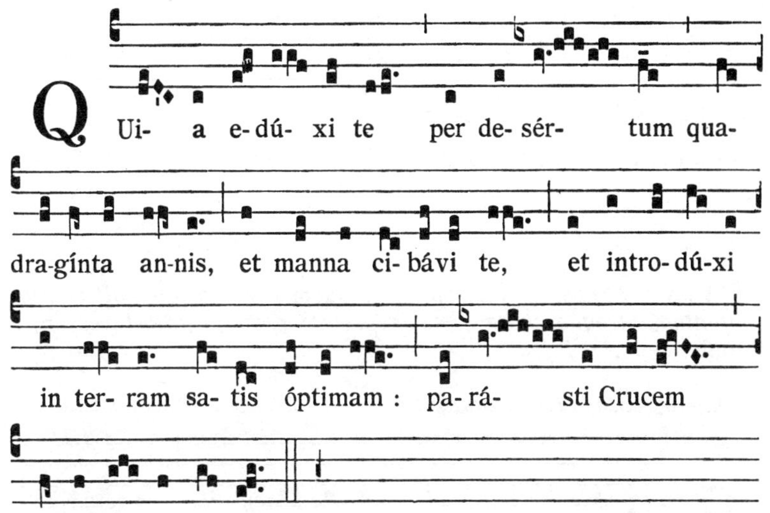

Chori respondent alternatim : Hágios o Theós, *etc.* Sanctus Deus, *etc, ita tamen ut primus chorus semper repetat* Hágios, *ut supra.*

Deinde duo de primo choro cantant :

Item chori alternatim respondent Hágios o Theós, Sanctus Deus.

II

¶ *Versus sequentis Improperii a duobus cantoribus alternatim cantantur, utroque choro simul repetente post quemlibet versum :* Pópule meus, *ut infra.*

Duo de secundo choro cantant :

℣. E - go propter te flagel-lá-vi Ægýptum cum primo-

gé-ni-tis su- is : et tu me flagel-lá-tum tra-di-dísti.
Chorus repetit :
P Opu-le me- us, quid fe- ci ti- bi? Aut in
quo contristávi te? Respón-de mi-hi.
Duo de primo choro :
℣. Ego te edú-xi de Ægýpto, demerso Pha-ra- óne in ma-re
Ru-brum : et tu me tra-di-dísti princí-pi-bus sa-cerdó-tum.
Chorus repetit : Pópule meus.
Duo de secundo choro :
℣. Ego ante te apé-ru- i ma- re : et tu ape-ru- ísti lán-
ce- a la-tus me- um. Pópule meus.

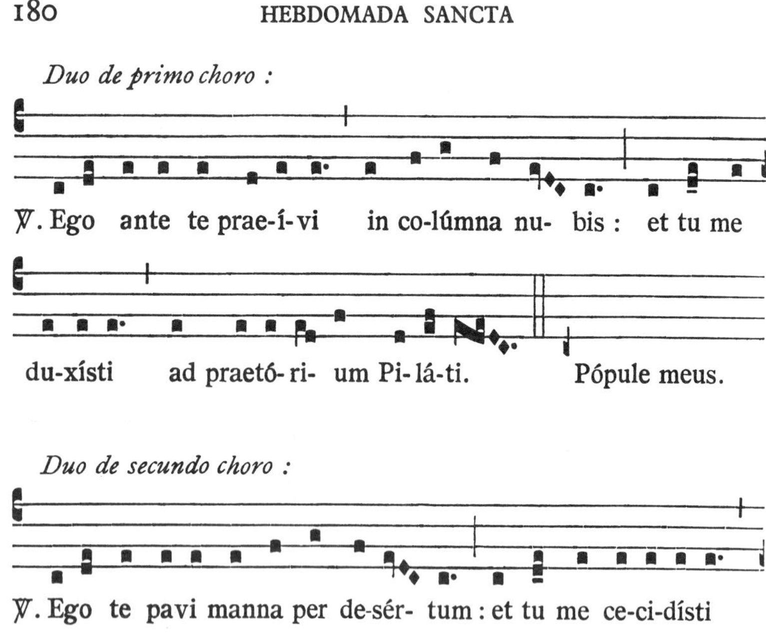
Duo de primo choro :
℣. Ego ante te prae-í-vi in co-lúmna nu- bis : et tu me
du-xísti ad praetó-ri- um Pi-lá-ti. Pópule meus.

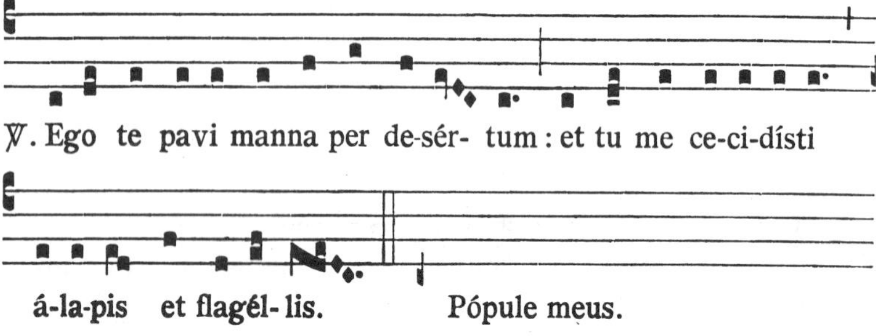
Duo de secundo choro :
℣. Ego te pavi manna per de-sér- tum : et tu me ce-ci-dísti
á-la-pis et flagél-lis. Pópule meus.

Duo de primo choro :
℣. Ego te po-távi aqua sa-lú-tis de pe- tra : et tu me
po-tásti fel-le et a-cé-to. Pópu-le me-us, quid
fe- ci ti- bi? Aut in quo contristá-vi te?

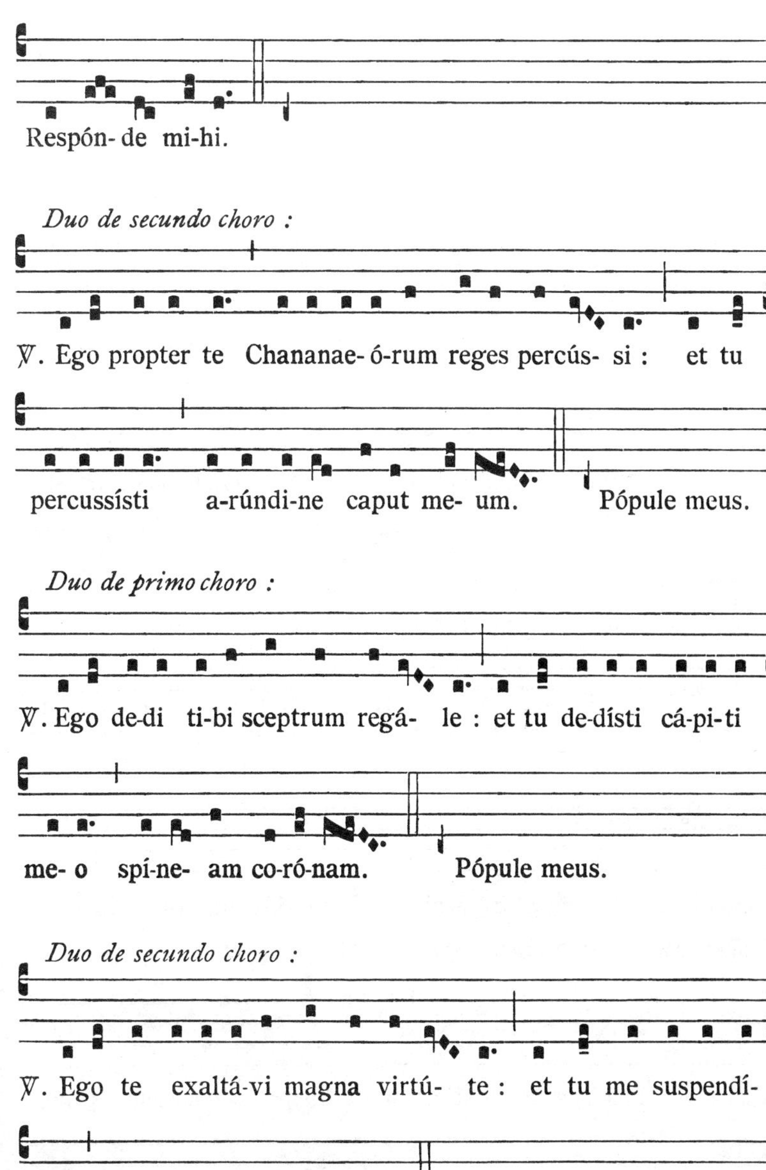
Respón- de mi-hi.
Duo de secundo choro :
℣. Ego propter te Chananae- ó-rum reges percús- si : et tu
percussísti a-rúndi-ne caput me- um. Pópule meus.
Duo de primo choro :
℣. Ego de-di ti-bi sceptrum regá- le : et tu de-dísti cá-pi-ti
me- o spí-ne- am co-ró-nam. Pópule meus.
Duo de secundo choro :
℣. Ego te exaltá-vi magna virtú- te : et tu me suspendí-
sti in pa- tí-bu-lo cru-cis. Pópule meus.

HYMNUS
Venantius Fortunatus
(sæc. VI)
1
CRux fi-dé- lis, inter omnes Arbor una nó-bi- lis :
Nulla ta- lem silva pro- fert, Fronde, flo- re, gérmi- ne.
* Dulce lignum, dulci clavo, Dulce pondus sústi- nens.
1
PAnge, lingua, glo-ri- ó- si Praé-li- um certámi- nis,
Et su- per Cru- cis trophaé-o Dic tri- úmphum nó-bi- lem :
Quá-li- ter Red-émptor orbis Immo-lá- tus ví-ce- rit.
Repetitur Crux fidélis, usque ad * Dulce lignum.
℣. De pa-réntis pro-toplá-sti Fraude Factor cóndo- lens, Quan-
do pomi no-xi- á-lis Mor- te morsu córru- it : Ipse

lignum tunc no- tá-vit, Damna ligni ut sólve- ret. * Dulce.
℣. Hoc opus nostrae sa- lú- tis Ordo de- po- pósce- rat :
Multi- fórmis pro-di- tó-ris Arte ut artem fál-le- ret : Et
me- dé-lam ferret inde, Hostis unde laése- rat. Crux fidélis.
℣. Quando ve-nit ergo sa-cri Ple-ni-tú-do témpo- ris, Mis-
sus est ab arce Patris Na-tus, orbis Cóndi- tor : Atque
ventre virgi- ná-li Carne fa-ctus pród-i- it. * Dulce lignum.
℣. Va-git infans inter arcta Cóndi-tus prae-sé- pi- a : Membra pannis invo- lú-ta Virgo Ma- ter ál-li-gat : Et ma-

℣. Lustra sex qui iam perácta,
Tempus implens córporis,
Se volénte, natus ad hoc,
Passióni déditus,
Agnus in Crucis levátur
Immolándus stípite.
* Dulce.

℣. En acétum, fel, arúndo,
Sputa, clavi, láncea :
Mite corpus perforátur,
Sanguis, unde prófluit :
Terra, pontus, astra, mundus,
Quo lavántur flúmine!
Crux fidélis.

℣. Flecte ramos, arbor alta,
Tensa laxa víscera,
Et rigor lentéscat ille,
Quem dedit natívitas :
Ut supérni membra Regis
Miti tendas stípite.
* Dulce.

℣. Sola digna tu fuísti
Ferre sæcli prétium,
Atque portum præparáre
Nauta mundo náufrago :
Quem sacer cruor perúnxit,
Fusus Agni córpore.
Crux fidélis.

Conclusio numquam omittenda.

AD SACRAM COMMUNIONEM

Dum defertur Ss.mum Sacramentum ad altare, omnes in silentio stant. Durante communione, fieri potest cantus aptus.

TEMPUS PASCHALE

DOMINICA PASCHÆ IN RESURRECTIONE DOMINI

AD VIGILIAM PASCHALEM IN NOCTE SANCTA

AD LITURGIAM VERBI

CANTICA POST LECTIONES

POST I LECTIONEM VIII *Ps. 99, 2. 3*

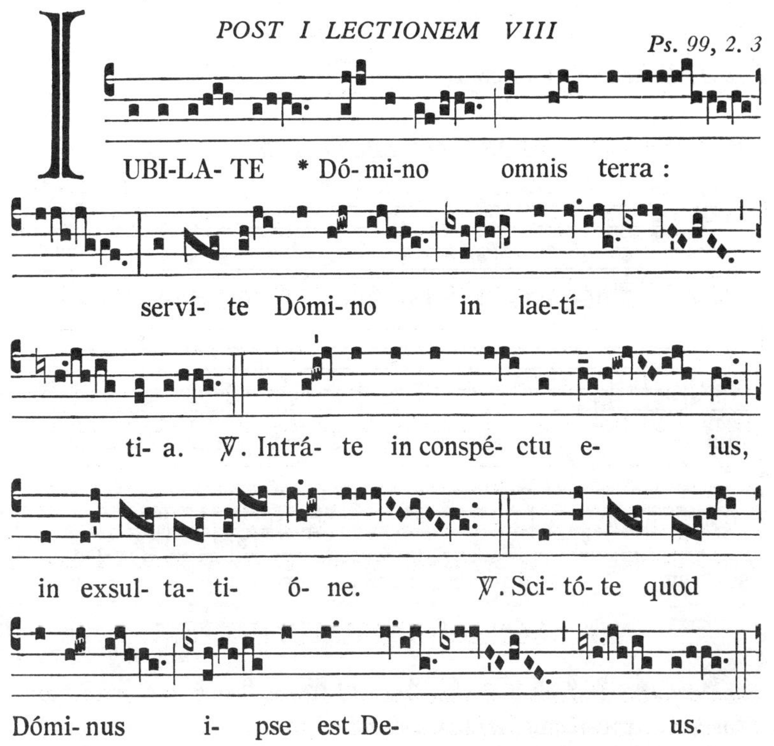

Post II lectionem : Qui confídunt, 109.

POST III LECTIONEM

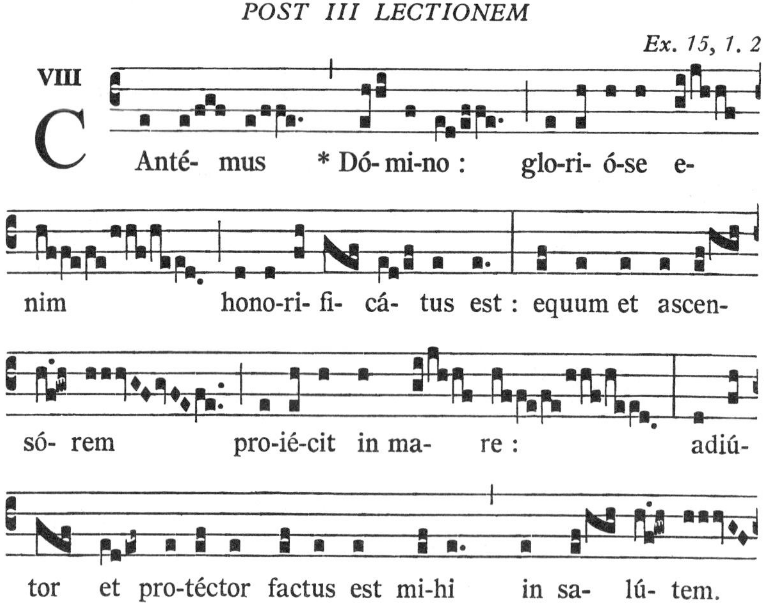

℣. Hic De- us me- us, et hono-rábo e-
um : De- us patris me- i, et ex-al- tá-
bo e- um. ℣. Dó- mi-nus cónte-rens bella : Dó- mi-nus no-men est il-li.
POST IV LECTIONEM
Ps. 116
VIII
LAudá- te *Dó-mi-num, omnes gentes :
et collau- dá- te e- um, o- mnes
pó- pu-li. ℣. Quóni- am confirmá-
ta est su- per nos mi-se- ri-cór- di- a e-

ius : et vé- ri- tas Dómi- ni ma- net
in ae- tér- num.

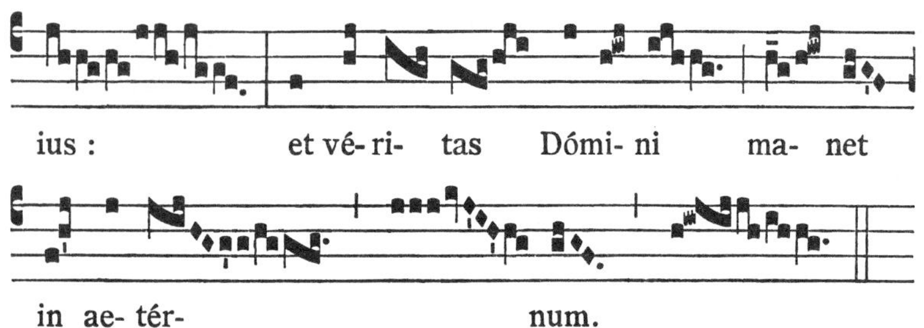

POST V LECTIONEM

Is. 5, 1. 2

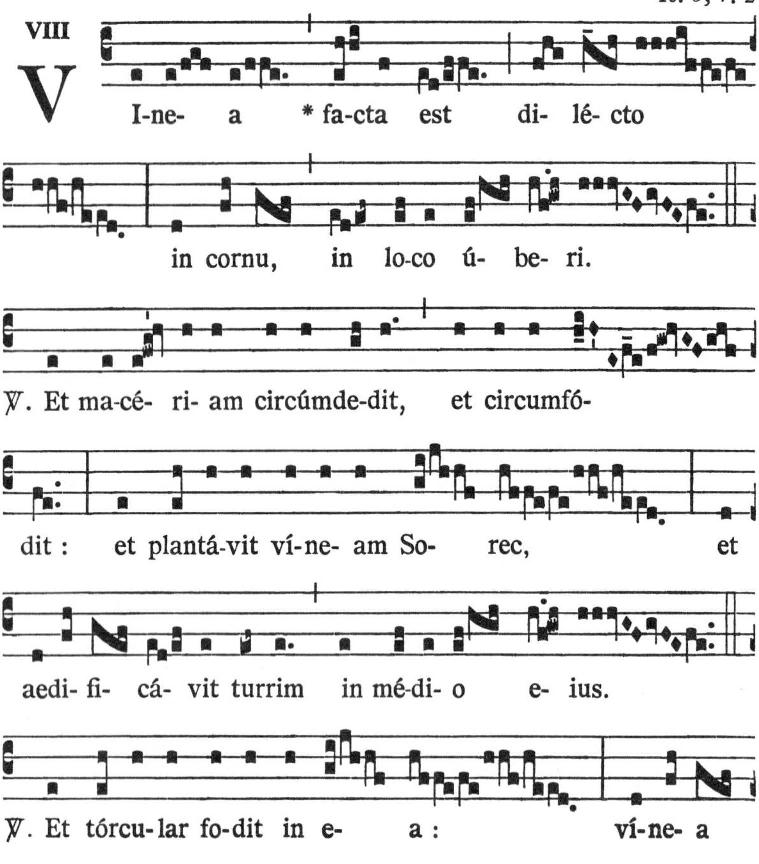
VIII
V I-ne- a * fa-cta est di- lé- cto
in cornu, in lo-co ú- be- ri.
℣. Et ma-cé- ri- am circúmde-dit, et circumfó-
dit : et plantá-vit ví-ne- am So- rec, et
aedi- fi- cá- vit turrim in mé-di- o e- ius.
℣. Et tórcu-lar fo-dit in e- a : ví-ne- a

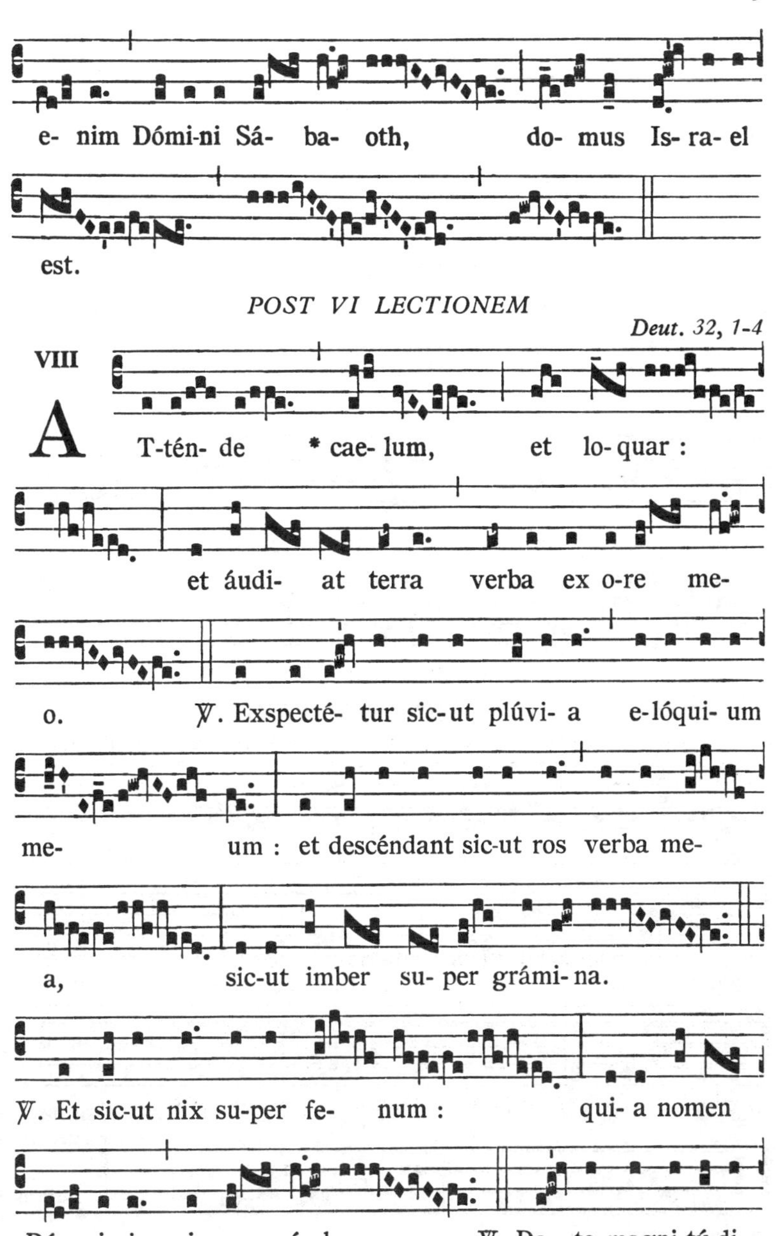
e- nim Dómi-ni Sá- ba- oth, do- mus Is- ra- el
est.
POST VI LECTIONEM
Deut. 32, 1-4
VIII
A T-tén- de * cae- lum, et lo- quar :
et áudi- at terra verba ex o-re me-
o. ℣. Exspecté- tur sic-ut plúvi- a e-lóqui- um
me- um : et descéndant sic-ut ros verba me-
a, sic-ut imber su- per grámi- na.
℣. Et sic-ut nix su-per fe- num : qui- a nomen
Dó- mi-ni invo- cá- bo. ℣. Da- te magni-tú-di-

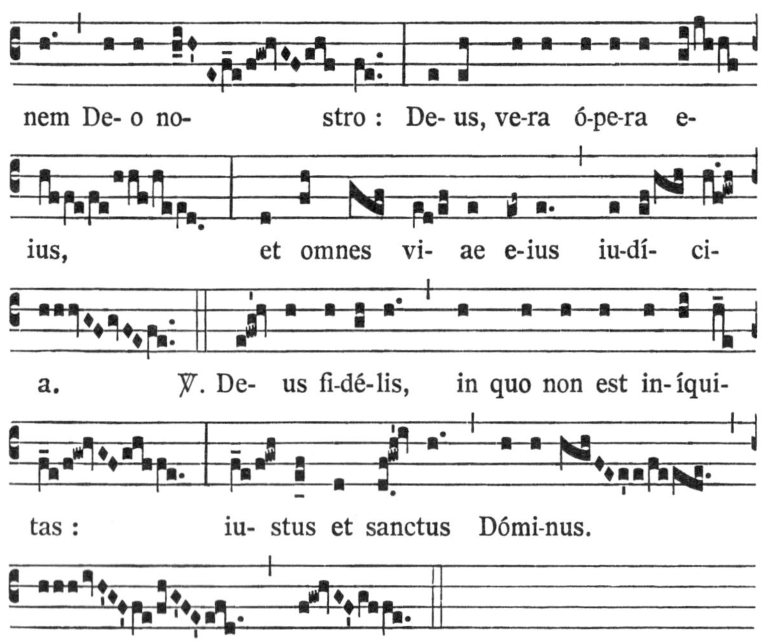

POST VII LECTIONEM

Ps. 41, 2. 3. 4

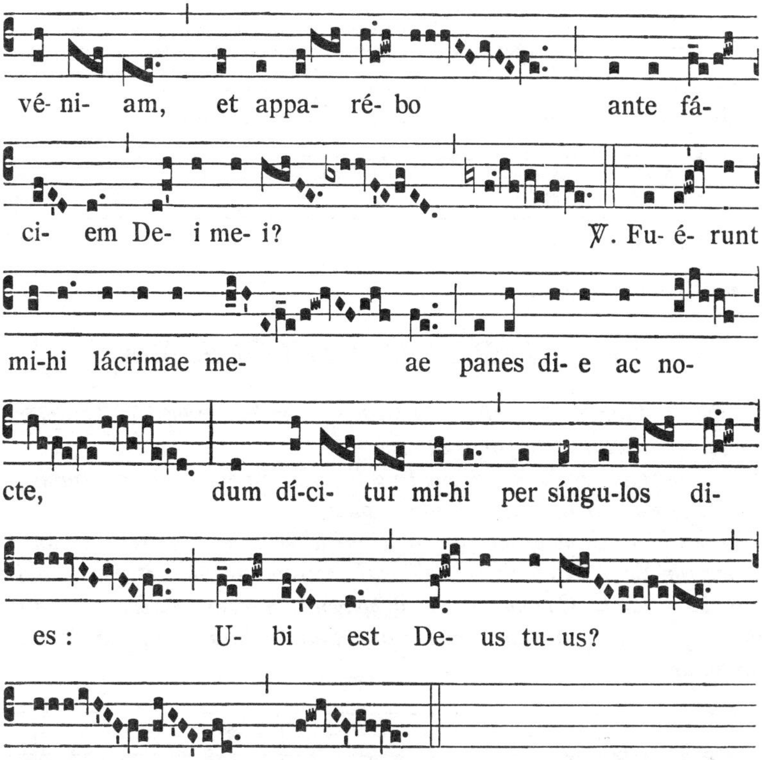

vé- ni- am, et appa- ré- bo ante fá-
ci- em De- i me- i? ℣. Fu- é- runt
mi-hi lácrimae me- ae panes di- e ac nocte, dum dí-ci- tur mi-hi per síngu-los dies : U- bi est De- us tu- us?

Post ultimam lectionem e Vetere Testamento cum suo cantico et sua oratione, dicitur Glória in excélsis.

Post Epistolam cantor ipse canit Allelúia, *quod omnes repetunt.*

VIII
A L-le- lú- ia.

Postea cantores prosequuntur :

℣.
C Onfi-témi-ni Dó- mi-no, quó- ni- am

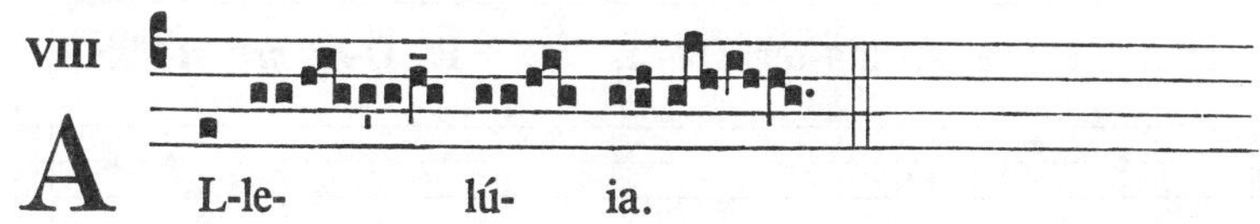

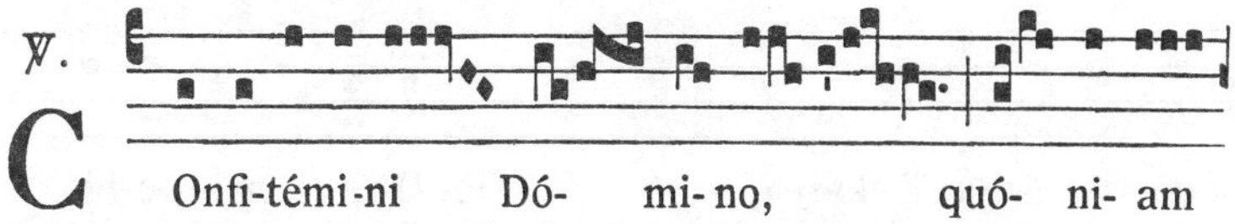

Omnes repetunt Allelúia.

AD LITURGIAM BAPTISMALEM

Canuntur litaniæ a duobus cantoribus, omnibus stantibus (propter tempus paschale) et respondentibus.

Si non adsunt baptizandi neque benedicendus est fons, omissis litaniis, statim proceditur ad benedictionem aquæ.

In elenchum Sanctorum aliqua nomina suis locis inseri possunt, præsertim vero Titularis ecclesiæ vel Patronorum loci et eorum qui sunt baptizandi. Cognomina et cognomenta Sanctorum, inter parentheses posita, opportune omittuntur, quando litaniæ lingua latina canuntur.

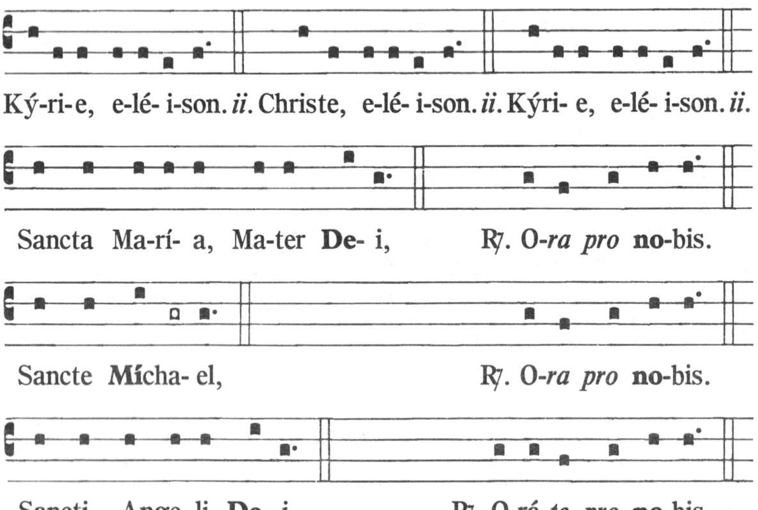

Sancte Ioánnes Bap**tí**sta, *ora pro* **no**bis.
Sancte **Io**seph, *ora pro* **no**bis.
Sancti Petre et **Pau**le, orá*te pro* **no**bis.
Sancte An**dré**a, *ora pro* **no**bis.
Sancte Io**án**nes, *ora pro* **no**bis.
Sancta María Magda**lé**na, *ora pro* **no**bis.
Sancte **Sté**phane, *ora pro* **no**bis.
Sancte Ignáti Antio**ché**ne, *ora pro* **no**bis.
Sancte Lau**rén**ti, *ora pro* **no**bis.
Sanctæ Perpétua et Fe**lí**citas, orá*te pro* **no**bis.
Sancta **A**gnes, *ora pro* **no**bis.
Sancte Gre**gó**ri, *ora pro* **no**bis.
Sancte Augu**stí**ne, *ora pro* **no**bis.
Sancte Atha**ná**si, *ora pro* **no**bis.
Sancte Ba**sí**li, *ora pro* **no**bis.
Sancte Mar**tí**ne, *ora pro* **no**bis.
Sancte Bene**dí**cte, *ora pro* **no**bis.
Sancti Francísce et Do**mí**nice, orá*te pro* **no**bis.
Sancte Fran**cí**sce (Xavier), *ora pro* **no**bis.
Sancte Ioánnes Ma**rí**a (Vianney), *ora pro* **no**bis.
Sancta Catha**rí**na (Senénsis), *ora pro* **no**bis.
Sancta Te**ré**sia (de Avila), *ora pro* **no**bis.
Omnes Sancti et Sanctæ **Dei**, orá*te pro* **no**bis.

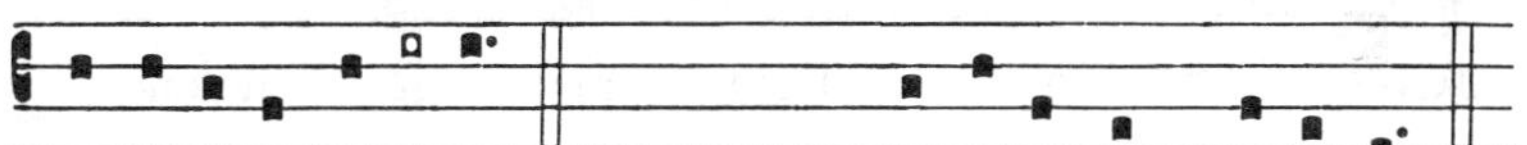

Pro-pí-*ti*- *us* **e**- sto, ℟. Lí-be-ra nos, Dómi-ne.

Ab *omni* **ma**lo, líbera nos, Dómine.
Ab om*ni pec***cá**to, líbera nos, Dómine.
A mor*te per***pé**tua, líbera nos, Dómine.
Per incarnati*ónem* **tu**am, líbera nos, Dómine.
Per mortem et resurrecti*ónem* **tu**am, líbera nos, Dómine.
Per effusiónem Spí*ritus* **San**cti, líbera nos, Dómine.

Pec*ca*-**tó**-res, ℟. Te ro-gámus, audi nos.

Si adsunt baptizandi :

Ut hos eléctos per grátiam Baptísmi regeneráre *di***gné**ris, te rogámus, audi nos.

Si non adsunt baptizandi :

Ut hunc fontem, regenerándis tibi fíliis, † grátia tua sanctificáre *di***gné**ris, te rogámus, audi nos.

Iesu, Fili De*i* **vi**vi, te rogámus, audi nos.

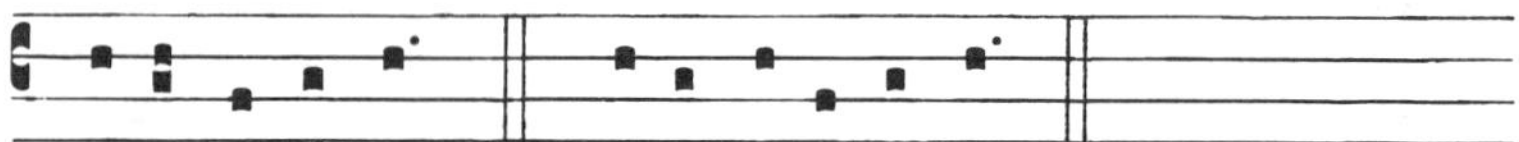

Christe, audi nos. *ii.* Christe, exáudi nos. *ii.*

Post renovationem promissionum baptismalium, sacerdos aspergit populum aqua benedicta, omnibus cantantibus :

ANT. Vidi aquam, *ut infra*, 708, *ad aspersionem aquæ benedictæ dominicis Paschæ.*

Non dicitur Credo.

Ps. 117, 16. 17

CO. Pascha nostrum, 199, *cum* ps. 117*, *ut ad Missam in die, vel antiphona :*

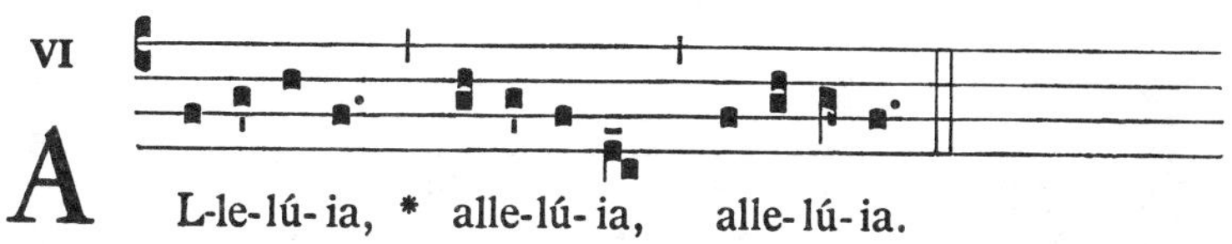

Quæ pro opportunitate repetitur post singulos versus psalmi 33*, *in tono simplici.*

Ad dimittendum populum usque ad dominicam sequentem in octava Paschæ inclusive :

Omnes :

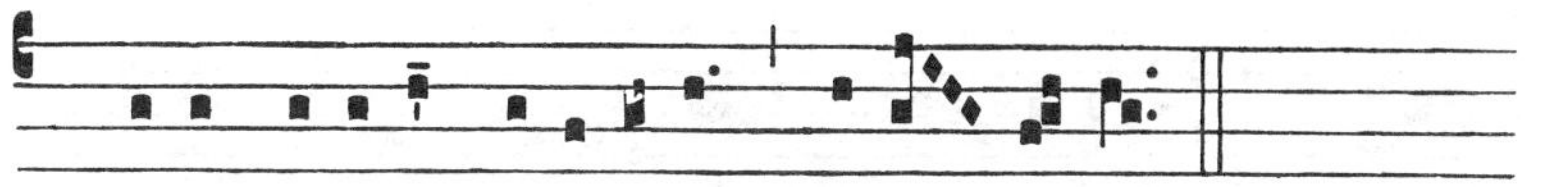

℟. De- o grá-ti- as, alle- lú- ia, alle- lú- ia.

AD MISSAM IN DIE

Antiphona ad introitum IV

Ps. 138, 18. 5. 6 et 1-2

Ps. 117, 24 et 1

GR. II

H Aec di- es, * quam fe- cit

Dó- mi- nus : exsulté- mus,
et lae- té- mur in e- a.
℣. Confi- témi- ni Dó- mi- no,
quó- ni- am bo- nus :
quó- ni- am in saé- cu- lum
mi-se- ri-cór- di- a e- ius.
1 Cor. 5, 7
VII
A L-le-lú- ia.
℣. Pascha no-strum immo-lá-

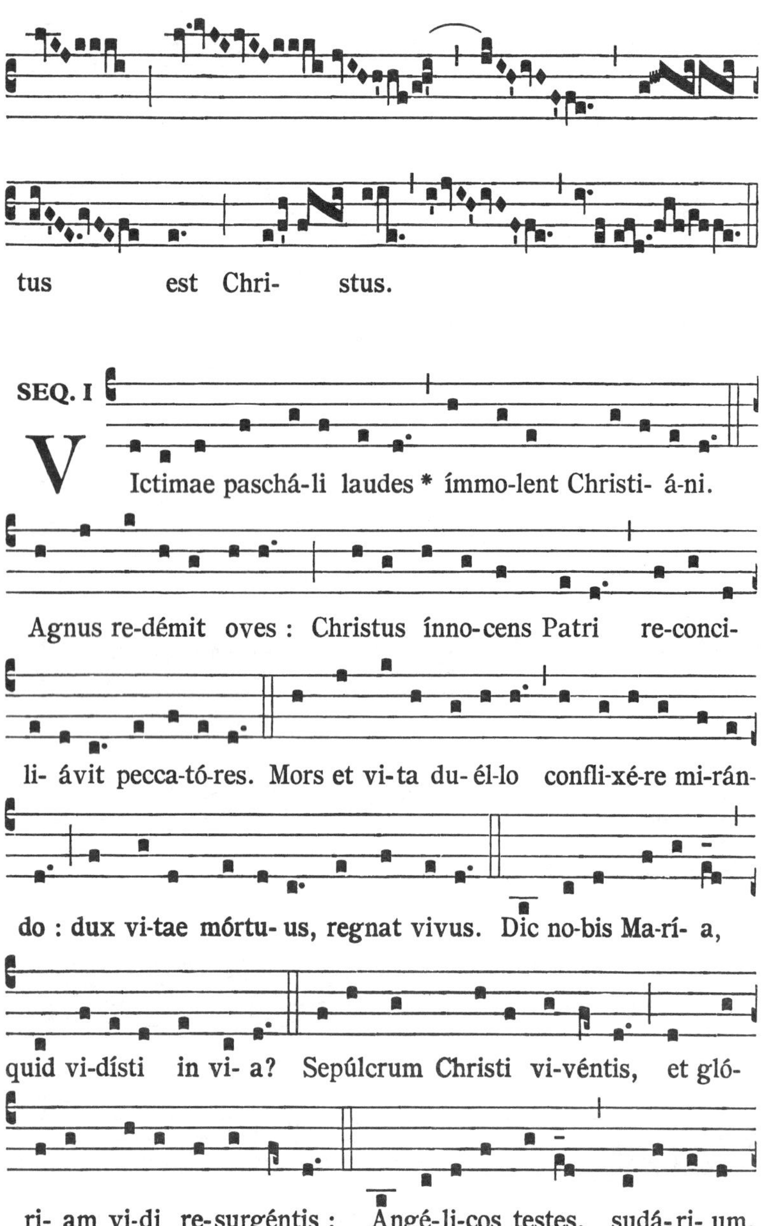
tus est Chri- stus.
SEQ. I
Victimae paschá-li laudes * ímmo-lent Christi- á-ni.
Agnus re-démit oves : Christus ínno-cens Patri re-conci-
li- ávit pecca-tó-res. Mors et vi-ta du- él-lo confli-xé-re mi-rán-
do : dux vi-tae mórtu- us, regnat vivus. Dic no-bis Ma-rí- a,
quid vi-dísti in vi- a? Sepúlcrum Christi vi-véntis, et gló-
ri- am vi-di re-surgéntis : Angé-li-cos testes, sudá-ri- um,

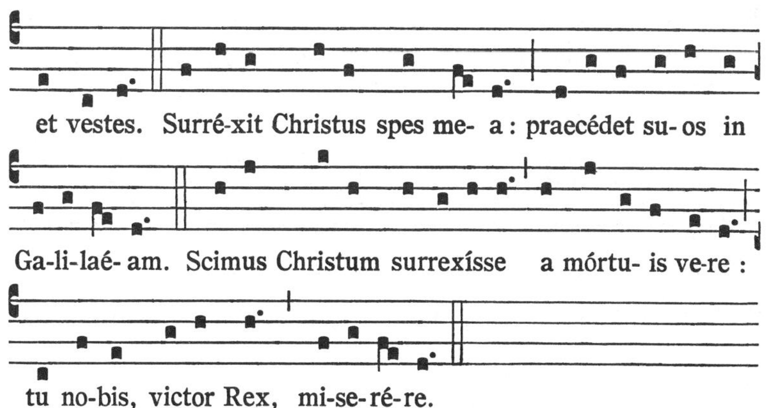
et vestes. Surré-xit Christus spes me- a : praecédet su- os in
Ga-li-laé- am. Scimus Christum surrexísse a mórtu- is ve-re :
tu no-bis, victor Rex, mi-se-ré-re.

Ps. 75, 9. 10
OF. IV
TEr- ra * tré-mu- it, et qui- é- vit,
dum re-súrge- ret in iudí- ci- o De- us,
al- le- lú- ia.

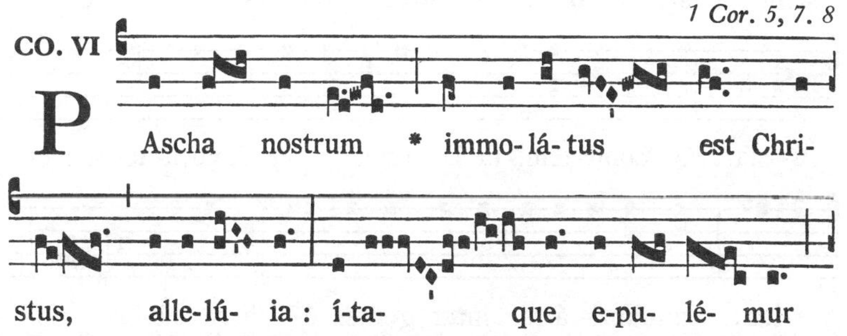
1 Cor. 5, 7. 8
CO. VI
PAscha nostrum * immo- lá- tus est Christus, alle- lú- ia : í-ta- que e-pu- lé- mur

in á- zy- mis since- ri- tá-tis et ve-ri-tá- tis, alle-
lú- ia, alle- lú-ia, al-le- lú- ia.

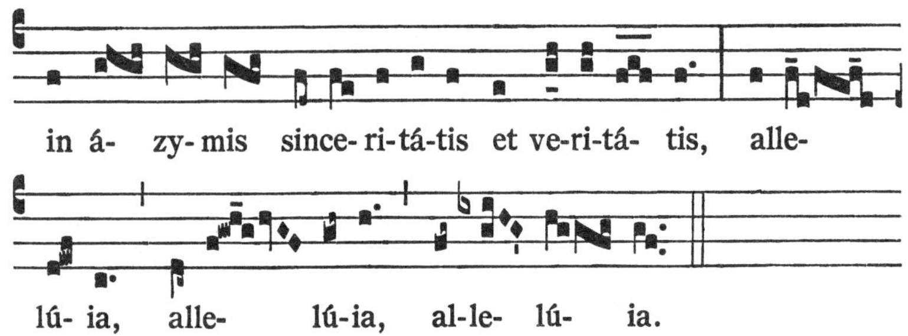

Ps. 117*, 1. 2. 5. 8. 10. 11. 13. 14. 15. 16. 17. 21. 22. 23. 24. 25. 26. 28. 29

INFRA OCTAVAM PASCHÆ

FERIA SECUNDA

Ex. 13, 5. 9 et Ps. 104

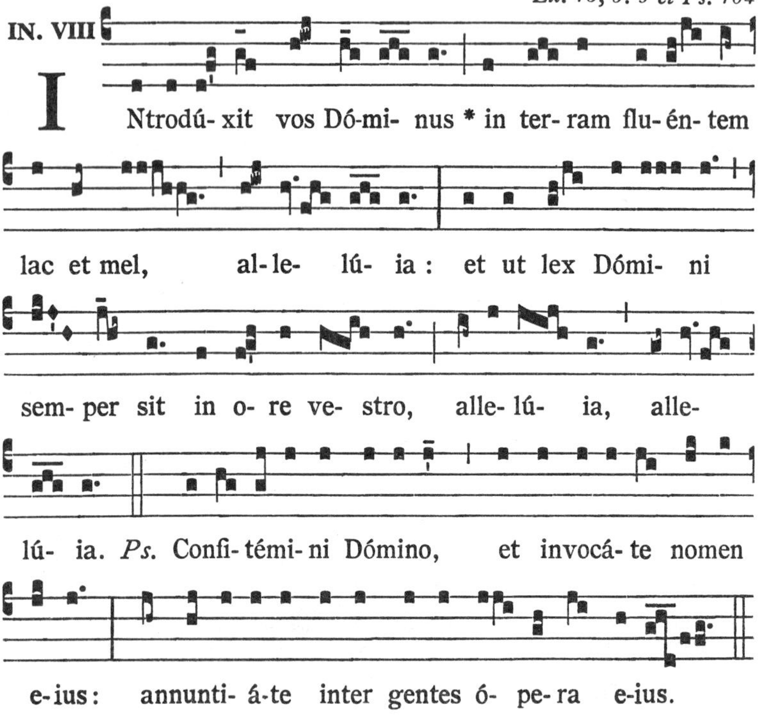

IN. VIII
I Ntrodú- xit vos Dó-mi- nus * in ter- ram flu- én- tem
lac et mel, al- le- lú- ia : et ut lex Dómi- ni
sem- per sit in o- re ve- stro, alle- lú- ia, alle-
lú- ia. Ps. Confi- témi- ni Dómino, et invocá- te nomen
e-ius : annunti- á-te inter gentes ó- pe- ra e-ius.

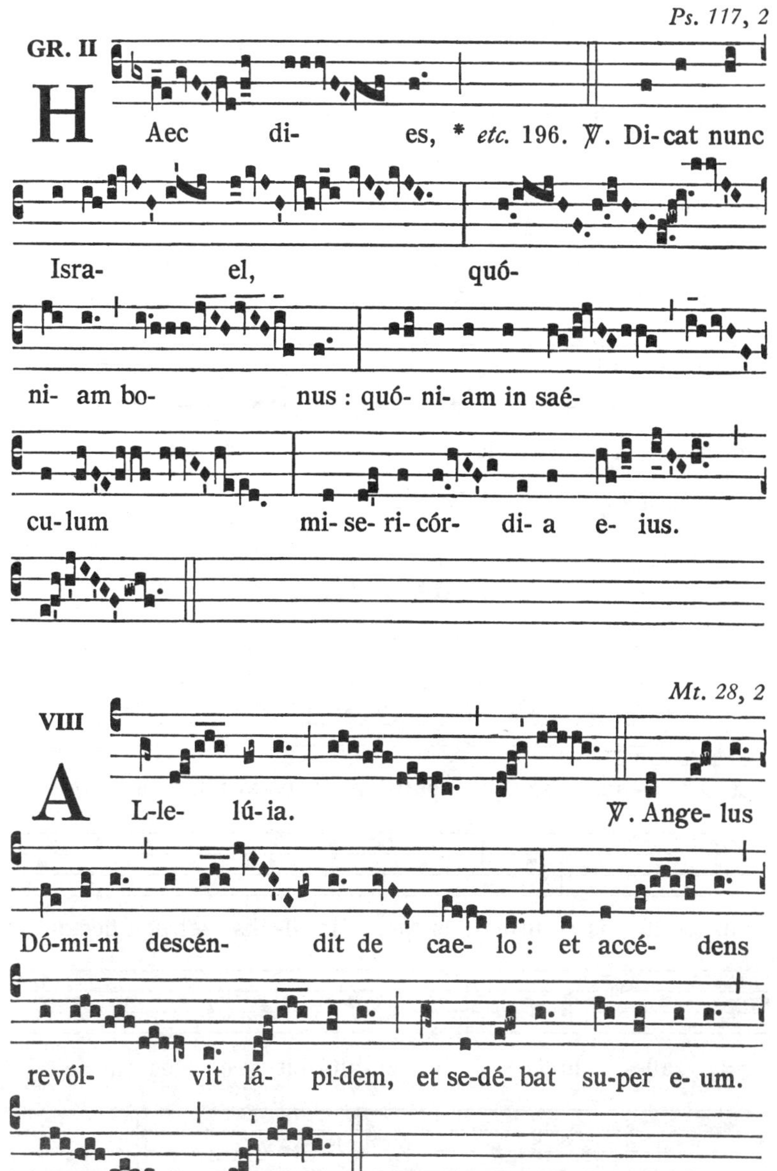
Ps. 117, 2
GR. II
HAec di- es, * etc. 196. ℣. Di-cat nunc
Isra- el, quó-
ni- am bo- nus : quó- ni- am in saé-
cu-lum mi- se- ri- cór- di- a e- ius.
Mt. 28, 2
VIII
AL-le- lú- ia. ℣. Ange- lus
Dó-mi-ni descén- dit de cae- lo : et accé- dens
revól- vit lá- pi-dem, et se-dé- bat su-per e- um.

Infra octavam, quando cantatur Allelúia *cum suo* ℣., *addi potest Sequentia ut in Pascha.*

OF. Angelus Dómini, 217.

Lc. 24, 34

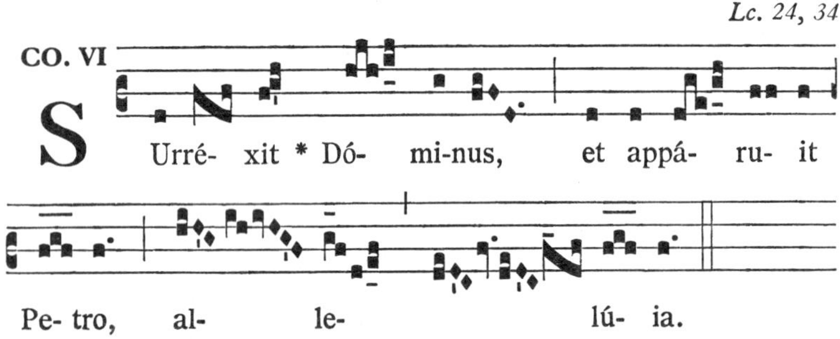

Ps. 117*, ut supra, 200, *in Pascha.*

FERIA TERTIA

Cf. Sir. 15, 3. 4; Ps. 104

témi-ni Dómi-no, et invo-cá-te nomen e- ius : annun-
ti- á-te inter gentes ó-pe-ra e- ius.
Ps. 106, 2
GR. II
HAec di- es, * etc. 196. ℣. Di-cant nunc,
qui red-émpti sunt a Dó- mi- no : quos
red-é- mit de manu in-imí-
ci, et de re-gi- ó- ni-bus
congregá- vit e- os.
I
AL-le-lú- ia.

℣. Surré-xit Dó-
mi-nus de se- púl- cro, qui pro no-
bis pe- pén- dit in li-gno.
Ps. 17, 14. 16
OF. IV
I N-tónu- it * de cae- lo Dó-
mi- nus, et Al-tís- si- mus de- dit vocem su- am : et appa- ru- é- runt fontes aquá-
rum, alle- lú- ia.

Col. 3, 1. 2

CO. VII

Ps. **104***, 1. 2. 3. 4. 5. 43

FERIA QUARTA

Mt. 25, 34 ; Ps. 95

IN. VII

lú- ia, alle- lú- ia. *Ps.* Can-tá-te Dómi-no cánticum
no- vum : cantá- te Dómi- no omnis ter- ra.
Ps. 117, 16
GR. II
H Aec di- es, * *etc.* 196. ℣. Déxte-ra
Dó- mi- ni
fe- cit virtú- tem, déx-te-ra
Dó- mi- ni ex- al- tá-vit
me.
Lc. 24, 34
VIII
A L-le- lú- ia. ℣. Surré-

xit Dó- mi-nus ve- re, et ap- pá-
ru- it Pe- tro.
Ps. 77, 23. 24. 25
OF. VIII
P Ortas cae- li * a-pé- ru- it Dó- mi-
nus : et plu- it il- lis manna, ut é- de-rent :
pa-nem cae- li de- dit il- lis : pa-nem
ange- ló- rum mandu-cá- vit ho- mo,
alle- lú- ia.
Rom. 6, 9
CO. VIII
C Hristus * re- súrgens ex mór- tu- is, iam non mó- ri-

tur, alle-lú- ia : mors il-li ultra non do-mi-nábi- tur,
alle- lú- ia, alle- lú- ia.

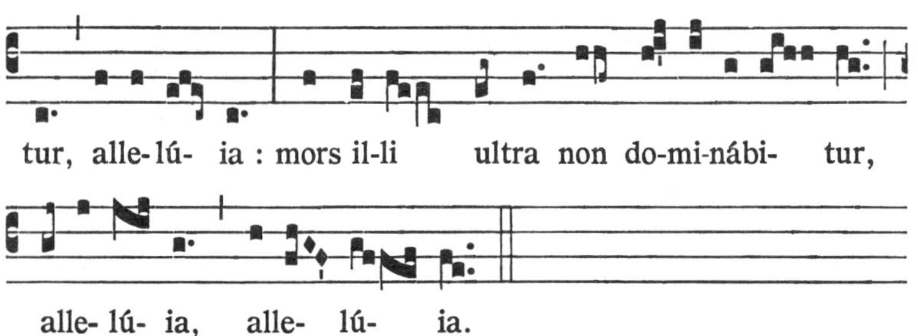

Ps. **95***, 1. 2. 3. 4. 7-8 a. 8 b-9 a
vel ps. **15***, 1-2. 5. 8. 9. 10. 11

FERIA QUINTA

Sap. 10, 20. 21 ; Ps. 97

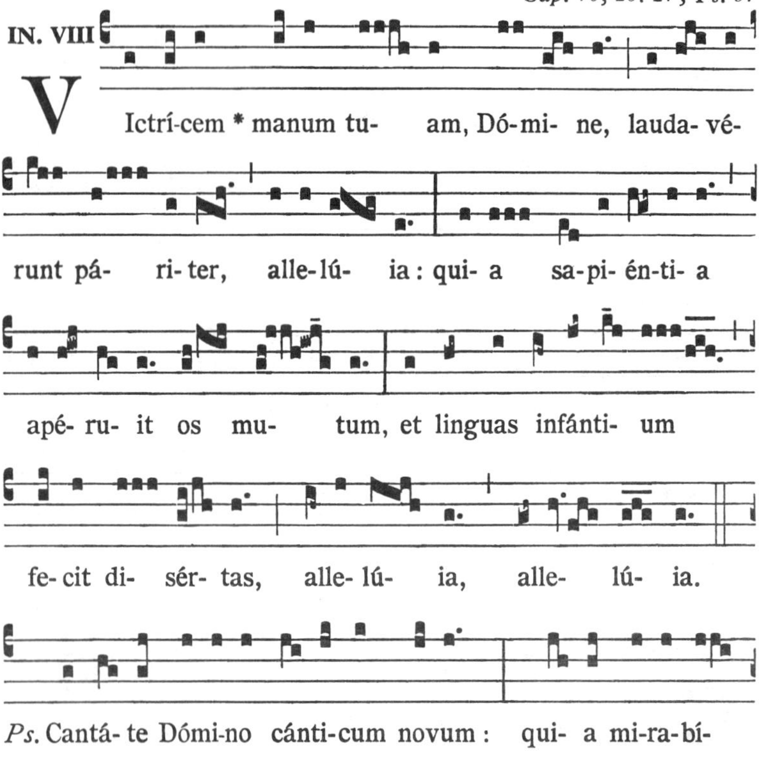
IN. VIII
VIctrí-cem * manum tu- am, Dó-mi- ne, lauda- vé-
runt pá- ri- ter, alle-lú- ia : qui- a sa-pi- én-ti- a
apé- ru- it os mu- tum, et linguas infánti- um
fe- cit di- sér- tas, alle- lú- ia, alle- lú- ia.
Ps. Cantá- te Dómi-no cánti-cum novum : qui- a mi-ra-bí-

li- a fe-cit.
Ps. 117, 22. 23
GR. II
HAec di- es, * etc. 196. ℣. Lá-pi-dem,
quem repro-bavé-runt aedi- fi-cán- tes,
hic factus est in ca-
put án- gu- li : a Dó- mi-
no fa- ctum est, et est mi- rá- bi- le
in ó- cu-lis no-stris.
II
AL-le- lú- ia. ℣. Surré-xit
Christus, qui cre- ávit ómni- a : et mi-sértus

est hu- máno géne- ri.

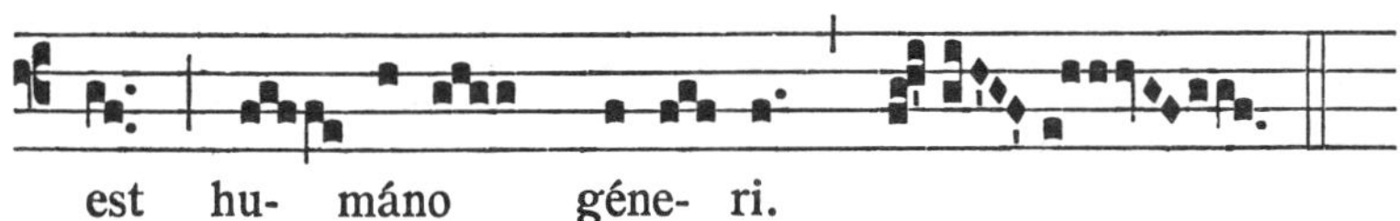

Ex. 13, 5

OF. I

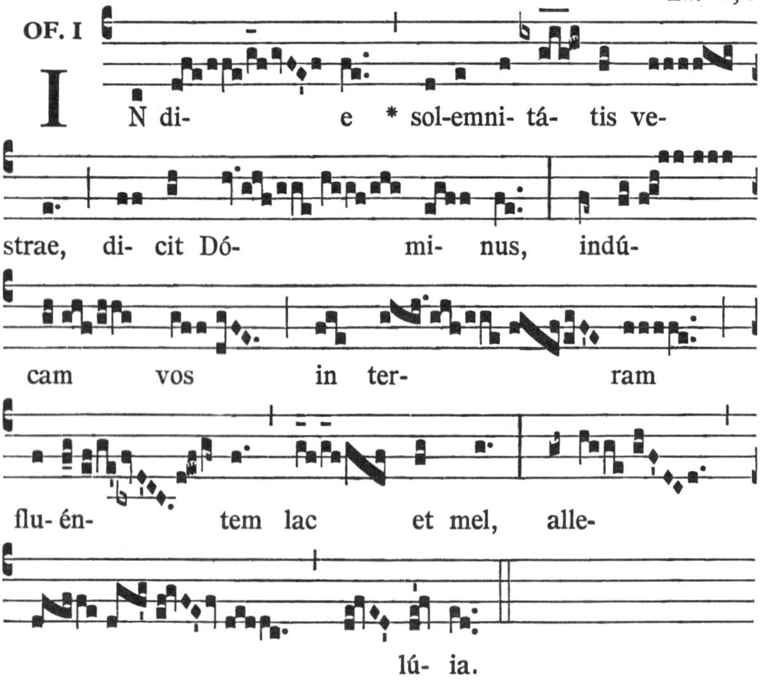

IN di- e * sol-emni- tá- tis ve-
strae, di- cit Dó- mi- nus, indú-
cam vos in ter- ram
flu- én- tem lac et mel, alle-
lú- ia.

1 Petr. 2, 9

CO. VII

POpu- lus * acqui- si- ti- ó- nis, annunti-
á- te virtú- tes e- ius, alle- lú- ia : qui vos

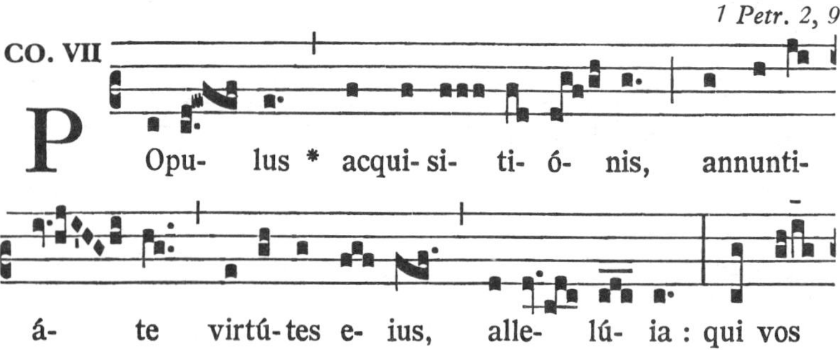

de té-ne- bris vo- cá- vit in admi- rá- bi- le
lumen su- um, alle- lú- ia.

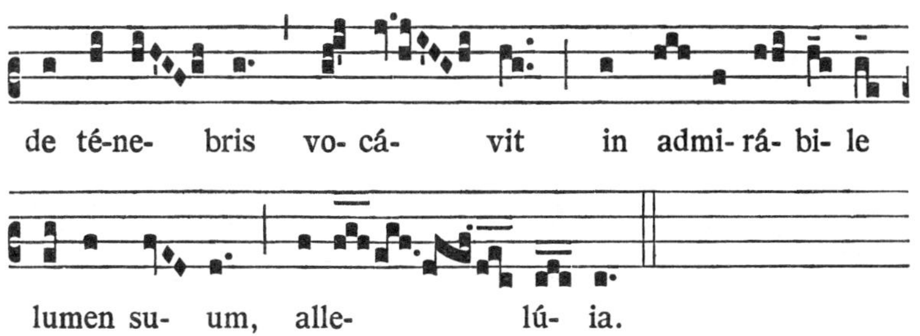

Ps. 104*, 1. 2. 3. 4. 5. 43

FERIA SEXTA

Ps. 77, 53 et 1

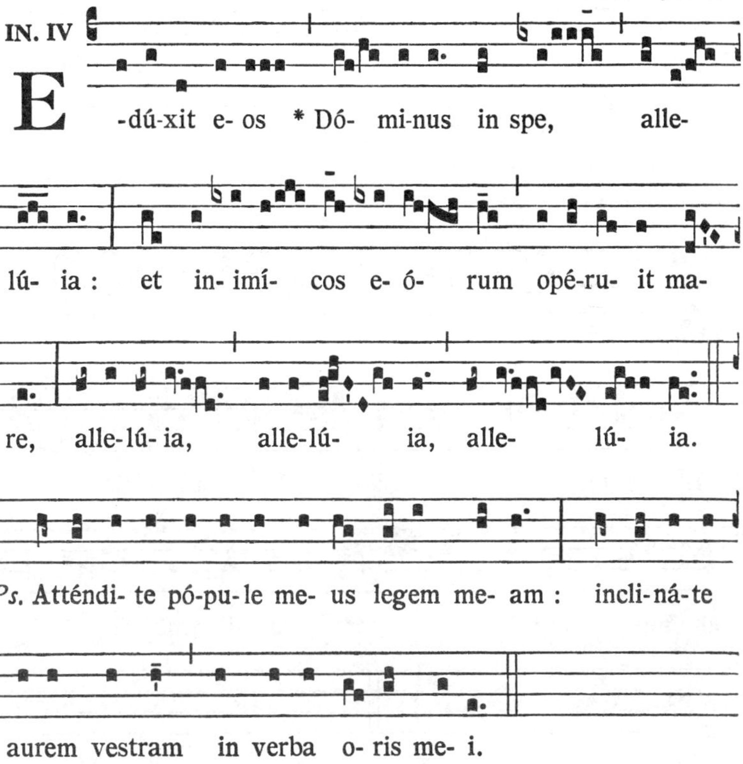
IN. IV
E -dú-xit e- os * Dó- mi-nus in spe, alle-
lú- ia : et in- imí- cos e- ó- rum opé-ru- it ma-
re, alle-lú- ia, alle-lú- ia, alle- lú- ia.
Ps. Atténdi- te pó-pu- le me- us legem me- am : incli-ná-te
aurem vestram in verba o- ris me- i.

Ps. 117, 26. 27
GR. II
HAec di- es, * etc. 196. ℣. Be-ne-díctus
qui ve- nit
in nó- mi-ne Dó- mi- ni :
De- us Dó- mi-nus, et il-lú-
xit no- bis.
Ps. 95, 10
VIII
AL-le-lú- ia.
℣. Dí- ci-te in génti- bus : qui- a Dó-
mi- nus regná- vit a li- gno.

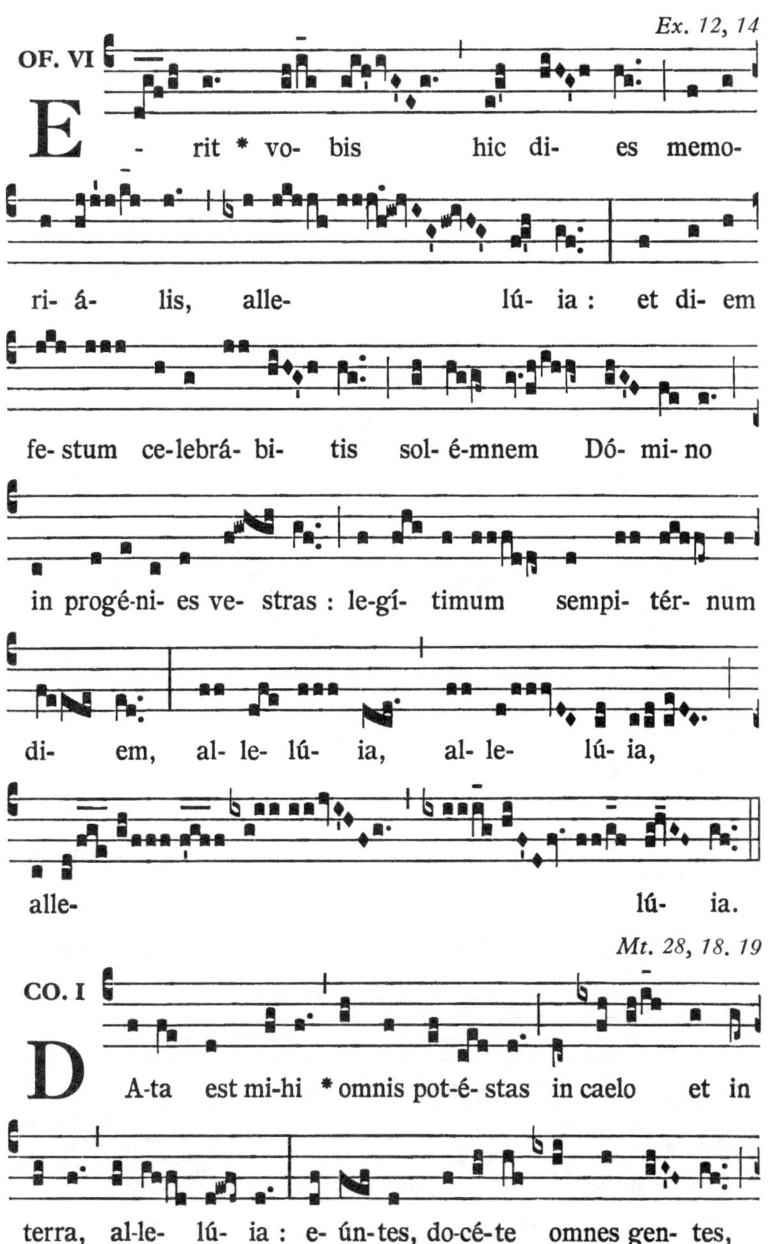
Ex. 12, 14
OF. VI
E - rit * vo- bis hic di- es memo-
ri- á- lis, alle- lú- ia : et di- em
fe- stum ce-lebrá- bi- tis sol- é-mnem Dó- mi- no
in progé-ni- es ve- stras : le-gí- timum sempi- tér- num
di- em, al- le- lú- ia, al- le- lú- ia,
alle- lú- ia.
Mt. 28, 18. 19
CO. I
D A-ta est mi-hi * omnis pot-é- stas in caelo et in
terra, al-le- lú- ia : e- ún-tes, do-cé-te omnes gen- tes,

bapti-zántes e- os in nó- mi- ne Pa- tris, et Fí- li- i,
et Spí-ri-tus Sancti, alle- lú- ia, alle- lú- ia.

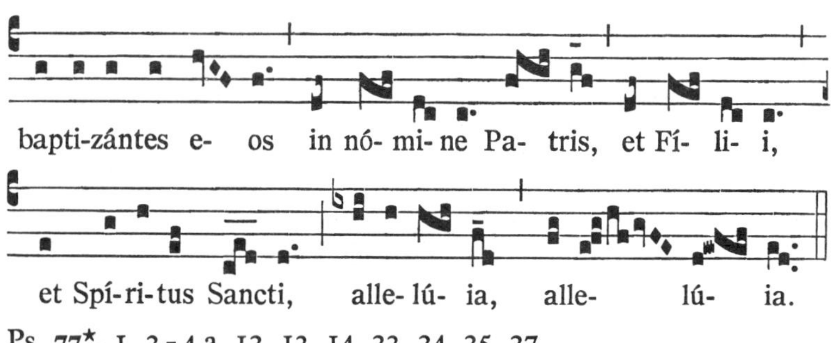

Ps. 77*, 1. 3-4 a. 12. 13. 14. 23. 24. 25. 27

SABBATO

Ps. 104, 43 et 1

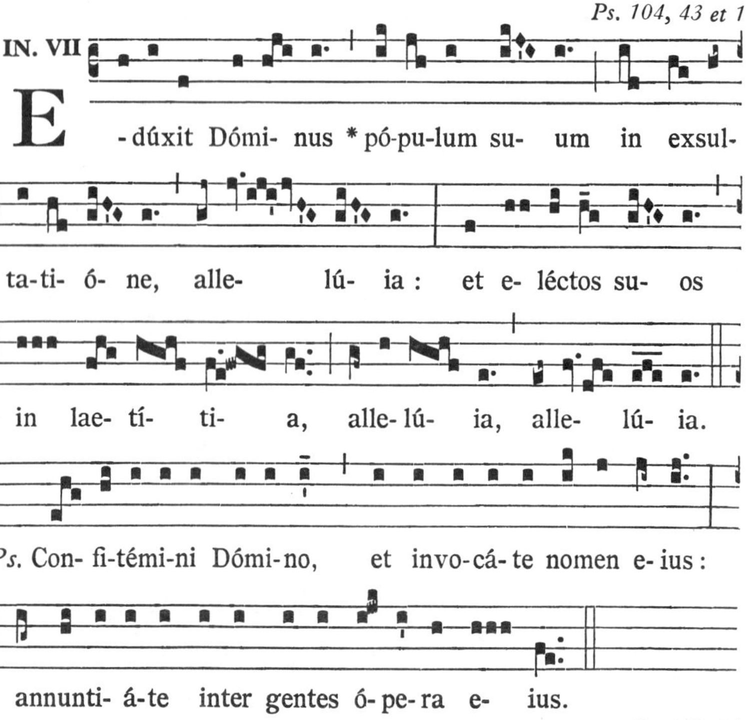
IN. VII
E -dúxit Dómi- nus * pó-pu-lum su- um in exsul-
ta-ti- ó- ne, alle- lú- ia : et e- léctos su- os
in lae- tí- ti- a, alle- lú- ia, alle- lú- ia.
Ps. Con- fi-témi-ni Dómi-no, et invo-cá- te nomen e- ius :
annunti- á-te inter gentes ó- pe- ra e- ius.

Ps. 117, 24

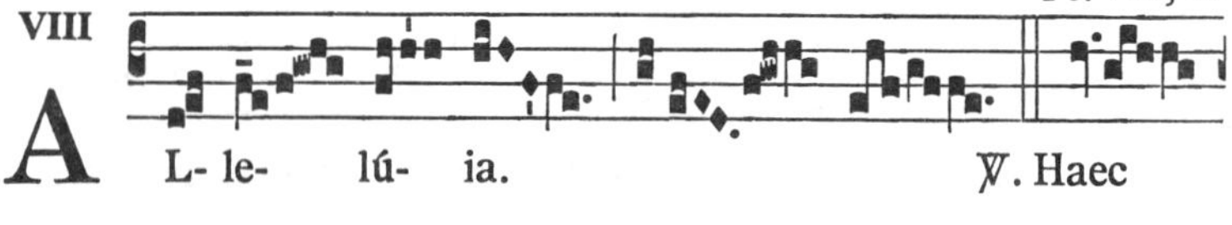
VIII
A L- le- lú- ia. ℣. Haec

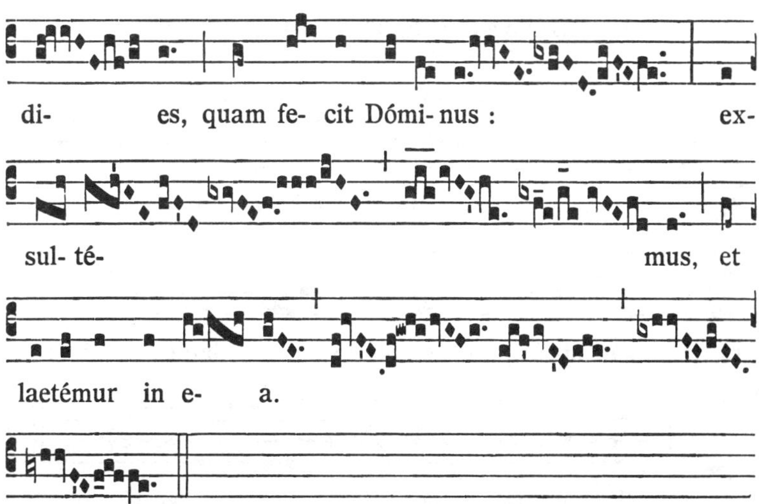

Cf. Prænotanda, n. 9.

Ps. 112, 1

OF. Benedíctus qui venit, 60.
CO. Omnes qui in Christo, 61,
cum ps. **104***, *ut supra in feria 3*, 205.

HEBDOMADA SECUNDA PASCHÆ

1 Petr. 2, 2

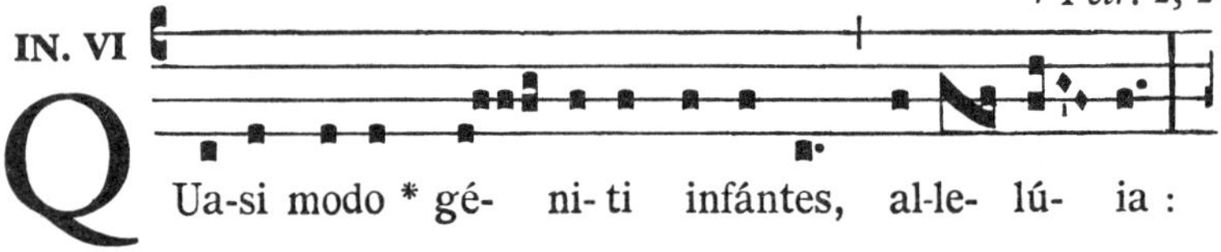

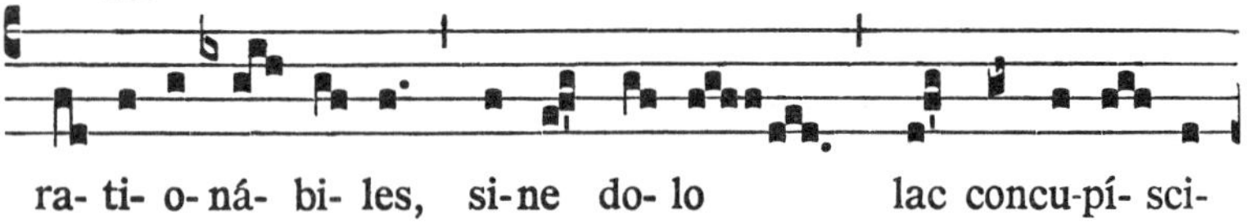

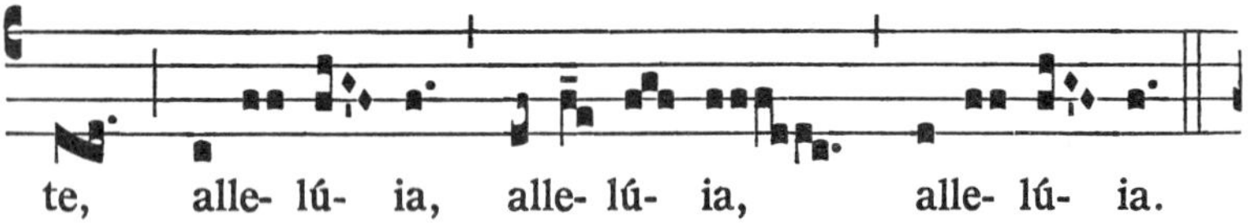

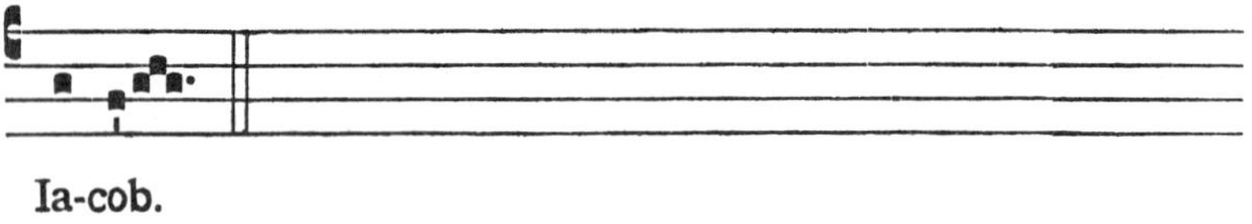

IN. VI
QUa-si modo * gé- ni- ti infántes, al-le- lú- ia :

ra- ti- o- ná- bi- les, si-ne do- lo lac concu-pí- sci-

te, alle- lú- ia, alle- lú- ia, alle- lú- ia.

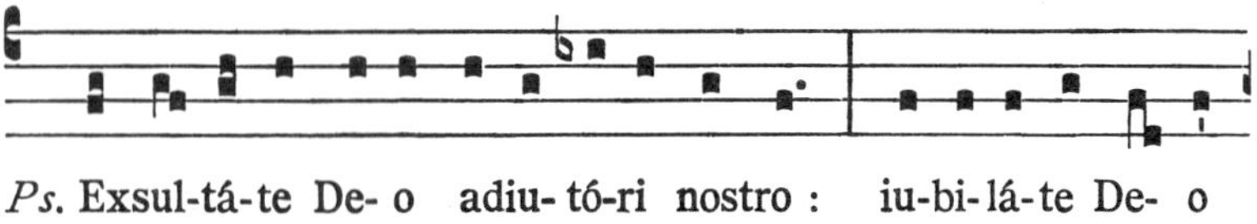

Ps. Exsul-tá-te De- o adiu- tó-ri nostro : iu-bi-lá-te De- o

Ia-cob.

Feria 5 : Deus, dum egrederéris, 244.
Feria 6 : Redemísti nos, Dómine, 659.
In aliis feriis : Accípite iucunditátem, 243.

Mt. 28, 7

VII
AL-le-lú- ia.

℣. In di- e re- sur-re- cti- ó-nis me- ae, di- cit

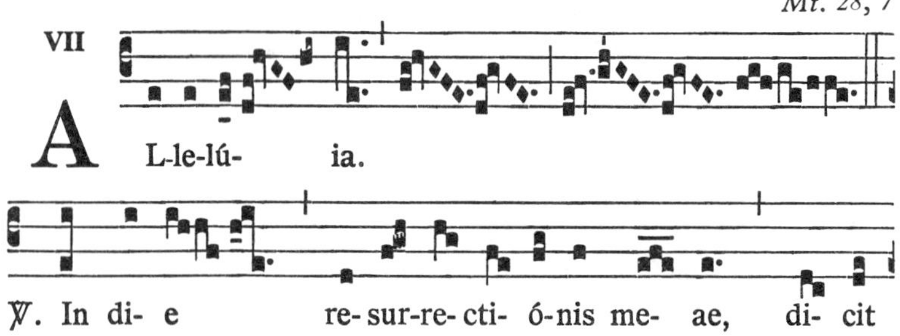

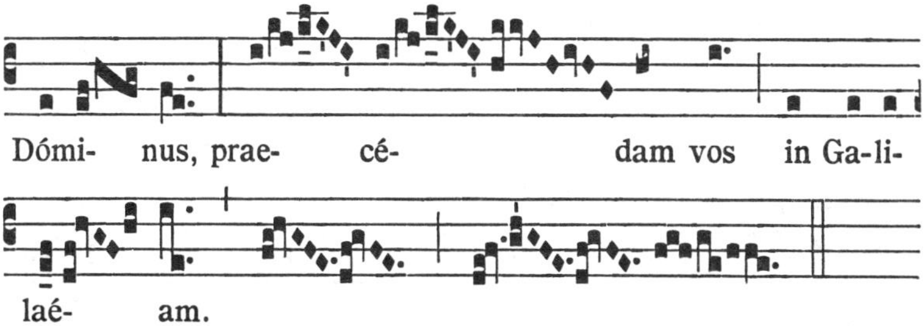

Dómi- nus, prae- cé- dam vos in Ga-li-
laé- am.

Io. 20, 26

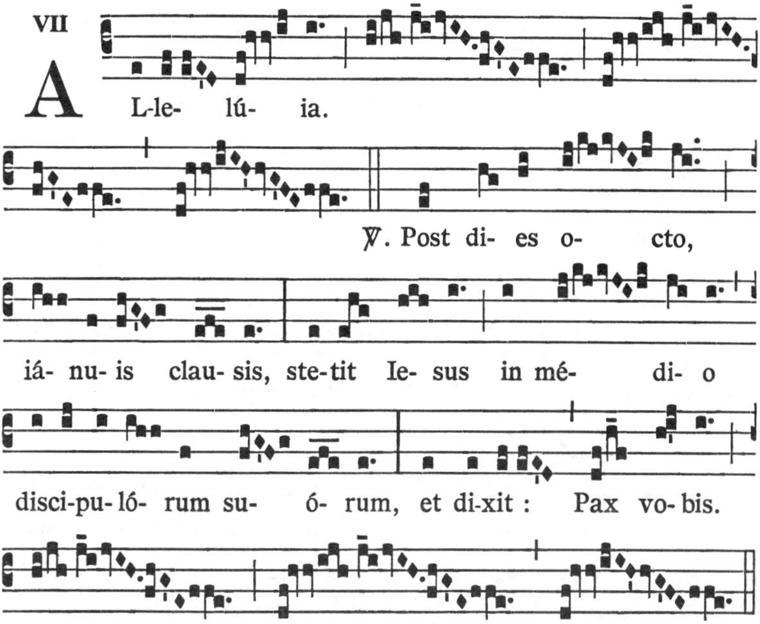

VII
A L-le- lú- ia.
℣. Post di- es o- cto,
iá- nu- is clau- sis, ste-tit Ie- sus in mé- di- o
disci-pu-ló- rum su- ó- rum, et di-xit : Pax vo- bis.

In feriis omittitur AL. Post dies octo.
Feria 3 : Dóminus regnávit, decórem, 46.
Sabbato : Surréxit Christus qui creávit, 209.

Mt. 28, 2. 5. 6

OF. VIII
A Nge- lus * Dó- mi- ni descén-

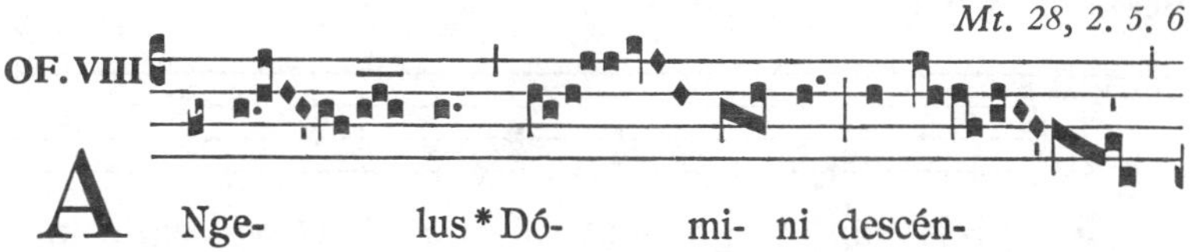

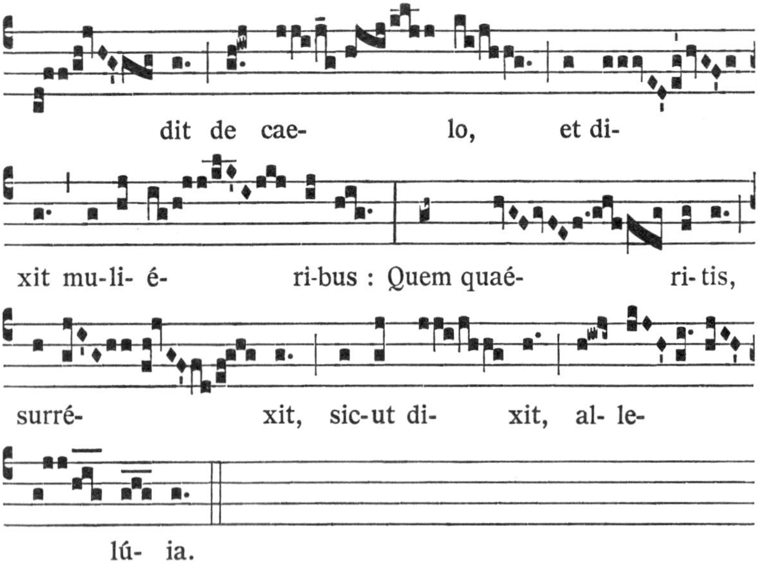

dit de cae- lo, et di-
xit mu-li- é- ri-bus : Quem quaé- ri-tis,
surré- xit, sic-ut di- xit, al- le-
lú- ia.

Io. 20, 27

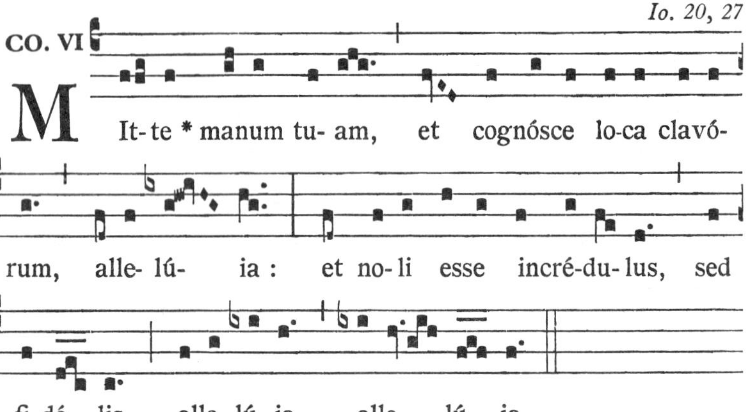

CO. VI
M It-te * manum tu- am, et cognósce lo-ca clavó-
rum, alle- lú- ia : et no-li esse incré-du-lus, sed
fi-dé- lis, alle- lú- ia, alle- lú- ia.

Ps. 117*, *ut supra in Pascha,* 200.

Feriæ 2 et 3 :

Io. 3, 8

CO. VIII
S Pí- ri- tus * u-bi vult spi- rat : et vo-cem e- ius

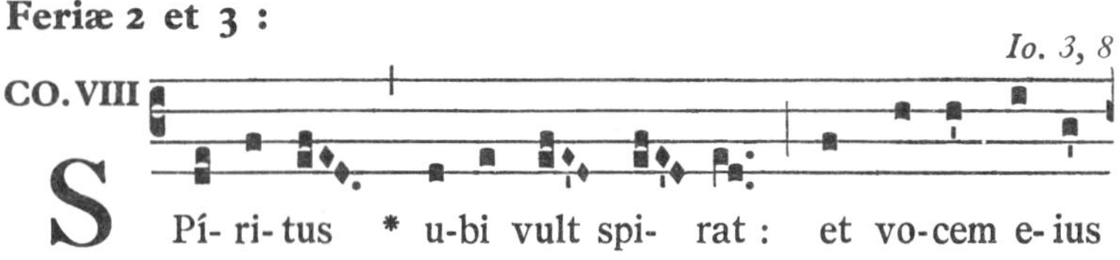

audis, alle-lú- ia : et nescis unde vé-ni- at, aut quo

va- dat, alle-lú-ia, al-le- lú-ia, al-le- lú- ia.

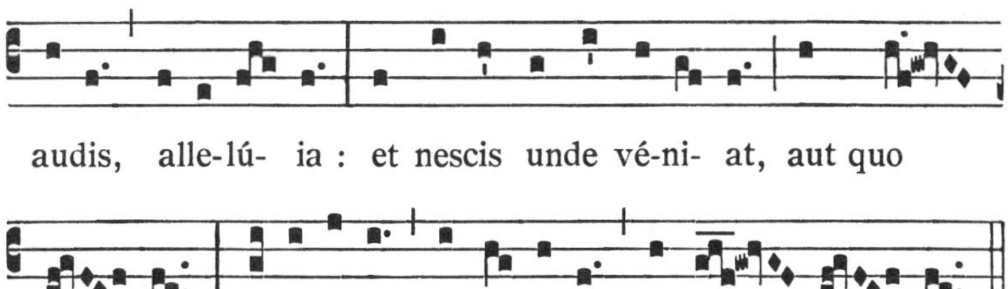

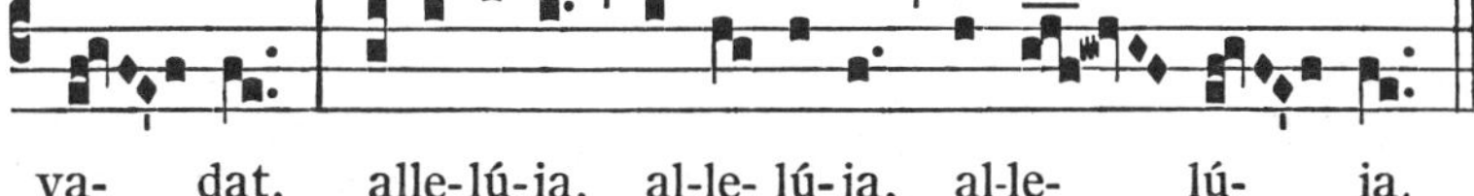

Ps. 77*, 1. 3-4 a. 23. 24. 25. 27

In aliis feriis, resumuntur ad libitum antiphonæ de octava Paschæ.

HEBDOMADA TERTIA PASCHÆ

Ps. 65, 1. 2. 3

IN. VIII

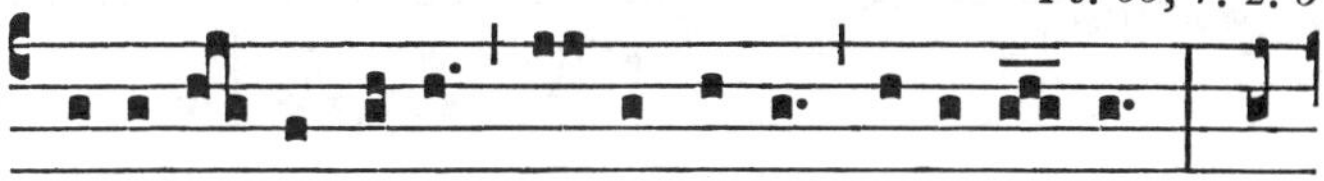

I Ubi-lá- te De- o * omnis terra, alle-lú- ia : psal-

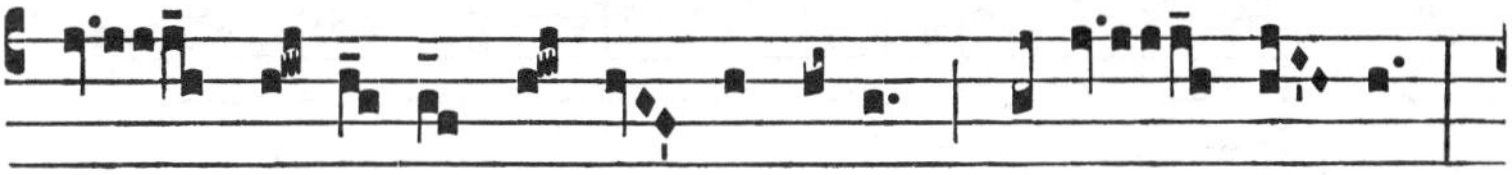

mum dí- ci- te nó-mi- ni e-ius, alle- lú- ia :

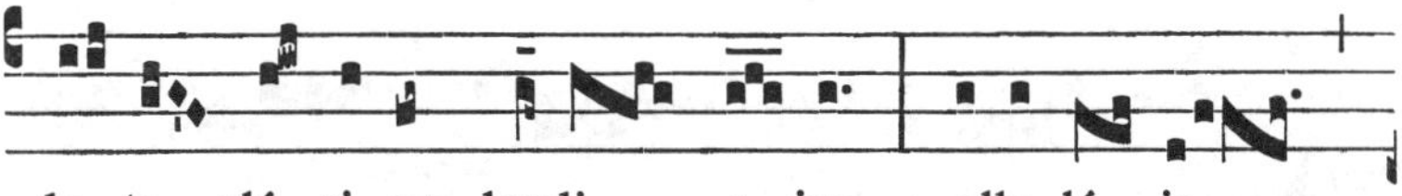

da- te gló- ri- am laudi e- ius, alle- lú- ia,

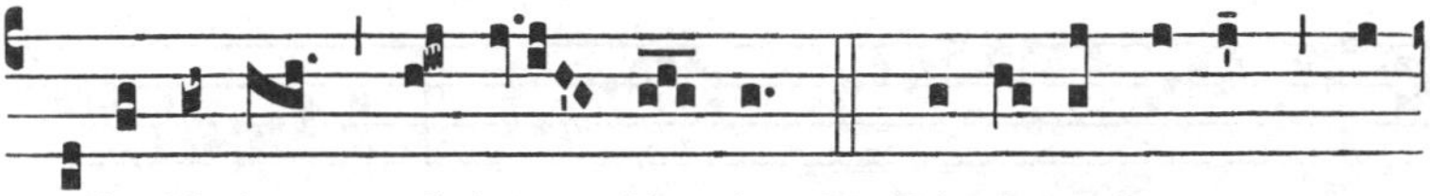

alle- lú- ia, al- le- lú- ia. *Ps.* Dí- ci- te De- o, quam

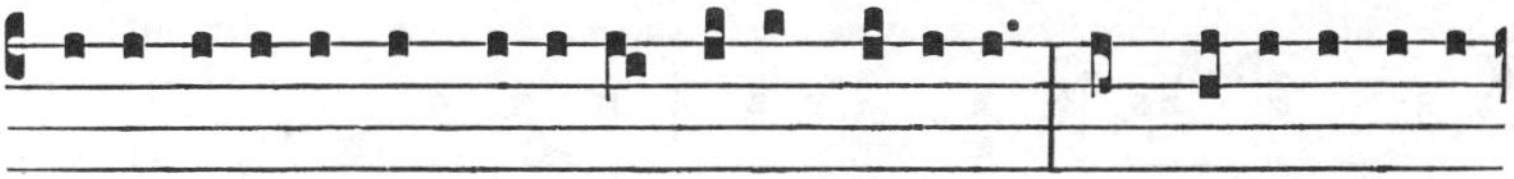

terri- bí- li- a sunt ó-pe-ra tu- a, Dómi-ne! in multi-tú-di-ne

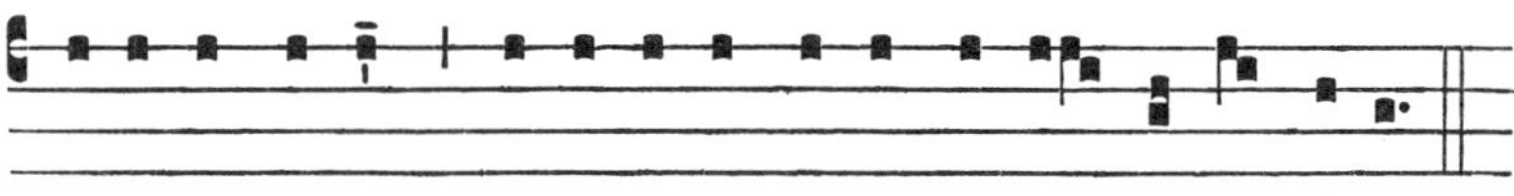

virtú- tis tu- ae menti- éntur ti- bi in- i- mí- ci tu- i.

Feria 4 : Repleátur os meum laude, 246.

Lc. 24, 35

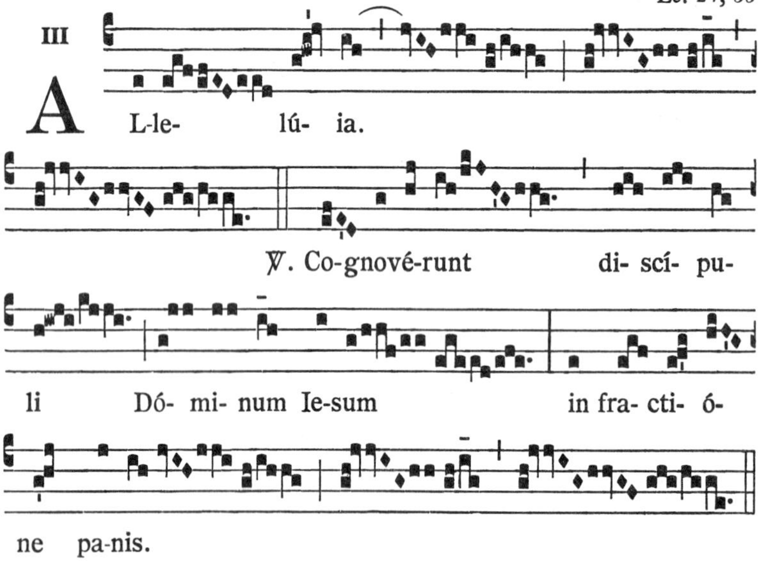

III

A L-le- lú- ia.

℣. Co-gnové-runt di- scí- pu-

li Dó- mi- num Ie-sum in fra- cti- ó-

ne pa-nis.

Lc. 24, 46

IV

A L-le- lú- ia.

℣. Opor- té-

bat pa- ti Chri- stum, et re- súrge- re a

Feria 2 : Loquébar, Dómine, 528.
— **3** : In te, Dómine, sperávi, 296.
— **6** : Caro mea, 378.
Sabbato : Spíritus est qui vivíficat, 245.

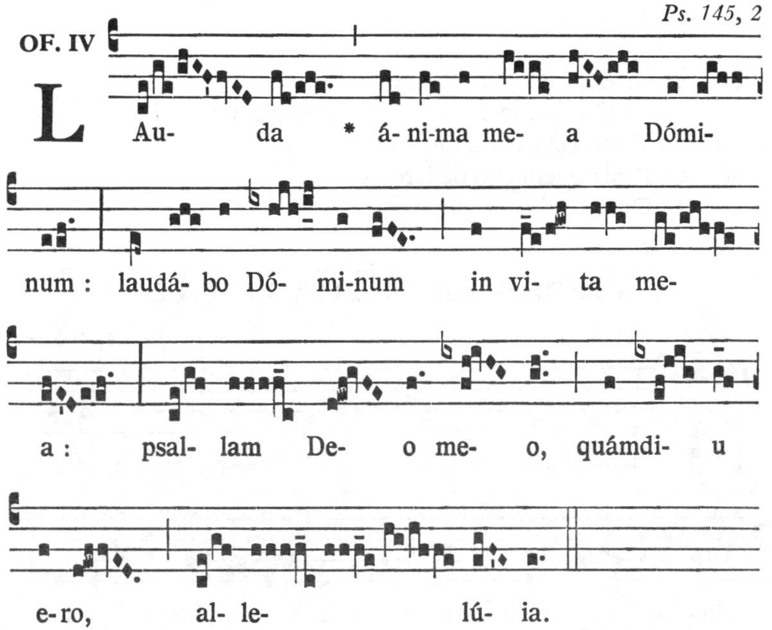

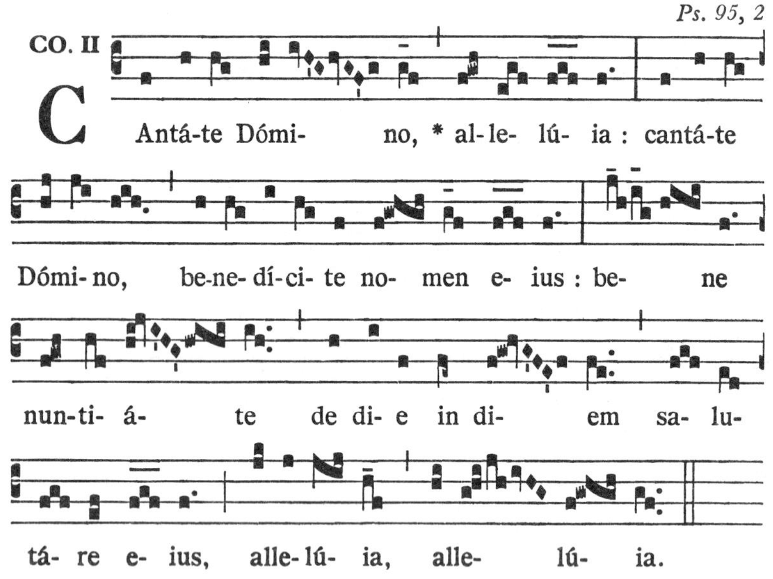

Ps. 95, 1. 3. 4. 7-8 a. 8 b-9 a. 11-12 a

Dom. anno A : Surréxit Dóminus, 202.
— — **C :** Simon Ioánnis, 574, *cum* ps. **33***.
Feria 3 : Vídeo cælos apértos, 635.
— **5 :** Panis quem ego dédero, 322.
— **6 :** Qui mandúcat, 383.

HEBDOMADA QUARTA PASCHÆ

Feria 5 : Deus, dum egrederéris, 244.
Feria 6 : Redemísti nos, Dómine, 659.

Ps. 110, 9

Pro dominica tantum :

Io. 10, 14

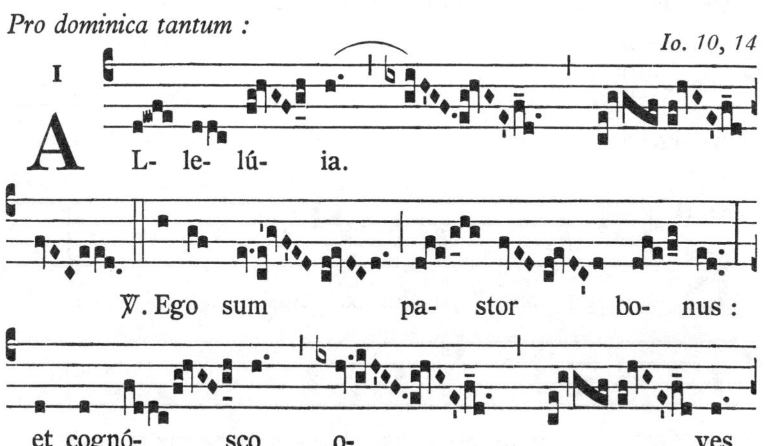

me- as, et cognó- scunt me me-
ae.

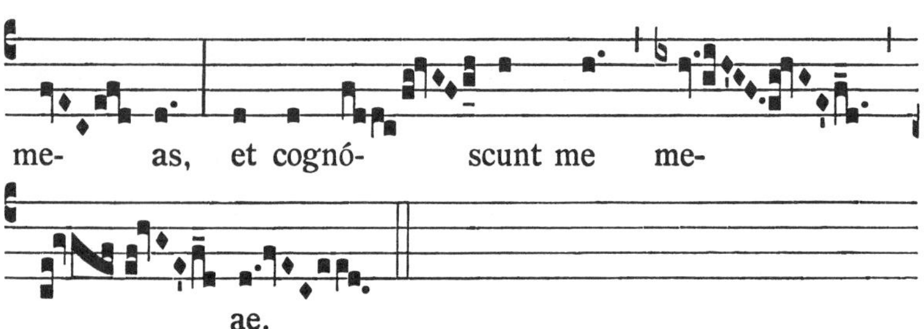

Feria 5 : Invéni David, 446.
Sabbato : Cantáte Dómino, 276 *vel* 331.

Ps. 62, 2. 5

OF. II

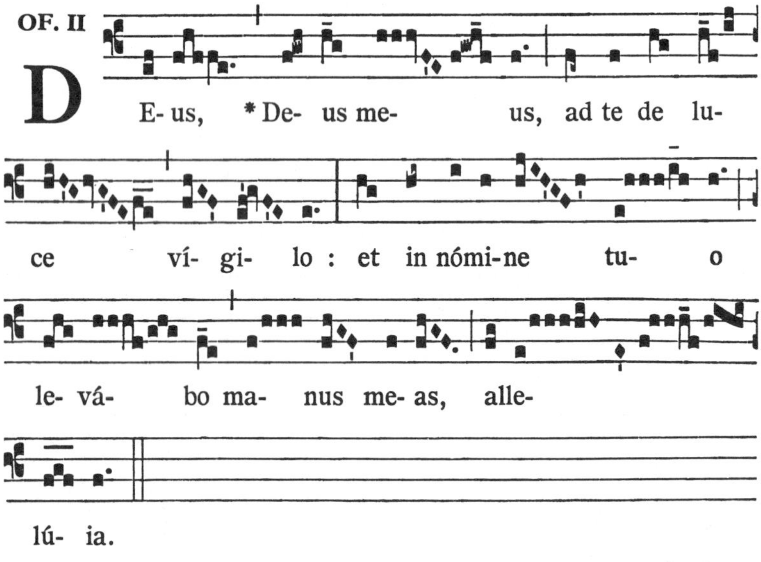
D E- us, * De- us me- us, ad te de lu-
ce ví- gi- lo : et in nómi-ne tu- o
le- vá- bo ma- nus me- as, alle-
lú- ia.

Io. 10, 14

CO. II

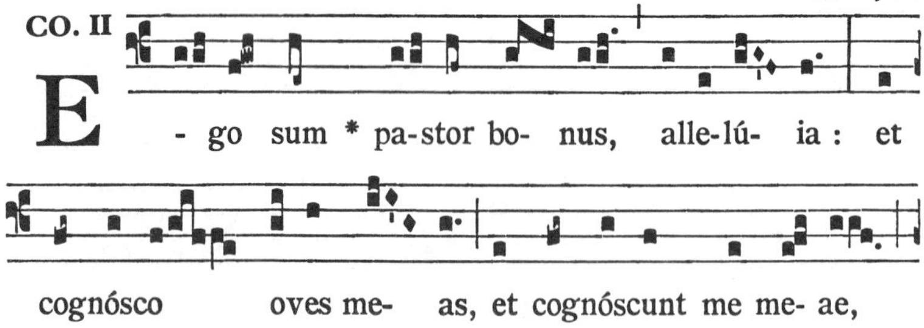
E - go sum * pa-stor bo- nus, alle-lú- ia : et
cognósco oves me- as, et cognóscunt me me- ae,

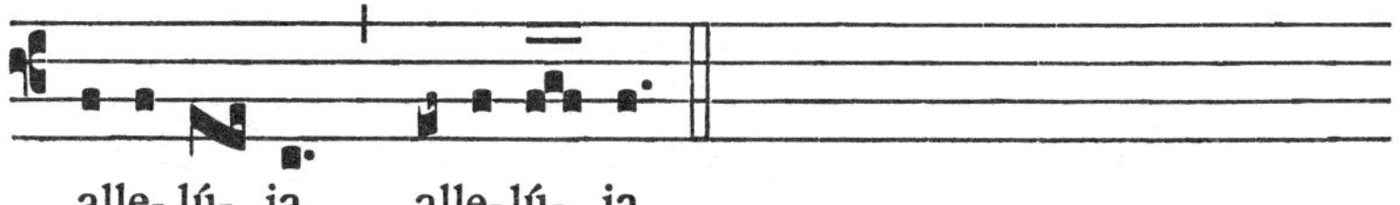

alle-lú- ia, alle-lú- ia.

Ps. **22***, 1 - 2 a. 2 b - 3 a. 3 b - 4 ab. 4 cd. 5 ab. 5 cd. 6 ab. 6 cd.
vel ps. **32***, 1. 12. 13. 14. 15. 18. 19. 20. 21. 22

In feriis : Cantáte Dómino, *ut supra*, 222.
Sabbato : Tanto témpore, 560.

HEBDOMADA QUINTA PASCHÆ

Ps. 97, 1. 2

IN. VI

C Antá-te Dó-mi- no * cánti- cum no- vum, alle-

lú- ia : qui- a mi-ra- bí- li- a fe-cit Dó-mi- nus, alle-

lú- ia : ante conspéctum gén- ti- um reve-lá-

vit iustí- ti- am su- am, alle- lú- ia, alle- lú- ia.

Ps. Salvá- vit si- bi déxte-ra e-ius : et bráchi- um sanctum

e-ius.

Feria 4 : Repleátur os meum laude, 246.

Ps. 117, 16

IV
A L- le-lú-ia.
℣. Déxte- ra De- i fe- cit virtú- tem : déxte-
ra Dómi- ni ex- altávit me.
Rom. 6, 9
I
A L-le- lú- ia.
℣. Chri-stus re-súr- gens ex
mór- tu- is, iam non mó- ri-tur :
mors il- li ul-

tra non do- mi- ná- bi- tur.

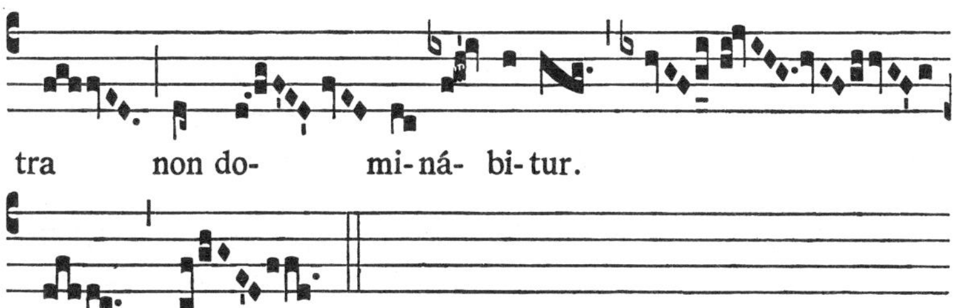

Feria 2 : Spíritus sanctus docébit vos, 432.
— 3 : Sancti tui, Dómine, benedícent te, 463.
— 4 : Lætátus sum, 19.
— 5 : Confitémini Dómino et invocáte, 340.
— 6 : Ego vos elégi de mundo, 429.
Sabbato : Iubiláte Deo, omnis terra, 258.

Ps. 65, 1. 2. 16

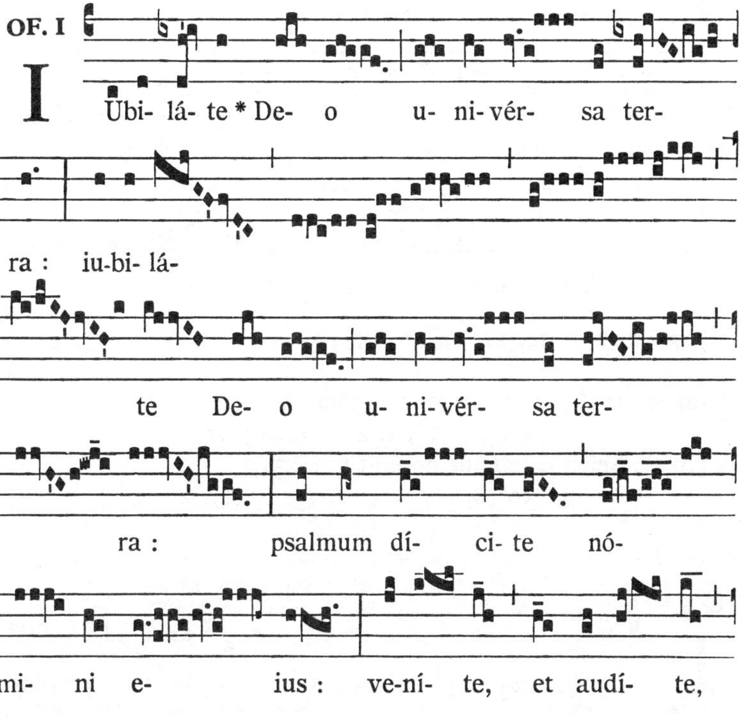
OF. I
IUbi- lá- te * De- o u- ni- vér- sa terra : iu-bi- lá-
te De- o u- ni- vér- sa terra : psalmum dí- ci- te nó-
mi- ni e- ius : ve-ní- te, et audí- te,

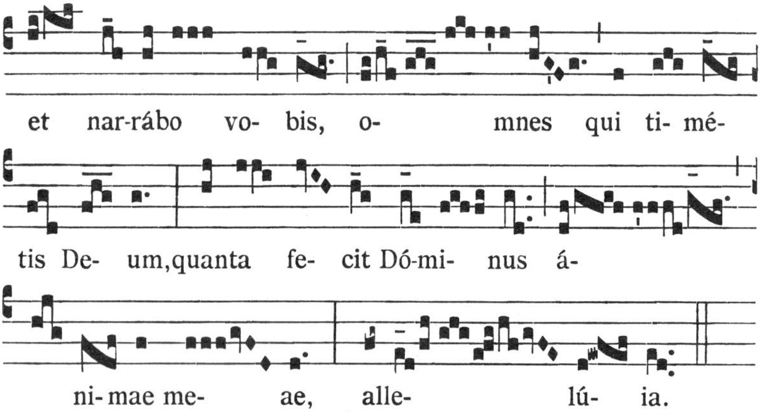
et nar-rábo vo- bis, o- mnes qui ti- mé-
tis De- um, quanta fe- cit Dó-mi- nus á-
ni- mae me- ae, alle- lú- ia.

Io. 15, 5

CO. VIII

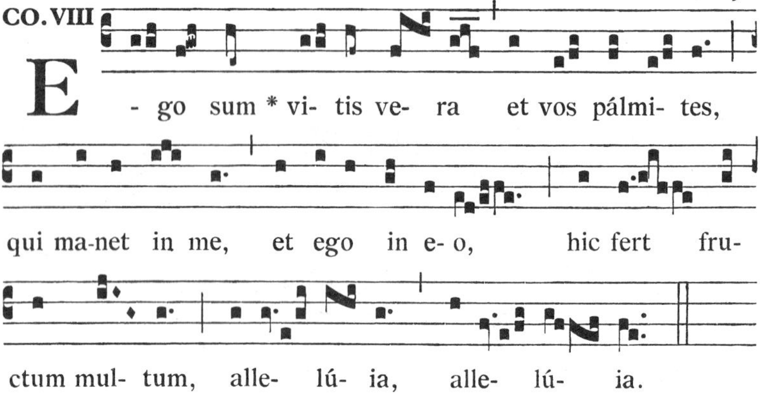
E - go sum * vi- tis ve- ra et vos pálmi- tes,
qui ma-net in me, et ego in e- o, hic fert fructum mul- tum, alle- lú- ia, alle- lú- ia.

Ps. **79***, 2 ab. 9. 10. 11. 12. 16. 18. 19

Dom. anno A : Tanto témpore, 560,
cum ps. **32***, 1. 2. 3. 12. 13. 18

Feria 2 : Spíritus sanctus docébit vos, 232,
cum ps. **50***, 3 a. 9. 10. 12. 13. 15. 17. 20

Feria 3 :

Io. 14, 27

CO. V

P Acem me- am * do vo- bis, alle- lú- ia : pa-cem

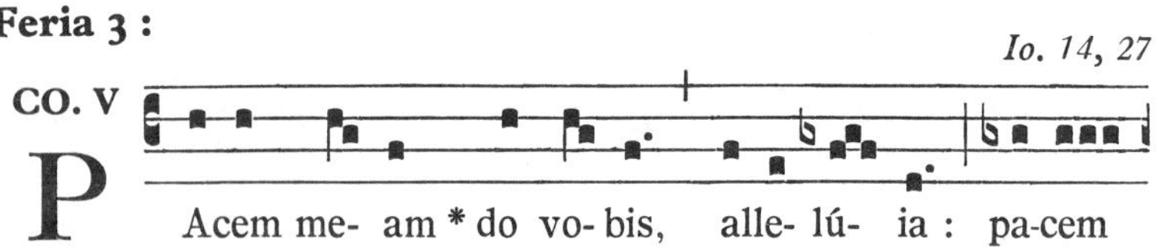

re- línquo vo- bis, alle- lú- ia, alle- lú- ia.

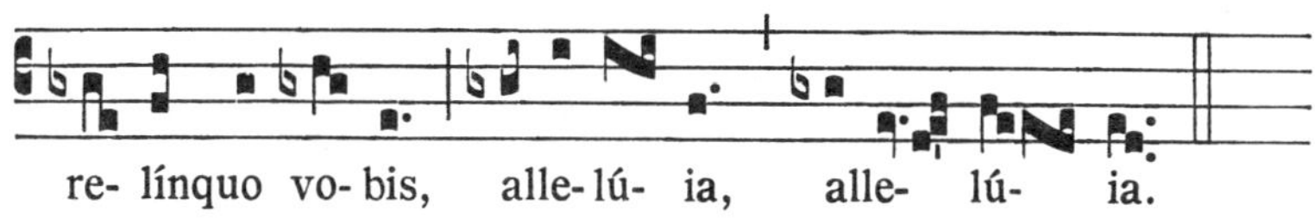

Ps. 121*, 1. 2. 3. 4. 5. 6. 7. 8. 9

Feria 6 : Ego vos elégi de mundo, 436,
cum ps. **88***, 2. 4. 6. 20. 21. 22. 25. 29

HEBDOMADA SEXTA PASCHÆ

Cf. Is. 48, 20 ; Ps. 65

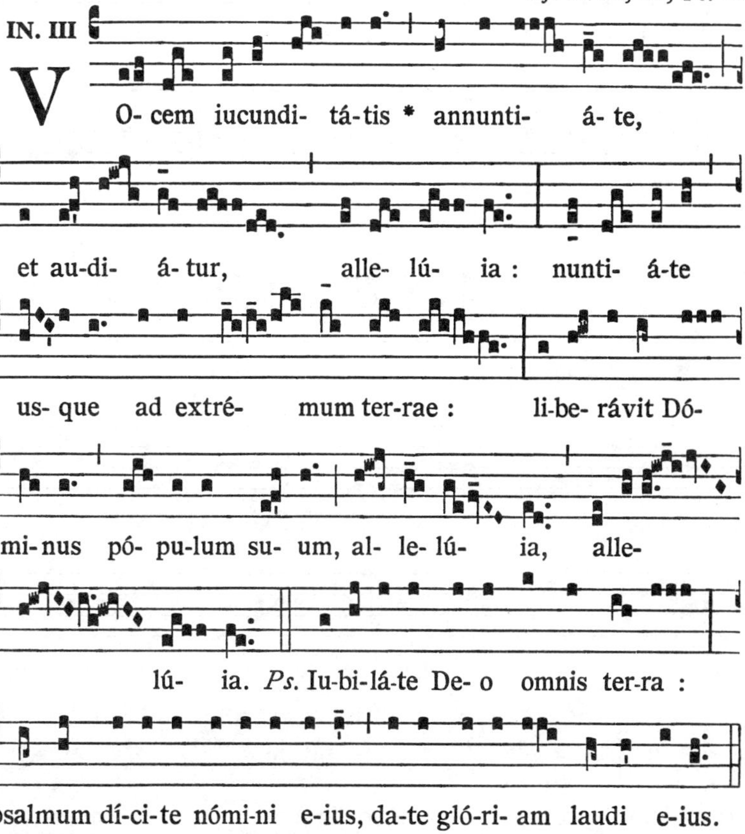
IN. III
V
O- cem iucundi- tá-tis * annunti- á- te,
et au-di- á- tur, alle- lú- ia : nunti- á-te
us- que ad extré- mum ter-rae : li-be- rávit Dó-
mi- nus pó- pu-lum su- um, al- le- lú- ia, alle-
lú- ia. Ps. Iu-bi-lá-te De- o omnis ter-ra :
psalmum dí-ci-te nómi-ni e-ius, da-te gló-ri- am laudi e-ius.

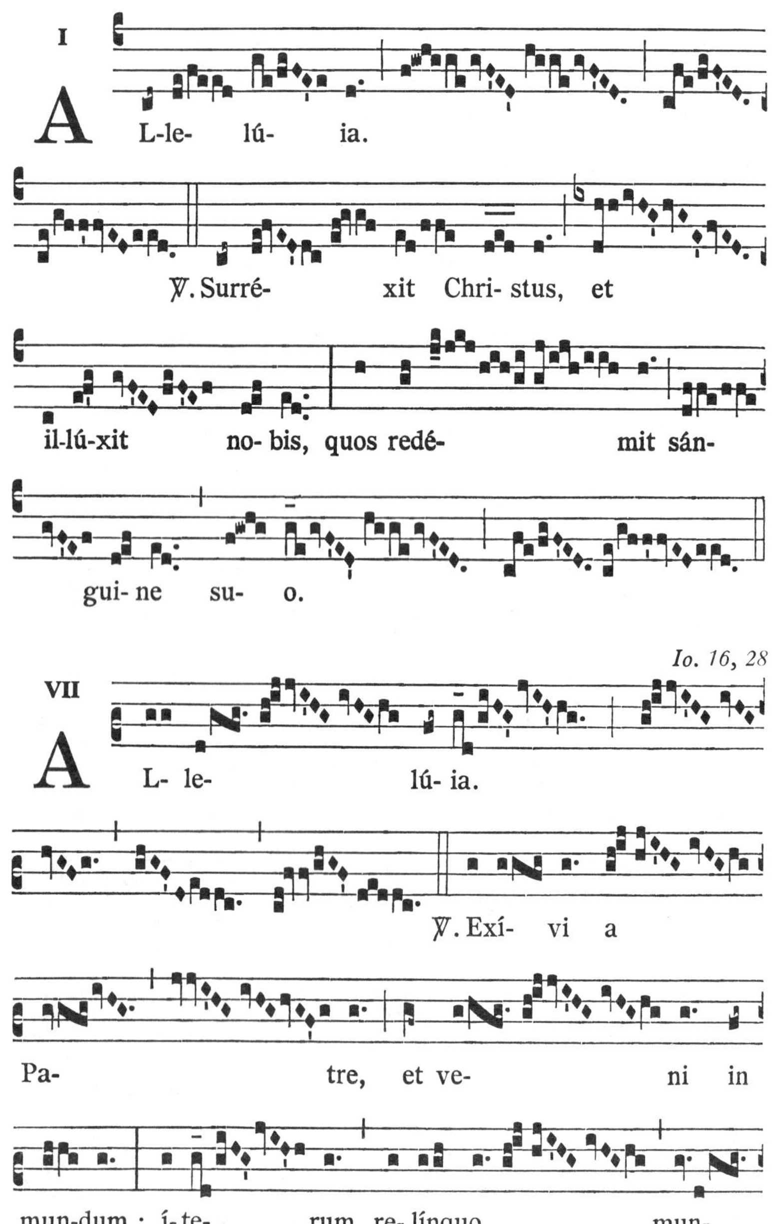
I
A L-le- lú- ia.
℣. Surré- xit Chri- stus, et
il-lú-xit no- bis, quos redé- mit sán-
gui- ne su- o.
Io. 16, 28
VII
A L- le- lú- ia.
℣. Exí- vi a
Pa- tre, et ve- ni in
mun-dum : í-te- rum re- línquo mun-

dum, et va- do ad Pa-

trem.

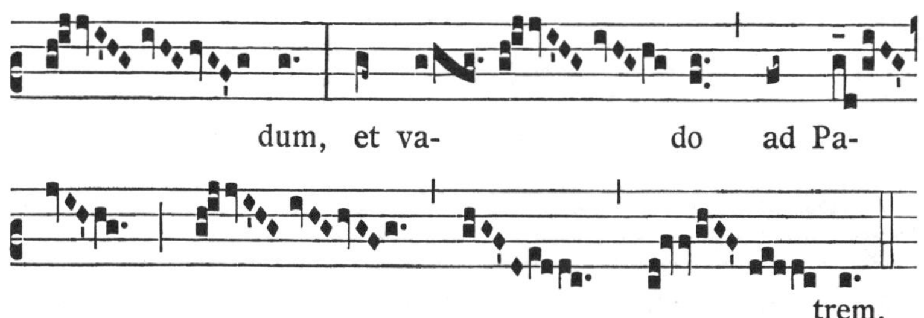

Dom. anno A : 1 Surréxit Christus, *ut supra.*
— — 2 Non vos relínquam, 242.
— **anno B :** 1 Exívi a Patre, *ut supra.*
— — 2 Ego vos elégi, 429.
— **anno C :** 1 Surréxit *vel* Exívi, *ut supra.*
— — 2 Spíritus sanctus docébit vos, 432.

Feria 2 : Cantáte Dómino, 276 *vel* 331.

Ps. 65, 8. 9. 20

OF. II

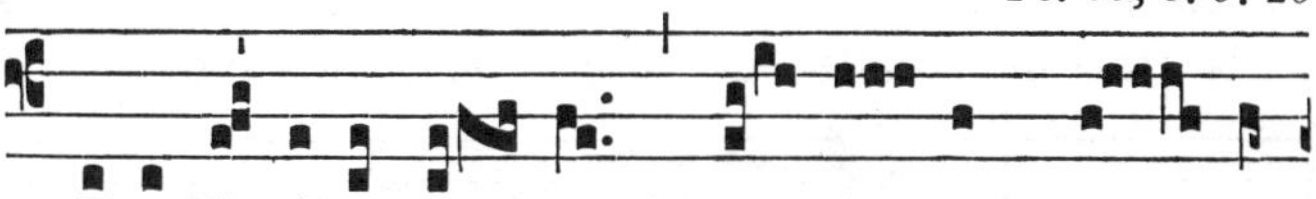

B Ene-dí- ci-te gen- tes * Dó- mi- num De- um

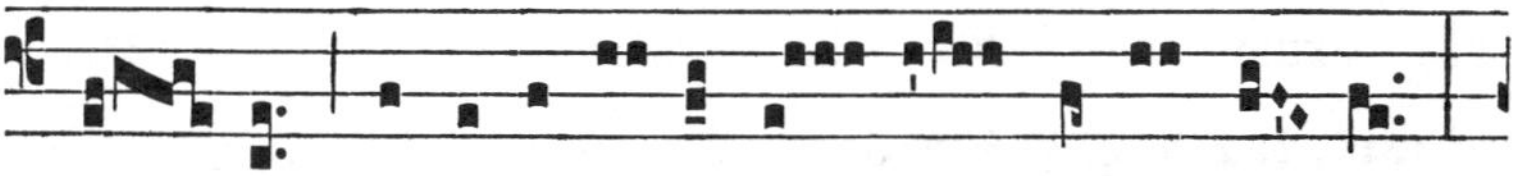

no- strum, et obaudí- te vo- cem laudis e- ius :

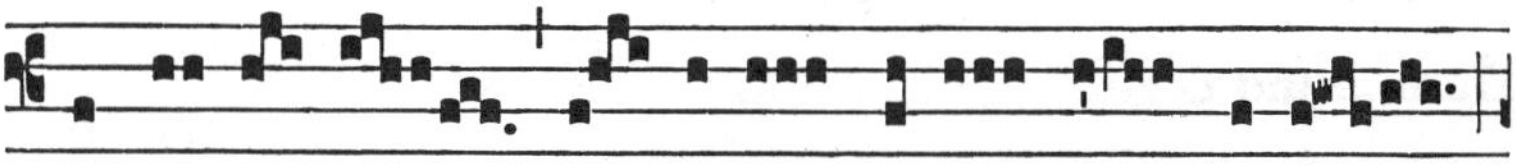

qui pó- su- it á- nimam me- am ad vi-tam,

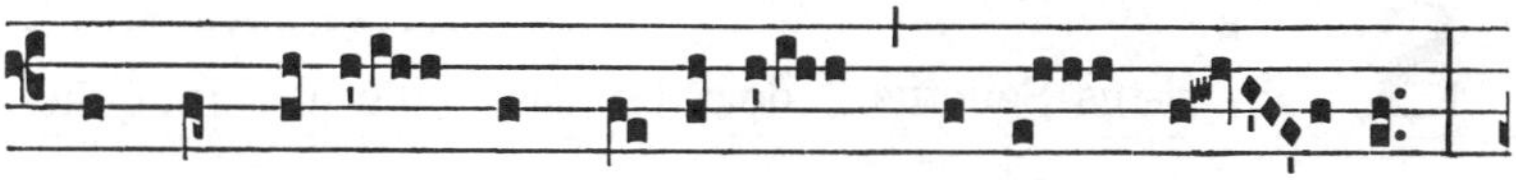

et non de-dit commo-vé-ri pe-des me- os :

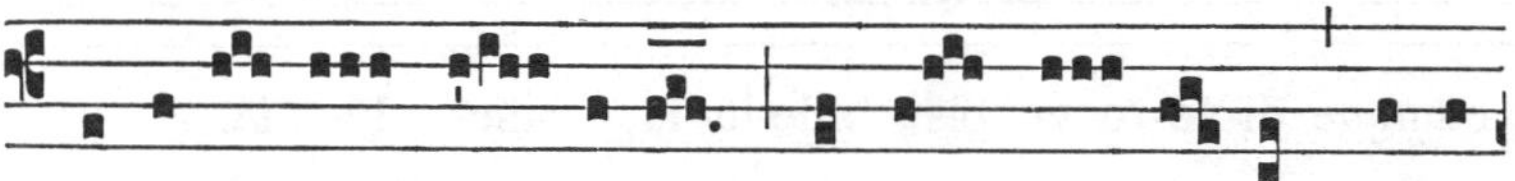

be-ne-dí-ctus Dó- mi-nus, qui non a- mó- vit depre-

Dom. anno A :

Io. 14, 18

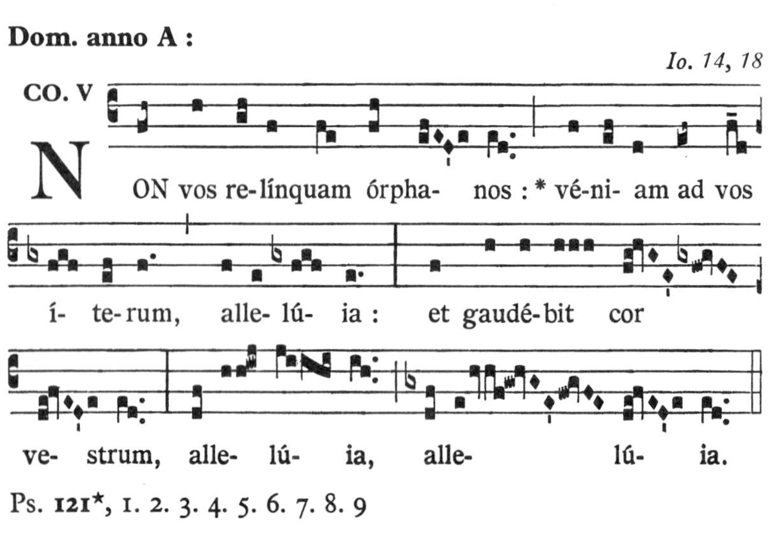

Ps. **121***, 1. 2. 3. 4. 5. 6. 7. 8. 9

Dom. anno B : Ego vos elégi, 436.

Dom. anno C :

Io. 14, 26

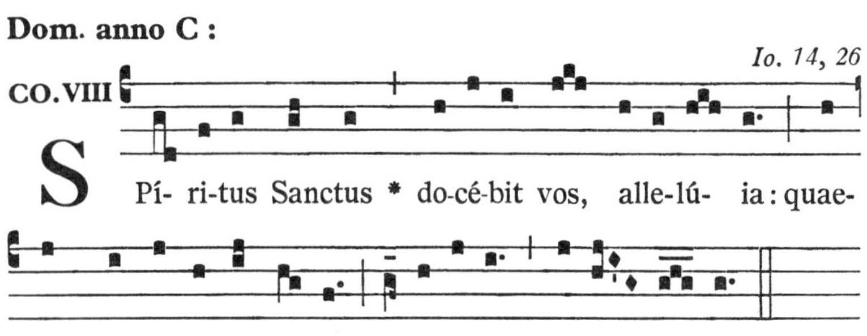

Ps. **50***, 3 a. 9. 10. 12. 13. 15. 17. 20 (Differentia : **G***)

Feria 2 :

Io. 15, 26; 16, 14; 17, 1. 5

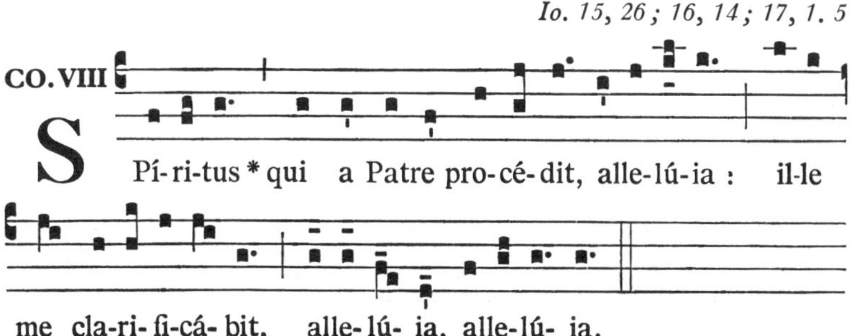

Ps. 77*, 1. 2. 3-4 a. 4 bcd. 6 b-7 a. 7 bc. 23. 24. 25. 29

Feria 3 :

Io. 16, 8

Psalmus 33*.

Feria 4 : *ut supra feria 2.*

Feria 5, *in regionibus ubi sollemnitas Ascensionis in dominicam sequentem transfertur :*

Missa de dominica VI Paschæ, 229, *præter :*
IN. Deus, dum egrederéris, 244.

Io. 16, 16

Psalmus **33***.

Feria 6 :

Missa de dominica VI Paschæ, 229, *præter :*
IN. Redemísti nos, Dómine, 659.

IN ASCENSIONE DOMINI

Antiphona ad introitum VII

Act. 1, 11; Ps. 46

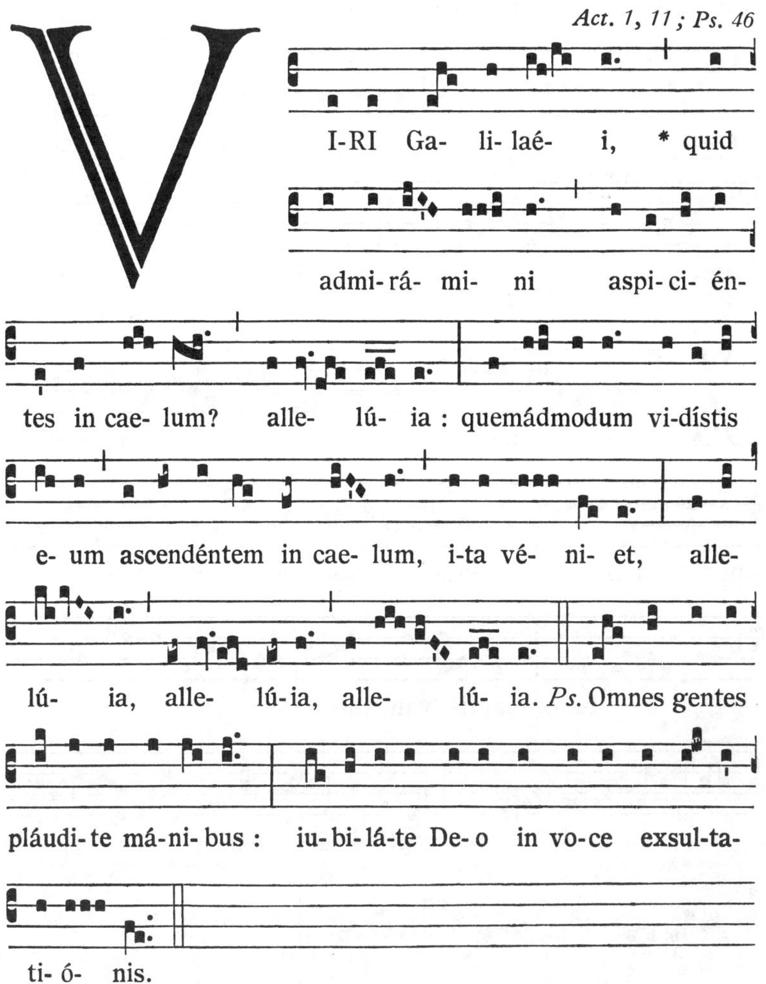

Ps. 46, 6
IV
A L-le- lú- ia.
℣. Ascéndit
De- us in iu-bi-la- ti- ó- ne, et Dó-mi-
nus in vo- ce tu-
bae.
Ps. 67, 18. 19
VIII
A L- le- lú- ia.
℣. Dó-
mi-nus in Si-na in san- cto, ascén-dens in al-
tum, captí- vam du-
xit capti-vi-tá- tem.

Ad libitum OF. :

CO. **Anno A :** Data est mihi, 213,
cum ps. 77*, 1. 3-4 a. 23. 24. 25. 27
— **Anno B :** Signa, 437,
cum ps. **33***.

— **Anno C :**

Ps. 67, 33. 34

Ps. **67**, 2. 5 abc. 5 d-6. 19. 20. 21. 25. 29. 30. 33-34

FERIA SEXTA ET SABBATO POST ASCENSIONEM

Ps. 17, 7 et 2-3

IN. IV

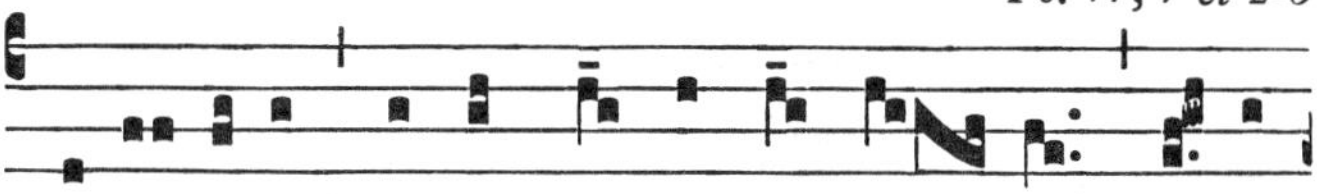

E X-au-dí-vit * de templo sancto su- o vo- cem

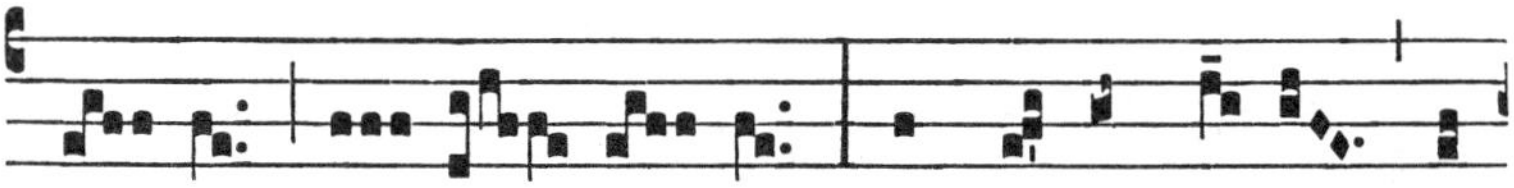

me- am, al- le- lú- ia : et cla-mor me- us in

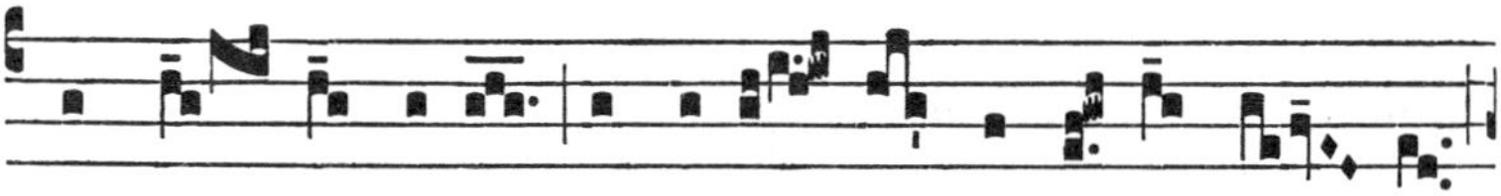

conspé- ctu e-ius intro- í- vit in au-res e- ius,

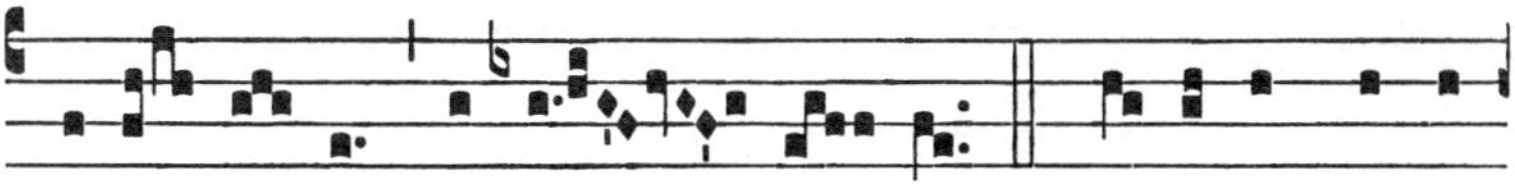

alle- lú- ia, al-le- lú- ia. *Ps.* Dí- li-gam te Dó-

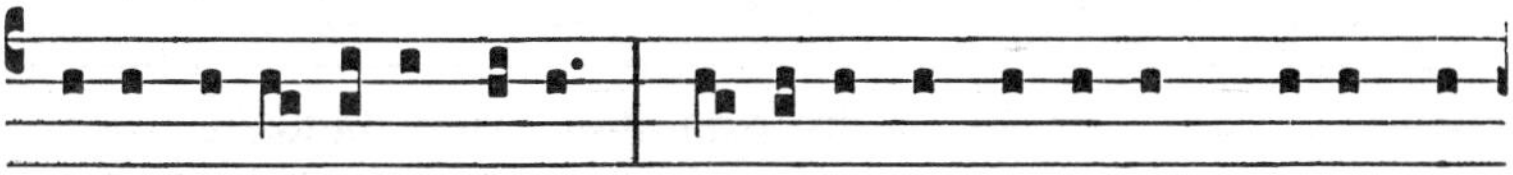

mi-ne forti- túdo me- a : Dó-mi-nus firmaméntum me- um, et

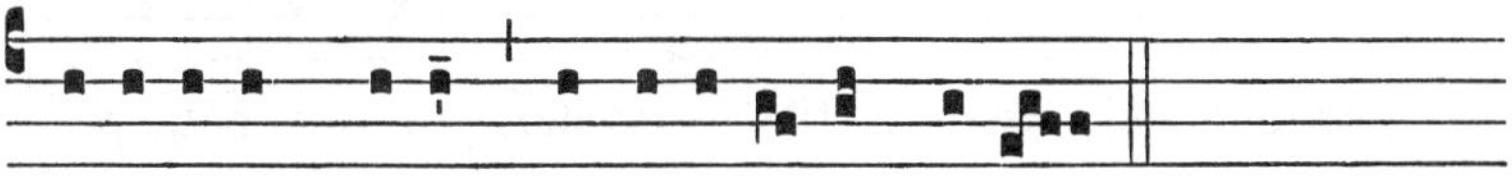

re-fúgi- um me- um, et li-be-rá- tor me- us.

Feria 6 :

VIII

A L-le-lú- ia. ℣. Confi- témi-

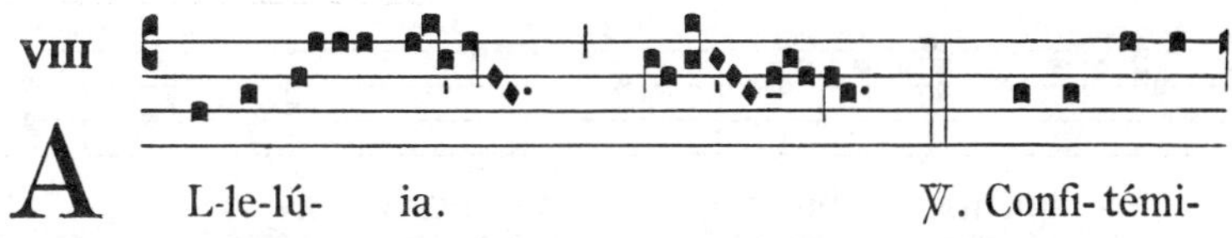

ni Dó- mi- no, quó-ni- am bo- nus : quó-ni-
am in saé- cu- lum mi- se-ri-cór-di- a
e- ius.

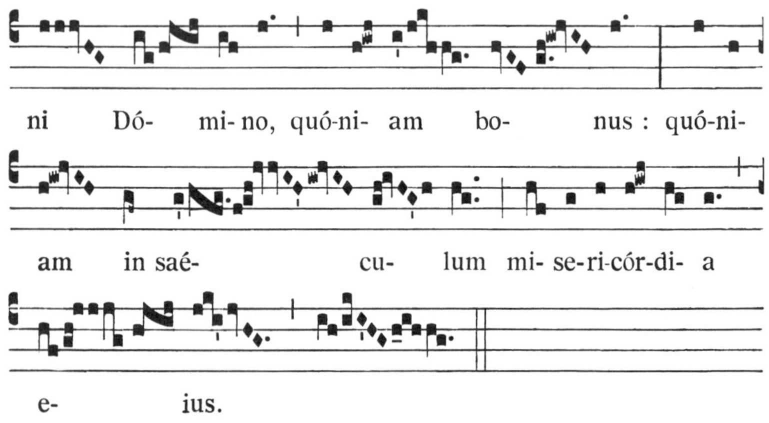

Sabbato : AL. Exívi a Patre, 230.

Ps. 108, 30. 31

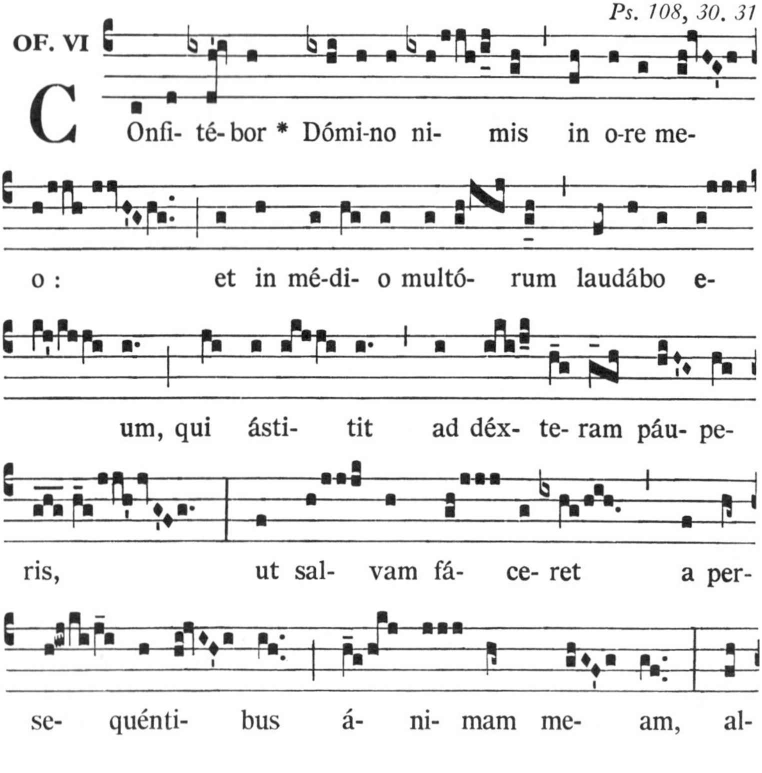
OF. VI
COnfi- té- bor * Dómi-no ni- mis in o-re me-
o : et in mé-di- o multó- rum laudábo e-
um, qui ásti- tit ad déx- te- ram páu- pe-
ris, ut sal- vam fá- ce- ret a per-
se- quénti- bus á- ni- mam me- am, al-

le- lú- ia.

CO. Non vos relínquam, 232.

HEBDOMADA SEPTIMA PASCHÆ

DOMINICA

Ps. 26, 7. 8. 9 et 1

IN. I

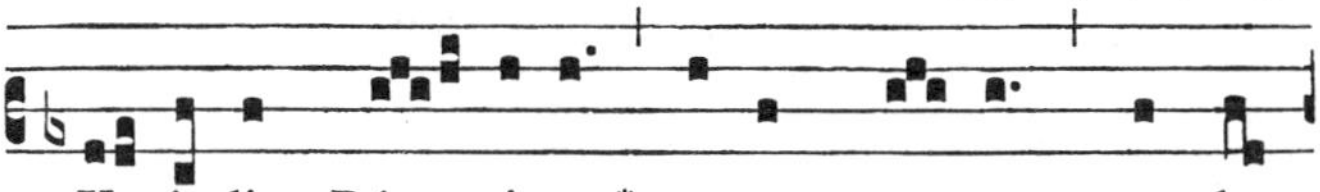

E X- áudi, Dó- mi-ne, * vo-cem me- am, qua cla-

mávi ad te, al-le- lú- ia : ti-bi di-xit cor me- um,

quae-sí-vi vul- tum tu- um, vultum tu- um Dómi-ne

requí-ram : ne a-vértas fá- ci- em tu- am a me, alle-

lú- ia, alle- lú- ia. *Ps.* Dómi-nus il- lumi-ná-ti- o

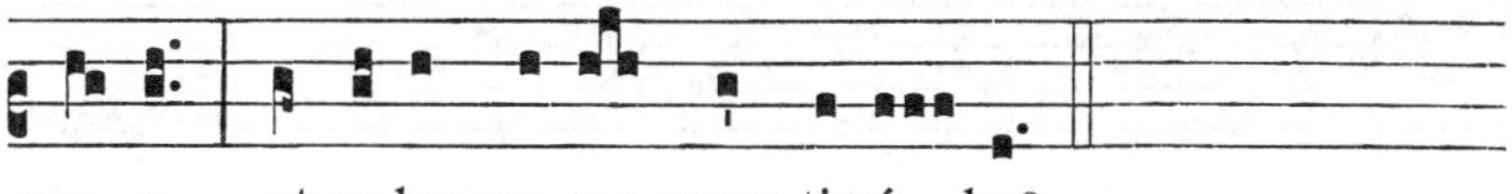

me- a, et sa-lus me- a : quem timé- bo?

Ps. 46, 9
I
A L-le- lú- ia. ℣. Re- gná-vit
Dó-mi- nus su- per omnes gentes : De- us se-det
super se- dem sanctam su- am.
Io. 14, 18
I
A L- le- lú- ia.
℣. Non vos re- lín- quam ór-
pha- nos : va- do, et vé-ni- o ad vos, et
gau-dé- bit cor
ve- strum.

Anno A : AL. 2 : Exívi a Patre, 230.

OF. *ut in Ascensione Domini*, 237.

Io. 17, 12. 13. 15

CO. IV

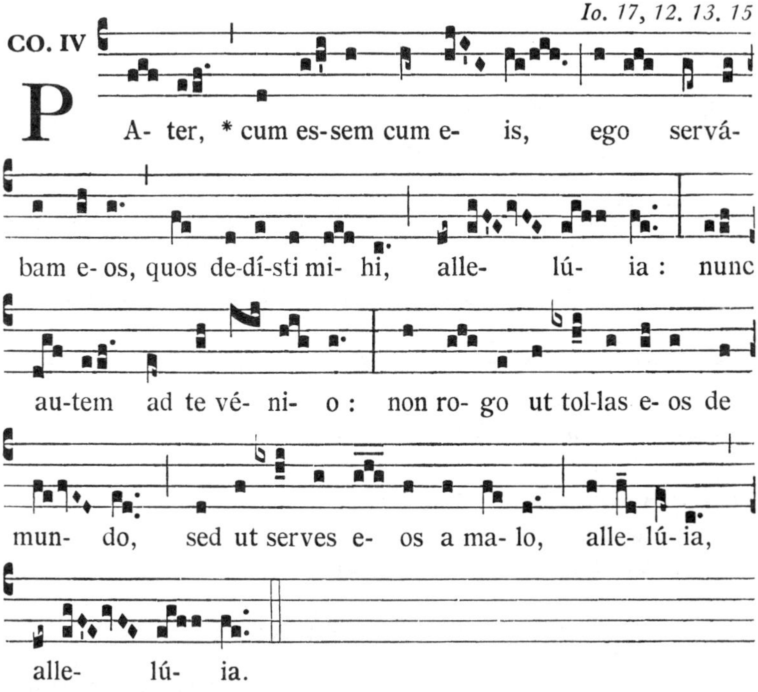
P
A- ter, * cum es-sem cum e- is, ego servá-
bam e- os, quos de-dí-sti mi- hi, alle- lú- ia : nunc
au-tem ad te vé- ni- o : non ro- go ut tol-las e- os de
mun- do, sed ut serves e- os a ma- lo, alle- lú- ia,
alle- lú- ia.

Ps. **121***, 1. 2. 3. 4. 5. 6. 7. 8. 9

FERIIS SECUNDA ET QUINTA

4 Esdr. 2, 36. 37 ; Ps. 77

IN. IV

A
C- cí- pi- te * iu- cundi- tá- tem gló- ri- ae
ve- strae, al-le- lú- ia : grá- ti- as agéntes De- o,

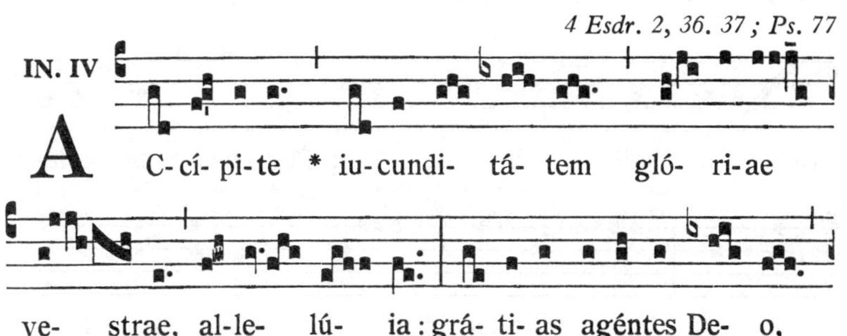

AL. Spíritus Sanctus docébit vos, 432.
OF. Lauda, ánima mea, 221.
CO. Spíritus qui a Patre procédit, 233.

FERIIS TERTIA ET SEXTA

Cf. Ps. 67, 8-9. 20 et 2

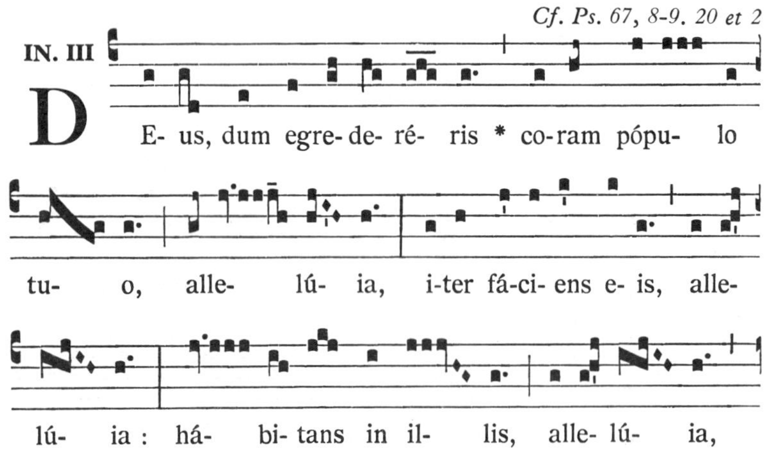

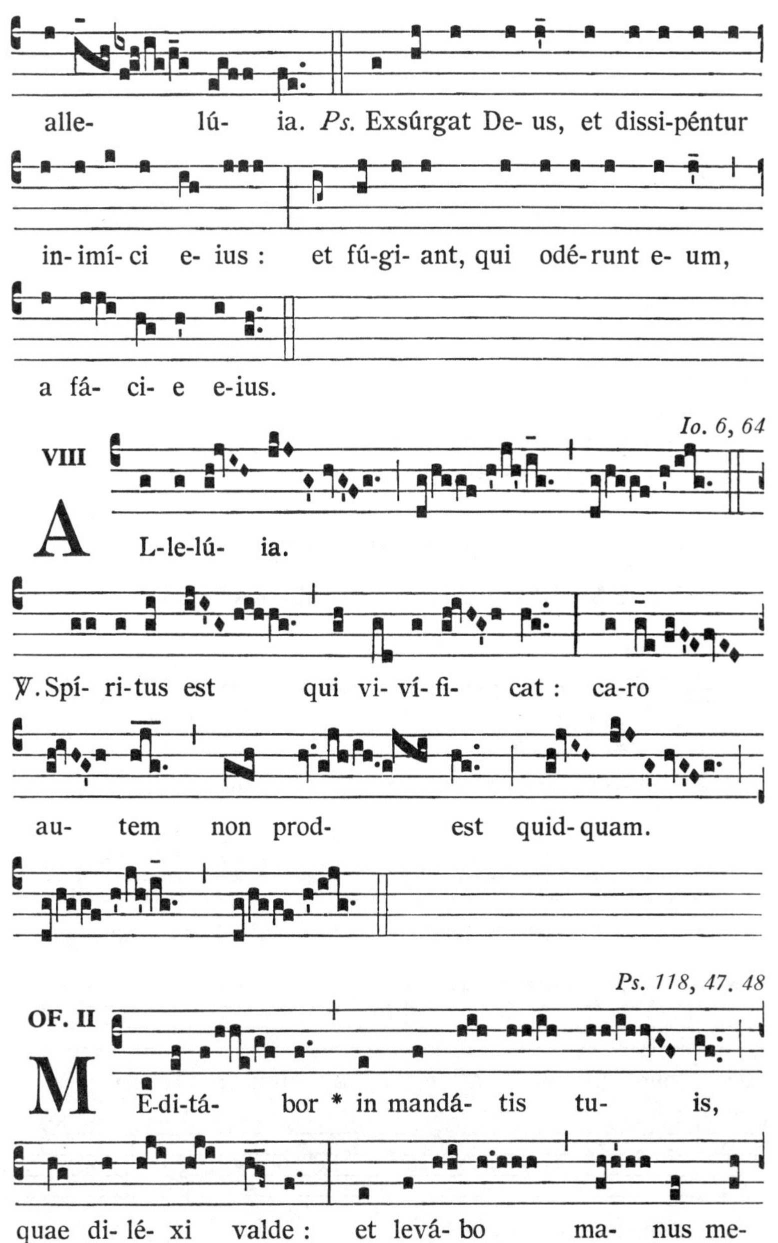

alle- lú- ia. *Ps.* Exsúrgat De- us, et dissi-péntur
in- imí- ci e- ius : et fú-gi- ant, qui odé-runt e- um,
a fá- ci- e e-ius.
Io. 6, 64
VIII
A L-le-lú- ia.
℣. Spí- ri-tus est qui vi- ví- fi- cat : ca-ro
au- tem non prod- est quid- quam.
Ps. 118, 47. 48
OF. II
M E-di-tá- bor * in mandá- tis tu- is,
quae di- lé- xi valde : et levá- bo ma- nus me-

CO. **Feria 3 :** Spíritus sanctus docébit vos, 232.
— **6 :** Simon Ioánnis, 574.

FERIA QUARTA,
ET SABBATO AD MISSAM MATUTINAM

Ps. 70, 8. 23 et 1-2

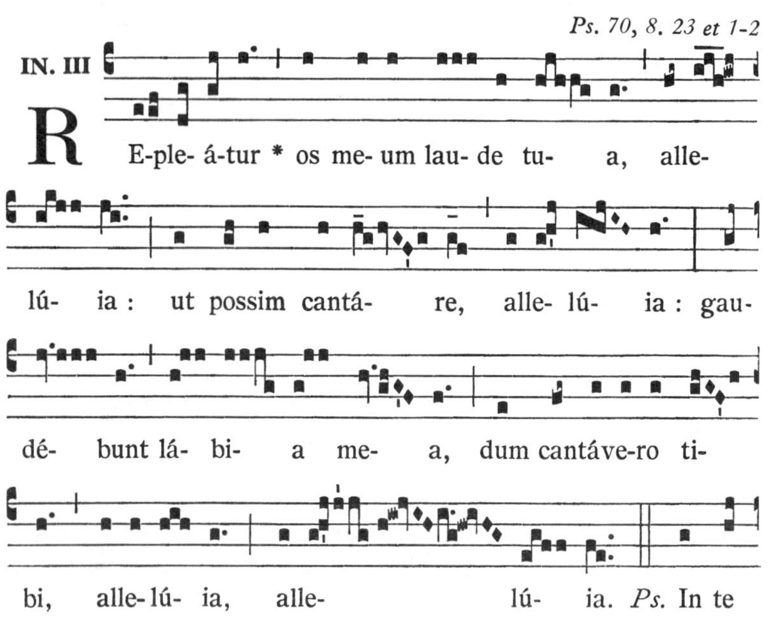

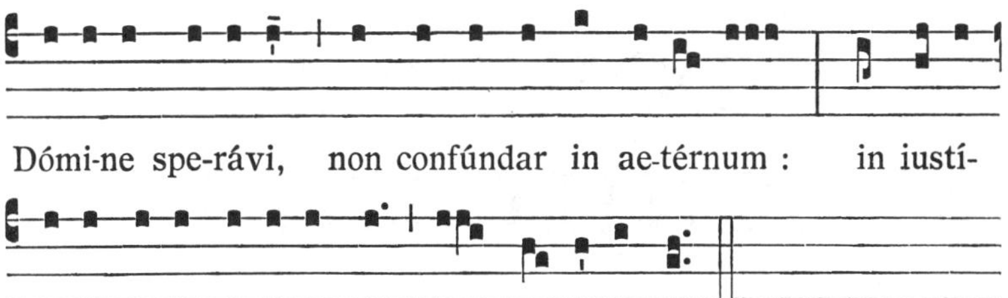

AL. Non vos relínquam órphanos, 242.

OF. Ascéndit Deus, 237.

CO. **Feria 4 :** Pater, cum essem cum eis, 243.
Sabbato : Spíritus ubi vult spirat, 218,
cum ps. 77*, 1. 2. 3-4 a. 4 bcd. 6 b-7 a. 7 bc. 23. 24. 25. 29

Quando sollemnitas Ascensionis Domini in dominicam sequentem transfertur :

In sollemnitate Ascensionis :
Ut supra, 235.

Feria 2 :
Ut supra notatur pro dom. VII Paschæ, 241.

Feria 3 :
Ut supra notatur pro feria 6 post Ascensionem, 239.

Aliis feriis :
Ut supra notatur, 243 *et seq.*

DOMINICA PENTECOSTES

AD MISSAM IN VIGILIA

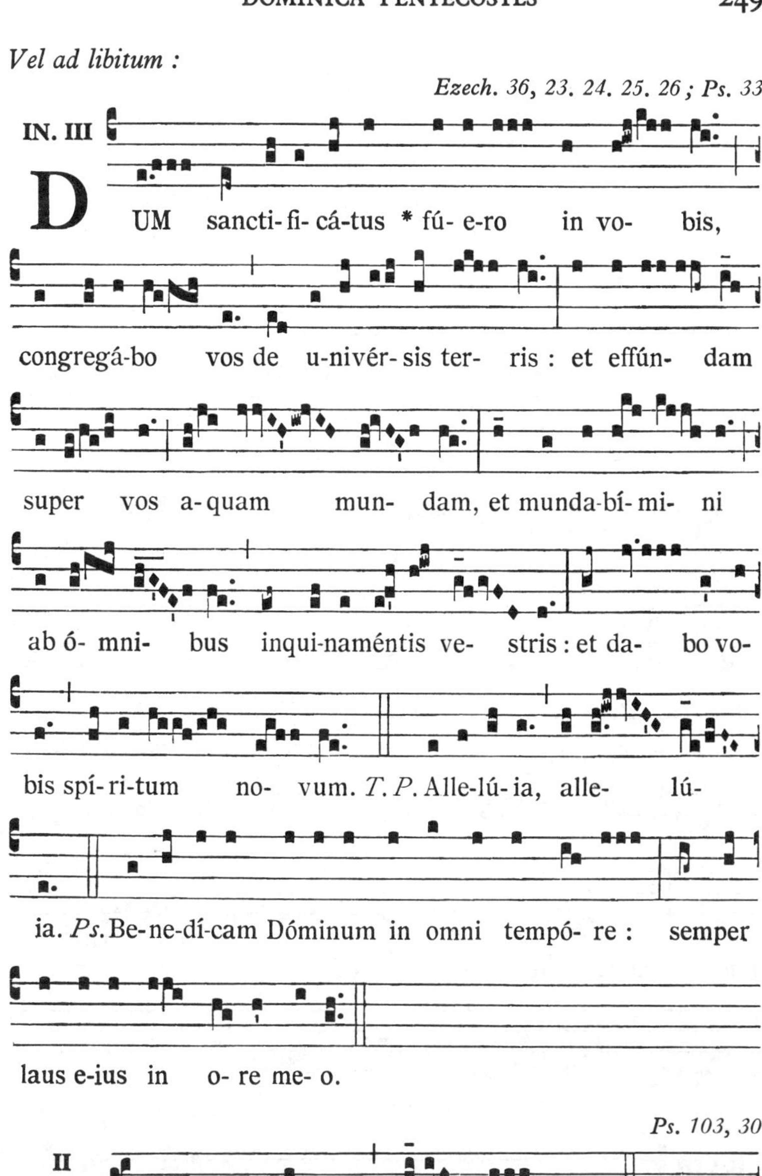

Ps. 103, 30

II

ALle-le- lú- ia. ℣. Emítte

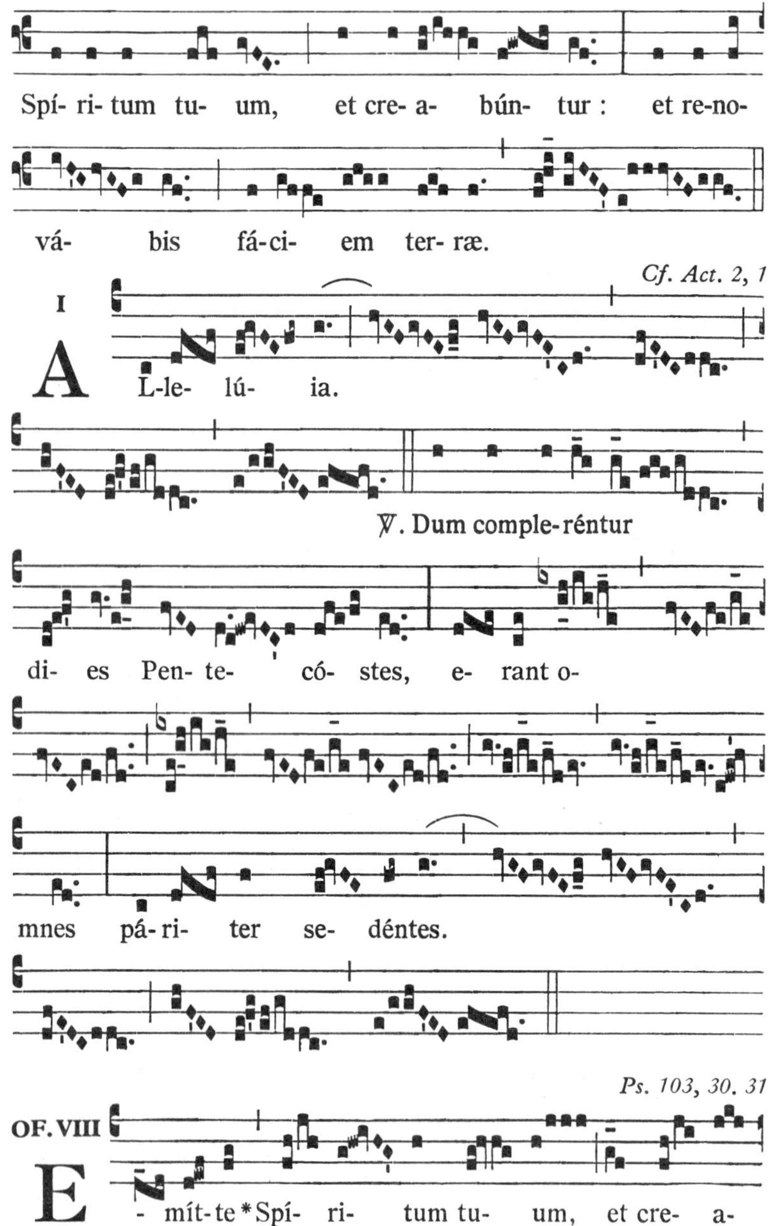
Spí- ri- tum tu- um, et cre- a- bún- tur : et re-no-
vá- bis fá-ci- em ter- ræ.
Cf. Act. 2, 1
I
A L-le- lú- ia.
℣. Dum comple-réntur
di- es Pen- te- có- stes, e- rant o-
mnes pá- ri- ter se- déntes.
Ps. 103, 30. 31
OF. VIII
E - mít-te * Spí- ri- tum tu- um, et cre- a-

Ps. 103*, 1 ab. 30. 31. 33. 34

AD MISSAM IN DIE

Antiphona ad introitum VIII

Sap. 1, 7 ; Ps. 67

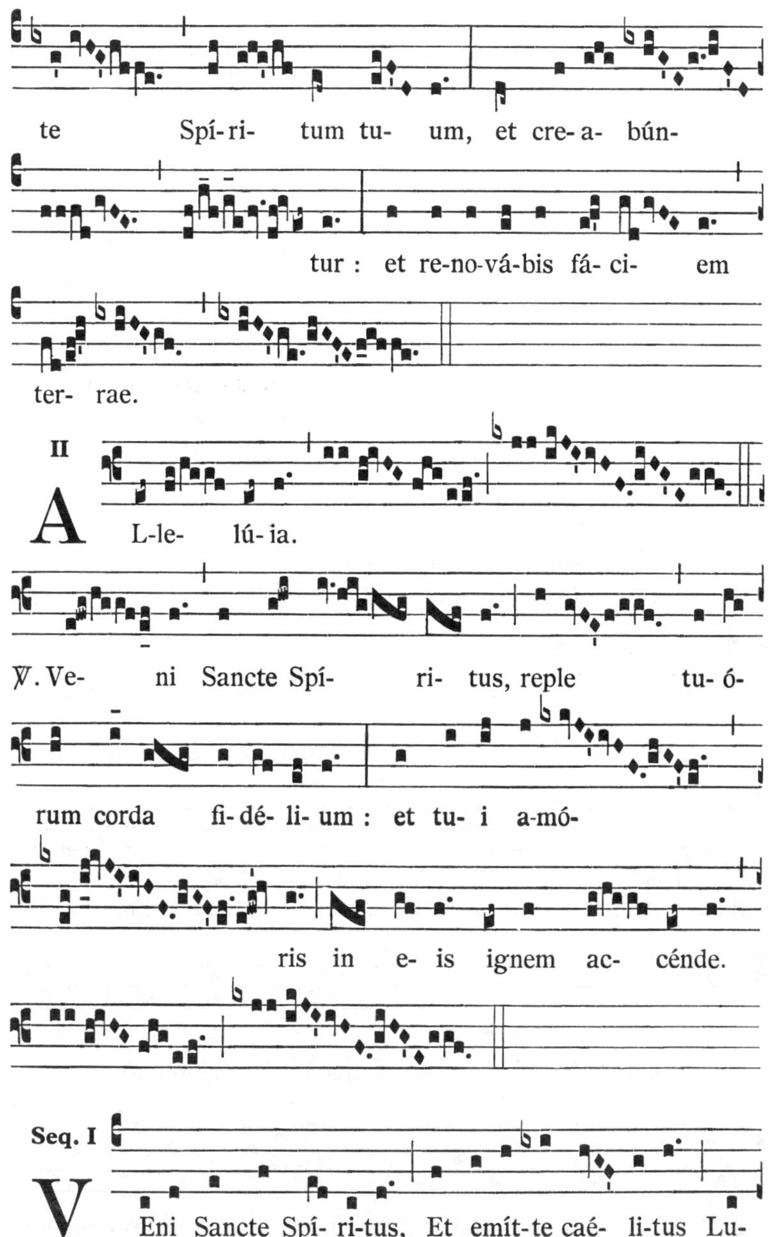
te Spí-ri- tum tu- um, et cre-a- bún-
tur : et re-no-vá-bis fá- ci- em
ter- rae.
II
A L-le- lú- ia.
℣. Ve- ni Sancte Spí- ri- tus, reple tu- ó-
rum corda fi-dé- li- um : et tu- i a-mó-
ris in e- is ignem ac- cénde.
Seq. I
V Eni Sancte Spí- ri-tus, Et emít-te caé- li-tus Lu-

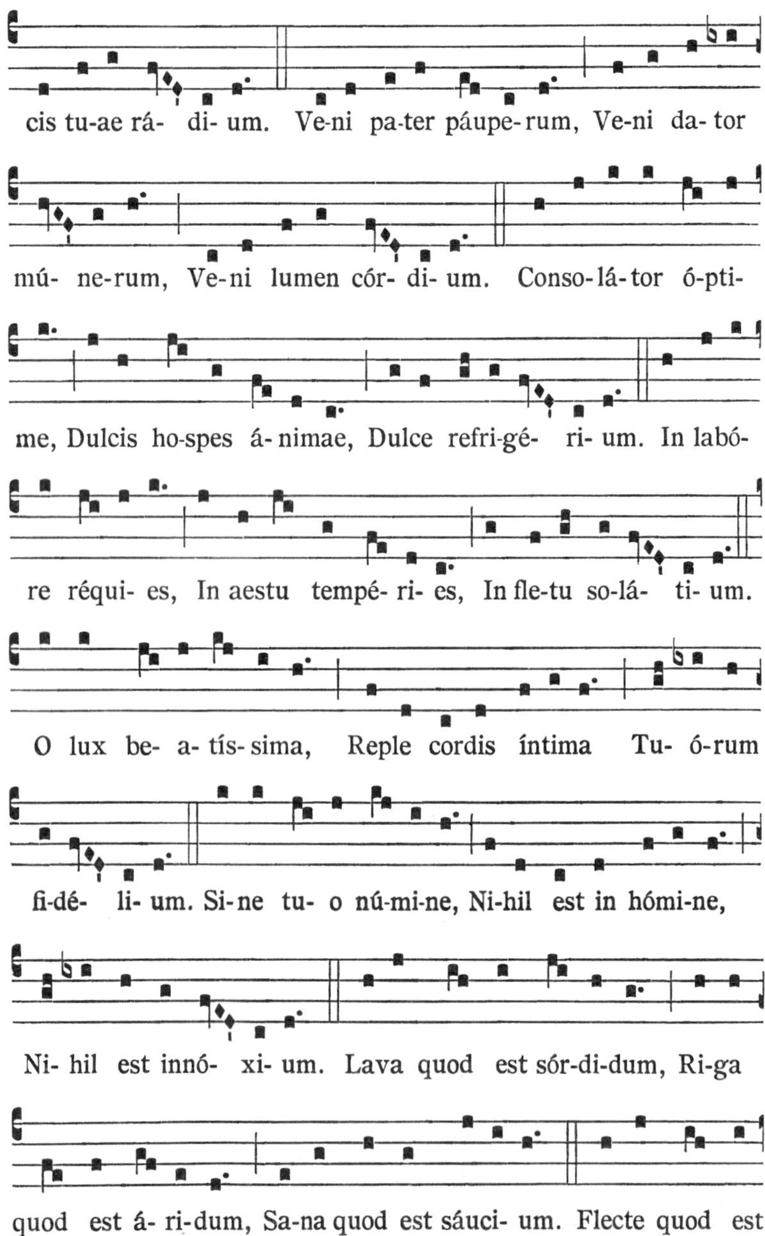
cis tu-ae rá- di- um. Ve-ni pa-ter páupe-rum, Ve-ni da- tor
mú- ne-rum, Ve-ni lumen cór- di- um. Conso-lá-tor ó-pti-
me, Dulcis ho-spes á- nimae, Dulce refri-gé- ri- um. In labó-
re réqui- es, In aestu tempé- ri- es, In fle-tu so-lá- ti- um.
O lux be- a- tís-sima, Reple cordis íntima Tu- ó-rum
fi-dé- li- um. Si-ne tu- o nú-mi-ne, Ni-hil est in hómi-ne,
Ni- hil est innó- xi- um. Lava quod est sór-di-dum, Ri-ga
quod est á- ri-dum, Sa-na quod est sáuci- um. Flecte quod est

rí- gi-dum, Fove quod est frí- gi-dum, Re- ge quod est dé-
vi- um. Da tu- is fi-dé-li-bus, In te con-fi-dénti-bus, Sacrum
septe-ná-ri- um. Da virtú-tis mé-ri-tum, Da sa-lú- tis éx-i-
tum, Da per-énne gáudi- um.
Ps. 67, 29-30
OF. IV
C On-fírma * hoc De- us, quod o- pe-
rá- tus es in no- bis : a templo tu-
o, quod est in Ie- rú- sa- lem, ti- bi
óf- fe- rent re- ges mú- ne- ra, al- le-
lú- ia.

Act. 2, 2. 4

CO. VII

Ps. **67***, 2. 4. 5 abc. 5 d-6. 8. 9. 20. 21. 29. 36

Ad dimittendum populum : Ite missa est, allelúia, allelúia, 195.

TEMPUS PER ANNUM

HEBDOMADA PRIMA

Locum dominicæ I tenet festum Baptismatis Domini, 59.

In feriis :

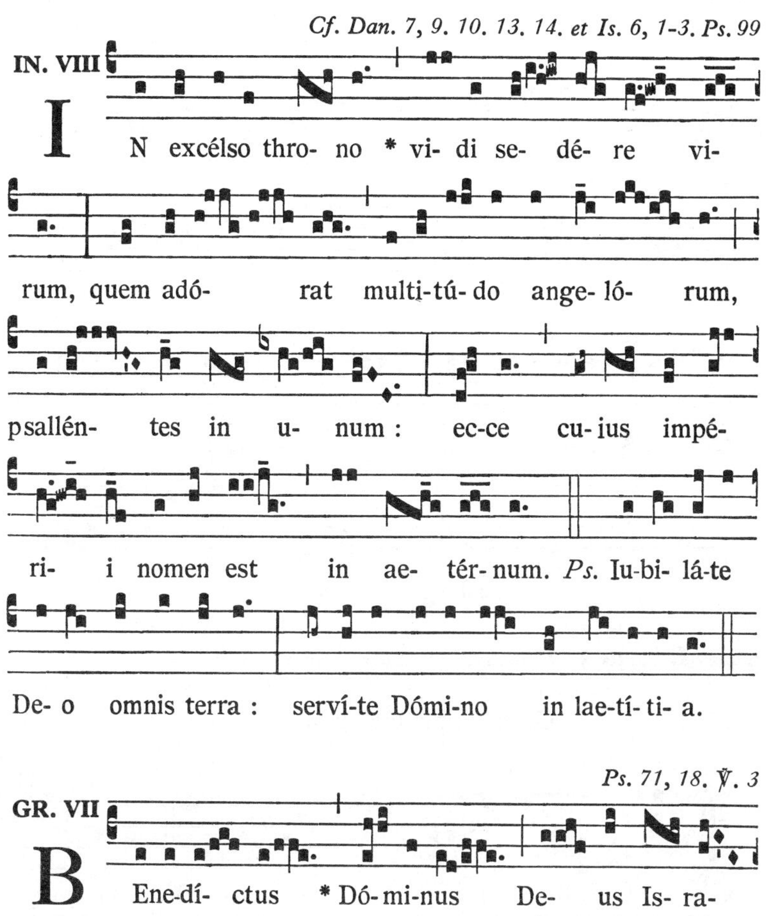

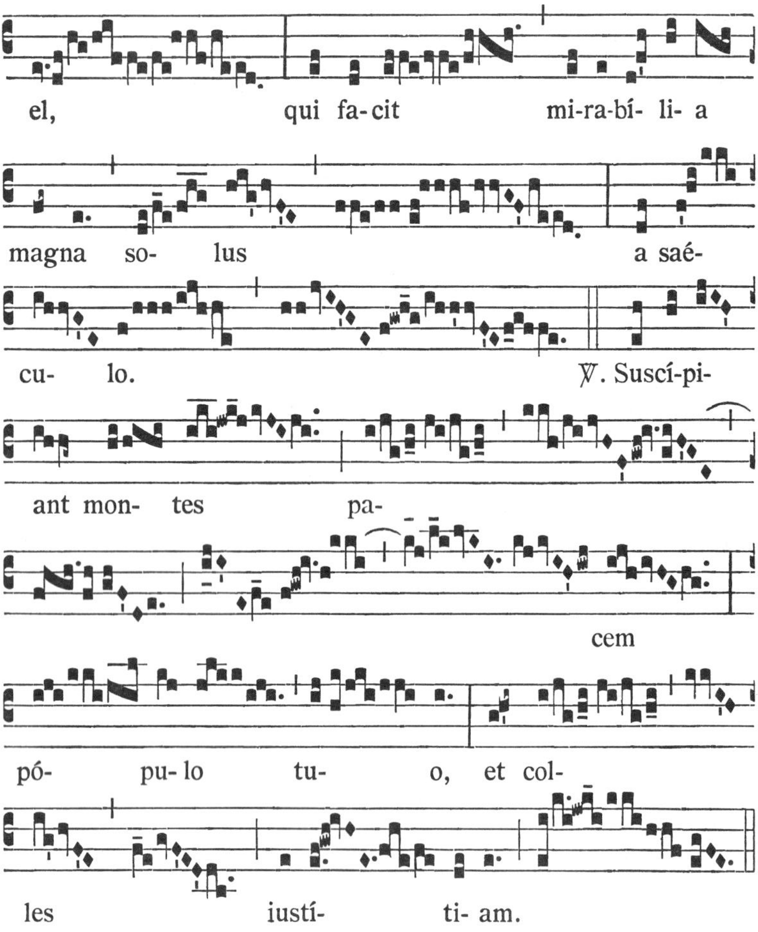

el, qui fa-cit mi-ra-bí- li- a
magna so- lus a saé-
cu- lo. ℣. Suscí-pi-
ant mon- tes pa-
cem
pó- pu- lo tu- o, et col-
les iustí- ti- am.

Anno I, feria 3 : Dómine, Dóminus noster, 308.
vel :
Glória et honóre, 476.

Ps. 99, 1

III
A L- le-lú- ia. ℣. Iu-bi-lá-te

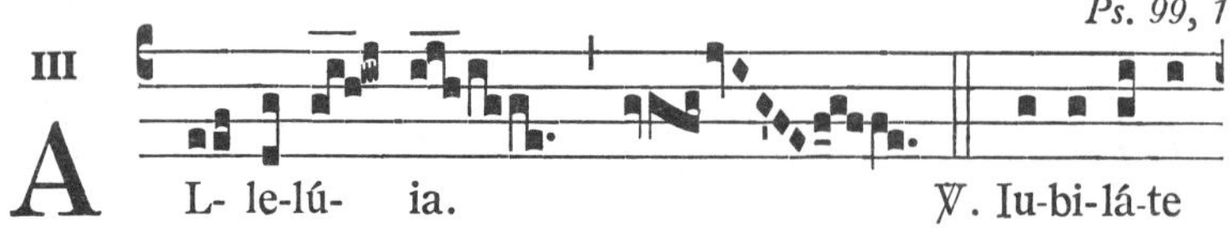

De- o o- mnis ter- ra : serví- te
Dó- mi- no in lae-tí-ti- a.

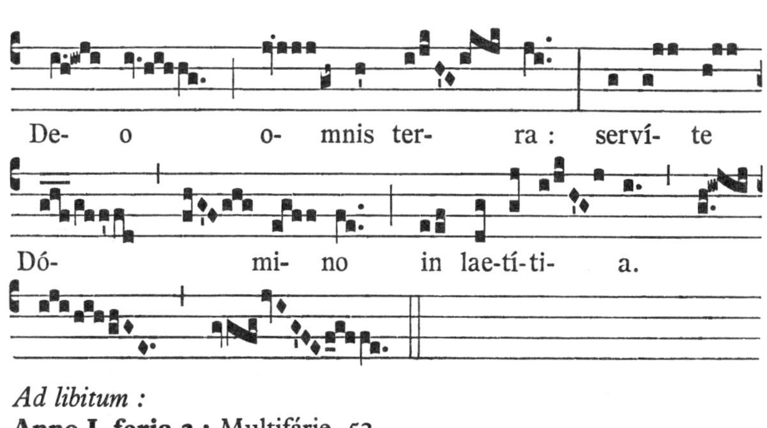

Ad libitum :

Anno I, feria 2 : Multifárie, 52.

Ps. 99, 1. 2

OF. V

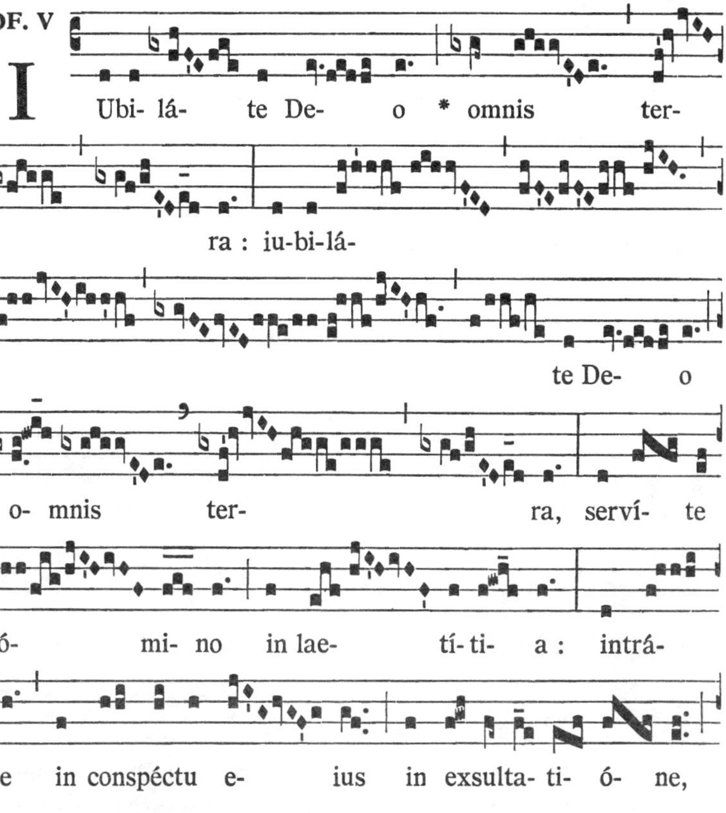
I
Ubi- lá- te De- o * omnis terra : iu-bi-lá-
te De- o
o- mnis ter- ra, serví- te
Dó- mi- no in lae- tí- ti- a : intrá-
te in conspéctu e- ius in exsulta- ti- ó- ne,

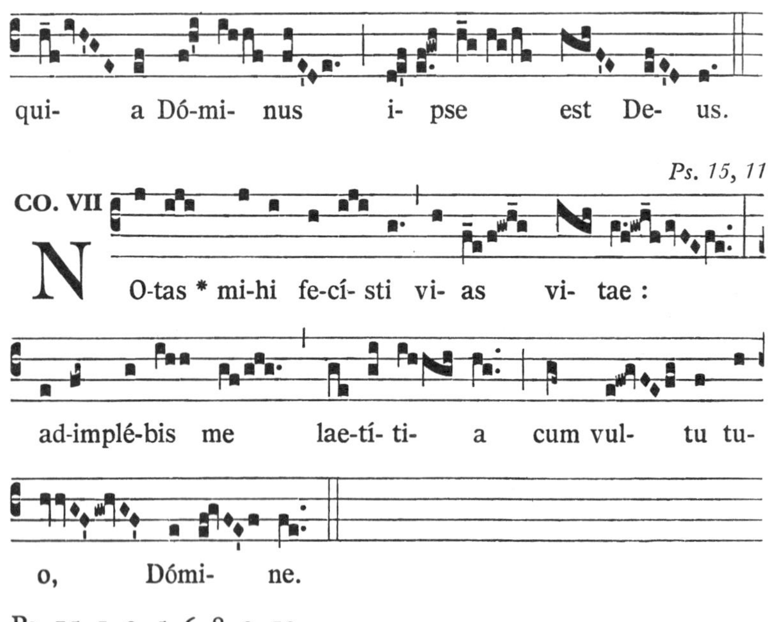

Ps. 15, 1. 2. 5. 6. 8. 9. 10

Feria 2 : Veníte post me, 267.

HEBDOMADA SECUNDA

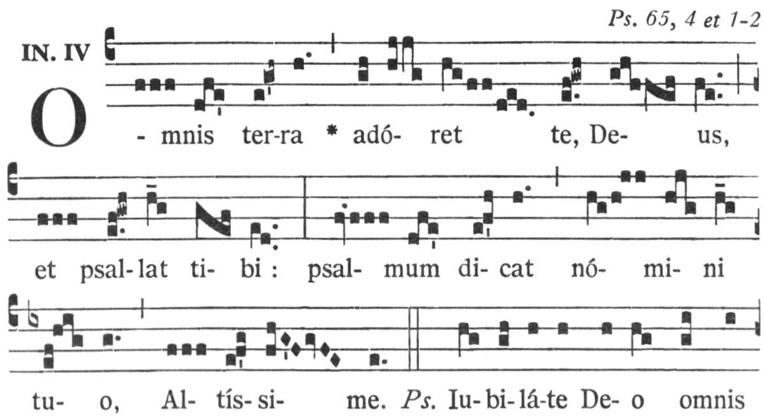

terra, psalmum dí- ci- te nómi- ni e-ius : da- te gló- ri- am
laudi e-ius.
Ps. 106, 20. ℣. 21
GR. V
M I- sit Dó- mi-nus * ver- bum suum, et saná- vit e- os : et
e-rí-pu- it e- os de intér-i- tu e- ó-
rum. ℣. Confi- te- án-
tur Dómi-no mi-se- ri-
córdi- ae e-
ius : et mi- ra-bí- li- a e- ius

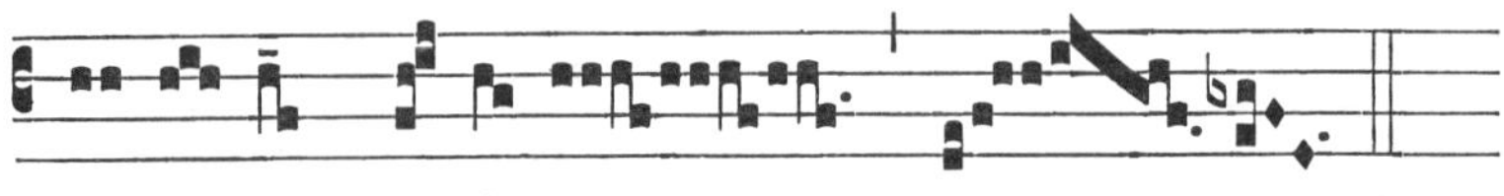

Anno I, feriis 2 et 4 : Iuravit Dominus, 486.
— **feria 6 :** Osténde nobis, 31.
Anno II, feria 3 : Invéni David, 445.
— **feria 6 :** Miserére mei, Deus, 63.

Ps. 148, 2

Anno I, feriis 2 et 4 : Iuravit Dominus, 489.
— **feria 3 :** Tu es sacérdos in ætérnum, 449.
— **feria 6 :** Osténde nobis, 16,
vel :
Ego vos elégi de mundo, 429.
— **sabbato :** Ascéndit Deus, 236.
Anno II, feria 3 : Invéni David, 446.
— **feria 6 :** Ego vos elégi de mundo, 429.

OF. Iubiláte Deo, univérsa terra, 227.
CO. Lætábimur in salutári, 359.

Dom. anno B :

Io. 1, 41. 42

Psalmus 33*.

Dom. anno C :

Io. 2, 7. 8. 9 et 10-11

Ps. **65***, 1-2. 3. 4. 5. 6. 8
Ad libitum, psalmodia V toni (**g**).

Feria 5 : Multitúdo languéntium, 471.
— **6 :** Ego vos elégi de mundo, 436.

HEBDOMADA TERTIA

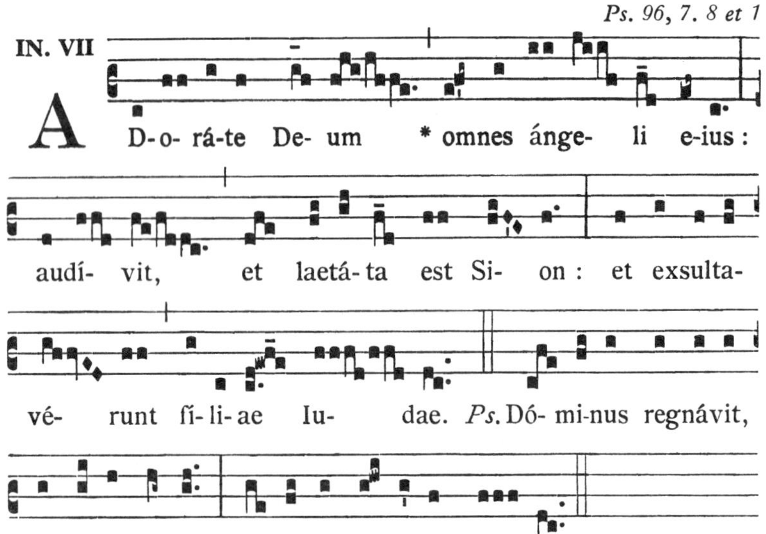

Dom. annis A et B :

vi- dit du- os fra- tres, Pe-trum et André- am,
et vo- cá-vit e- os : Ve-ní- te post me : fá-ci- am
vos fí- e- ri pisca- tó- res hómi- num.
Ps. Cæ-li e-nárrant gló-ri- am De- i : et ó-pe-ra má-
nu- um e- ius annúnti- at firmamén- tum.
Ps. 101, 16. ℣. 17
GR. V
TImé- bunt gen- tes *no- men tu- um,
Dómi- ne, et o- mnes re-ges ter- rae
gló- ri- am tu- am. ℣. Quó-
ni- am aedi- fi- cávit Dómi-nus Si-

Anno I, feria 4 : Iurávit Dóminus, 486.
— **feria 6 :** Iustus cum cecíderit, 476.
Anno II, feria 2 : Invéni David, 445.
— **feria 6 :** Miserére mihi, Dómine, 103.

Ps. 96, 1

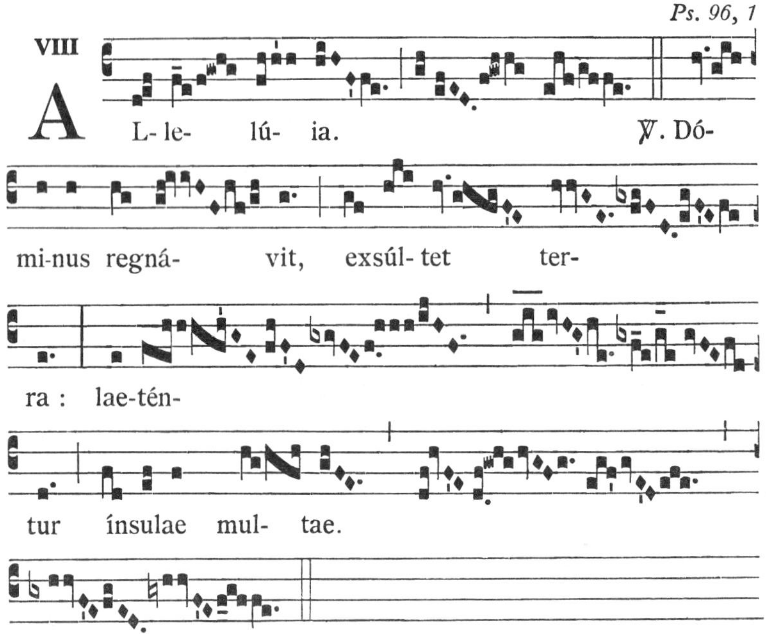

Anno I, feria 4 : Iurávit Dóminus, 489.
— **feria 6 :** Iustus non conturbábitur, 479.
Anno II, feria 2 : Invéni David, 446.

Ps. 117, 16. 17

OF. II

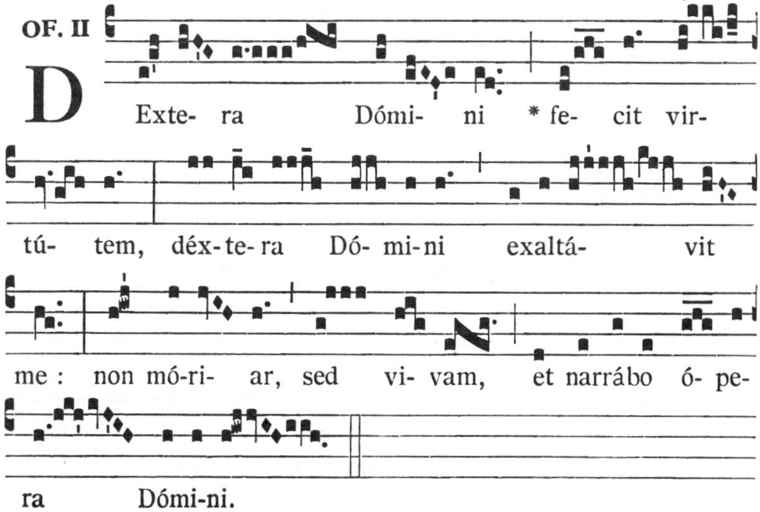

D
Exte- ra Dómi- ni * fe- cit vir-
tú- tem, déx- te- ra Dó- mi- ni exaltá- vit
me : non mó-ri- ar, sed vi- vam, et narrábo ó- pe-
ra Dómi-ni.

Lc. 4, 22

CO. VII

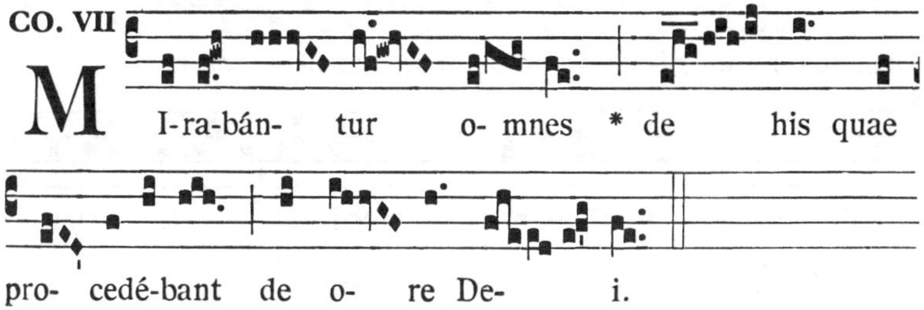

M
I-ra-bán- tur o- mnes * de his quae
pro- cedé-bant de o- re De- i.

Ps. **96***, 1. 4. 5. 6. 7. 8. 9. 10. 12
Ad libitum, psalmodia VIII toni.

Dom. annis A et B :

Mt. 4, 19. 20

CO. VIII

V
E-ní-te post me : * fá- ci- am vos pisca-tó-
res hómi- num : at il- li, re- líctis ré- ti- bus et

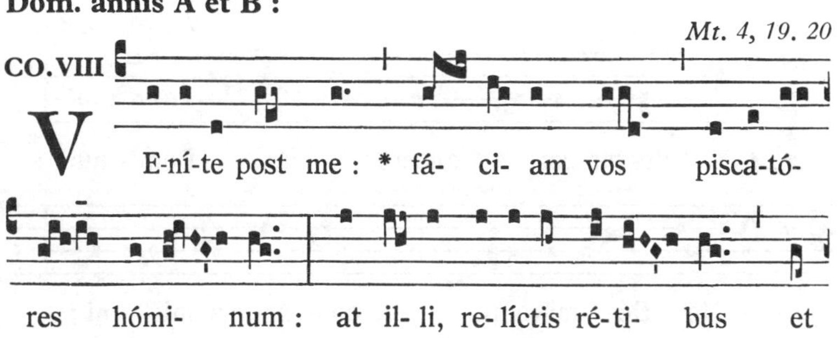

Ps. 118*, 1. 20. 40. 48. 65. 103. 167. 174

Dom. anno C :

2 Esdr. 8, 10

Ps. 80*, 2. 3. 5. 11. 14. 17 (Differentia G*)

Feria 3 : Quicúmque fécerit, 515, *cum* ps. 33*.

HEBDOMADA QUARTA

Ps. 104, 3. 4 et 1

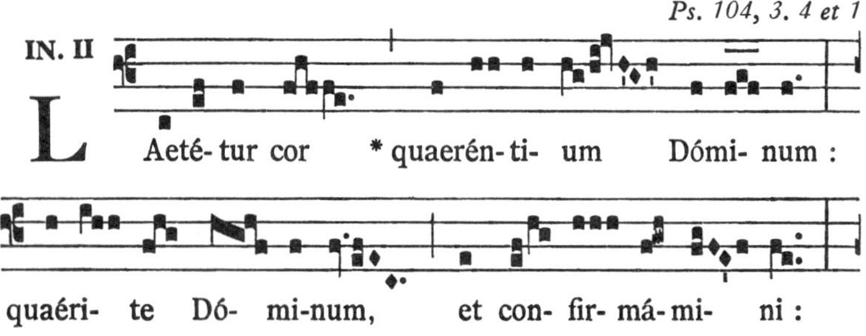

quaéri- te fá- ci- em e- ius semper. *Ps.* Confi-
témi- ni Dómi- no, et invo-cá- te nomen e-ius: annun-
ti- á-te inter gentes ó-pe-ra e- ius.
Ps. 112, 5. 6. ℣. 7
GR. V
Q Uis sic- ut Dó- mi-nus * De- us no- ster,
qui in altis há-bi- tat: humí- li- a réspi- cit in caelo et in terra? ℣. Súsci-
tans
a ter- ra ín-o- pem, et de stérco-re
é- ri-gens páu- pe-rem.

Anno I, feria 5 : Suscépimus, 360.

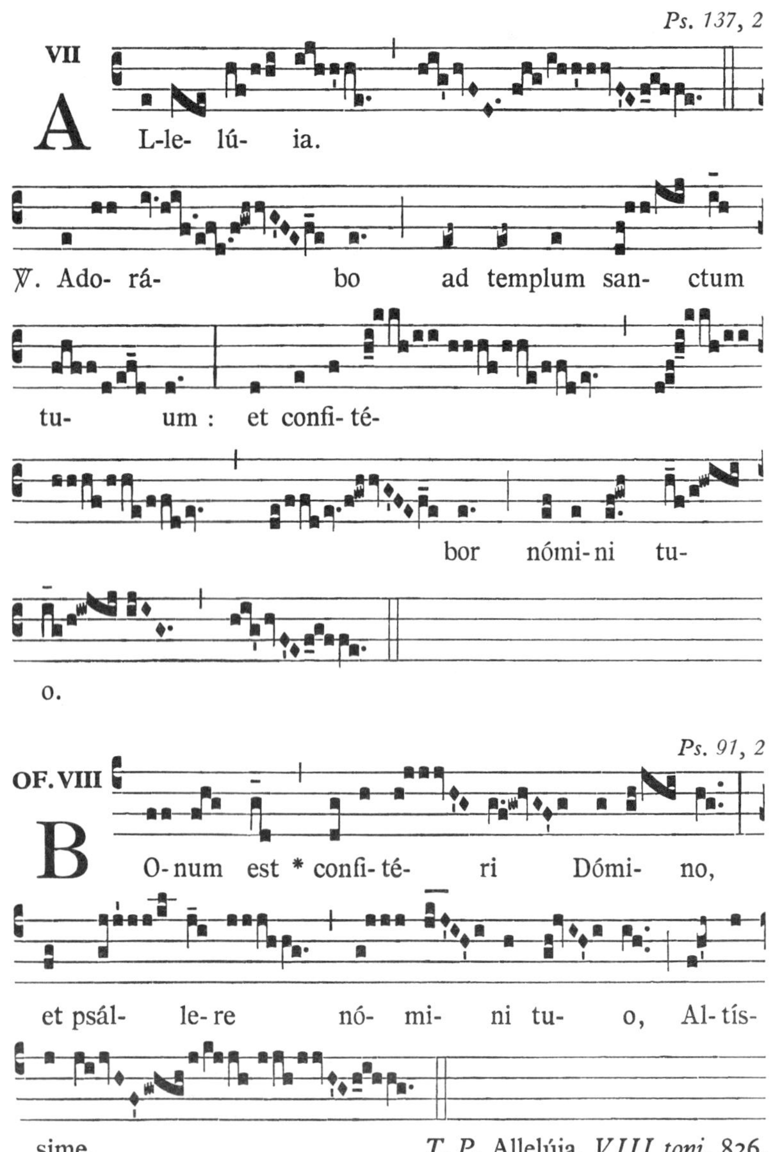

Ps. 30, 17. 18

CO. I

Ps. **30,** 2. 3 ab. 3 cd. 4. 5. 6. 8 ab. 15 - 16 a

Dom. anno A : Beáti mundo corde, 514.

HEBDOMADA QUINTA

Ps. 94, 6. 7 et 1

IN. II

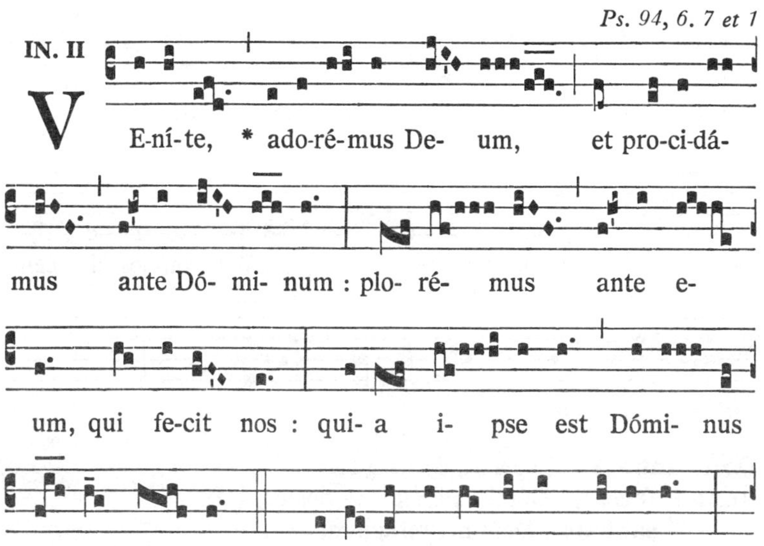

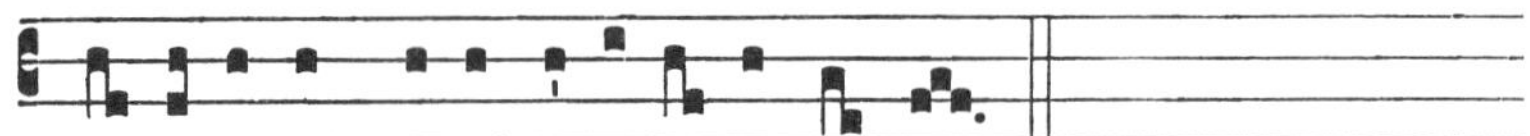

iu- bi-lémus De- o sa-lu-tá- ri nostro.

Ps. 95, 8. 9. ℣. *Ps. 28, 9*

GR. V

TOlli- te * hó- sti- as, et in-tro- í-te

in á- tri- a e- ius : ado-rá-te Dómi-

num in au- la san- cta e-ius. ℣. Re-ve-

lá-bit Dó- mi-nus condén-

sa : et in templo e- ius omnes di- cent

gló- ri- am.

Dom. anno A : Dispérsit, dedit, 520.
Anno I, feria 3 : Dómine, Dóminus noster, 308.
— **sabbato :** Dómine, refúgium, 347.
Anno II, feria 4 : Os iusti, 494.

Ps. 116, 1

II

A L-le- lú- ia.
℣. Laudá- te Dómi-num, omnes gen- tes : et collaudá-
te e- um, om- nes pó-pu- li.

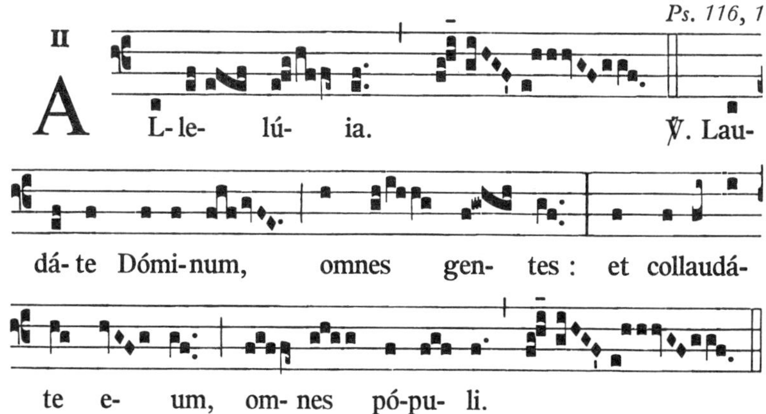

Anno I, sabbato : Dómine, refúgium, 321.

Ps. 16, 5. 6. 7

OF. IV

P Erfi- ce * gres- sus me- os in sé- mi- tis
tu- is, ut non mo-ve- án- tur vestí- gi- a
me- a : inclí- na au- rem tu- am, et exáudi
verba me- a : mi-rí- fi-ca mi- se-ri-córdi- as tuas, qui salvos fa-cis spe- rántes in te, Dómi- ne.

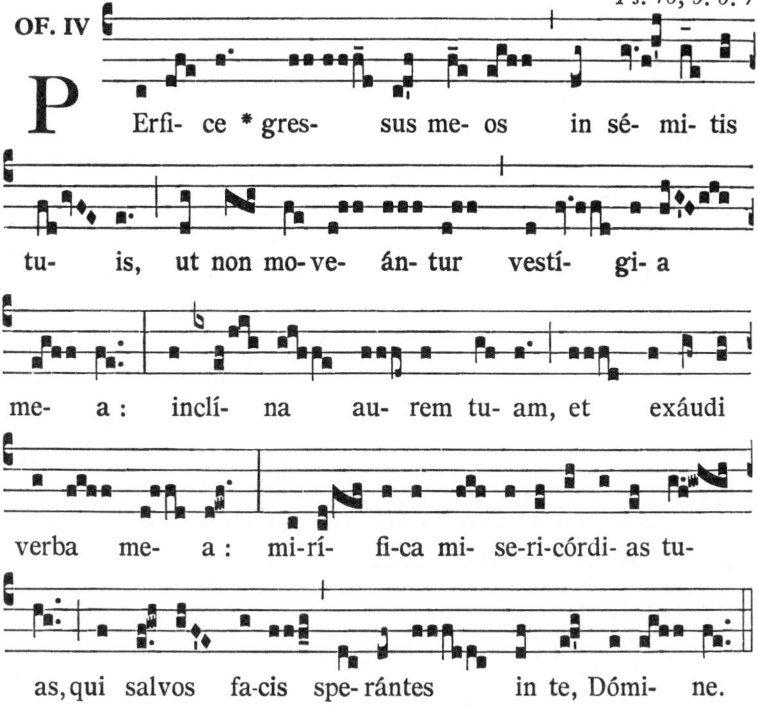

Ps. 42, 1. 2. 3. 5 a. 5 bc

Dom. anno B : Multitúdo languéntium, 471.
Feria 2 : Multitúdo, *ut supra.*

Anno II, feria 2 :

Psalmus 33*.

HEBDOMADA SEXTA

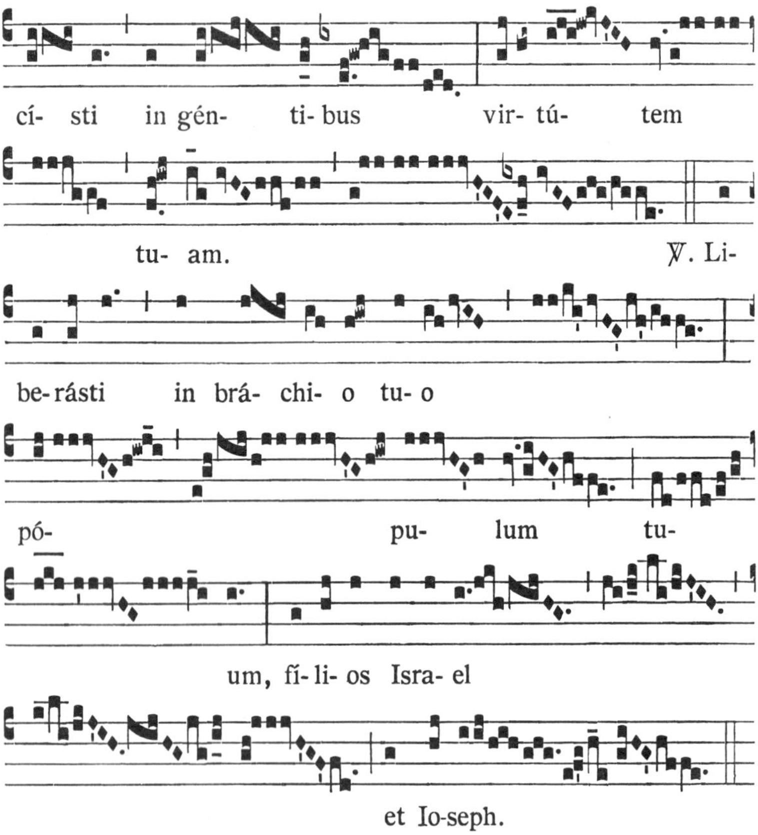
cí- sti in gén- ti- bus vir- tú- tem
tu- am. ℣. Li-
be-rásti in brá- chi- o tu- o
pó- pu- lum tu-
um, fí- li- os Isra- el
et Io-seph.

Anno I, feria 6 : Beáta gens, 333.
Anno II, feria 6 : Beátus vir qui timet, 475.

Ps. 97, 1

I
AL-le- lú- ia.
℣. Cantá- te Dó- mi-no cán- ti-cum

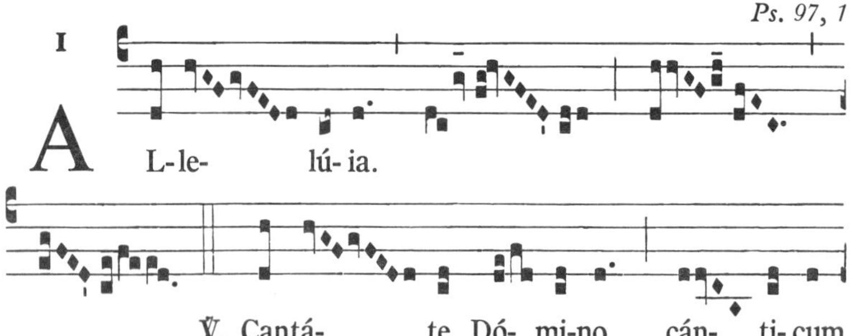

nó- vum : qui- a mi- ra- bí- li- a fe-
cit Dó- mi-nus.

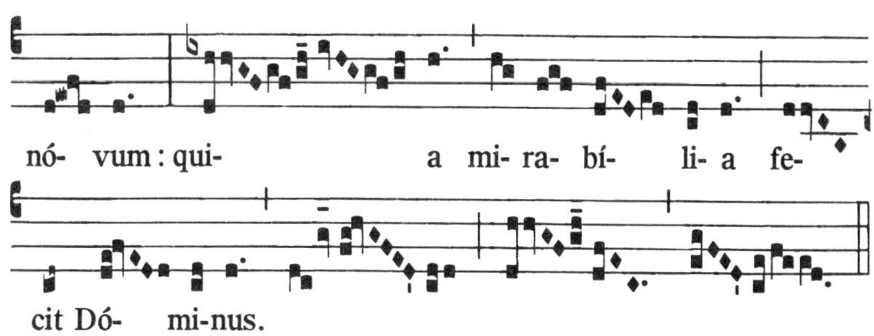

Anno II, feria 6 : Beátus vir qui timet, 511.

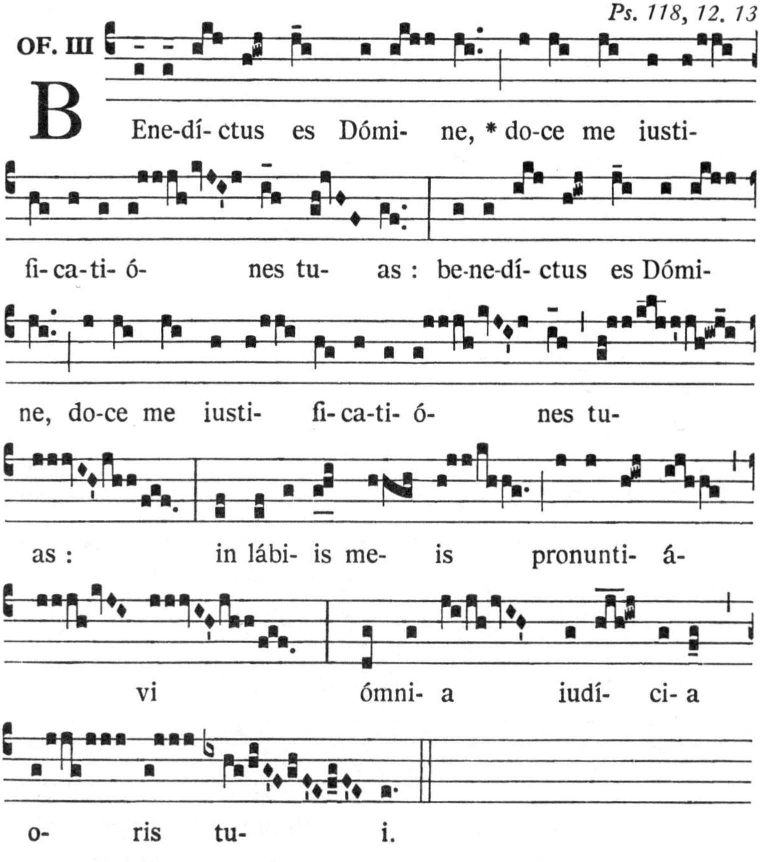
Ps. 118, 12. 13
OF. III
BEne-dí- ctus es Dómi- ne, * do-ce me iusti-
fi- ca-ti- ó- nes tu- as : be-ne-dí- ctus es Dómine, do-ce me iusti- fi-ca-ti- ó- nes tuas : in lábi- is me- is pronunti- á-
vi ómni- a iudí- ci- a
o- ris tu- i.

Ps. 77, 29. 30

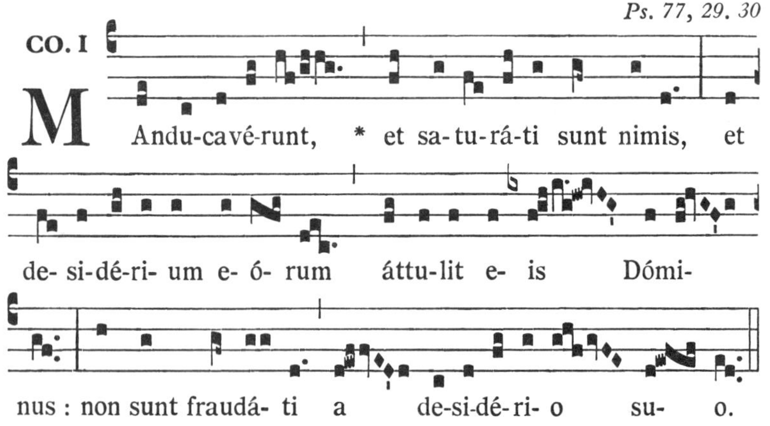

Ps. 77, 1. 3-4 a. 4 bcd. 23. 24. 25. 27. 28

Feria 6 : Qui vult veníre, 484.
Sabbato : Visiónem quam vidístis, 90.

HEBDOMADA SEPTIMA

Ps. 12, 6 et 1

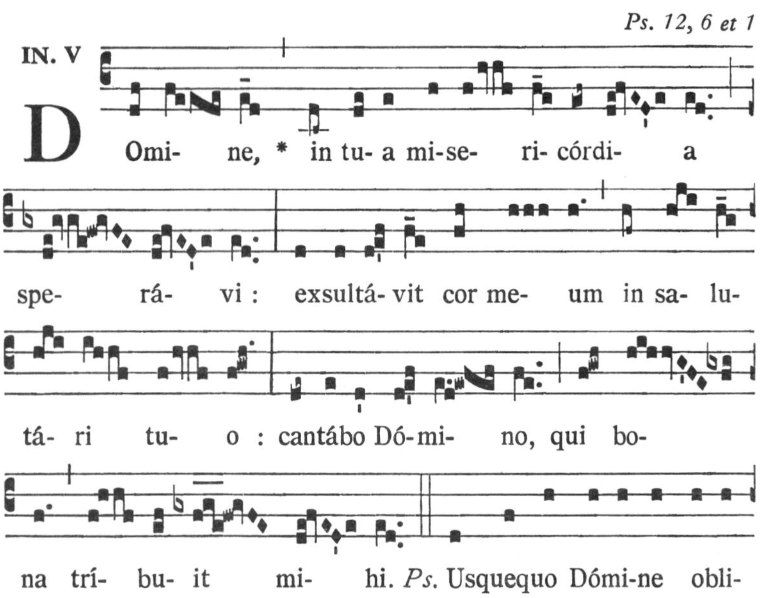

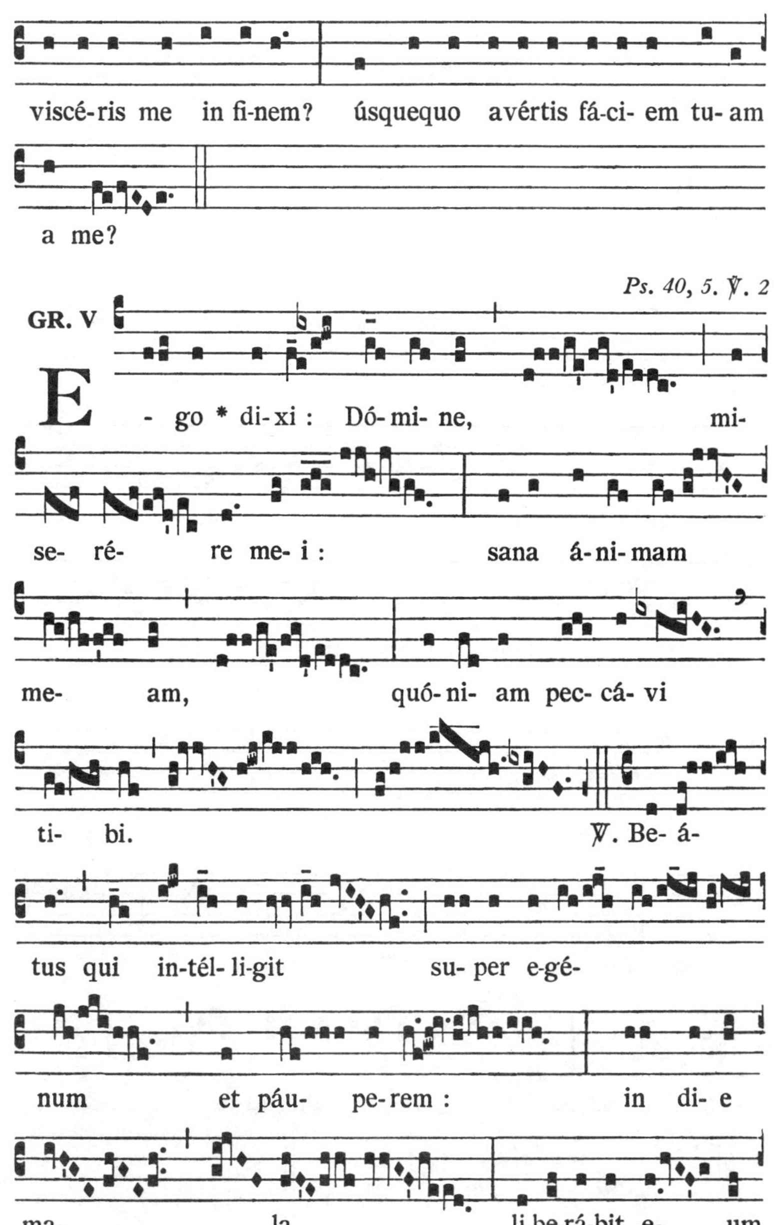
viscé-ris me in fi-nem? úsquequo avértis fá-ci- em tu- am
a me?
Ps. 40, 5. ℣. 2
GR. V
E - go * di-xi : Dó-mi- ne, mi-
se- ré- re me- i : sana á-ni-mam
me- am, quó-ni- am pec- cá- vi
ti- bi. ℣. Be- á-
tus qui in-tél-li-git su- per e-gé-
num et páu- pe-rem : in di- e
ma- la li-be-rá-bit e- um

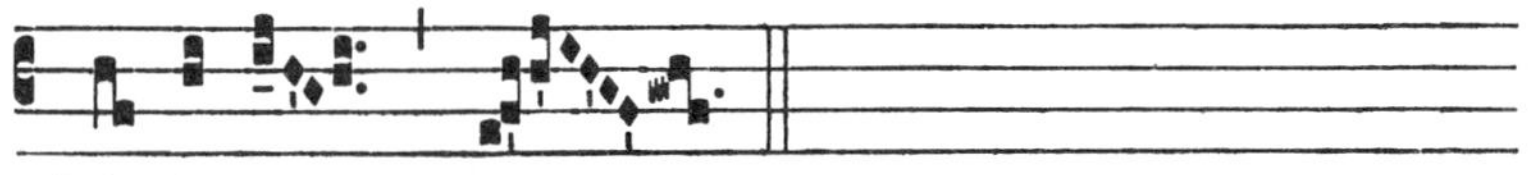

Dó-mi-nus.

Anno II, feria 3 : Iacta cogitátum, 285.
— **sabbato :** Dirigátur, 340.

Ps. 5, 2

II

A L-le-lú-ia. ℣. Verba me-

a áu-ri-bus pér- ci-pe, Dó- mi-ne : intél-

li- ge clamó- rem me- um.

Ps. 5, 3. 4

OF. V

I N- tén- de * vo- ci o-ra- ti- ó- nis

me- ae, Rex me- us, et De- us me-

us: quó- ni- am ad te o-rá-

bo, Dó- mi- ne.

Ps. 9, 2. 3

CO. II

N Arrá- bo * ómni- a mi-ra-bí- li- a tu- a :

laetá- bor, et exsultá- bo in te : psal- lam nó- mi-

ni tu- o, Al- tíssi- me. *T. P.* Alle- lú- ia.

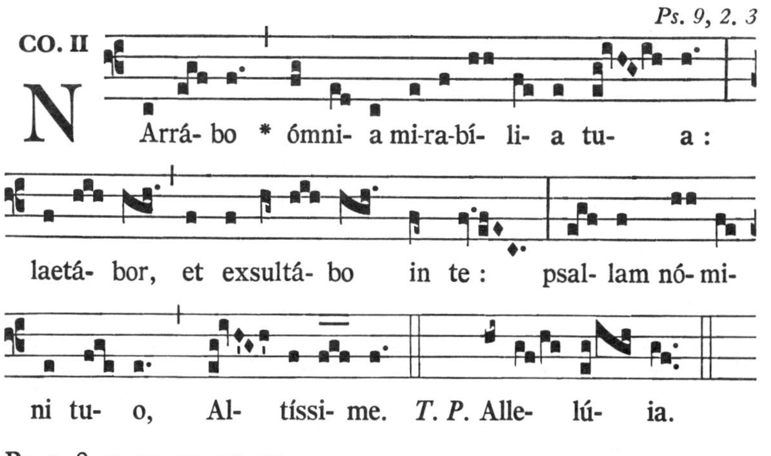

Ps. 9, 8. 9. 10. 11. 12. 13

HEBDOMADA OCTAVA

Ps. 17, 19. 20 et 2-3

IN. I

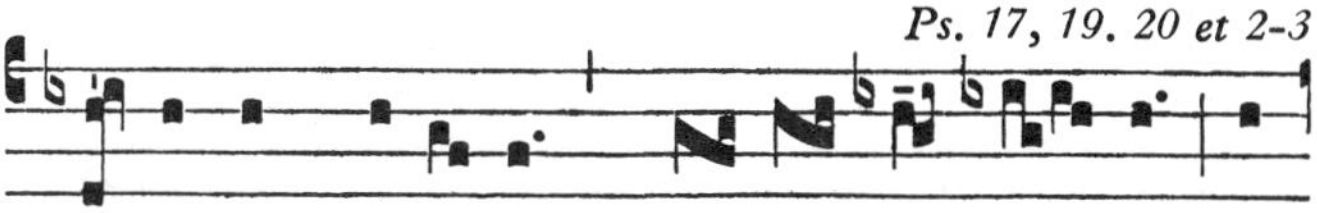

F Actus est Dómi- nus * pro- té- ctor me- us, et

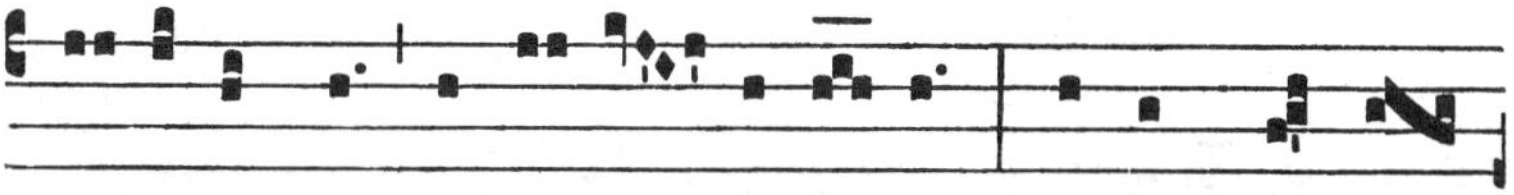

e- dú-xit me in la- ti- tú-di- nem : salvum me fe-

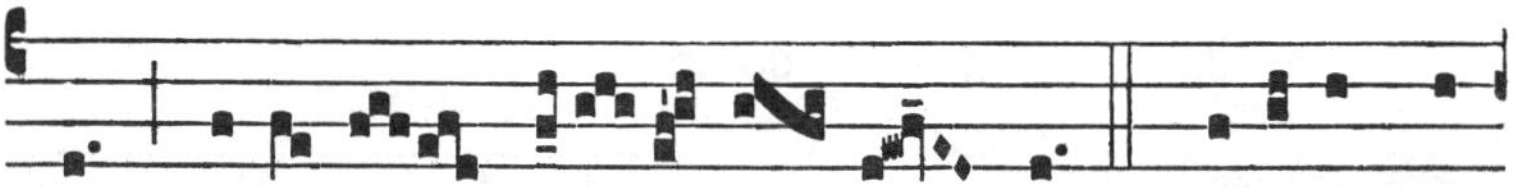

cit, quó-ni- am vó- lu- it me. *Ps.* Dí- li-gam te

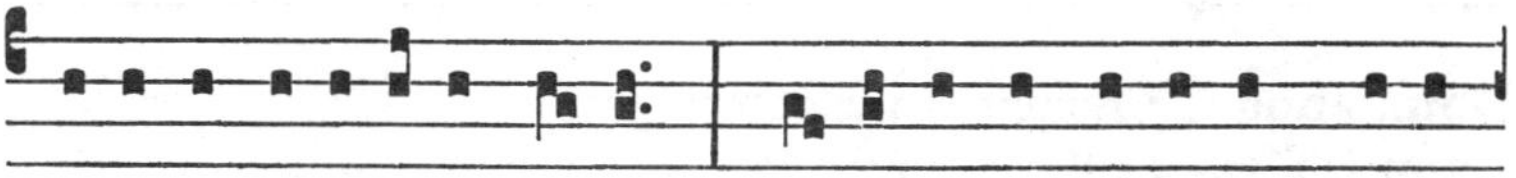

Dómi-ne forti-túdo me- a : Dó-mi-nus firmaméntum me- um,

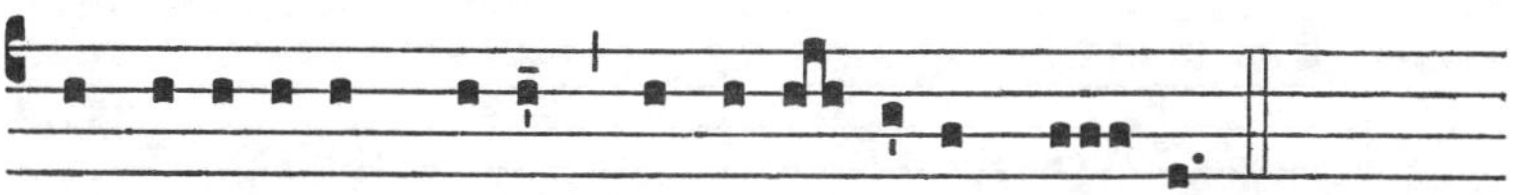

et re-fúgi- um me- um, et li-be- rá-tor me- us.

Ps. 119, 1. ℣. 2

GR. V

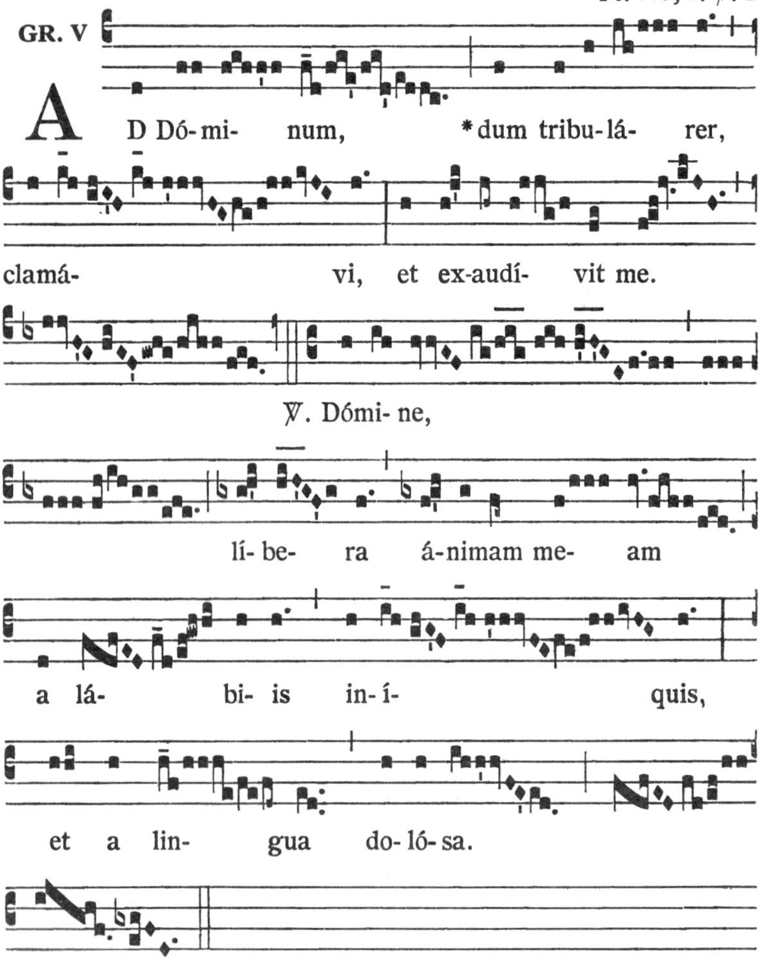

AD Dó-mi- num, * dum tribu-lá- rer,
clamá- vi, et ex-audí- vit me.
℣. Dómi- ne,
lí- be- ra á-nimam me- am
a lá- bi- is in- í- quis,
et a lin- gua do- ló- sa.

Dom. anno C : Bonum est confitéri, 327.
Anno I, feria 5 : Beáta gens, 333.

Ps. 7, 2

I

ALle- lú- ia.

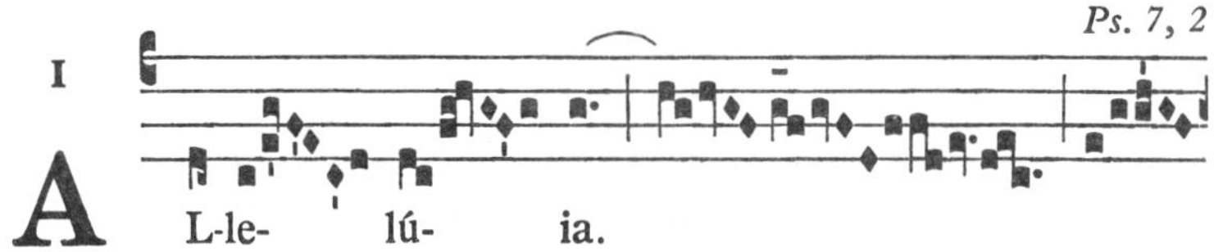

Anno I, feria 5 : Verbo Dómini, 361.

bu- it mi- hi : et psallam nó-mi-ni Dómi- ni

al- tíssi- mi.

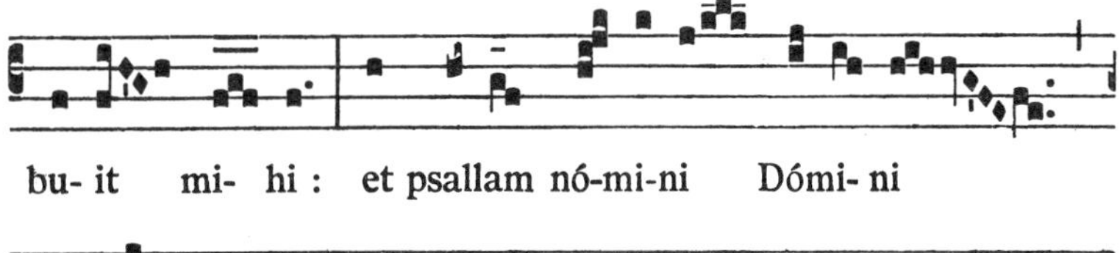

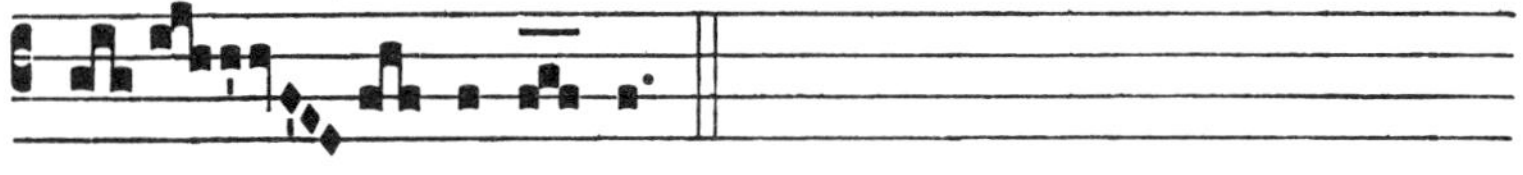

Ps. 12, 2. 3. 4. 5. 6 ab

Dom. anno A : Primum quærite, 325.
Feria 3 : Amen dico vobis quod vos, 436.
Feria 4 : Qui mihi minístrat, 484.
Feria 6 : Domus mea, 402.
vel : Amen dico vobis : Quidquid, 368.

HEBDOMADA NONA

Ps. 24, 16. 18 et 1-2

IN. VI

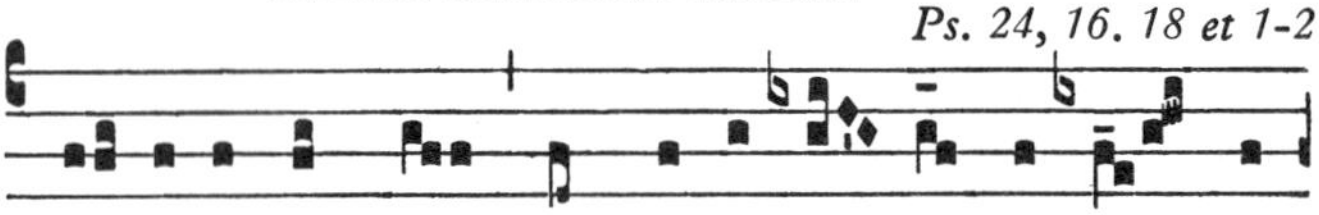

R E-spi-ce in me, * et mi- se- ré- re me- i, Dó-

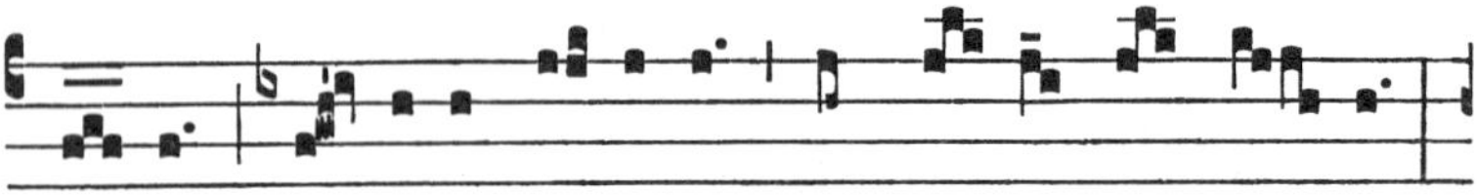

mi- ne : quó- ni- am ú- ni- cus et pau- per sum e- go :

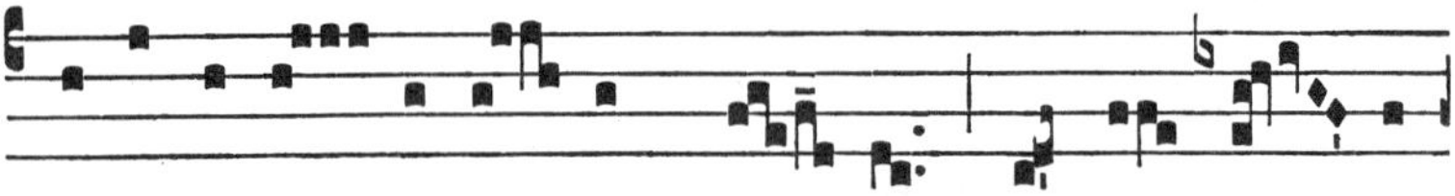

vi- de humi- li- tá- tem me- am, et la- bó- rem

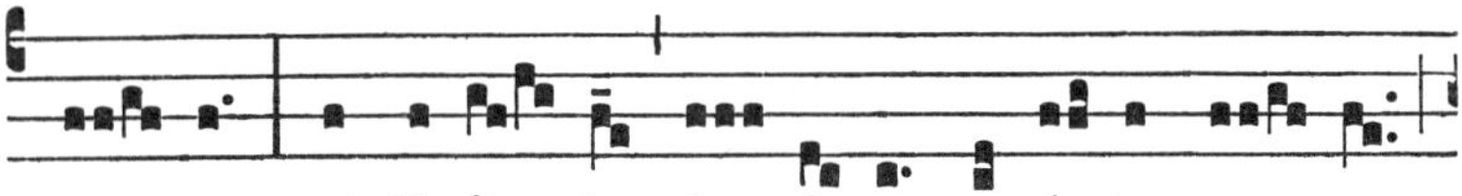

me- um : et dimít- te ó- mni- a peccá- ta me- a,

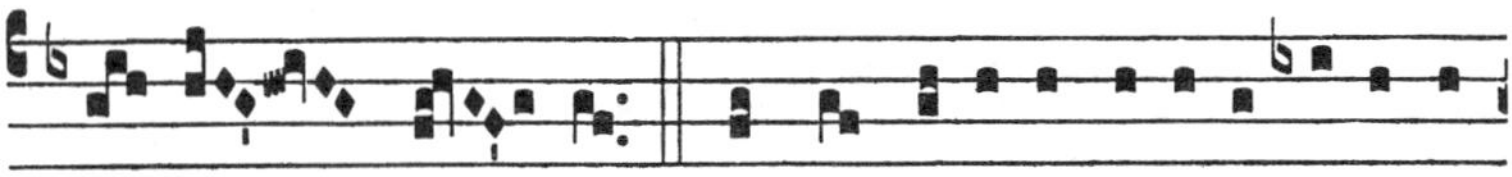

De- us me- us. *Ps.* Ad te Dómi-ne levá-vi á-nimam

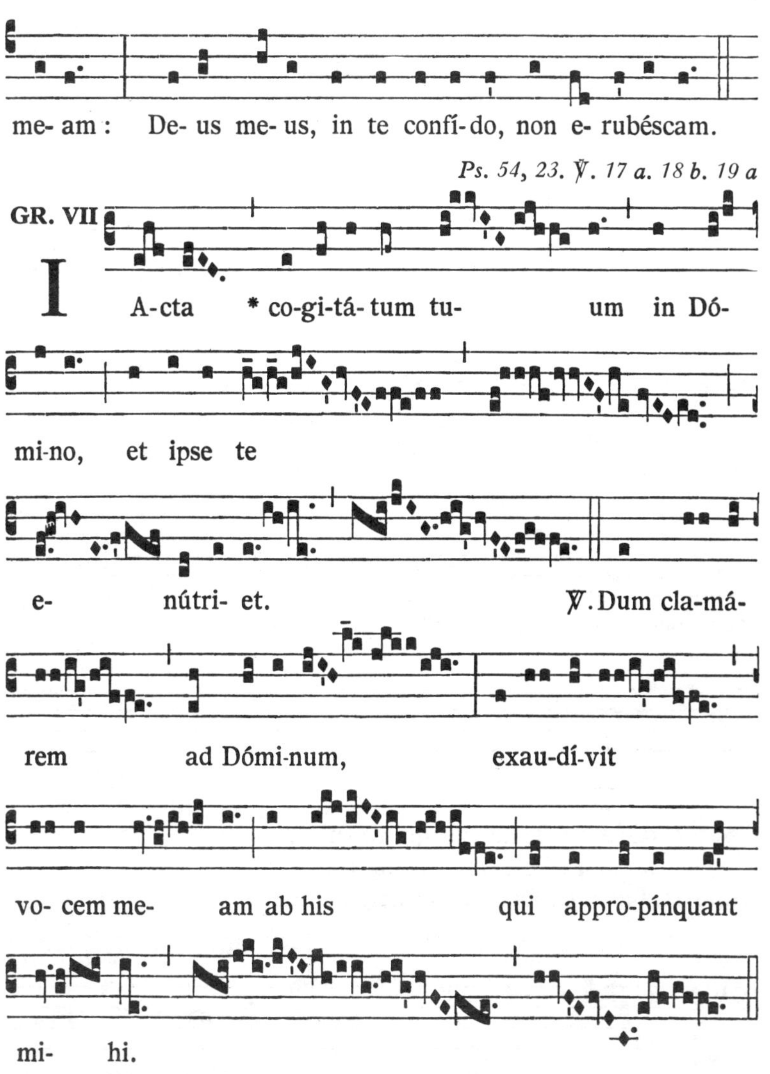

Dom. anno A : Esto mihi, 301.
Anno I, feria 2 : Beátus vir qui timet, 475.
— **feria 3 :** Dispérsit, dedit, 520.
Anno II, feria 3 : Dómine, refúgium, 347.
— **feria 5 :** Univérsi, 16.

Ps. 7, 12

VIII

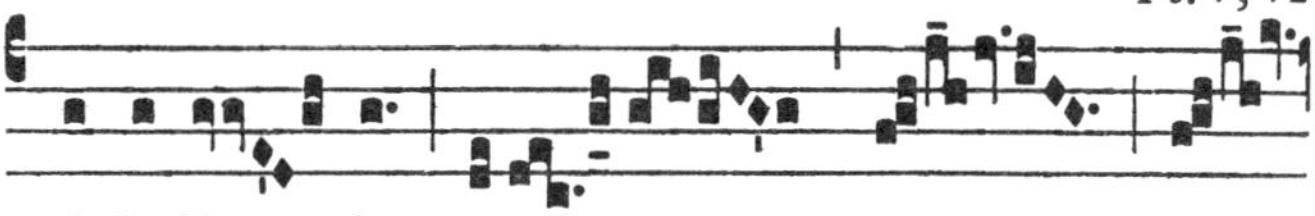

A L-le-lú- ia.

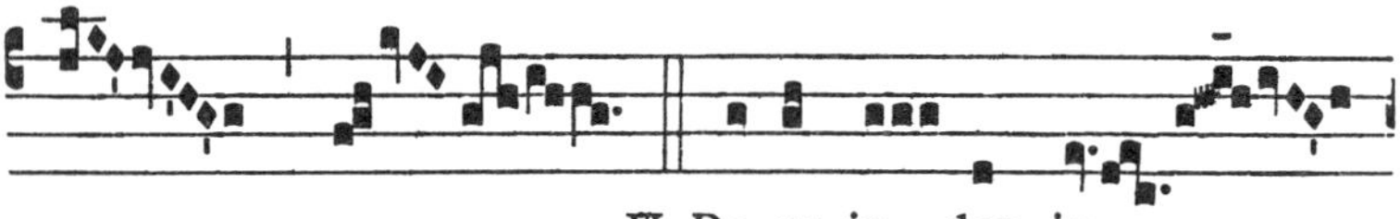

℣. De- us iu- dex iu-

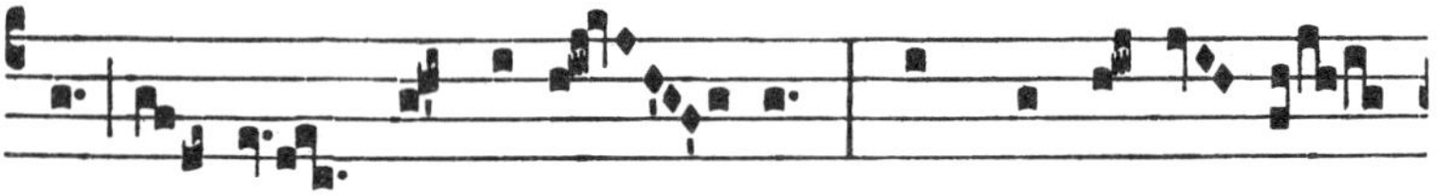

stus, for- tis et pá-ti- ens : numquid i- ra- scé-

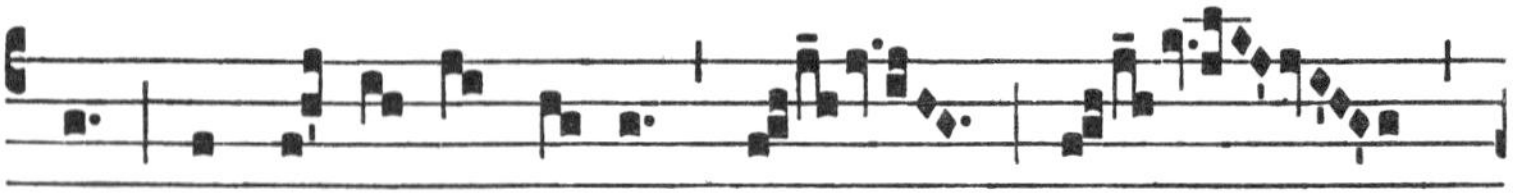

tur per síngu- los di- es?

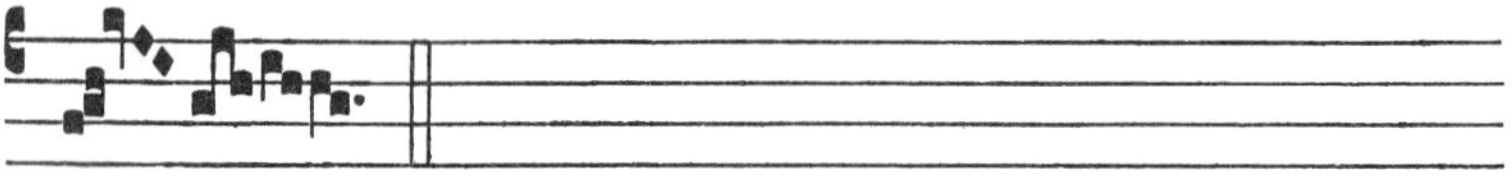

Anno I, feria 2 : Beátus vir qui timet, 511.
— **feria 3 :** Dispérsit, dedit, 521.
Anno II, feria 3 : Dómine, refúgium, 321.

Ps. 9, 11. 12. 13

OF. III

S Pe- rent in te * omnes, qui no- vé-runt

no- men tu- um, Dómi- ne : quó-ni- am non de-

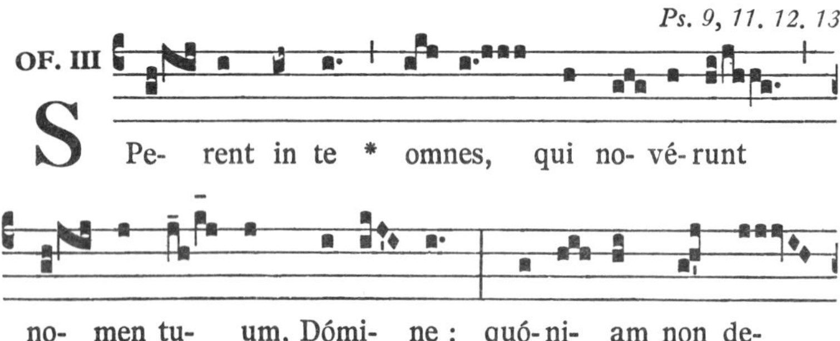

Ps. 16, 6

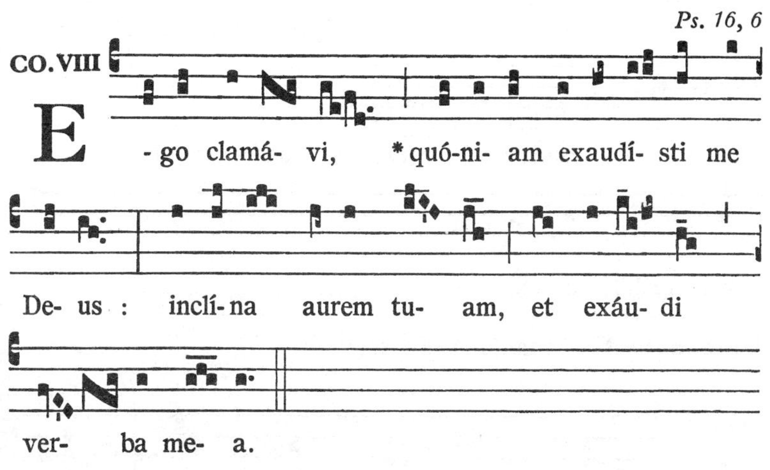

Ps. 16, 1 ab. 2. 5. 7. 8 - 9 a. 15
vel :
Amen dico vobis : Quidquid, 368.

HEBDOMADA DECIMA

Ps. 26, 1. 2. 3

IN. II

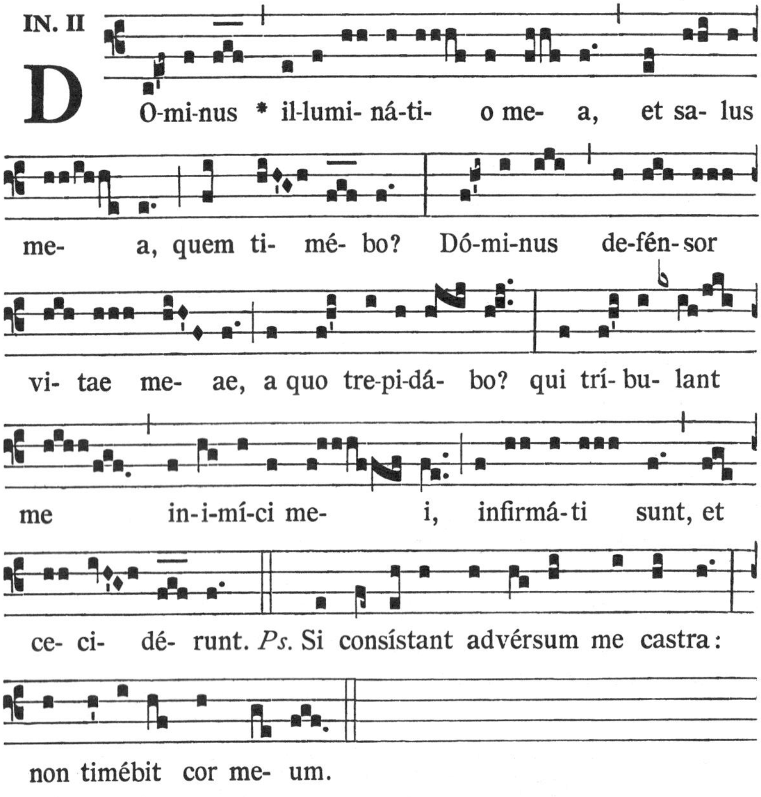

DOminus * illumi-náti- o me- a, et sa- lus
me- a, quem ti- mé- bo? Dó-mi-nus de-fén- sor
vi- tae me- ae, a quo tre-pi-dá- bo? qui trí- bu- lant
me in-i-mí-ci me- i, infirmá-ti sunt, et
ce- ci- dé- runt. Ps. Si consístant advérsum me castra:
non timébit cor me- um.

Dom. anno B : Si iniquitátes, 350.

Ps. 78, 9 c. 10 a. ℣. 9 ab

GR. V

PRo-pí- ti- us e- sto * Dó- mi- ne pec-
cá- tis no- stris : ne quando di- cant gen- tes :

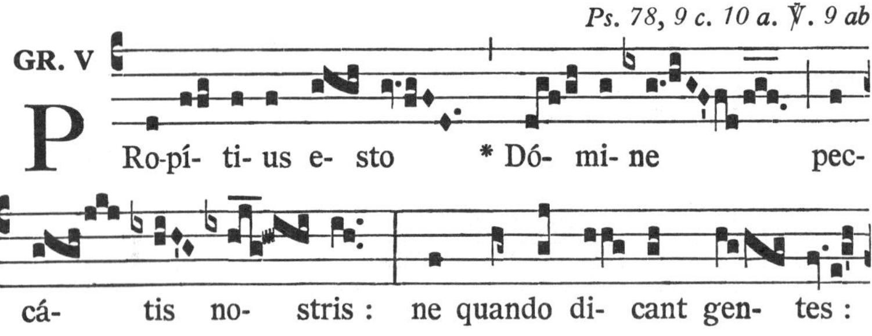

Dom. anno C : Exaltábo te, 112.
Anno I, feria 2 : Benedícam Dóminum, 316.
Anno II, feria 3 : Iacta cogitátum, 285.

Ps. 9, 5. 10

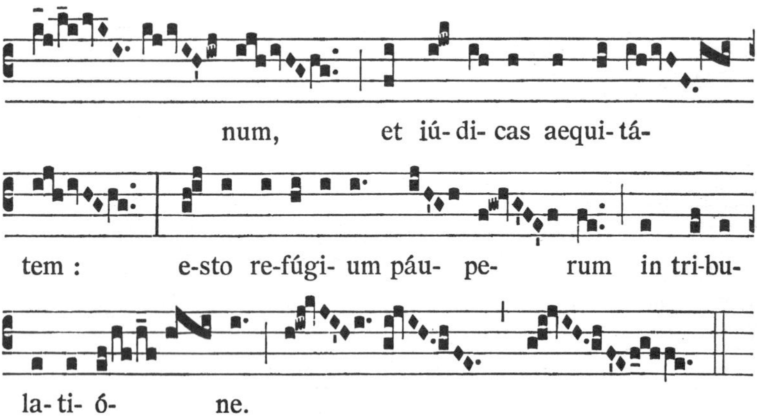
num, et iú-di-cas aequi-tá-
tem : e-sto re-fúgi-um páu- pe- rum in tri-bu-
la-ti-ó- ne.

Ps. 12, 4. 5

OF. IV

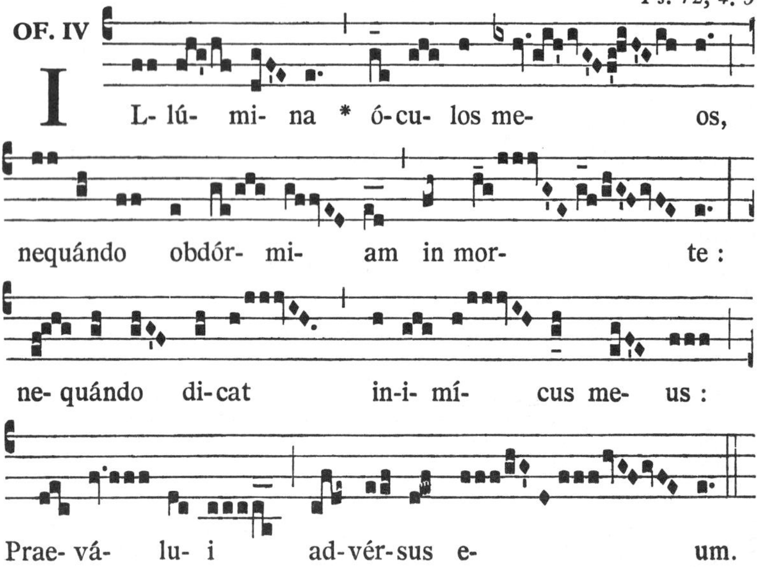
I L-lú- mi- na * ó-cu- los me- os,
nequándo obdór- mi- am in mor- te :
ne-quándo di-cat in-i- mí- cus me- us :
Prae- vá- lu- i ad-vér-sus e- um.

Ps. 17, 3

CO. II

D Omi-nus * firmamén- tum me- um, et re-fú-

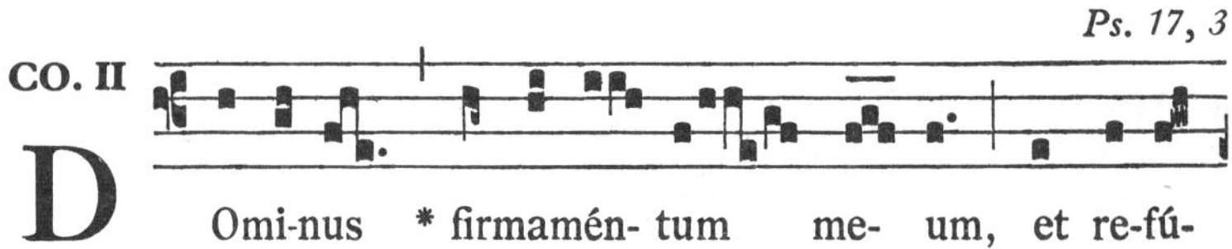

gi- um me- um, et li- be- rá- tor me- us : De- us

me- us ad-iú- tor me- us. *T.P.* Alle- lú- ia.

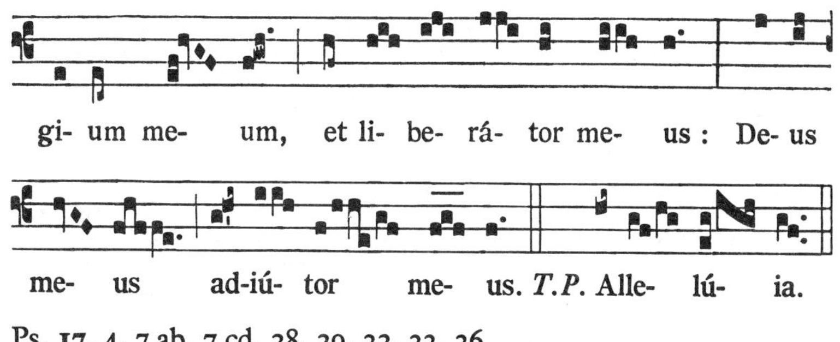

Ps. 17, 4. 7 ab. 7 cd. 28. 29. 32. 33. 36

Dom. anno B : Quicúmque fécerit voluntátem, 515, *cum* ps. 33*.
Feria 2 : Beáti mundo corde, 514, *cum* ps. 33*.

HEBDOMADA UNDECIMA

Ps. 26, 7. 9 et 1

IN. IV

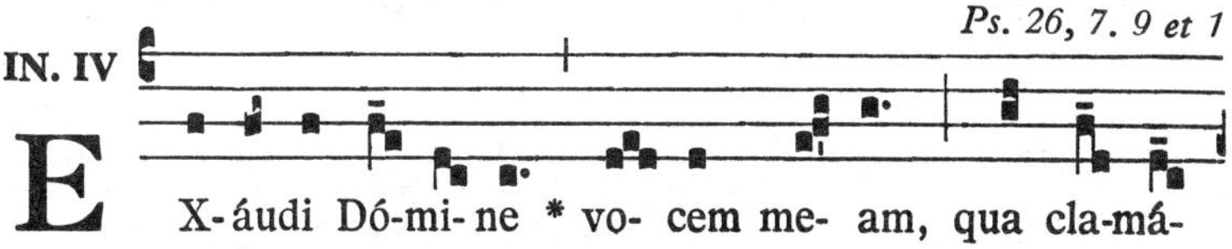

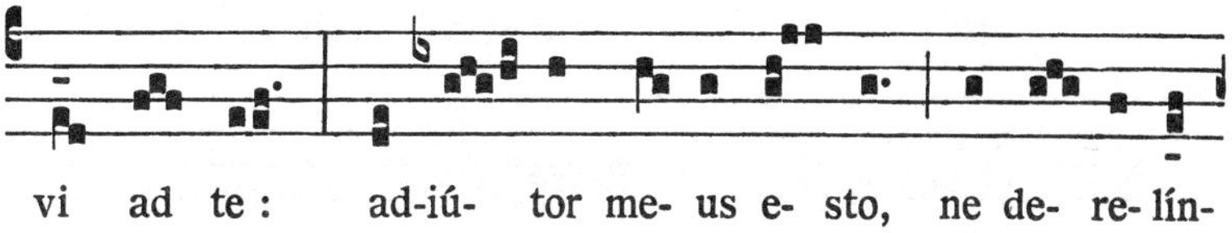

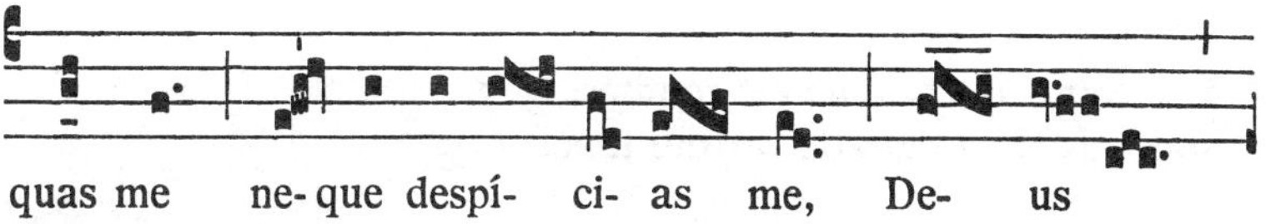

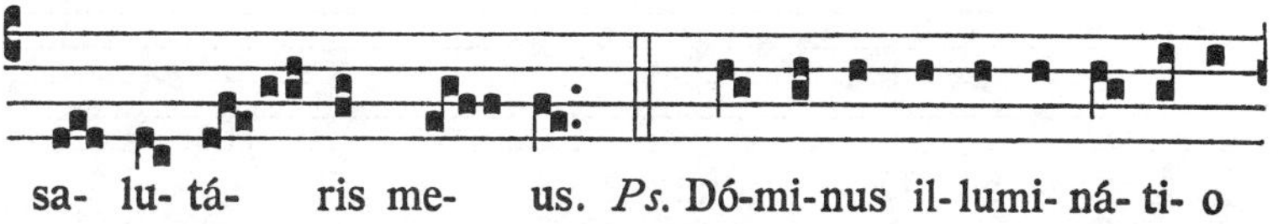

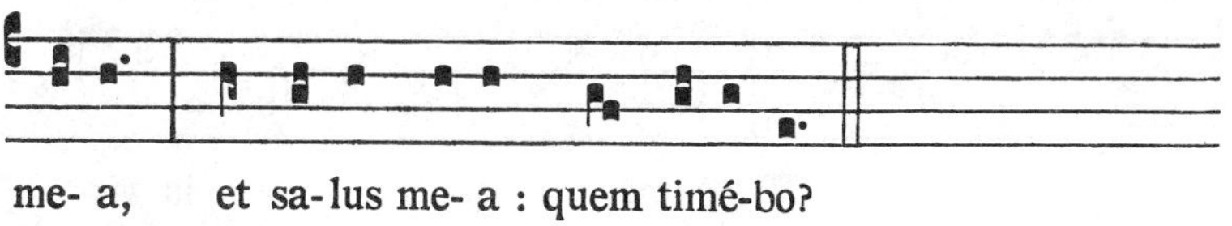

EX-áudi Dó-mi-ne * vo- cem me- am, qua cla-má-

vi ad te : ad-iú- tor me- us e- sto, ne de- re-lín-

quas me ne-que despí- ci- as me, De- us

sa- lu- tá- ris me- us. *Ps.* Dó-mi-nus il-lumi-ná-ti- o

me- a, et sa-lus me- a : quem timé-bo?

Ps. 83, 10. ℣. 9

GR. V

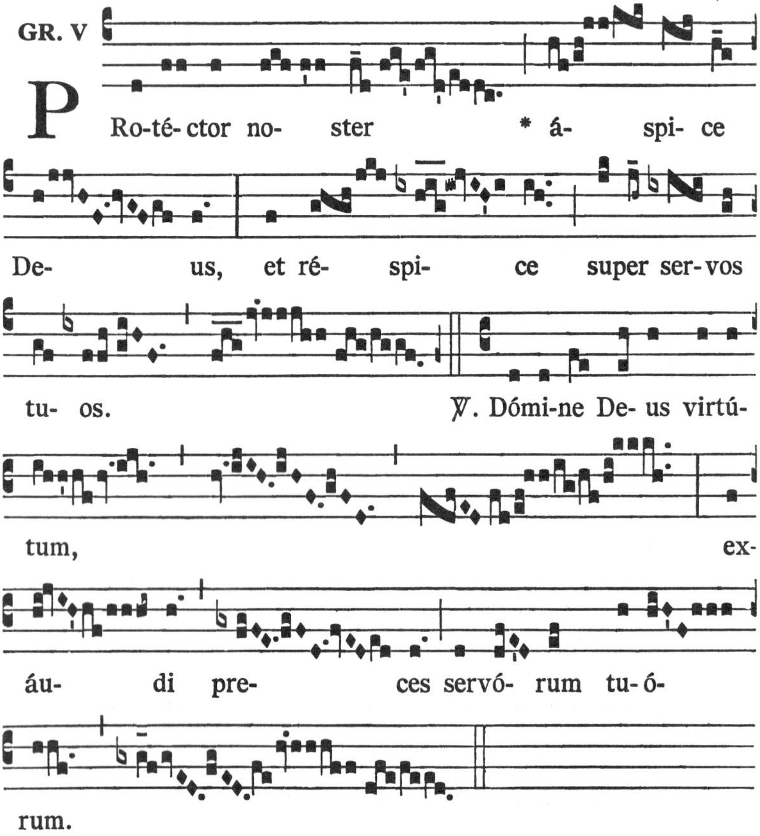

PRo-té-ctor no- ster * á- spi- ce
De- us, et ré- spi- ce super ser-vos
tu- os. ℣. Dómi-ne De- us virtútum, ex-
áu- di pre- ces servó- rum tu-ó-
rum.

Dom. anno B : Bonum est confitéri, 327.
Anno I, feria 4 : Beátus vir qui timet, 475.

Ps. 20, 1

VI

ALle- lú- ia.
℣. Dó- mi- ne, in vir-

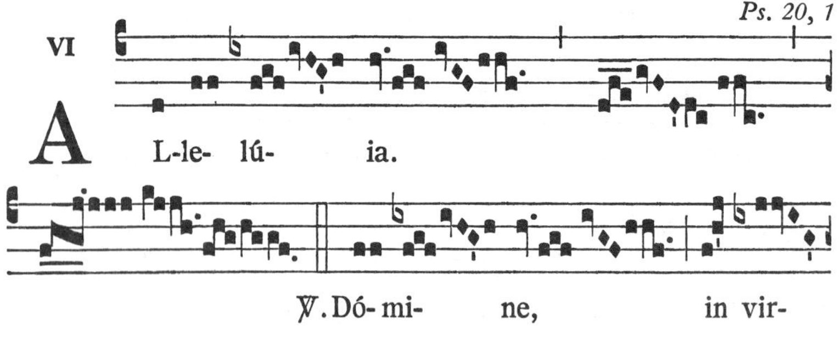

Anno I, feria 4 : Beátus vir qui timet, 511.

Ps. 15, 7. 8

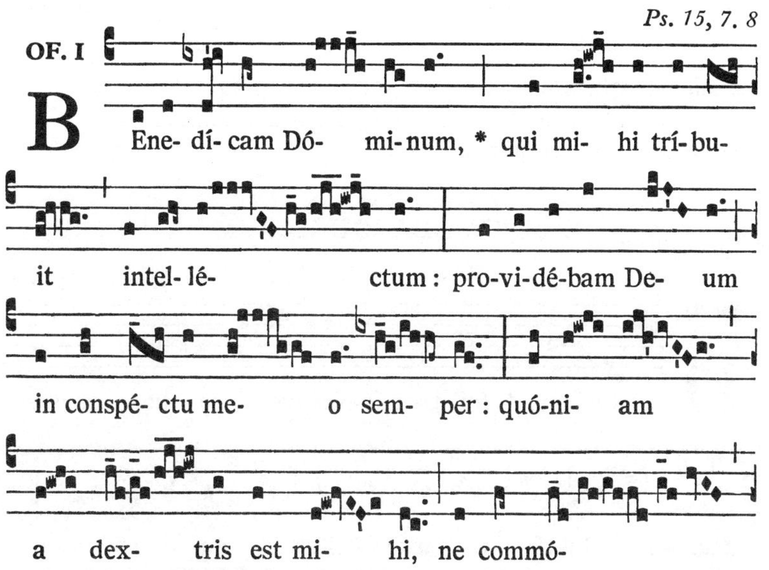

Ps. **26,** 1 a. 1 b. 2 ab. 3 ab. 9 ab. 9 cd. 11. 13. 14

Sabbato : Primum quǽrite, 325.

HEBDOMADA DUODECIMA

salvum fac pópu-lum tu- um, Dómi- ne, et béne-
dic he- re-di- tá-ti tu- ae, et rege e- os
usque in saé- cu- lum. Ps. Ad te Dómi-ne clamábo,
De- us me- us ne sí- le- as a me : nequándo tá-ce- as a
me, et assimi- lábor descendénti-bus in la-cum.
Ps. 89, 13. ℣. 1
GR. V
COnvér- te- re * Dó- mi- ne a-li-quán-
tu- lum, et depre- cá- re super ser-vos tu- os.
℣. Dómi- ne
re- fú- gi- um fa-ctus es no-

bis, a ge-ne-ra-ti- ó- ne et progé- ni- e.

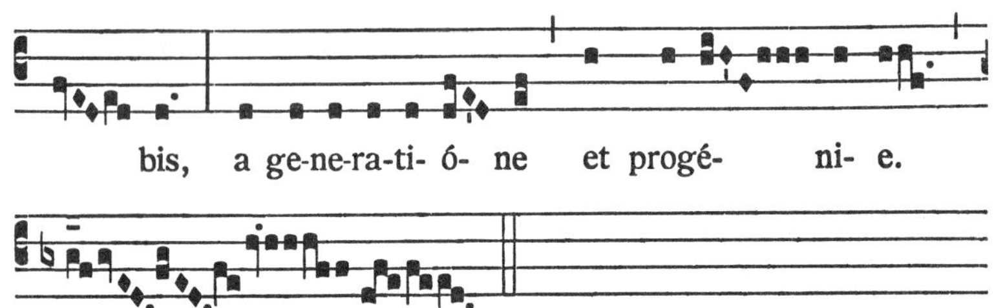

Anno I, feria 2 : Beáta gens, 333.
Anno II, sabbato : Réspice, Dómine, 320.

Ps. 30, 2. 3

III

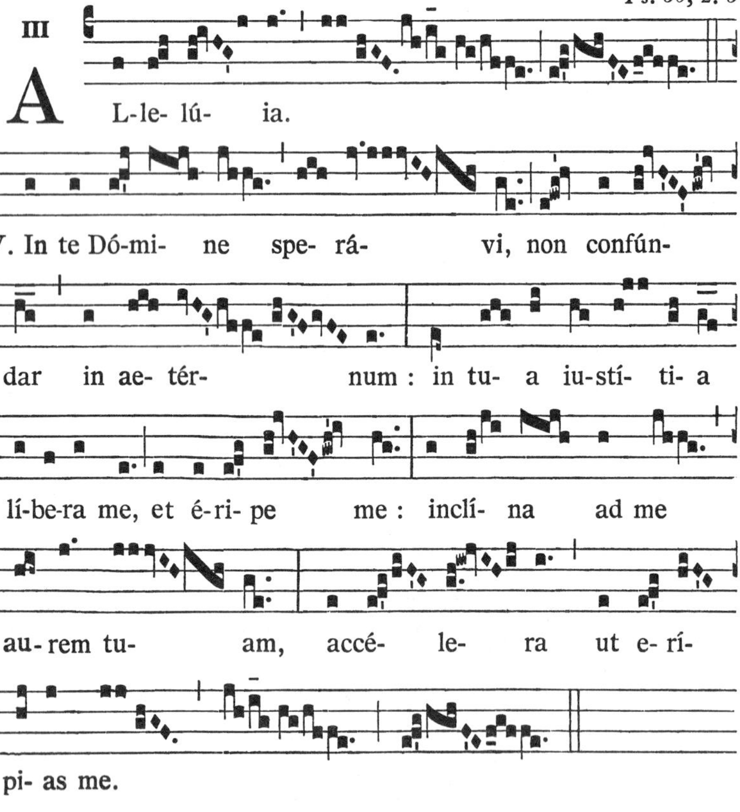
A L-le- lú- ia.
℣. In te Dó-mi- ne spe- rá- vi, non confúndar in ae- tér- num : in tu- a iu-stí- ti- a
lí-be-ra me, et é-ri- pe me : inclí- na ad me
au- rem tu- am, accé- le- ra ut e- rí-
pi- as me.

OF. Pérfice gressus meos, 273.

Ps. 26, 6

CO. VI

Ps. **26,** 1 a. 1 b. 2 ab. 3 ab. 4 abc. 4 de. 5

Dom. anno A : Quod dico vobis, 472, *cum* ps. **33***.
— anno C : Qui vult veníre, 484, *cum* ps. **33***.

HEBDOMADA DECIMA TERTIA

Ps. 46, 2. 3

IN. VI

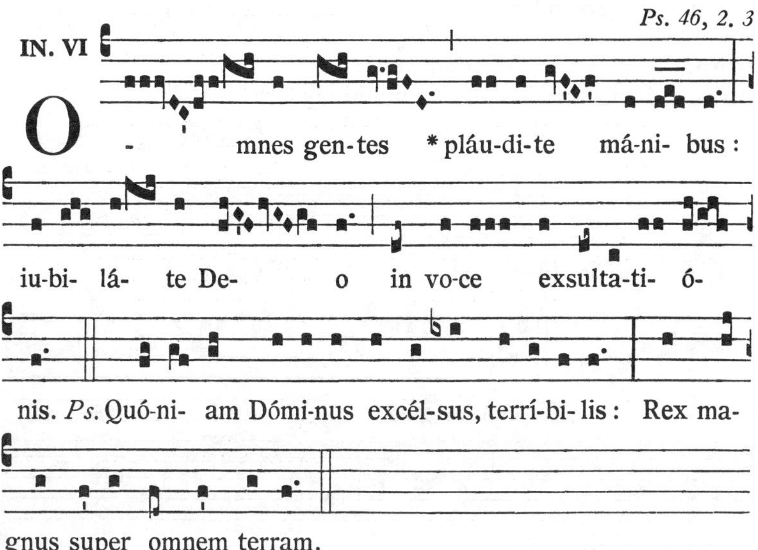

Ps. 33, 12. ℣. 6

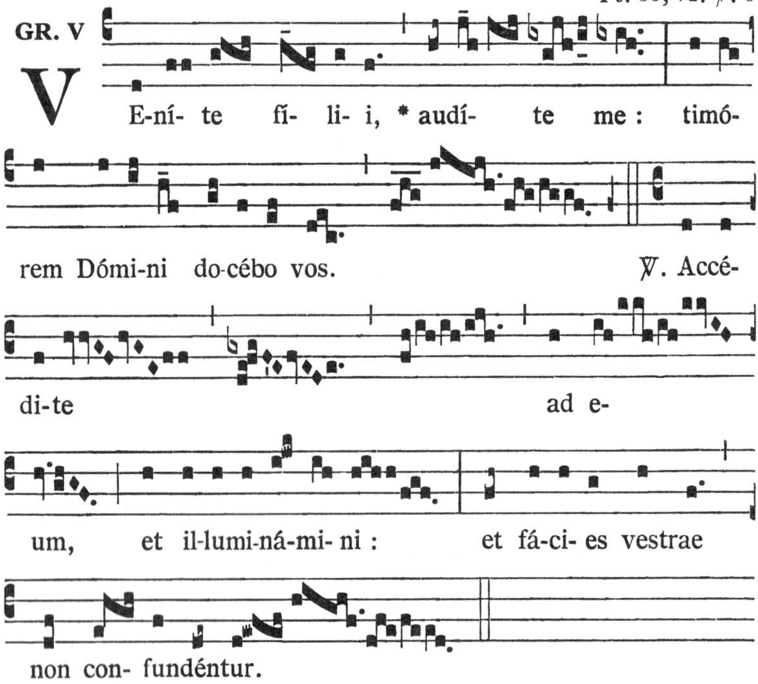
GR. V
V E-ní- te fí- li- i, * audí- te me : timó-
rem Dómi-ni do-cébo vos. ℣. Accé-
di-te ad e-
um, et il-lumi-ná-mi- ni : et fá-ci- es vestrae
non con- fundéntur.

Dom. anno B : Exaltábo te, 112.
Anno I, feria 4 : Timéte Dóminum, 458.

Ps. 46, 2

I
A L-le- lú- ia.
℣. Omnes gen- tes
pláu- di- te

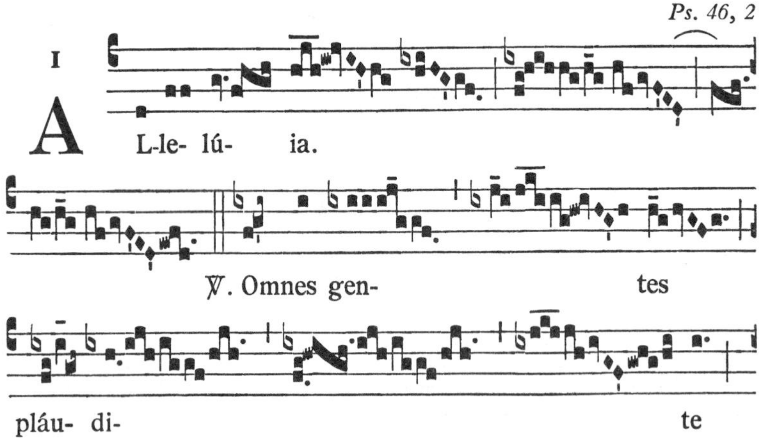

má- ni- bus : iu-bi-lá-te De- o in

vo- ce exsul-ta- ti- ó-nis.

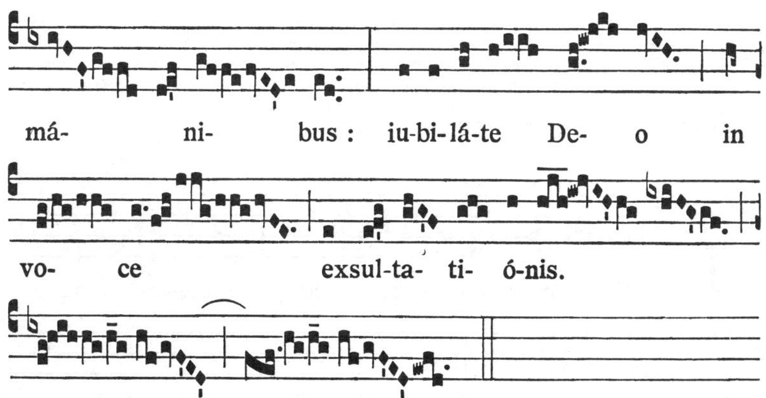

Dom. anno A : Christus resúrgens, 226.

Dan. 3, 40

OF. V

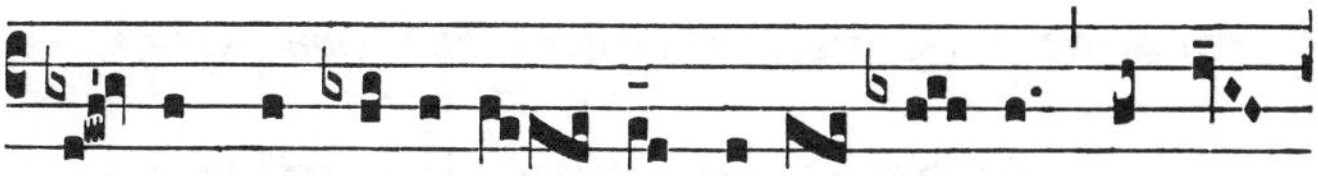

S Ic- ut * in ho-lo-cáu- sto a-rí- e- tum et tau-

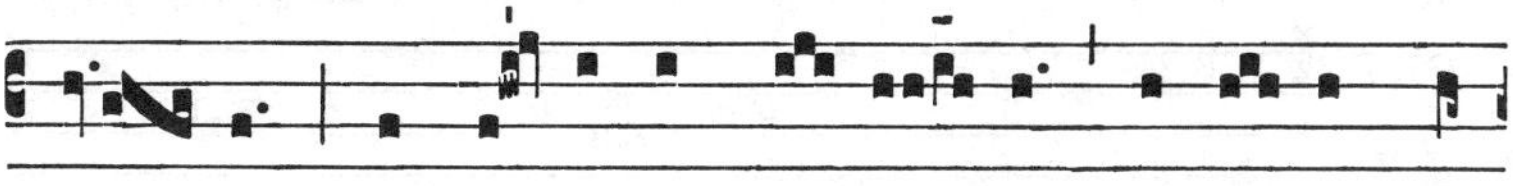

ró- rum, et sic- ut in míl- li- bus agnó- rum pín-

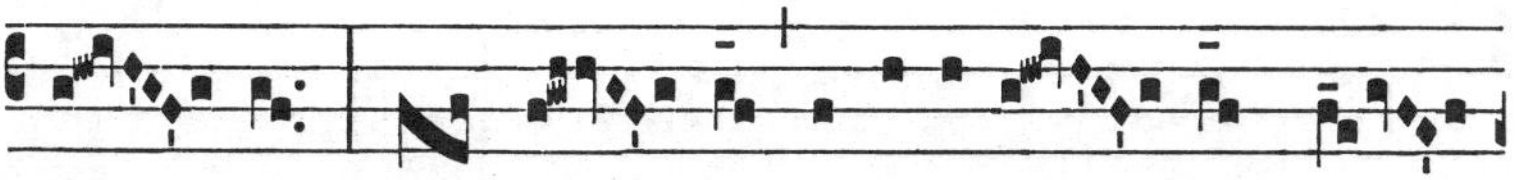

gui- um : sic fi- at sacri- fí-ci- um no-

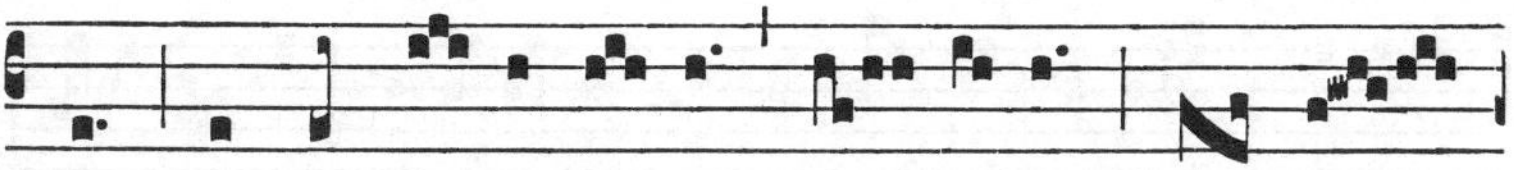

strum in conspé- ctu tu- o hó- di- e, ut plá-

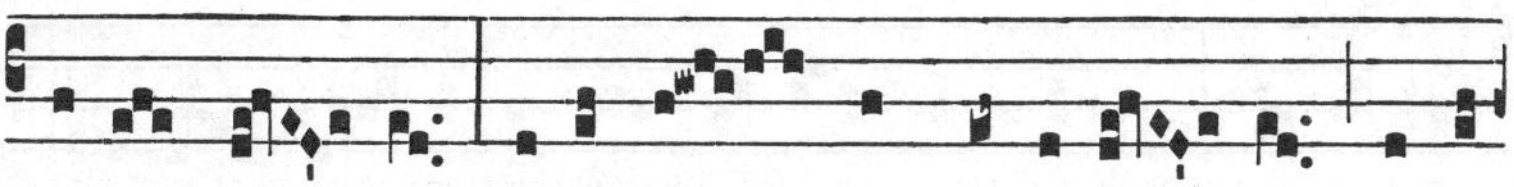

ce- at ti- bi : qui- a non est confú-si- o confi-

Ps. **30**, 2. 3 cd. 6. 7. 8 ab. 8 c-9. 20 ab. 20 cd. 21 ab. 21 cd. 24. 25

Dom. anno A : Christus resúrgens, 207, *cum* ps. **95***.

HEBDOMADA DECIMA QUARTA

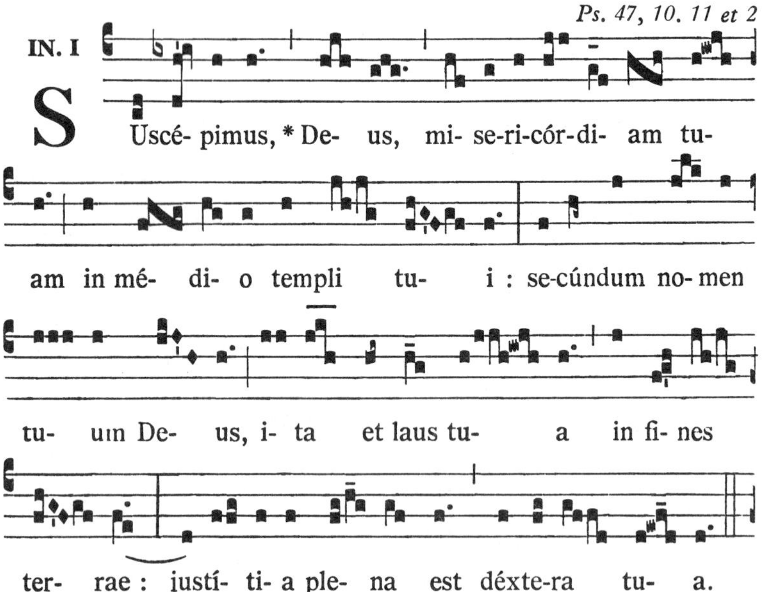

Anno I, feria 2 : Angelis suis, 72.
Anno II, feria 5 : Osténde nobis, 31.

Ps. 47, 2

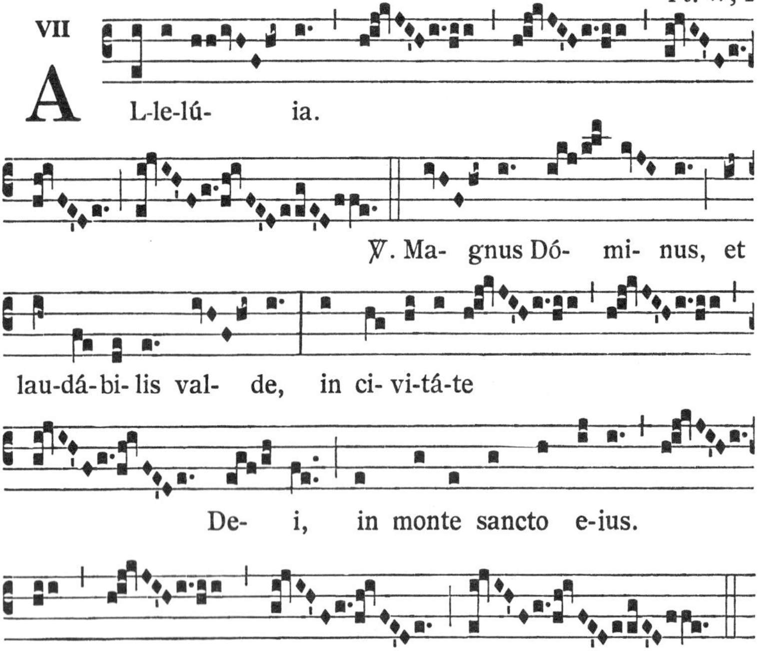

VII
A L-le-lú- ia.
℣. Ma- gnus Dó- mi- nus, et
lau-dá-bi- lis val- de, in ci- vi-tá-te
De- i, in monte sancto e-ius.

Dom. anno A : Veníte ad me, 619.
Anno II, feria 5 : Osténde nobis, 16.

Ps. 17, 28. 32

OF. V
P O- pu- lum hú- mi- lem * salvum fá- ci- es,
Dó- mi- ne, et ó- cu- los super-bó- rum
hu-mi- li- á- bis : quó-ni- am quis De- us

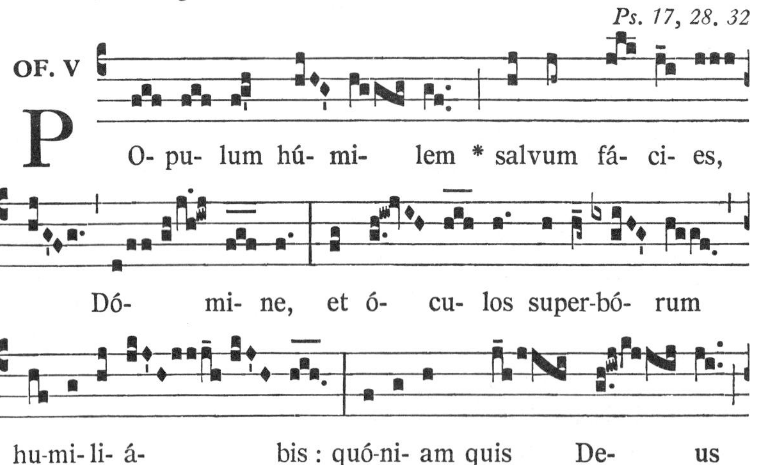

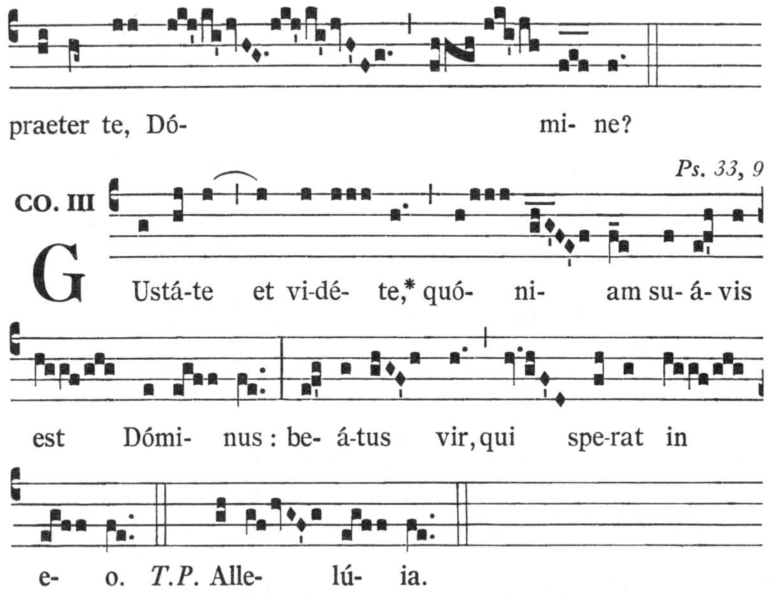

Ps. 33, *præter* ℣. 9.

Sabbato : Quod dico vobis, 472, *cum* ps. 33*.

HEBDOMADA DECIMA QUINTA

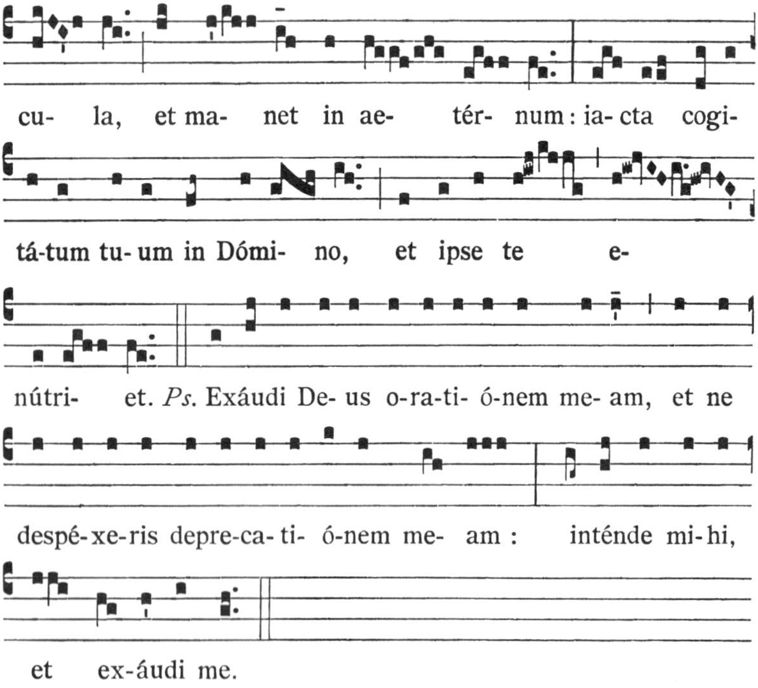
cu- la, et ma- net in ae- tér- num : ia- cta cogi-
tá-tum tu- um in Dómi- no, et ipse te e-
nútri- et. *Ps.* Exáudi De- us o-ra-ti- ó-nem me- am, et ne
despé-xe-ris depre-ca- ti- ó-nem me- am : inténde mi-hi,
et ex-áudi me.

Vel ad libitum : Ego autem cum iustítia, 94.

Ps. 16, 8. ℣. 2

GR. I
CUstó-di me, *Dó- mi- ne,
ut pu-píl- lam ó-cu- li :
sub umbra a-lá- rum tu- á- rum

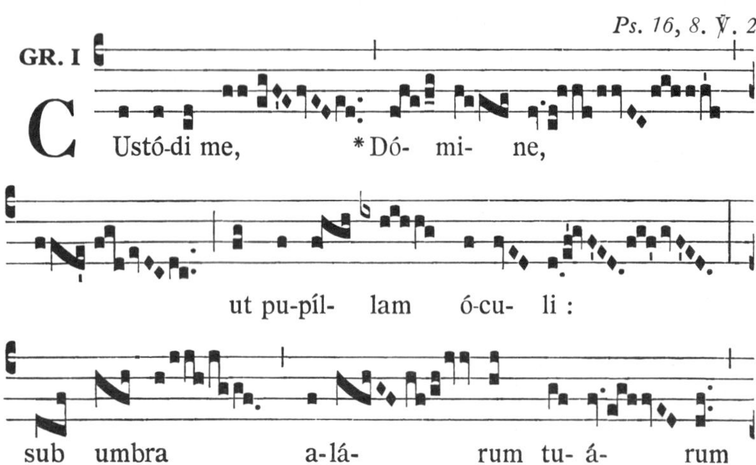

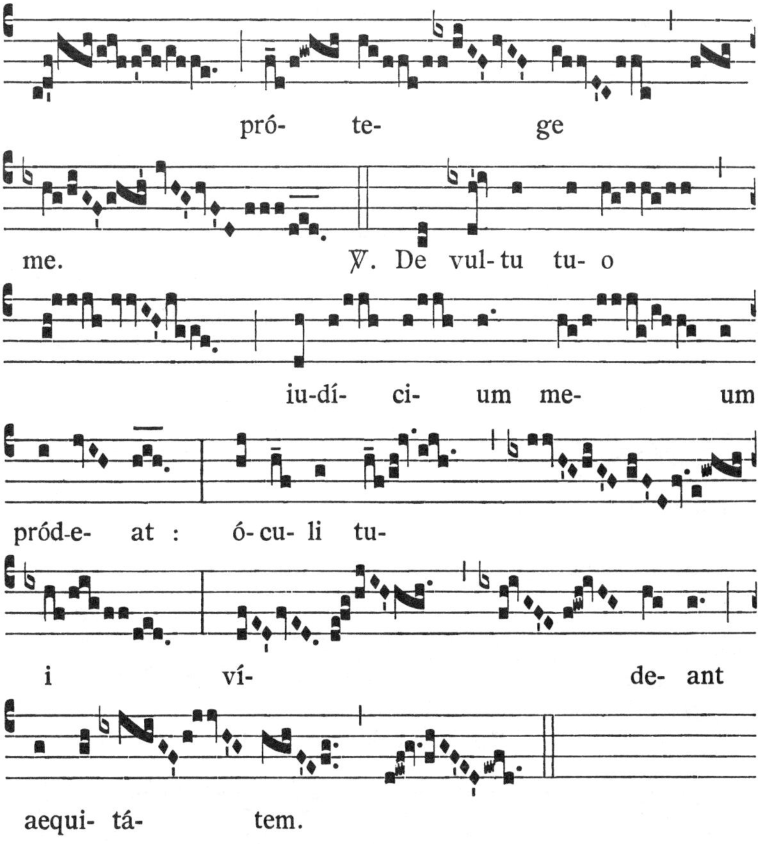

pró- te- ge
me. ℣. De vul- tu tu- o
iu-dí- ci- um me- um
pród-e- at : ó-cu- li tu-
i ví- de- ant
aequi- tá- tem.

Dom. anno B : Osténde nobis, 31.
Anno I, feria 2 : Anima nostra, 453.

Ps. 64, 2

VII
A L-le- lú- ia.
℣. Te de-cet hymnus, De- us, in

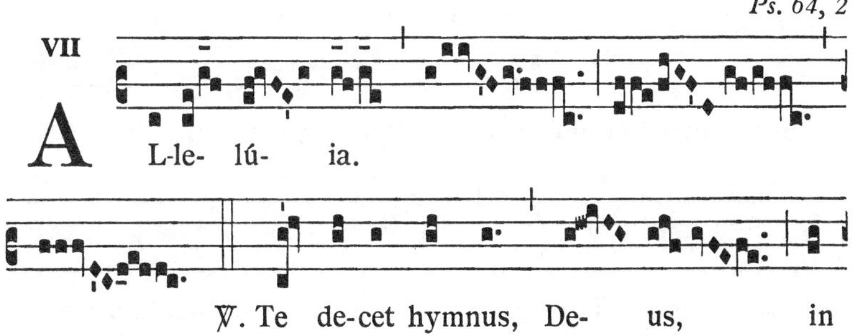

Feria 5 : Veníte ad me, 619.

OF. Ad te, Dómine, levávi, 17.

Ps. 83, 4. 5

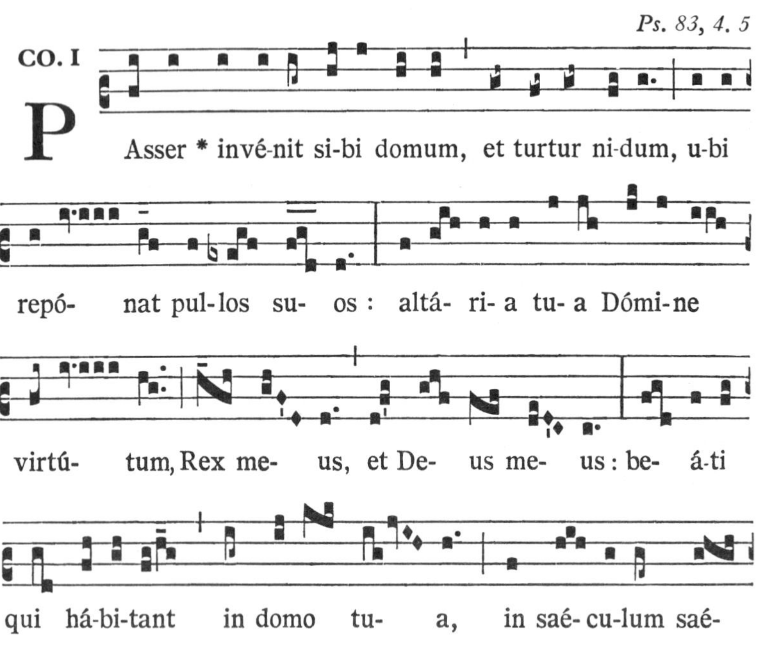

cu-li lau- dábunt te.

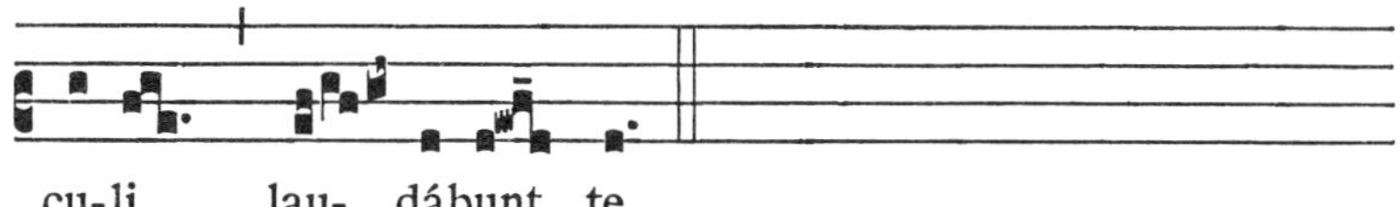

Ps. 83, 2-3 a. 3 b. 9. 10. 11. 12. 13

Ad libitum : Qui mandúcat, 383.

HEBDOMADA DECIMA SEXTA

Ps. 53, 6. 7 et 3

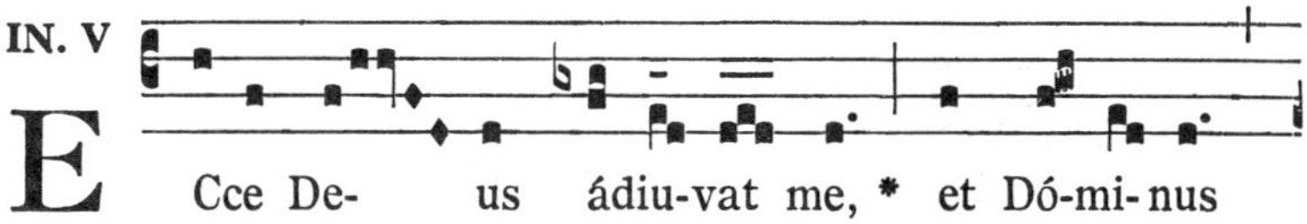

IN. V
E Cce De- us ádiu-vat me, * et Dó-mi-nus

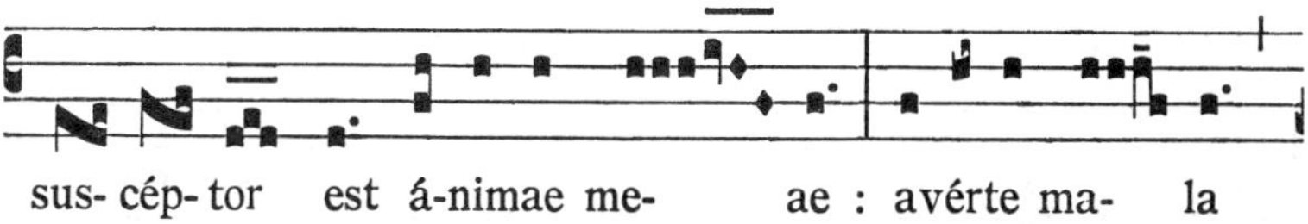

sus-cép-tor est á-nimae me- ae : avérte ma- la

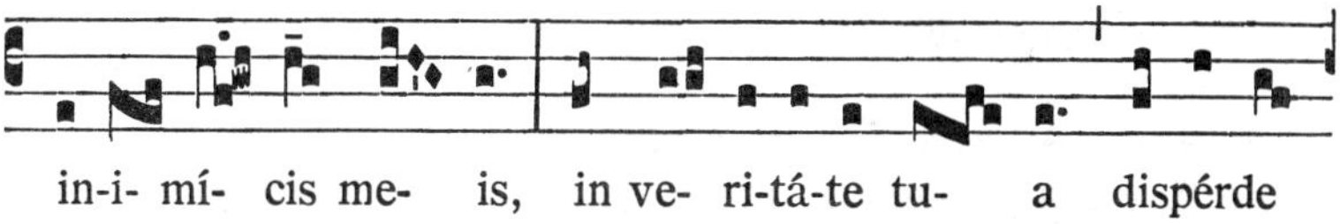

in-i- mí- cis me- is, in ve- ri-tá-te tu- a dispérde

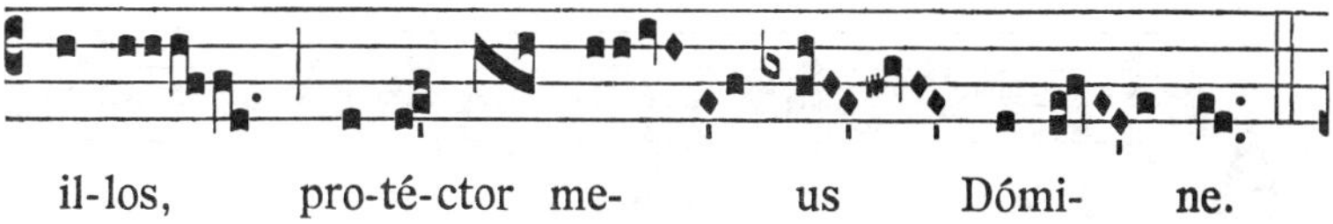

il-los, pro-té-ctor me- us Dómi- ne.

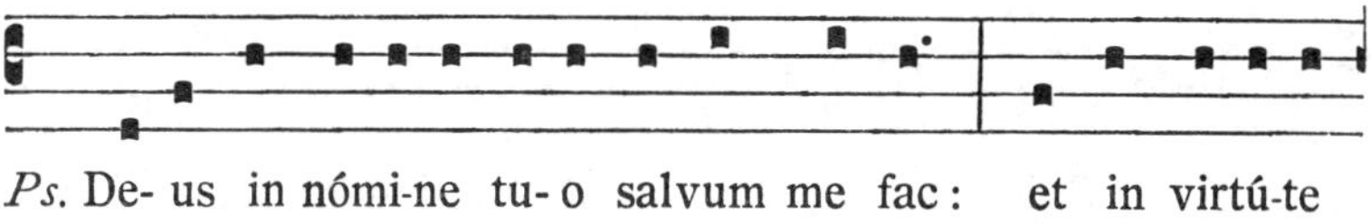

Ps. De- us in nómi-ne tu-o salvum me fac : et in virtú-te

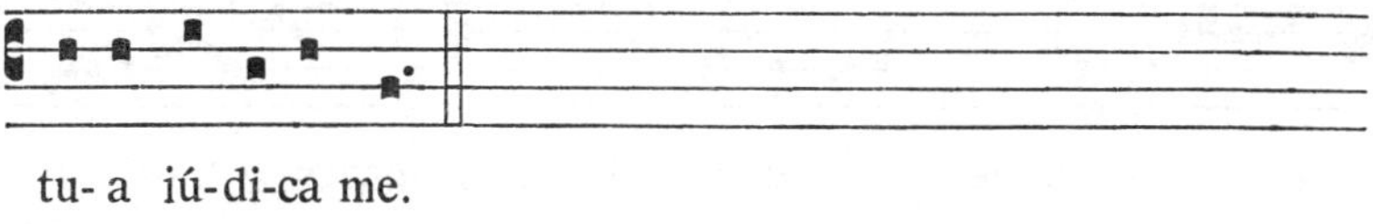

tu-a iú-di-ca me.

Dom. anno B : Si ámbulem, 125.
Anno II, feria 3 : Osténde nobis, 31.

ti- bus in me lí-
be- ra me.

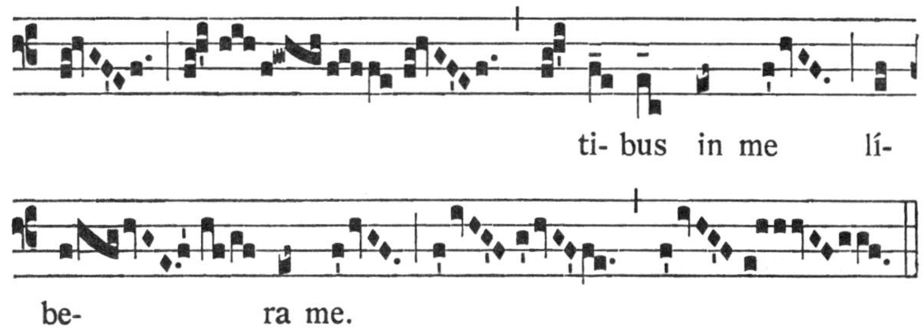

Anno II, feria 3 : Osténde nobis, 16.

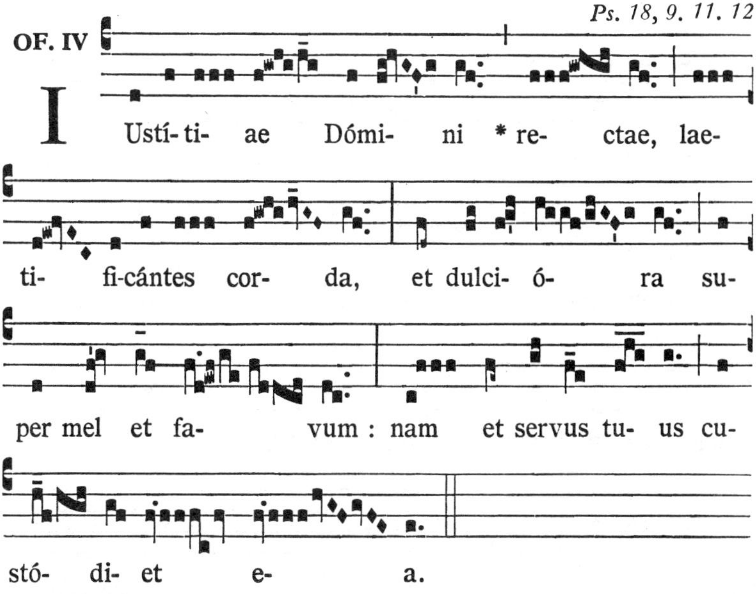

Ps. 18, 9. 11. 12
OF. IV
I Ustí- ti- ae Dómi- ni * re- ctae, lae-
ti- fi-cántes cor- da, et dulci- ó- ra super mel et fa- vum : nam et servus tu- us cu-
stó- di- et e- a.

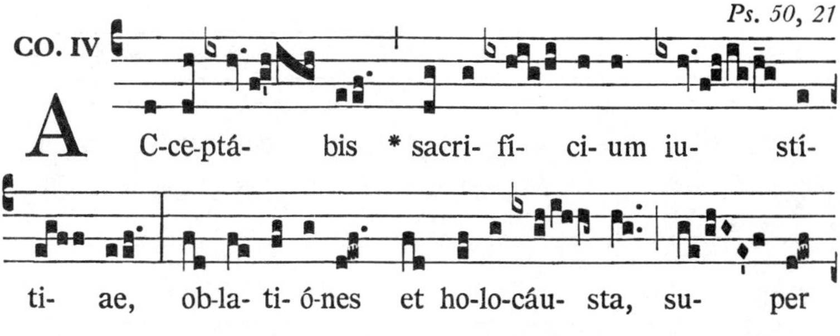

Ps. 50, 21
CO. IV
A C-ce-ptá- bis * sacri- fí- ci- um iu- stí-
ti- ae, ob-la- ti- ó-nes et ho-lo-cáu- sta, su- per

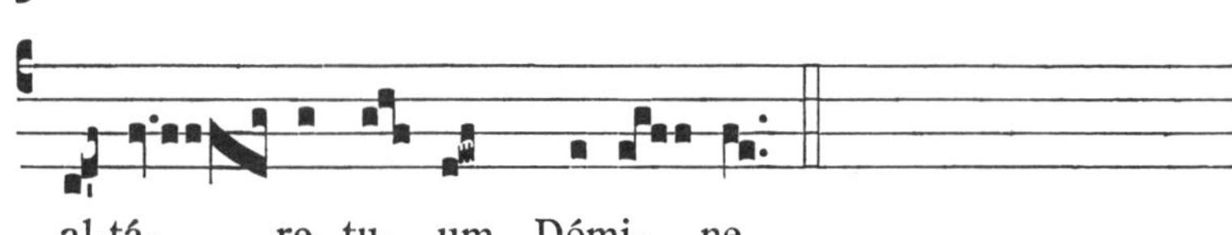

al-tá- re tu- um, Dómi- ne.

Ps. 50, 3 a. 10. 12. 13. 14. 15. 17. 19. 20

Dom. anno C : Optimam partem, 507.
Feria 3 : Quicúmque fécerit voluntátem, 515, *cum* ps. **33***.

HEBDOMADA DECIMA SEPTIMA

Ps. 67, 6. 7. 36 et 2

IN. V

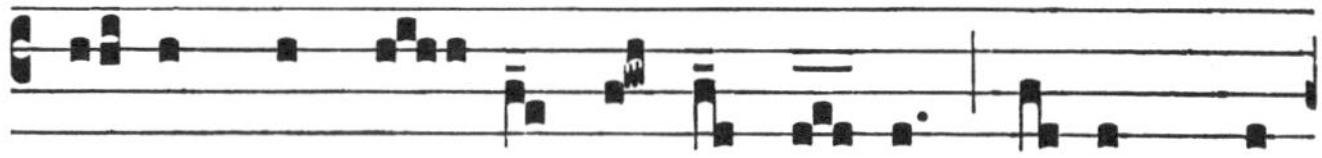

DEus * in loco sancto su- o : De- us, qui  inha- bi- tá- re fa- cit un-á-nimes in do- mo  : ipse da-bit vir-tú- tem et forti- tú- di- nem 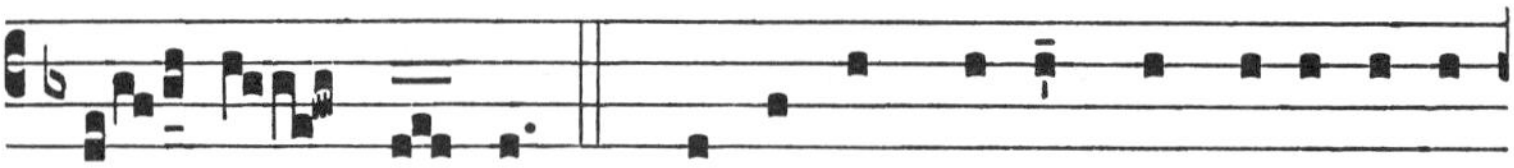 ple- bi su- ae. *Ps.* Exsúrgat De- us, et dissi-péntur 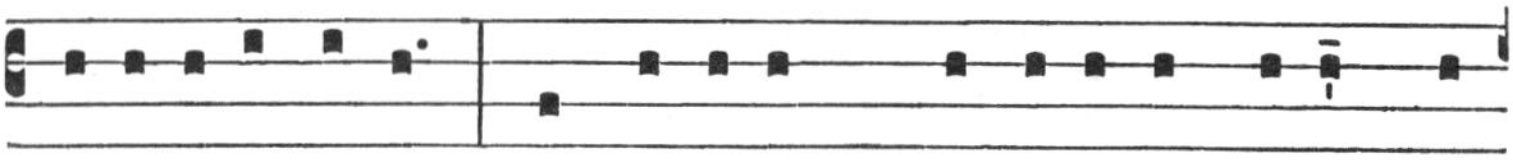 in-imí-ci e-ius : et fú-gi- ant, qui odé-runt e- um, a 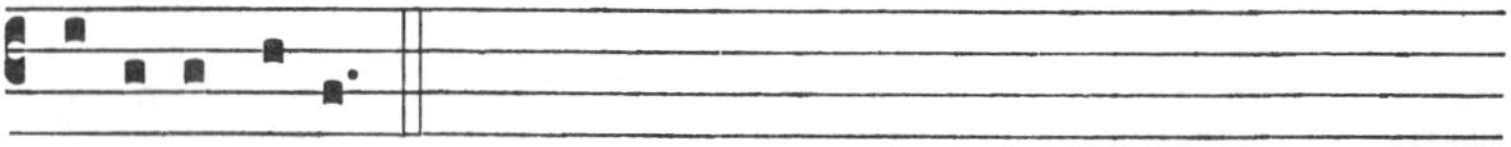 fá-ci- e e-ius.

Anno I, feria 6 :

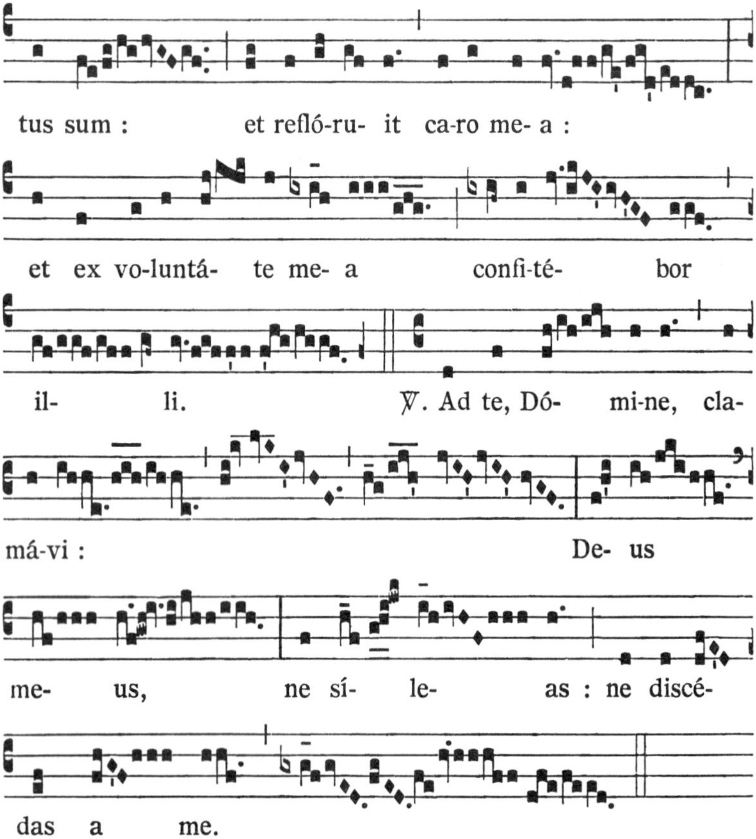

tus sum : et refló-ru- it ca-ro me- a :
et ex vo-luntá- te me- a confi-té- bor
il- li. ℣. Ad te, Dó- mi-ne, clamá-vi : De- us
me- us, ne sí- le- as : ne discé-
das a me.

Dom. anno B : Oculi ómnium, 343.

Ps. 80, 2. 3

VII
A L-le- lú- ia.
℣. Exsultá- te De- o adiu-tó-ri no- stro,

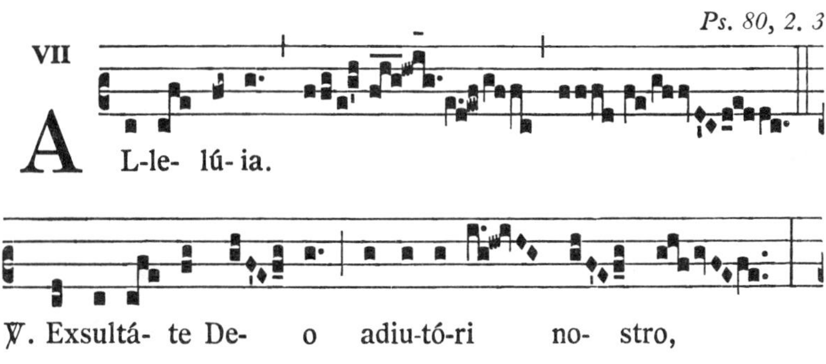

iu-bi-lá- te De- o Ia- cob : súmi- te
psal- mum iu-cúndum cum cí- tha-ra.
Ps. 29, 2. 3
OF. II
E X- altá- bo te * Dómi- ne, quó- ni- am
sus- ce-pí- sti me, nec de- le- ctá-
sti in-imí-cos me- os su- per
me : Dó- mi- ne clamá-vi ad te, et sa-
ná- sti me.

Ps. 111*, 1. 2. 3. 4. 5 - 6 a. 6 b - 7 a. 7 b - 8. 9
vel ps. 127*, 1. 2. 3 ab. 3 cd. 4. 5. 6

Dom. anno A : Símile est, 519, *cum* ps. **33***.
— anno C :

quae-rit, ínve- nit : pulsán- ti a- pe- ri- é-tur,
al-le- lú- ia.

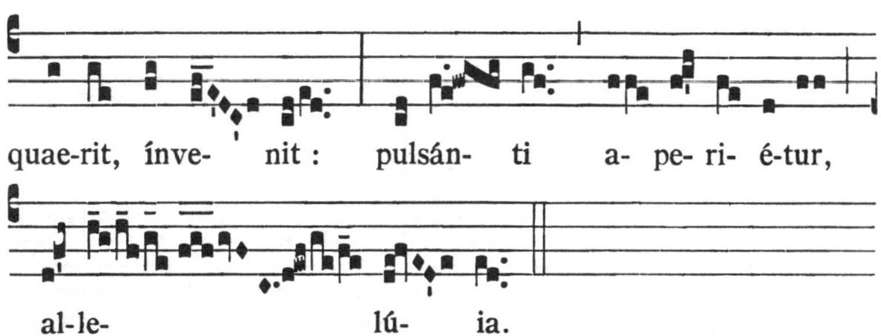

Ps. 30*, 2. 3 ab. 3 cd. 4. 5. 6. 8 ab. 25

Feria 4 : Símile est, 519, *cum* ps. 33*.

HEBDOMADA DECIMA OCTAVA

Ps. 69, 2. 3. 4

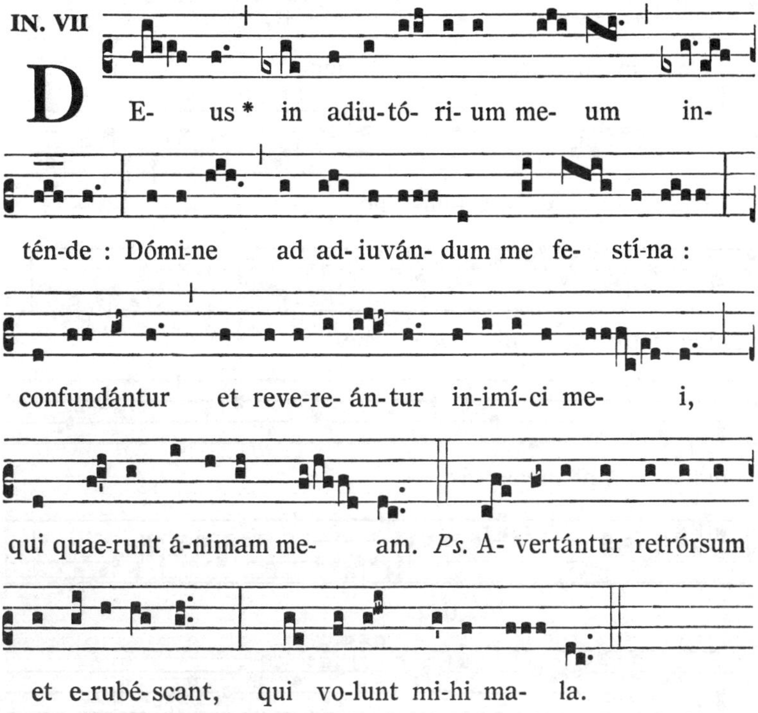
IN. VII
D E- us * in adiu-tó- ri- um me- um intén-de : Dómi-ne ad ad- iuván- dum me fe- stí-na :
confundántur et reve-re- án-tur in-imí-ci me- i,
qui quae-runt á-nimam me- am. *Ps.* A- vertántur retrórsum
et e-rubé-scant, qui vo-lunt mi-hi ma- la.

Dom. anno A : Sitiéntes, 114.

Ps. 33, 2. ℣. 3

GR. VII

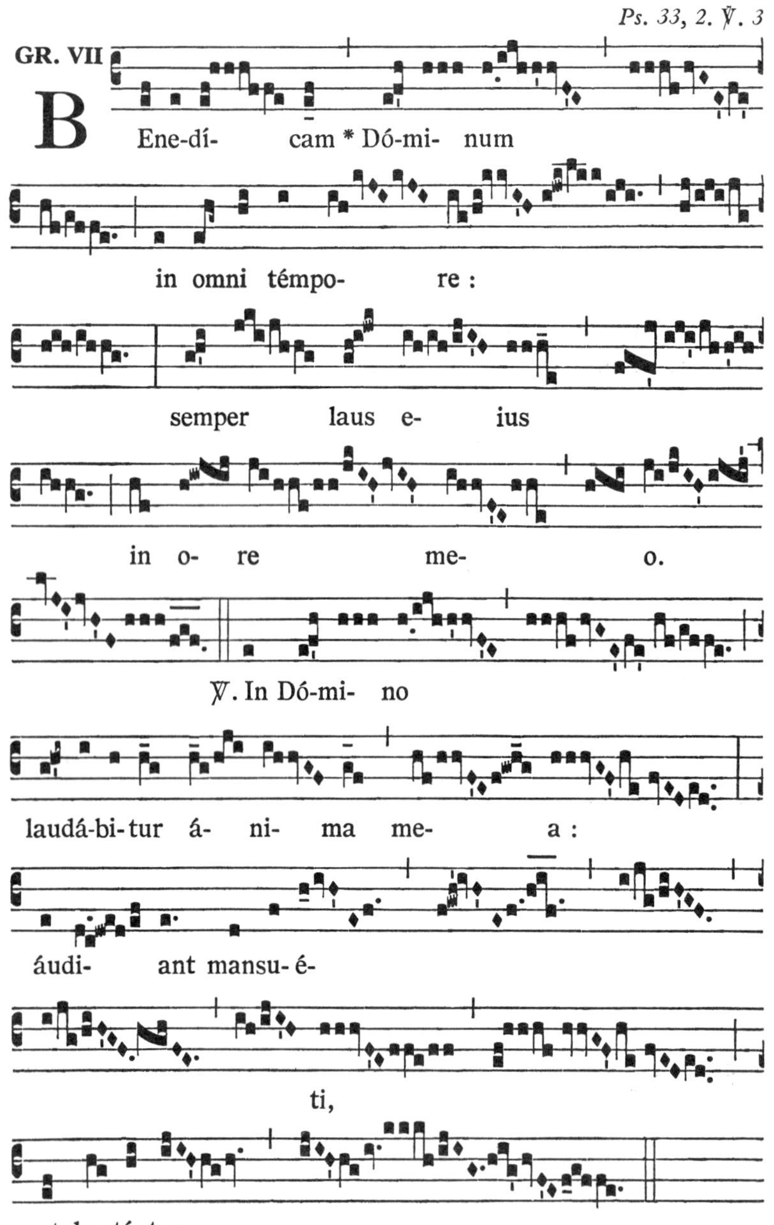

Dom. anno A : Oculi ómnium, 343.
Anno I, feria 6 : Tu es Deus, 275.
Anno II, sabbato : Adiútor in opportunitátibus, 69.

Ps. 87, 2

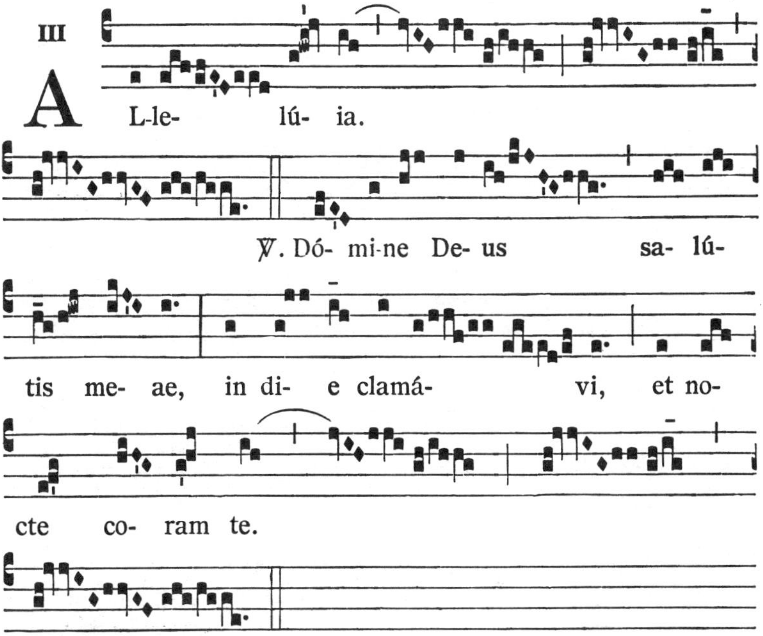

III

A L-le- lú- ia.

℣. Dó- mi-ne De- us sa- lú- tis me- ae, in di- e clamá- vi, et no- cte co- ram te.

Feria 5 : Tu es Petrus, 576.

Cf. Ex. 32, 11. 12. 13. 14

xit. Pre-cá- tus est Mó- y-ses in conspéctu
Dó- mi- ni De- i su- i, et di- xit:
Qua- re, Dómi- ne, i-rá- sce- ris in pó- pu-
lo tu- o? Par- ce irae á- nimae tu-
ae: memén-to Abraham, I-sa- ac et
Ia-cob, qui-bus iu-rásti da- re terram flu- éntem lac
et mel. Et pla-cá-tus factus est Dó-
mi- nus de ma-ligni-tá-te, quam di- xit fá-
ce- re pó-pu-lo su- o.

Dom. anno C : Sanctificávit Móyses, 338.

Ps. 77*, 1. 2. 3-4 a. 4 bcd. 23. 24. 25. 27. 28. 29 (Differentia g)

Feria 6 : Qui vult veníre post me, 484.

HEBDOMADA DECIMA NONA

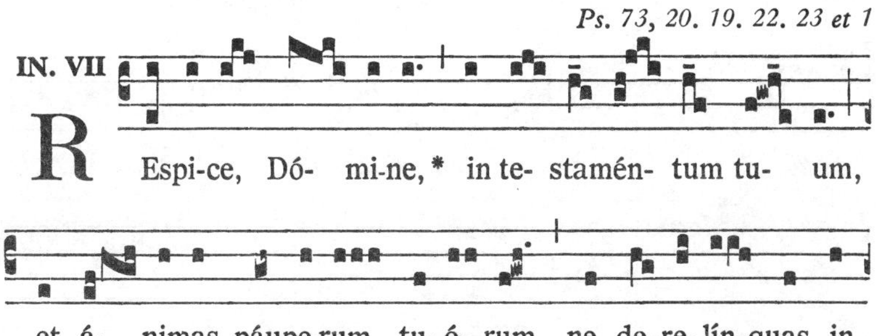

fi- nem : exsúr-ge Dó-mi- ne, et iú- di-ca cau- sam
tu- am : et ne obli- viscá- ris vo- ces quaerén-
ti- um te. Ps. Ut quid De- us re-pu-lísti in fi- nem :
i- rá-tus est fu-ror tu- us super oves páscu-ae tu- ae?
Ps. 73, 20. 19. ℣. 22. 23
GR. V
R E- spi- ce, Dómi- ne, * in testamén-tum
tu- um : et á-ni- mas páupe- rum tu- ó-
rum ne obli-viscá- ris in
fi- nem. ℣. Exsúrge Dómi-ne,

Dom. anno A : Osténde, 31.
— **anno C :** Beáta gens, 333.

Ps. 30, 15. 16

Io. 6, 52

ta. *T.P.* Alle- lú- ia.

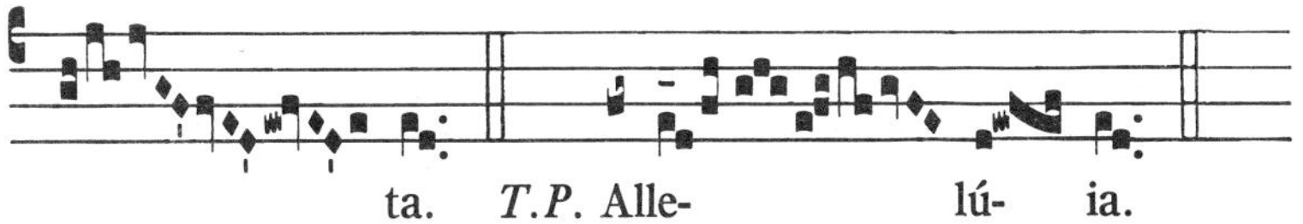

Ps. 110*, 1. 2. 3. 4. 5. 6-7 a. 7 b-8 ab. 9 ab. 9 c-10 a. 10 bc

Dom. anno C : Beátus servus, 491, *cum* ps. **33***.

HEBDOMADA VIGESIMA

Ps. 83, 10. 11 et 2. 3

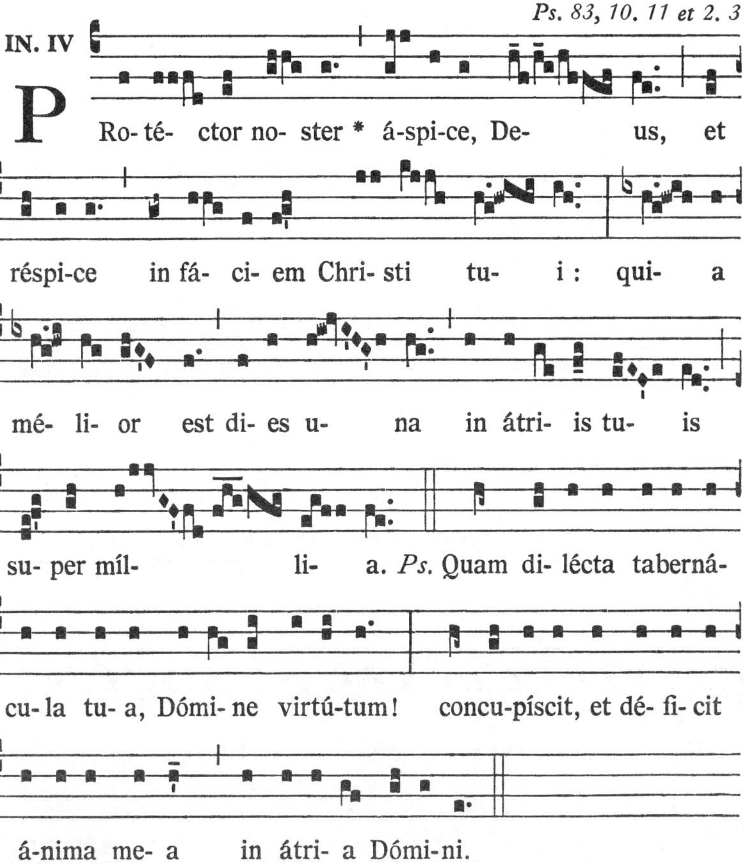
IN. IV
PRo-té- ctor no- ster * á-spi-ce, De- us, et
réspi-ce in fá- ci- em Chri- sti tu- i : qui- a
mé- li- or est di- es u- na in átri- is tu- is
su- per míl- li- a. *Ps.* Quam di- lécta taberná-
cu-la tu- a, Dómi- ne virtú-tum! concu-píscit, et dé- fi- cit
á-nima me- a in átri- a Dómi-ni.

Anno II, feria 5 : Dum sanctificátus, 249.

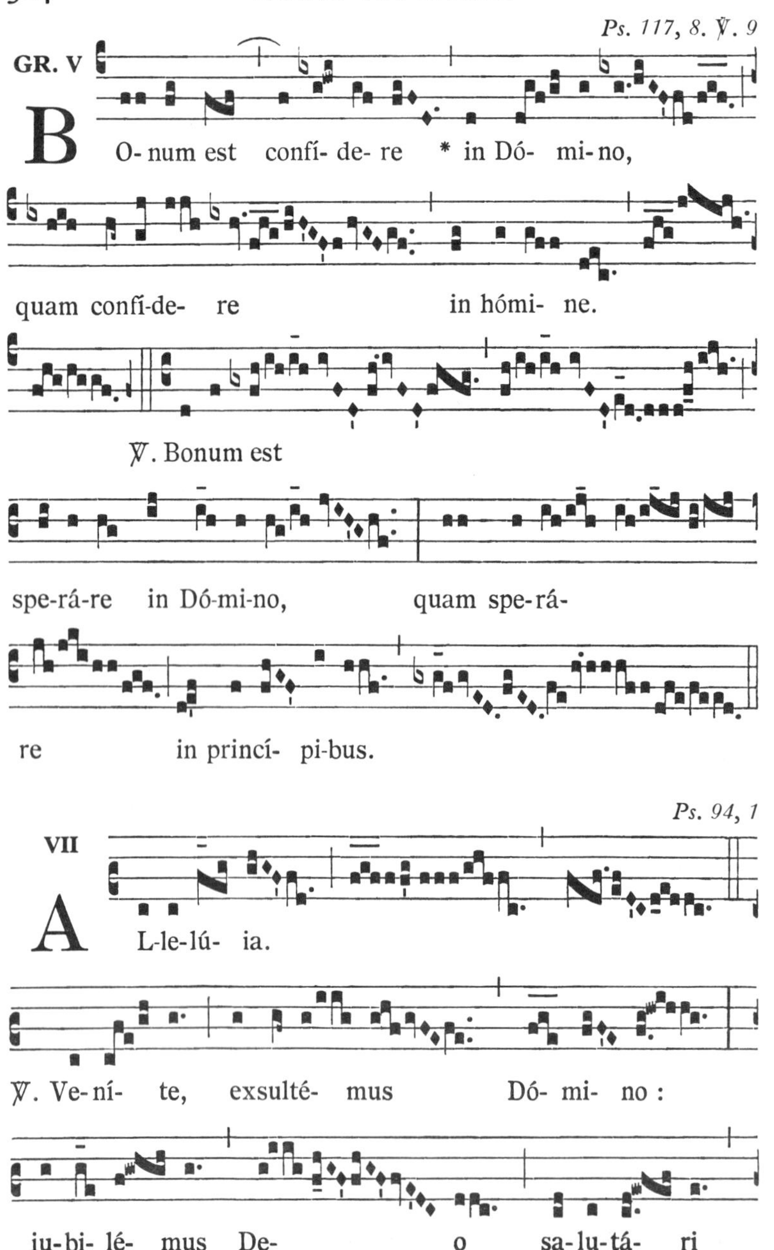
Ps. 117, 8. ℣. 9
GR. V
B
O-num est confí- de- re * in Dó- mi-no,
quam confí-de- re in hómi- ne.
℣. Bonum est
spe-rá-re in Dó-mi-no, quam spe-rá-
re in princí- pi-bus.
Ps. 94, 1
VII
A
L-le-lú- ia.
℣. Ve-ní- te, exsulté- mus Dó- mi- no:
iu-bi- lé- mus De- o sa-lu-tá- ri

no- stro.

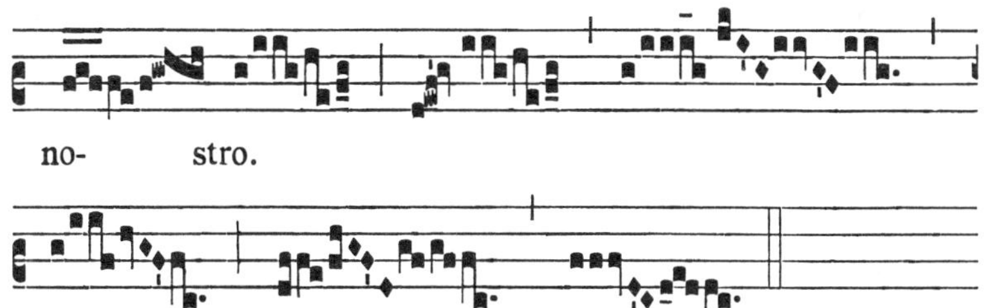

Dom. anno B : Caro mea, 378.

Ps. 33, 8. 9

OF. VIII

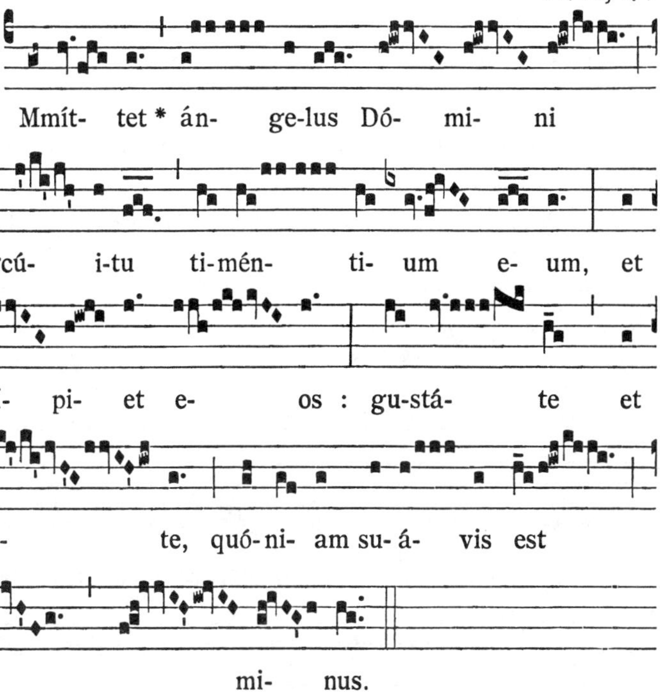
I Mmít- tet * án- ge-lus Dó- mi- ni
in circú- i-tu ti-mén- ti- um e- um, et
e- rí- pi- et e- os : gu-stá- te et
vi- dé- te, quó-ni- am su- á- vis est
Dó- mi- nus.

Mt. 6, 33

CO. VIII

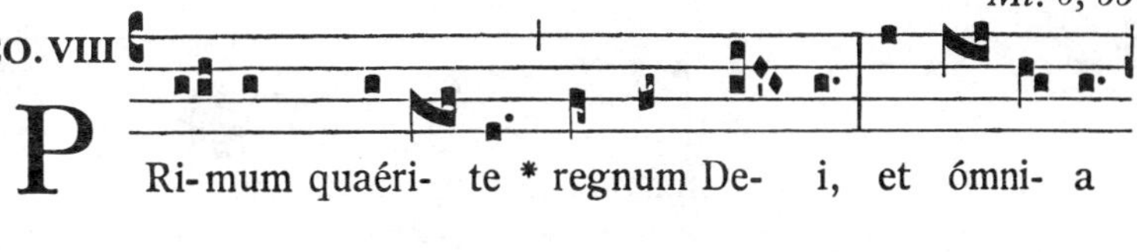
P Ri-mum quaéri- te * regnum De- i, et ómni- a

adi-ci- éntur vo- bis, di- cit Dómi- nus.

Ps. 36*, 1. 3. 16. 18. 19. 23. 27. 28 ab. 28 cd. 29. 34 ab

Dom. anno A : Domus mea, 402.

— — **B :** Qui mandúcat, 383.

Feria 3 : Amen dico vobis : Quod vos, 436.

HEBDOMADA VIGESIMA PRIMA

Ps. 85, 1. 2. 3. 4

IN. I

I N- clí- na, * Dó- mi- ne, aurem tu- am ad me,

et ex- áudi me : salvum fac servum tu- um, De- us

me- us, spe- rán- tem in te : mi- se- ré- re mi-hi, Dó-

mi- ne, quó-ni- am ad te clamá- vi to- ta

di- e. *Ps.* Lae-tí- fi-ca á-nimam servi tu- i : quó- ni- am

ad te, Dómi-ne, á-nimam me- am levá- vi.

Ps. 91, 2. ℣. 3

GR. V

B O-num est * confi-té- ri Dó-mi- no : et psál-le-re nó- mi-ni tu- o, Al-tís- si-me. ℣. Ad annunti- án- dum ma-ne mi- se-ri-cór- di-am tu- am, et ve-ri- tá-tem tu- am per no- ctem.

Anno II, sabbato : Beáta gens, 333.

Ps. 94, 3

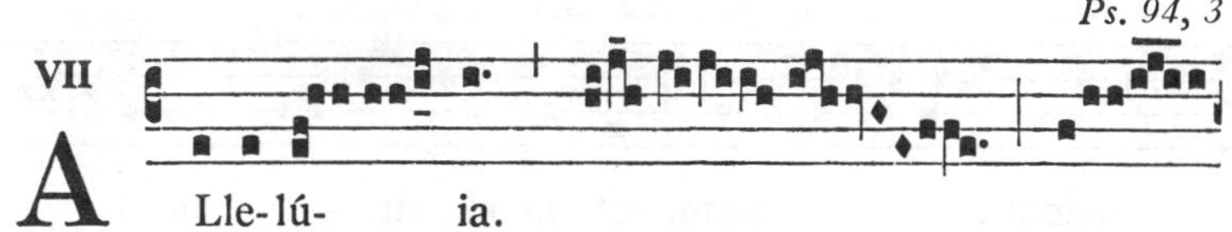

VII

A Lle-lú- ia.

Dom. anno A : Tu es Petrus, 576.
Dom. anno B : Spíritus est qui vivíficat, 245.
Feria 6 : Quinque prudéntes vírgines, 502.

Ps. 39, 2. 3. 4

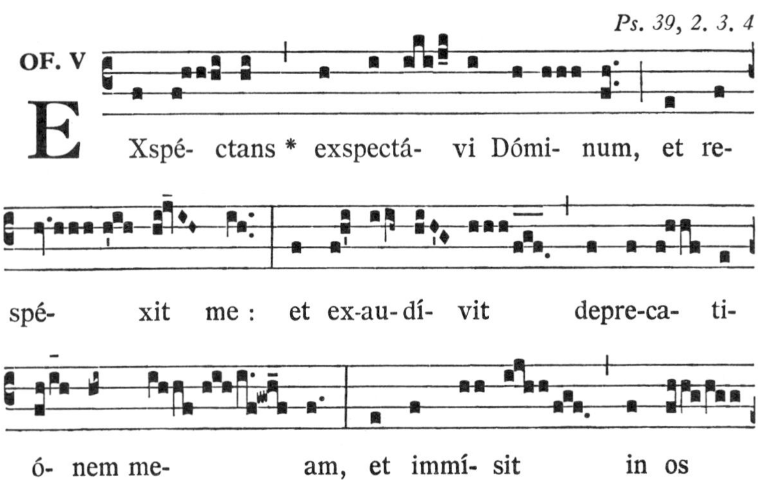

Ps. **103**, 1 ab. 1 c-2 a. 23. 24. 30. 31. 33. 34

Ad libitum : Qui mandúcat, 383.

Feria 5 : Beátus servus, 491, *cum* ps. **33***.
— **6 :** Quinque prudéntes vírgines, 507, *cum* ps. **33***.
Sabbato : Dómine, quinque talénta, 515.

HEBDOMADA VIGESIMA SECUNDA

Ps. 85, 3. 5 et 1

IN. VIII

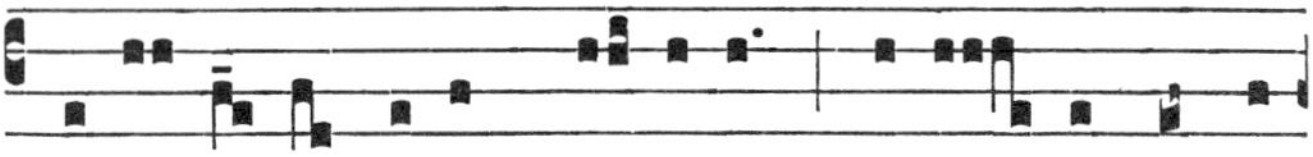

M I-se- ré- re mi-hi Dó- mi-ne, * quó-ni- am ad te

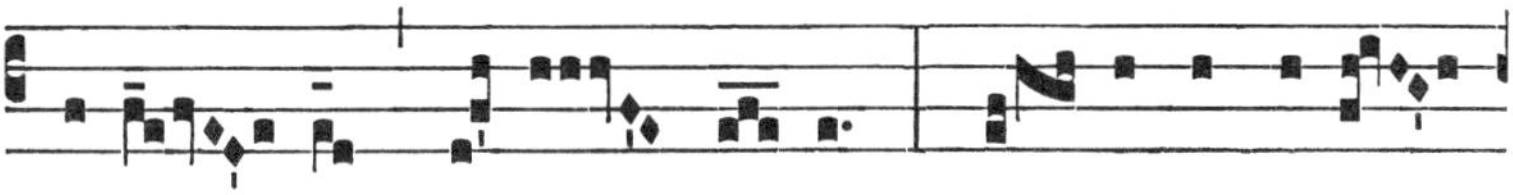

clamá- vi to- ta di- e : qui- a tu Dómi-

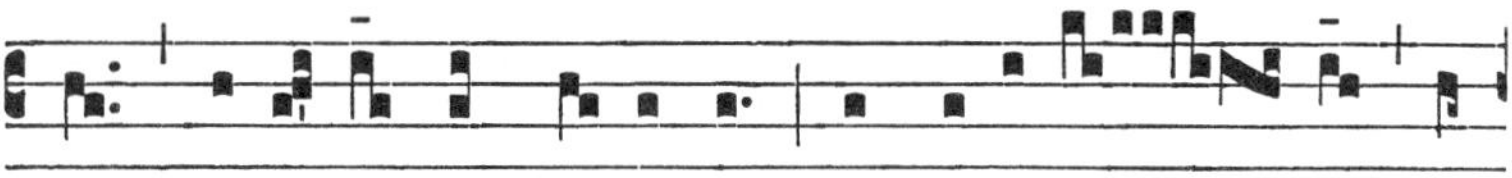

ne su- á- vis ac mi- tis es, et co-pi- ó- sus in

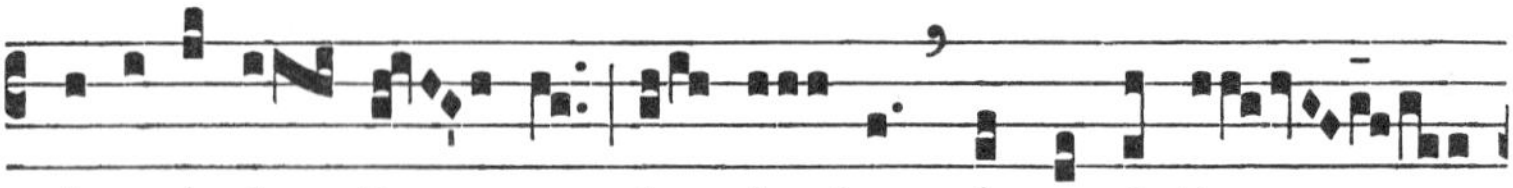

mi-se-ri-cór- di- a ó-mni- bus invo-cánti-

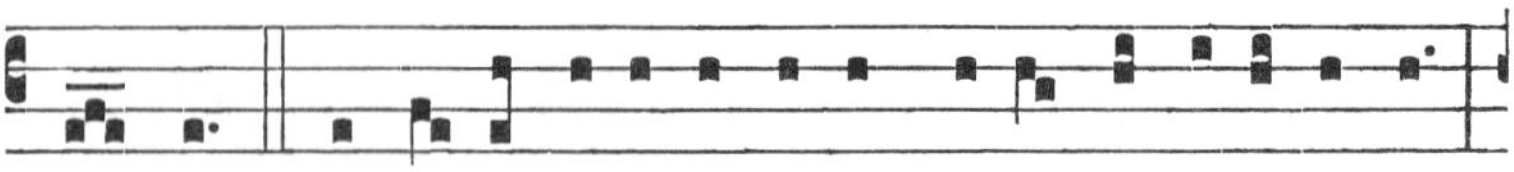

bus te. *Ps.* Inclí- na Dómi-ne aurem tu- am et exáudi me :

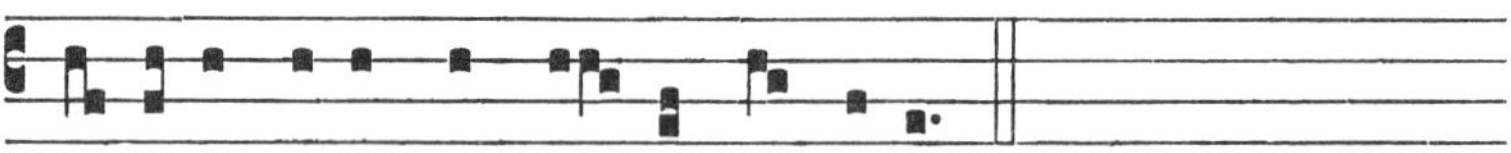

quó- ni- am in-ops et pau- per sum ego.

GR. Timébunt gentes, 265.

Anno II, feria 4 : Beáta gens, 333.

— **sabbato :** Prope est Dóminus, 35.

Ps. 97, 1

I

A L-le- lú- ia.

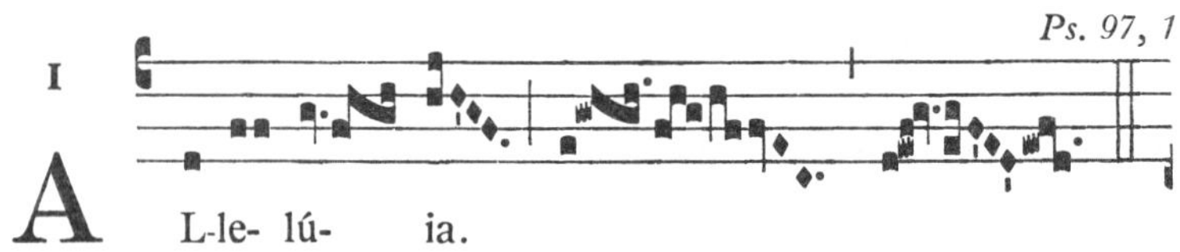

℣. Cantá- te Dó-
mi-no cán- ti- cum no- vum : qui-
a mi-ra- bí- li- a fe- cit
Dó-mi- nus.
Ps. 39, 14. 15
OF. VI
DOmi- ne, * in auxí- li- um me- um réspi- ce :
con- fundántur et reve-re- án- tur, qui quae- runt á-ni-
mam me- am, ut áu- fe-rant e- am :
Dómi- ne, in auxí- li- um me- um réspi- ce.

Ps. 70, 16. 17. 18

CO. VIII

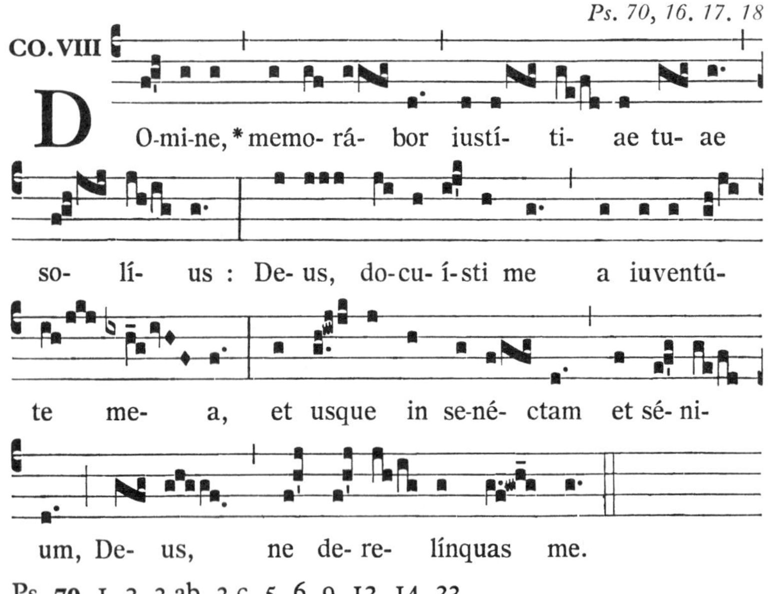

Ps. 70, 1. 2. 3 ab. 3 c. 5. 6. 9. 12. 14. 23

Dom. anno A : Qui vult veníre, 484, *cum* ps. **33***.
Feria 2 : Mirabántur, 267.
Feria 4 : Multitúdo languéntium, 471.

HEBDOMADA VIGESIMA TERTIA

Ps. 118, 137. 124 et 1

IN. I

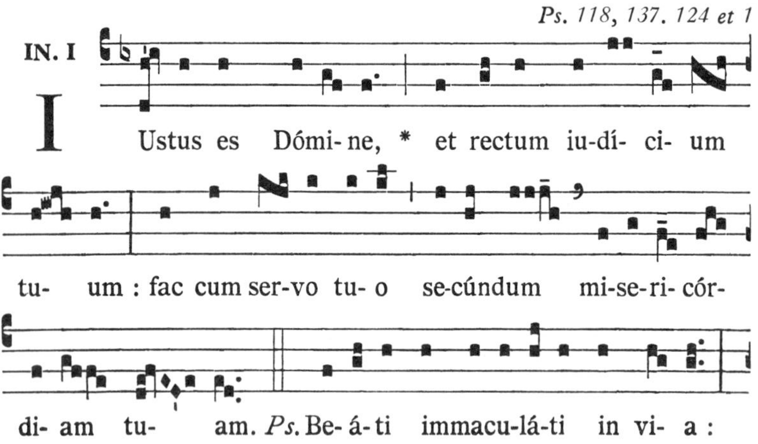

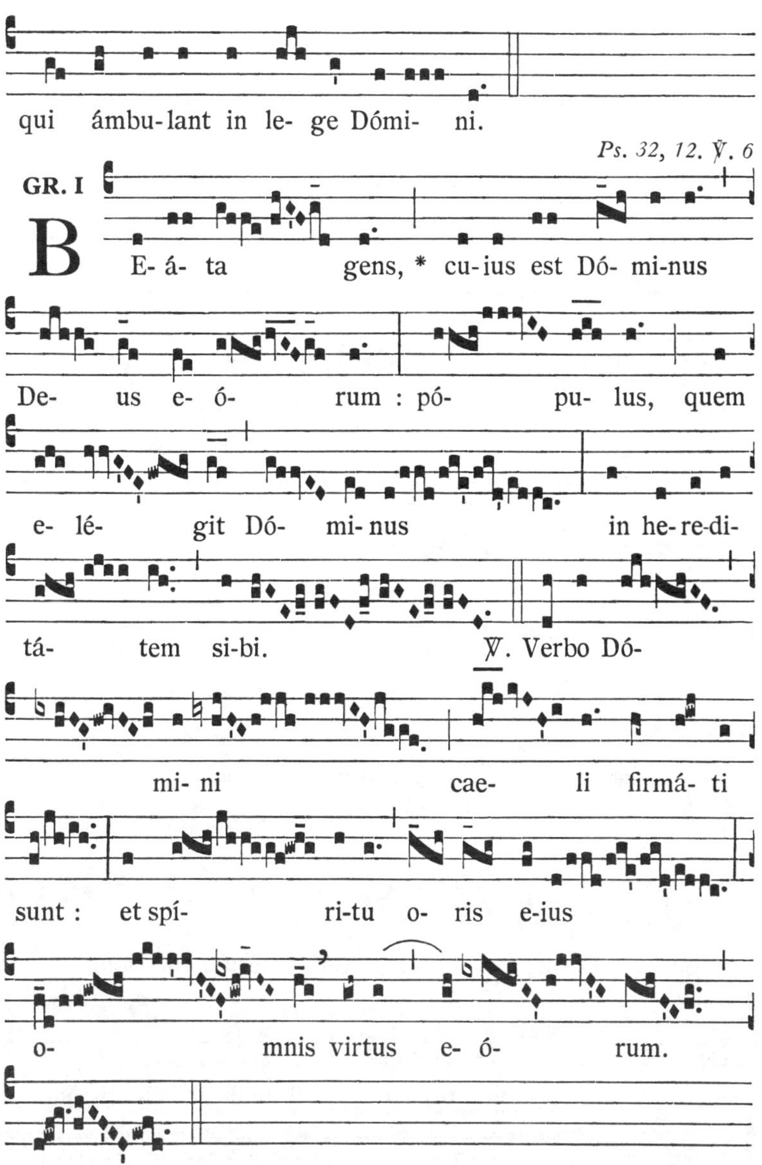

Dom. anno C : Dómine, refúgium, 347.
Anno II, feria 4 : Audi, fília, 406.

Feria 3 : Ego vos elégi de mundo, 429.

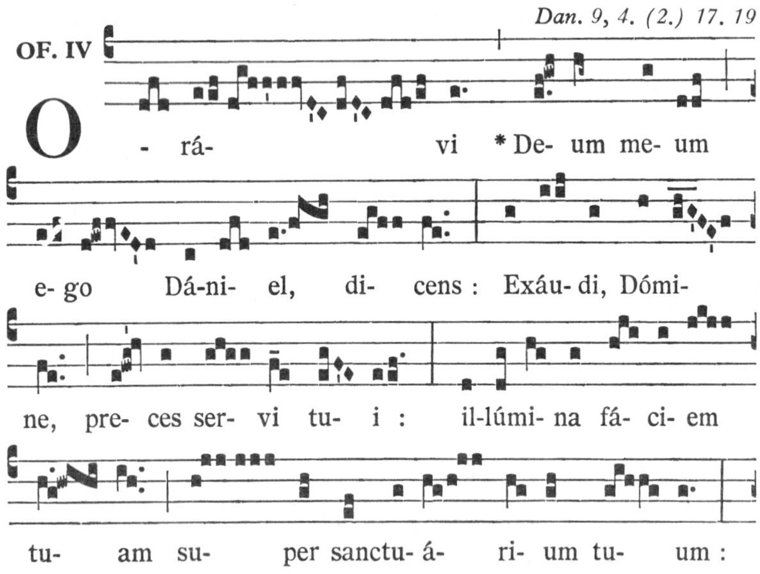

Ps. 75, 2. 3. 4. 5-6 a. 9. 10

Feria 3 : Multitúdo languéntium, 471.

HEBDOMADA VIGESIMA QUARTA

te tu- a : et abundán- ti- a
in túr-ri- bus tu- is.

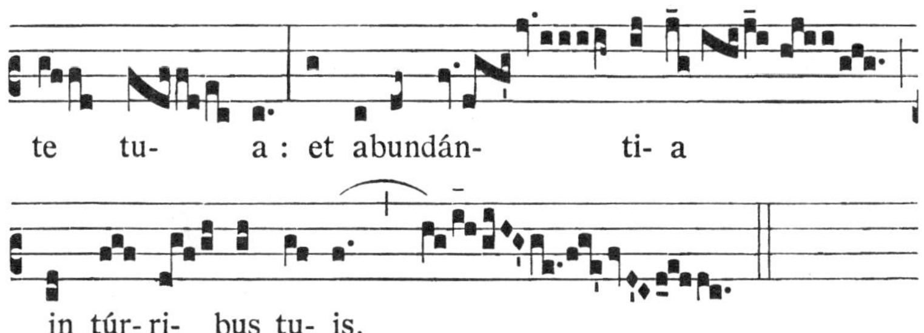

Anno I, feria 2 : In Deo sperávit, 311.
Anno II, feria 4 : Beáta gens, 333.

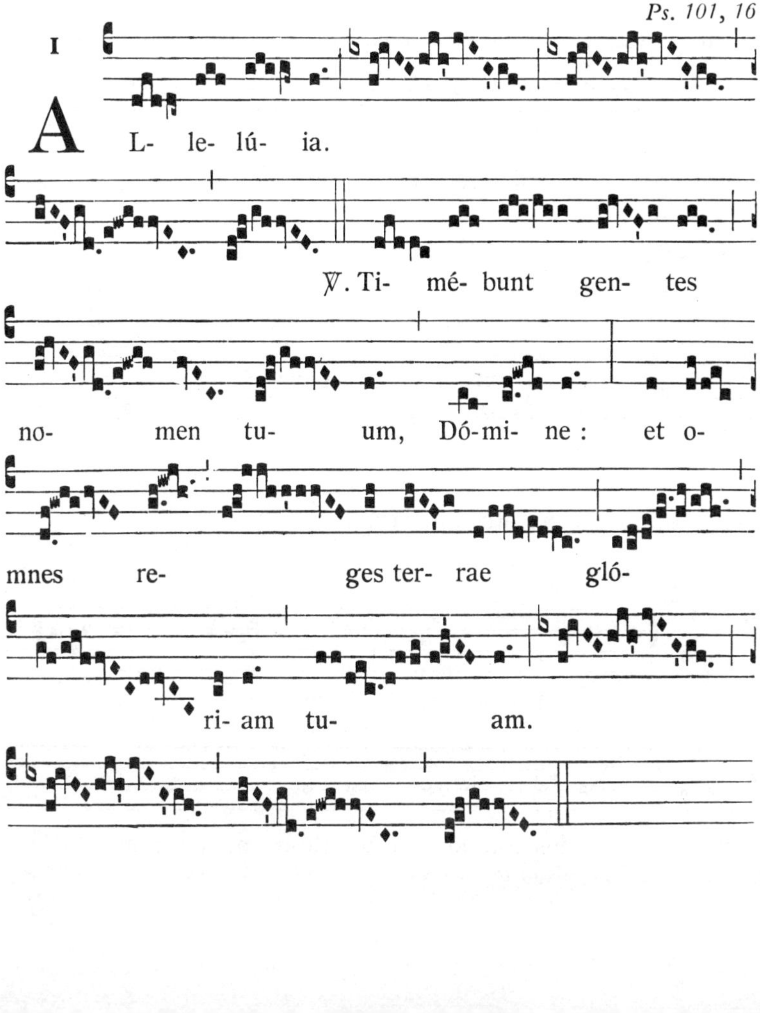
Ps. 101, 16
I
A L- le- lú- ia.
℣. Ti- mé- bunt gen- tes
no- men tu- um, Dó-mi- ne : et o-
mnes re- ges ter- rae gló-
ri- am tu- am.

Cf. Ex. 24, 4. 5

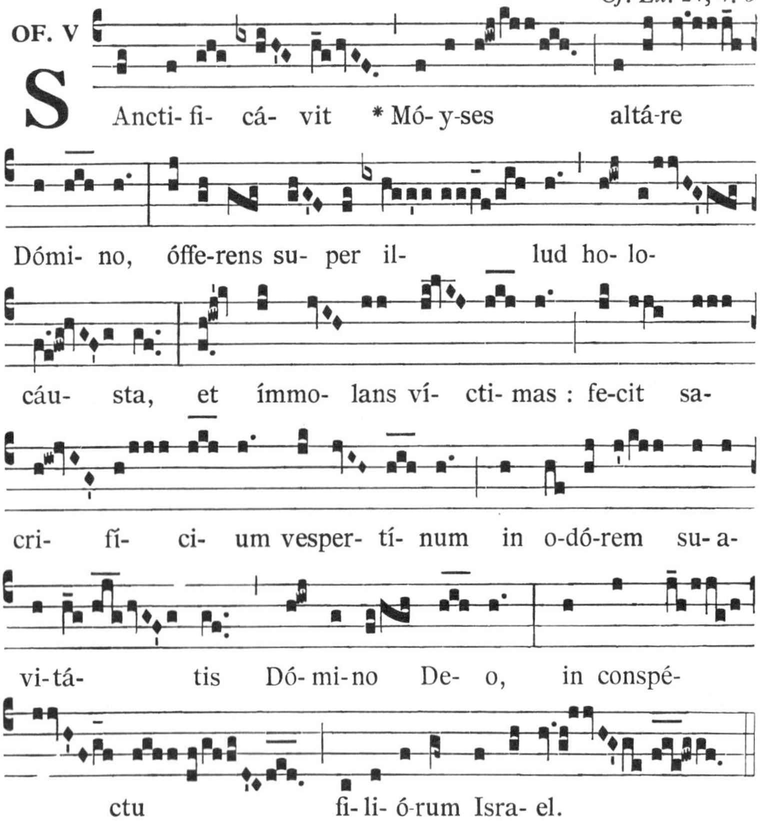

OF. V
SAncti-fi- cá- vit * Mó-y-ses altá-re
Dómi- no, óffe-rens su- per il- lud ho- lo-
cáu- sta, et ímmo- lans ví- cti- mas : fe-cit sa-
cri- fí- ci- um vesper- tí- num in o-dó-rem su- a-
vi-tá- tis Dó- mi-no De- o, in conspéctu fi- li- ó-rum Isra- el.

Dom. anno C : Precátus est, 317.

Ps. 95, 8. 9

CO. IV
TOlli-te hó- sti- as, * et intro- í- te in á-
tri- a e- ius : ad-o-rá- te Dó-mi-num in au- la

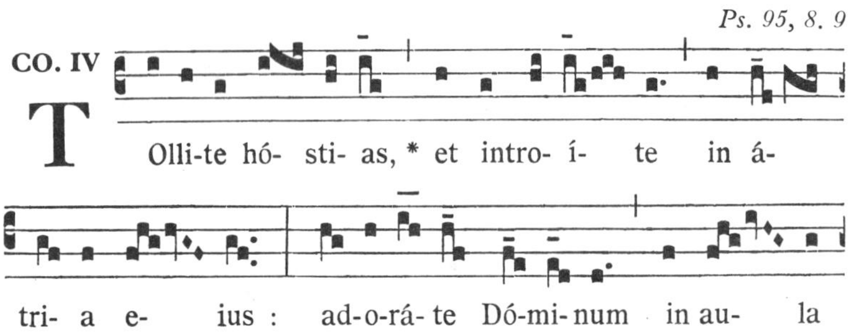

sancta e- ius. *T. P.* Alle- lú- ia.

Ps. **95**, 1. 2. 3. 4. 5. 6. 7 - 8 a. 11 - 12 a. 12 b - 13 ab. 13 cd

Dom. anno B : Qui vult veníre, 484, *cum* ps. **33***.
— — **C :** Dico vobis : Gáudium, 387,
cum ps. **31***, 1. 2. 5 ab. 5 cd. 7. 8. 10. 11
Anno II, feria 2 : Hoc corpus quod pro vobis tradétur, 170.

HEBDOMADA VIGESIMA QUINTA

Cf. Ps. 36, 39. 40. 28 ; Ps. 77

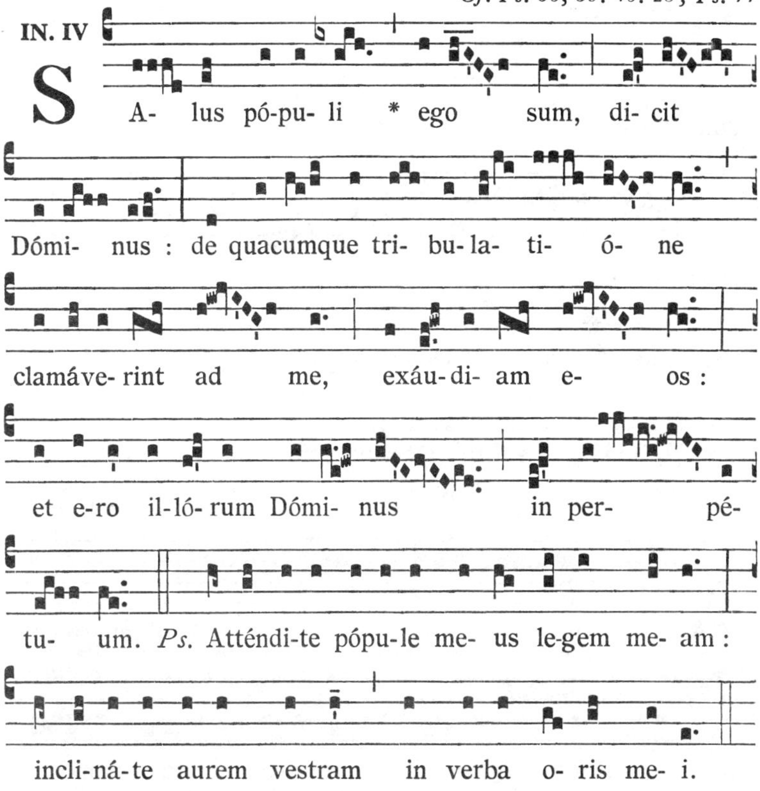

IN. IV

SAlus pó-pu- li * ego sum, di- cit Dómi- nus : de quacumque tri- bu- la- ti- ó- ne clamáve- rint ad me, exáu- di- am e- os : et e-ro il-ló- rum Dómi- nus in per- pé- tu- um. *Ps.* Atténdi-te pópu-le me- us le-gem me- am : incli-ná-te aurem vestram in verba o- ris me- i.

Ps. 140, 2

GR. VII

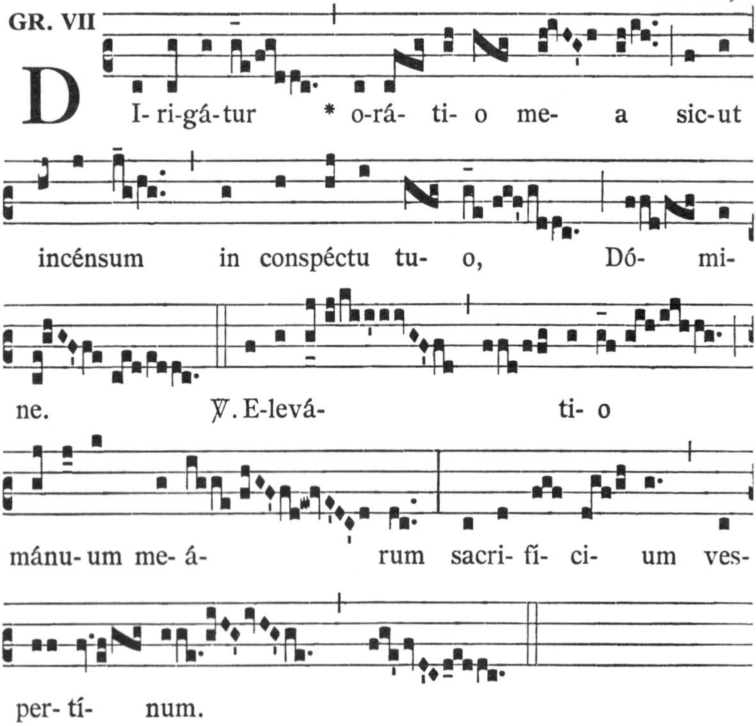

D I-ri-gá-tur * o-rá- ti- o me- a sic-ut
incénsum in conspéctu tu- o, Dó- mi-
ne. ℣. E-levá- ti- o
mánu- um me- á- rum sacri- fí- ci- um ves-
per- tí- num.

Dom. anno A : Prope est Dóminus, 35.
— — **C :** Quis sicut Dóminus, 269.
Anno I, feria 3 : Lætátus sum, 336.
Anno II, feria 5 et sabb. : Dómine, refúgium, 347.

Ps. 104, 1

II

A L-le-lú- ia. ℣. Confi- témi-
ni Dó- mi-no, et invo-cá- te nomen

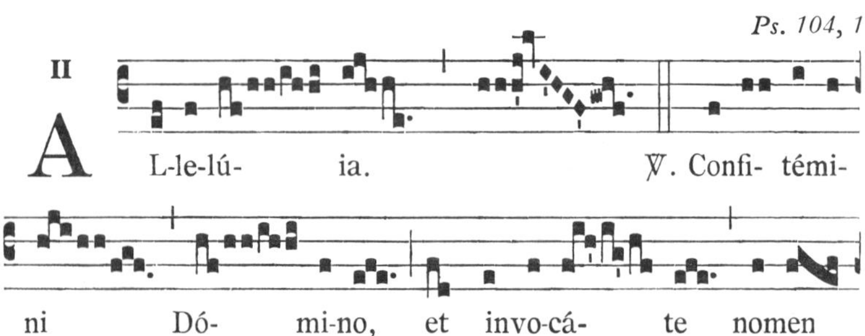

e- ius : annunti- á- te inter gentes ó- pe-ra e- ius.

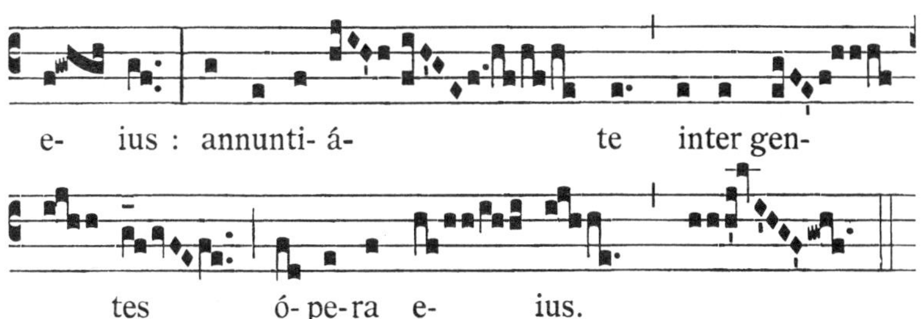

Anno I, feria 3 : Lætátus sum, 19.
Anno II, feria 5 et sabb. : Dómine, refúgium, 321.

Ps. 137, 7

OF. VIII

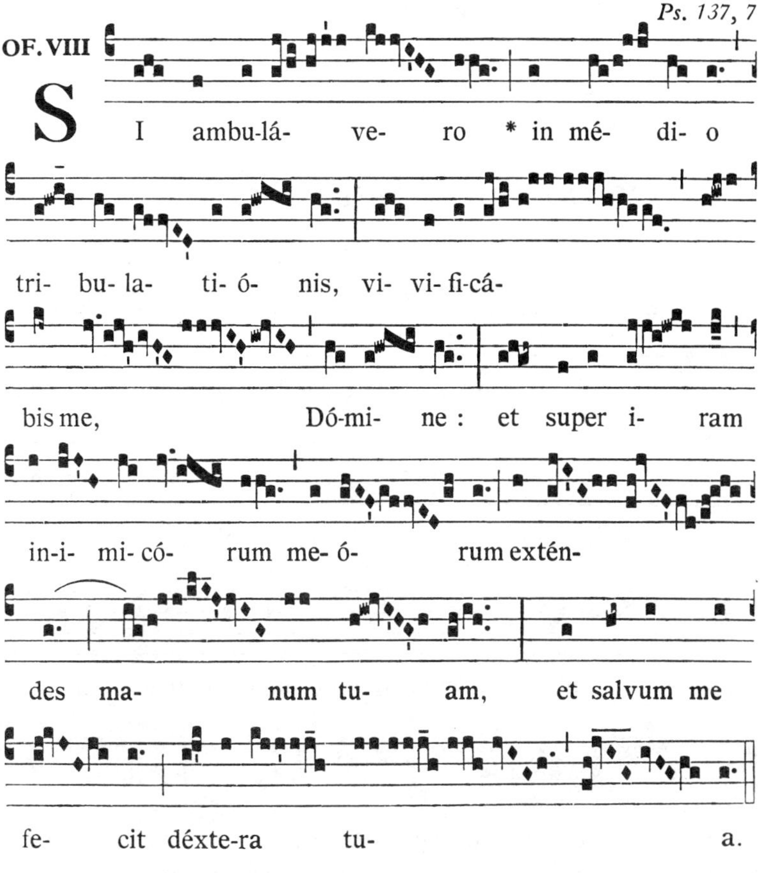

SI ambu-lá- ve- ro * in mé- di- o
tri- bu- la- ti- ó- nis, vi- vi- fi-cá-
bis me, Dó-mi- ne : et super i- ram
in-i- mi- có- rum me- ó- rum extén-
des ma- num tu- am, et salvum me
fe- cit déxte-ra tu- a.

Ps. 118, 4. 5

CO. V

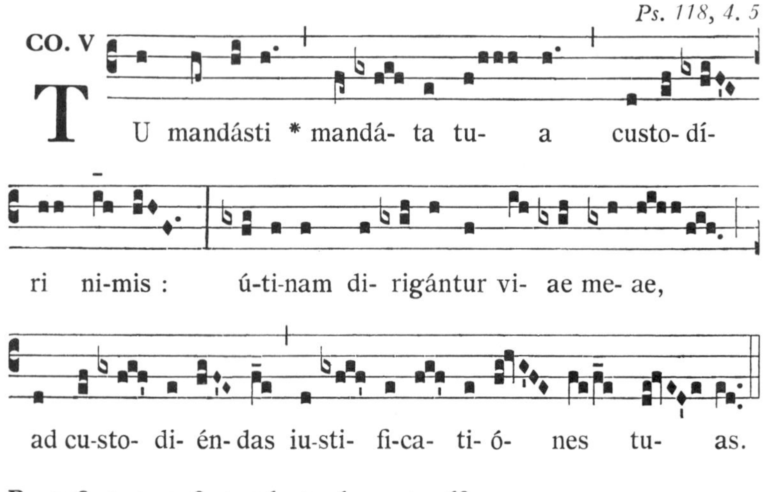

Ps. 118, 1. 2. 3. 8. 9. 26. 59. 60. 134. 168

HEBDOMADA VIGESIMA SEXTA

Dan. 3, 31. 29. 30. 43. 42. Ps. 118

IN. III

bís- cum se-cún- dum multi- tú- di- nem mi- se- ri-cór-
di- ae tu- ae. *Ps.* Be- á- ti imma-cu-lá-ti in vi-
a : qui ámbu-lant in le- ge Dómi-ni.

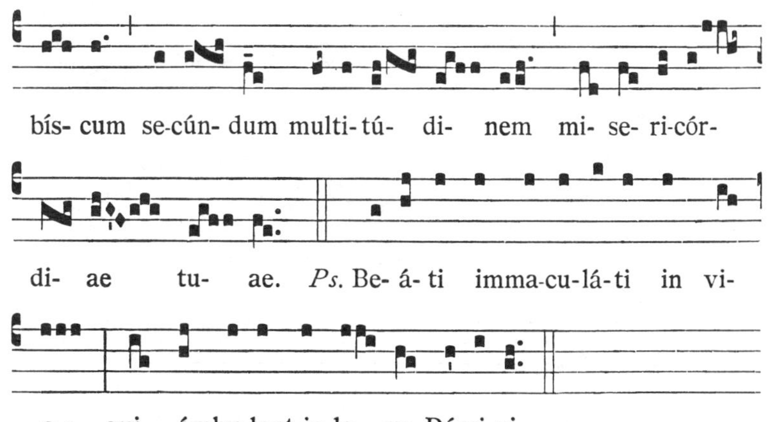

Dom. anno A : In nómine Dómini, 155.

Ps. 144, 15. ℣. *16*

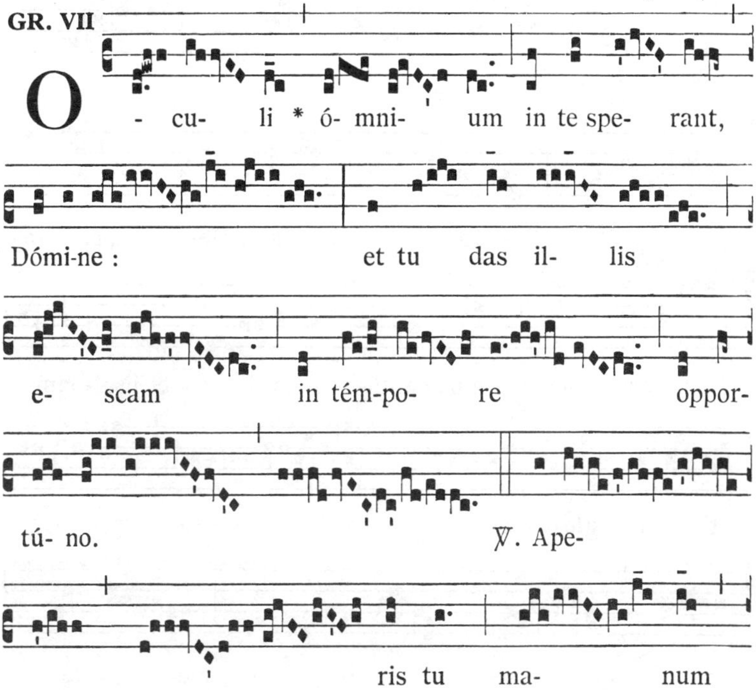

GR. VII
O - cu- li * ó- mni- um in te spe- rant,
Dómi-ne : et tu das il- lis
e- scam in tém-po- re oppor-
tú- no. ℣. Ape-
ris tu ma- num

tu- am : et imples
omne á-ni- mal be-ne- di- cti- ó-ne.

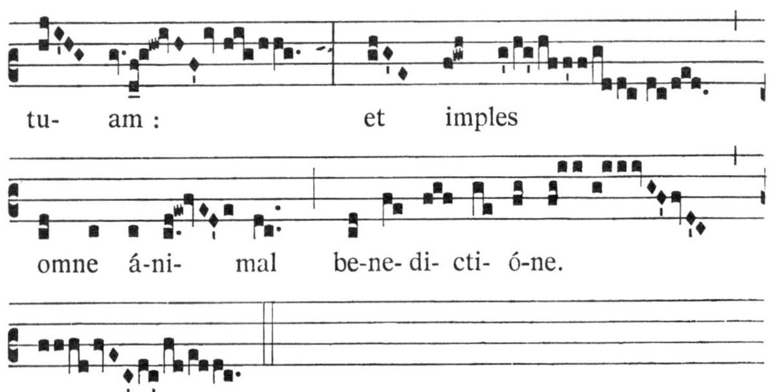

Dom. anno A : Christus factus est, 148.
Anno I, feria 6 : Propítius esto, 288.

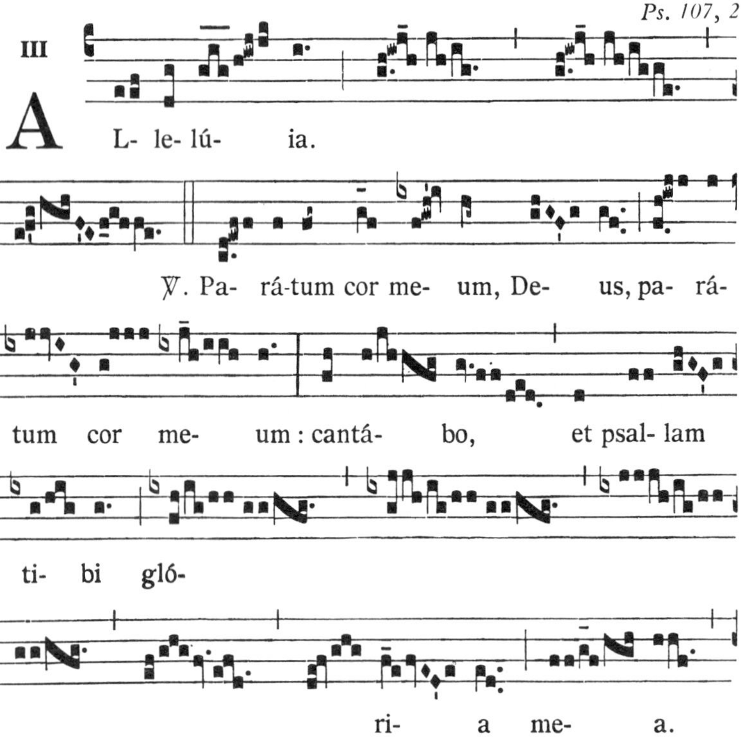
Ps. 107, 2
III
A L- le- lú- ia.
℣. Pa- rá-tum cor me- um, De- us, pa- rá-
tum cor me- um : cantá- bo, et psal- lam
ti- bi gló-
ri- a me- a.

Anno I, feria 6 :

Ps. 78, 9. 10

I

A L-le- lú- ia.

℣. Pro-pí- ti- us e- sto, Dó- mi- ne, pec- cá- tis no- stris : nequándo di- cant gen- tes : U- bi est De- us e- ó- rum?

Ps. 136, 1

OF. I

S U-per flúmi- na * Baby- ló- nis, il- lic sé- di- mus, et flé- vi-

mus, dum re-corda-ré- mur tu- i,
Si- on.

Ps. 118, 49. 50

CO. IV

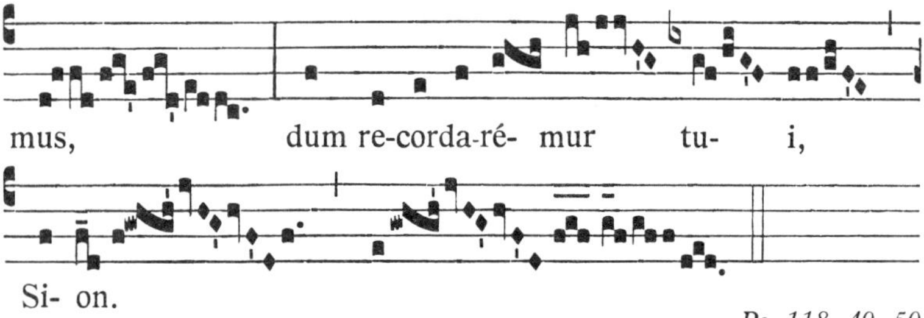

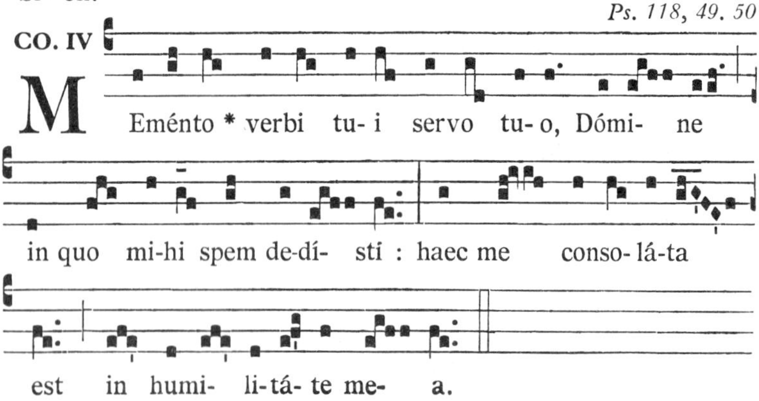

M Eménto * verbi tu- i servo tu- o, Dómi- ne
in quo mi-hi spem de-dí- stí : haec me conso- lá-ta
est in humi- li-tá- te me- a.

Ps. **118**, 1. 2. 25. 28. 41. 74. 76. 81. 82. 114

Anno I, feria 5 : Comédite pínguia, 268, *cum* ps. **33***.

HEBDOMADA VIGESIMA SEPTIMA

Esth. 13, 9. 10. 11. Ps. 118

IN. IV

I N vo- luntá- te tu- a, Dómi- ne, * u-ni- vérsa
sunt pó- si- ta, et non est qui pos- sit re- sí-
ste- re vo- luntá-ti tu- ae : tu e- nim fe- cí- sti

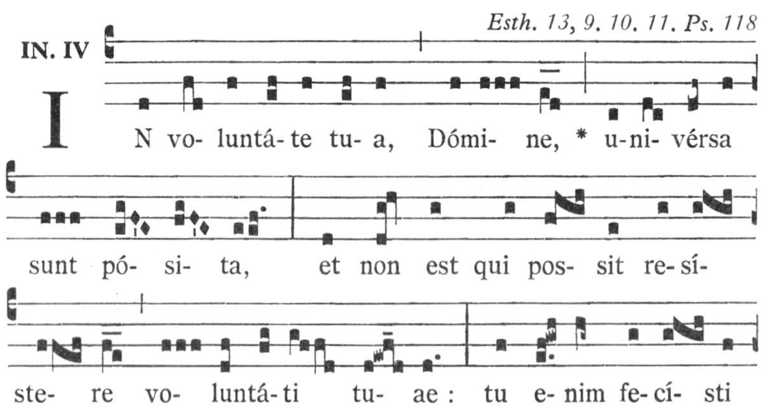

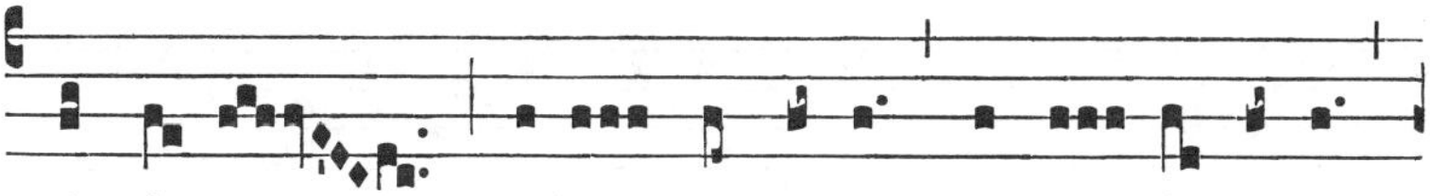

ómni- a, caelum et terram, et u- ni- vérsa

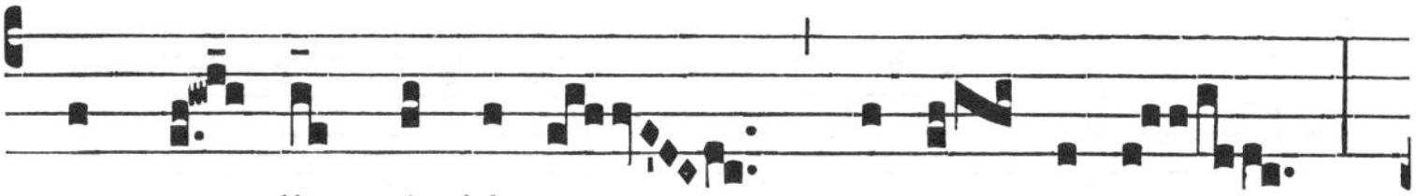

quae cae- li ámbi- tu conti- néntur :

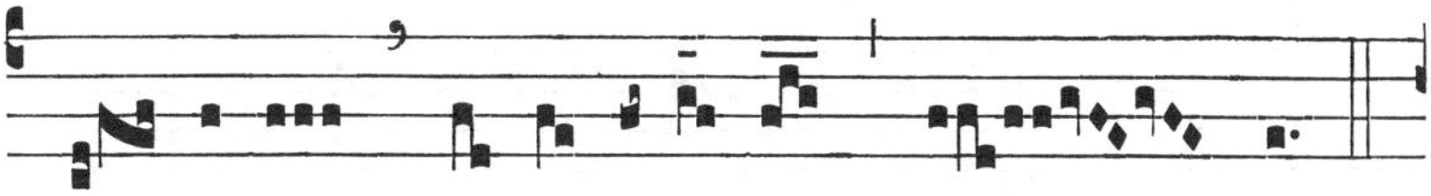

Dó- mi-nus u- ni- versó- rum tu es.

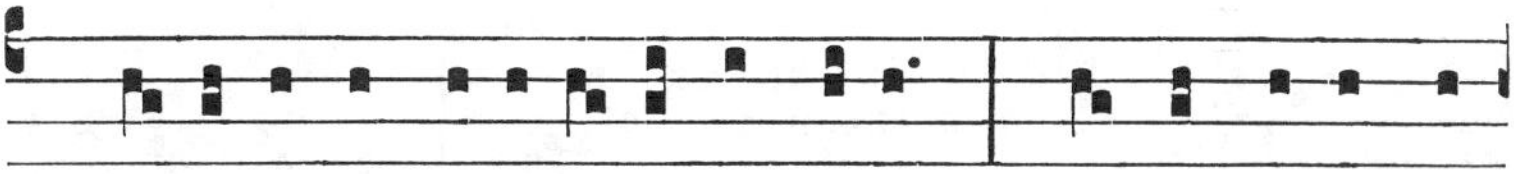

Ps. Be- á- ti immacu- lá- ti in vi- a : qui ámbu- lant in

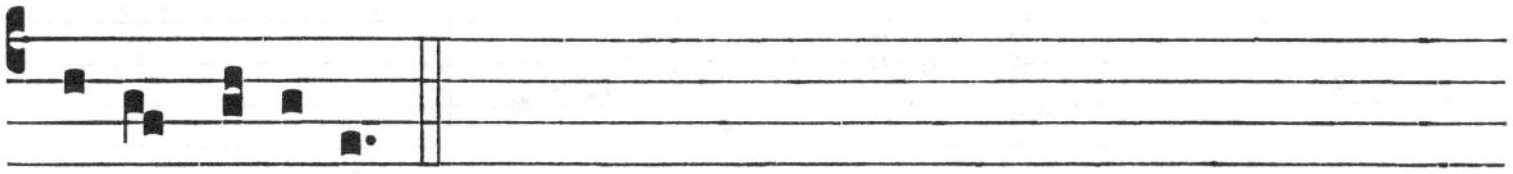

lege Dómi-ni.

Ad libitum :

Anno II, feria 3 : De ventre matris meæ, 570.

Ps. 89, 1. ℣. *2*

GR. II

DO- mi-ne, * re-fú- gi- um fa- ctus es

no- bis, a gene-ra-ti- ó-

ne et progé- ni- e.

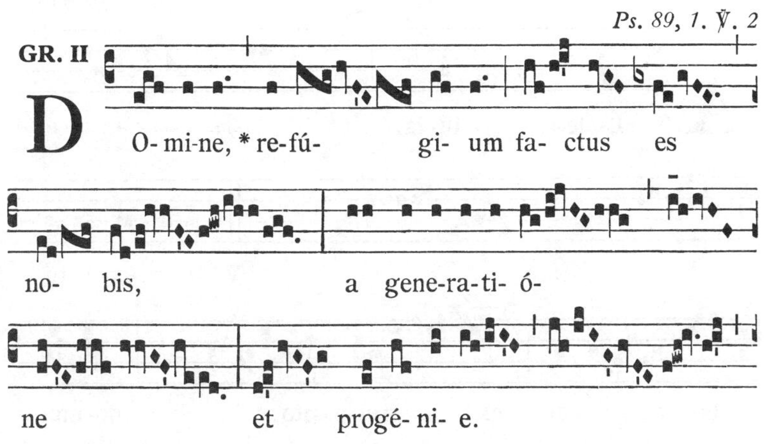

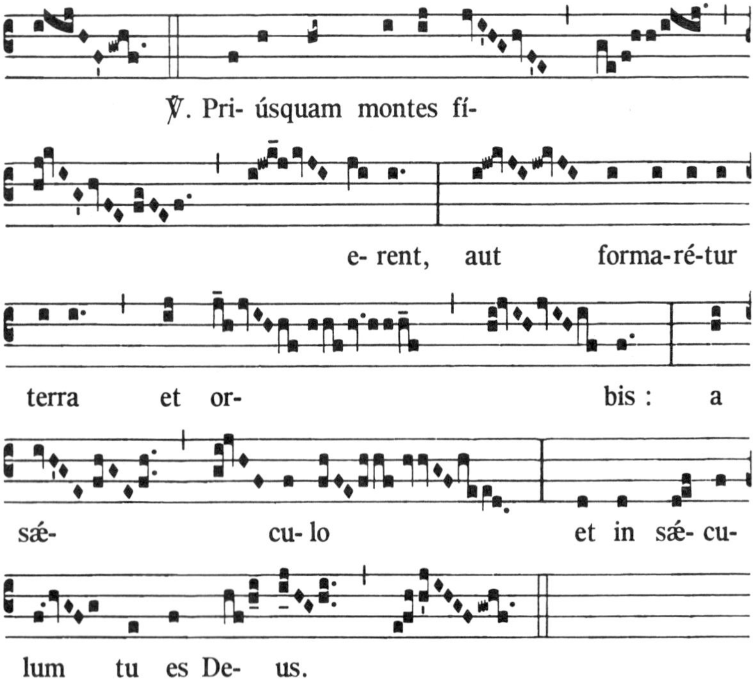

℣. Pri- úsquam montes fí-
e- rent, aut forma-ré-tur
terra et or- bis : a
sǽ- cu- lo et in sǽ- cu-
lum tu es De- us.

Anno II, feria 4 : Qui operátus est Petro, 536.

Ps. 113, 1

II
A L- le- lú- ia.
℣. In éx- i- tu
Is- ra- el ex Ae- gýpto, do- mus

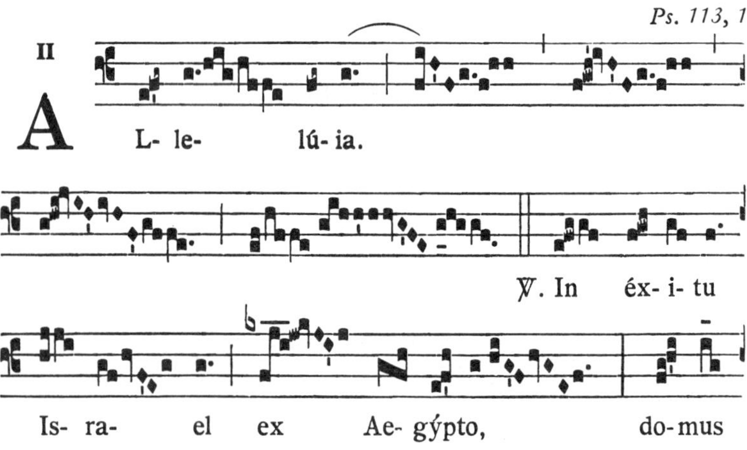

Ia- cob de pó- pu-lo bárba-ro.

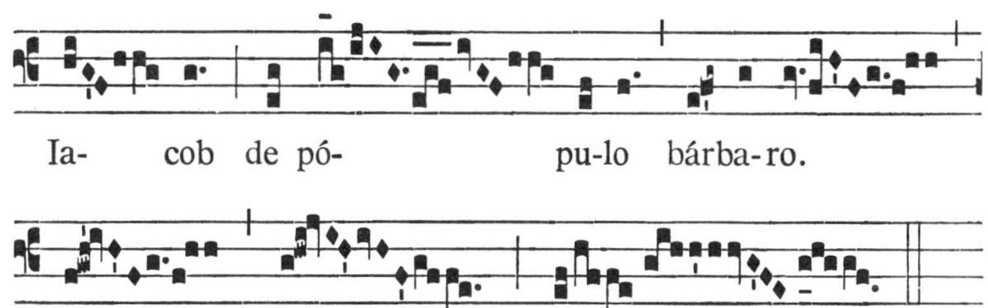

Anno II, feria 4 : Laudáte Dóminum, 273.

Iob. 1 et 2, 7

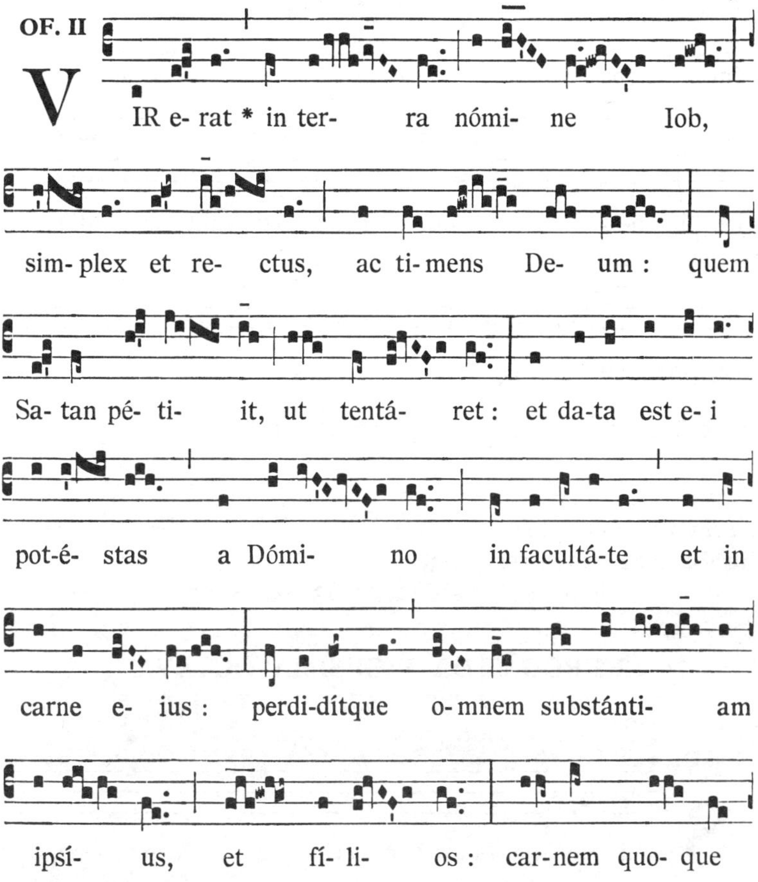
OF. II
VIR e- rat * in ter- ra nómi- ne Iob,
sim- plex et re- ctus, ac ti- mens De- um : quem
Sa- tan pé- ti- it, ut tentá- ret : et da-ta est e- i
pot-é- stas a Dómi- no in facultá-te et in
carne e- ius : perdi-dítque o- mnem substánti- am
ipsí- us, et fí- li- os : car-nem quo- que

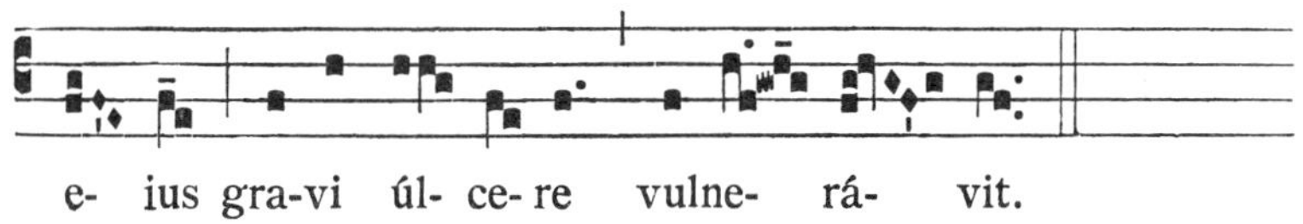

Ps. 118, 81. 84. 86

CO. I

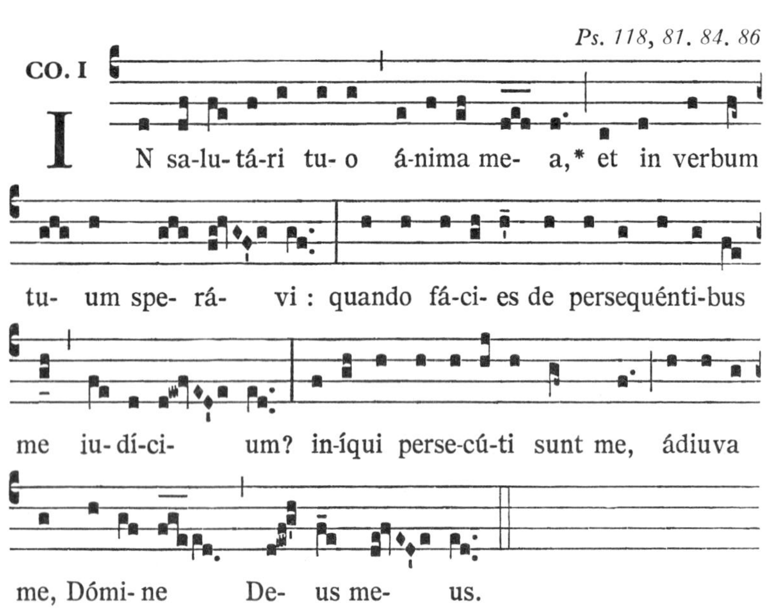

Ps. **118**, 1. 41. 85. 87. 113. 123. 157. 161. 166. 174

Feria 3 : Optimam partem, 507.
Feria 5 : Petíte, 314.
Sabbato : Beáta víscera, 423,
cum ps. **44***, 2 ab. 11. 12. 13. 14. 15. 16

HEBDOMADA VIGESIMA OCTAVA

Ps. 129, 3. 4 et 1. 2

IN. III

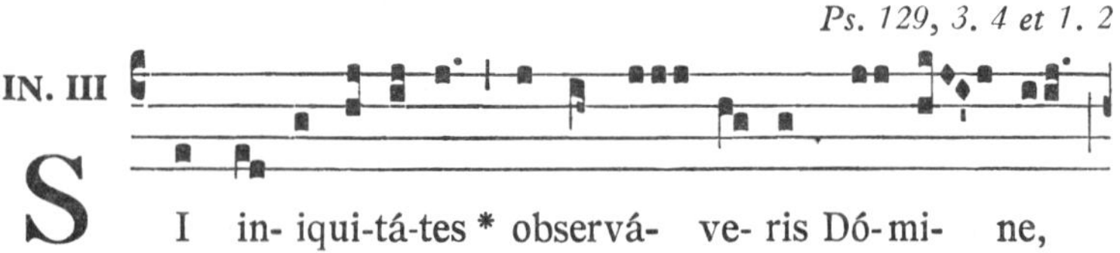

in cá-pi-te, quod de-scén- dit in

bar- bam, bar- bam A- a- ron.

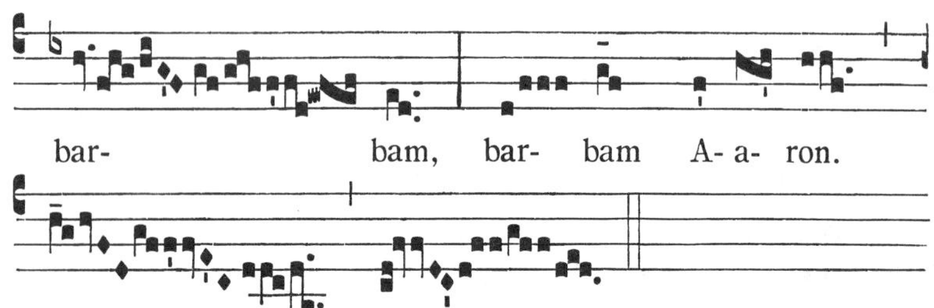

Dom. anno A : Si ámbulem, 125.
Anno I, feria 3 : In omnem terram, 427.
Anno II, feria 6 : Beáta gens, 333.
— **sabbato :** Glória et honóre, 476.

Ps. 113, 11

I

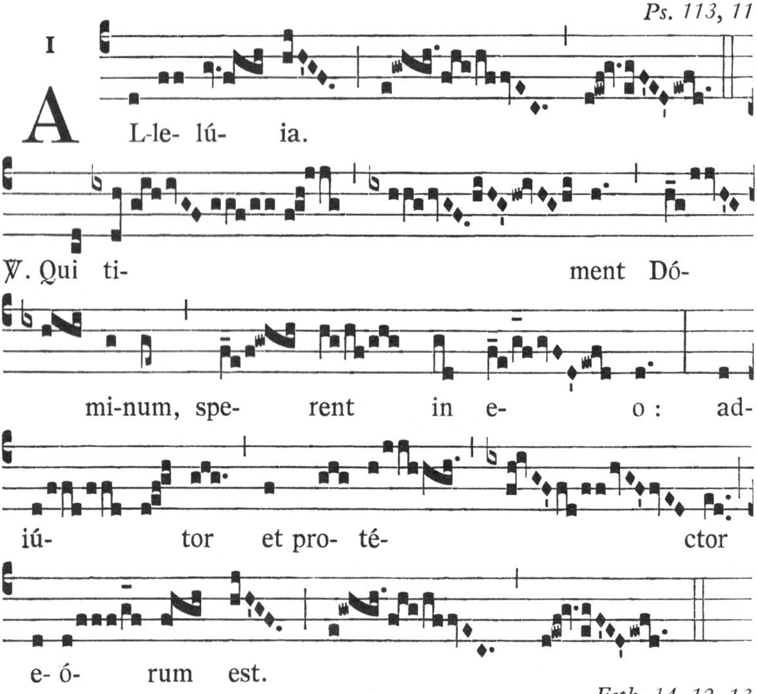
A L-le- lú- ia.
℣. Qui ti- ment Dó-
mi-num, spe- rent in e- o : ad-
iú- tor et pro- té- ctor
e- ó- rum est.

Esth. 14, 12. 13

OF. I

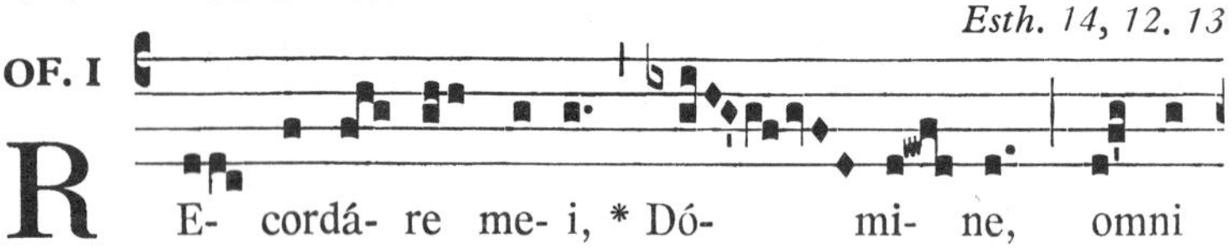
R E- cordá- re me- i, * Dó- mi- ne, omni

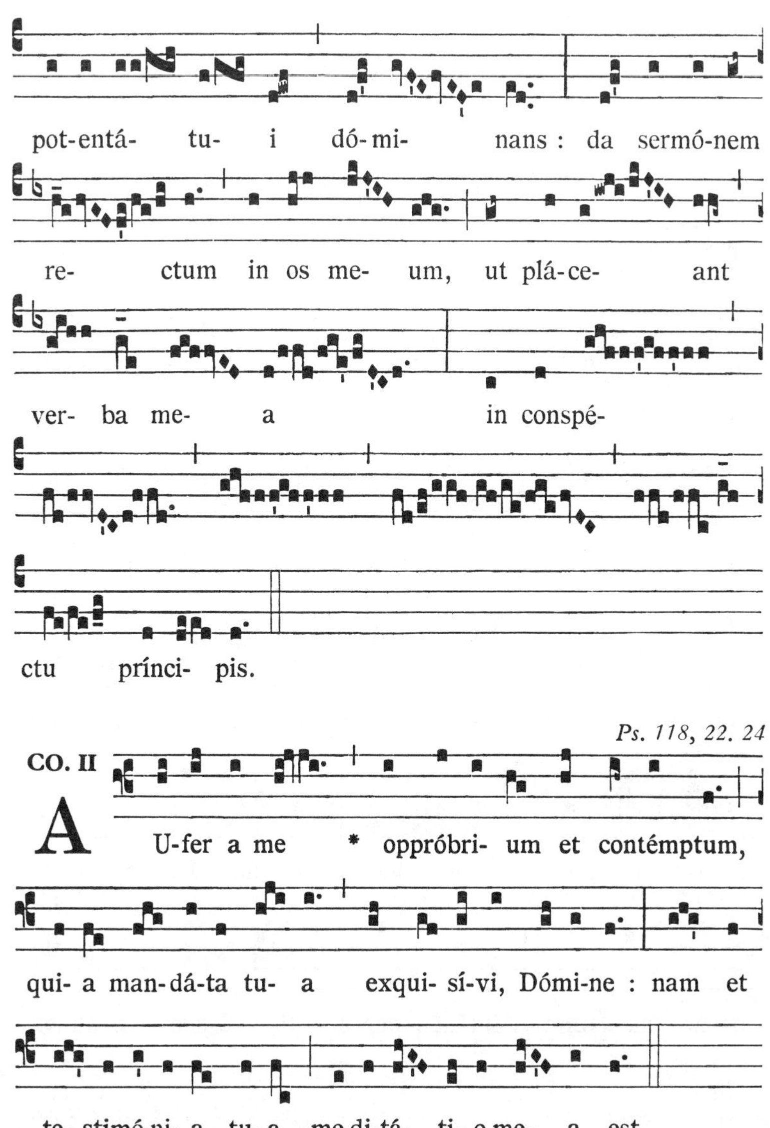

Ps. 118, 1. 2. 39. 45. 77. 99. 100. 143

Feria 6 : Dico autem vobis, 470.

HEBDOMADA VIGESIMA NONA

Ps. 16, 6. 8 et 1

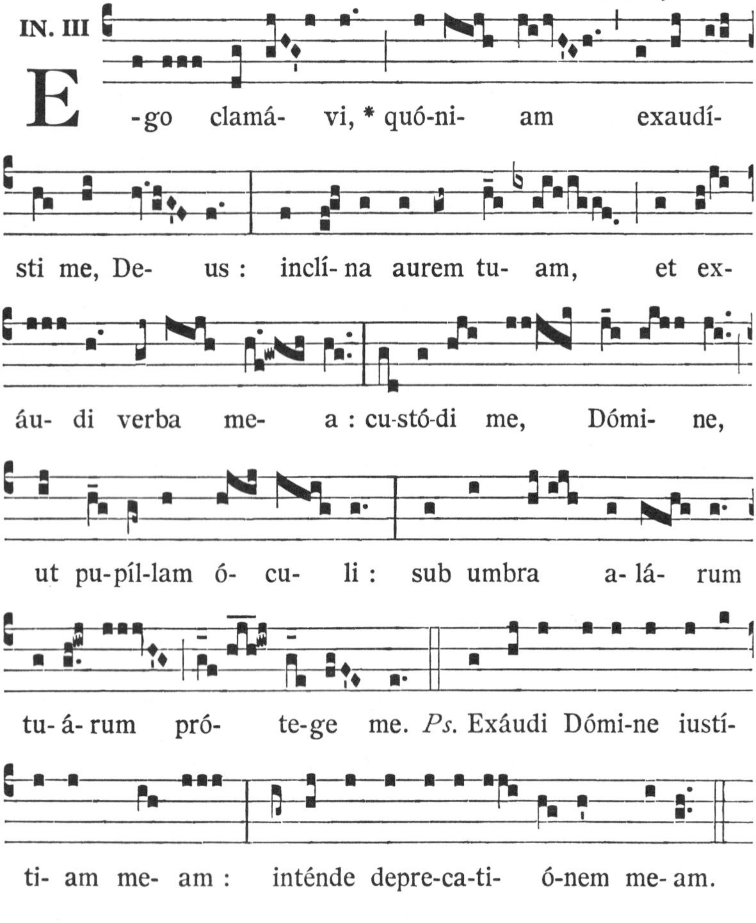
IN. III
Ego clamá- vi, * quó-ni- am exaudí-
sti me, De- us : inclí- na aurem tu- am, et ex-
áu- di verba me- a : cu-stó-di me, Dómi- ne,
ut pu-píl-lam ó- cu- li : sub umbra a- lá- rum
tu- á- rum pró- te-ge me. *Ps.* Exáudi Dómi-ne iustí-
ti- am me- am : inténde depre-ca-ti- ó-nem me- am.

Ps. 27, 9. ℣. 1

GR. VII
SAl- vum fac * pó-pu- lum tu- um,

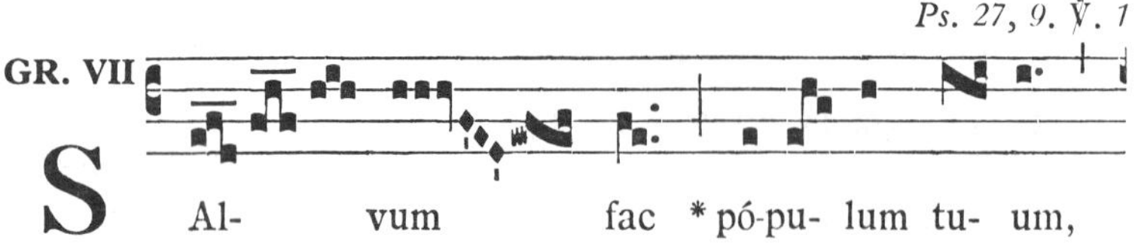

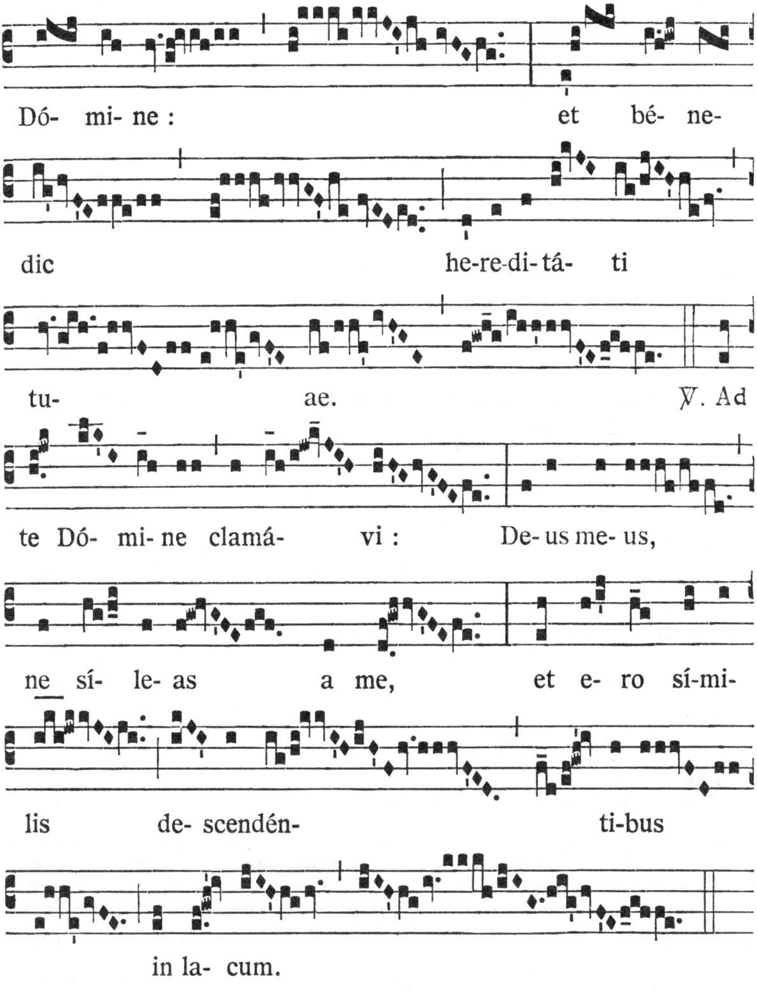

Dó- mi- ne : et bé- ne-
dic he-re-di-tá- ti
tu- ae. ℣. Ad
te Dó- mi- ne clamá- vi : De- us me- us,
ne sí- le- as a me, et e- ro sí-mi-
lis de- scendén- ti-bus
in la- cum.

Anno II, sabbato : Lætátus sum, 336.

Ps. 145, 2

VIII
A L- le- lú- ia.

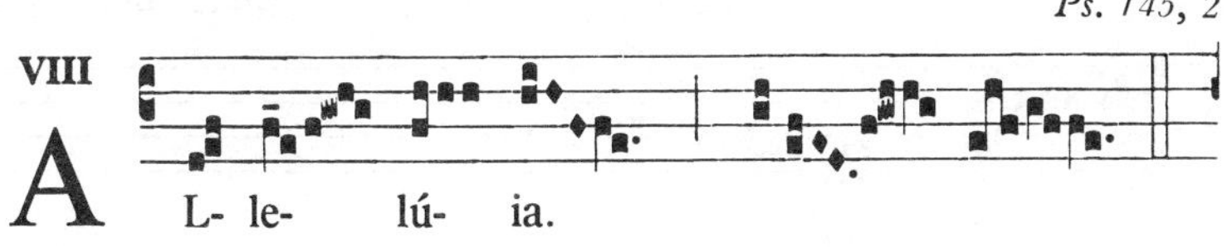

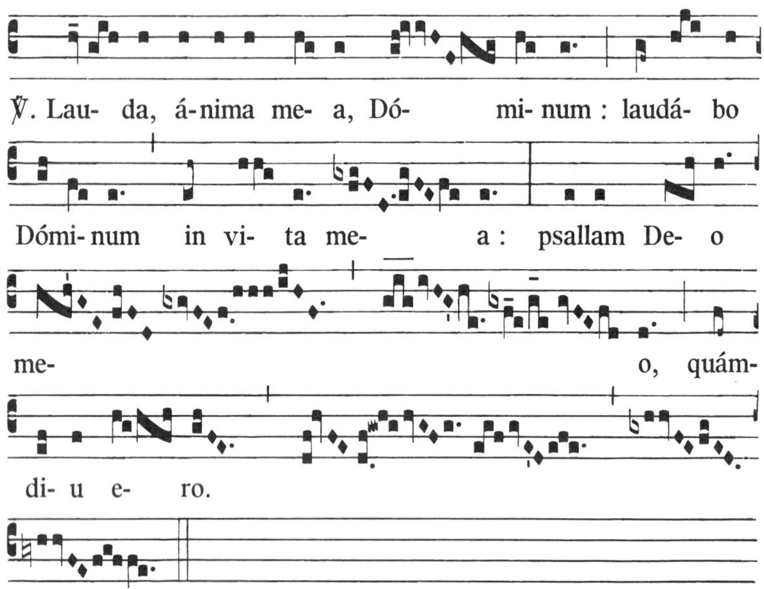

Anno II, sabbato : Lætátus sum, 19.

Ps. 118, 47. 48

Ps. 8, 2 ab

Ps. 8, 2 c. 3. 4. 5. 6 - 7 a. 7 b - 8. 9

Feria 3 : Beátus servus, 491, *cum* ps. 33*.
Feria 4 : Fidélis servus, 491, *cum* ps. 15*, 1. 2. 5. 6. 8. 9. 11.

HEBDOMADA TRIGESIMA

Ps. 104, 3. 4 et 1

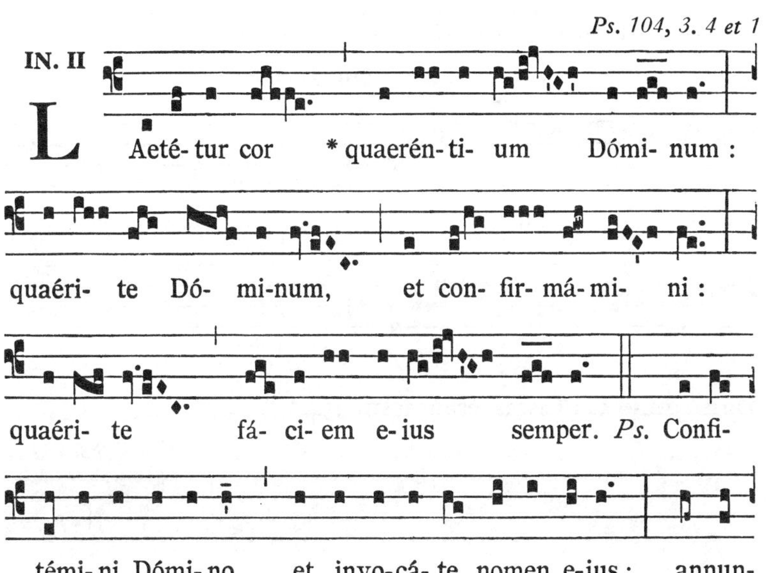

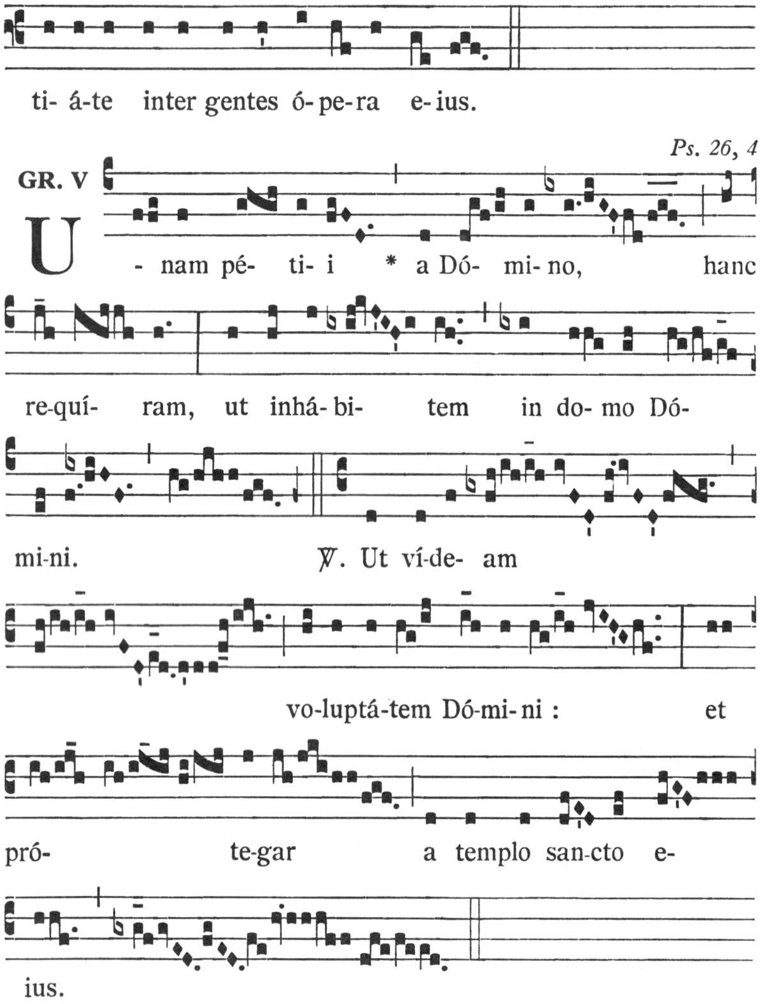
ti- á-te inter gentes ó-pe-ra e-ius.
Ps. 26, 4
GR. V
U -nam pé- ti- i * a Dó- mi- no, hanc
re-quí- ram, ut inhá-bi- tem in do- mo Dómi-ni. ℣. Ut ví-de- am
vo-luptá-tem Dó-mi-ni : et
pró- te-gar a templo san-cto e-
ius.

Dom. anno C : Clamavérunt iusti, 454.

Ps. 147, 1
IV
A L-le- lú- ia. ℣. Lauda,

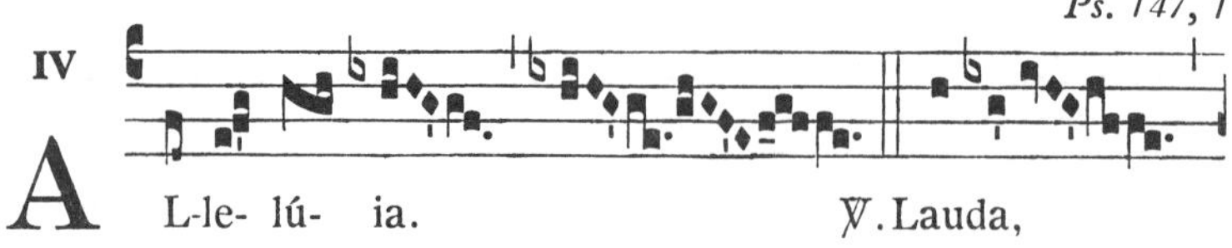

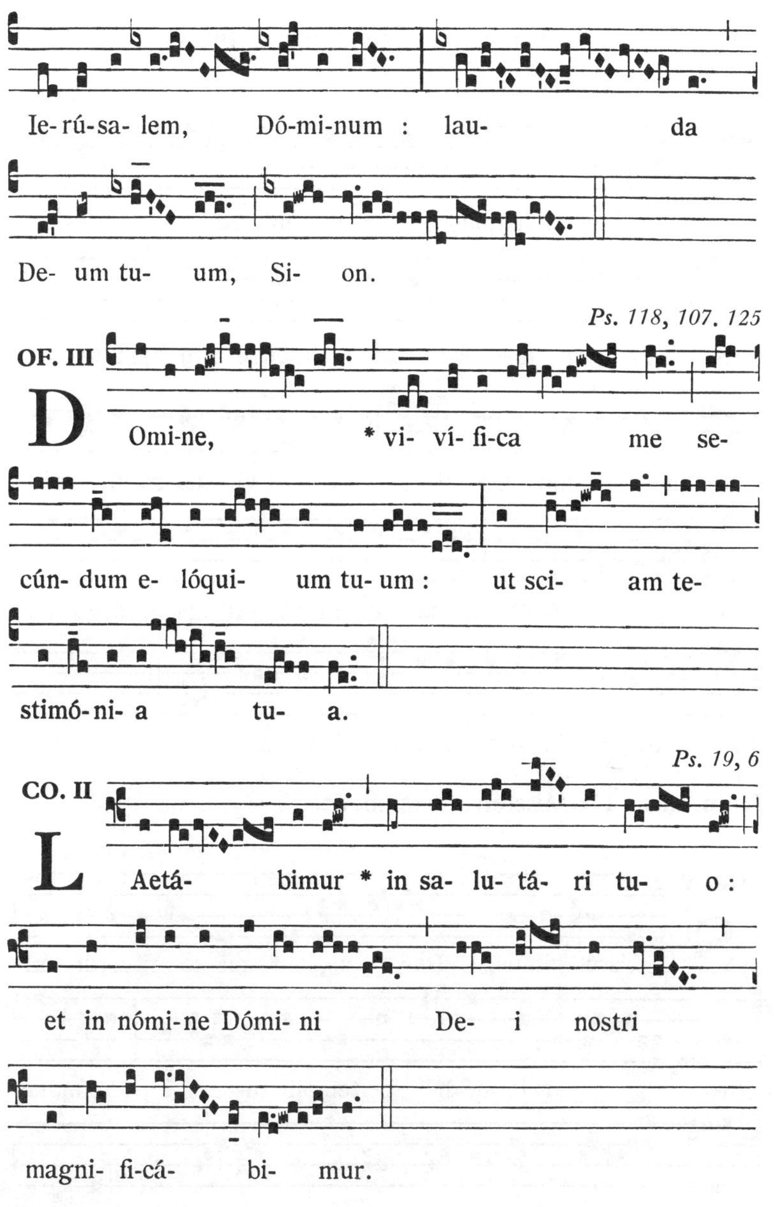
Ie- rú-sa- lem, Dó-mi-num : lau- da
De- um tu- um, Si- on.
Ps. 118, 107. 125
OF. III
D Omi-ne, * vi- ví- fi-ca me se-
cún- dum e- lóqui- um tu- um : ut sci- am te-
stimó- ni- a tu- a.
Ps. 19, 6
CO. II
L Aetá- bimur * in sa- lu- tá- ri tu- o :
et in nómi-ne Dómi- ni De- i nostri
magni- fi-cá- bi- mur.

Ps. 19, 2. 3. 4. 5. 7. 8

HEBDOMADA TRIGESIMA PRIMA

Ps. 37, 22. 23 et 2

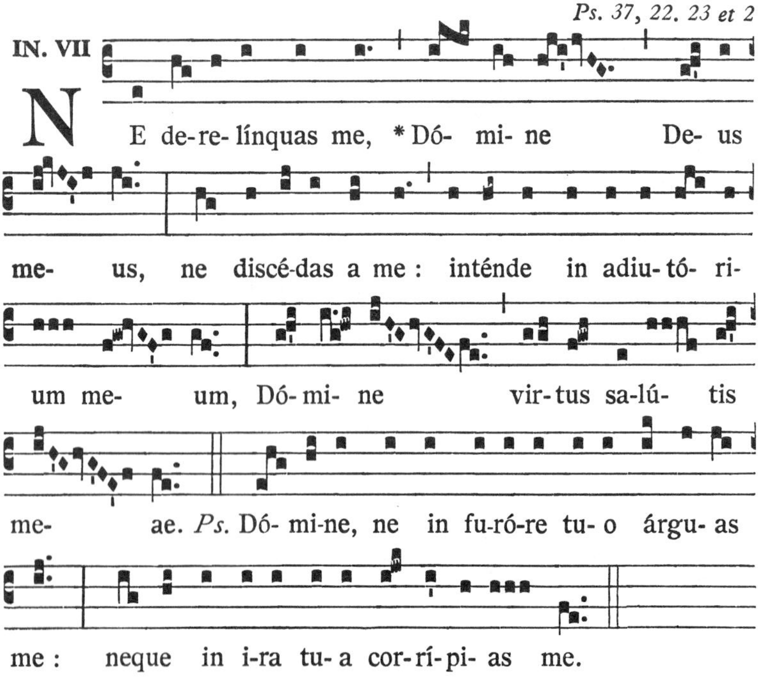

IN. VII
NE de-re-línquas me, * Dó- mi- ne De- us
me- us, ne discé-das a me : inténde in adiu-tó- ri-
um me- um, Dó-mi- ne vir-tus sa-lú- tis
me- ae. Ps. Dó- mi-ne, ne in fu-ró-re tu- o árgu- as
me : neque in i-ra tu- a cor-rí-pi- as me.

Dom. anno C : Miseréris ómnium, 62.

Ps. 47, 10. 11. ℣. 9

GR. V
SUscé- pimus, De- us, * mi- se- ri-córdi- am
tu- am in mé-di- o templi tu- i : se-cúndum
nomen tu- um, De- us, i- ta et laus tu- a

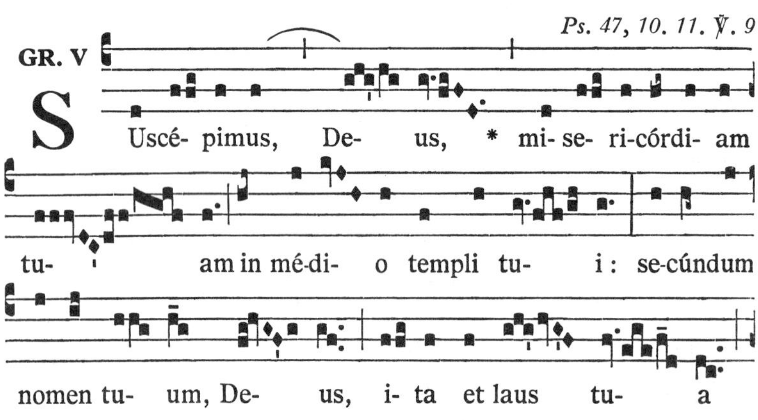

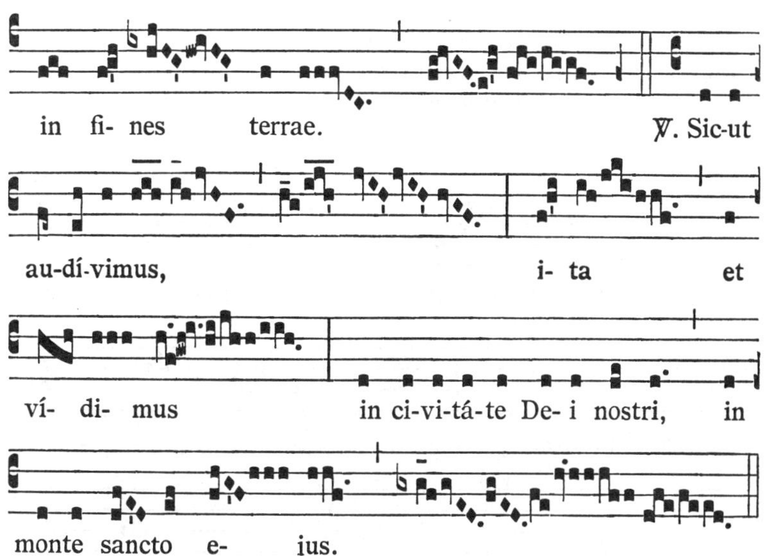

Anno II, feria 6 : Lætátus sum, 336.
Anno II, sabbato : Beátus vir qui timet, 475.

Ps. 32, 6

Dom. anno C : O quam bonus, 517.
Anno II, feria 6 : Lætátus sum, 19.
— **sabbato :** Beátus vir qui timet, 511.

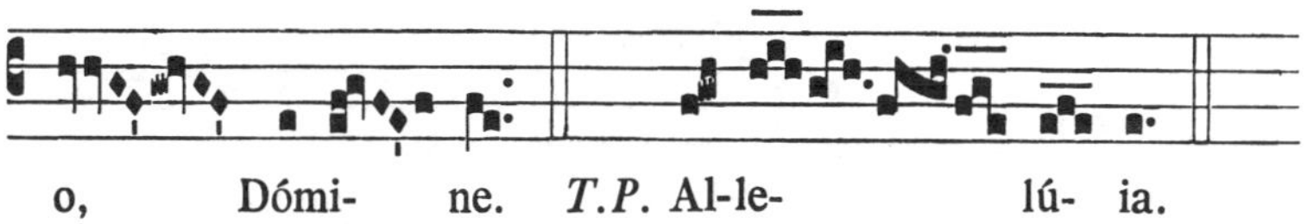

o, Dómi- ne. *T.P.* Al-le- lú- ia.

Ps. 15, 1. 2. 3. 5. 6. 7. 8. 9. 10

Feria 5 : Dico vobis : Gáudium, 387,
cum ps. **31***, 1. 2. 5 ab. 5 cd. 7. 8. 10. 11

HEBDOMADA TRIGESIMA SECUNDA

Ps. 87, 3 et 2

IN. III

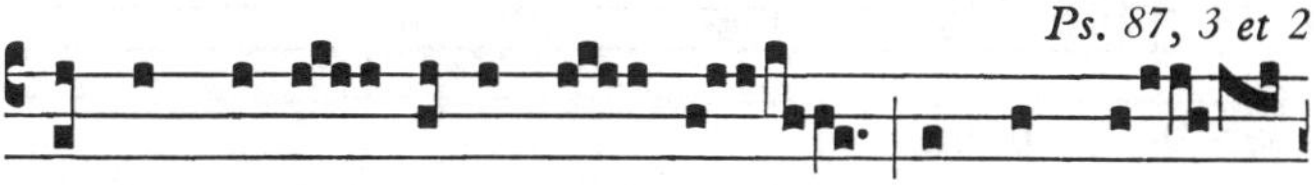

I Ntret * o-rá- ti- o me- a in conspé-

ctu tu- o : inclí- na aurem tu- am ad

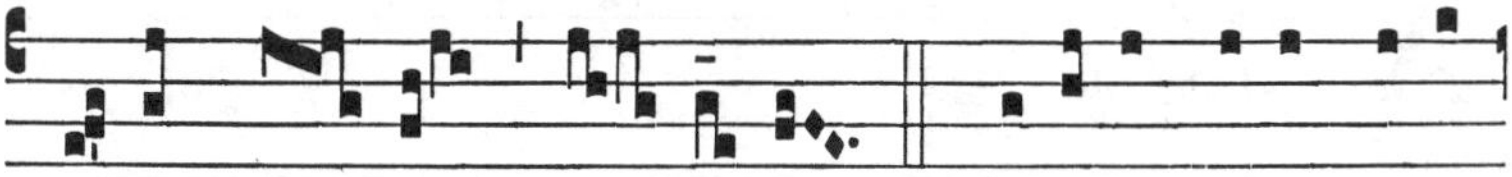

pre- cem me- am Dó- mi- ne. *Ps.* Dómi-ne De- us sa-lú-

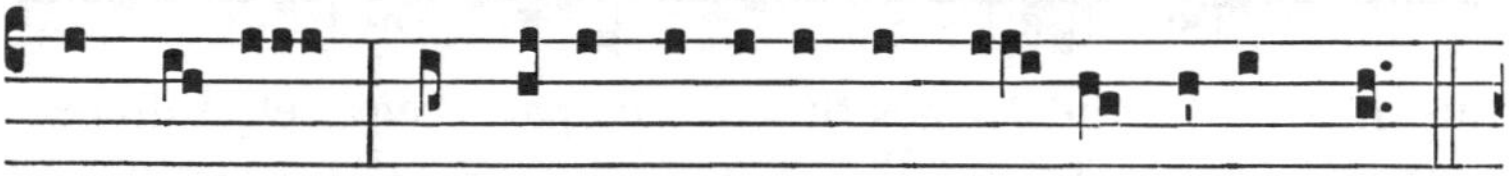

tis me- ae : in di- e clamá-vi, et no- cte co-ram te.

Ps. 140, 2

GR. VII

D I- ri-gá- tur * o-rá- ti- o me- a sic-ut

incénsum in conspéctu tu- o, Dó- mi-

Anno I, feria 3 : Benedícam Dóminum, 316.
— feria 6 : In omnem terram, 427.
Anno II, sabbato : Beátus vir qui timet, 475.

Dom. anno A : Quinque prudéntes vírgines, 502.
Anno I, feria 3 : Fulgébunt iusti, 460.
Anno II, sabbato : Beátus vir qui timet, 511.

Ps. **22**, 3 b. 4 ab. 4 cd. 5 ab. 5 cd. 6 ab. 6 cd

Dom. anno A : Quinque prudéntes vírgines, 507, *cum* ps. **33***. (Differentia : **g**)

HEBDOMADA TRIGESIMA TERTIA

runt, con- fu- dí- sti.
℣. In De-
o
laudá-bimur to- ta di- e, et
nó-mi-ni tu- o confi- té- bi- mur in saé-
cu- la.
Ps. 129, 1. 2
VII
A L-le-lú- ia.
℣. De pro-fún- dis
clamá- vi ad te, Dómi- ne : Dó-

Ps. **60***, 2. 3. 4. 5. 6. 7. 8. 9 (Differentia **f**)

Dom. anno A : Dómine, quinque talénta, 515.
Feria 4 : *ut in dom. anno A.*
— 6 : Domus mea, 402.

HEBDOMADA TRIGESIMA QUARTA

Locum dominicæ XXXIV tenet sollemnitas D. N. Iesu Christi, universorum Regis, 388.

In feriis :

Ps. 84, 9 et 2

IN. III

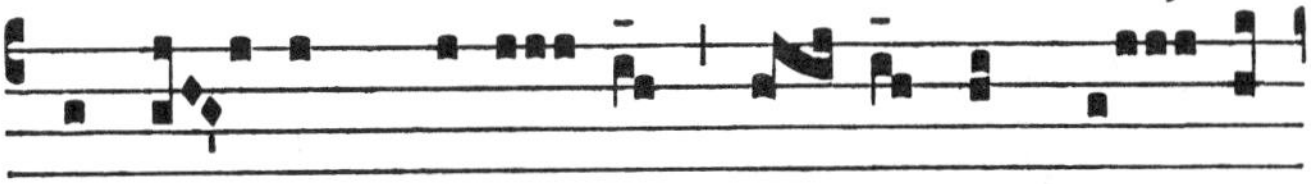

L Oqué- tur Dómi- nus * pa- cem in ple- bem

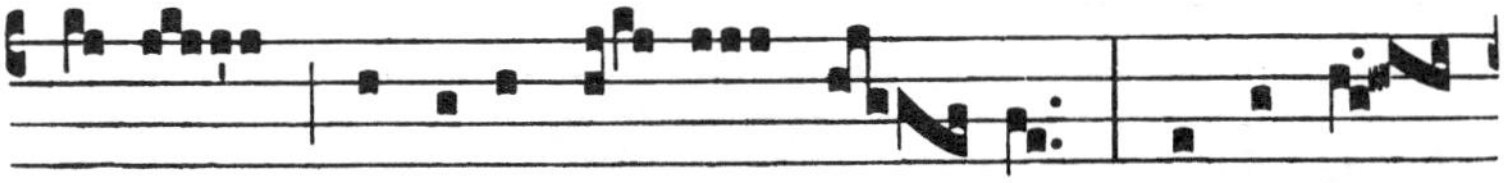

su- am : et super san-ctos su- os, et in e-

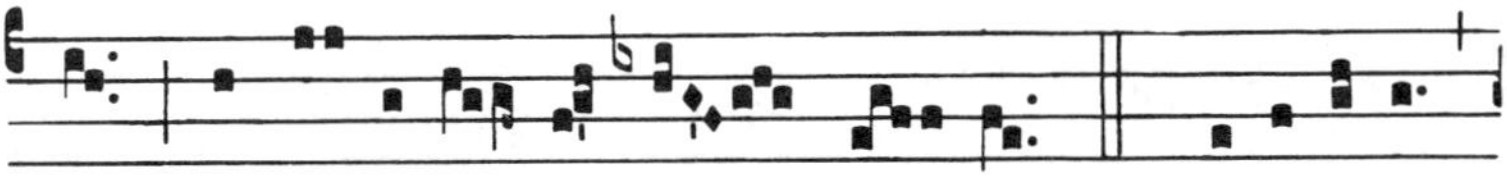

os qui convertún- tur ad i- psum. *T. P.* Alle-lú- ia,

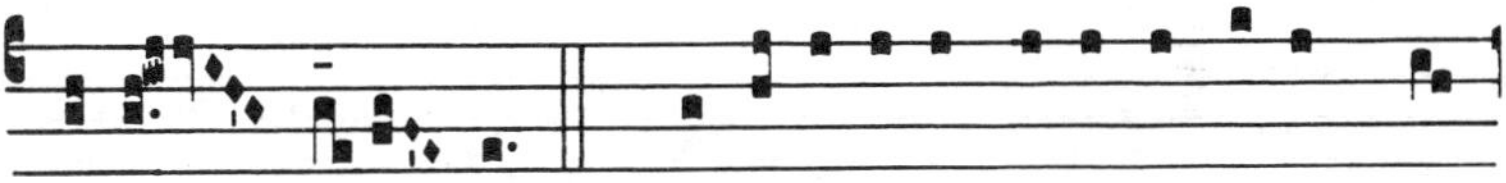

alle- lú- ia. *Ps.* Be-ne-di-xísti, Dómi-ne, terram tu-

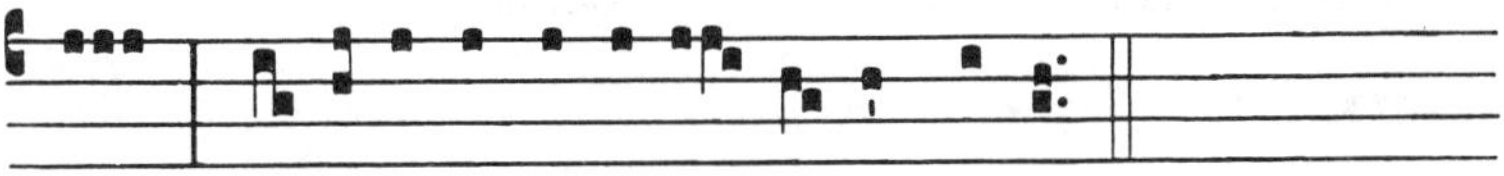

am : a-vertí-sti capti-vi- tá- tem Ia-cob.

GR. *vel* AL. *ut in solemnitate Trinitatis,* 372.

Ps. 91, 2

OF. VIII

B O-num est * confi- té- ri Dómi- no,

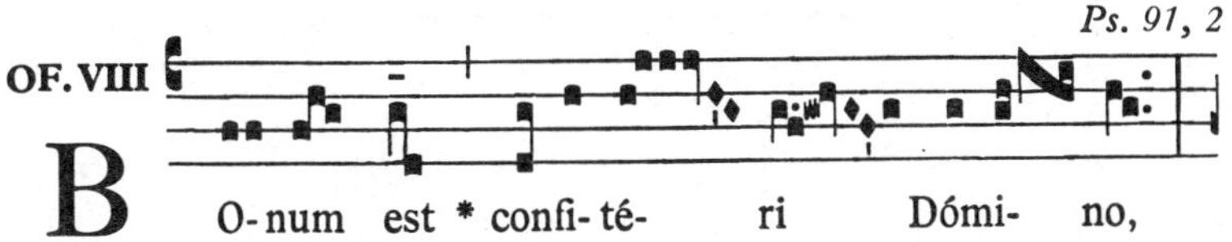

Ps. 121, 3. 4

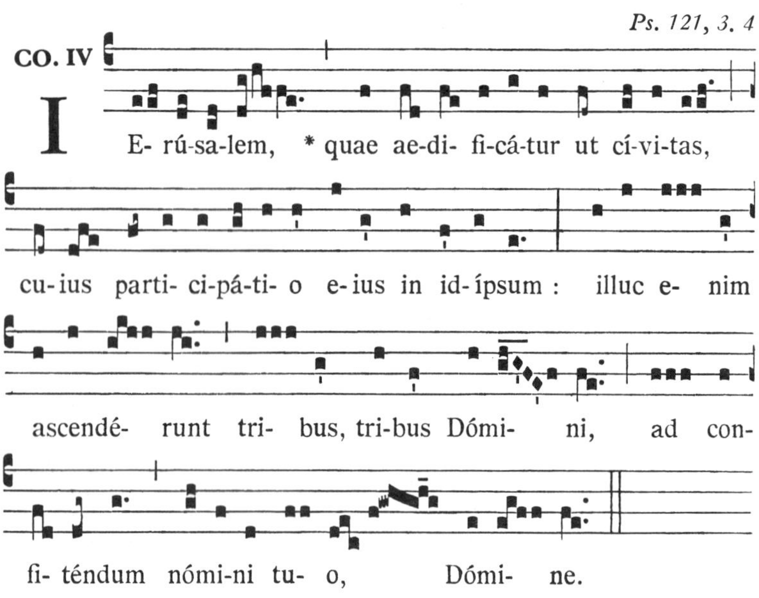

Ps. 121, 1. 2. 5. 6. 7. 8. 9

SOLLEMNITATES DOMINI
TEMPORE PER ANNUM OCCURRENTES

Dominica I post Pentecosten

SANCTISSIMÆ TRINITATIS

Antiphona ad introitum VIII

Tob. 12, 6 ; Ps. 8

Anno C : Cáritas Dei, 248.

Dan. 3, 55. ℣. 56

GR. V

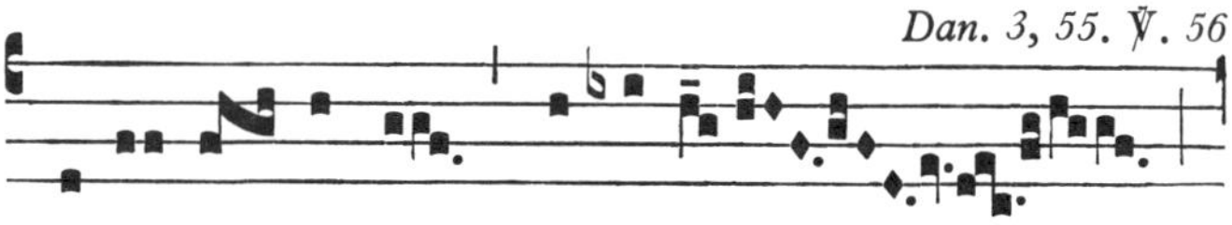

B Ene- dí- ctus es, * Dó-mi-ne,

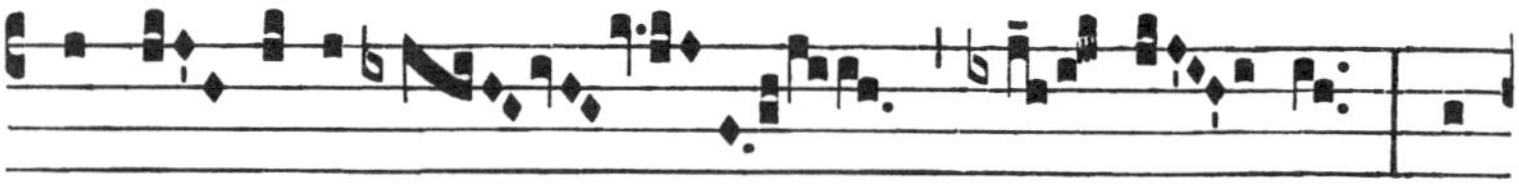

qui in- tu- é- ris a- bý́s- sos, et

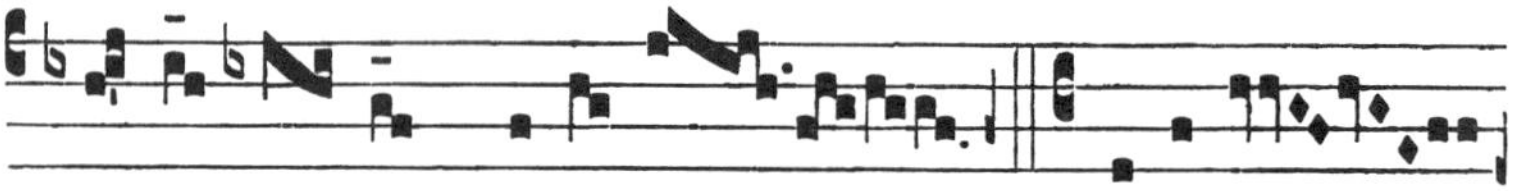

se- des su- per Ché-ru-bim. ℣. Be-ne-dí-

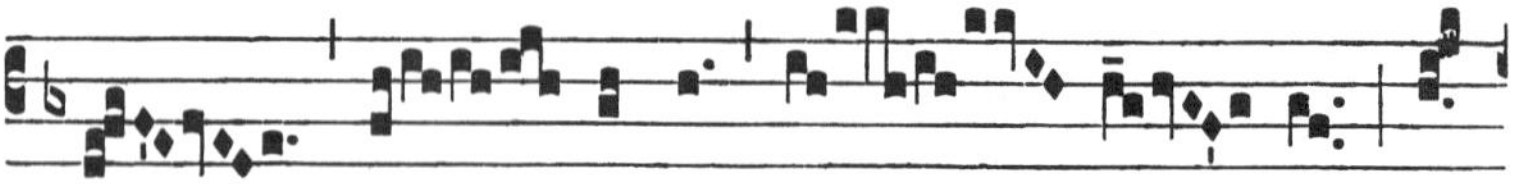

ctus es Dó- mi- ne, in

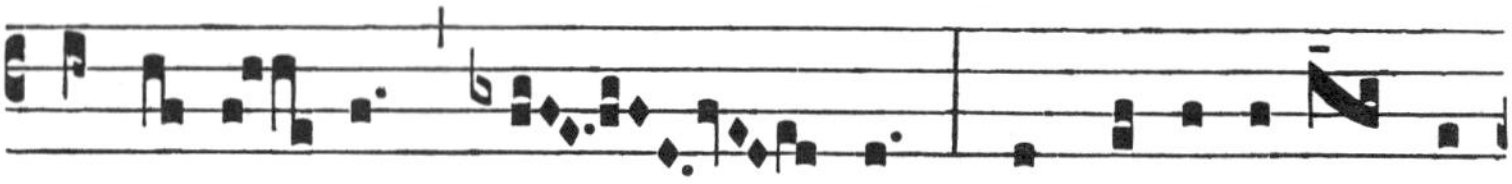

firmamén- to cae- li, et laudá-bi- lis in

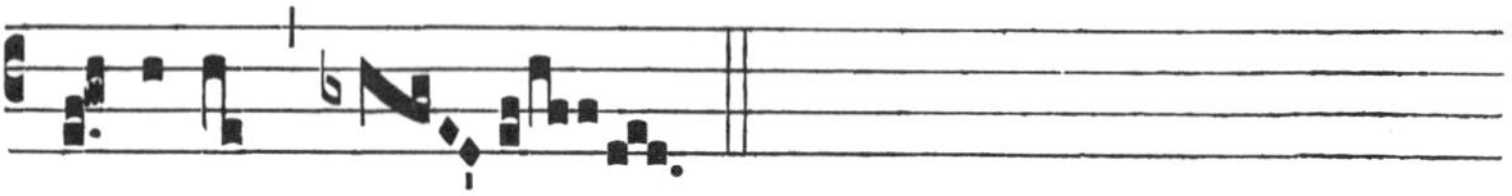

saé-cu-la.

Pro GR. *cantari potest hymnus sequens :*

Dan. 3, 52-56

VII

B E- ne-díctus es Dómi-ne De- us pa-trum nostró- rum.*

Et laudá-bi- lis et glo- ri- ó- sus in saé- cu-la. Et be-

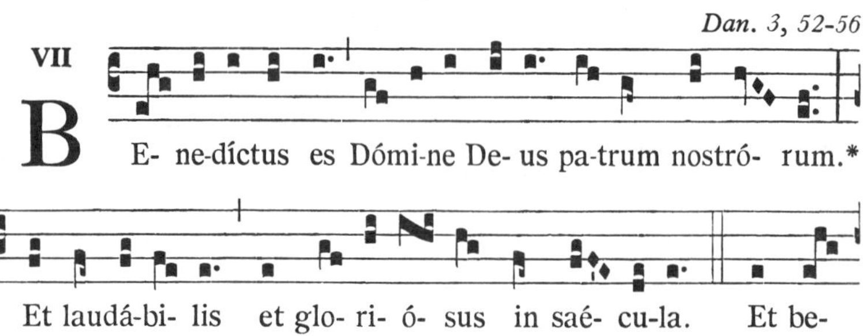

ne-díctum nomen gló-ri-ae tu-ae, quod est sanctum, * Et lau-
dá-bi- le et glo- ri- ó- sum in saé- cu-la. Be- ne-díctus es
in templo sancto gló- ri- ae tu- ae. * Et laudá-bi- lis et
glo- ri- ó- sus in saé- cu-la. Be- ne-díctus es su-per thronum
sanctum regni tu- i. * Et laudá-bi- lis et glo- ri- ó- sus
in saé- cu-la. Be- ne-díctus es su-per sceptrum di-vi-ni- tá-
tis tu- ae. * Et laudá-bi- lis et glo- ri- ó- sus in saécu-la. Be- ne-díctus es qui sedes su-per Ché-ru-bim, íntu- ens
abýs- sos. * Et laudá-bi- lis et glo- ri- ó- sus in saé- cu-la.

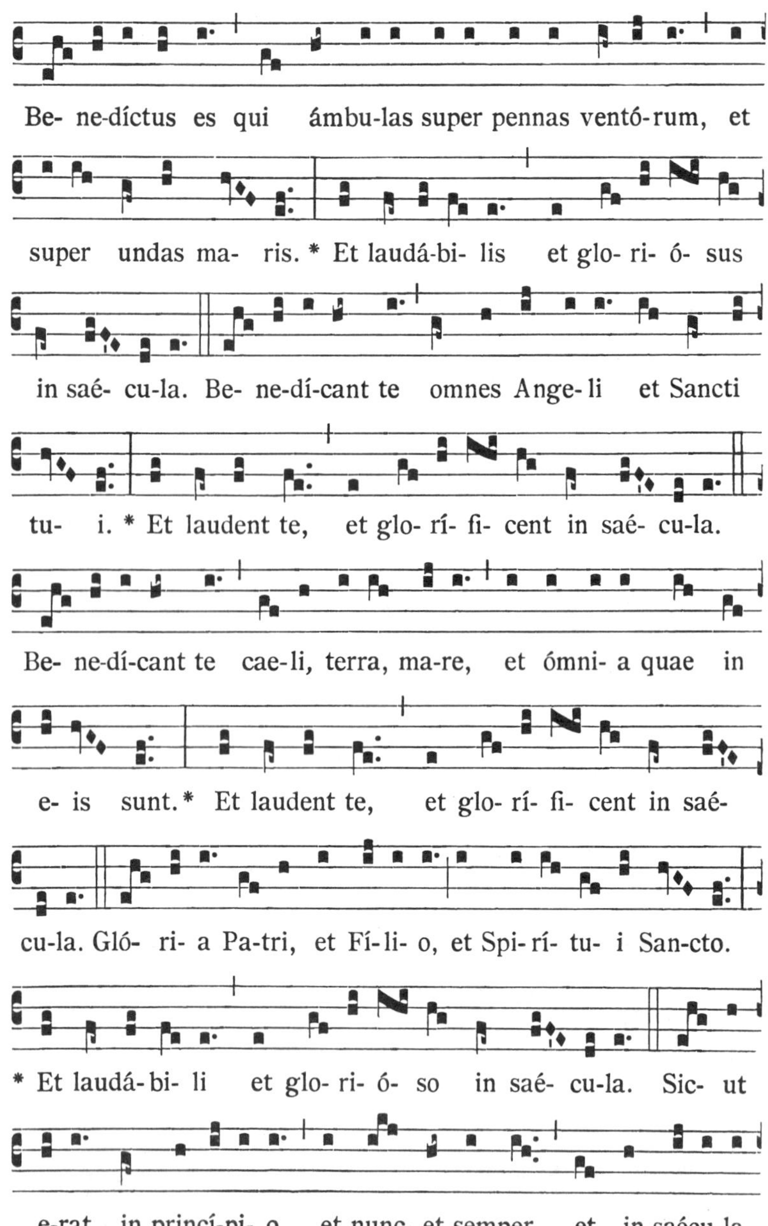
Be- ne-díctus es qui ámbu-las super pennas ventó-rum, et
super undas ma- ris. * Et laudá-bi- lis et glo- ri- ó- sus
in saé- cu-la. Be- ne-dí-cant te omnes Ange- li et Sancti
tu- i. * Et laudent te, et glo- rí- fi- cent in saé- cu-la.
Be- ne-dí-cant te cae-li, terra, ma-re, et ómni- a quae in
e- is sunt. * Et laudent te, et glo- rí- fi- cent in saécu-la. Gló- ri- a Pa-tri, et Fí-li- o, et Spi- rí- tu- i San-cto.
* Et laudá- bi- li et glo- ri- ó- so in saé- cu-la. Sic- ut
e-rat in princí-pi- o, et nunc, et semper, et in saécu-la

saecu- ló-rum. A- men. * Et laudá-bi- li et glo- ri- ó- so
in saé- cu-la. Be- ne-díctus es, Dó-mi-ne De- us patrum no-
stró- rum, * Et laudá-bi- lis et glo- ri- ó- sus in saé- cu-la.
Dan. 3, 52
VIII
A L-le-lú- ia.
℣. Be- ne-díctus es, Dómi-ne De- us patrum no-
stró- rum, et laudá-bi- lis in saécu- la.
Cf. Tob. 12, 6
OF. III
B Ene- dí- ctus sit * De- us Pa- ter,
u-ni-ge- ni- tús-que De- i Fí- li- us,

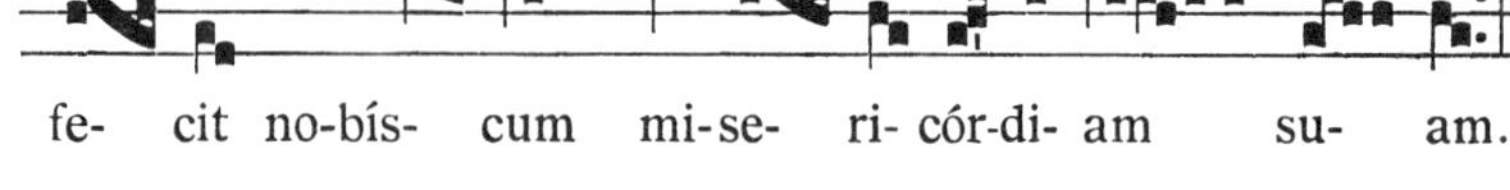

Cant. Tobiæ **13***, 1. 3. 5. 6. 8. 9. 10
vel cant. Danielis **3***, 52 ab. 52 cd. 53. 54. 55. 56. 57

Anno B : Data est mihi, 213,
cum ps. 77*, 1. 3. 4 a. 23. 24. 25. 27

Feria V post dom. Ss.mæ Trinitatis

SS.MI CORPORIS ET SANGUINIS CHRISTI

Antiphona ad introitum II

Ps. 80, 17 et 2. 3. 11

de ter-ra Ægýpti : di- lá-ta os tu- um, et implé- bo
il- lud. Ant.

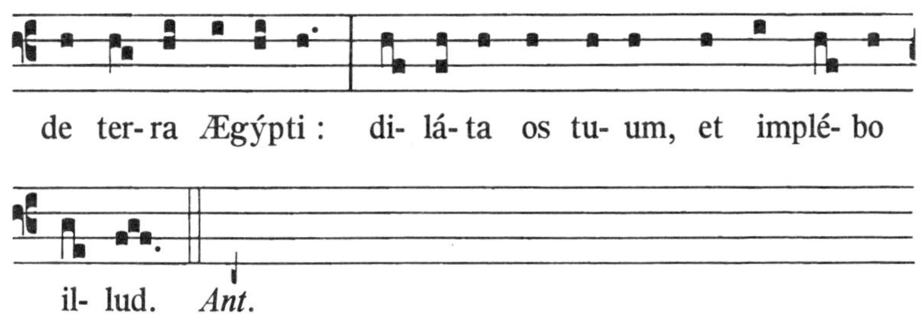

GR. Oculi ómnium, 343.

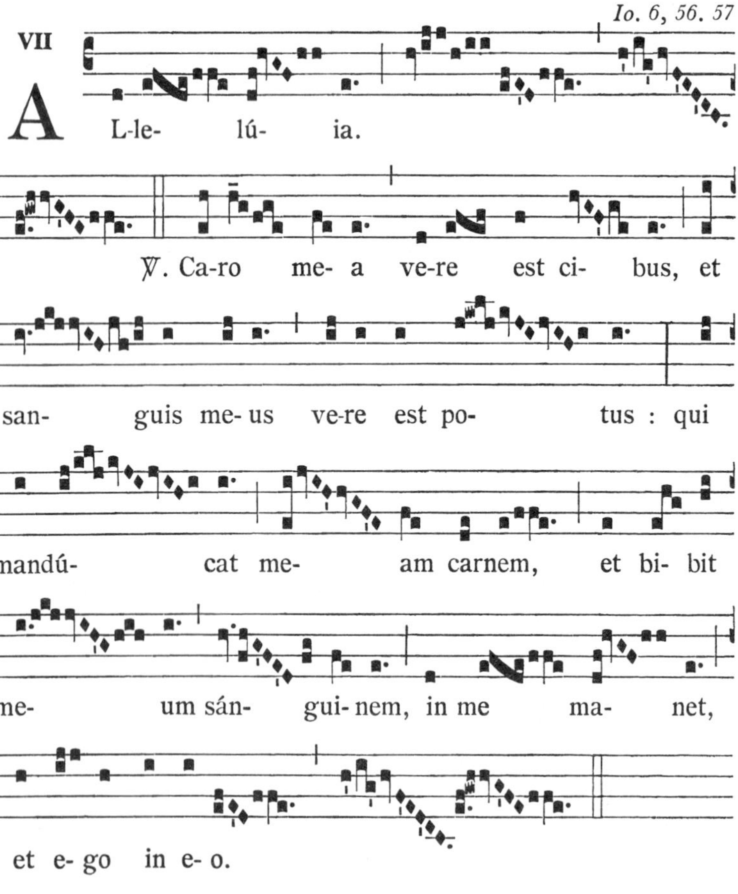
Io. 6, 56. 57
VII
A L-le- lú- ia.
℣. Ca-ro me- a ve-re est ci- bus, et
san- guis me- us ve-re est po- tus : qui
mandú- cat me- am carnem, et bi- bit
me- um sán- gui- nem, in me ma- net,
et e- go in e- o.

Post Allelúia, *hæc sequentia ad libitum dicitur vel integra vel forma breviore, inde a verbis :* * Ecce panis.

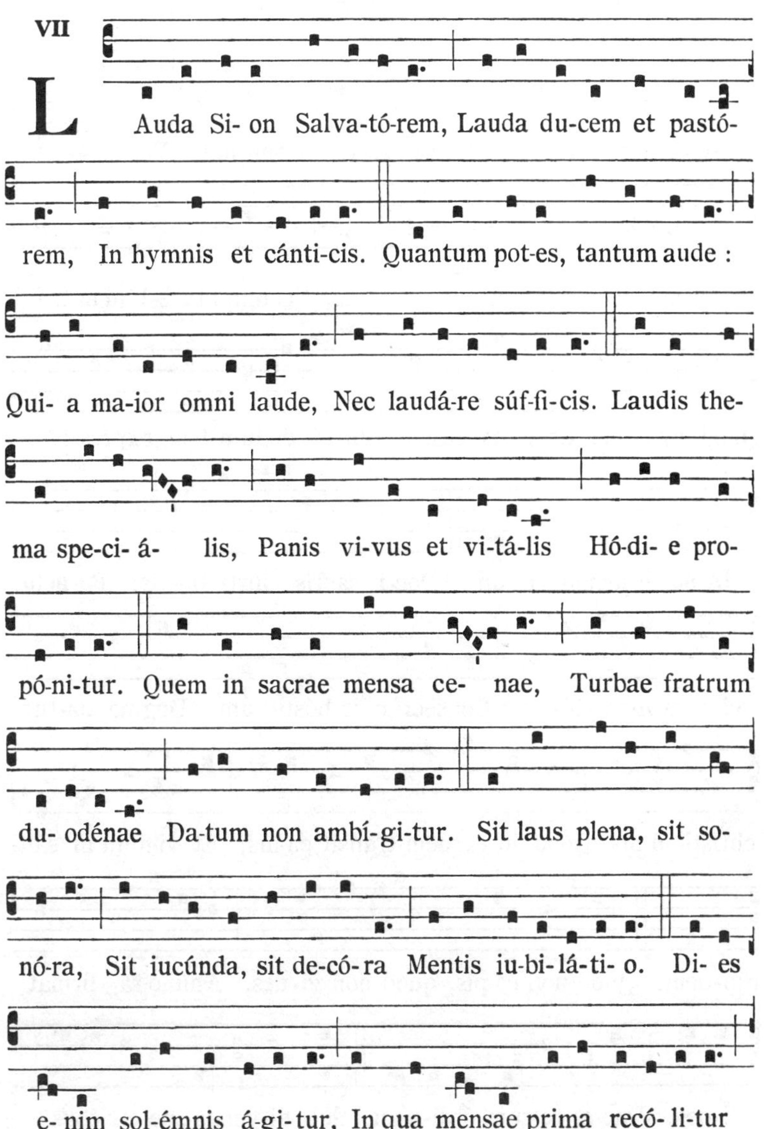

Hu-ius insti-tú-ti- o. In hac mensa no-vi Re-gis, Novum
Pascha novae le-gis, Pha-se ve-tus términ-at. Ve-tustá- tem
nó-vi-tas, Umbram fu-gat vé-ri-tas, Noctem lux e-lími-nat.
Quod in ce-na Christus gessit, Fa-ci- éndum hoc expréssit
In su- i memó- ri- am. Docti sacris insti-tú- tis, Pa-nem,
vi-num in sa-lú-tis Consecrámus hósti- am. Dogma da-tur
christi- á-nis, Quod in carnem transit pa-nis, Et vi-num in sángui-nem. Quod non ca-pis, quod non vi-des, Animó-sa firmat
fi-des, Praeter re-rum órdi-nem. Sub di-vérsis spe-ci- ébus,

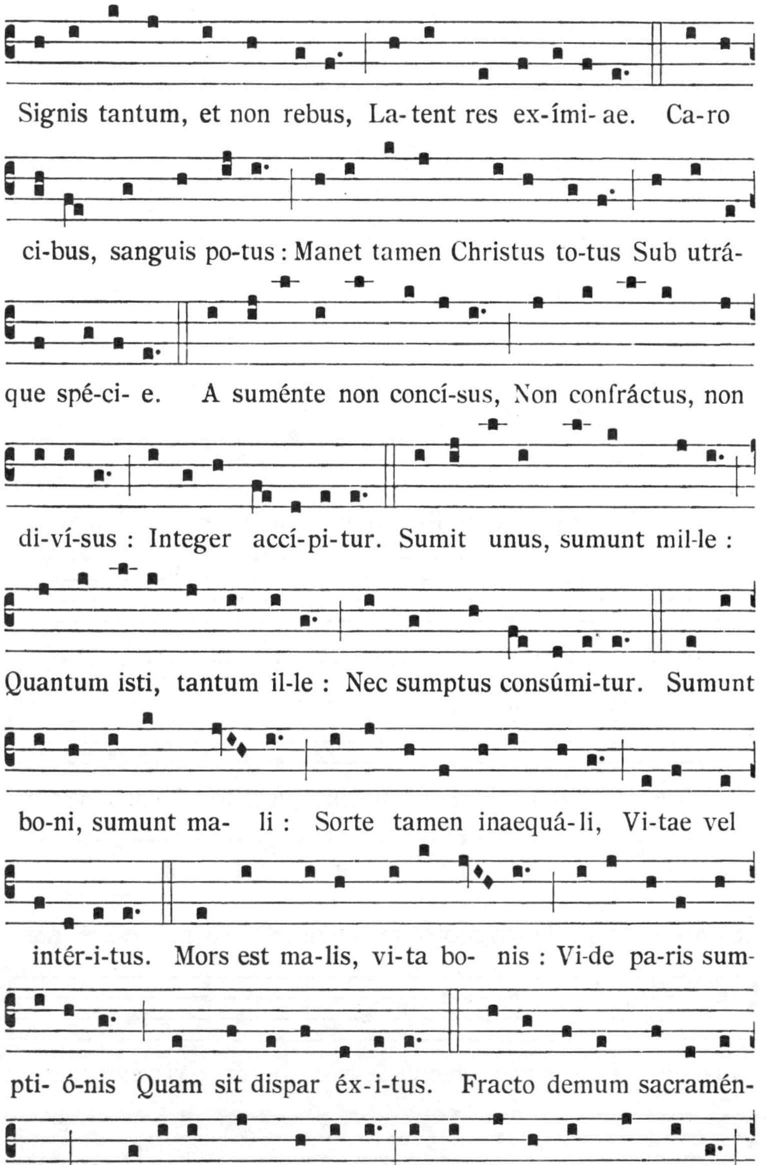
Signis tantum, et non rebus, La-tent res ex-ími-ae. Ca-ro
ci-bus, sanguis po-tus : Manet tamen Christus to-tus Sub utrá-
que spé-ci- e. A suménte non concí-sus, Non confráctus, non
di-ví-sus : Integer accí-pi-tur. Sumit unus, sumunt mil-le :
Quantum isti, tantum il-le : Nec sumptus consúmi-tur. Sumunt
bo-ni, sumunt ma- li : Sorte tamen inaequá-li, Vi-tae vel
intér-i-tus. Mors est ma-lis, vi-ta bo- nis : Vi-de pa-ris sum-
pti- ó-nis Quam sit dispar éx-i-tus. Fracto demum sacraménto, Ne va-cíl-les, sed meménto Tantum esse sub fragménto,

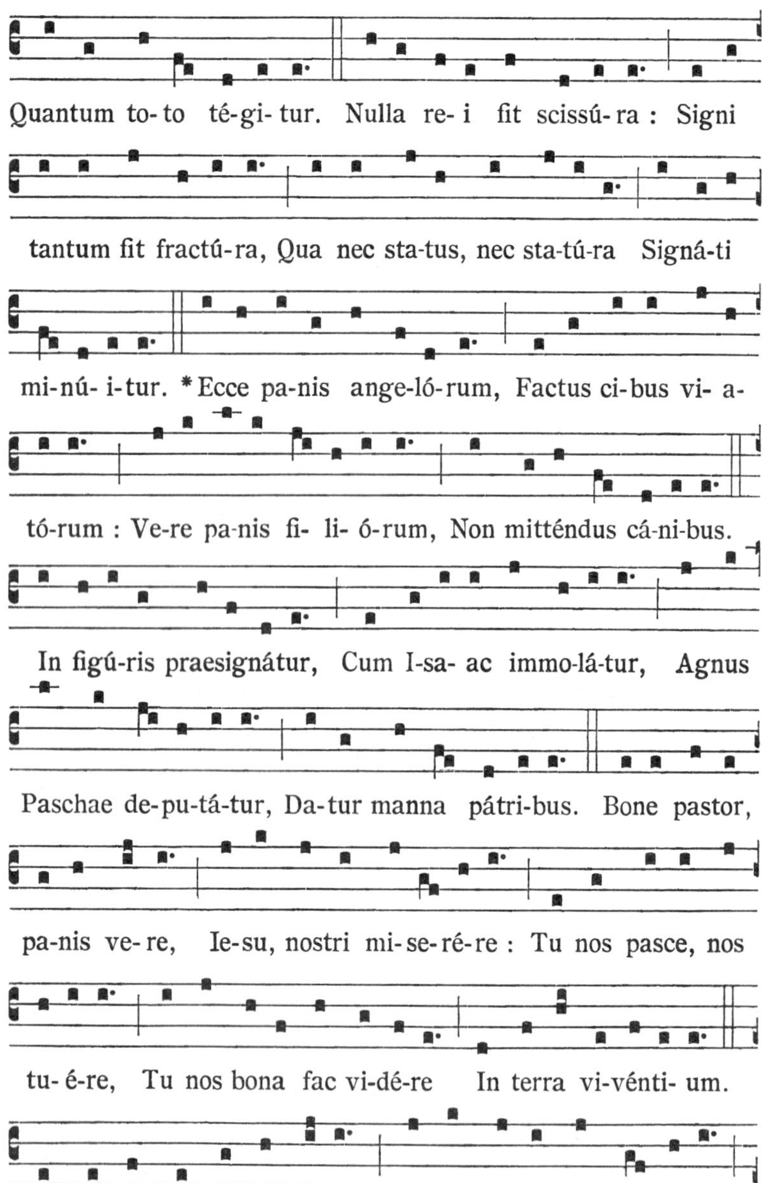
Quantum to- to té-gi- tur. Nulla re- i fit scissú- ra : Signi
tantum fit fractú-ra, Qua nec sta-tus, nec sta-tú-ra Signá-ti
mi-nú- i-tur. *Ecce pa-nis ange-ló-rum, Factus ci-bus vi- a-
tó-rum : Ve-re pa-nis fi- li- ó-rum, Non mitténdus cá-ni-bus.
In figú-ris praesignátur, Cum I-sa- ac immo-lá-tur, Agnus
Paschae de-pu-tá-tur, Da-tur manna pátri-bus. Bone pastor,
pa-nis ve- re, Ie-su, nostri mi-se-ré-re : Tu nos pasce, nos
tu- é-re, Tu nos bona fac vi-dé-re In terra vi-vénti- um.
Tu qui cuncta scis et va-les, Qui nos pascis hic mor-tá-les :

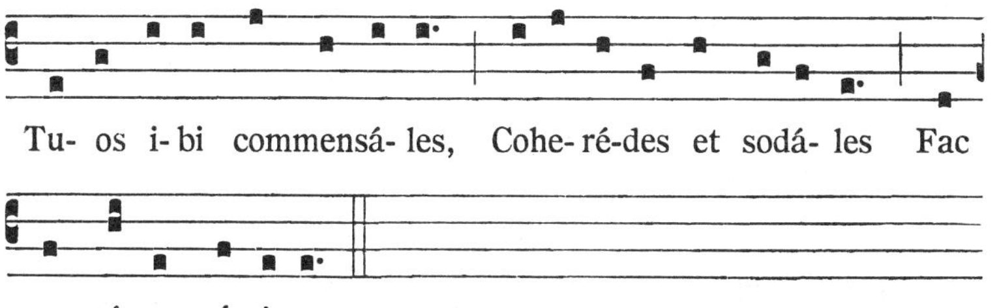

OF. Portas cæli, 207,
vel :
Sanctificávit Moyses, 338.

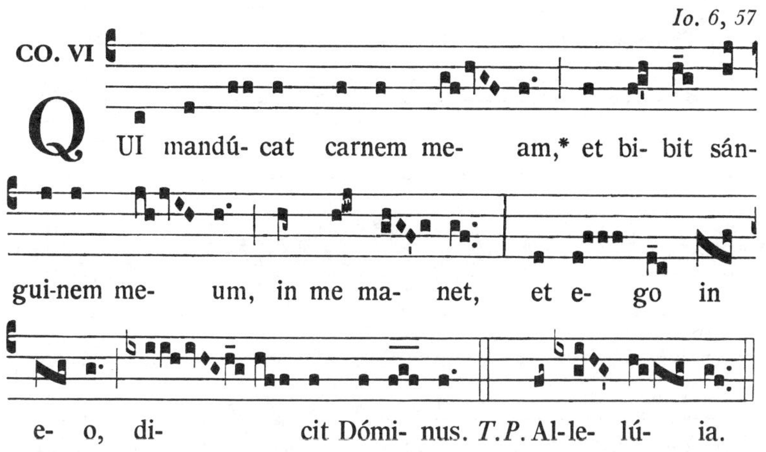

Ps. **118***, 1. 2. 11. 49. 50. 72. 103. 105. 162 (Differentia **g**)
vel ps. **22***, 1 - 2 a. 2 b - 3 a. 3 b. 4 ab. 4 cd. 5 ab. 5 cd. 6 ab

Anno C : Hoc corpus, 170,
cum ps. **115***, 10. 11. 12. 13. 14. 15. 16 ab. 16 c - 17. 18. 19

Feria VI post dom. II post Pentecosten

SACRATISSIMI CORDIS IESU

Antiphona ad introitum V

Ps. 32, 11. 19 et 1

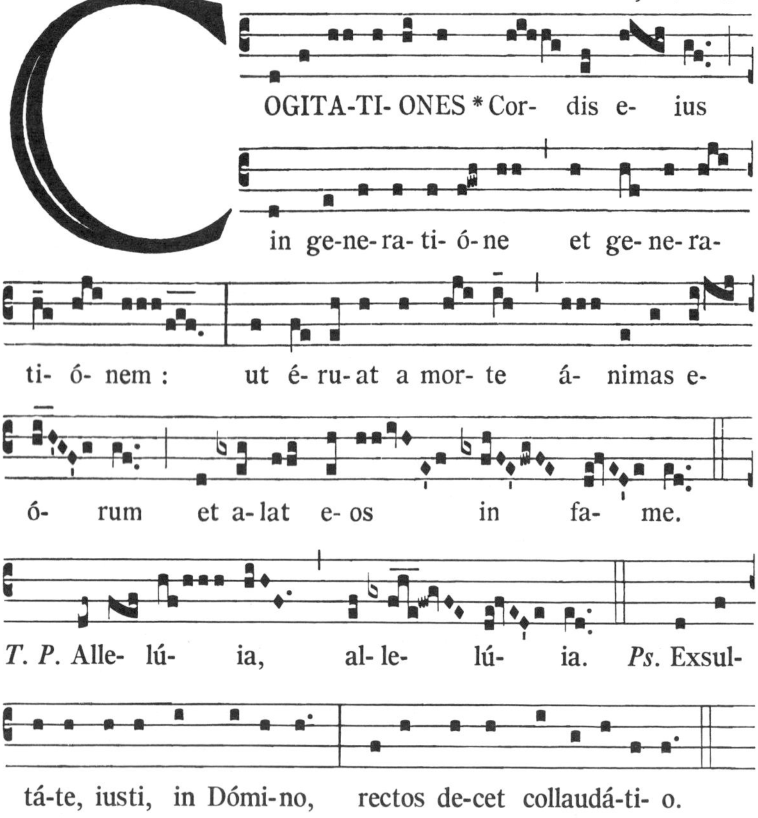
COGITA-TI- ONES * Cor- dis e- ius
in ge-ne-ra-ti- ó-ne et ge-ne-ra-
ti- ó- nem : ut é- ru-at a mor- te á- nimas e-
ó- rum et a-lat e- os in fa- me.
T. P. Alle- lú- ia, al- le- lú- ia. Ps. Exsul-
tá-te, iusti, in Dómi-no, rectos de-cet collaudá-ti- o.

Ps. 24, 8. ℣. 9

GR. I

DUl- cis * et re- ctus Dó-

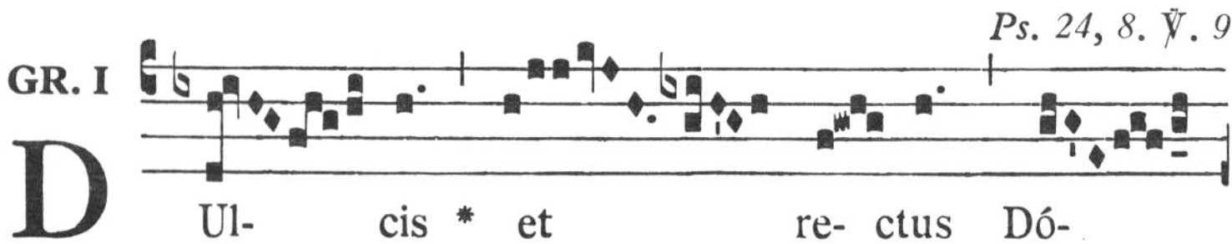

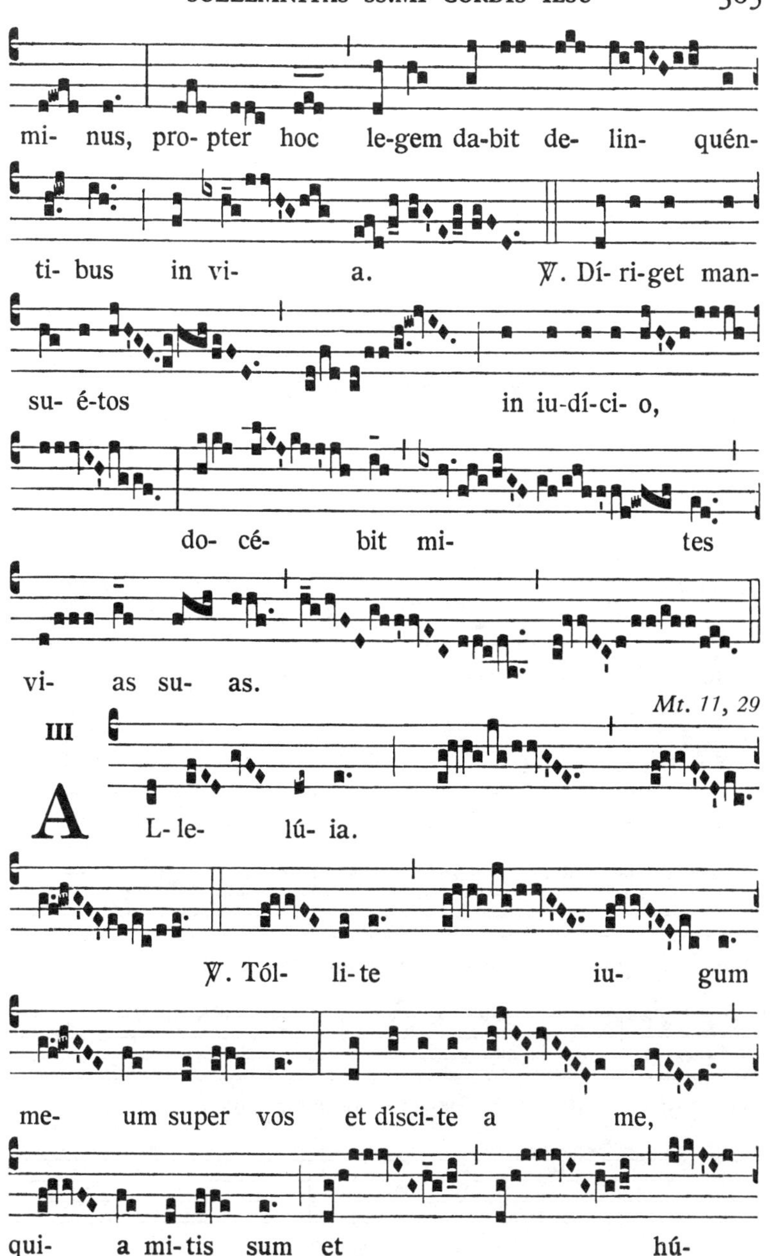

mi- nus, pro- pter hoc le-gem da-bit de- lin- quén-
ti- bus in vi- a. ℣. Dí- ri-get man-
su- é-tos in iu-dí-ci- o,
do- cé- bit mi- tes
vi- as su- as.
Mt. 11, 29
III
A L-le- lú- ia.
℣. Tól- li-te iu- gum
me- um super vos et dísci-te a me,
qui- a mi-tis sum et hú-

mi- lis Cor- de, et inve-ni- é- tis ré-
qui- em a- nimá- bus
vestris.

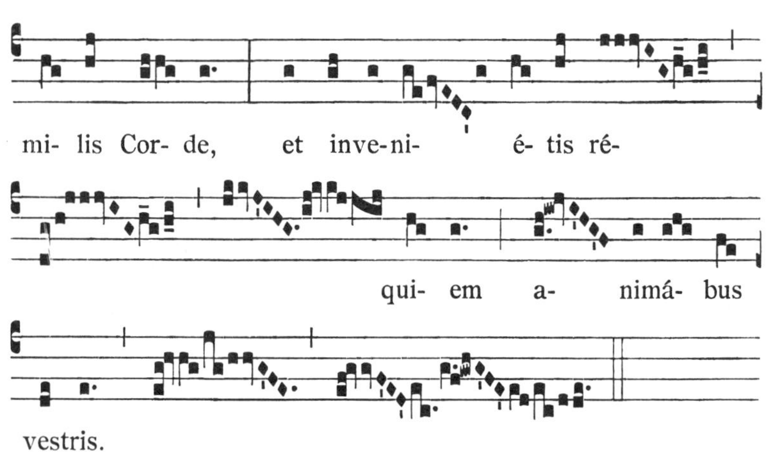

Ad libitum : Veníte ad me, 619.

Ps. 68, 21

OF. VIII

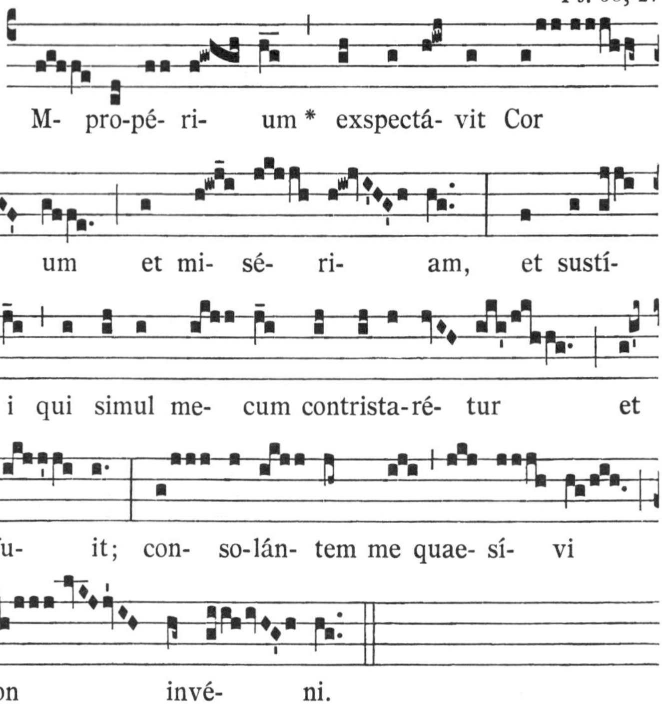
IM- pro-pé- ri- um * exspectá- vit Cor
me- um et mi- sé- ri- am, et sustí-
nu- i qui simul me- cum contrista-ré- tur et
non fu- it; con- so-lán- tem me quae- sí- vi
et non invé- ni.

Io. 19, 34

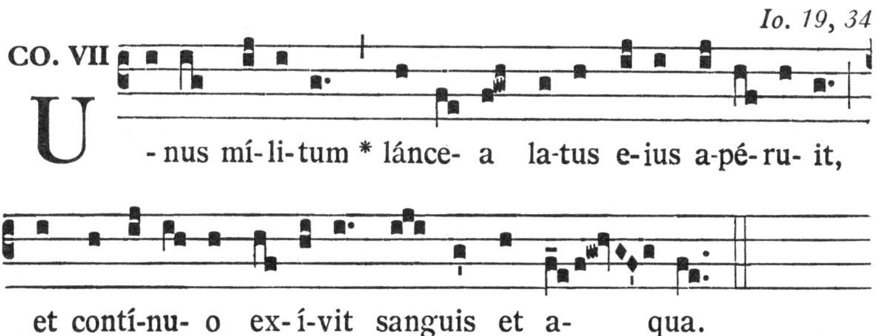

Ps. **88***, 2. 3. 6. 15. 18. 25. 29. 34. 35

Ad libitum :
CO. Gustáte et vidéte, 303,
vel :

Lc. 15, 10

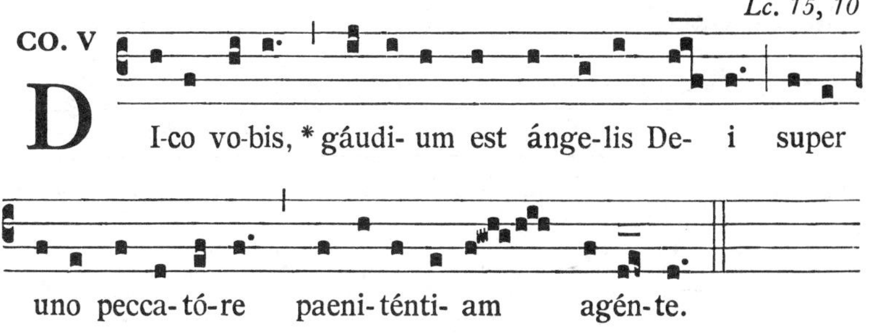

Ps. **31***, 1. 2. 3. 4. 5 ab. 7. 8. 10. 11

Dominica ultima per annum

D. N. IESU CHRISTI UNIVERSORUM REGIS

Antiphona ad introitum III

Apoc. 5, 12 et 1, 6; Ps. 71

Ps. 71, 8. ℣. 11
GR. V
D Omi-ná- bi-tur * a ma- ri us-
que ad ma- re, et a flúmi- ne usque ad tér-
mi-nos or- bis terrá-rum. ℣. Et ad-o-rábunt
e- um
omnes re- ges ter- rae : o- mnes gen-
tes sér- vi- ent e- i.
Dan. 7, 14
I
A L-le- lú- ia.
℣. Po-téstas e-ius, po- té- stas

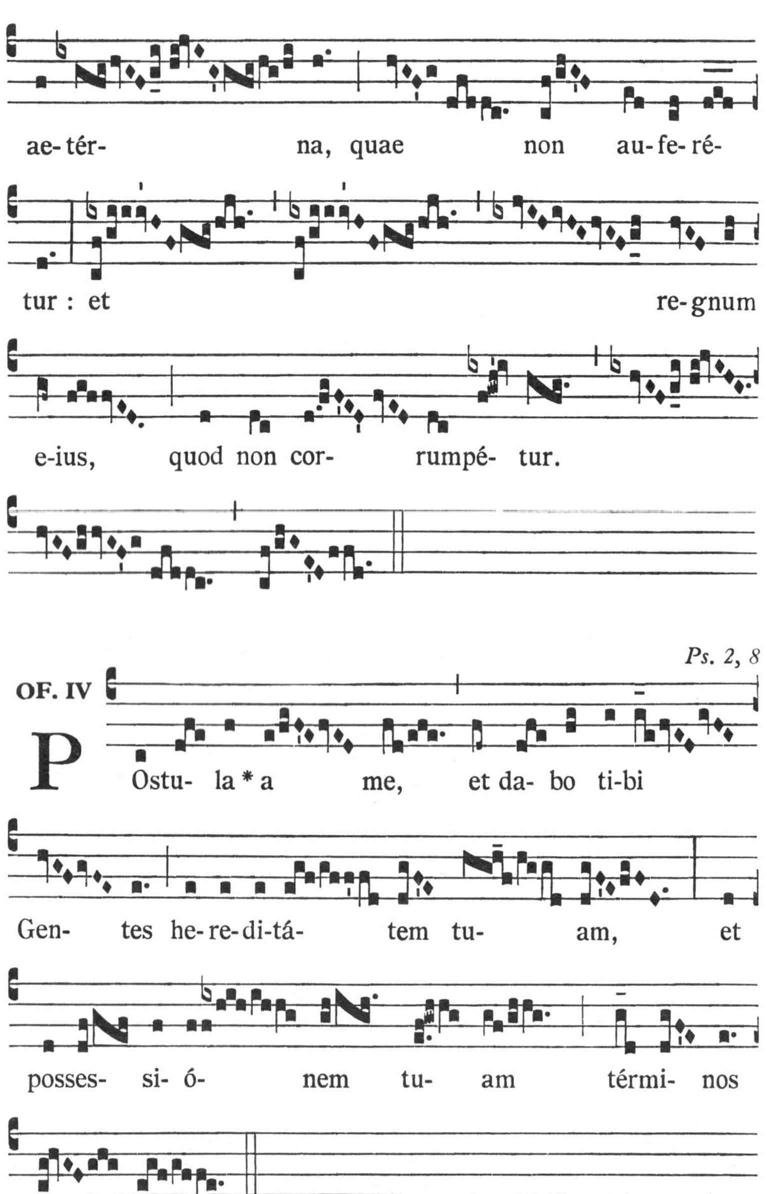
ae- tér- na, quae non au- fe- ré-
tur : et re- gnum
e-ius, quod non cor- rumpé- tur.
Ps. 2, 8
OF. IV
P Ostu- la * a me, et da- bo ti-bi
Gen- tes he- re- di- tá- tem tu- am, et
posses- si- ó- nem tu- am térmi- nos
ter- rae.

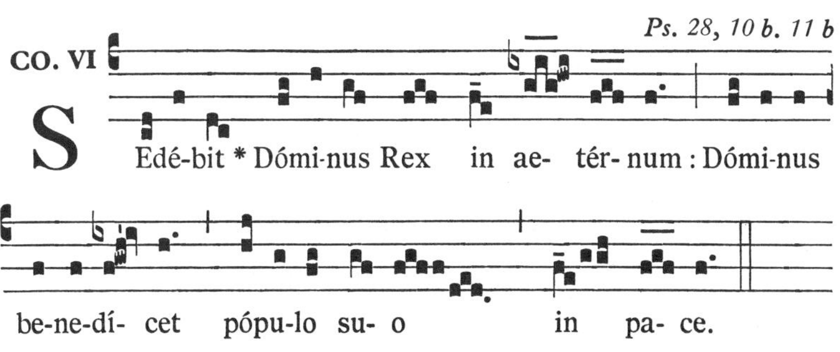

Ps. **28**, 1. 2. 3. 4. 5. 7 - 8 a - 9 c. 10 a - 11 a (Differentia : **g**)

Anno A : Amen dico vobis : Quod uni, 79.

ANTIPHONÆ EUCHARISTICÆ

PRO COMMUNIONE AD LIBITUM ADHIBENDÆ

COMMUNIA

1. Communia Sanctorum elementa continent, quæ inserviunt his celebrationibus :

In Communibus inveniuntur omnes cantus, qui alicui Sancto non sunt stricte proprii, et proinde adhiberi valent pro omnibus Sanctis eiusdem ordinis.

2. Hi tamen cantus, in singulis Communibus, non ponuntur instar plurium Missarum, sed simul iunguntur iuxta ipsorum naturam, idest simul ponuntur omnes cantus qui ad introitum, ad offertorium, etc. adhiberi possunt, quo amplior tribuatur facultas eligendi.

3. In nonnullis insuper Communibus, minores quoque habentur divisiones, secundum tempus liturgicum (tempore Quadragesimæ vel tempore paschali), vel secundum numerum Sanctorum (pro uno vel pluribus), vel secundum eorum qualitatem.

Quo in casu (ex. gr. p. 445, Commune martyrum), indicantur primo cantus proprii quibusdam ordinibus sanctorum (ex. gr. pro papis, episcopis vel presbyteris); post quos ponuntur cantus omnibus ordinibus convenientes (martyribus in genere, papis, episcopis, et presbyteris).

COMMUNE DEDICATIONIS ECCLESIÆ

In ipsa ecclesia dedicata

Gen. 28, 17. 22; Ps. 83

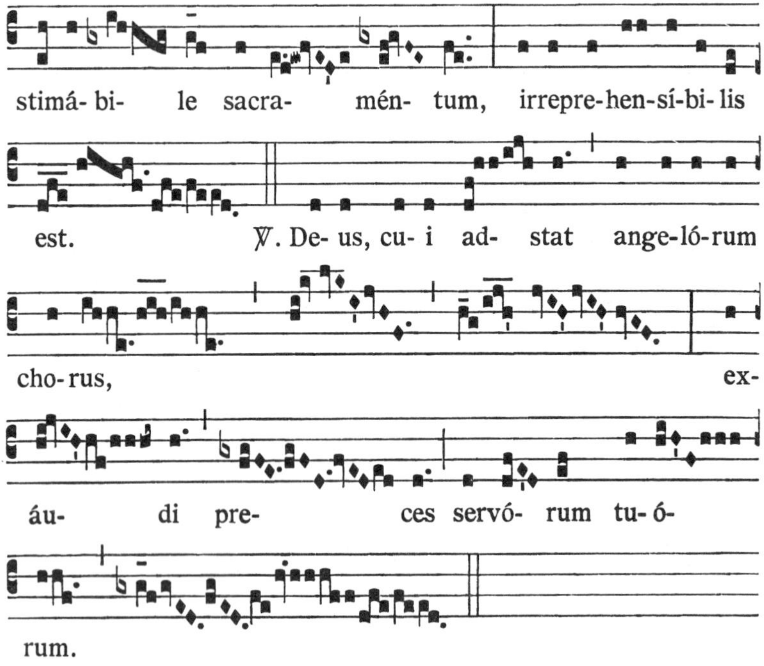
stimá- bi- le sacra- mén- tum, irrepre-hen-sí-bi-lis
est. ℣. De- us, cu- i ad- stat ange-ló-rum
cho-rus, ex-
áu- di pre- ces servó- rum tu- ó-
rum.

In aliis ecclesiis

ANTIPHONÆ AD INTROITUM

I

Is. 59, 21 et 56, 7 ; Ps. 83

I
D I-cit Dó- mi- nus : * Sermó-nes me- i, quos
de-di in os tu- um, non de- fí- ci- ent de
o- re tu- o : ad- est e- nim no- men

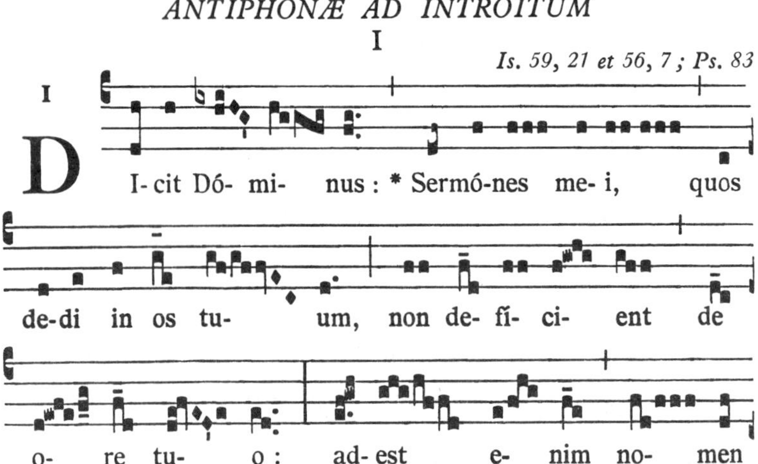

II Deus in loco sancto suo, 310.
III Protéctor noster, 323.
IV Suscépimus, Deus, 300.

GRADUALIA

I Lætátus sum, 336.
II Suscépimus, Deus, 360.
III Tóllite hóstias, 272.
IV Unam pétii, 358.

VERSUS ALLELUIATICI

I Adorábo ad templum, 270.

II

℣. Be-ne fundá- ta est do- mus Dó-

mi- ni su- pra fir- mam pe-

tram.

III

Ps. 25, 8

II

A L-le-lú- ia. ℣. Dó-

mi- ne, di- lé- xi de-có-

rem domus tu- æ et lo- cum taber-

ná- cu- li gló- ri- æ tu- æ.

IV Lætátus sum, 19.
V Te decet hymnus, 305.

TRACTUS

Qui confídunt, 109.

ANTIPHONÆ AD OFFERTORIUM

I

1 Chron. 29, 17. 18

II Orávi Deum meum, 334.
III Sanctificávit Móyses, 338.

Extra tempus Quadragesimæ :

IV Stetit ángelus, 610.

ANTIPHONÆ AD COMMUNIONEM

I

Mt. 21, 13

Ps. 83*, 2-3 a. 3 b. 4. 5. 9. 10. 11

II Acceptábis sacrifícium, 309.
III Ierúsalem quæ ædificátur, 370.
IV Introíbo ad altáre Dei, 274.
V Passer invénit, 306.
VI Tóllite hóstias, 338.
VII Unam pétii, 294.

In dedicatione altaris

IN. Dicit Dóminus : Sermónes mei, *ut supra.*
— Protéctor noster, 323.
OF. Sanctificávit Móyses, 338.
CO. Passer invénit, 306.

COMMUNE BEATÆ MARIÆ VIRGINIS

ANTIPHONÆ AD INTROITUM

I

Is. 45, 8; Ps. 84

I

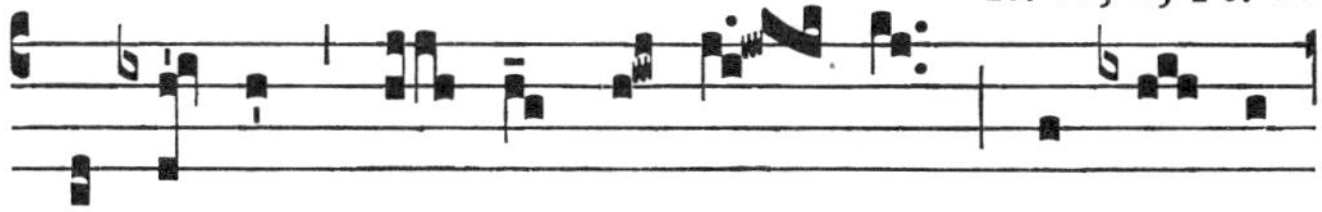

RO- rá- te * cae- li dé- su- per, et nu- bes

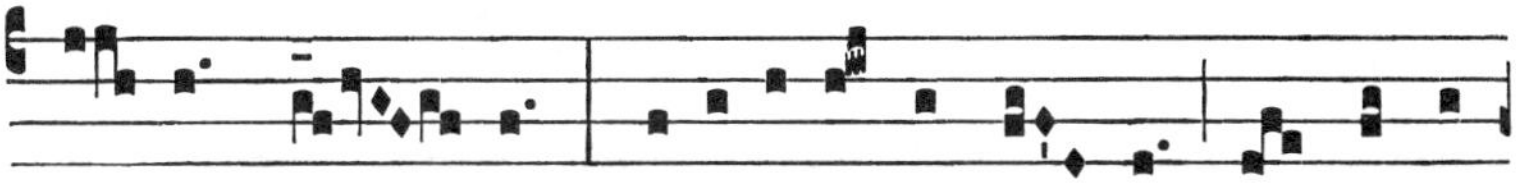

plu- ant iu- stum : ape-ri- á- tur ter- ra, et gérmi-

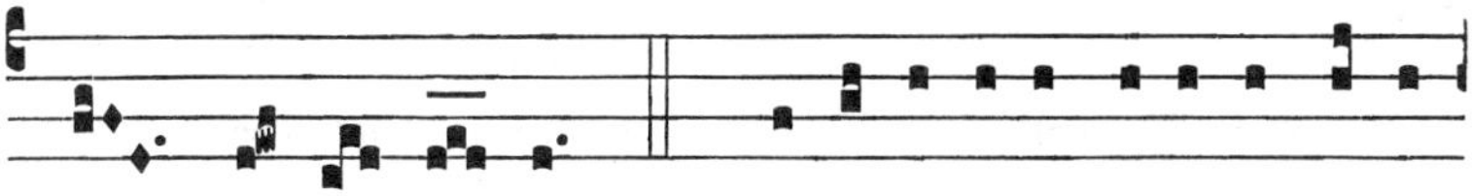

net Sal-va- tó- rem. *Ps.* Be-ne-di-xísti Dómi-ne terram

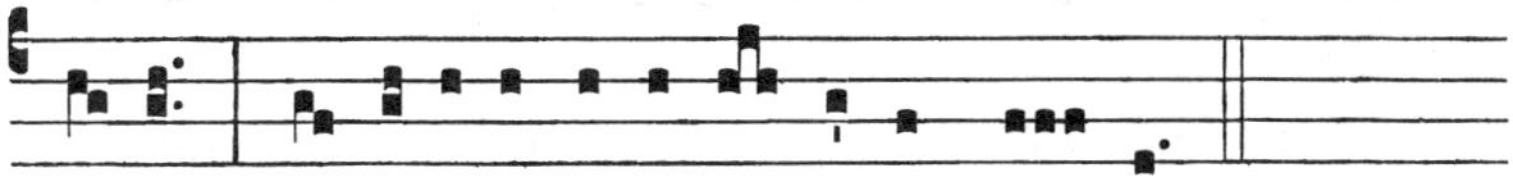

tu- am : a-vertísti capti-vi- tá-tem Ia- cob.

II

Sedulius; Ps. 44, 2. 11. 12.

II

SAlve * sancta Pa- rens, e-ní- xa pu-érpe-ra

Re- gem, qui caelum terrám- que re- git in saé-cu-

la saec-cu- ló- rum. *T. P.* Al-le- lú- ia, al-le- lú-

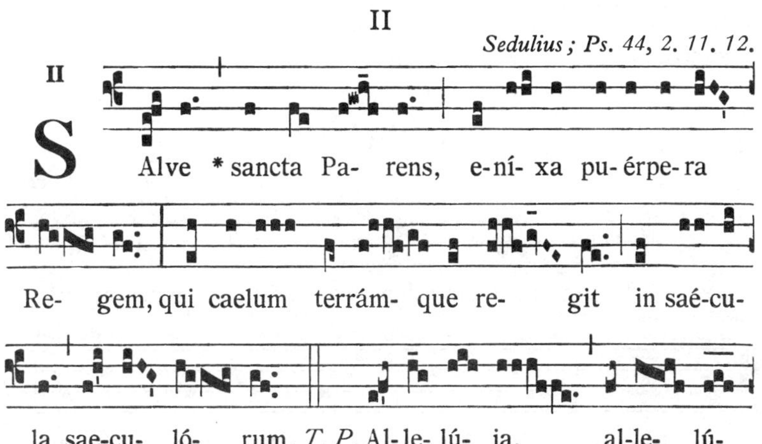

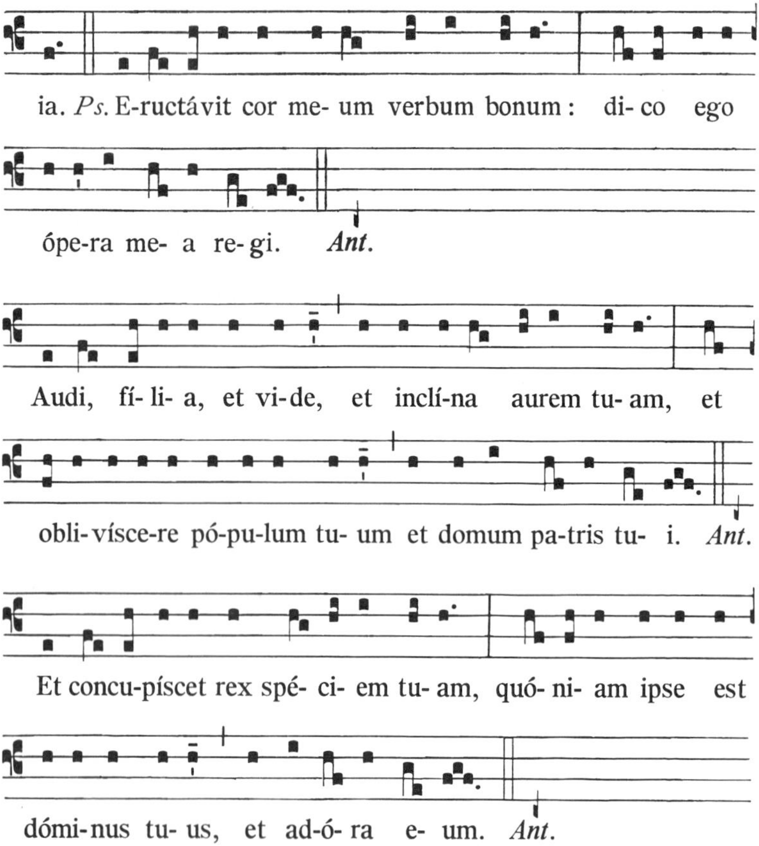
ia. *Ps.* E-ructávit cor me- um verbum bonum : di- co ego
ópe-ra me- a re- gi. *Ant.*
Audi, fí- li- a, et vi-de, et inclí-na aurem tu- am, et
obli-víscе-re pó-pu-lum tu- um et domum pa-tris tu- i. *Ant.*
Et concu-píscet rex spé- ci- em tu- am, quó- ni- am ipse est
dómi-nus tu- us, et ad-ó- ra e- um. *Ant.*

III

Ps. 44, 13. 15. 16 et 2

II
V
Ultum tu- um * depre-ca- búntur o- mnes dí- vi-
tes ple- bis : addu- céntur re-gi vírgi- nes post e- am :

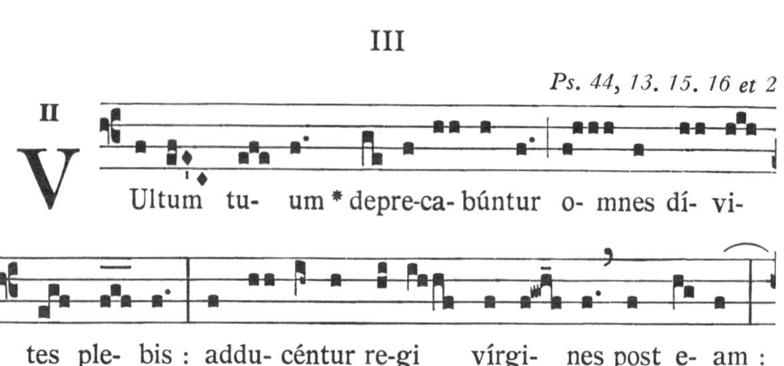

Ad libitum, pro solemnitatibus et festis B. M. V.:

Antiphona ad introitum I

Ps. 44, 2

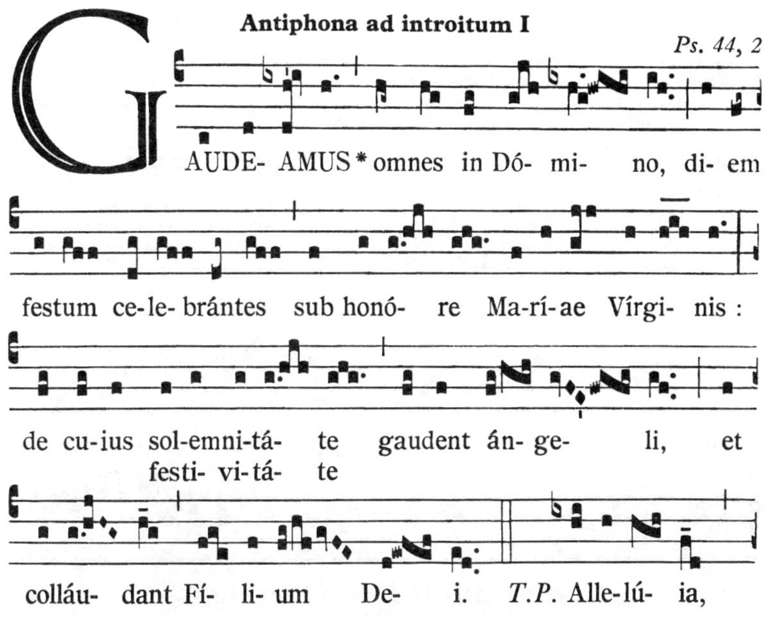

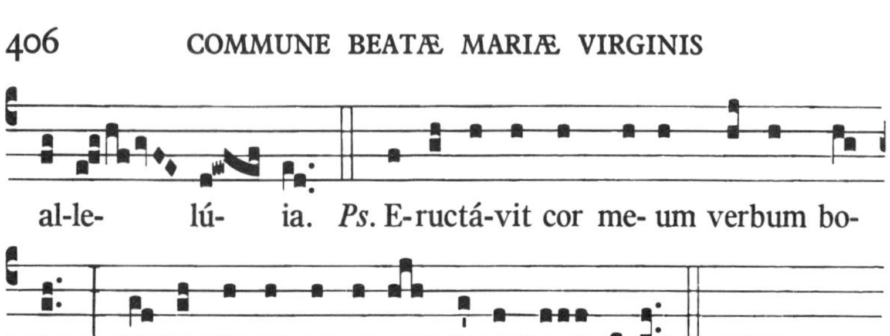

al-le- lú- ia. *Ps.* E-ructá-vit cor me- um verbum bonum : di- co e-go ó-pe-ra me- a re- gi.

GRADUALIA

I

Ps. 44, 11. 12. ℣. *5*

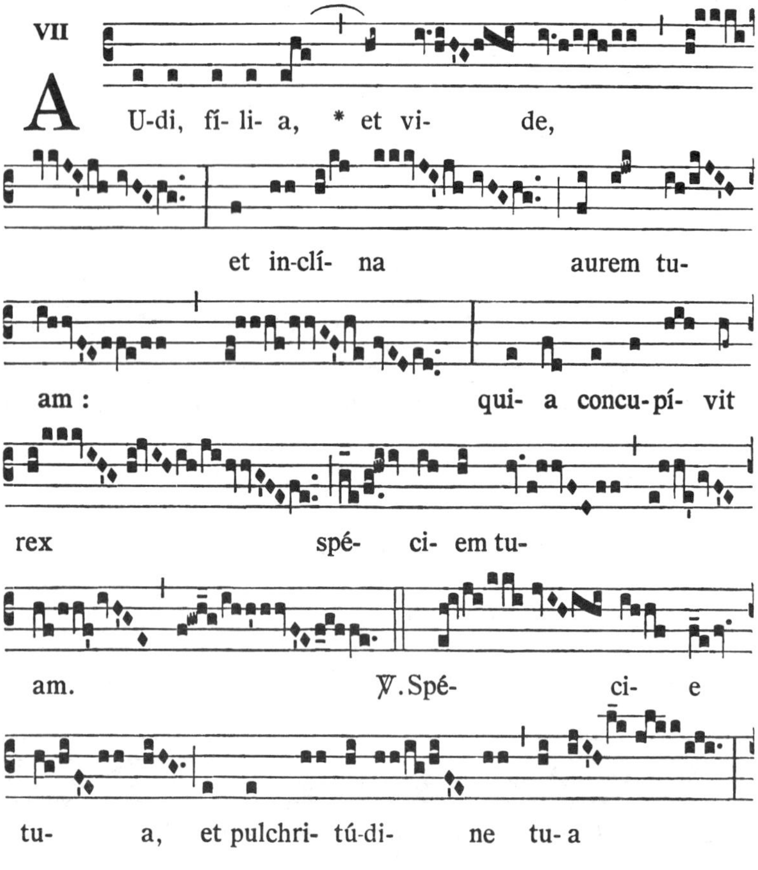

VII
AUdi, fí- li- a, * et vi- de,
et in-clí- na aurem tu-
am : qui- a concu-pí- vit
rex spé- ci- em tu-
am. ℣. Spé- ci- e
tu- a, et pulchri- tú-di- ne tu- a

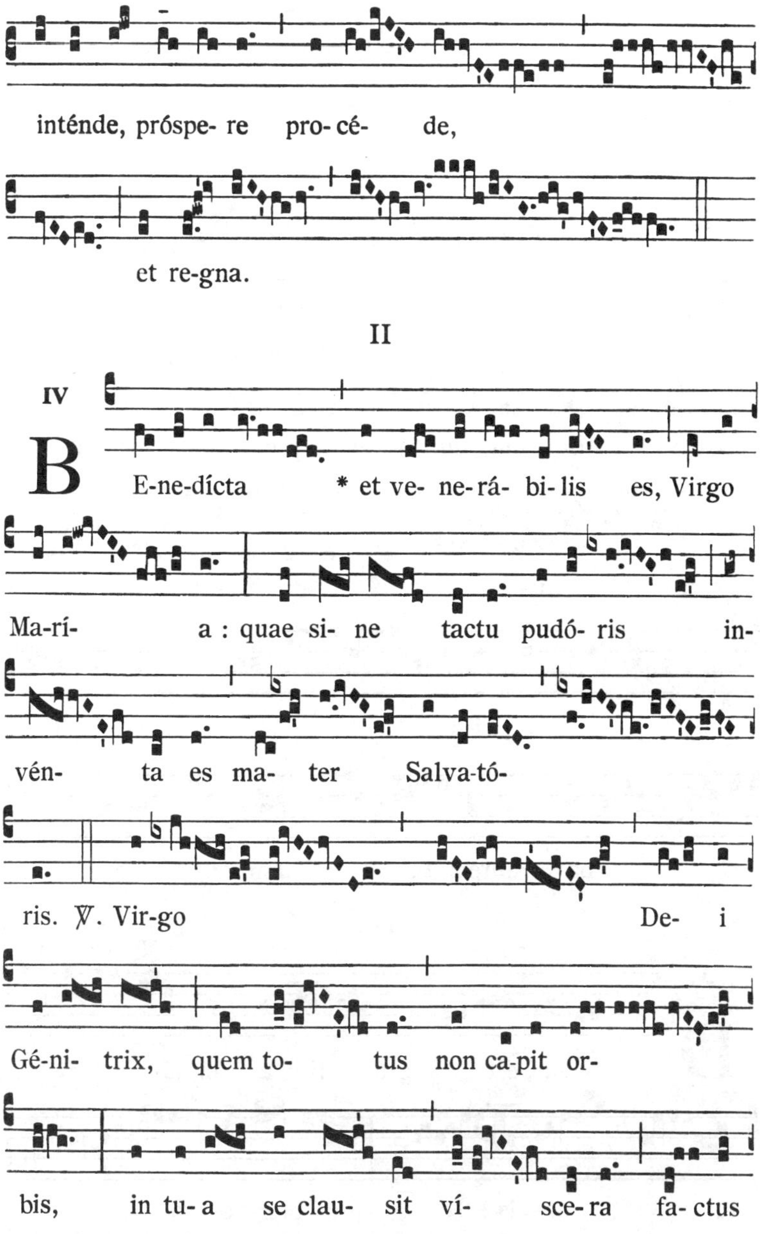

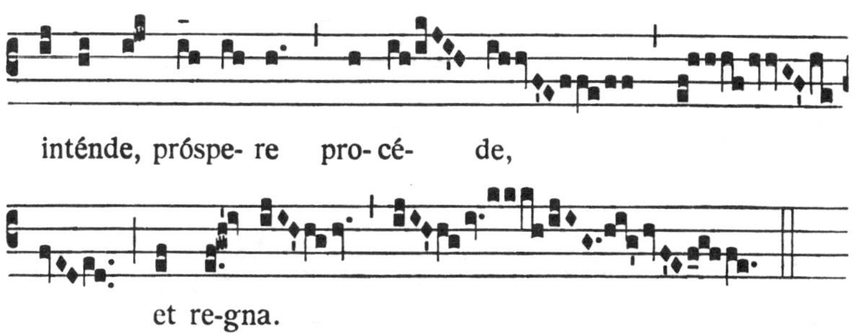

II

IV

B E-ne-dícta * et ve- ne- rá- bi- lis es, Virgo

Ma-rí- a : quae si- ne tactu pudó- ris in-

vén- ta es ma- ter Salva-tó-

ris. ℣. Vir-go De- i

Gé-ni- trix, quem to- tus non ca-pit or-

bis, in tu- a se clau- sit ví- sce- ra fa- ctus

ho- mo.
III
Ps. 44, 12. ℣. 11
I
COncu-pí- vit * rex de-
có-rem tu- um, quó-ni- am i- pse est Dómi-
nus tu- us. ℣. Au-di fí- li- a,
et vi-de, et inclí-
na aurem tu- am.
IV
Ps. 44, 3. ℣. 5
V
DIffú- sa est * grá- ti- a in lá- bi- is
tu- is : pro- ptér- e- a

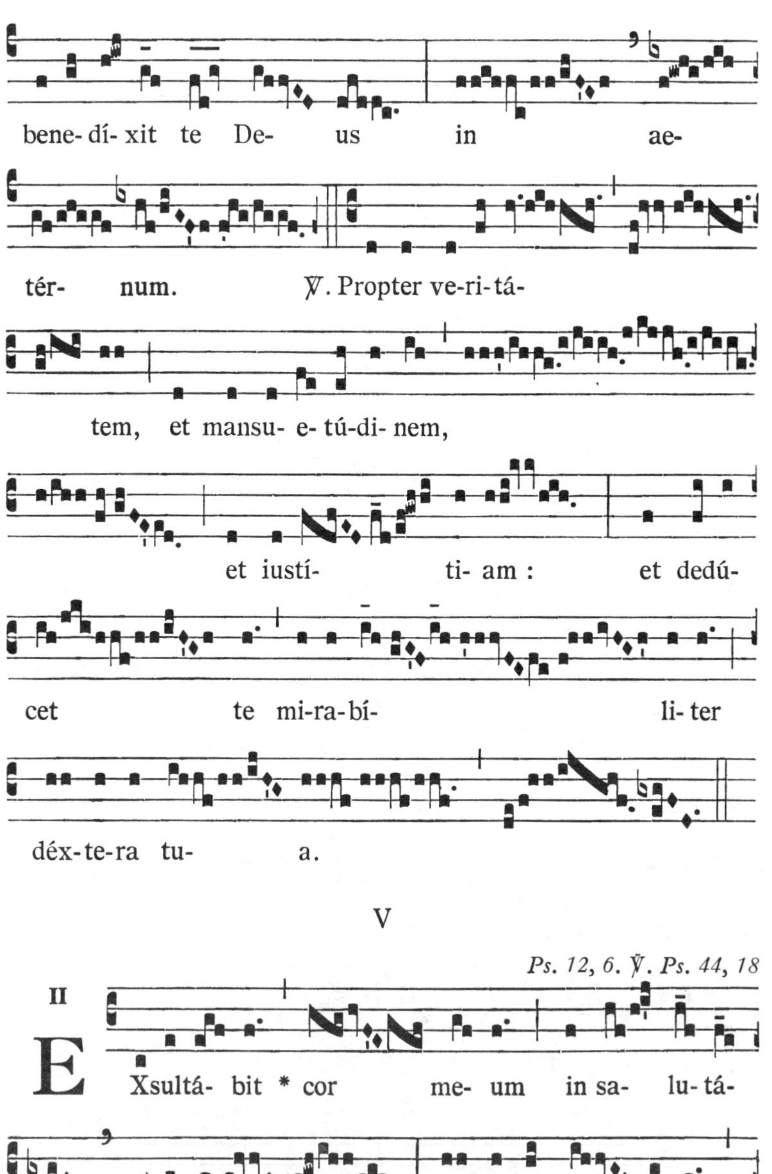
bene-dí-xit te De- us in ae-
tér- num. ℣. Propter ve-ri-tá-
tem, et mansu- e- tú-di- nem,
et iustí- ti- am : et dedú-
cet te mi-ra-bí- li- ter
déx-te-ra tu- a.
V
Ps. 12, 6. ℣. Ps. 44, 18
II
E Xsultá- bit * cor me- um in sa- lu- tári tu- o : can-tá-bo Dó- mi-no,

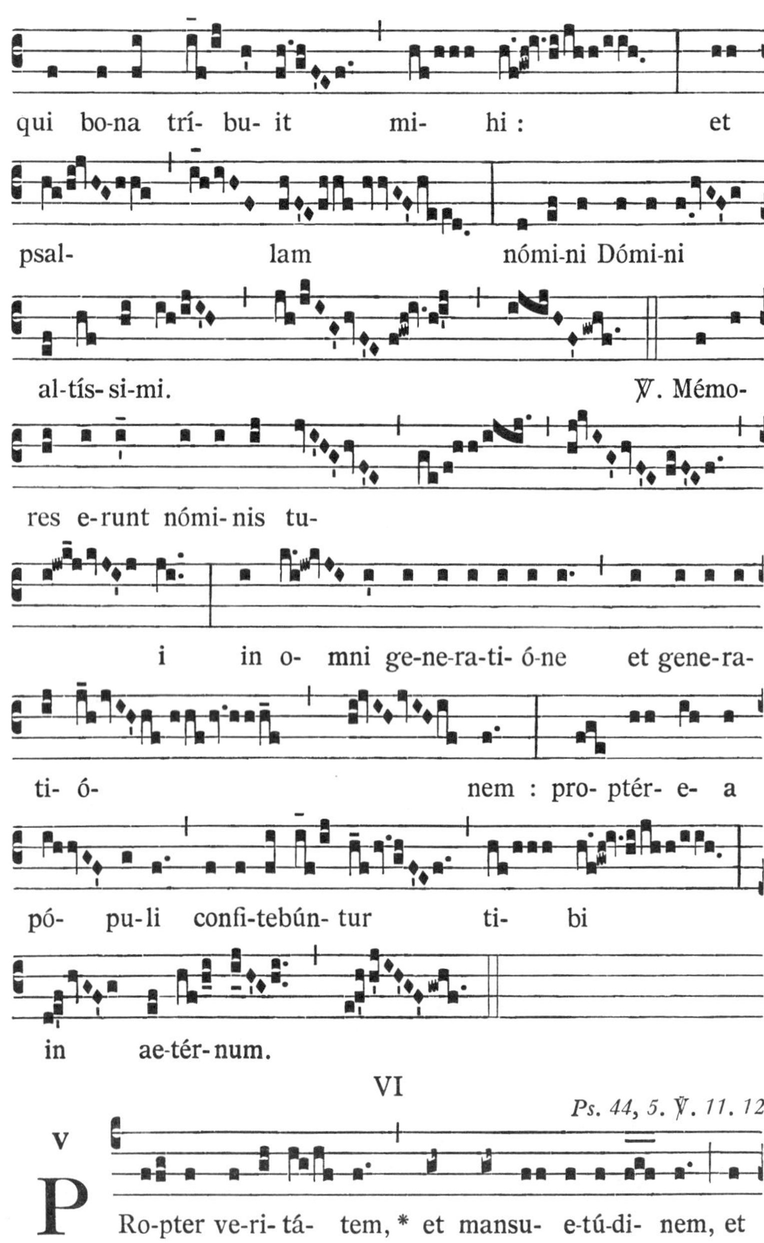
qui bo-na trí- bu- it mi- hi : et
psal- lam nómi-ni Dómi-ni
al-tís- si-mi. ℣. Mémo-
res e-runt nómi- nis tu-
i in o- mni ge-ne-ra-ti- ó-ne et gene-ra-
ti- ó- nem : pro- ptér- e- a
pó- pu-li confi-tebún- tur ti- bi
in ae-tér- num.
VI
Ps. 44, 5. ℣. 11. 12
V
PRo-pter ve-ri- tá- tem, * et mansu- e-tú-di- nem, et

iu-stí- ti- am : et de-dú-cet
te mi- ra-bí- li- ter déx- te-ra
tu- a. ℣. Audi fí-
li- a, et vi- de, et inclí-na au- rem
tu- am : qui- a concu-pí-vit rex
spé- ci- em tu- am.

VII

Ps. 44, 5

V
SPé- ci- e tu- a, * et pulchri- tú-
di- ne tu- a intén-

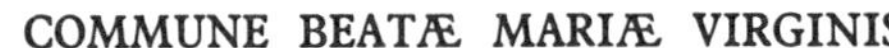

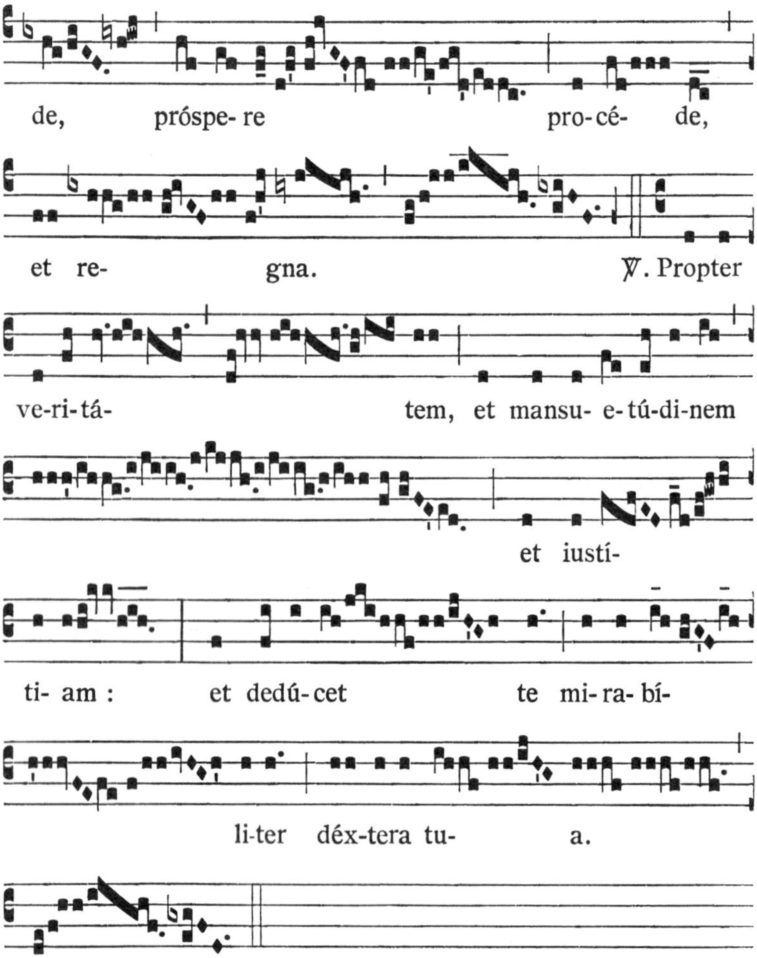
de, próspe- re pro- cé- de,
et re- gna. ℣. Propter
ve-ri- tá- tem, et mansu- e- tú-di-nem
et iustí-
ti- am : et dedú- cet te mi- ra- bí-
li-ter déx-tera tu- a.

VERSUS ALLELUIATICI

I

Lc. 1, 28

II

A L-le- lú- ia.

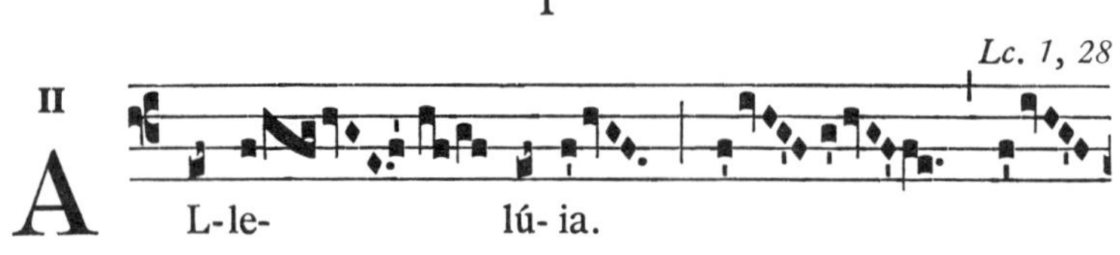

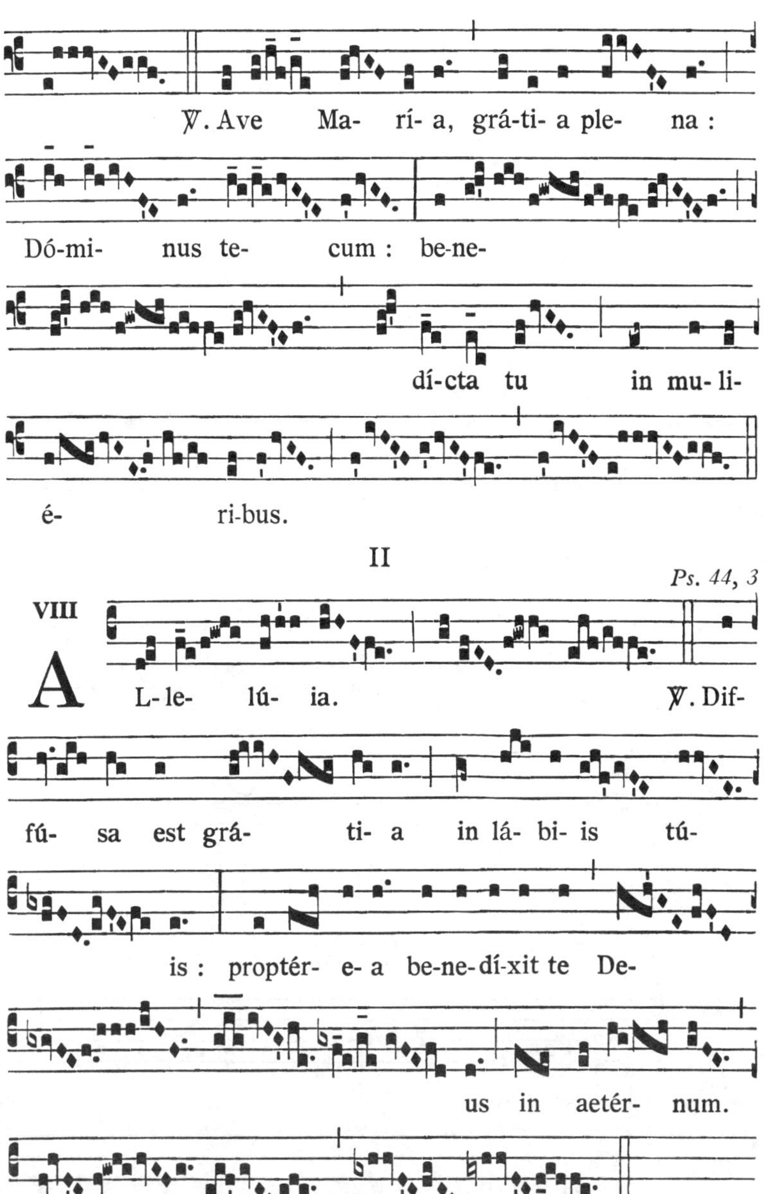
℣. Ave Ma- rí- a, grá-ti- a ple- na :
Dó-mi- nus te- cum : be-ne-
dí-cta tu in mu- li-
é- ri-bus.
II
Ps. 44, 3
VIII
A L-le- lú- ia. ℣. Dif-
fú- sa est grá- ti- a in lá- bi- is tú-
is : proptér- e- a be-ne-dí-xit te De-
us in aetér- num.

III

VIII

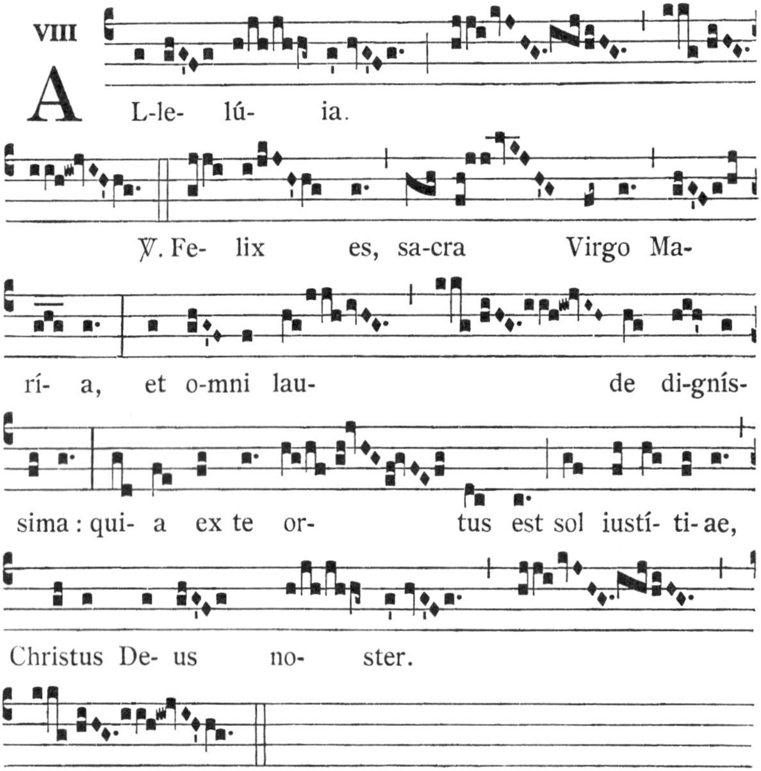

A L-le- lú- ia.
℣. Fe- lix es, sa-cra Virgo Ma-
rí- a, et o-mni lau- de di-gnís-
sima : qui- a ex te or- tus est sol iustí- ti-ae,
Christus De- us no- ster.

IV

IV

A L-le-lú- ia.
℣. Post par- tum, Vir-go invi- o-

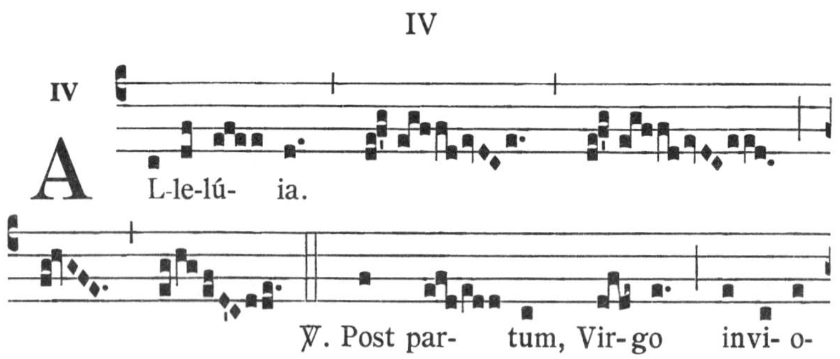

lá- ta perman-sí- sti : De- i Gé- nitrix
inter- cé- de pro no-
bis.
V
Ps. 44, 5
II
A L-le-lú- ia.
℣. Pro- pter ve-ri- tá- tem, et mansu- e- tú- di-
nem, et iu- stí- ti- am : et de-
dú- cet te mi- ra-bí- li-ter déx-

te-ra tu- a.

VI

Ps. 44, 5

VIII
A L- le- lú- ia. ℣. Spé-
ci- e tu- a, et pulchri- tú- di-ne tu-
a intén-de, pró-
spe- re pro- cé-de, et re- gna.
VII
Cf. Num. 17, 8
VIII
A L-le- lú- ia.
℣. Vir- ga Iesse fló-ru- it : Virgo
De- um et hó- mi-nem gé- nu- it : pa- cem

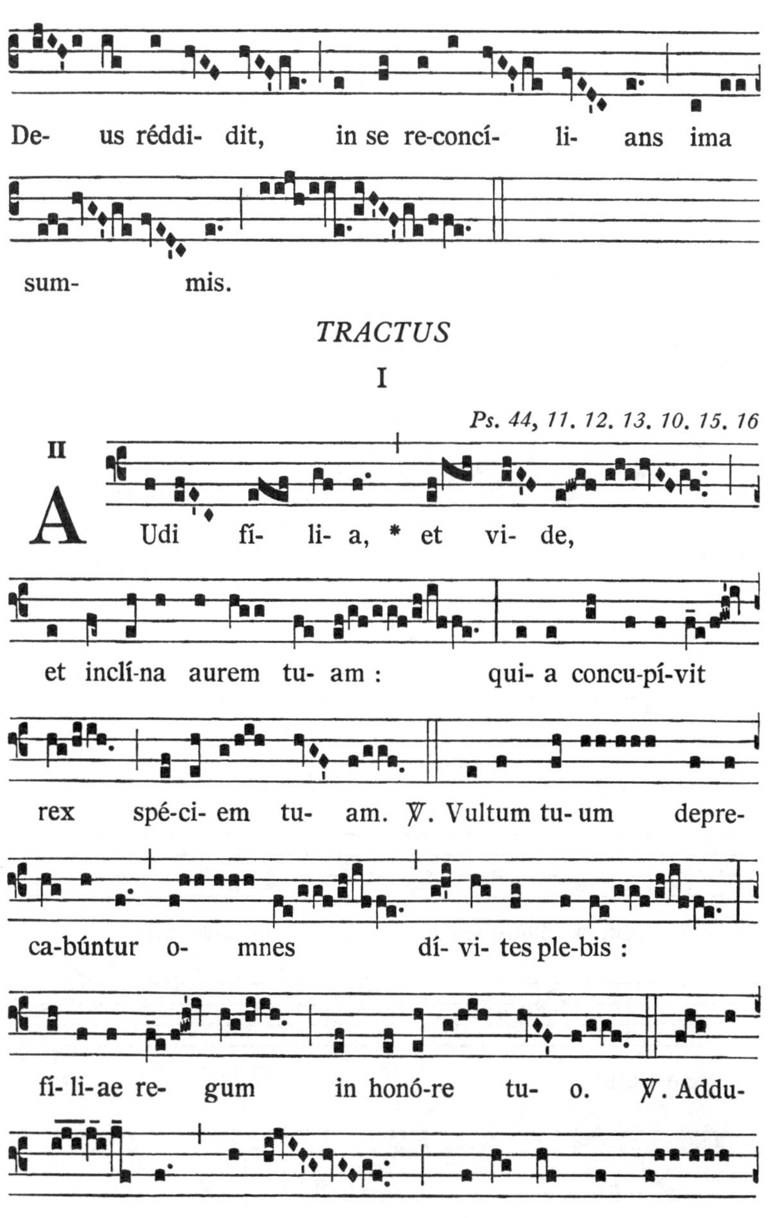
De- us réddi- dit, in se re-concí- li- ans ima
sum- mis.
TRACTUS
I
Ps. 44, 11. 12. 13. 10. 15. 16
II
AUdi fí- li- a, * et vi- de,
et inclí-na aurem tu- am : qui- a concu-pí-vit
rex spé-ci- em tu- am. ℣. Vultum tu- um depre-
ca-búntur o- mnes dí- vi- tes ple-bis :
fí- li-ae re- gum in honó-re tu- o. ℣. Addu-
cén- tur re-gi vírgi- nes post e-

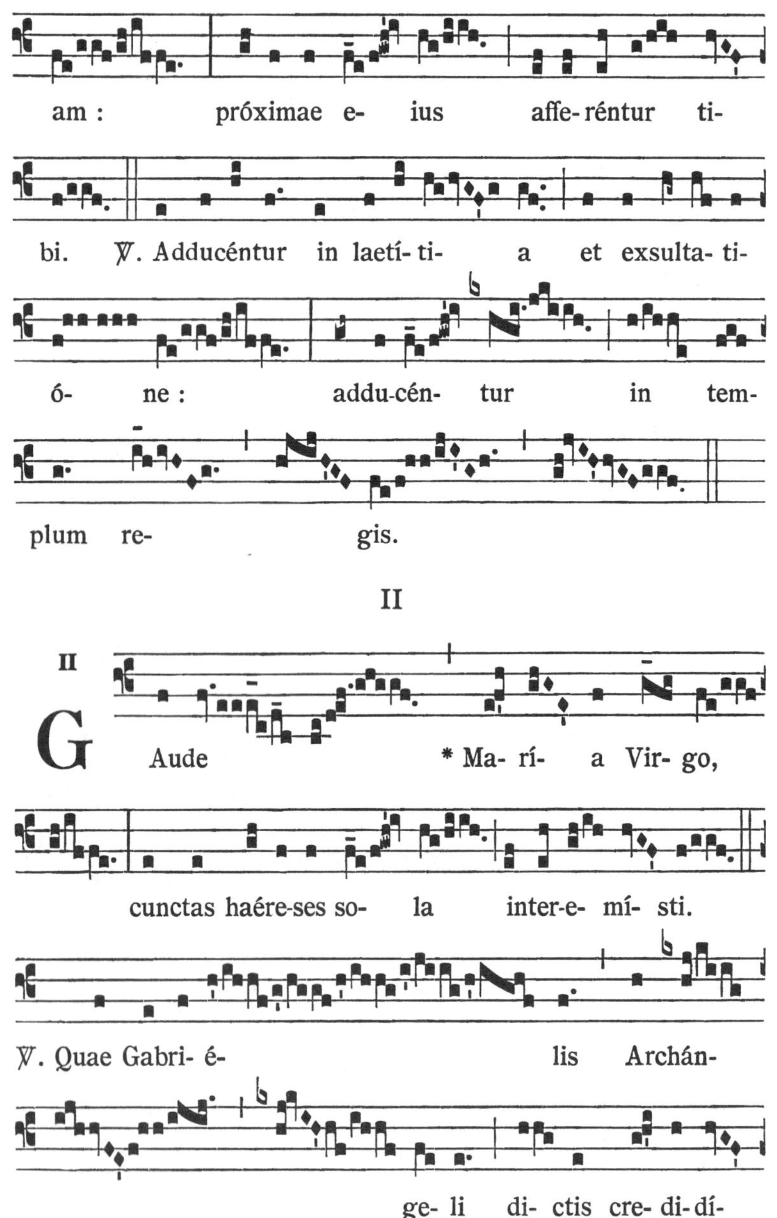
am : próximae e- ius affe- réntur ti-
bi. ℣. Adducéntur in laetí- ti- a et exsulta- ti-
ó- ne : addu-cén- tur in tem-
plum re- gis.
II
II
GAude * Ma- rí- a Vir- go,
cunctas haére-ses so- la inter-e- mí- sti.
℣. Quae Gabri- é- lis Archán-
ge- li di- ctis cre- di- dí-

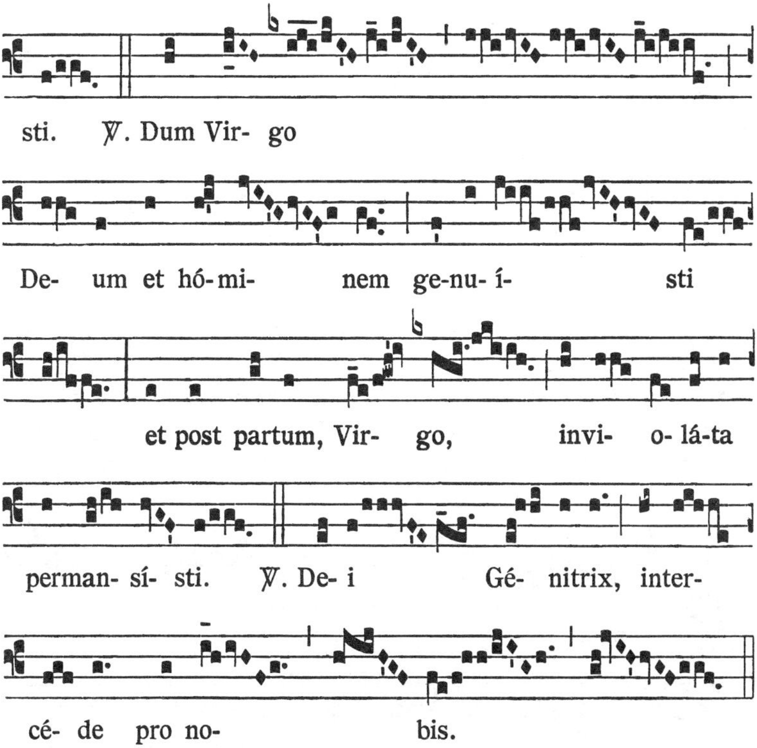
sti. ℣. Dum Vir- go
De- um et hó-mi- nem ge-nu- í- sti
et post partum, Vir- go, invi- o- lá-ta
perman- sí- sti. ℣. De- i Gé- nitrix, inter-
cé- de pro no- bis.

ANTIPHONÆ AD OFFERTORIUM

I

Lc. 1, 28. 42

VIII
A - ve * Ma-rí- a,
grá- ti- a ple- na, Dó-

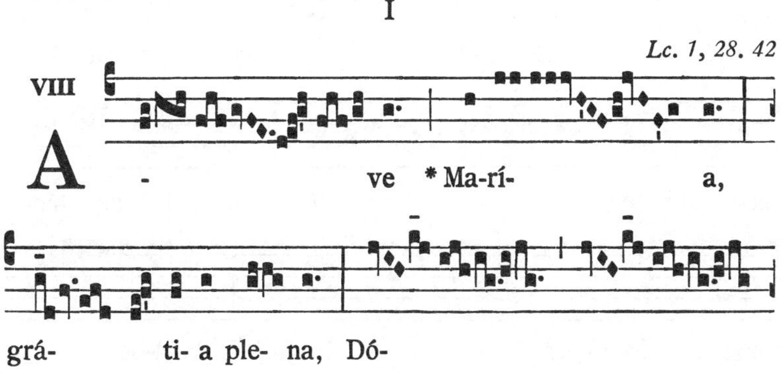

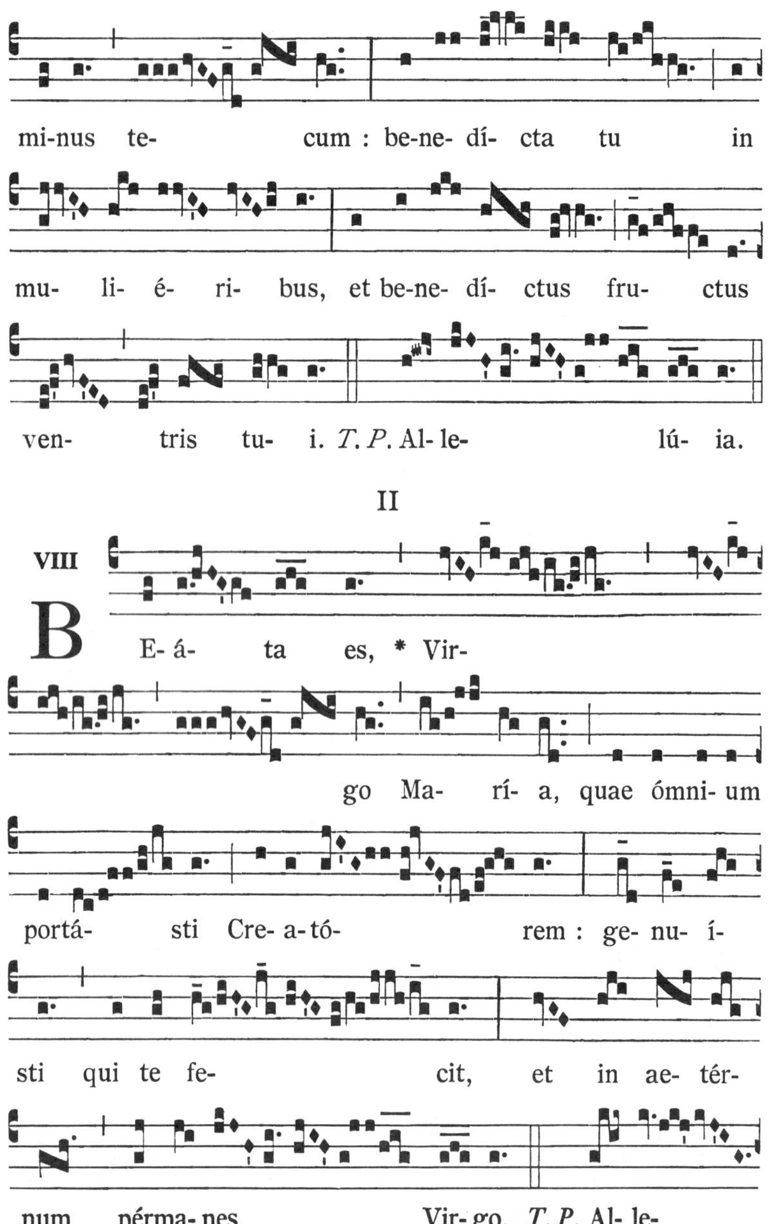
mi-nus te- cum : be-ne- dí- cta tu in
mu- li- é- ri- bus, et be-ne- dí- ctus fru- ctus
ven- tris tu- i. T. P. Al- le- lú- ia.
II
VIII
B E- á- ta es, * Vir-
go Ma- rí- a, quae ómni- um
portá- sti Cre- a- tó- rem : ge- nu- í-
sti qui te fe- cit, et in ae- tér-
num pérma- nes Vir- go. T. P. Al- le-

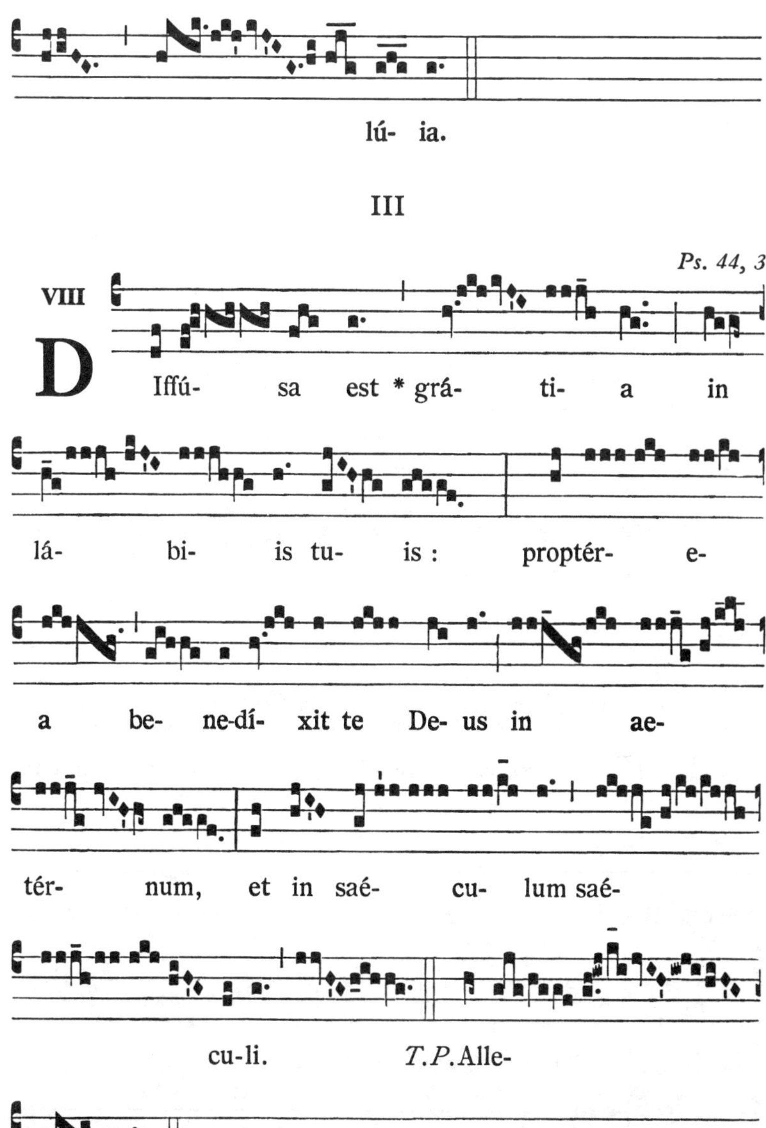
lú- ia.
III
Ps. 44, 3
VIII
DIffú- sa est * grá- ti- a in
lá- bi- is tu- is : proptér- e-
a be- ne-dí- xit te De- us in ae-
tér- num, et in saé- cu- lum saécu-li. T.P. Alle-
lú- ia.

IV
I
F E- lix * nam- que es, sacra
Vir-go Ma- rí- a, et o-mni lau-de di-
gníssi- ma : qui- a ex te or- tus est sol iu-
stí- ti- ae, Chri- stus De- us no- ster.
V
I
Ier. 18, 20
R E- cordá- re, * Vir- go Ma-ter, in con-
spé-ctu De- i, ut loquá- ris pro no-bis bo- na, et ut
avér-tat indigna-ti- ó-nem su- am a
no- bis. T.P. Alle- lú- ia.

ANTIPHONÆ AD COMMUNIONEM

I

Ps. 44*, 2 ab. 10 b. 11. 12. 13. 14. 15. 16
vel cant. Magníficat, Lc. 1*, 46-47. 48. 49. 50. 51. 52. 53. 54. 55

II

Ps. 44, 2 ab. 11. 12. 13. 14. 15. 16

III Gloriósa, 631.
IV Ecce virgo, 37.

COMMUNE APOSTOLORUM

Extra tempus paschale

ANTIPHONÆ AD INTROITUM

I

Ps. 51, 10. 11 et 3

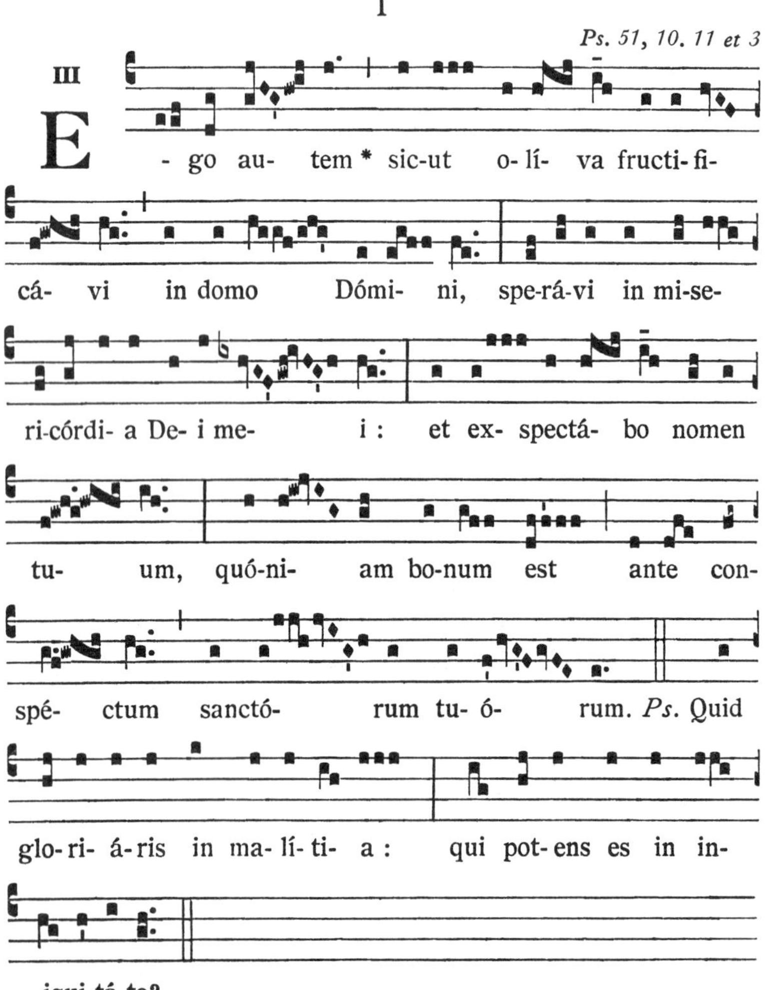

II

Sap. 3, 8 ; Ps. 32

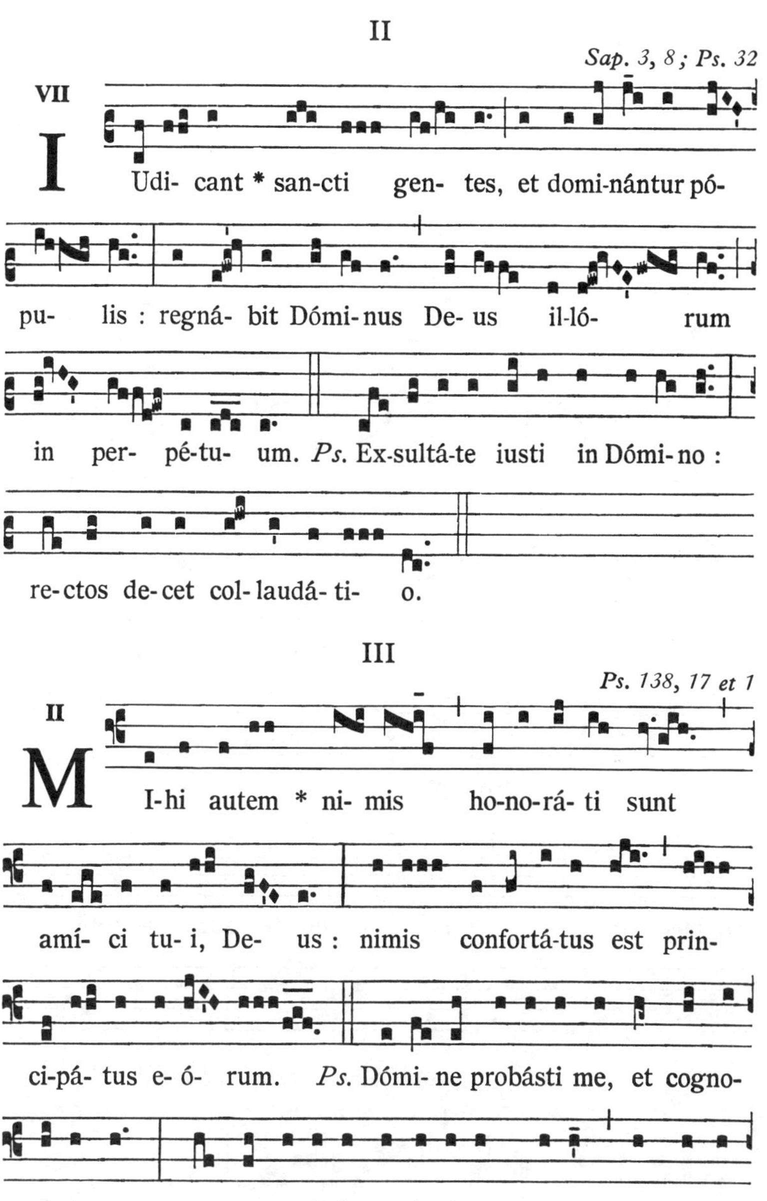

III

Ps. 138, 17 et 1

recti- ó-nem me- am.

GRADUALIA

I

Ps. 44, 17. ℣. 18

V

COnstí- tu- es e- os * prín-ci-pes

su- per omnem ter- ram : mé-

mo- res e- runt nó- mi- nis tu- i, Dó- mi- ne.

℣. Pro pá-

tri-bus tu- is na- ti sunt ti- bi

fí- li- i : proptér- e- a pópu- li

confi- te-búntur ti- bi.

II

Ps. 18, 5. ℣. 2

II
IN omnem * terram exívit
sonus eórum : et in fi-
nes orbis terrae verba eórum.
℣. Caeli enár-
rant glóriam De-
i : et ópera mánuum e-
ius annúntiat firmaméntum.

III

Ps. 138, 17. ℣. 18

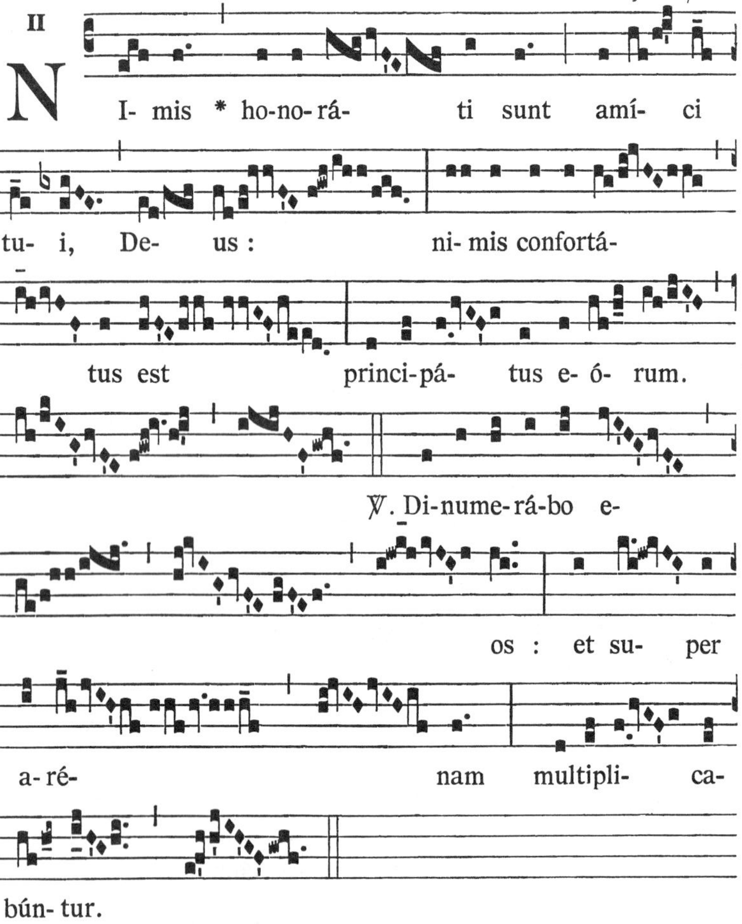
II
NImis * ho-no-rá- ti sunt amí- ci
tu- i, De- us : ni- mis confortá-
tus est princi-pá- tus e- ó- rum.
℣. Di-nume-rá-bo e-
os : et su- per
a- ré- nam multipli- ca-
bún- tur.

VERSUS ALLELUIATICI

I

Ps. 44, 17. 18

IV
AL- le- lú- ia.

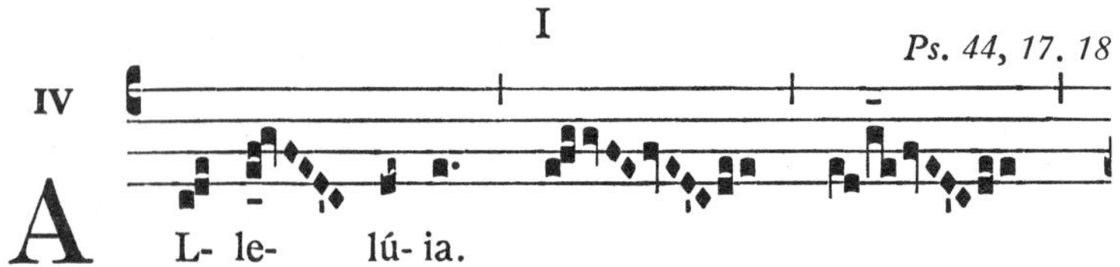

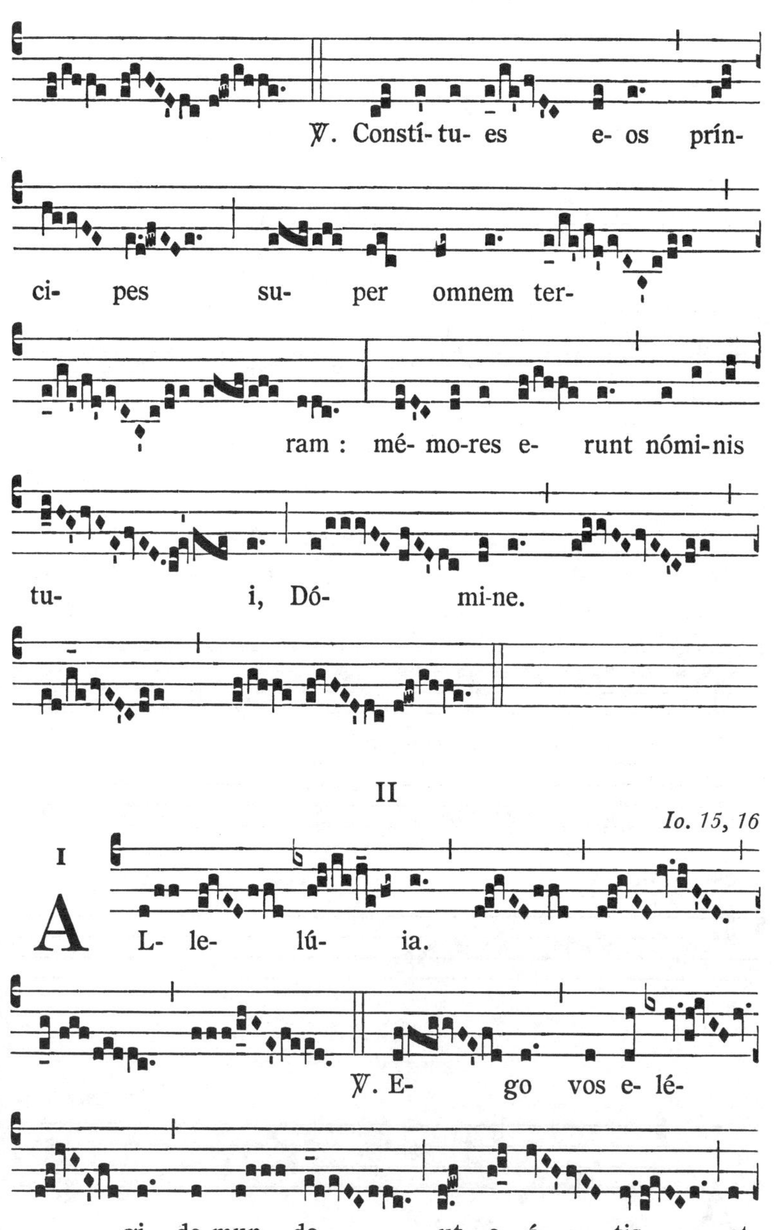
℣. Constí-tu- es e- os prín-
ci- pes su- per omnem ter-
ram : mé- mo-res e- runt nómi-nis
tu- i, Dó- mi-ne.
II
Io. 15, 16
I
A L- le- lú- ia.
℣. E- go vos e- lé-
gi de mun- do, ut e- á- tis, et

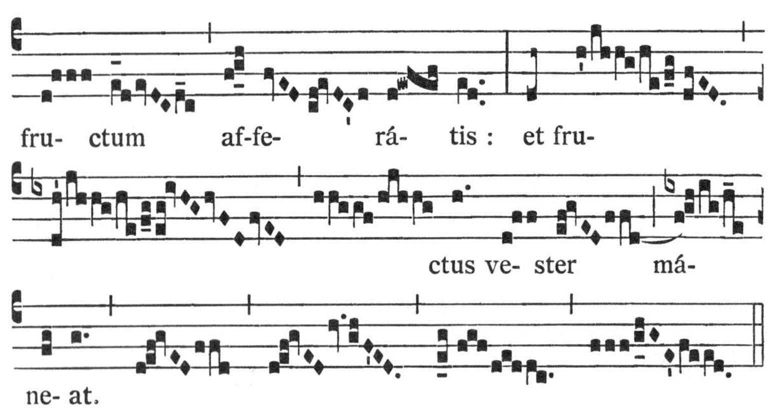

III

Ps. 32, 1

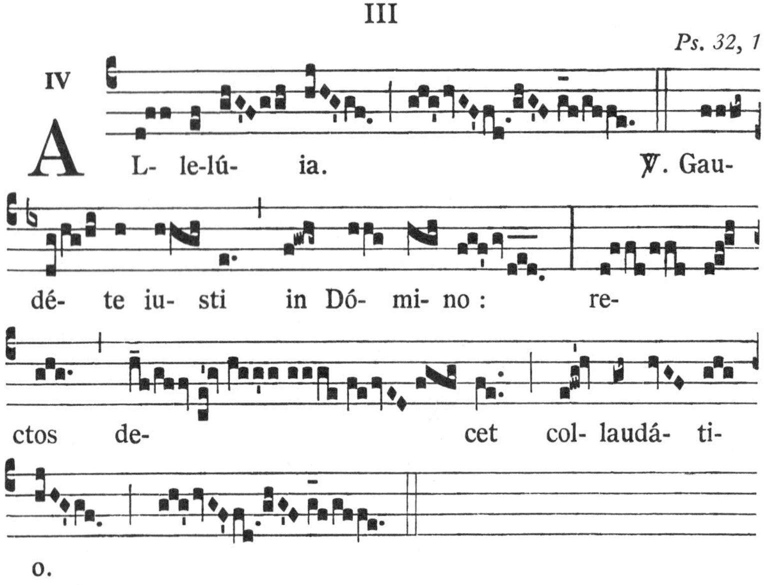

IV

Act. 2, 4

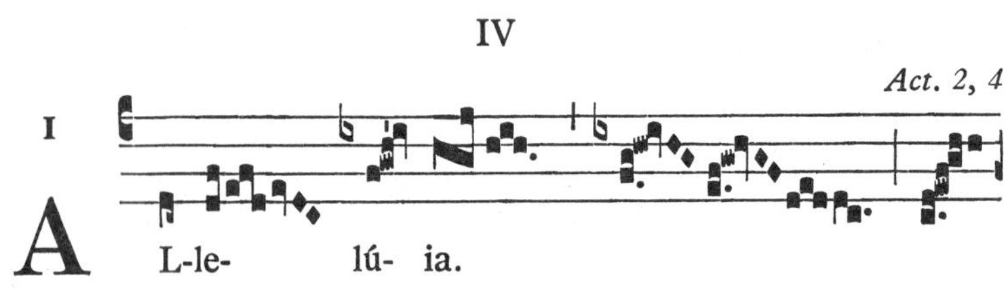

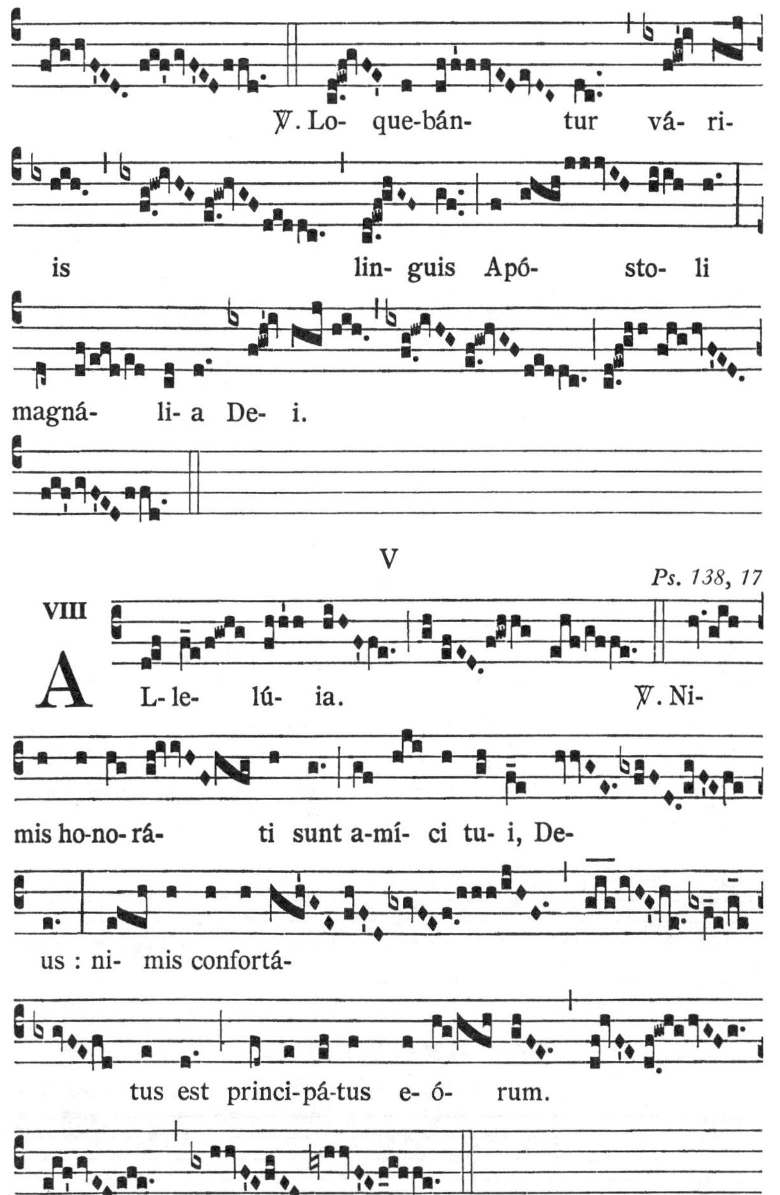
℣. Lo- que-bán- tur vá- ri-
is lin- guis Apó- sto- li
magná- li- a De- i.
V
Ps. 138, 17
VIII
A L-le- lú- ia. ℣. Ni-
mis ho-no- rá- ti sunt a-mí- ci tu- i, Deus : ni- mis confortá-
tus est princi-pá-tus e- ó- rum.

VI

VII

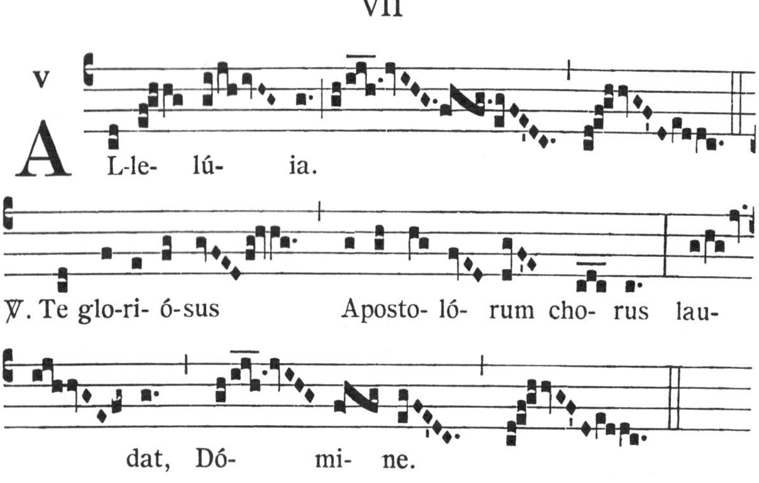

TRACTUS

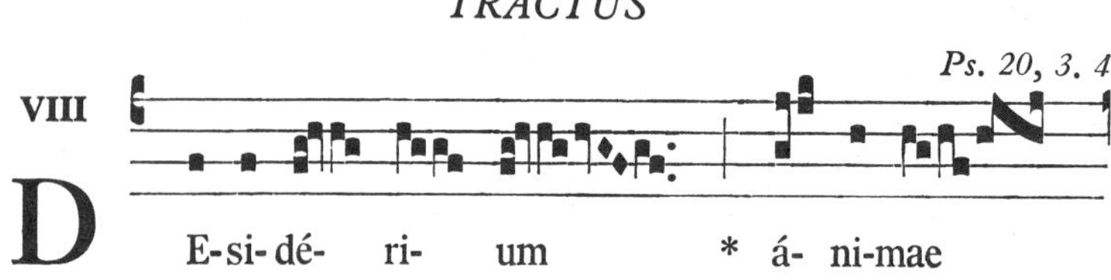

e- ius tri- bu- í- sti e- i : et vo-
luntá-te la- bi- ó-rum e- ius non fraudásti
e- um.
℣. Quó-ni- am praeve- ní- sti e- um in be- ne-di-
cti- ó-ne dulcé-
di-nis. ℣. Po-su- í- sti su- per ca- put e- ius
co- ró- nam de lá-
pi- de pre- ti- ó- so.

ANTIPHONÆ AD OFFERTORIUM

I

Ps. 44, 17. 18

III

COnstí- tu- es * e- os prín- ci- pes

super o- mnem ter- ram : mé- mo- res e-

runt nó- mi- nis tu- i, in o- mni pro-gé-

ni- e et ge- ne- ra- ti- ó- ne.

II

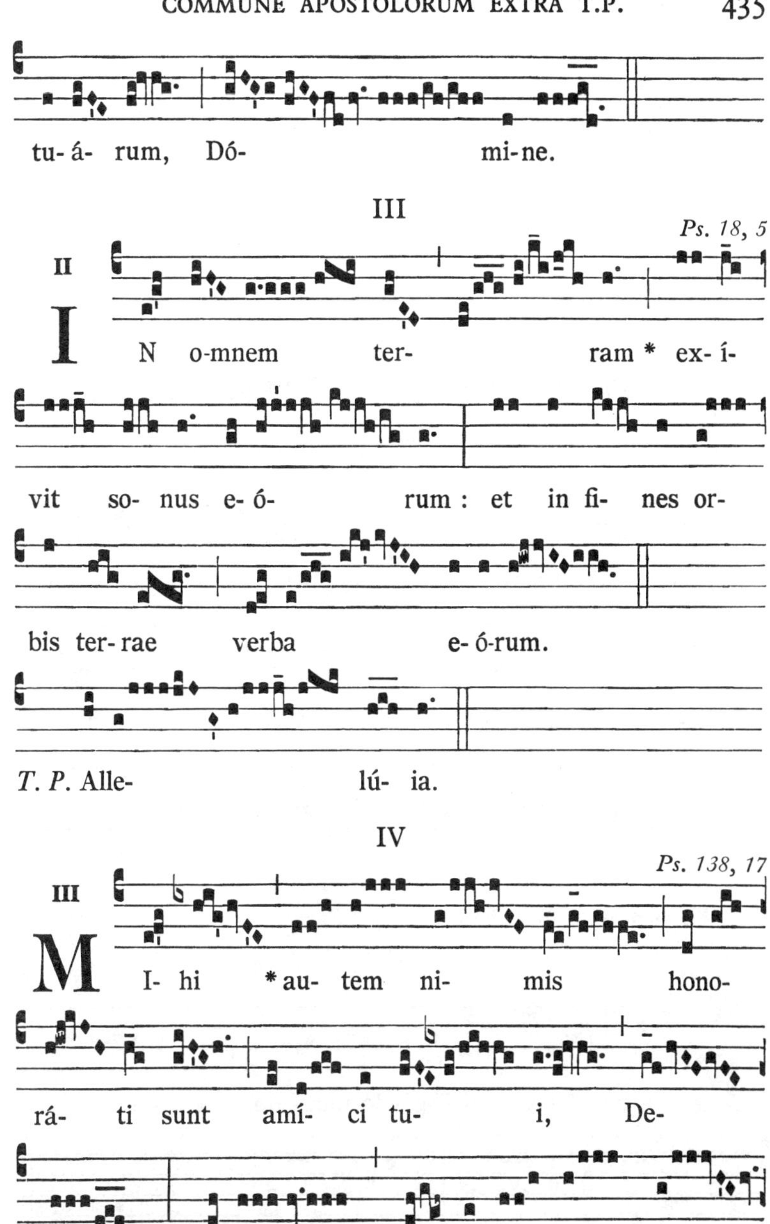
tu- á- rum, Dó- mi-ne.
III
Ps. 18, 5
II
IN omnem ter- ram * ex- í-
vit so- nus e- ó- rum : et in fi- nes or-
bis ter- rae verba e- ó-rum.
T. P. Alle- lú- ia.
IV
Ps. 138, 17
III
MI- hi * au- tem ni- mis hono-
rá- ti sunt amí- ci tu- i, De-
us : nimis con- fortá- tus est

ANTIPHONÆ AD COMMUNIONEM

I

Mt. 19, 28. 29

Ps. **20***, 2. 3. 4. 5. 6. 7. 14

II

Io. 15, 16

Ps. 88*, 2. 4. 6. 20. 21. 22. 25. 29 (Differentia : **a**)

III

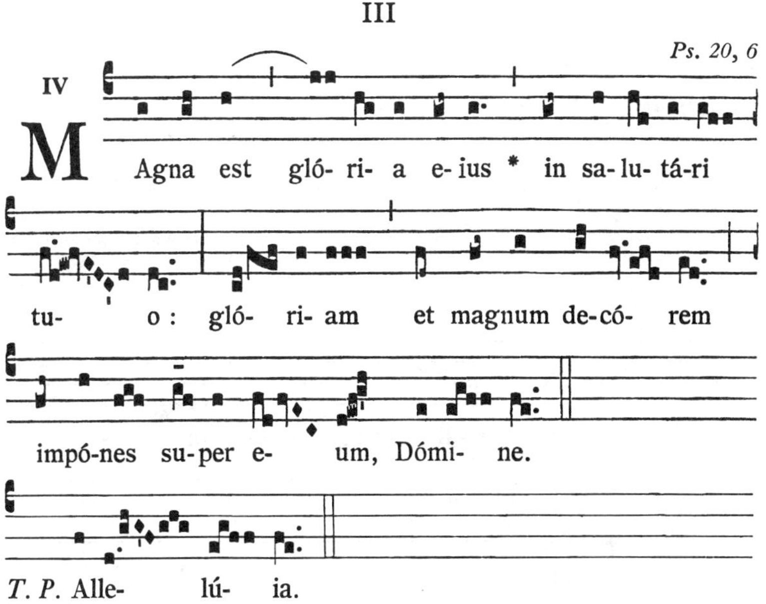

Ps. **20**, 2. 3. 4. 5. 7. 14

IV

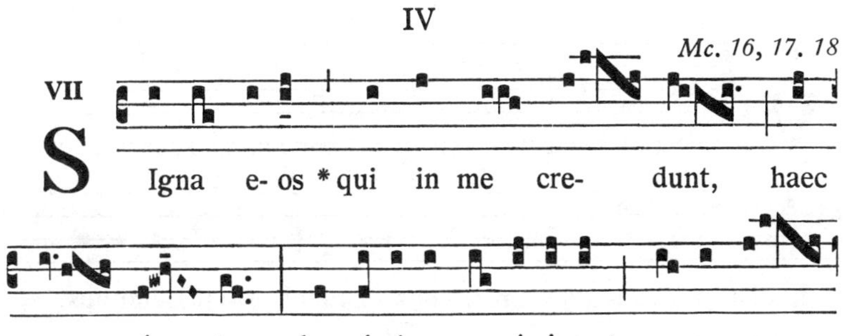

Psalmus 33*
(*Pro Apostolis :* Ps. **88***, 2. 4. 6. 20. 21. 22. 25. 29)

Ps. **125***, 1. 2 ab. 2 cd. 3. 4. 5. 6 ab. 6 cd.

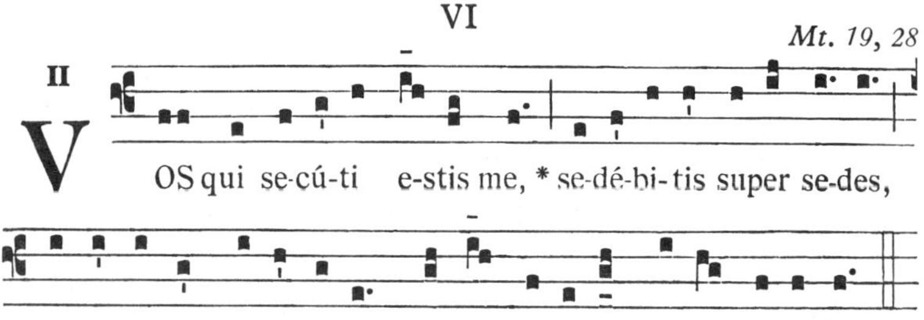

Ps. **18***, 2. 3. 4. 5. 6. 7

COMMUNE APOSTOLORUM VEL MARTYRUM

Tempore paschali

Pro Apostolis

CO. Data est mihi, 213,
cum ps. 77*, 1. 3-4 a. 23. 24. 25. 27.
— Spíritus Sanctus docébit vos, 232,
cum ps. **125***, 1. 2 ab. 2 cd. 3. 4. 5. 6 ab. 6 cd.

Pro pluribus Apostolis vel martyribus

ANTIPHONÆ AD INTROITUM

I Accípite iucunditátem, 243.

II

Ps. 32, 18. 19. 20 et 1

et pro-té-ctor noster est, alle-lú- ia, al- le-
lú- ia. *Ps.* Exsultá-te iusti in Dómi- no : re-ctos de-cet
col- lau-dá-ti- o.

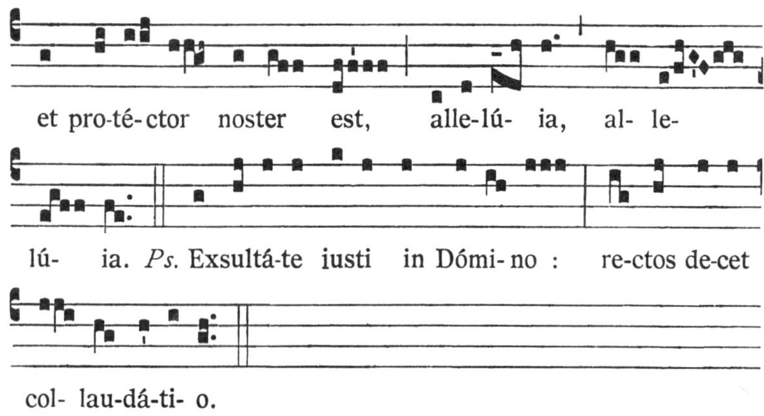

III

Ps. 144, 10. 11 et 1

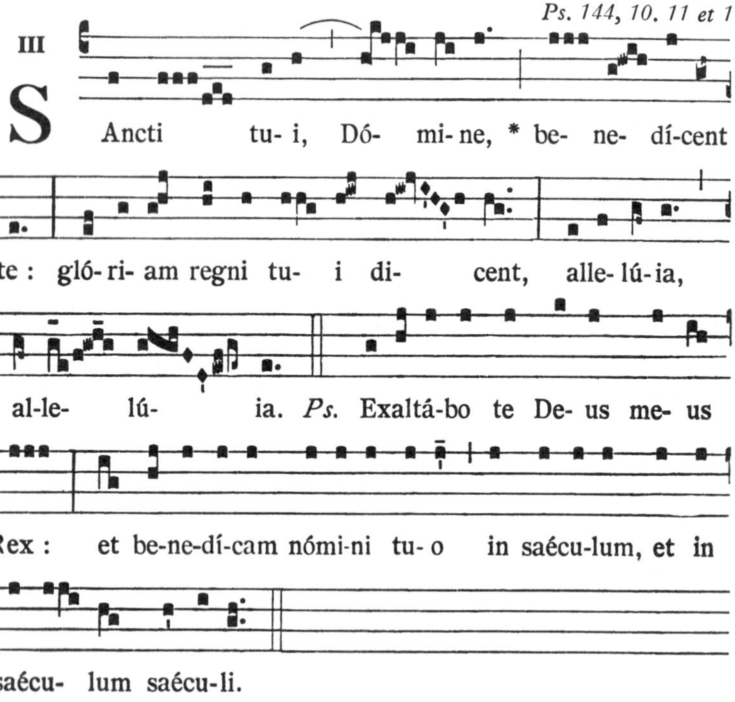

III
S Ancti tu- i, Dó- mi- ne, * be- ne- dí-cent
te : gló- ri- am regni tu- i di- cent, alle- lú- ia,
al-le- lú- ia. *Ps.* Exaltá-bo te De- us me- us
Rex : et be-ne-dí-cam nómi-ni tu- o in saécu-lum, et in
saécu- lum saécu-li.

IV Vocem iucunditátis, 229.

ANTIPHONÆ AD OFFERTORIUM

I

Ps. 88, 6

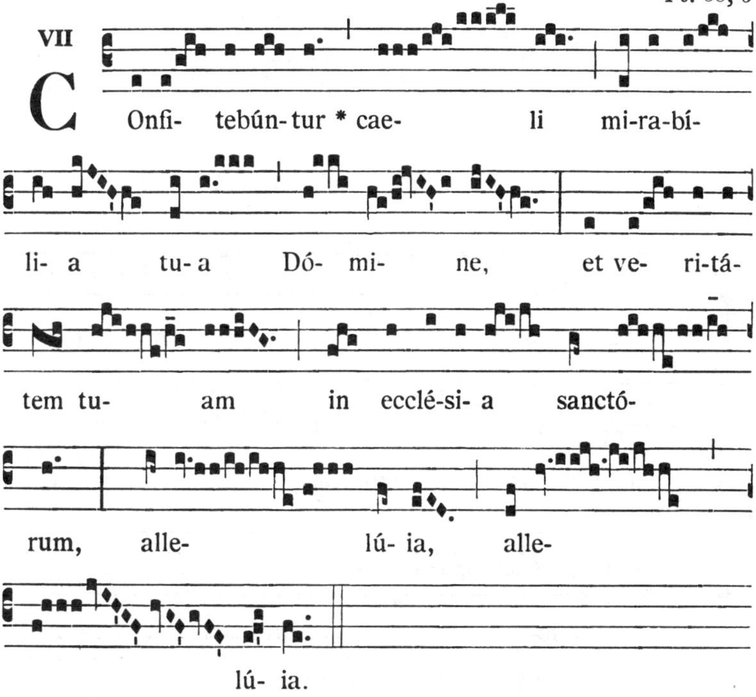
VII
COnfi- tebún-tur * cae- li mi-ra-bí-
li- a tu-a Dó- mi- ne, et ve- ri-tá-
tem tu- am in ecclé-si- a sanctórum, alle- lú- ia, alle-
lú- ia.

II

Ps. 89, 14

I
REplé- ti su-mus * ma- ne mi- se-ri-cór-
di- a tu- a : et ex-sultá-vi- mus

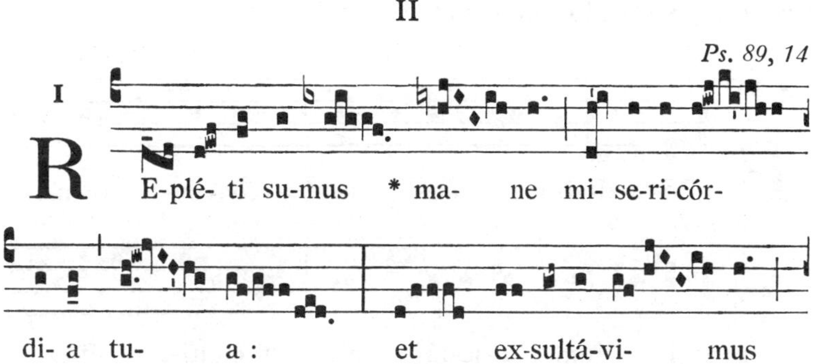

ANTIPHONA AD COMMUNIONEM

Ps. 32, 2. 3. 4. 12. 13. 14. 15. 18. 19. 20. 21. 22.

Pro uno Apostolo vel martyre

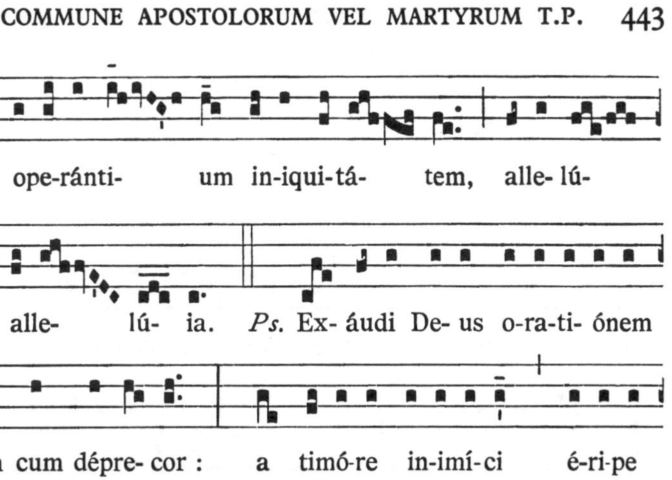

IN. Veníte, benedícti, 205.

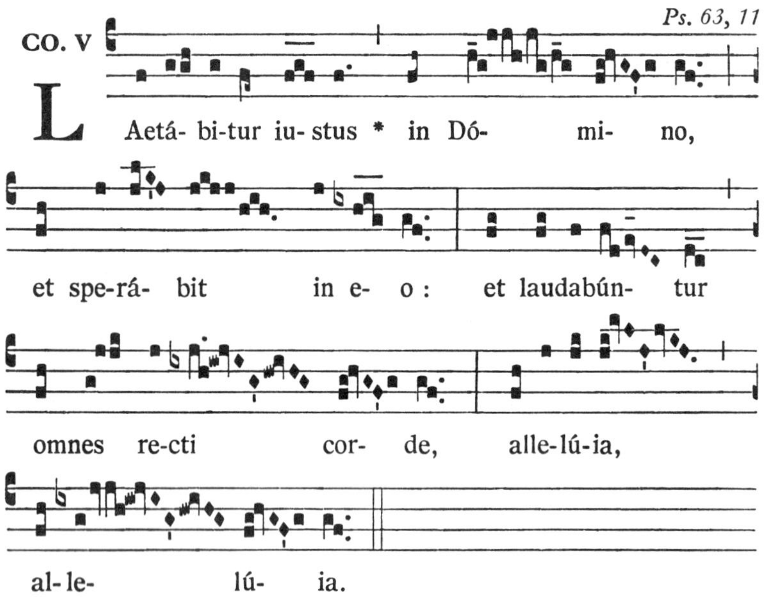

Ps. 33*, 2. 6. 7. 15. 16. 17. 18. 19. 20. 21 (Differentia : **g**)

COMMUNE MARTYRUM

Extra tempus paschale

Pro papis vel episcopis

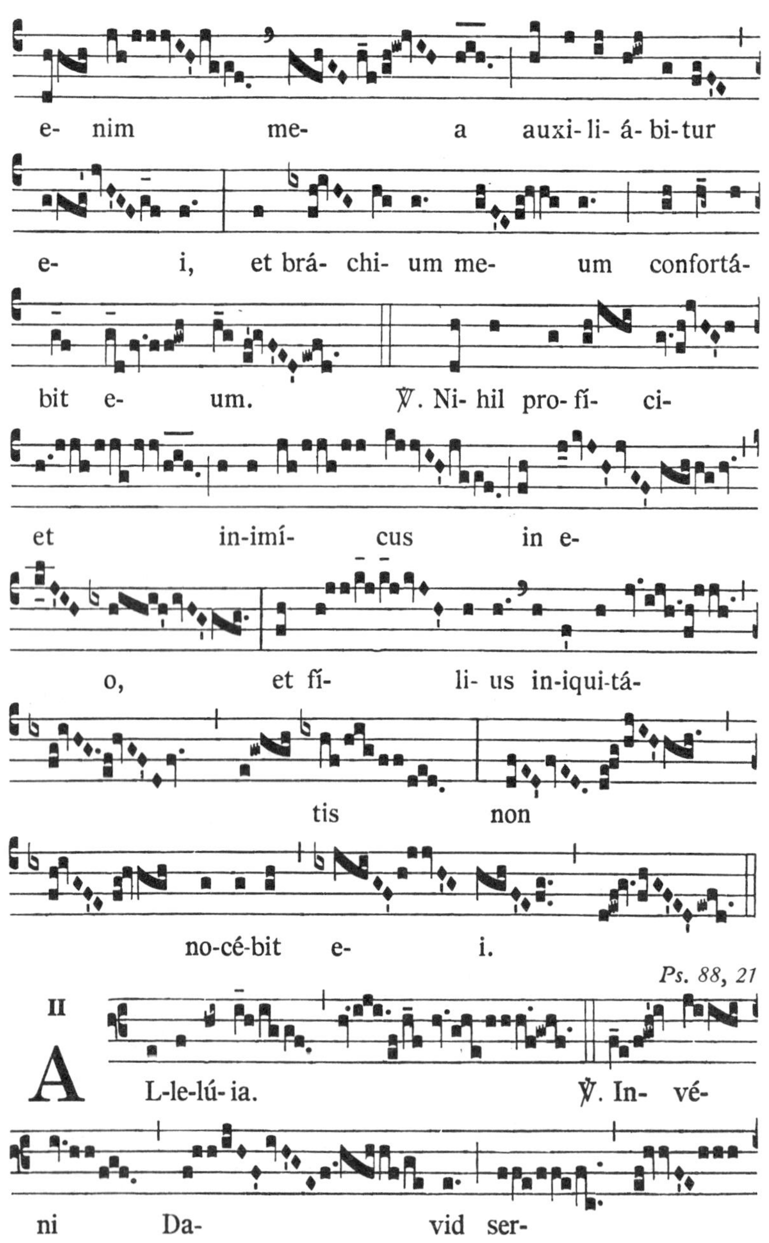
e- nim me- a auxi-li- á-bi-tur
e- i, et brá- chi- um me- um confortá-
bit e- um. ℣. Ni- hil pro- fí- ciet in-imí- cus in e-
o, et fí- li- us in-iqui-tá-
tis non
no-cé-bit e- i.
Ps. 88, 21
II
A L-le-lú- ia. ℣. In- vé-
ni Da- vid ser-

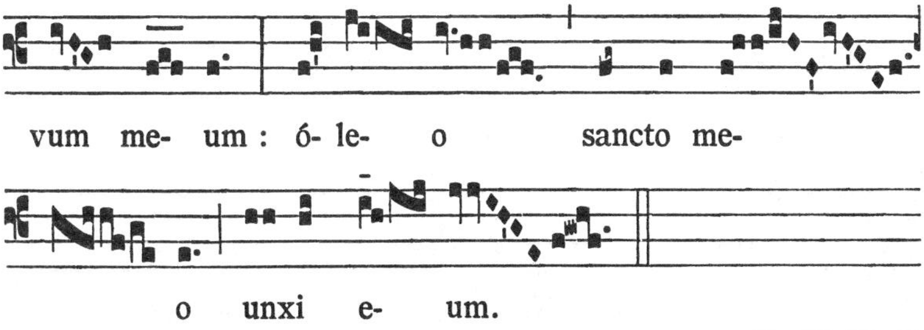

vum me- um : ó- le- o sancto me-
o unxi e- um.

Ps. 88, 21. 22

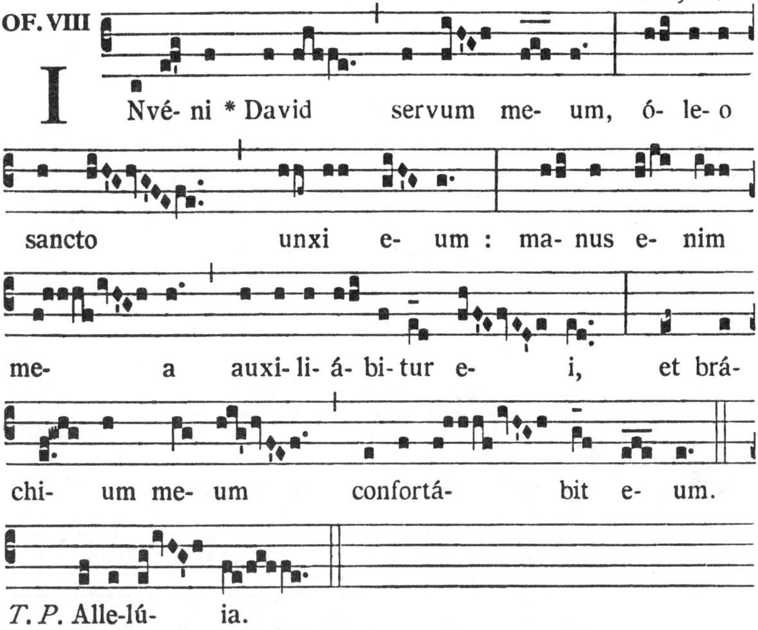

OF. VIII
I Nvé- ni * David servum me- um, ó- le- o
sancto unxi e- um : ma- nus e- nim
me- a auxi- li- á- bi- tur e- i, et brá-
chi- um me- um confortá- bit e- um.
T. P. Alle-lú- ia.

Pro presbyteris

ANTIPHONÆ AD INTROITUM

I

Dan. 3, 84. 87 et 57

VI
S A- cer- dó- tes De- i, * be-ne-dí- ci- te

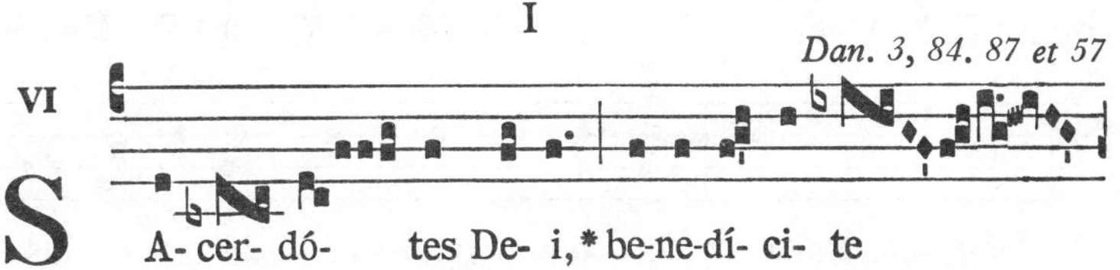

II

Ps. 131, 16 et 1

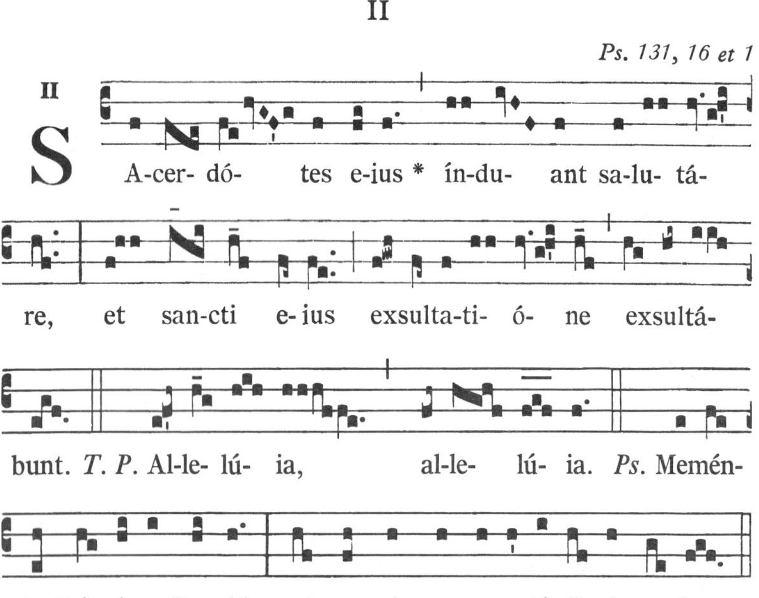

VERSUS ALLELUIATICI

I

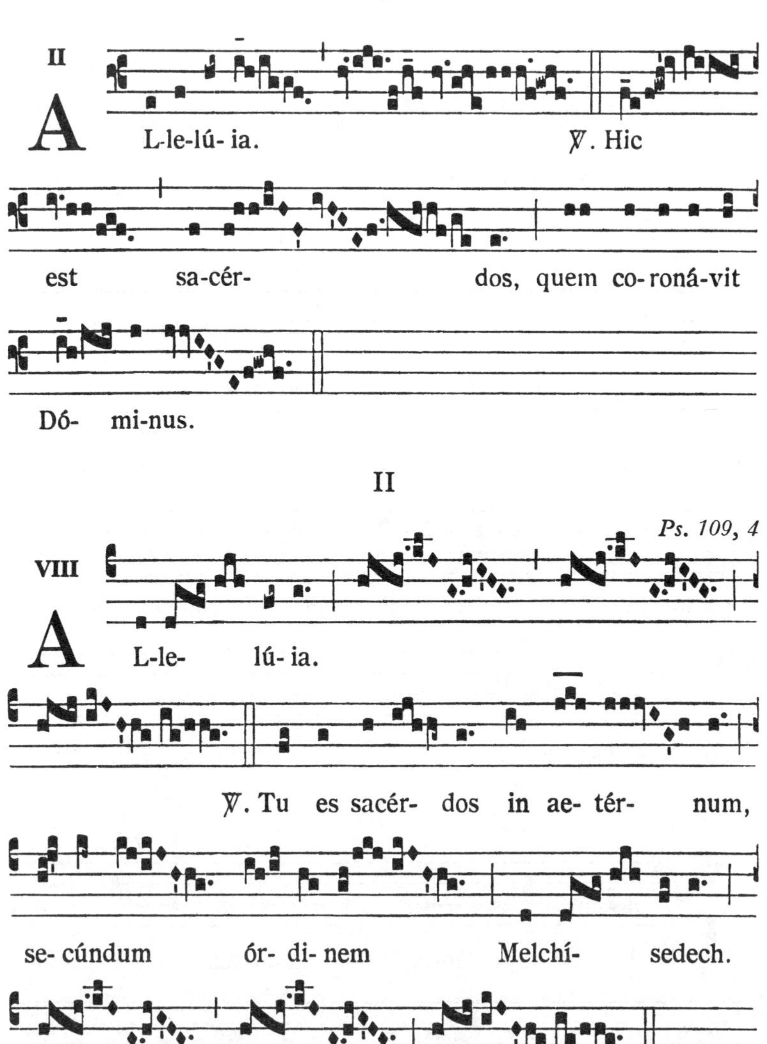

Pro pluribus martyribus

ANTIPHONÆ AD INTROITUM

I

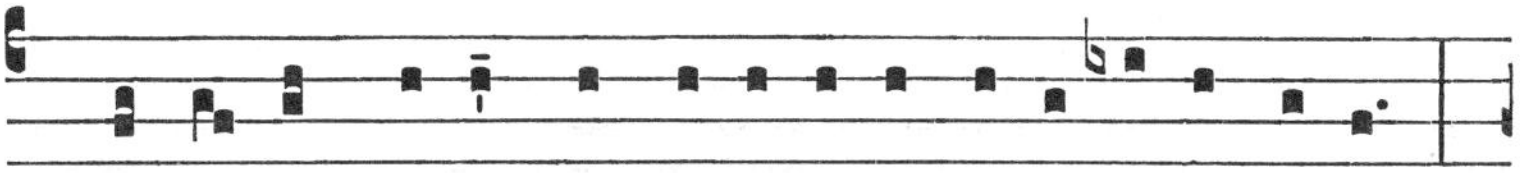

Ps. Exsúrgat De- us, et dis-si-péntur in- i- mí- ci e- ius:

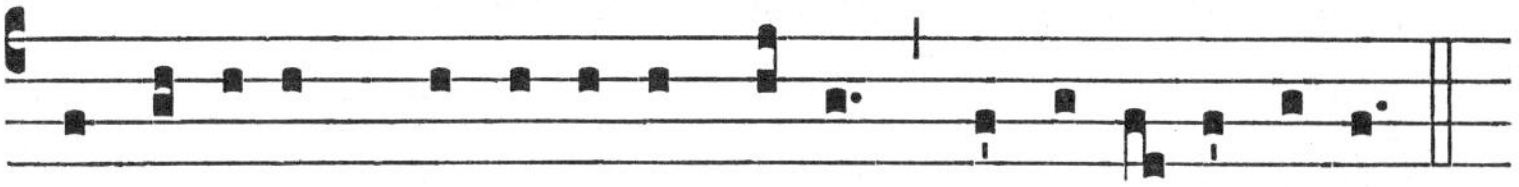

et fú-gi- ant qui o-dé-runt e- um, a fá- ci- e e- ius.

III Loquétur Dóminus, 369.

IV

Ps. 33, 20. 21 et 2

II

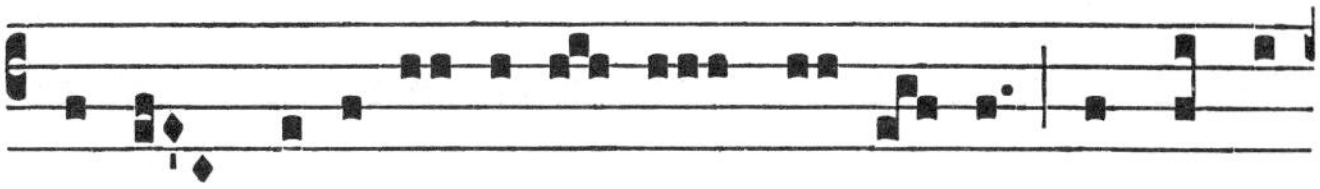

M Ultae * tri-bu-la- ti- ó- nes iu-stó- rum, et de his

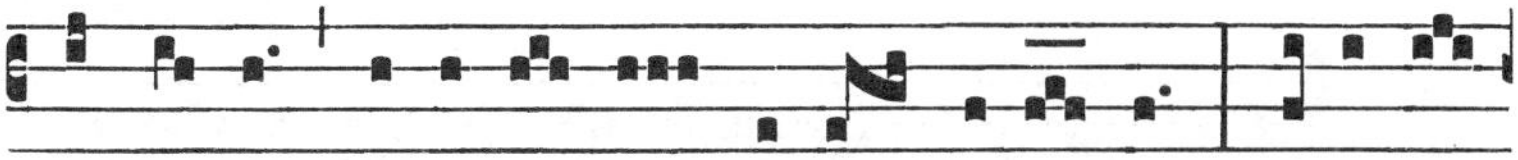

ómni- bus li-be-rá- vit e- os Dómi- nus : Dómi-nus

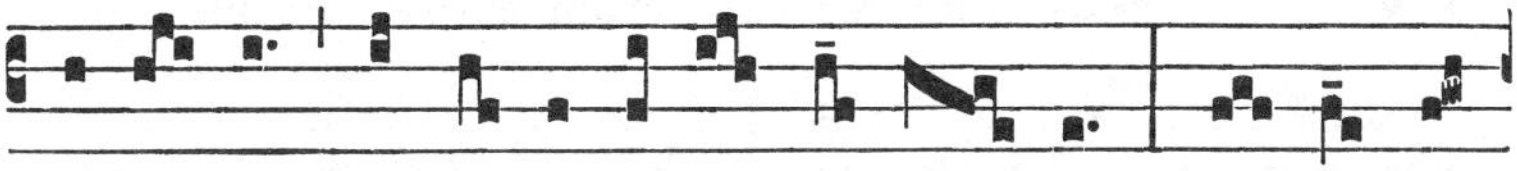

custó- dit ómni- a ossa e- ó- rum : u- num ex

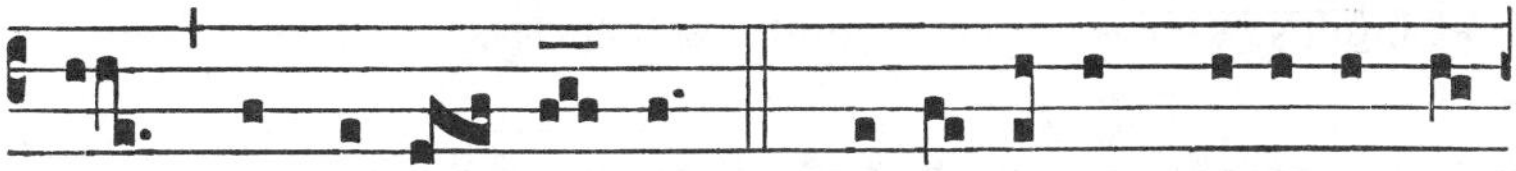

his non conte- ré- tur. *Ps.* Be-ne- dí-cam Dómi-num in

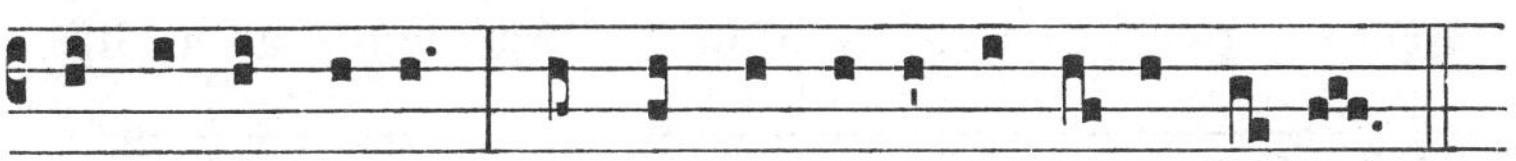

omni témpo-re : semper laus e-ius in o-re me- o.

V

Ps. 36, 39 et 1

I

S A-lus autem * iu- stó- rum a Dó- mi- no:

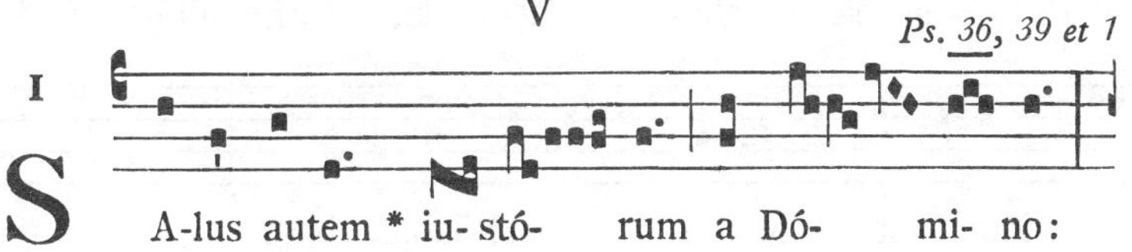

et pro-téctor e- ó- rum est in témpo- re tri-
bu- la- ti- ó- nis. Ps. No-li aemu-lá-ri in ma-lignán-
ti-bus : neque ze-lá-ve-ris fa-ci- éntes in- iqui- tá-tem.

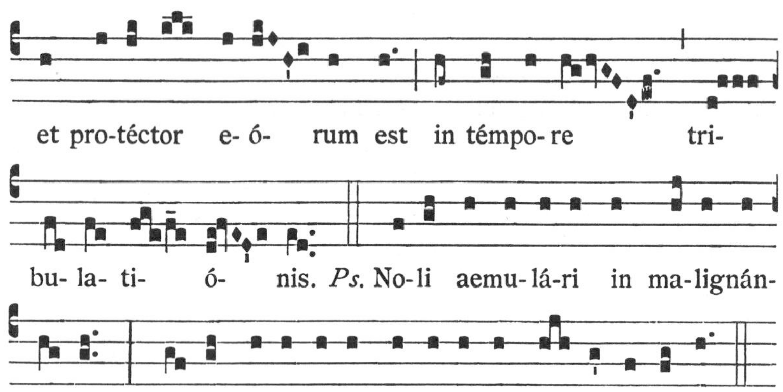

VI

Sir. 44, 15. 14; Ps. 32

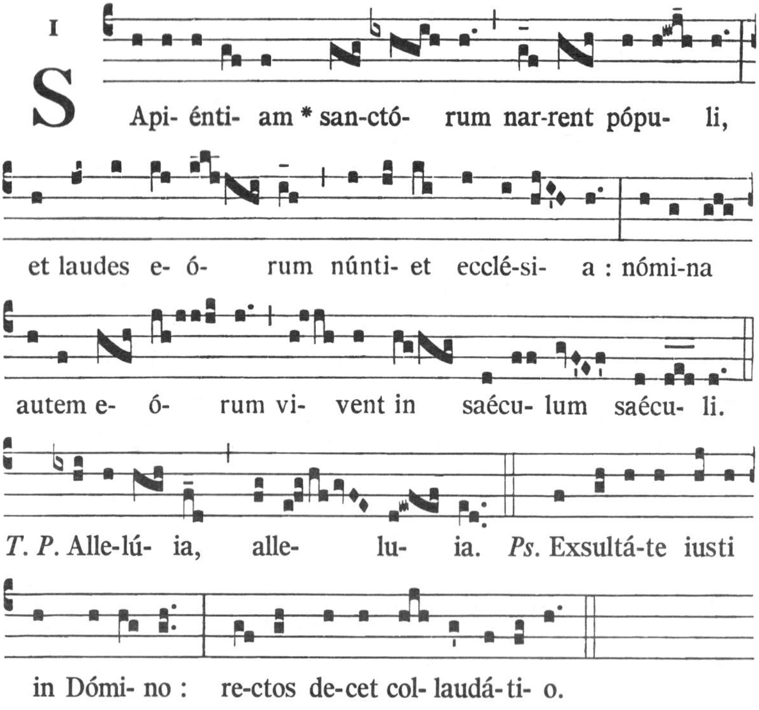

I
S Api- énti- am * san-ctó- rum nar-rent pópu- li,
et laudes e- ó- rum núnti- et ecclé-si- a : nómi-na
autem e- ó- rum vi- vent in saécu- lum saécu- li.
T. P. Alle-lú- ia, alle- lu- ia. Ps. Exsultá-te iusti
in Dómi- no : re-ctos de-cet col- laudá-ti- o.

VII
Ps. 33, 10. 11 et 2
III
TImé- te Dómi- num * o- mnes sancti e-ius,
quó-ni- am ni-hil de- est timénti- bus e- um : dí- vi-tes
e-gu- é-runt, et e-su- ri- é- runt : inqui- rén- tes
autem Dó- mi-num non de- fí- ci- ent o- mni
bo- no. Ps. Be-ne-dí-cam Dómi-num in omni témpo- re :
semper laus e- ius in o- re me- o.
GRADUALIA
I
Ps. 123, 7. ℣. 8
V
A- nima no- stra, * sic-ut pas- ser,
e- répta est de láque- o ve- nán- ti- um.

℣. Láque- us
contrí- tus est, et nos li-be-rá-
ti su- mus : ad-iu-tó-ri- um nostrum in nómi-ne Dó- mi- ni, qui fe-cit
cae- lum et ter- ram.
II
Ps. 33, 18. ℣. 19
VII
CLama- vé-runt iu- sti, * et Dómi- nus
exaudí- vit e- os : et ex ómni- bus
tri-bu-la-ti- ó-ni-bus e- ó-rum

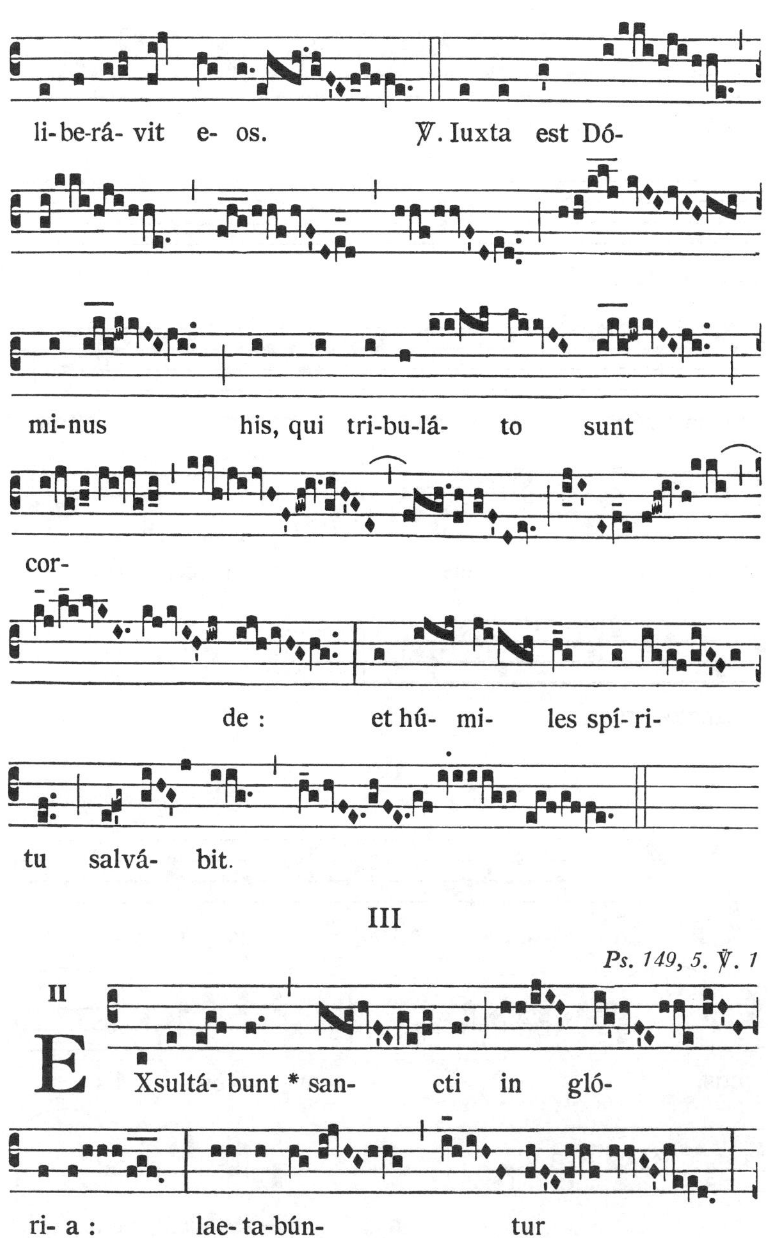
li-be-rá- vit e- os. ℣. Iuxta est Dó-
mi-nus his, qui tri-bu-lá- to sunt
cor-
de : et hú- mi- les spí- ri-
tu salvá- bit.
III
Ps. 149, 5. ℣. 1
II
E Xsultá- bunt * san- cti in gló-
ri- a : lae- ta-bún- tur

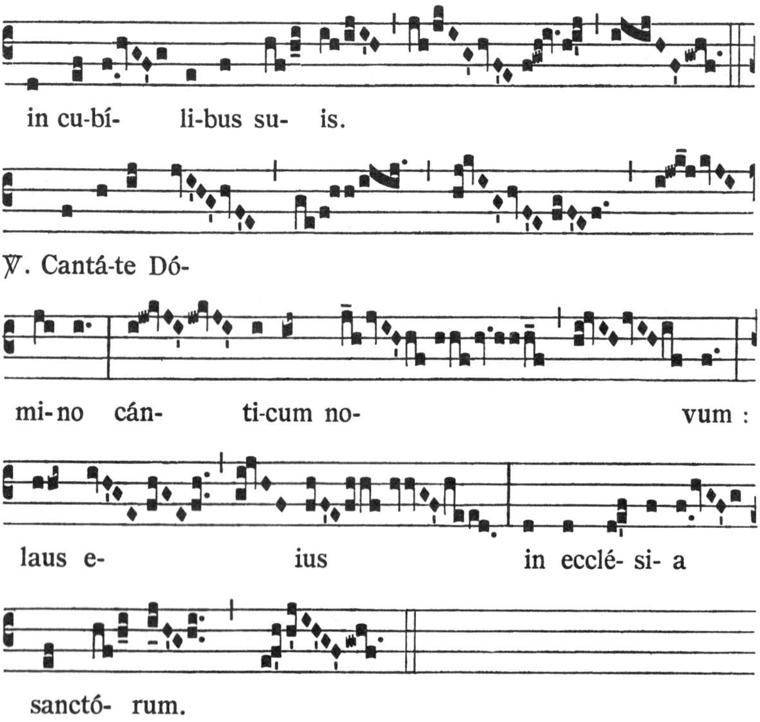

in cu-bí- li-bus su- is.
℣. Cantá-te Dó-
mi-no cán- ti-cum no- vum :
laus e- ius in ecclé- si- a
sanctó- rum.

IV

Ex. 15, 11. ℣. 6

I
GLo-ri- ó-sus * De- us in sanctis, mi- rá-bi- lis
in ma- ie- stá- te,

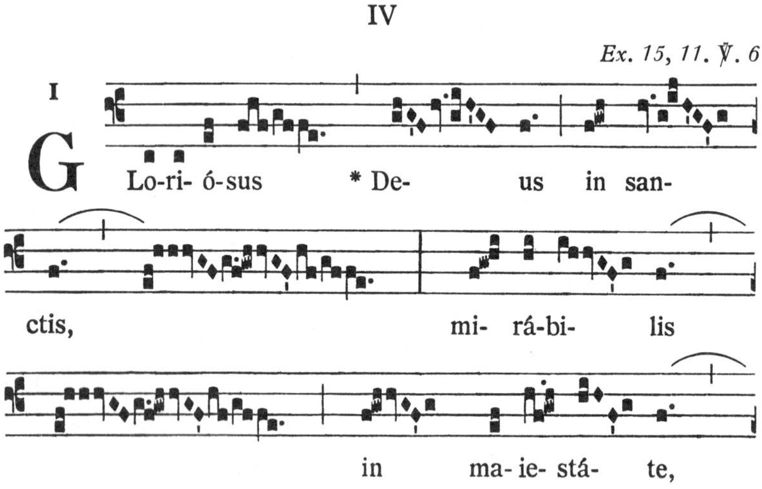

fá- ci- ens pro- dí- gi- a.
℣. Déxte- ra tu- a, Dó-
mi- ne, glo- ri- fi- cá-ta est
in vir-tú- te : déxte-
ra mánus tú- a
confré- git in- i- mí-
cos.
V
Sap. 3, 1. ℣. 2. 3
v
I
Ustó- rum á- ni- mae * in ma- nu
De- i sunt : et non tan- get il-

los tormén- tum ma- lí- ti- ae.

℣. Vi-si sunt ó-cu-lis insi- pi- énti- um mo- ri : il- li au- tem sunt in pa- ce.

VI

Ps. 33, 10. ℣. 11 b

I

TI-mé-te Dómi- num * omnes san- cti e-ius : quó- ni- am ni- hil de- est timén- ti-bus e- um. ℣. In- qui-rén- tes

au- tem
Dómi-num non de- fí- ci- ent o- mni bo-
no.

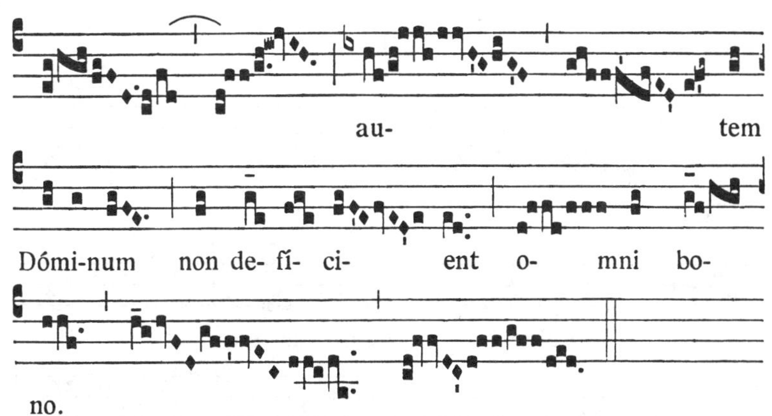

VERSUS ALLELUIATICI

I

Sir. 44, 14

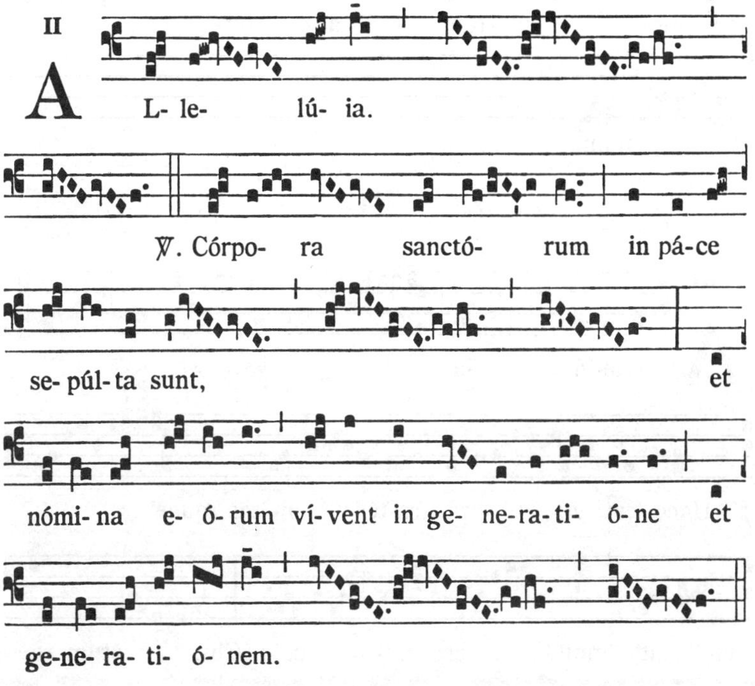
II
A L- le- lú- ia.
℣. Córpo- ra sanctó- rum in pá-ce
se- púl- ta sunt, et
nómi- na e- ó-rum ví- vent in ge- ne-ra- ti- ó- ne et
ge-ne- ra- ti- ó- nem.

II

Sap. 3, 7

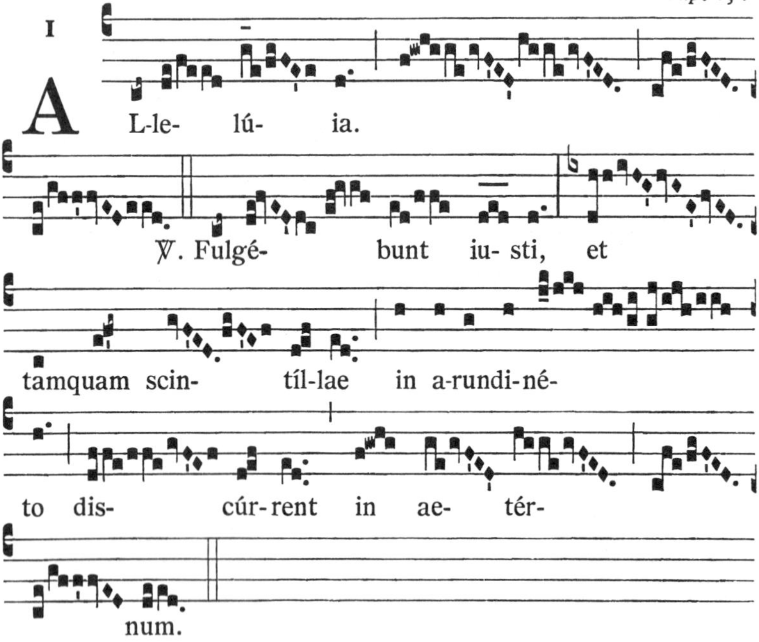
I
ALle-lú- ia.
℣. Fulgé- bunt iu- sti, et
tamquam scin- tíl-lae in a-rundi-né-
to dis- cúr-rent in ae- tér-
num.

III

VIII
ALle-lú- ia.
℣. Haec est ve- ra fra-tér- ni- tas, quae
vi- cit mundi crí- mi- na : Chri- stum se-

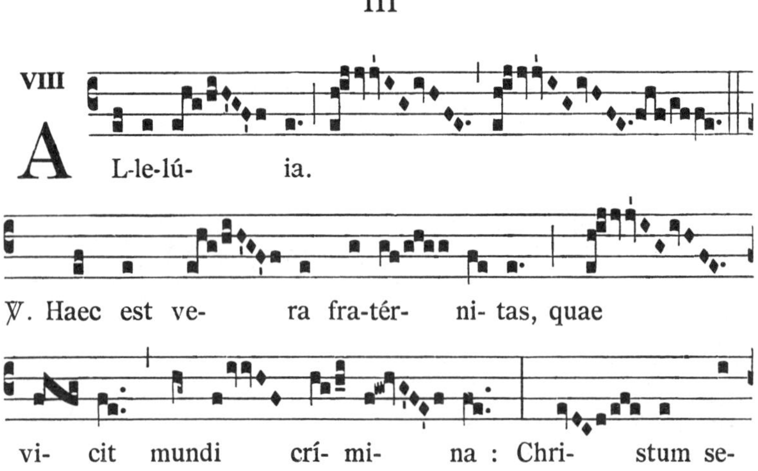

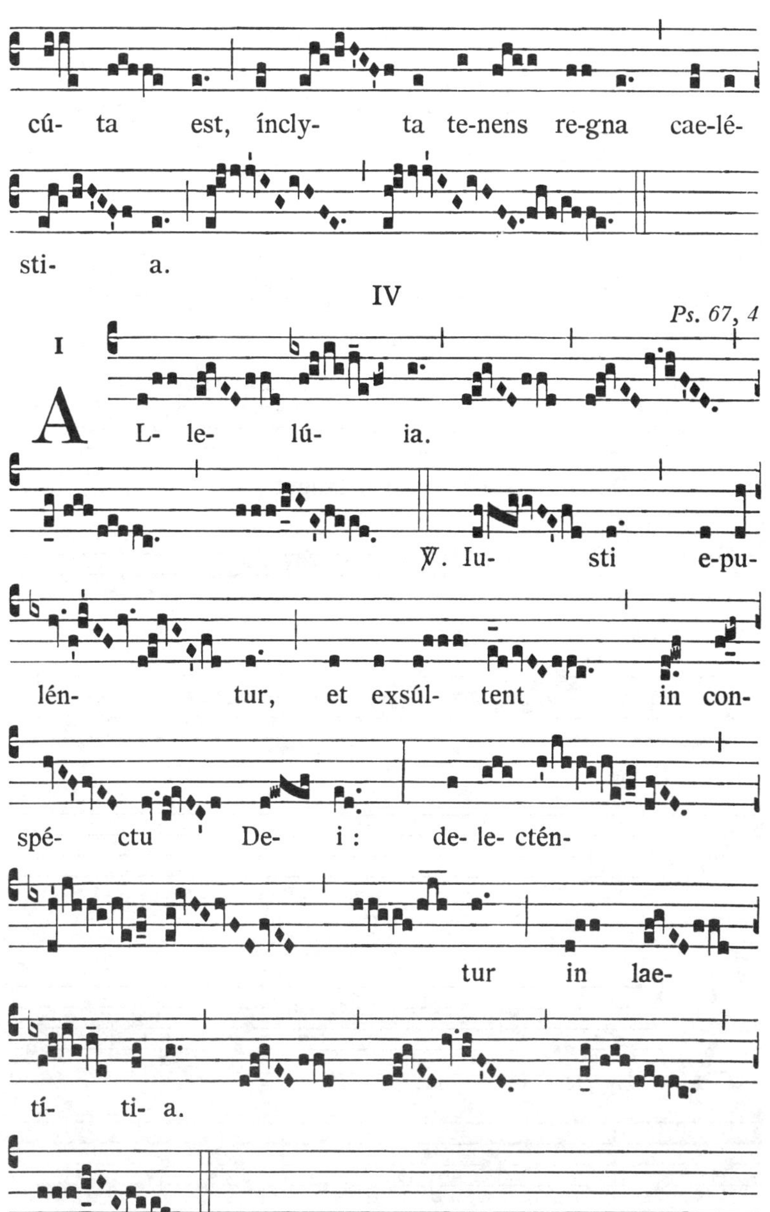
cú- ta est, íncly- ta te-nens re-gna cae-lé-
sti- a.
IV
Ps. 67, 4
I
A L- le- lú- ia.
℣. Iu- sti e-pu-
lén- tur, et exsúl- tent in con-
spé- ctu De- i : de- le- ctén-
tur in lae-
tí- ti- a.

V

Sap. 3, 1

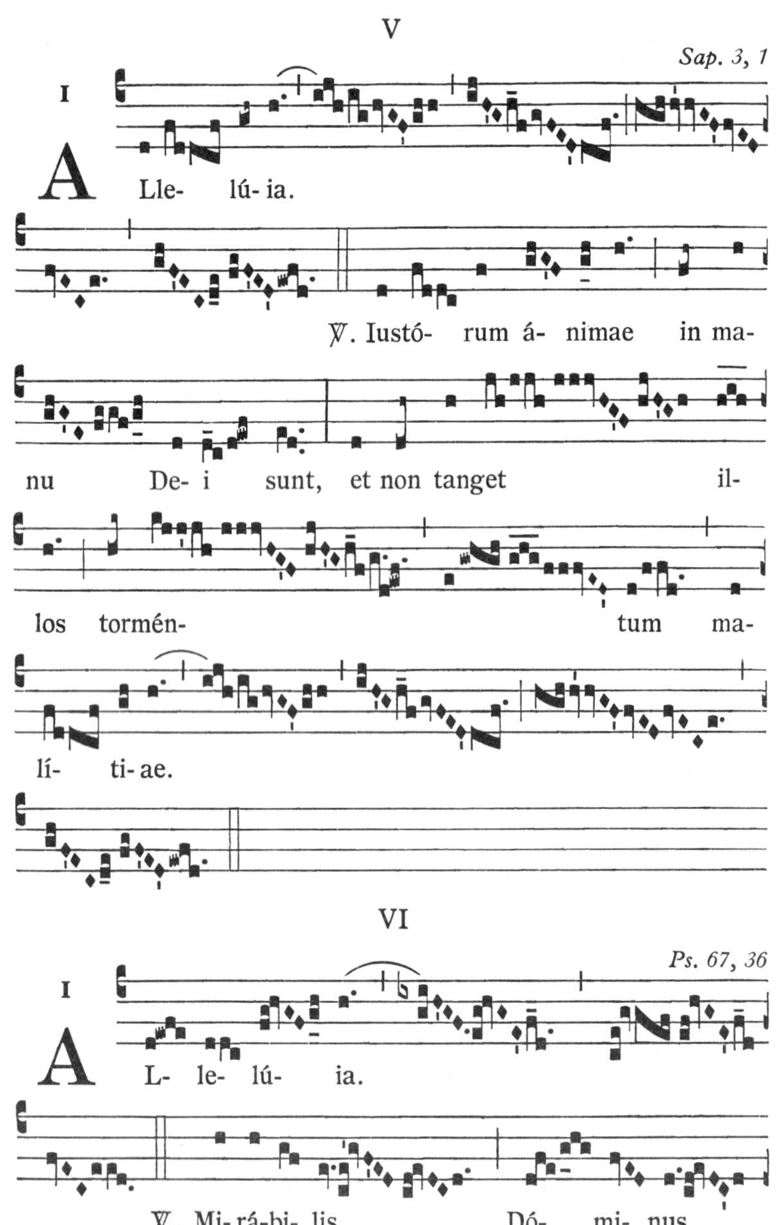

I
A Lle- lú- ia.
℣. Iustó- rum á- nimae in ma-
nu De- i sunt, et non tanget il-
los tormén- tum ma-
lí- ti- ae.
VI
Ps. 67, 36
I
A L- le- lú- ia.
℣. Mi- rá-bi- lis Dó- mi- nus

no- ster in san- ctis su-
is.

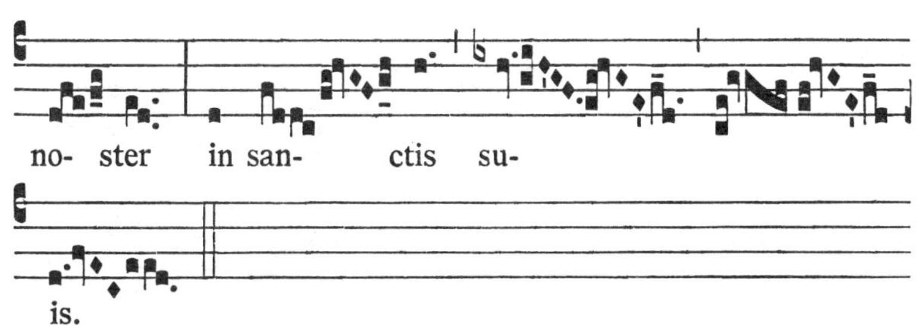

VII

Ps. 115, 15

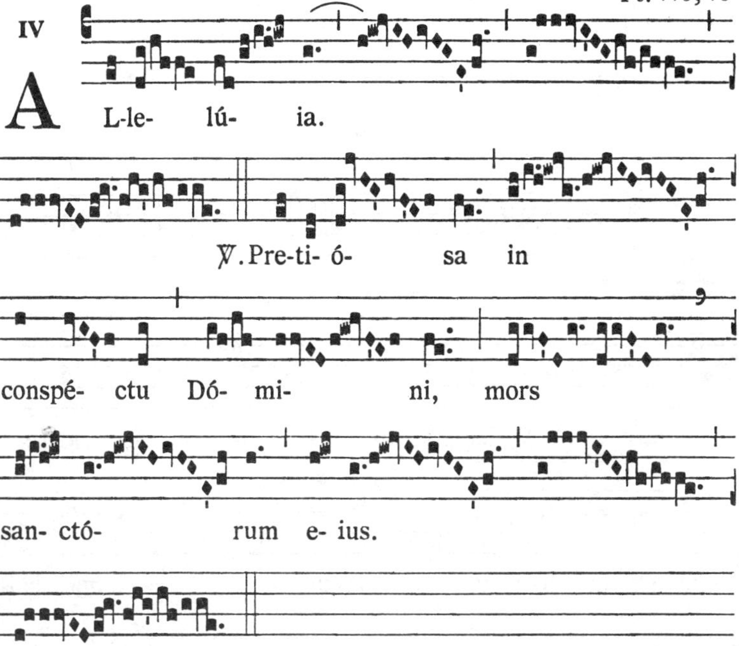
IV
A L-le- lú- ia.
℣. Pre-ti- ó- sa in
conspé- ctu Dó- mi- ni, mors
san- ctó- rum e- ius.

VIII

Ps. 144, 10. 11

II
A L-le-lú- ia.
℣. San-

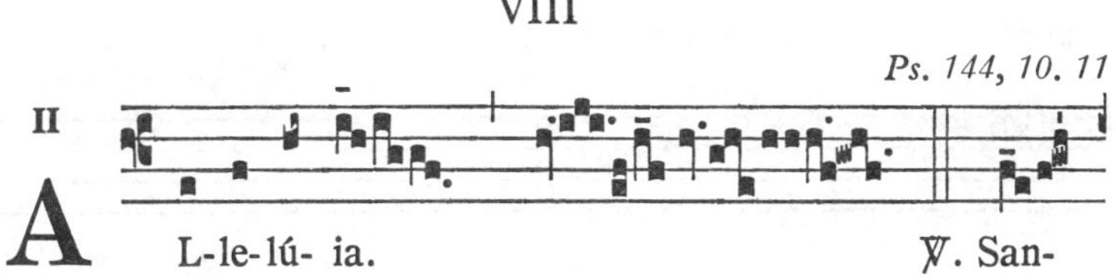

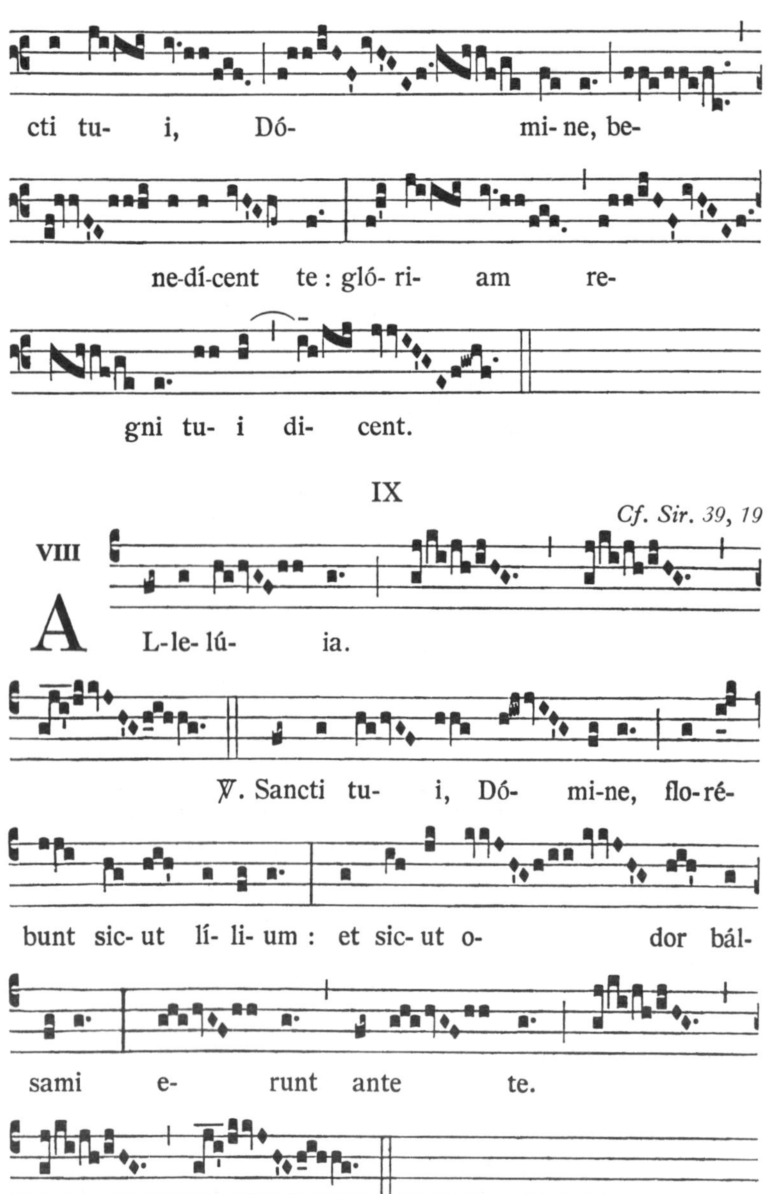
cti tu- i, Dó- mi- ne, be-
ne-dí-cent te : gló- ri- am regni tu- i di- cent.
IX
Cf. Sir. 39, 19
VIII
A L-le- lú- ia.
℣. Sancti tu- i, Dó- mi-ne, flo-ré-
bunt sic- ut lí- li- um : et sic- ut o- dor bál-
sami e- runt ante te.

X

V
ALle- lú- ia.
℣. Te Márty-rum can- di- dá- tus láu- dat
exér- ci- tus, Dó- mi- ne.

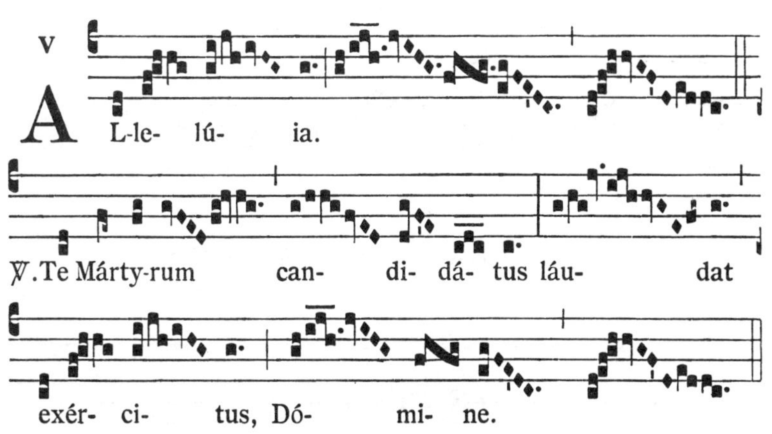

TRACTUS

Ps. 125, 5. 6

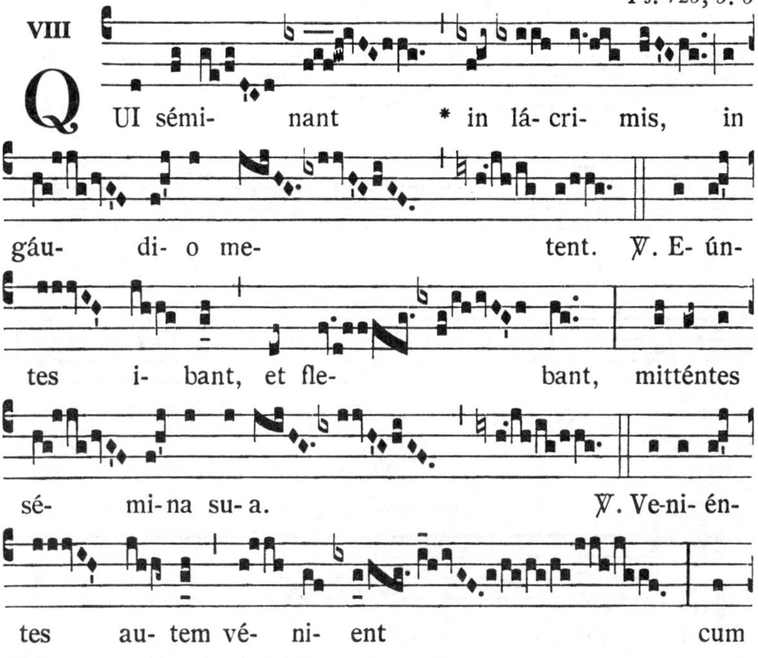
VIII
QUI sémi- nant * in lá- cri- mis, in
gáu- di- o me- tent. ℣. E- ún-
tes i- bant, et fle- bant, mitténtes
sé- mi- na su- a. ℣. Ve-ni- éntes au- tem vé- ni- ent cum

exsul- ta- ti- ó- ne, portántes ma-ní-
pu- los su- os.

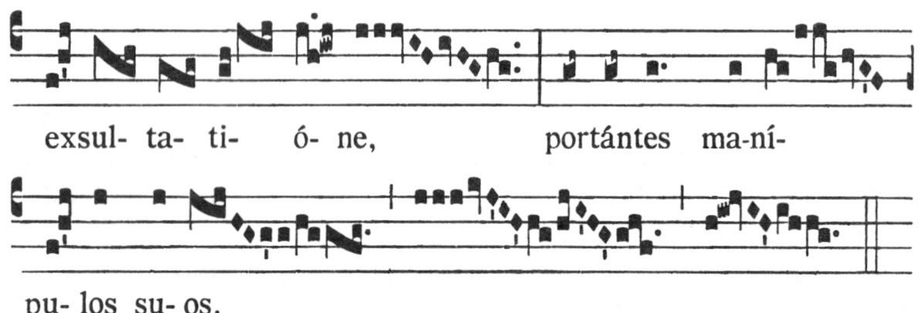

ANTIPHONÆ AD OFFERTORIUM

I

Ps. 123, 7

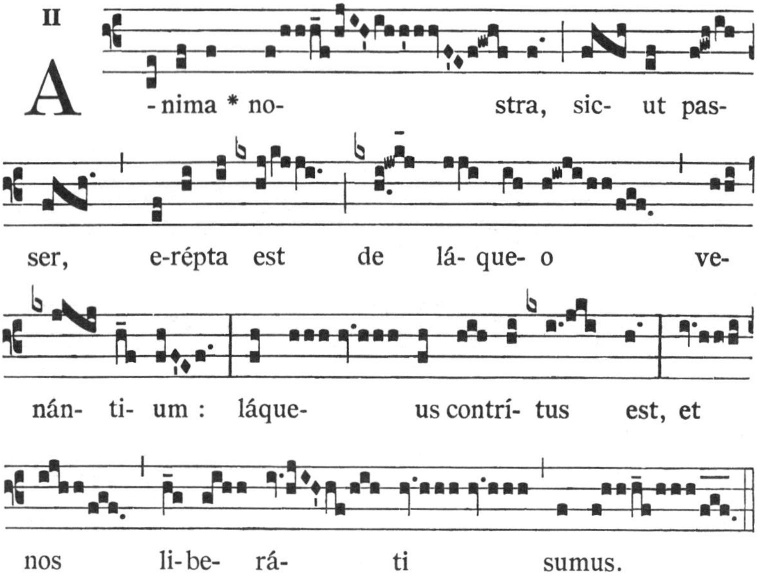

II
A
-nima * no- stra, sic- ut passer, e-répta est de lá- que- o ve-
nán- ti- um : láque- us contrí- tus est, et
nos li-be- rá- ti sumus.

II

Ps. 149, 5. 6

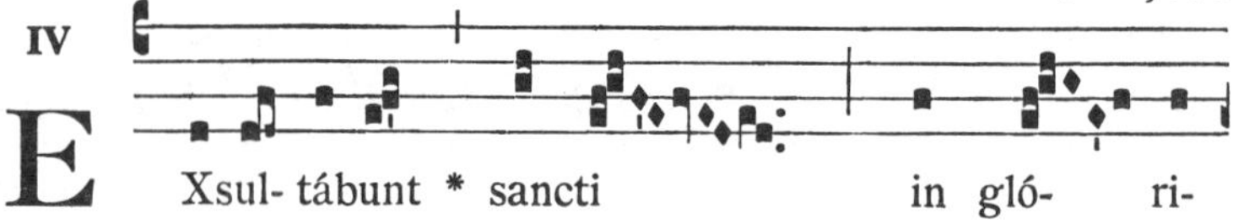

IV
E
Xsul- tábunt * sancti in gló- ri-

a, laeta-bún- tur in cu-bí- li-bus su- is :

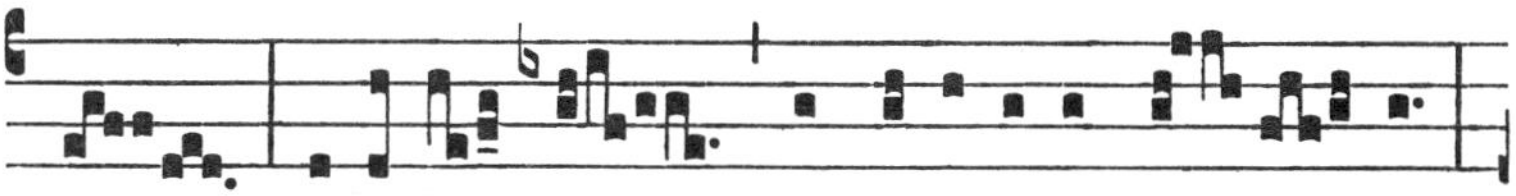

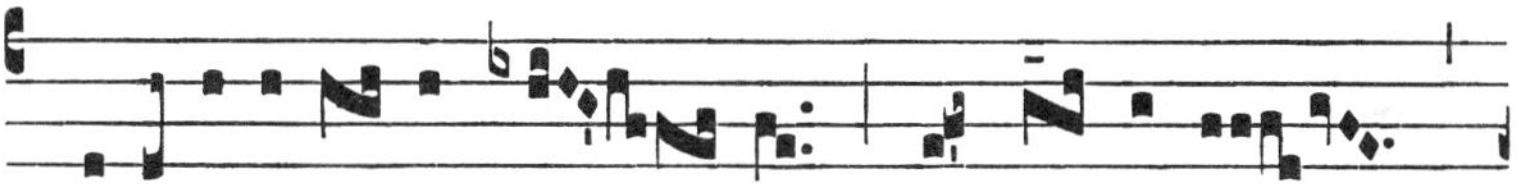

exalta-ti- ó- nes De- i in fáu- ci-bus

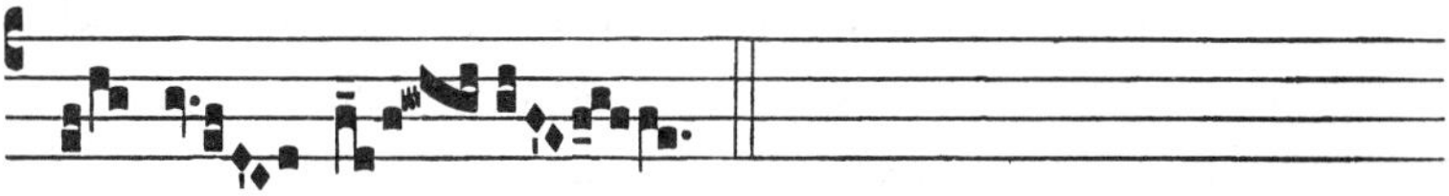

e- ó- rum. *T. P.* Allelúia, *IV toni*, 826.

III

Ps. 5, 12. 13

VI

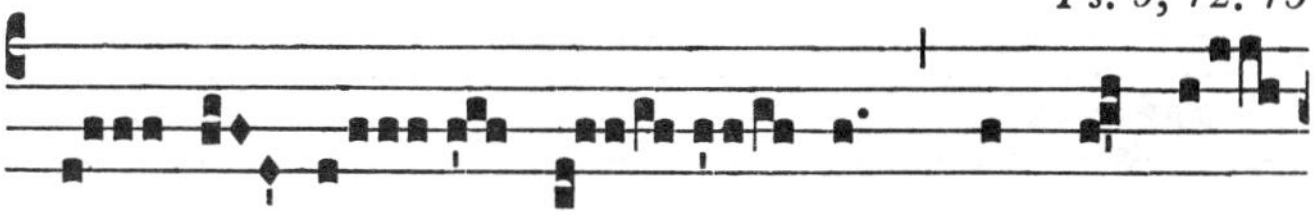

GLo- ri- a- bún- tur * in te o-

mnes qui dí- li- gunt no- men tu- um,

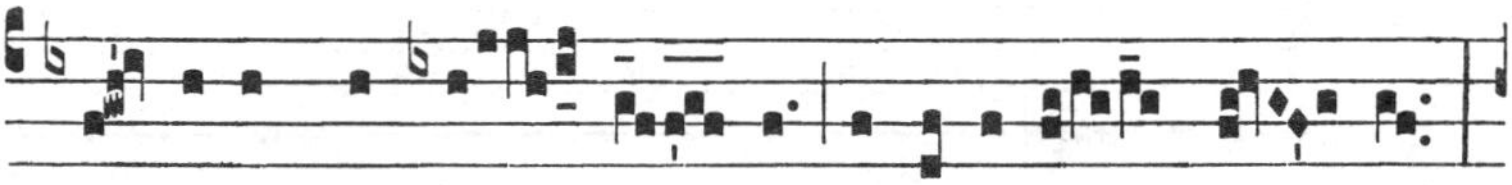

quó- ni- am tu, Dó- mi- ne, be-ne-dí-ces iu- sto :

Dó- mi-ne, ut scu-to bonae vo-luntá-tis tu- ae

co- ro- násti nos. *T. P.* Allelúia, *VI toni*, 826.

IV

Ps. 31, 11

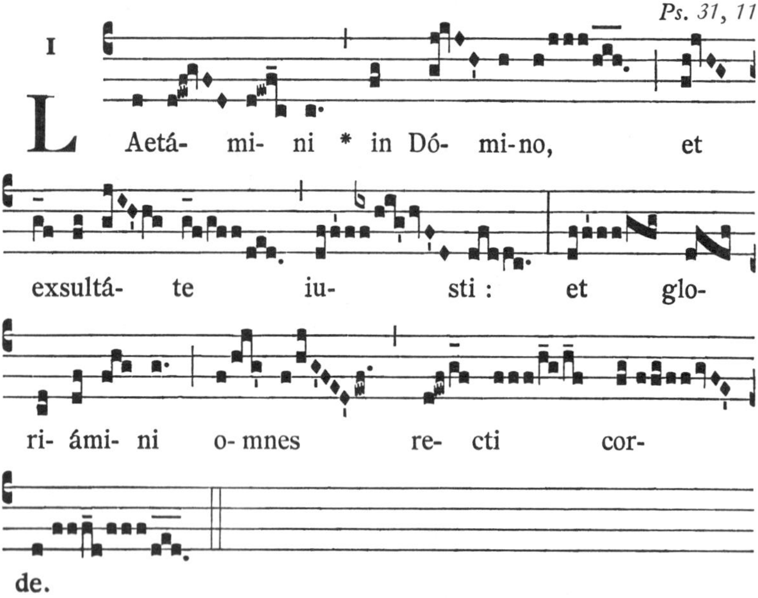

I
L Aetá- mi- ni * in Dó- mi-no, et
exsultá- te iu- sti : et glo-
ri- ámi- ni o- mnes re- cti corde.

Extra tempus Quadragesimæ :

V

Sap. 3, 1. 2. 3

I
I Ustó- rum * á- ni-mae in
ma- nu De- i sunt, et non tanget
il- los tormén- tum ma- lí- ti- ae : vi- si

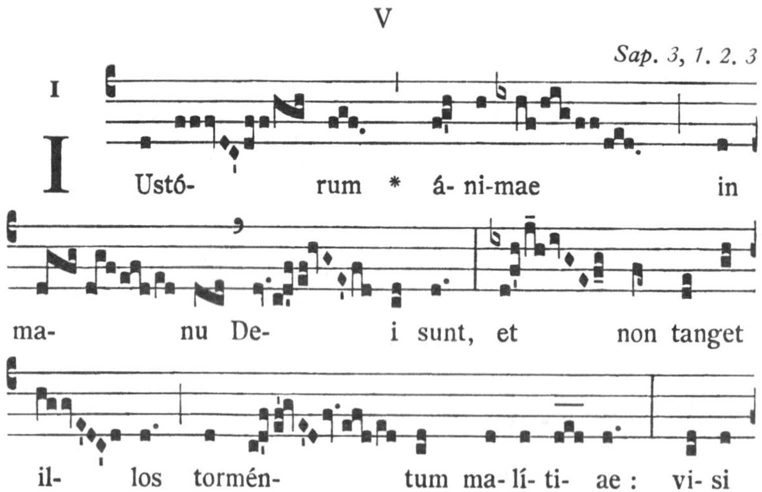

sunt ó- cu-lis insi- pi- énti- um mo- ri : il-li
au- tem sunt in
pa- ce, alle- lú-ia.

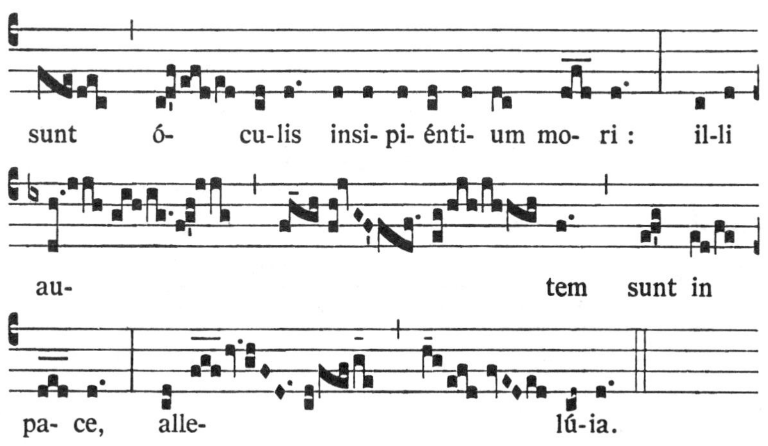

VI

Ps. 67, 36

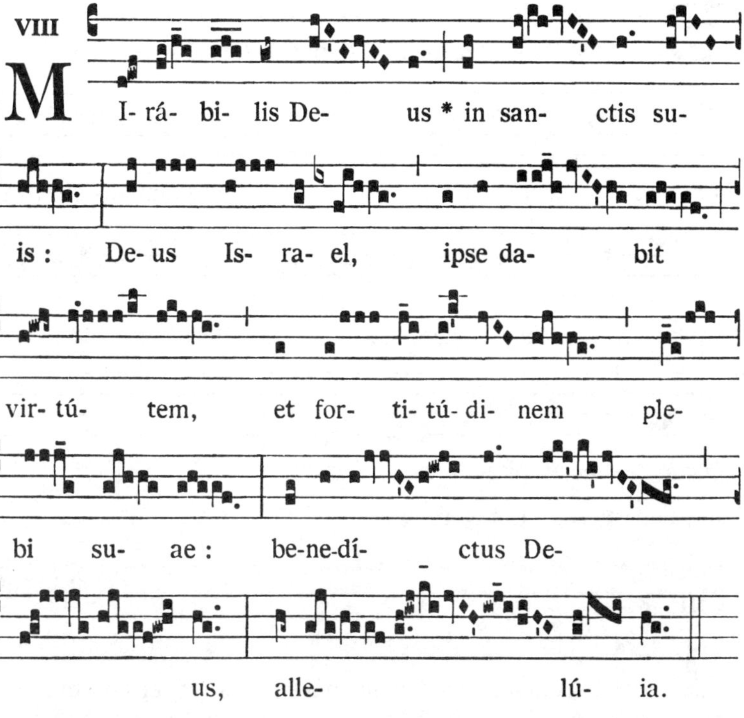

VIII
M I- rá- bi- lis De- us * in san- ctis suis : De- us Is- ra- el, ipse da- bit
vir- tú- tem, et for- ti- tú- di- nem plebi su- ae : be-ne-dí- ctus De-
us, alle- lú- ia.

ANTIPHONÆ AD COMMUNIONEM

I

Lc. 12, 4

Ps. 33*, 2. 6. 16. 18. 19. 20. 21. 23.

II

Sap. 3, 4. 6

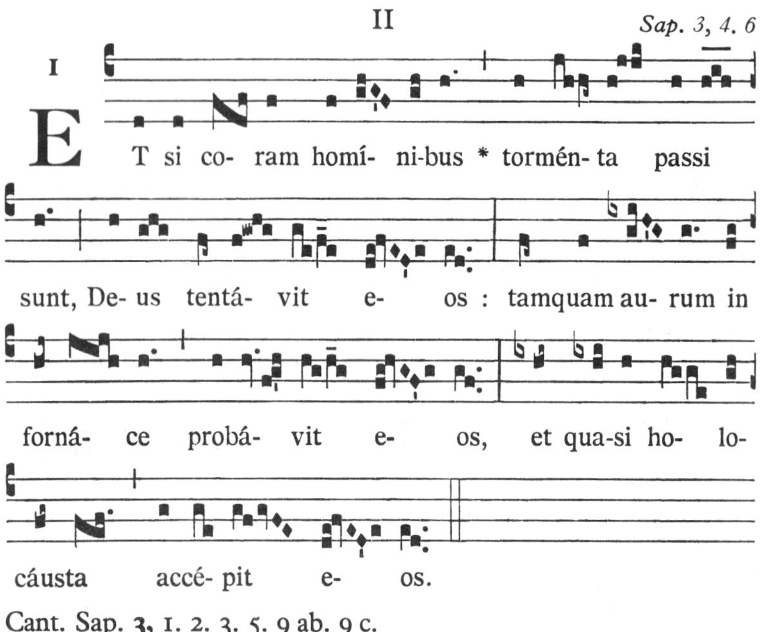

Cant. Sap. 3, 1. 2. 3. 5. 9 ab. 9 c.

III

Sap. 3, 1. 2. 3

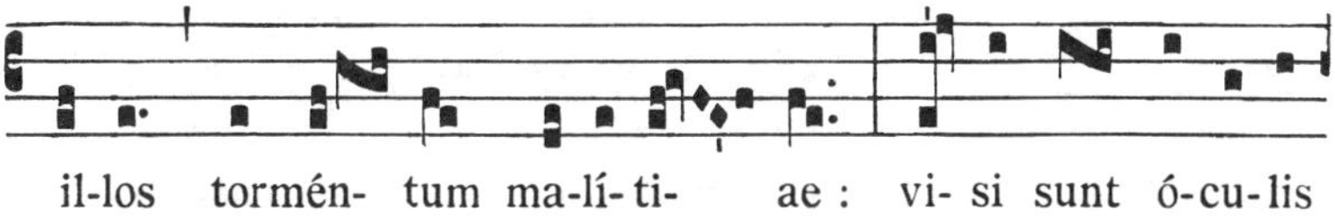

il-los tormén- tum ma-lí- ti- ae : vi- si sunt ó-cu-lis

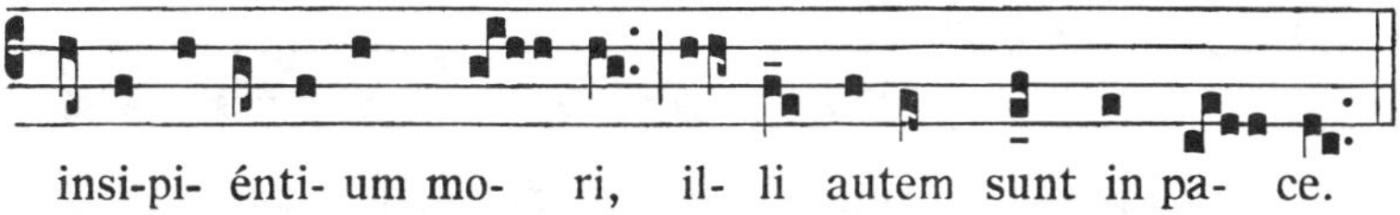

insi-pi- énti- um mo- ri, il- li autem sunt in pa- ce.

Cant. Sap. 3, 4. 5. 6. 7. 8. 9 ab. 9 c.

IV

Lc. 6, 17. 18. 19

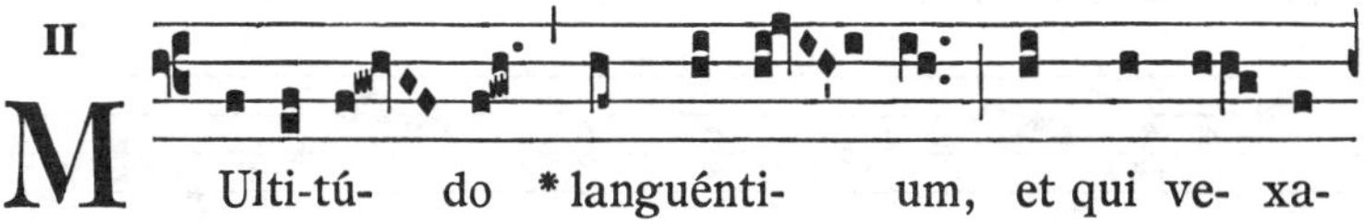

II
M
Ulti-tú- do * languénti- um, et qui ve- xa-

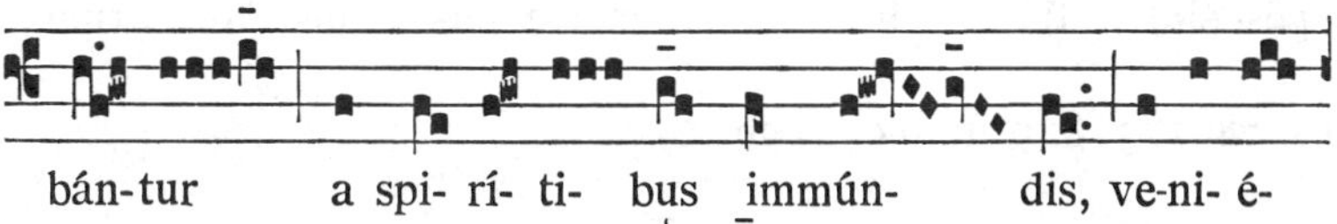

bán-tur a spi- rí- ti- bus immún- dis, ve-ni- é-

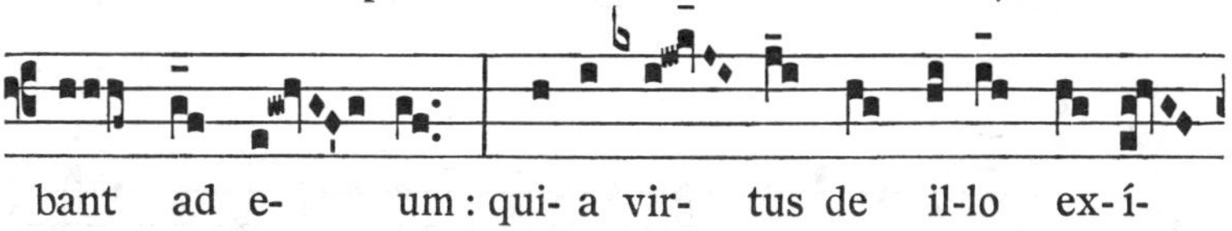

bant ad e- um : qui- a vir- tus de il-lo ex- í-

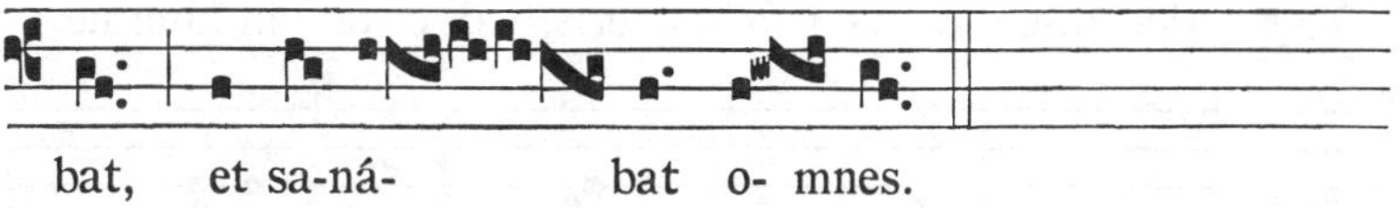

bat, et sa-ná- bat o- mnes.

Ps. 33*, 2. 6. 16. 18. 19. 20. 21. 23.

V

Ps. 78, 2. 11

I
P
Osu- é-runt * mortá- li- a servó- rum tu- ó-

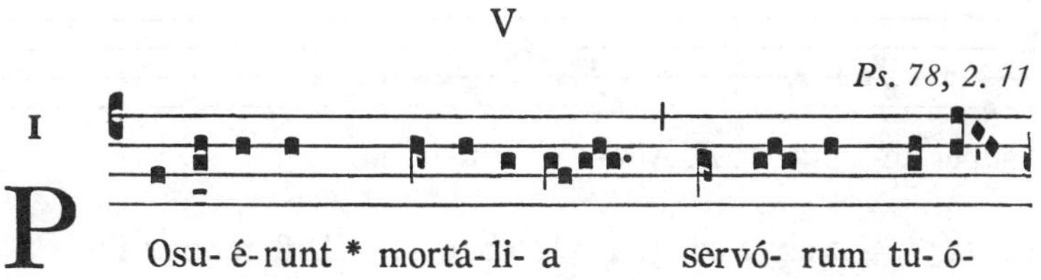

Ps. 78, 1. 3. 8. 9 ab. 9 c. 13 ab. 13 c.

VI

Mt. 10, 27

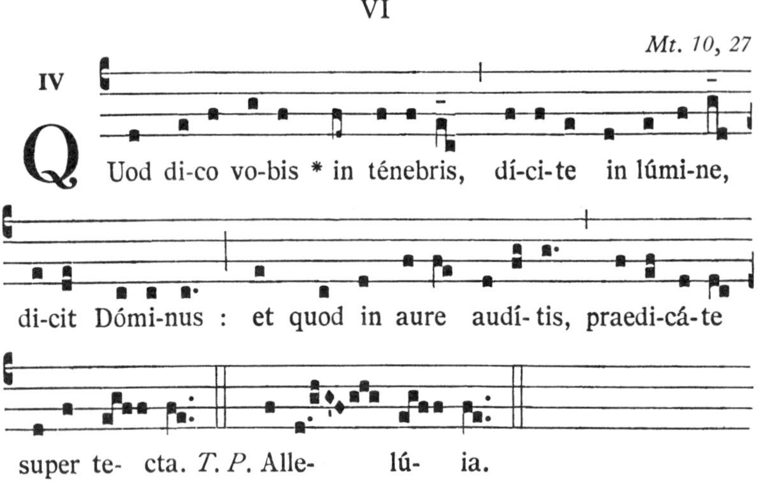

Ps. 125*, 1. 2 ab. 2 cd. 3. 4. 5. 6 ab. 6 cd. (Differentia : **f**)

Pro uno martyre

ANTIPHONÆ AD INTROITUM

I

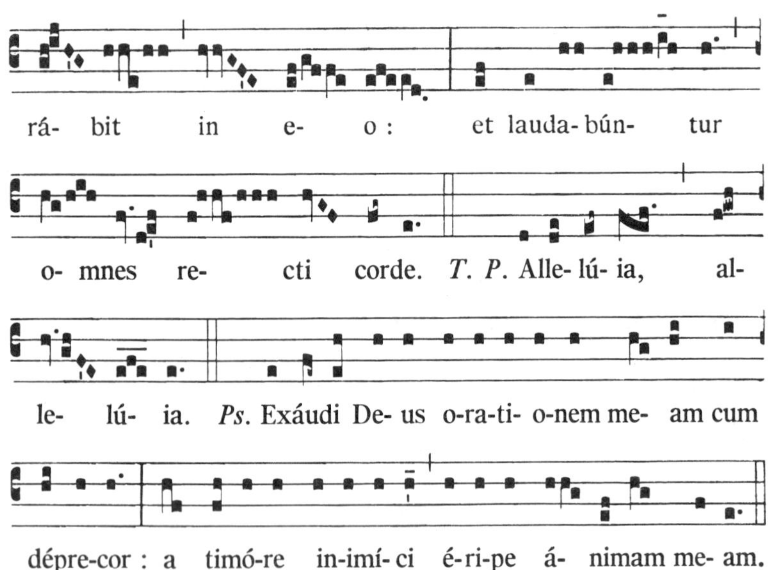
rá- bit in e- o : et lauda- bún- tur
o- mnes re- cti corde. T. P. Alle- lú- ia, al-
le- lú- ia. Ps. Exáudi De- us o-ra-ti- o-nem me- am cum
dépre-cor : a timó-re in-imí- ci é-ri-pe á- nimam me- am.

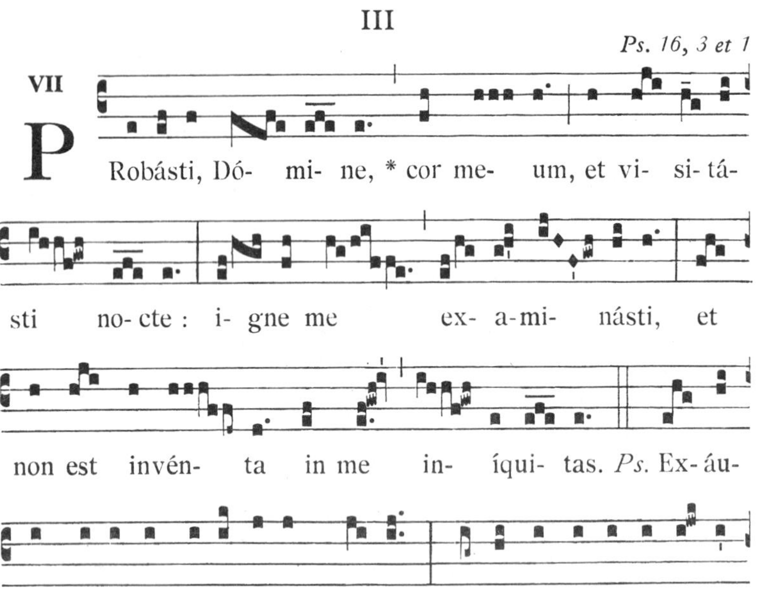
III
Ps. 16, 3 et 1
VII
PRobásti, Dó- mi- ne, * cor me- um, et vi- si- tá-
sti no- cte : i- gne me ex- a-mi- násti, et
non est invén- ta in me in- íqui- tas. Ps. Ex- áu-
di, Dómi-ne, iustí- ti- am me- am : inténde depre-ca- ti- ó-

nem me- am.

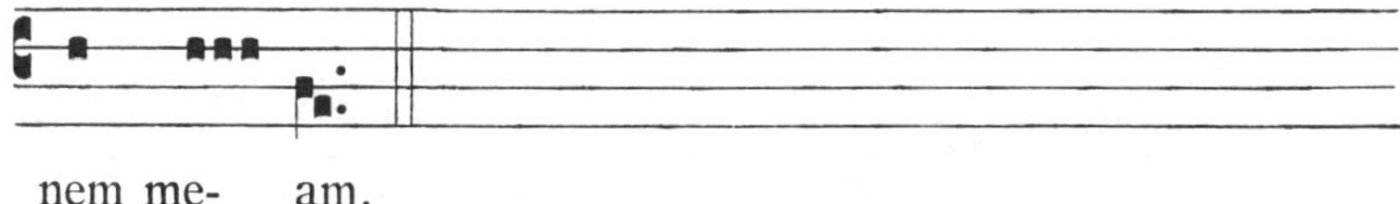

GRADUALIA

I

Ps. 111, 1. ℣. 2

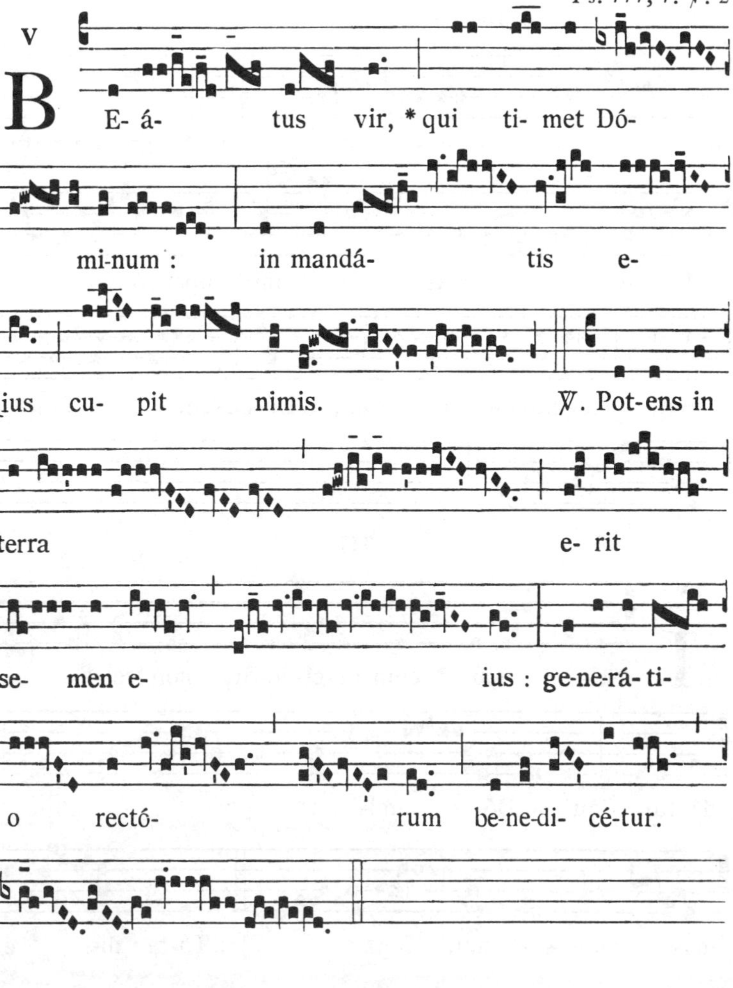
V
BEátus vir, * qui timet Dóminum : in mandátis eius cupit nimis.
℣. Potens in terra erit semen eius : generátio rectórum benedicétur.

II

V
Ps. 8, 6. ℣. 7
GLó- ri- a * et ho- nó-
re co-ro- ná- sti e- um.
℣. Et consti- tu-
í- sti e- um super ó-
pe-ra má- nu- um tu- á- rum, Dó-mi- ne.
III
Ps. 36, 24. ℣. 26
V
IUstus * cum ce-cí-de-rit, non col-li-
dé- tur : qui- a Dó- mi- nus suppó- nit
ma- num su- am. ℣. To-ta di- e

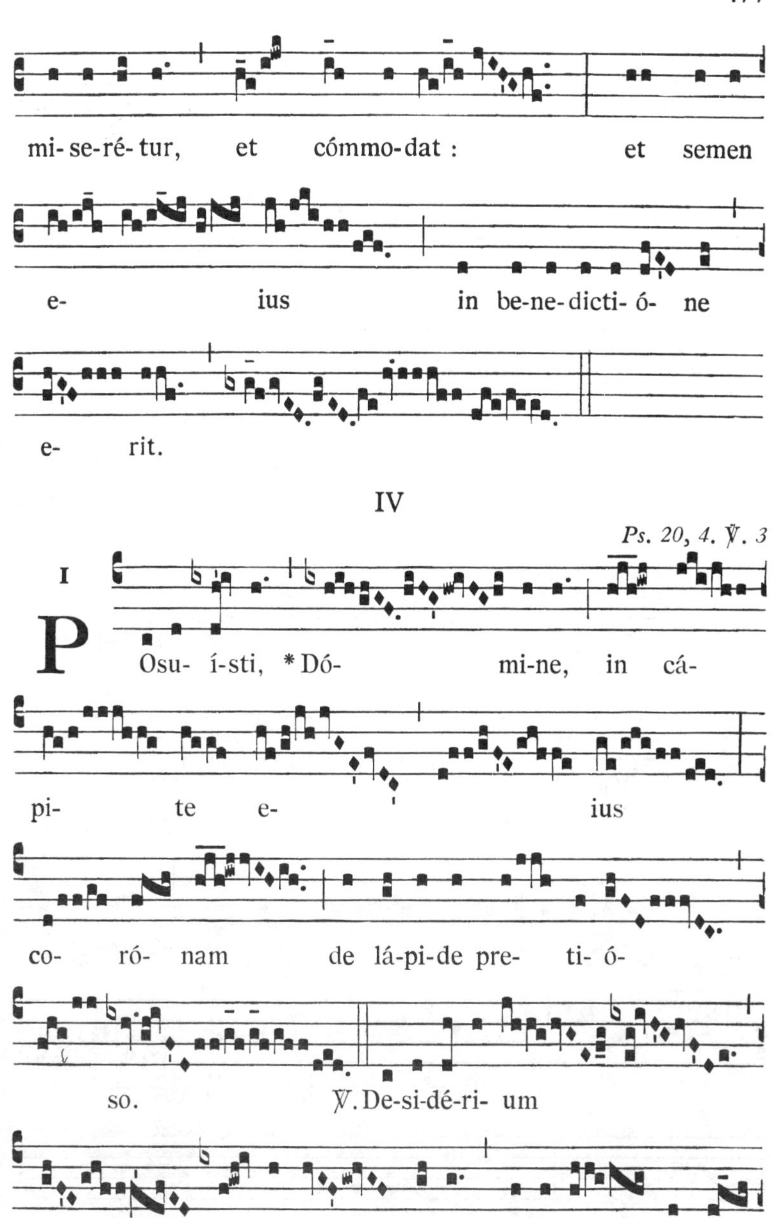
mi-se-ré-tur, et cómmo-dat : et semen
e- ius in be-ne-dicti- ó- ne
e- rit.
IV
Ps. 20, 4. ℣. 3
1
P Osu- í-sti, * Dó- mi-ne, in cá-
pi- te e- ius
co- ró- nam de lá-pi-de pre- ti- ó-
so. ℣. De-si-dé-ri- um
á- nimae e-ius tri-bu- í- sti e-

i, et vo-luntá- te la-bi- ó- rum
e- ius non fraudá- sti e- um.

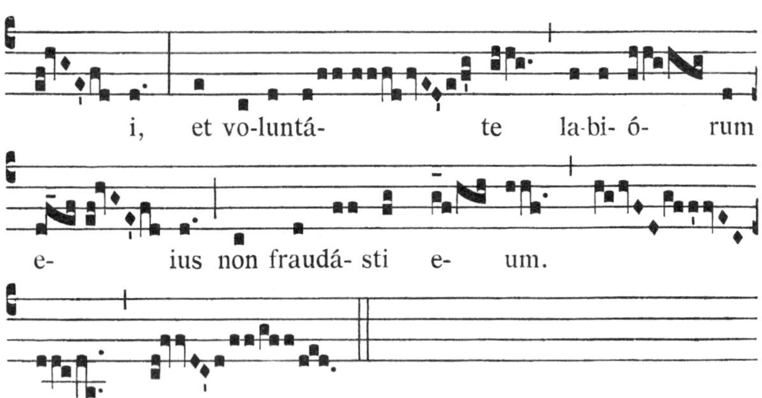

VERSUS ALLELUIATICI

I

Ps. 88, 6

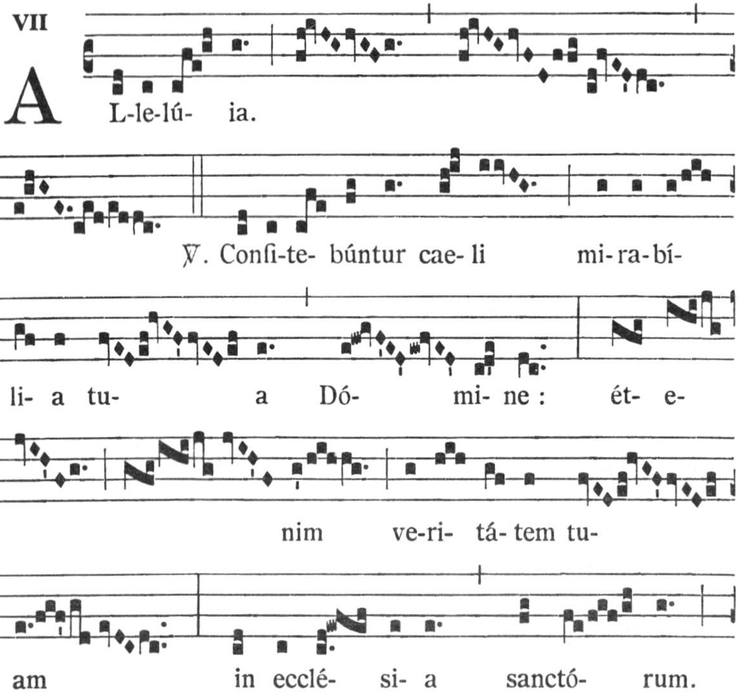
VII
A
L-le-lú- ia.
℣. Conſi-te- búntur cae- li mi-ra-bí-
li- a tu- a Dó- mi- ne: ét- e-
nim ve-ri- tá- tem tu-
am in ecclé- si- a sanctó- rum.

II
Ps. 36, 24
II
A
L-le-lú- ia.
℣. Iu-
stus non conturbá-
bi- tur, qui- a
Dó-
mi-nus fir- mat ma- num e-
ius.
III
Ps. 63, 11
VII
A
L-le- lú- ia.
℣. Læ-tá- bi- tur iu- stus in Dó-
mi- no, et spe-rá-
bit
in e- o : et lau-da- bún-tur om- nes

recti cor- de.
IV
Ps. 20, 4
I
A L- le- lú- ia.
℣. Po- su- ísti, Dó-
mi- ne, super caput e-
ius co- ró- nam de lá-
pi-de pre- ti- ó-so.
V
Io. 8, 12
II
A L- le- lú- ia.

℣. Qui sé- qui- tur me, non ámbu-lat in té-ne-
bris, sed ha-bé- bit lu- men vi- tae
ae- térnae.

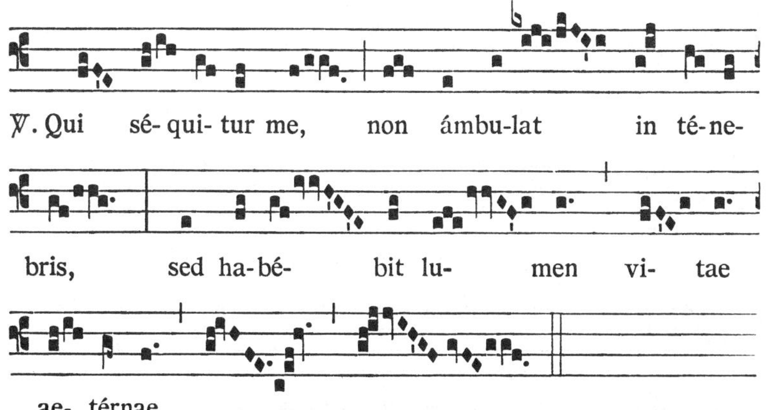

TRACTUS

I

Ps. 111, 1-3

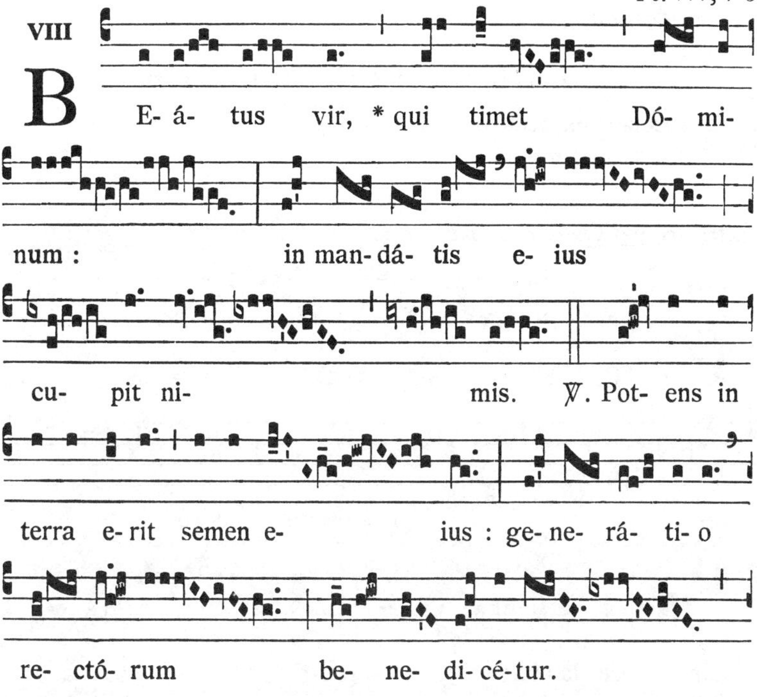
VIII
BEátus vir, * qui timet Dó- mi-
num : in man-dá- tis e- ius
cu- pit ni- mis. ℣. Pot- ens in
terra e-rit semen e- ius : ge-ne- rá- ti-o
re- ctó- rum be- ne- di-cé-tur.

II Desidérium, 432.

ANTIPHONÆ AD OFFERTORIUM

I Exspéctans exspectávi, 328.
II Glória et honóre, 434.

III

Extra tempus Quadragesimæ :

Ps. 20, 4. 5

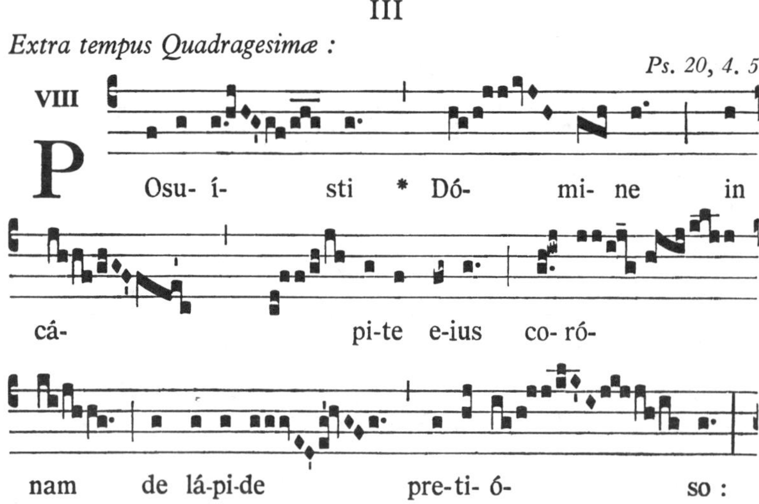

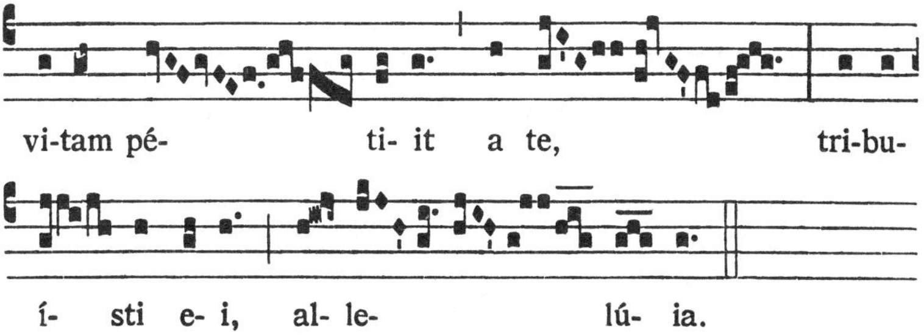

vi-tam pé- ti- it a te, tri-bu-
í- sti e- i, al- le- lú- ia.

IV

Ps. 88, 25

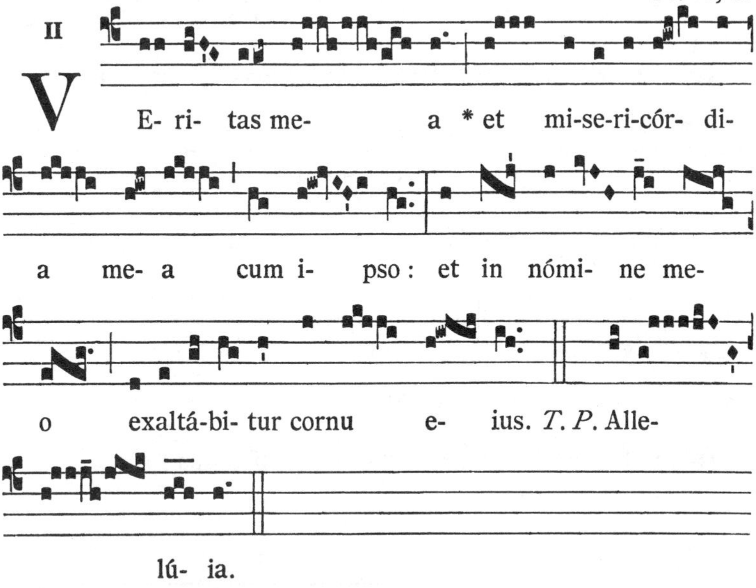

II
V
E- ri- tas me- a * et mi-se-ri-cór- di-
a me- a cum i- pso : et in nómi- ne me-
o exaltá-bi- tur cornu e- ius. *T. P.* Alle-
lú- ia.

ANTIPHONÆ AD COMMUNIONEM

I Magna est glória eius, 437.

II

Ps. 20, 4

VI
P
Osu- í- sti Dómi- ne * in cá- pi-te e-ius co-

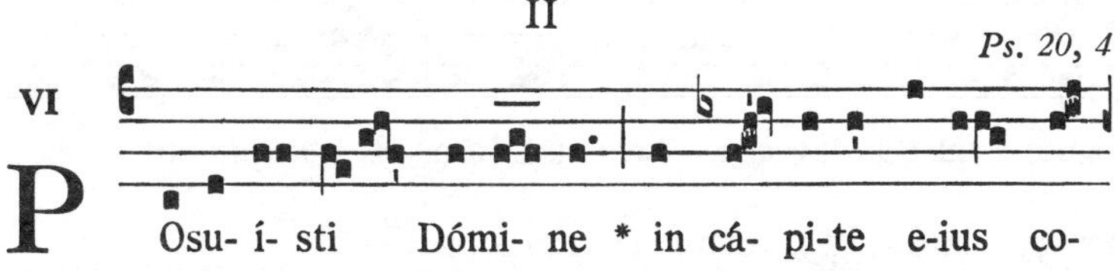

Ps. **20**, 2. 3. 5. 6. 7. 8. 14 (Differentia : **g**)

III

Io. 12, 26

Ps. **16***, 1 ab. 1 cd. 2. 3. 5. 6. 7. 8-9 a (Differentia : **g**)

IV

Mt. 16, 24

Ps. **33***, 2. 6. 7. 15. 16. 17. 18. 19. 20. 21.

COMMUNE PASTORUM

Pro papis vel episcopis

ANTIPHONÆ AD INTROITUM

I Sacerdótes Dei, 447.
II Sacerdótes eius, 448.

III

IV Státuit ei Dóminus, 445.

GRADUALIA

I

Sir. 44, 16. ℣. *20*

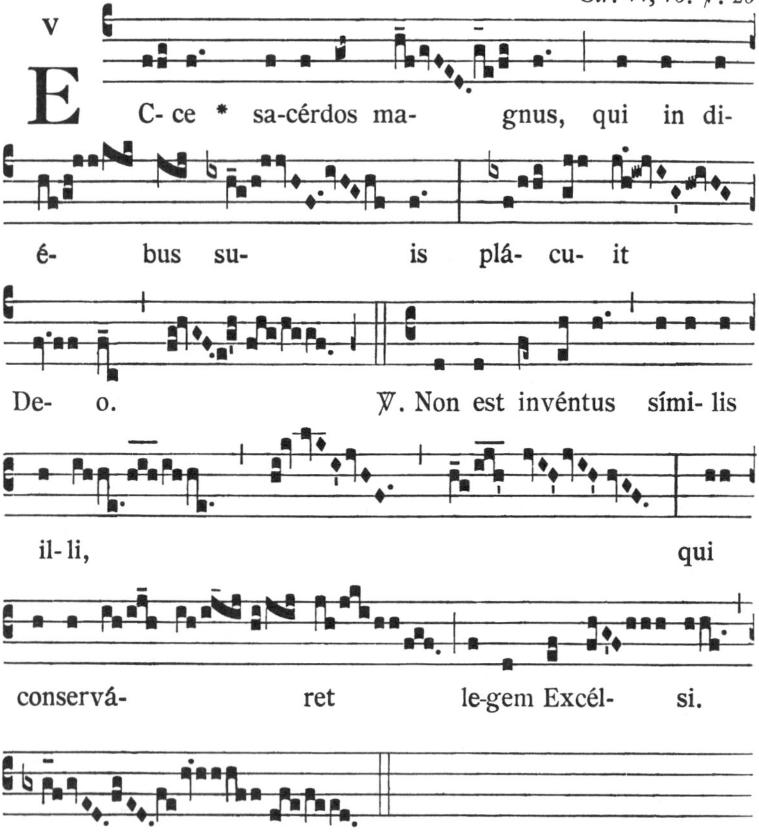
V
E C- ce * sa-cérdos ma- gnus, qui in di-
é- bus su- is plá- cu- it
De- o. ℣. Non est invéntus sími- lis
il- li, qui
conservá- ret le-gem Excél- si.

II Invéni David, 445.

III

Ps. 109, 4. ℣. *1*

III
I U- rá- vit *Dó- mi- nus, et

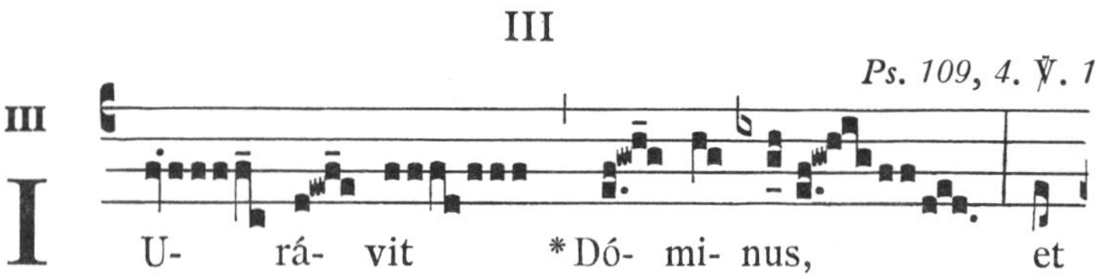

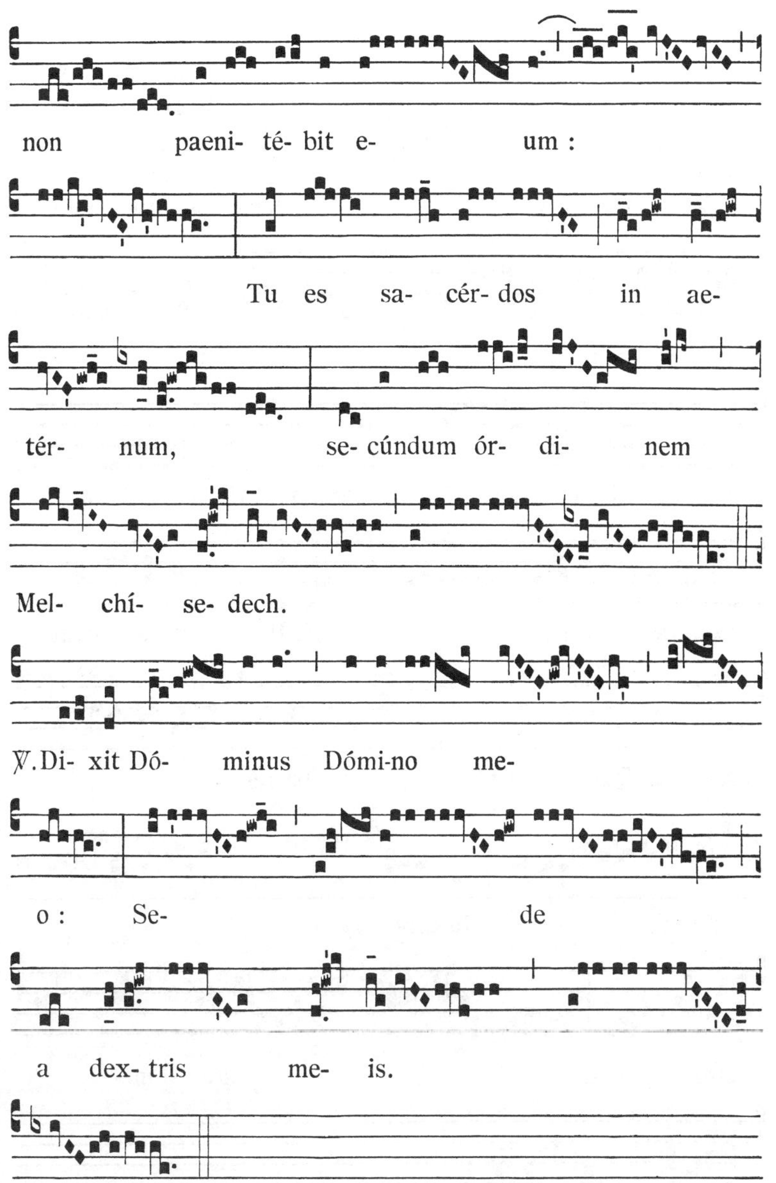
non paeni- té- bit e- um :
Tu es sa- cér- dos in ae-
tér- num, se- cúndum ór- di- nem
Mel- chí- se- dech.
℣. Di- xit Dó- minus Dómi-no me-
o : Se- de
a dex- tris me- is.

IV

Ps. 131, 16. ℣. 17

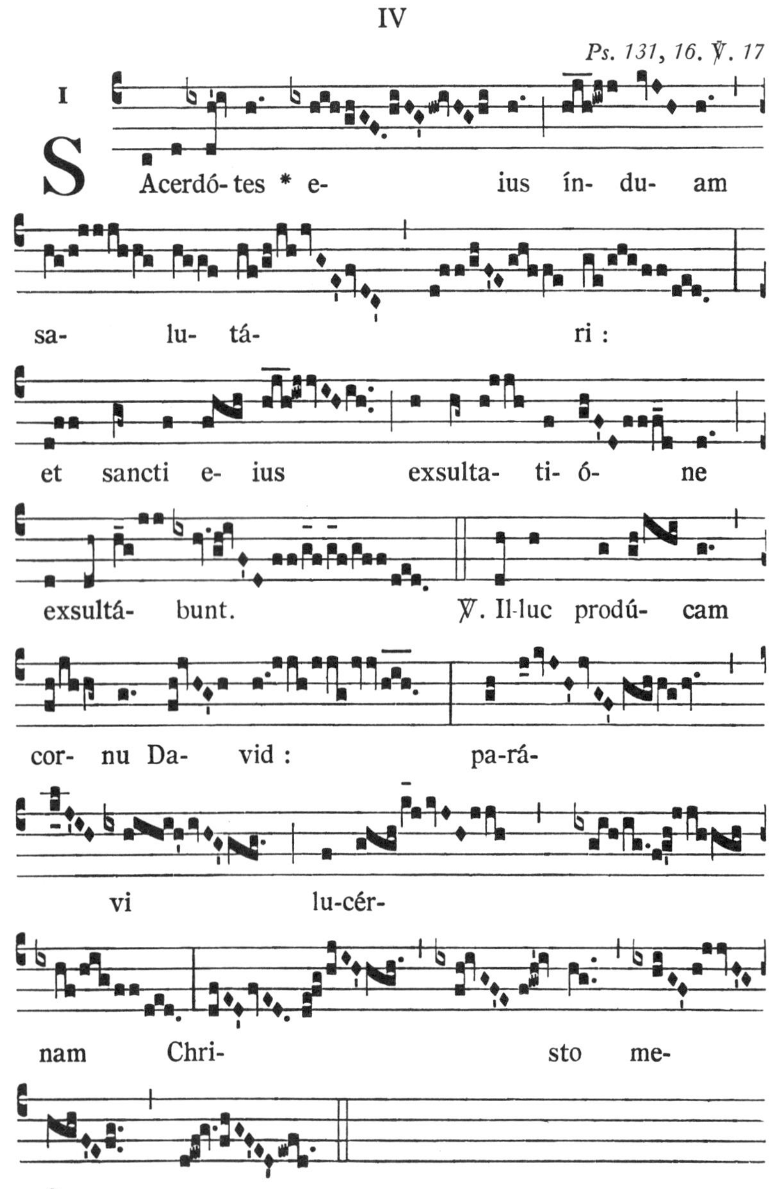

VERSUS ALLELUIATICI

I

Ps. 88, 4

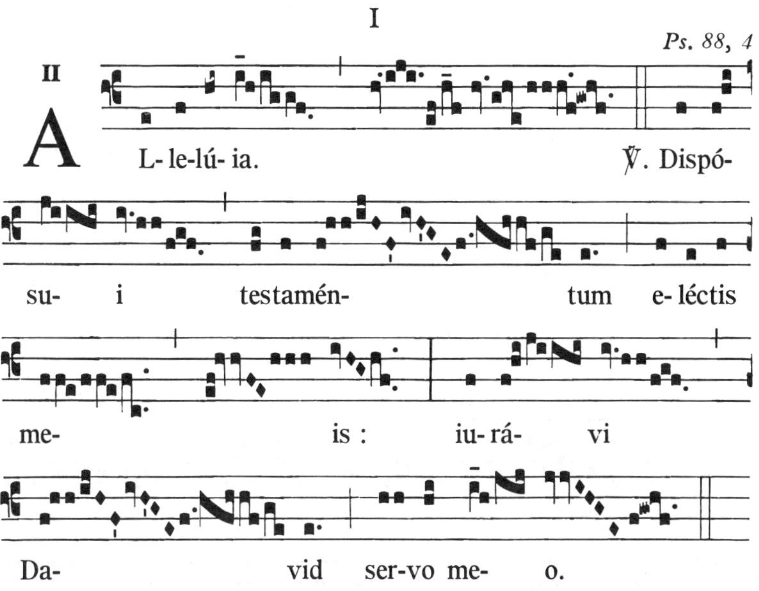

II Hic est sacérdos, 449.
III Invéni David, 446.

IV

Ps. 109, 4

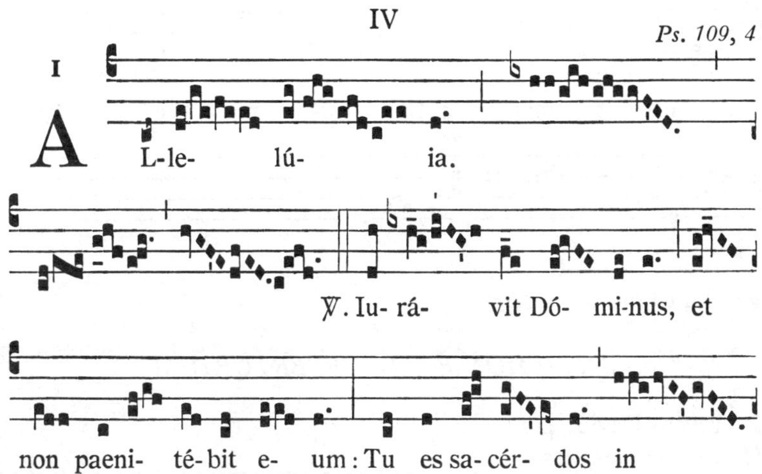

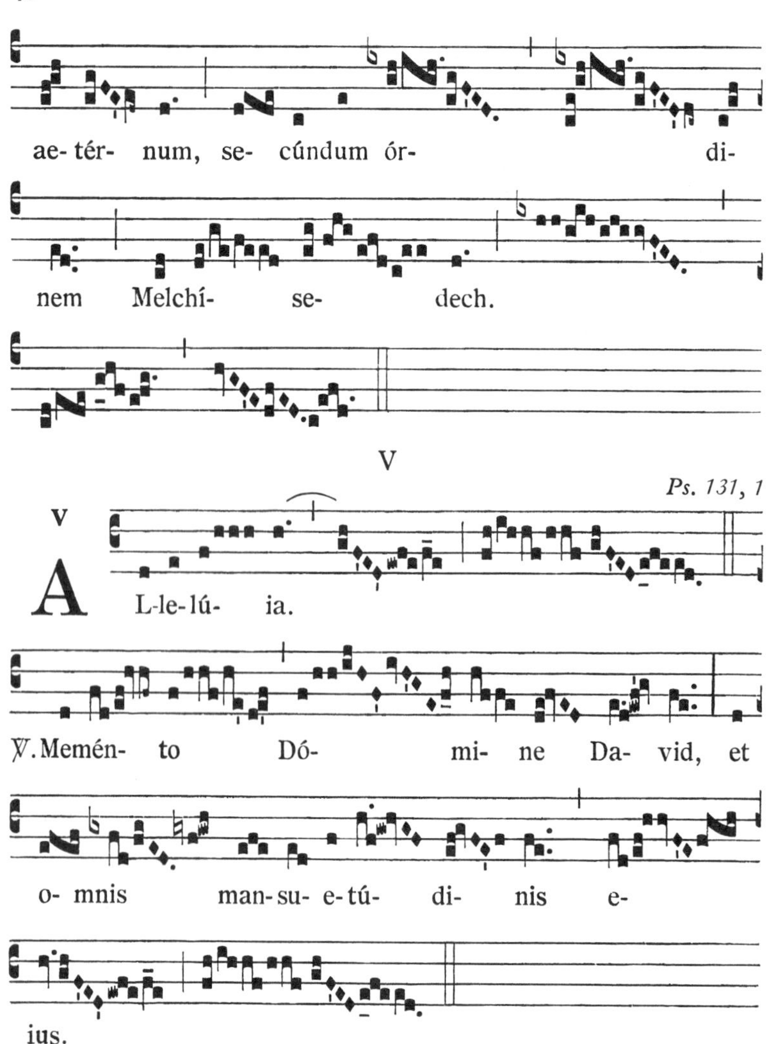

VI Tu es sacérdos, 449.

ANTIPHONÆ AD OFFERTORIUM

I Invéni David, 447.
II Véritas mea, 483.

ANTIPHONÆ AD COMMUNIONEM

I

Mt. 24, 46. 47

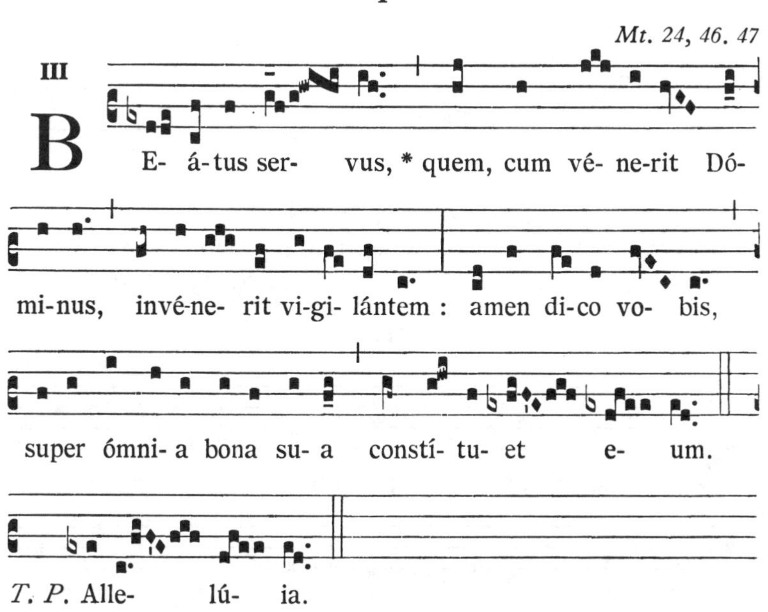

Ps. **32***, 1. 2. 3. 4. 5. 12. 13. 14. 18. 19. 20. 21. 22
vel ps. **71***, 1. 2. 4. 10. 11. 12. 13
vel ps. **120***, 1. 2. 3. 4. 5. 6. 7. 8

II

Lc. 12, 42

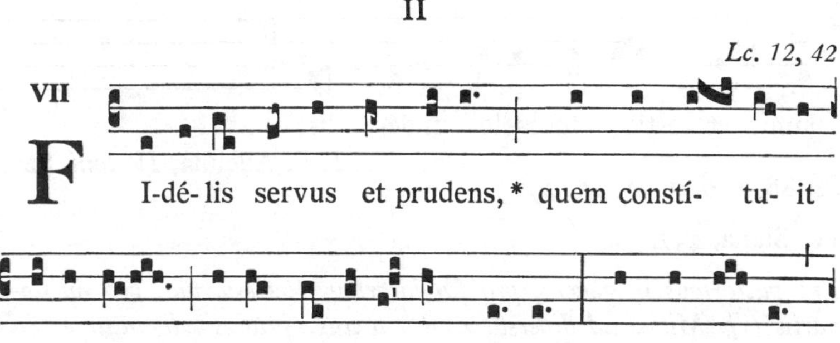

in témpo- re trí- ti- ci mensú- ram.

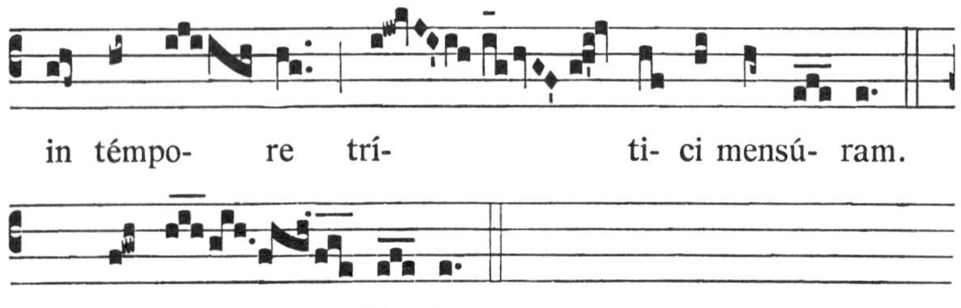

T. P. Al- le- lú- ia.

Ps. **111***, 1. 2. 3. 4. 5 - 6 a. 6 b - 7 a. 7 b - 8. 9
vel ps. **118***, 1. 2. 14. 24. 30. 48. 99. 100. 129. 130
vel ps. **131***, 1. 9. 10. 11 ab. 11 cd. 12 ab. 12 cd. 13. 15. 16

III

Ps. 88, 36. 37. 38

IV

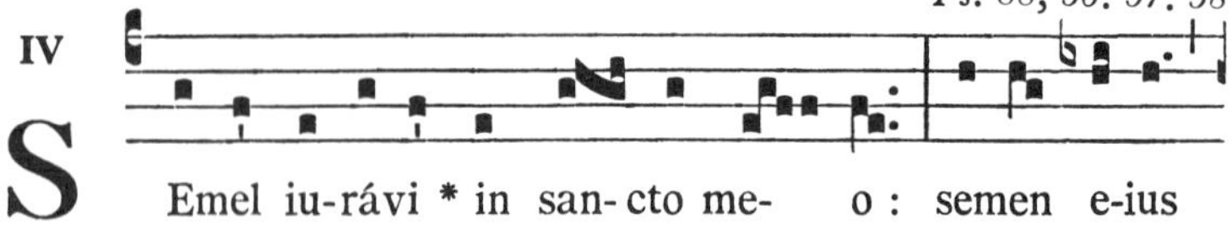
S Emel iu-rávi * in san- cto me- o : semen e-ius

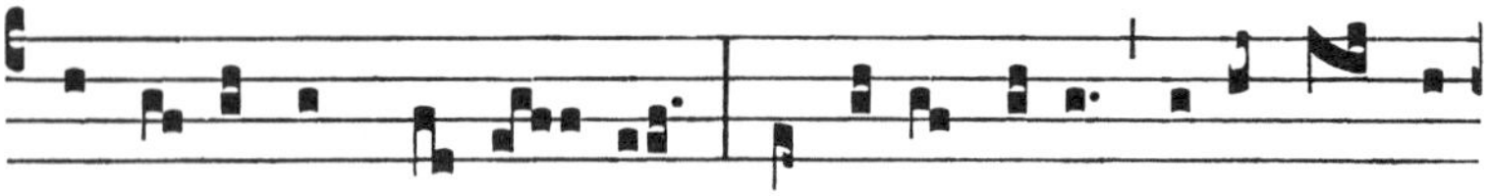
in ae-térnum ma-né- bit : et se-des e-ius sic-ut sol in

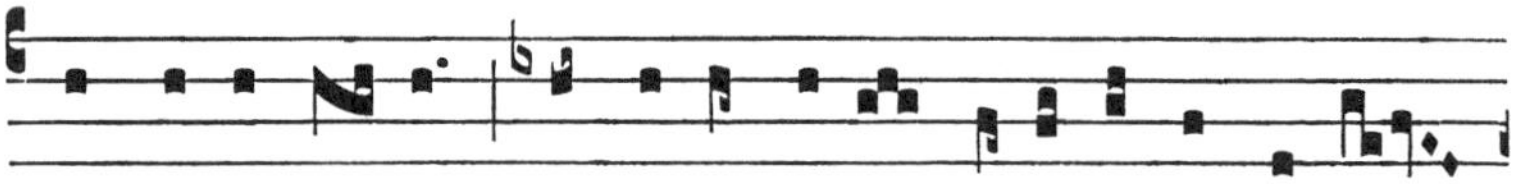
conspéctu me- o, et sic- ut luna perfécta in ae- tér-

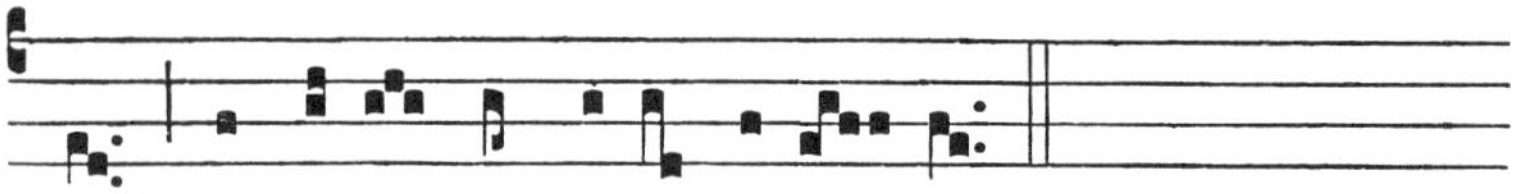
num : et testis in caelo fi-dé- lis.

T. P. Allelúia, *IV toni*, 827.

Ps. **88**, 2. 6. 7. 21. 25. 29. 34

IV Signa, 437.

Pro pastoribus in genere, pro fundatoribus Ecclesiarum, pro missionariis (cf. Missæ ad diversa, n. 8), textus aptiores seligantur ex iis qui pro Communi Sanctorum et Sanctarum infra ponuntur.

COMMUNE DOCTORUM ECCLESIÆ

ANTIPHONÆ AD INTROITUM

I

Sir. 15, 5; Ps. 91

II Lex Dómini irreprehensíbilis, 86.
III Meditátio cordis mei, 103.

IV

Ps. 36, 30. 31 et 1

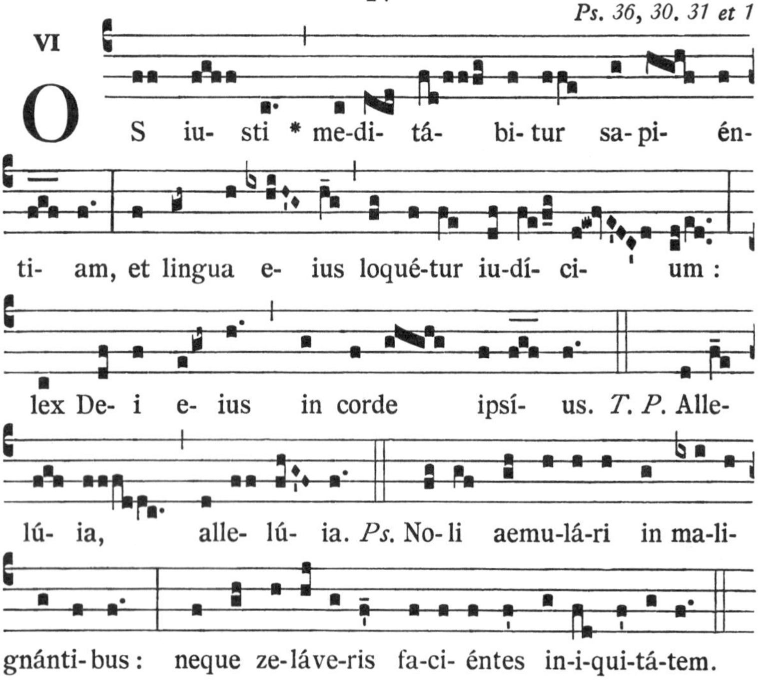

VI
OS iu- sti * me-di- tá- bi- tur sa- pi- én-
ti- am, et lingua e- ius loqué-tur iu-dí- ci- um :
lex De- i e- ius in corde ipsí- us. T. P. Alle-
lú- ia, alle- lú- ia. Ps. No- li aemu-lá-ri in ma-li-
gnánti- bus : neque ze-láve-ris fa-ci- éntes in-i-qui-tá-tem.

V Sapiéntiam sanctórum, 452.

GRADUALE

Ps. 36, 30. ℣. 31

I
OS iu- sti * me-di- tá-bi- tur
sa- pi- én- ti- am, et lin- gua e-
ius lo- qué- tur iu-dí- ci- um.

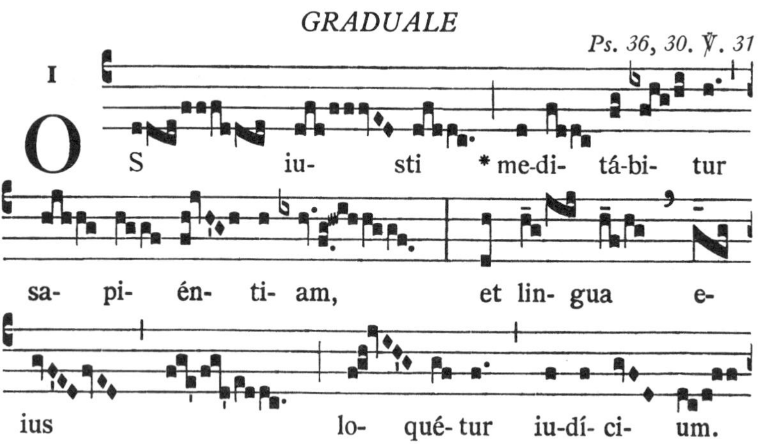

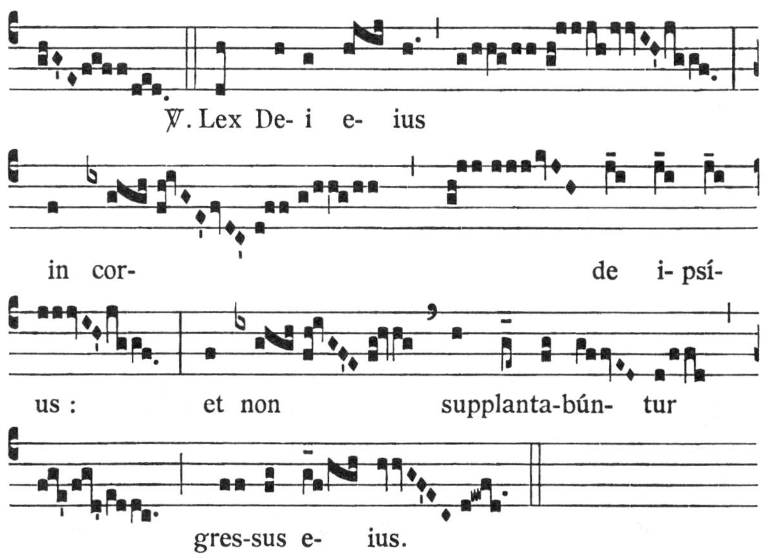

VERSUS ALLELUIATICI

I

Sir. 45, 9

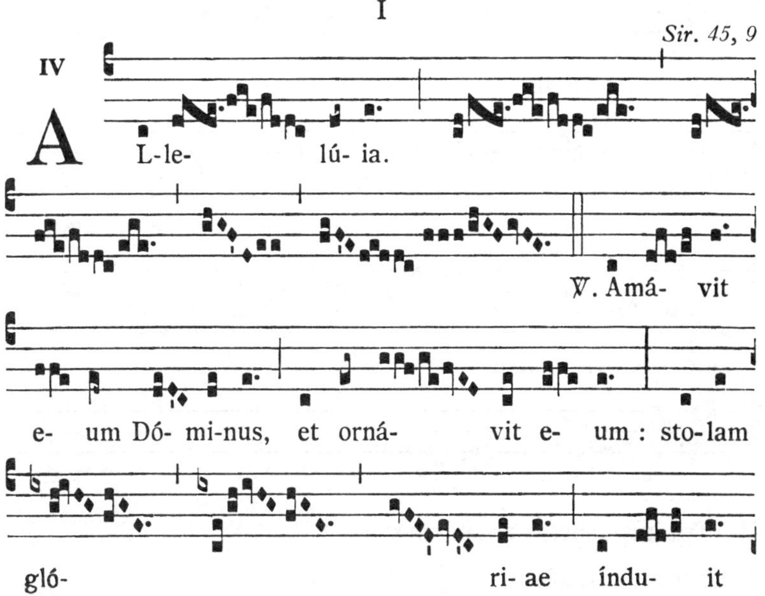

III Spíritus Sanctus docébit vos, 432.

TR. Beátus vir, 481.

ANTIPHONÆ AD OFFERTORIUM

I Benedícam Dóminum, 293.
II Benedíctus es... in lábiis, 277.
III Bonum est confitéri, 270.

IV

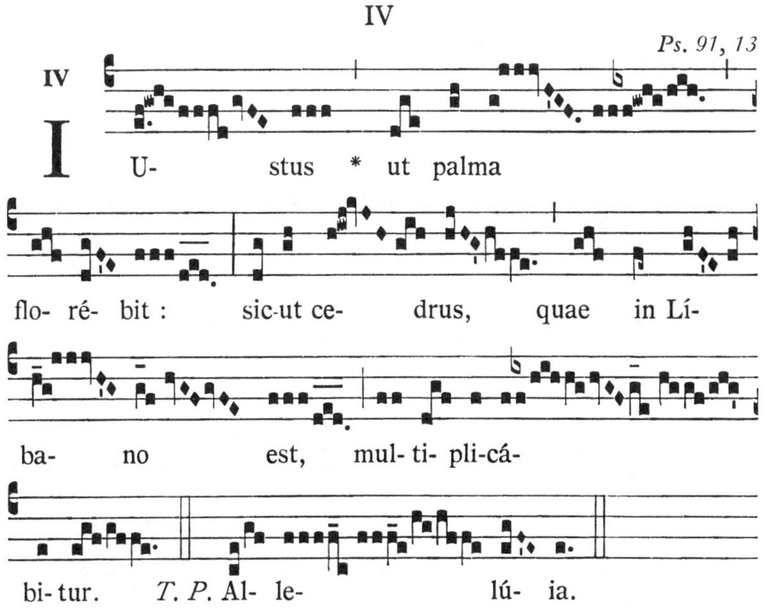

V Levábo óculos meos, 78.
VI Meditábor in mandátis tuis, 356 (*T. P.* 245).
VII Véritas mea, 483.

ANTIPHONÆ AD COMMUNIONEM

I Narrábo ómnia mirabília tua, 281,
cum ps. **9**, 4. 5. 10. 11. 12. 13. 14. 15
II Notas mihi fecísti, 362.
III Qui meditábitur, 67.
IV Quod dico vobis, 472.
V Tu mandásti mandáta tua, 342.

COMMUNE VIRGINUM

ANTIPHONÆ AD INTROITUM

I

Ps. 44, 8 et 2

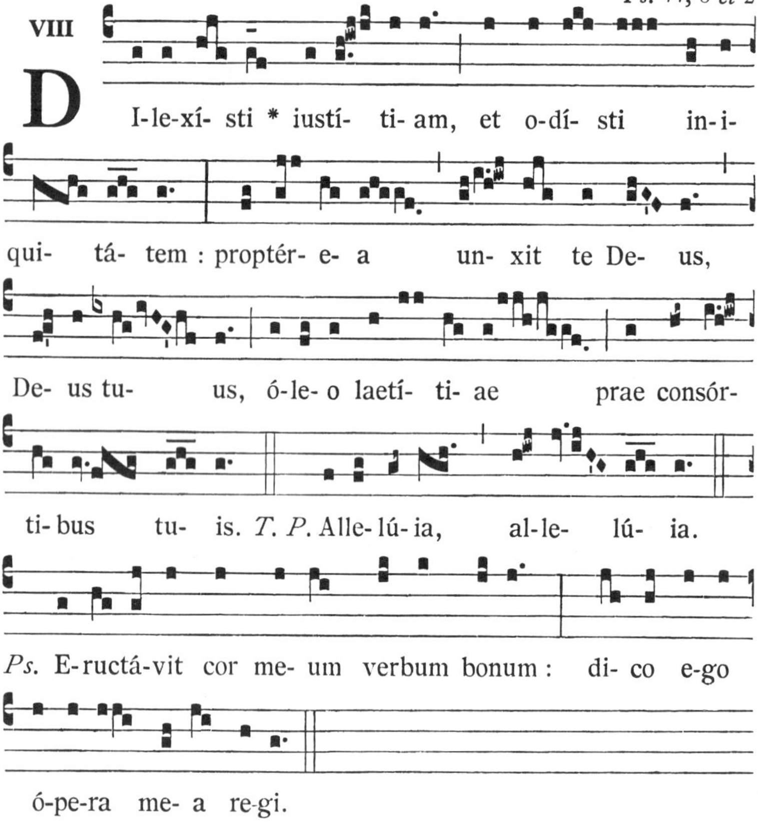

VIII
DI-le-xí- sti * iustí- ti- am, et o-dí- sti in-i-
qui- tá- tem : proptér- e- a un- xit te De- us,
De- us tu- us, ó-le- o laetí- ti- ae prae consór-
ti- bus tu- is. *T. P.* Alle- lú- ia, al-le- lú- ia.
Ps. E-ructá-vit cor me- um verbum bonum : di- co e-go
ó-pe-ra me- a re-gi.

II

Ps. 118, 95. 96 et 1

II
ME exspectavé- runt * pec- ca-tó- res, ut

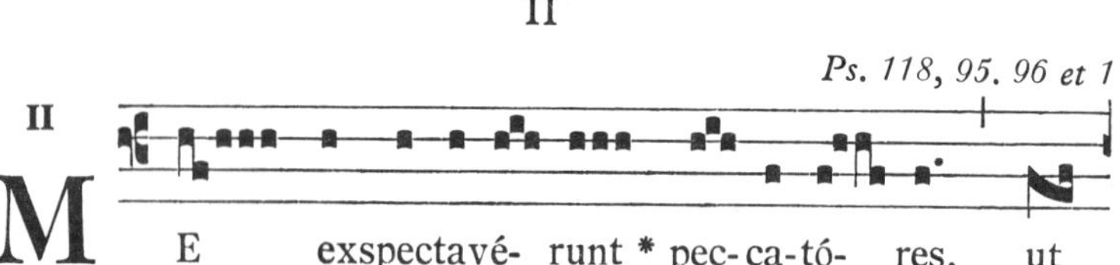

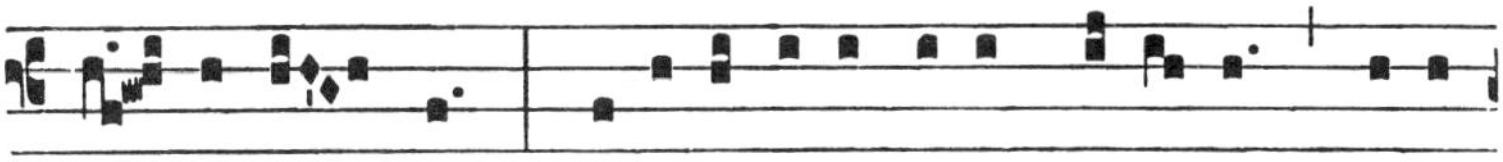

pér- de-rent me : testimó-ni- a tu- a, Dómi-ne, intel-

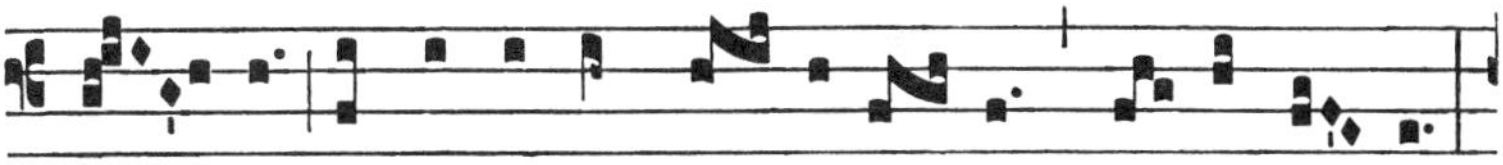

lé- xi : omnis consumma- ti- ó- nis vi- di fi- nem :

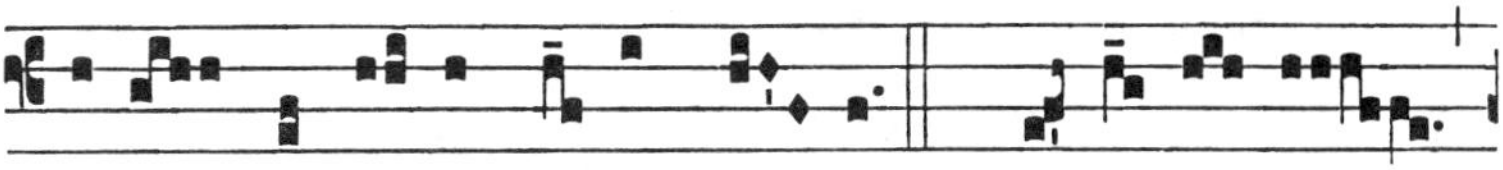

la-tum mandá- tum tu- um ni- mis. *T.P.* Al-le- lú- ia,

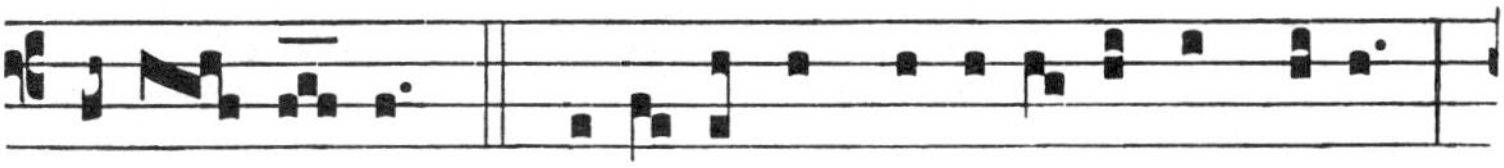

alle- lú- ia. *Ps.* Be- á- ti imma-cu-lá- ti in vi- a :

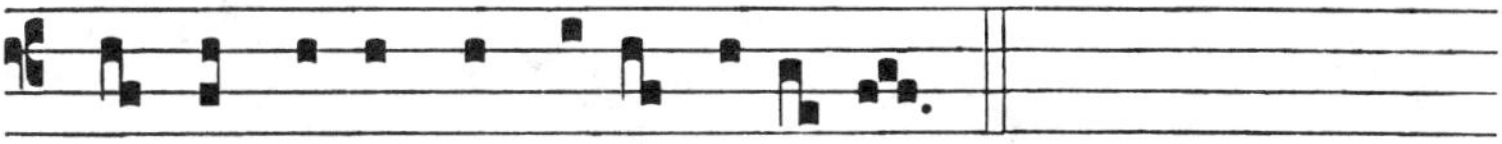

qui ámbu-lant in lege Dómi- ni.

III Vultum tuum, 404.

GRADUALIA

I Audi, fília, et vide, 406.
II Concupívit rex, 408.

III

Ps. 44, 8

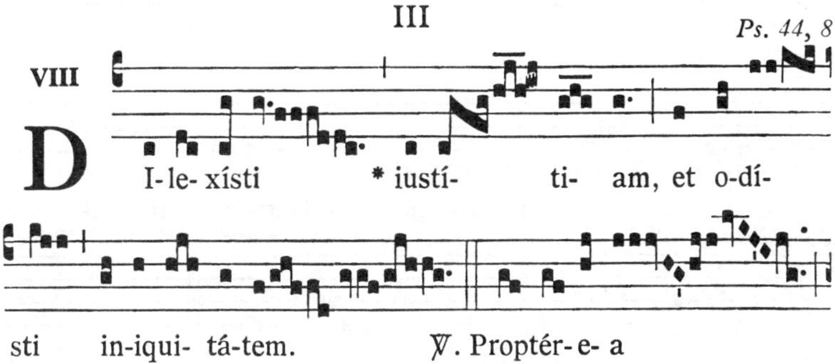

unxit te De- us, De- us tu- us, ó-le- o

lae- tí- ti- ae.

IV Unam pétii a Dómino, 358.

VERSUS ALLELUIATICI

I

Ps. 44, 15. 16

III

A L- le- lú- ia.

℣. Ad-du- cén- tur re- gi

vír- gi- nes post e- am : pró- xi- mae e- ius

affe- rén-

tur ti- bi in laetí- ti- a.

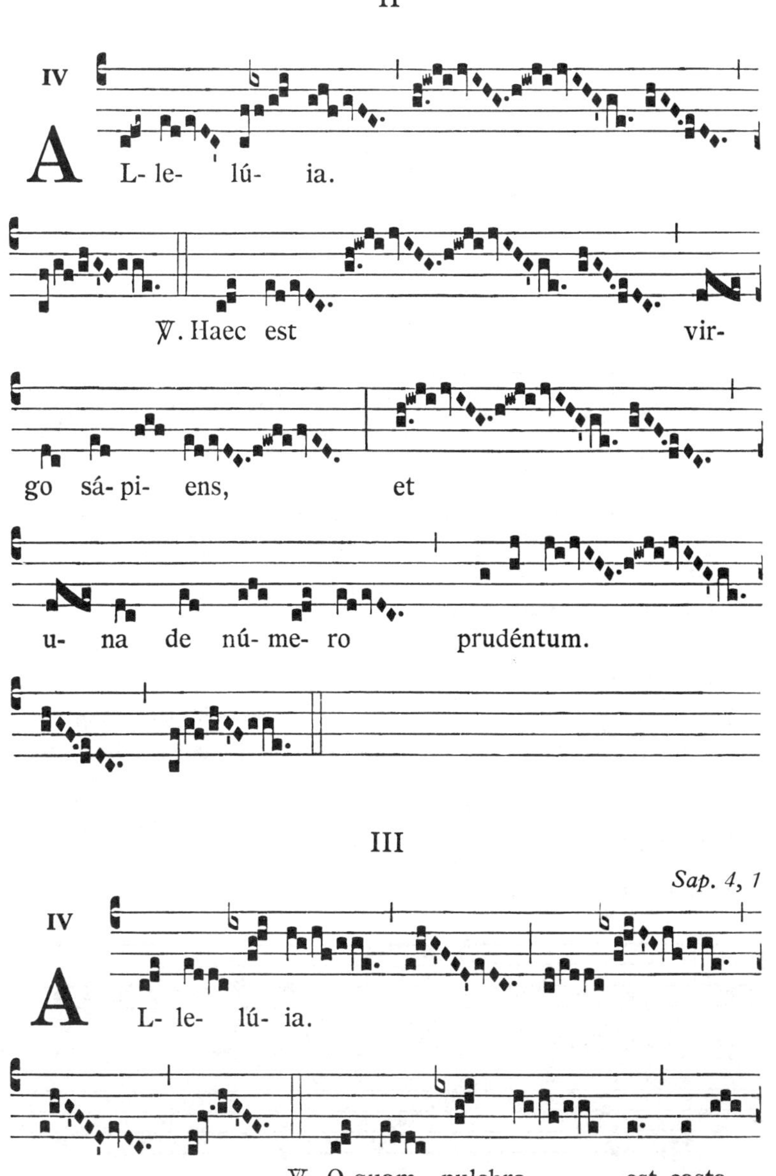
II
IV
A L- le- lú- ia.
℣. Haec est vir-
go sá- pi- ens, et
u- na de nú- me- ro prudéntum.
III
Sap. 4, 1
IV
A L- le- lú- ia.
℣. O quam pulchra est casta

ge-ne- rá- ti- o
cum cla- ri- tá-
te!

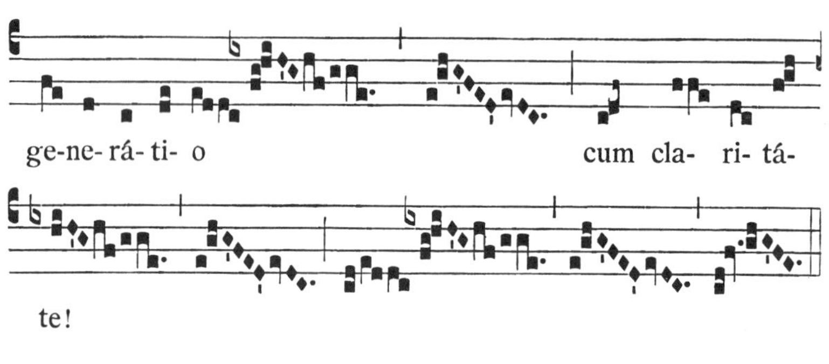

IV

Mt. 25, 4. 6

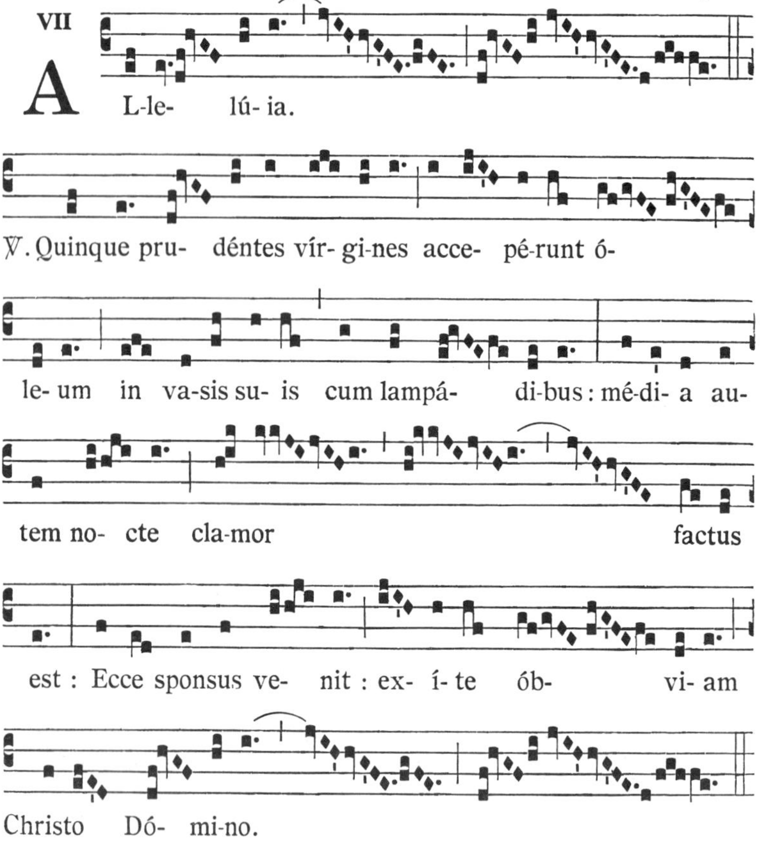
VII
A L-le- lú- ia.
℣. Quinque pru- déntes vír- gi-nes acce- pé-runt ó-
le- um in va-sis su- is cum lampá- di-bus : mé-di- a au-
tem no- cte cla-mor factus
est : Ecce sponsus ve- nit : ex- í- te ób- vi- am
Christo Dó- mi-no.

TRACTUS

I Audi, fília, et vide, 417.

II*

℣. *1. Ps. 44, 8.* ℣. *2. Ps. 44, 5*

* *Pro martyre tantum.*

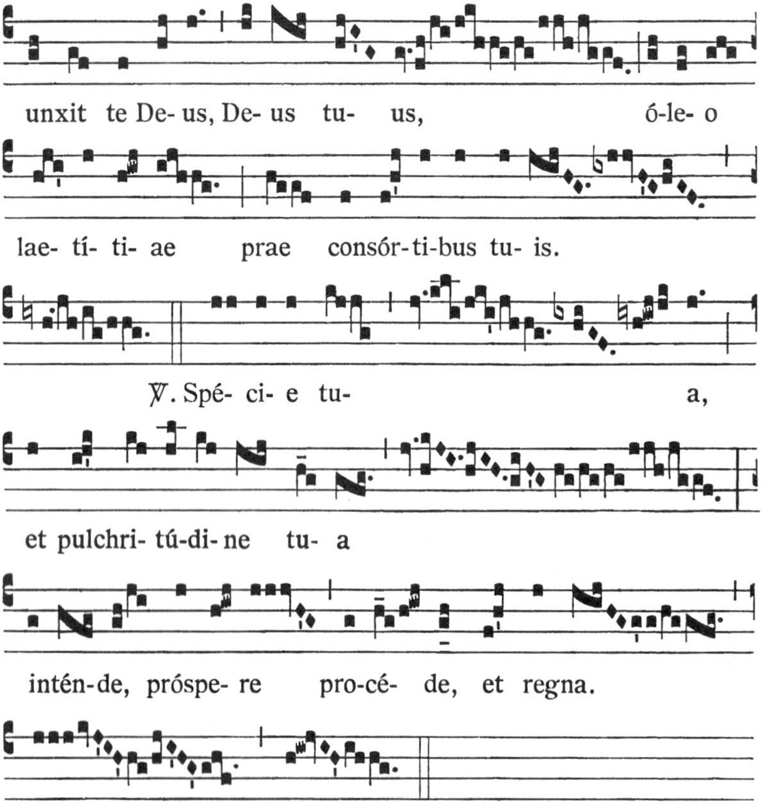

unxit te De- us, De- us tu- us, ó-le- o

lae- tí- ti- ae prae consór-ti-bus tu- is.

℣. Spé- ci- e tu- a,

et pulchri- tú-di- ne tu- a

intén-de, próspe- re pro-cé- de, et regna.

ANTIPHONÆ AD OFFERTORIUM

I

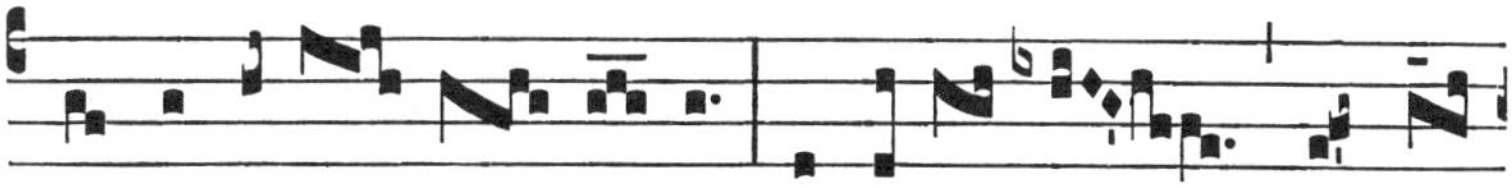

et exsulta- ti- ó- ne : addu-cén- tur in tem-

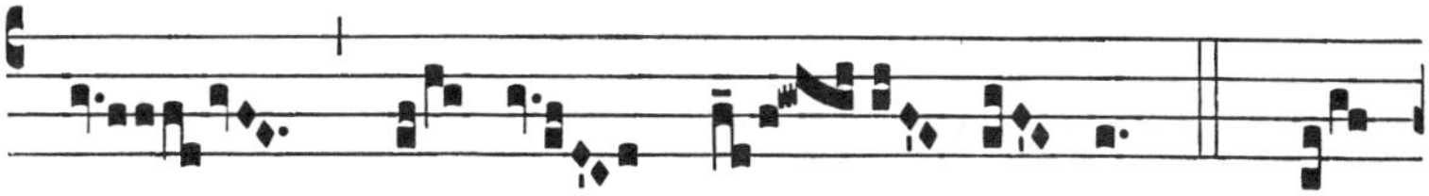

plum re- gi Dó- mi- no. *T. P.* Al-

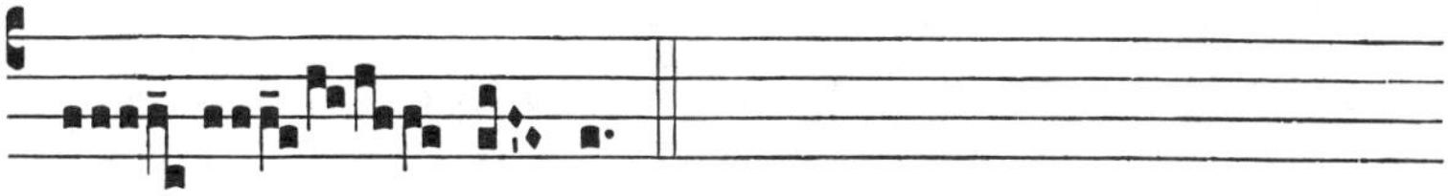

le- lú- ia.

II

Ps. 44, 15

I

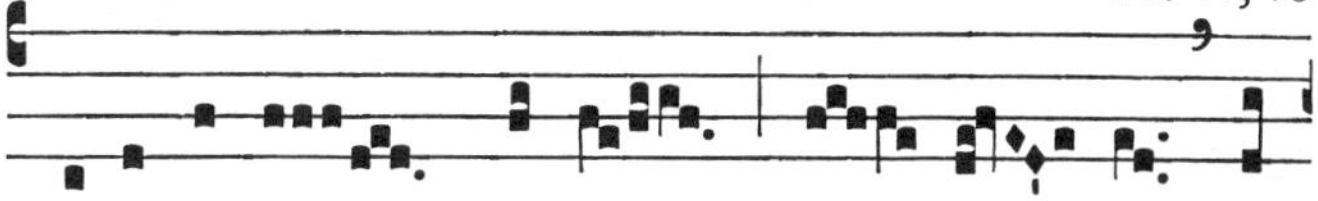

A F-fe-réntur * re-gi vír- gi- nes post

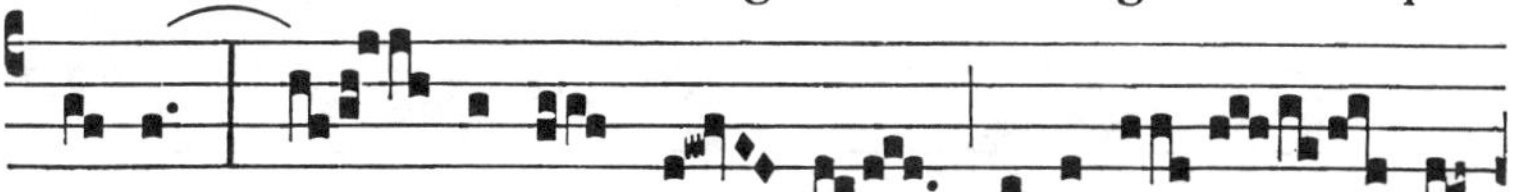

e- am : pró- ximae e- ius affe-rén- tur

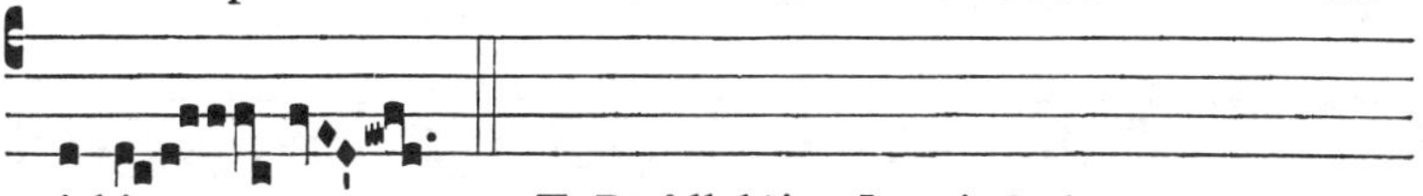

ti-bi. *T. P.* Allelúia, *I toni*, 826.

III Bénedic, ánima mea, 362.

IV

Ps. 44, 10

III

F I- li- ae re- gum * in honó-re

tu- o, á- sti- tit re-gí- na a dex-

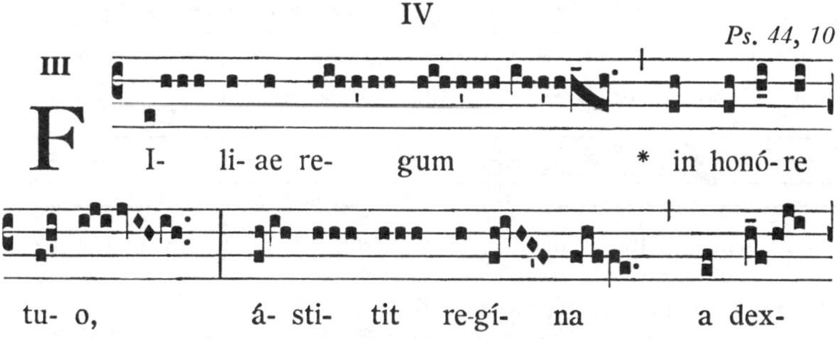

ANTIPHONÆ AD COMMUNIONEM

I

Ps. 44, 8

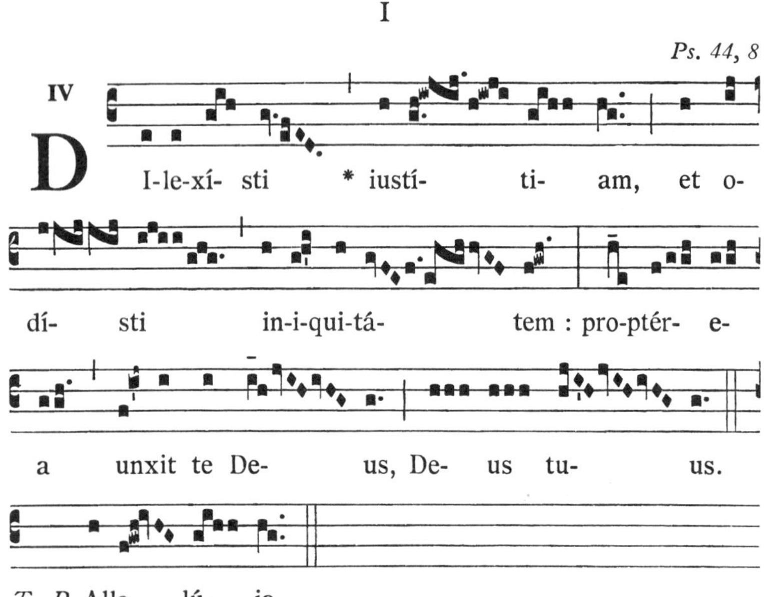

Ps. 44, 2 ab. 11. 12. 13. 14. 15. 16

II

Lc. 10, 42

VIII
O - ptimam par- tem * e-lé- git si-bi Ma-rí-
a, quae non aufe-ré- tur ab e- a in ae- tér- num.

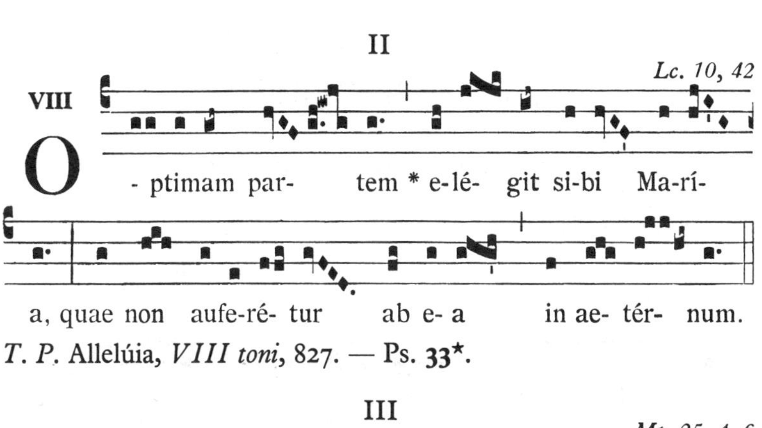

T. P. Allelúia, *VIII toni*, 827. — Ps. **33***.

III

Mt. 25, 4. 6

V
Q Uinque prudéntes vír-gi-nes * acce-pé- runt ó-
le- um in va-sis su- is cum lampá-di- bus : mé-di- a
autem no- cte clamor factus est : Ecce sponsus ve-
nit : ex-í- te ób-vi- am Chri- sto Dómi- no.
T. P. Al-le- lú- ia.

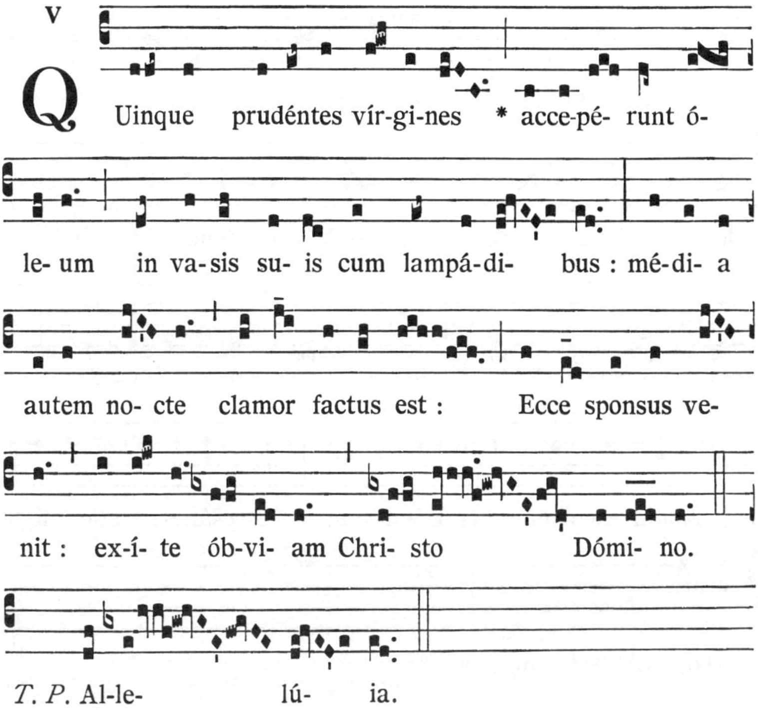

Ps. **44***, 2 ab. 11. 12. 13. 14. 15. 16 (Differentia : **g**)

IV Unam pétii, 294.

COMMUNE SANCTORUM ET SANCTARUM

ANTIPHONÆ AD INTROITUM

I Iusti epuléntur, 450.

II

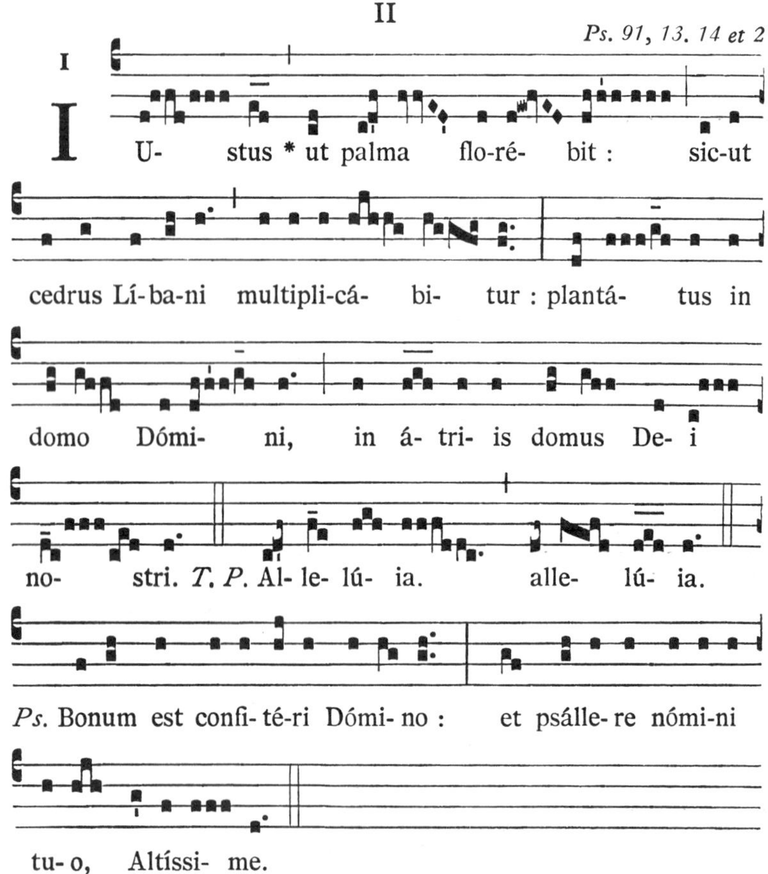

III Lætábitur iustus, 473.
IV Loquétur Dóminus, 369.
V Os iusti meditábitur, 494.

GRADUALIA

I

Ps. 20, 3. 4

II Exsultábunt sancti, 455.

III

Ps. 91, 13. 14. ℣. 3

II

IUstus * ut palma flo-ré- bit : sic-ut ce-

drus Lí-ba- ni mul- tipli-cá-

bi-tur in do- mo Dó-mi-ni.

℣. Ad annunti- ándum ma-

ne mi- se-

ri-córdi- am tu- am, et ve-ri-

tá-tem tu- am per

no- ctem.

VERSUS ALLELUIATICI

I

Iac. 1, 12

III Confitebúntur cæli, 478.
IV Dómine, diléxi decórem, 400.
V Fulgébunt iusti, 460.
VI Iusti epuléntur, 461.
VII Iustus non conturbábitur, 479.
VIII Lætábitur iustus, 479.
IX Laudáte Dóminum, 273.
X Mirábilis Dóminus, 462.
XI Sancti tui... benedícent, 463.

TRACTUS

I Beátus vir, 481.
II Desidérium, 432.
III Qui confídunt, 109.

ANTIPHONÆ AD OFFERTORIUM

I Bénedic, ánima mea, 362.
II Exsultábunt sancti, 466.
III Gloriabúntur, 467.

IV

Ps. 20, 2. 3

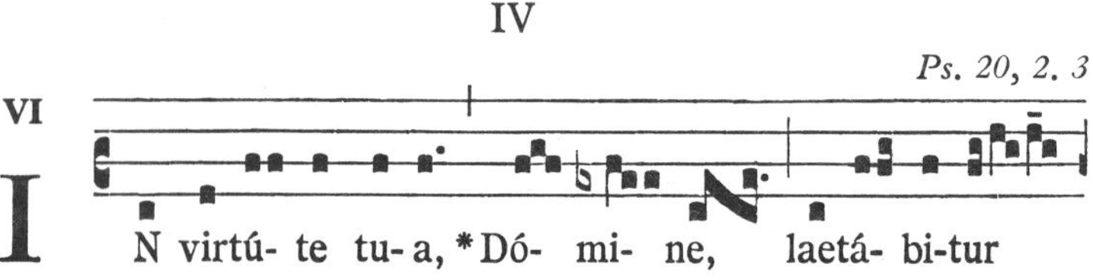

V Iustus ut palma, 497.
VI Lætámini in Dómino, 468 (*T. P.* 443).

Extra Quadragesimam :

VII Mirábilis Deus, 469.

VIII

Cf. Iob. 16, 18-21

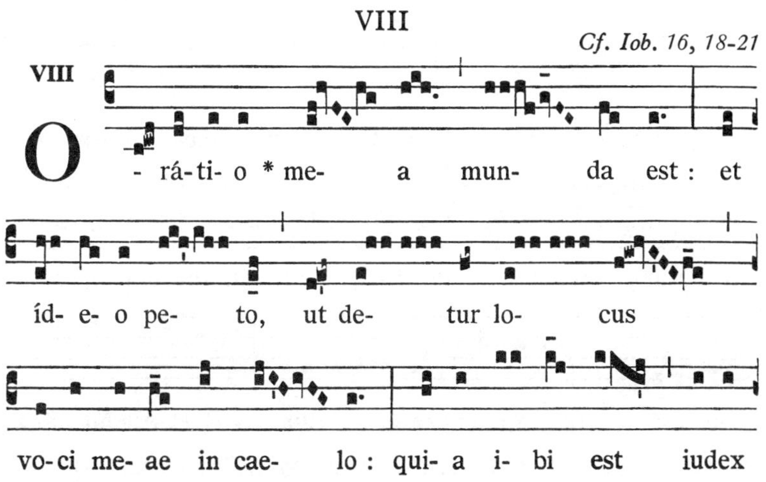

me- us, et cónsci- us me- us in excél- sis :

a- scén- dat ad Dó- mi-num depre-cá-

ti- o me- a.

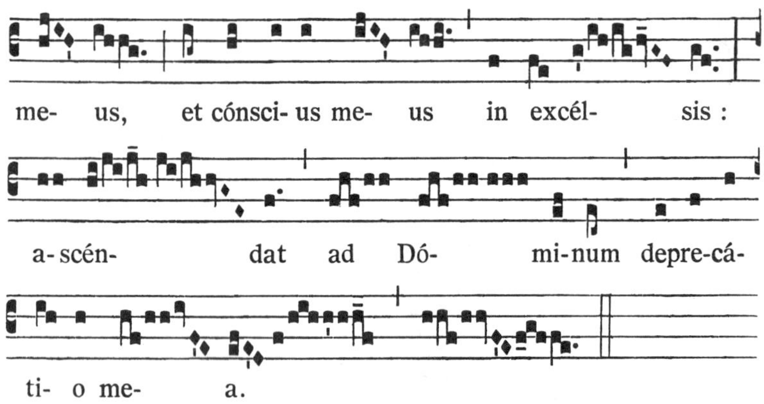

ANTIPHONÆ AD COMMUNIONEM

I

Mt. 5, 8. 9. 10

1

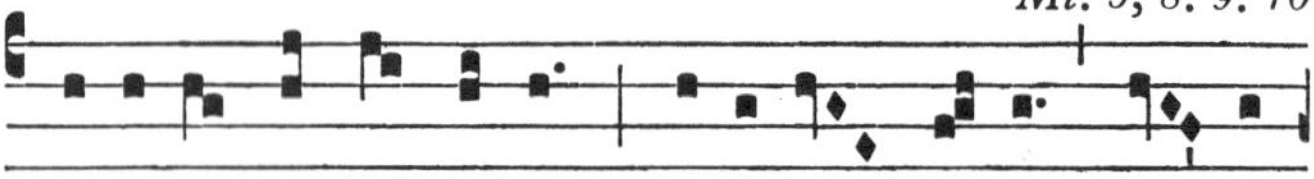

BE- á-ti mundo corde, * quó-ni- am i-psi De- um

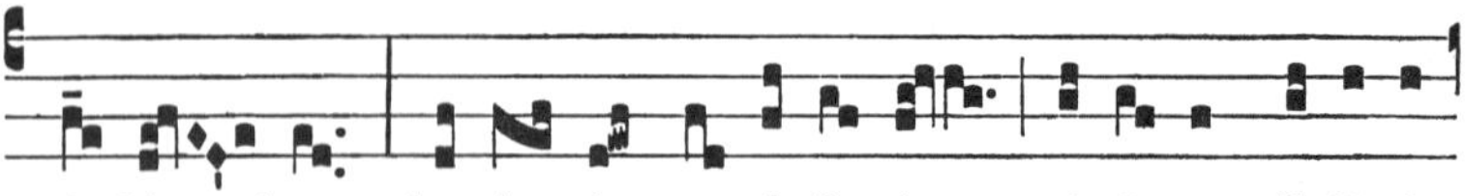

vi- dé- bunt : be- á- ti pa- cí- fi- ci, quó-ni- am fí- li- i

De- i vo-ca-bún- tur : be- á- ti qui perse-cu-ti- ó-nem pa-

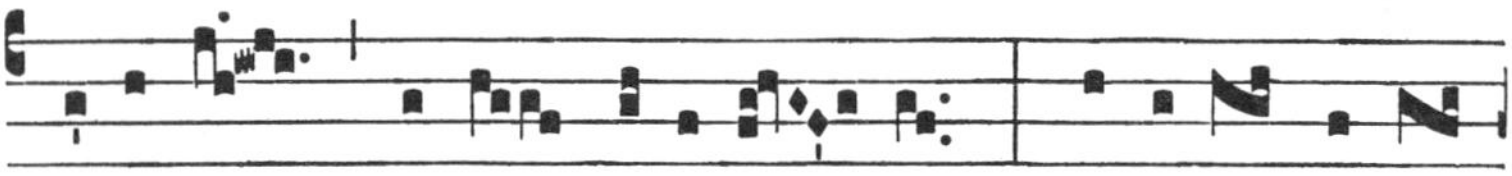

ti- úntur propter iustí- ti- am, quó- ni- am ipsó-

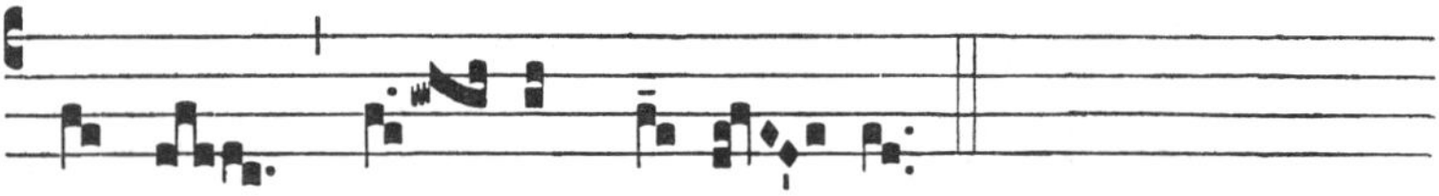

rum est re- gnum cae-ló- rum. *T. P.* Allelúia, 827.

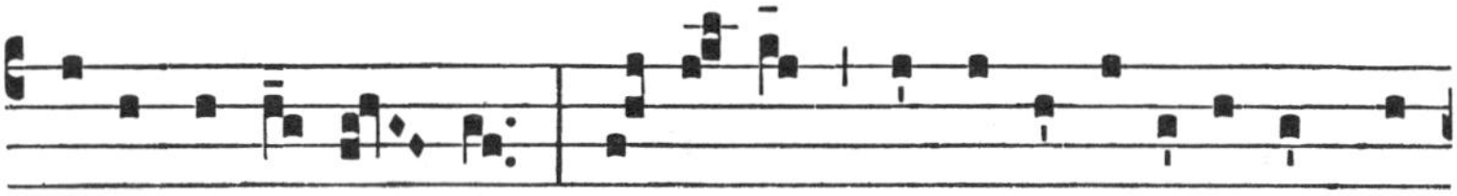

Ps. **33***, *vel* ps. **36***, 1. 3. 16. 18. 19. 23. 27 (Differentia : **a**)

II Beátus servus, 491, *cum* ps. **120***.

III

Mt. 25, 20. 21

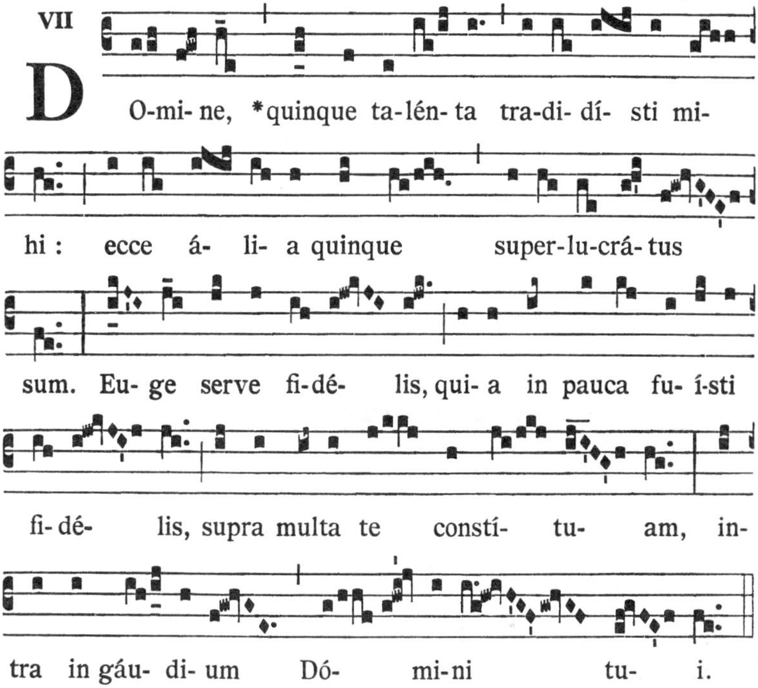
VII
D
O-mi- ne, *quinque ta-lén- ta tra-di- dí- sti mihi : ecce á- li- a quinque super-lu-crá- tus
sum. Eu- ge serve fi-dé- lis, qui- a in pauca fu- í-sti
fi- dé- lis, supra multa te constí- tu- am, intra in gáu- di- um Dó- mi-ni tu- i.

Ps. **118***, 1. 2. 14. 24. 30. 48. 99. 100. 129. 130

IV Dómine, quis habitábit, 102.
V Fidélis servus, *cum* ps. **111***, 491.
VI Magna est glória eius, 437.
VII Qui mihi minístrat, 484.

VIII

Mt. 12, 50

I
Q
Ui-cúmque fé-ce- rit * vo-luntá- tem Patris me-

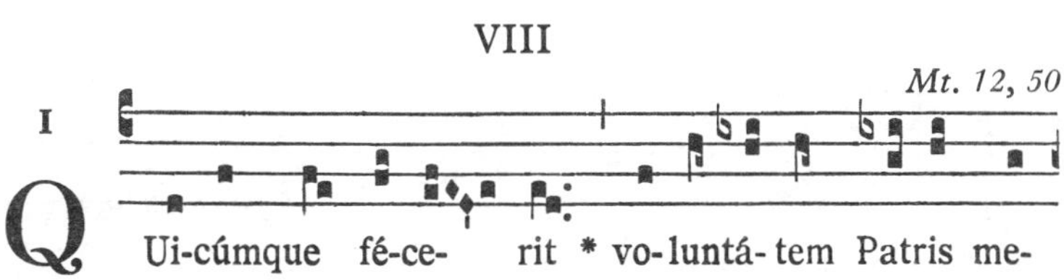

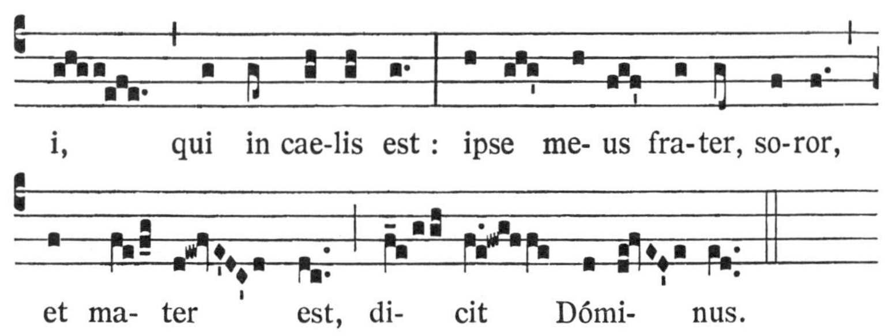

Psalmus 33*

Pro religiosis

ANTIPHONÆ AD INTROITUM

I Ego autem sicut óliva, 424.
II Lætétur cor quæréntium Dóminum, 357.
III Tibi dixit cor meum, 88.

Tempore paschali :
IV Repleátur os meum, 246.

GRADUALIA

I Beátus vir qui timet Dóminum, 475.
II Ecce quam bonum, 351.
III Unam pétii a Dómino, 358.
IV Veníte, fílii, audíte me, 298.

VERSUS ALLELUIATICI

I Dómine, diléxi decórem, 400.
II Iustus germinábit sicut lílium, 496.

III

Ps. 91, 13

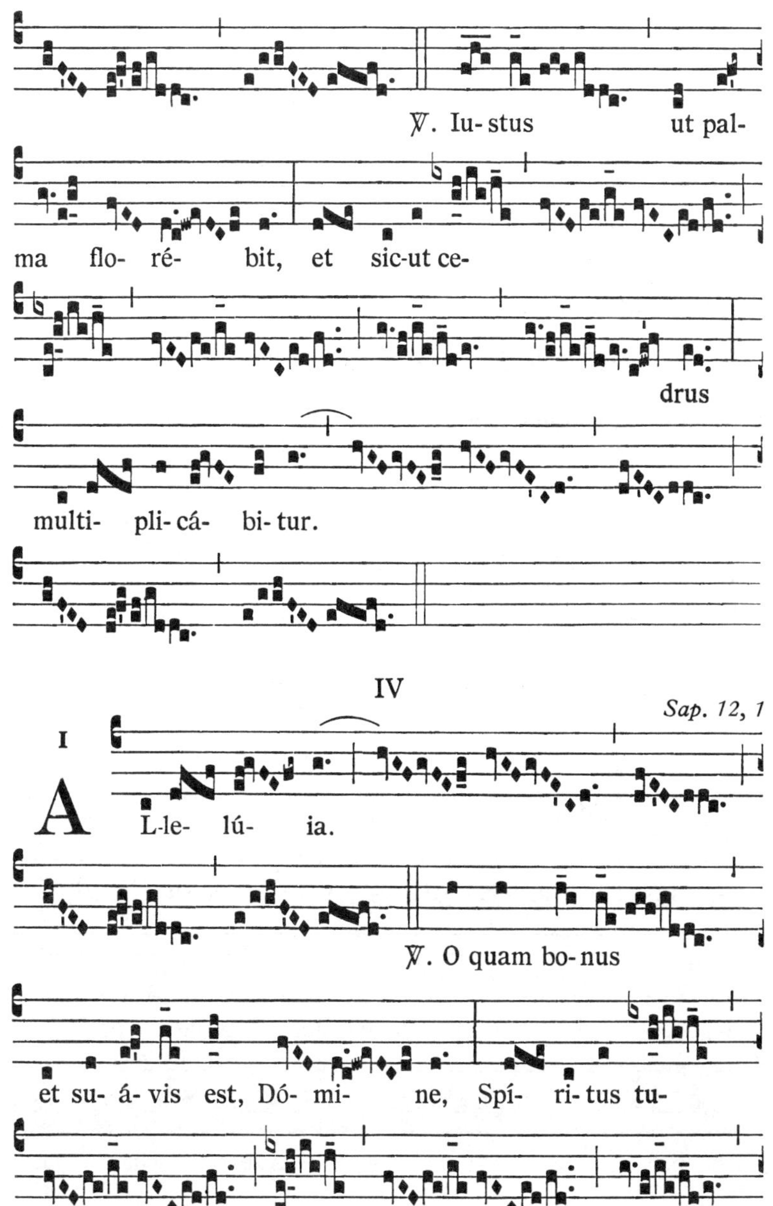
℣. Iu- stus ut pal-
ma flo- ré- bit, et sic-ut ce-
drus
multi- pli- cá- bi- tur.
IV
Sap. 12, 1
I
A L-le- lú- ia.
℣. O quam bo- nus
et su- á- vis est, Dó- mi- ne, Spí- ri- tus tu-

us in no- bis!

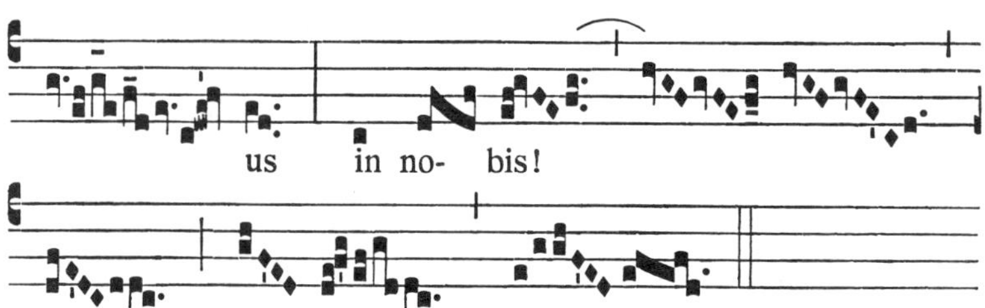

V Qui séquitur me, 480.

ANTIPHONÆ AD OFFERTORIUM

I Bonum est confitéri, 369.

II

Ps. 20, 3. 4

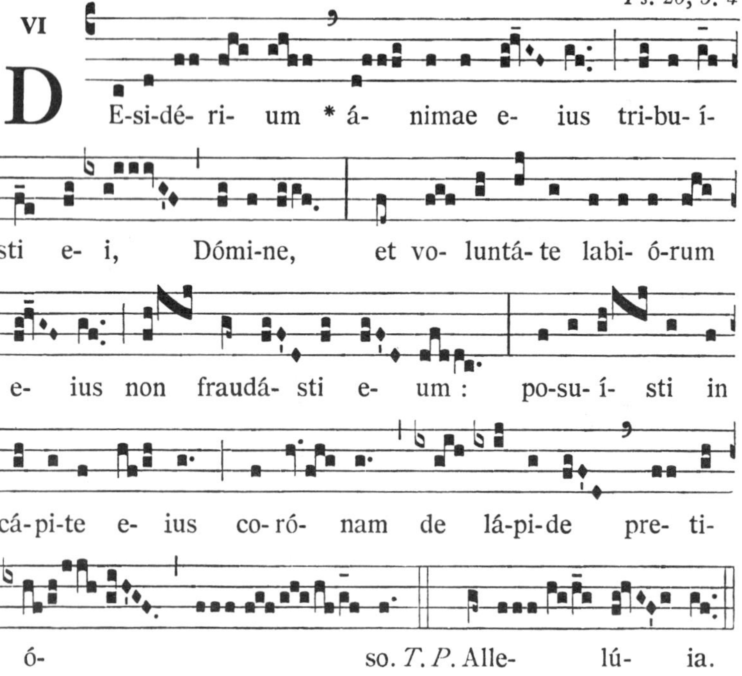
VI
D
E-si-dé- ri- um * á- nimae e- ius tri-bu- í-
sti e- i, Dómi-ne, et vo- luntá- te labi- ó-rum
e- ius non fraudá- sti e- um: po-su- í- sti in
cá-pi-te e- ius co-ró- nam de lá-pi-de pre- ti-
ó- so. T. P. Alle- lú- ia.

III Exspéctans exspectávi, 328.

ANTIPHONÆ AD COMMUNIONEM

I Amen dico vobis : quod vos, 436.
II Beáti mundo corde, 514.
III Gustáte et vidéte, 303.
IV Optimam partem, 507.
V Qui vult veníre post me, 484.

VI

Mt. 13, 45. 46

Ps. **24***, 1-2 a. 4. 5. 8. 9. 10. 14. 15

Pro iis qui opera misericordiæ exercuerunt

ANTIPHONÆ AD INTROITUM

I

Ps. 111, 9 et 1

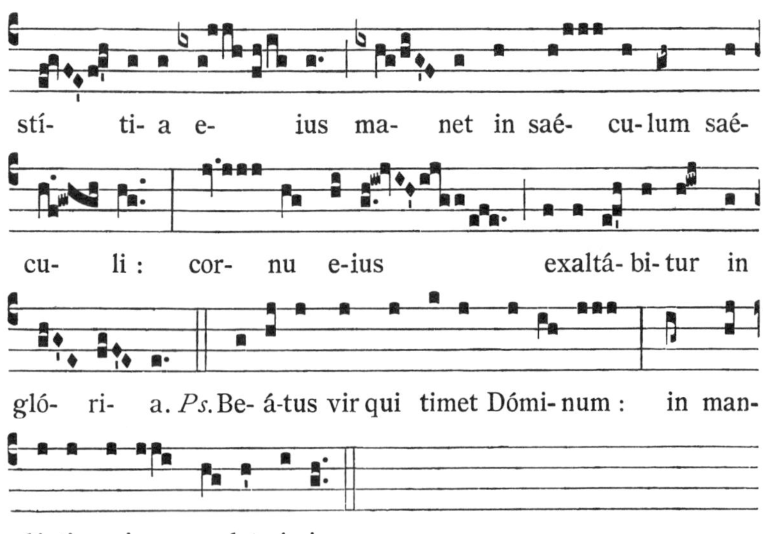

II Timéte Dóminum, 453.

Tempore paschali :
III Veníte, benedícti, 205.

GRADUALIA

I

Ps. 111, 9. ℣. 2

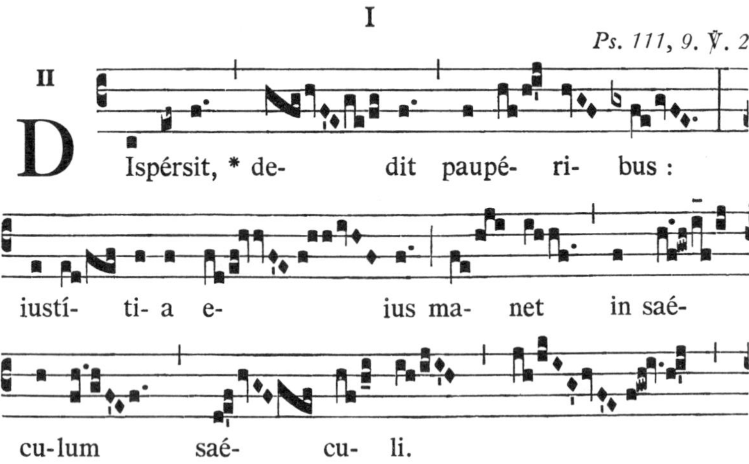

II Ego dixi : Dómine, 279.
III Iustus cum cecíderit, 476.
IV Timéte Dóminum, 458.

VERSUS ALLELUIATICI

II Veníte ad me, 619.

ANTIPHONÆ AD OFFERTORIUM

I Exaltábo te, Dómine, 313.
II Sperent in te qui novérunt, 286.

ANTIPHONÆ AD COMMUNIONEM

I Amen dico vobis : quod uni, 79.
II Multitúdo languéntium, 471.
III Qui mihi minístrat, 484.

Pro educatoribus

ANTIPHONÆ AD INTROITUM

I

Ps. 112, 1. 9 et 2

I

LAudá- te * pú- e-ri Dómi- num, laudá- te no-men Dómi- ni : qui ha-bi-tá- re fa- cit sté- ri- lem in domo matrem fi- li- ó- rum lae- tán- tem.

Ps. Sit nomen Dómi-ni be-ne-dí-ctum : ex hoc nunc, et usque in saécu- lum.

GRADUALIA

VERSUS ALLELUIATICI

TRACTUS

ANTIPHONÆ AD OFFERTORIUM

ANTIPHONÆ AD COMMUNIONEM

Pro iis qui respublicas moderati sunt

ANTIPHONA AD INTROITUM

Ps. 20, 2. 3. 4

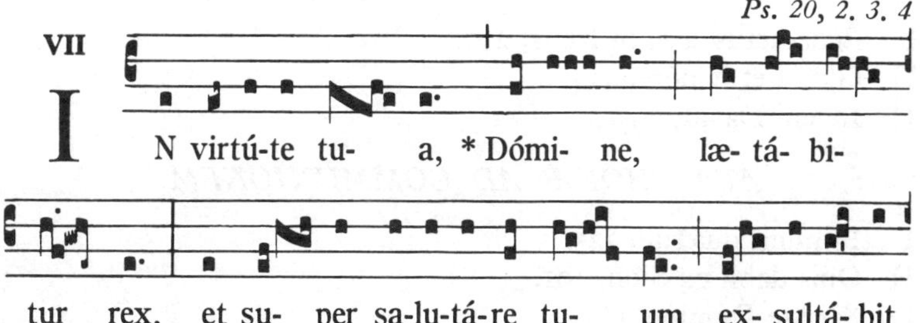

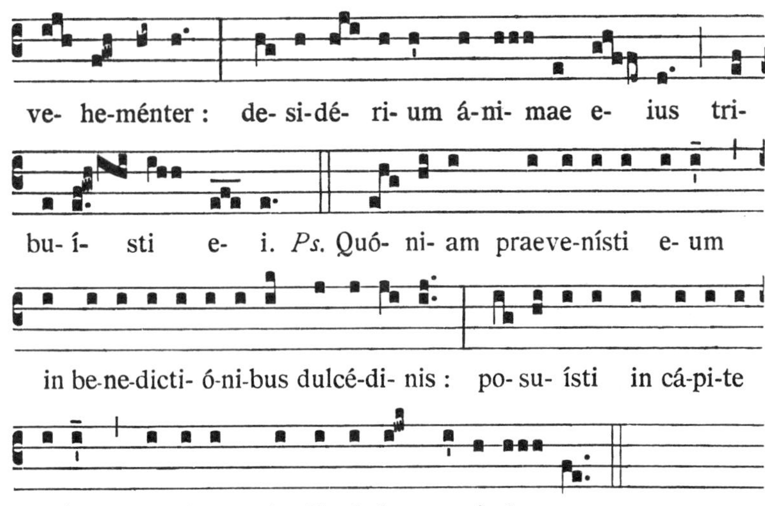

GRADUALIA

I Dómine, prævenísti eum, 509.
II Invéni David, 445.
III Timébunt gentes, 265.

VERSUS ALLELUIATICI

I Dómine, in virtúte tua, 292.
II Invéni David, 446.
III Qui pósuit fines tuos, 364.
IV Timébunt gentes, 337.

ANTIPHONÆ AD OFFERTORIUM

I Benedíctus es... in lábiis, 277.
II Glória et honóre, 434.
III Invéni David, 447.

ANTIPHONÆ AD COMMUNIONEM

I Primum quǽrite, 325.
II Quis dabit ex Sion, 101.
III Servíte Dómino, 68.

Pro sanctis mulieribus

ANTIPHONÆ AD INTROITUM

I Audívit Dóminus, 68.

II

III Ego autem in Dómino sperávi, 111.

IV

Ps. 118, 75. 120 et 1

V

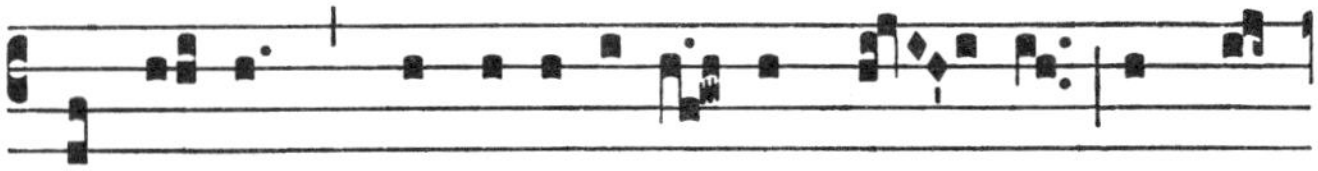

LOqué- bar * de testimó-ni- is tu- is in con-

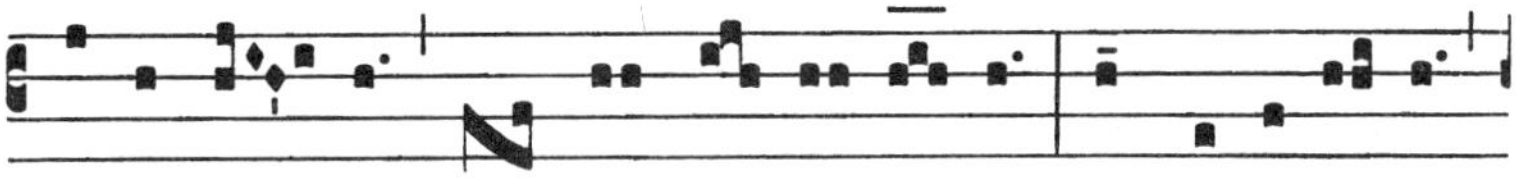

spéctu re- gum, et non con-fun-dé- bar : et me-di-tá- bar

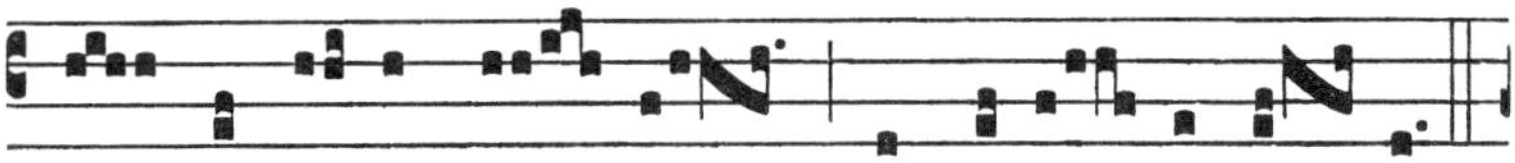

in mandá- tis tu- is, quae di-lé- xi ni- mis.

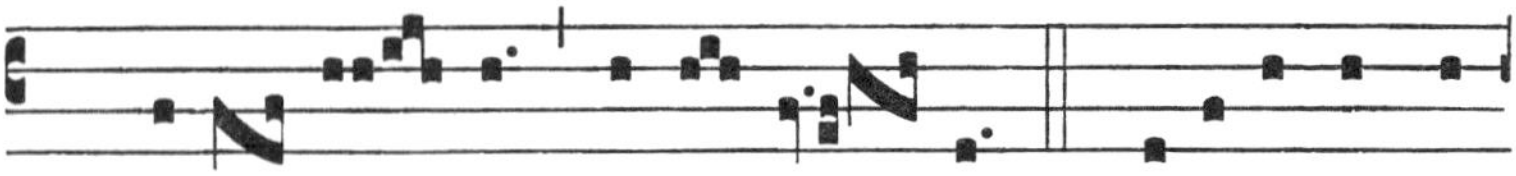

T. P. Alle- lú- ia, al-le- lú- ia. *Ps.* Be- á-ti imma-

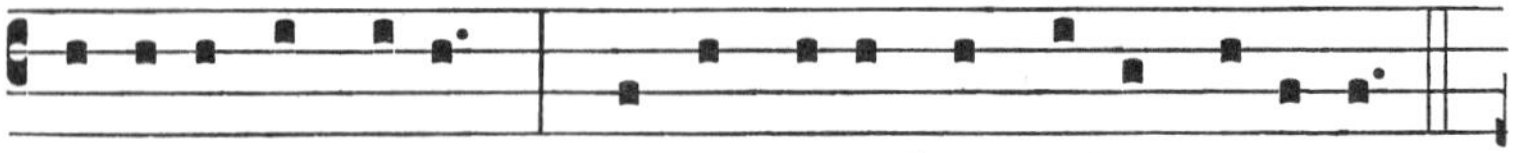

cu-lá-ti in vi- a : qui ámbu-lant in le-ge Dómi-ni.

V Me exspectavérunt peccatóres, 498.

GRADUALIA

I

Ps. 45, 6. ℣. 5

V

ADiuvá- bit * e- am De- us

vul- tu su- o : De-

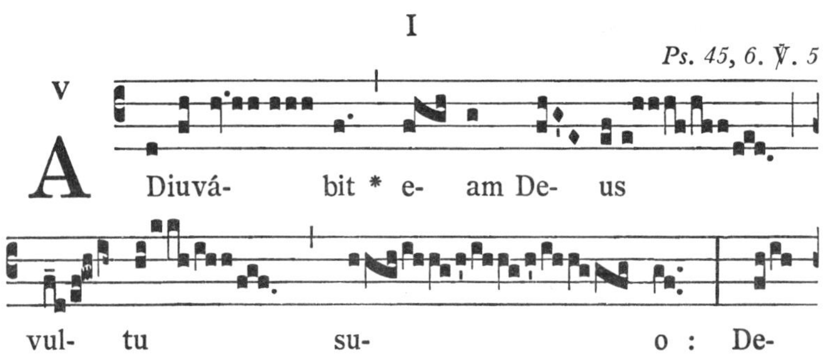

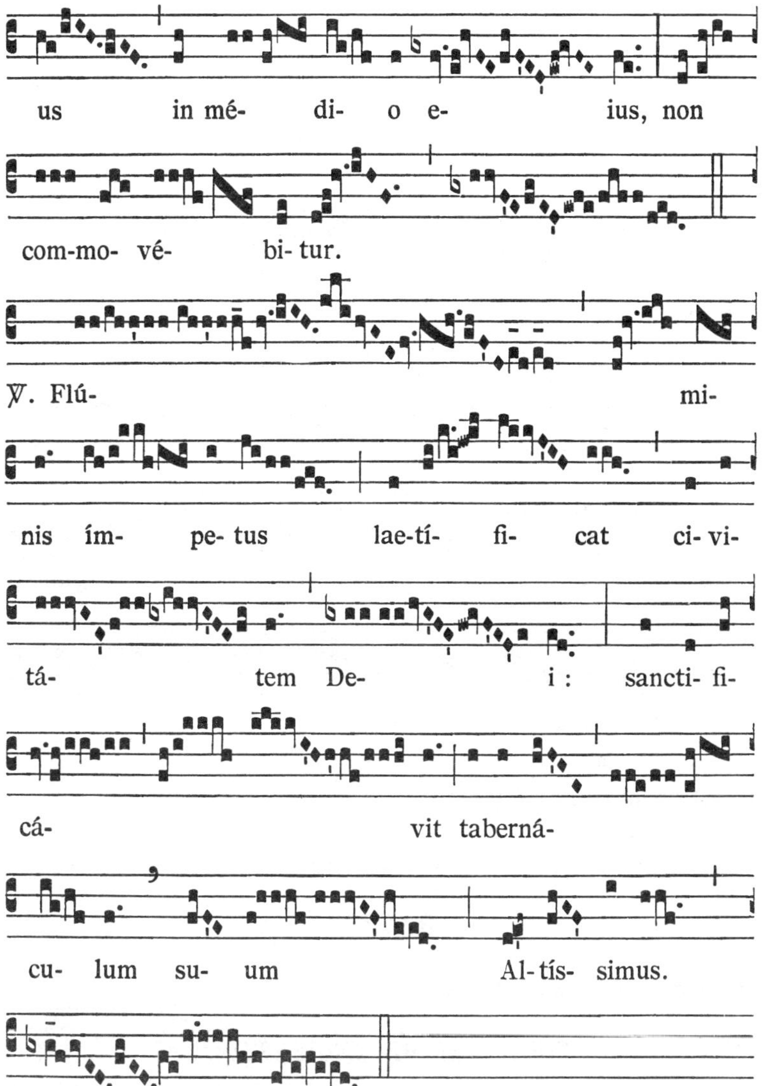

II Anima nostra sicut passer, 453.
III Diffúsa est grátia, 408.
IV Spécie tua et pulchritúdine tua, 411.

VERSUS ALLELUIATICI

I Diffúsa est grátia, 413.

II

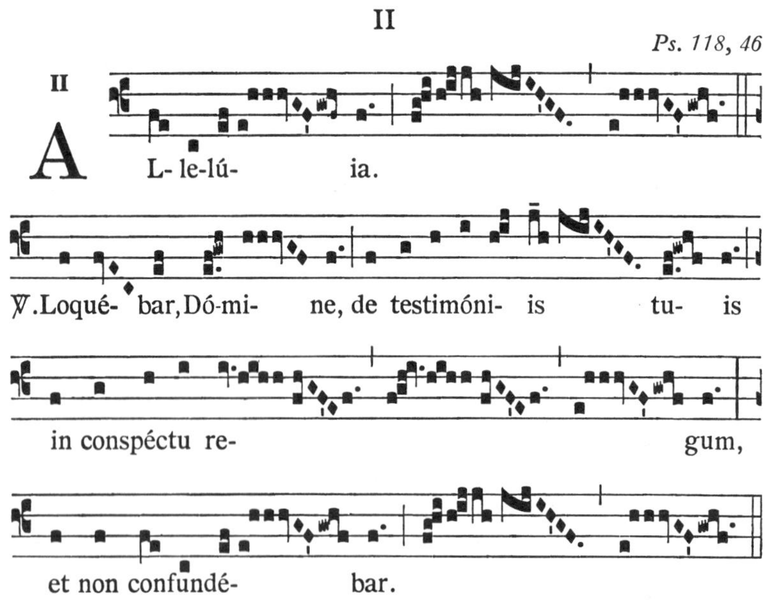

III O quam bonus, 517.
IV Propter veritátem, 415.
V Spécie tua et pulchritúdine tua, 416.

TRACTUS

Qui séminant in lácrimis, 465.

ANTIPHONÆ AD OFFERTORIUM

I Anima nostra sicut passer, 466.
II Bonum est confitéri, 369.
III Diffúsa est grátia, 421.
IV Meditábor in mandátis tuis, 356 (*T. P.* 245).

ANTIPHONÆ AD COMMUNIONEM

I

Ps. 118, 78. 80

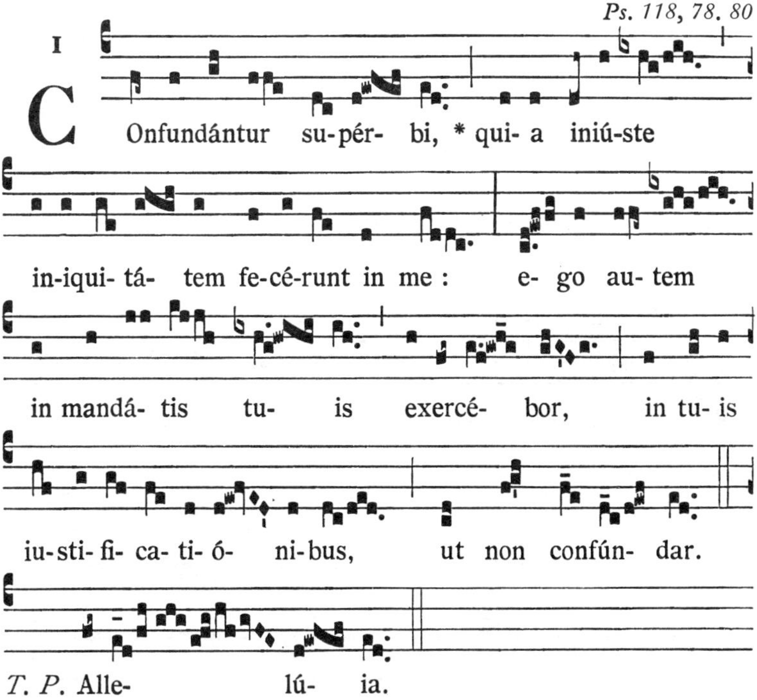
I
C
Onfundántur su-pér- bi, * qui- a iniú-ste
in-iqui- tá- tem fe-cé-runt in me : e- go au- tem
in mandá- tis tu- is exercé- bor, in tu- is
iu-sti- fi- ca- ti- ó- ni-bus, ut non confún- dar.
T. P. Alle- lú- ia.

Ps. **118,** 1. 41. 85. 87. 113. 123. 157. 161. 166. 174

II Diffúsa est grátia, 423.

III

Ps. 118, 121. 122. 128

IV
F
E-ci iu-dí- ci- um * et iu-stí- ti- am, Dómi-
ne, non ca-lumni- éntur mi-hi supérbi : ad ó-mni- a

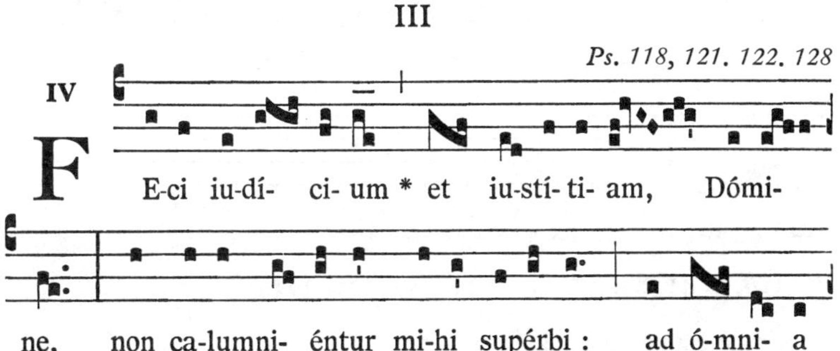

mandá- ta tu- a di- ri- gé- bar, omnem vi- am in-

i- qui-tá- tis ó- di- o hábu- i. *T. P.* Alle- lú- ia.

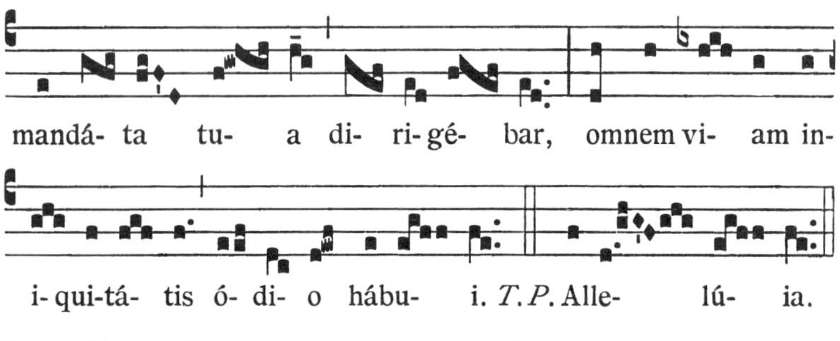

Ps. 118, 1. 78. 81. 113. 115. 120. 163. 166.

IV

Ps. 118, 161. 162

I

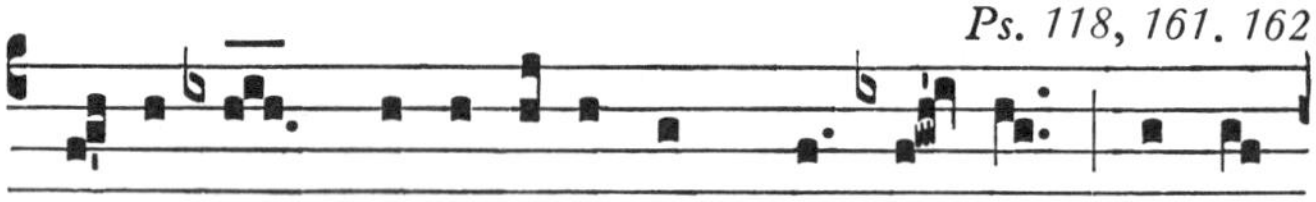

PRín-ci- pes * perse- cú-ti sunt me gra- tis, et a

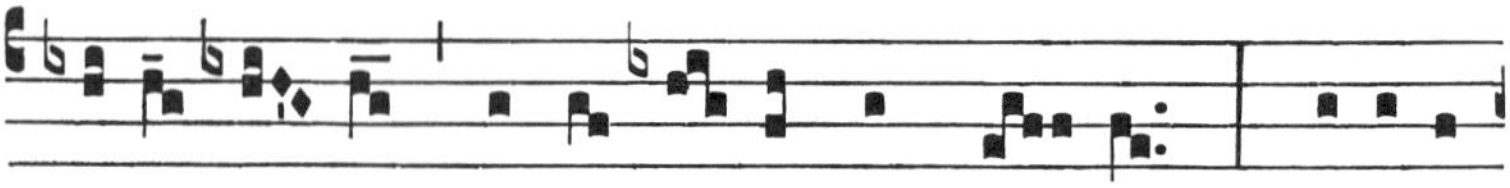

verbis tu- is formi- dá- vit cor me- um : laetábor

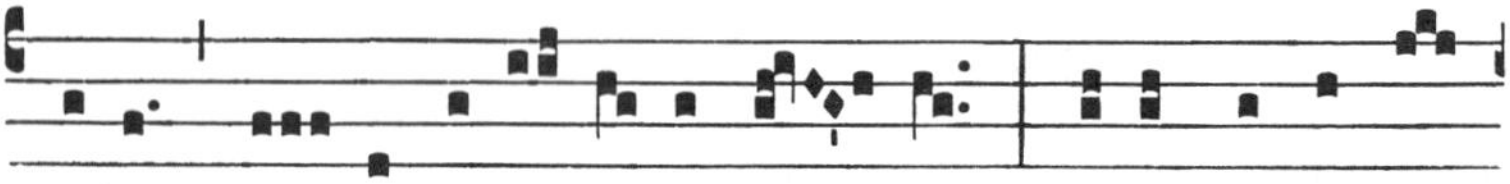

ego su- per e-ló-qui- a tu- a, qua-si qui invé-

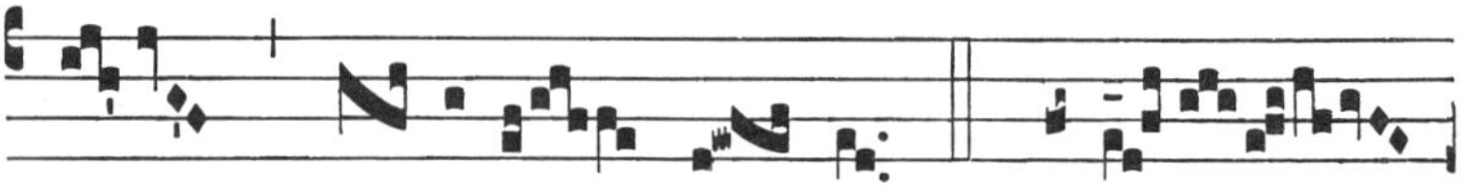

nit spó- li- a mul- ta. *T. P.* Alle-

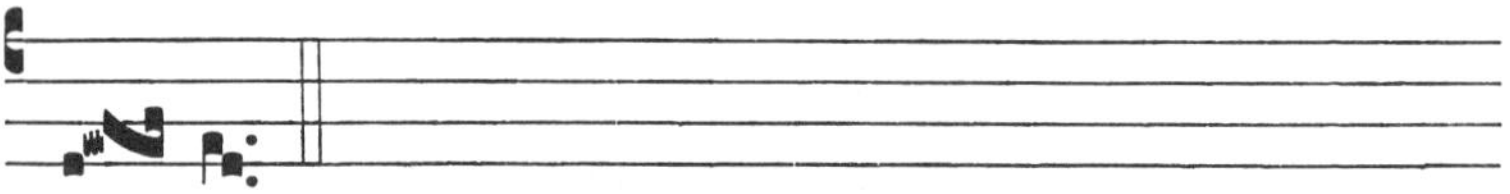

lú- ia.

Ps. 118, 1. 41. 85. 87. 113. 123. 157. 166. 174

V Símile est regnum cælórum, 519.

PROPRIUM DE SANCTIS

Pro omnibus celebrationibus Sanctorum, eligi possunt :

vel cantus infra positi,

vel alii e Communibus eligendis (ut supra, pp. 397-530), secundum rubricam quæ in Missali Romano pro quocumque Sancto ponitur,

vel cantus, sive proprii sive e Communibus, in Graduali Romano (Edit. 1908, eiusque additionibus) exstantibus.

In sollemnitatibus et festis, introitus *Gaudeámus* semper cantari potest, si propria verba mysterii vel sancti celebrati facile in melodiam insereri possunt.

IANUARIUS

Die 2 ianuarii

SS. BASILII MAGNI ET GREGORII NAZIANZENI, EPISCOPORUM ET ECCLESIÆ DOCTORUM Mem.

IN. Sapiéntiam sanctórum, 452.
GR. Sacerdótes eius, 488.
AL. Dispósui testaméntum, 489.
OF. Mirábilis Deus in sanctis suis, 469.
CO. Quod dico vobis in ténebris, 472.

Die 7 ianuarii

S. RAIMUNDI DE PENYAFORT, PRESBYTERI

IN. Os iusti meditábitur sapiéntiam, 494.
GR. Iustus ut palma florébit, 510.
AL. Beátus vir qui suffert, 511.
OF. Véritas mea, 483.
CO. Beátus servus, 491, *cum* ps. **120***.

Die 13 ianuarii

S. HILARII, EPISCOPI ET ECCLESIÆ DOCTORIS

IN. Meditátio cordis mei, 103.
GR. Invéni David servum meum, 445.
AL. Tu es sacérdos in ætérnum, 449.
OF. Benedíctus es... in lábiis meis, 277.
CO. Semel iurávi in sancto meo, 492.

Die 17 ianuarii

S. ANTONII, ABBATIS Mem.

IN. Iustus ut palma, 508.
GR. Dómine, prævenísti eum, 509.
AL. Iustus ut palma, 516.
OF. Desidérium ánimæ eius, 518.
CO. Fidélis servus et prudens, 491, *cum* ps. **111***.

Die 20 ianuarii

S. FABIANI, PAPÆ ET MARTYRIS

IN. Sacerdótes Dei, benedícite, 447.
GR. Iurávit Dóminus, 486.
AL. Invéni David servum meum, 446.
OF. Véritas mea, 483.
CO. Semel iurávi in sancto meo, 492.

Eodem die

S. SEBASTIANI, MARTYRIS

IN. Salus autem iustórum, 451.
GR. Iustus cum cecíderit, 476.
AL. Gaudéte, iusti, 430.
OF. Lætámini in Dómino, 468.
CO. Multitúdo languéntium, 471.

Die 21 ianuarii

S. AGNETIS, VIRGINIS ET MARTYRIS Mem.

IN. Me exspectavérunt peccatóres, 498.
GR. Diffúsa est grátia in lábiis tuis, 408.
AL. Quinque prudéntes vírgines, 502.
OF. Afferéntur regi... próximæ, 504.
CO. Quinque prudéntes vírgines, 507.

Die 22 ianuarii

S. VINCENTII, DIACONI ET MARTYRIS

IN. Lætábitur iustus in Dómino, 473.
GR. Posuísti, Dómine, 477.
AL. Lætábitur iustus in Dómino, 479.
OF. Glória et honóre coronásti eum, 434.
CO. Qui vult veníre post me, 484.

Die 24 ianuarii

S. FRANCISCI DE SALES, EPISCOPI ET ECCLESIÆ DOCTORIS — Mem.

IN. Sacerdótes tui, Dómine, 485.
GR. Os iusti meditábitur, 494.
AL. Meménto, Dómine, David, 490.
OF. Iustus ut palma florébit, 497.
CO. Fidélis servus et prudens, 491.

Die 25 ianuarii

IN CONVERSIONE S. PAULI, APOSTOLI — Fest.

2. Tim. 1, 12; Ps. 138

Gal. 2, 8. 9. ℣. 1 Cor. 15, 10

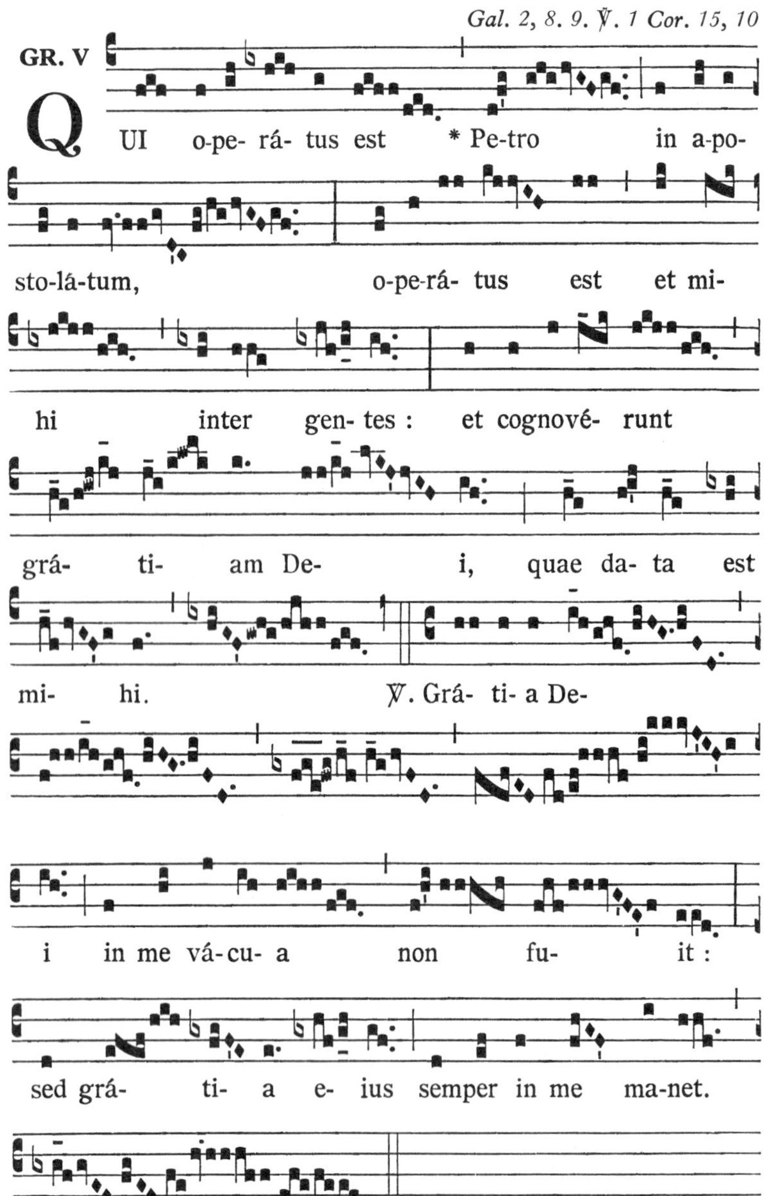

OF. Mihi autem nimis, 435.
CO. Signa, 437.

Die 26 ianuarii

SS. TIMOTHEI ET TITI, EPISCOPORUM Mem.

IN. Sacerdótes eius, 448.
GR. Beáta gens, 333.
AL. Ego vos elégi, 429.
OF. Gloriabúntur in te, 467.
CO. Amen dico vobis : quod vos, 436.

Die 27 ianuarii

S. ANGELÆ MERICI, VIRGINIS

IN. Dilexísti iustítiam, 498.
GR. Spécie tua, 411.
AL. Adducéntur regi, 500.
OF. Fíliæ regum, 505.
CO. Quinque prudéntes vírgines, 507.

Die 28 ianuarii

S. THOMÆ DE AQUINO, PRESBYTERI ET ECCLESIÆ DOCTORIS — Mem.

IN. Sapiéntiam sanctórum, 452.
GR. Os iusti meditábitur, 494.
AL. Spíritus sanctus docébit vos, 432.
OF. Meditábor in mandátis tuis, 356.
CO. Notas mihi fecísti, 362.

Die 31 ianuarii

S. IOANNIS BOSCO, PRESBYTERI — Mem.

IN. Dispérsit, dedit, 519.
GR. Veníte, fílii, 298.
AL. Iustus germinábit, 496.
OF. Factus est Dóminus, 119.
CO. Amen dico vobis : quod uni, 79.

FEBRUARIUS

Die 2 februarii

IN PRÆSENTATIONE DOMINI — Fest.

AD PROCESSIONEM CANDELARUM

Dum accenduntur candelæ, cantatur antiphona :

Vel ant. Lumen *cum cant. ut infra.*

Post aspersionem incipit processio. Diaconus (seu celebrans) cantat :

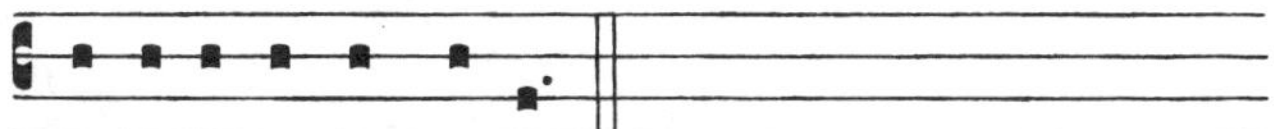

Omnes :

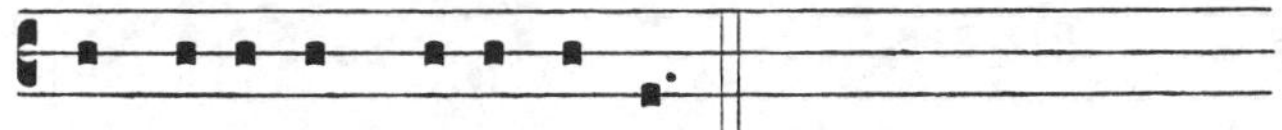

Progrediente processione, cantatur :

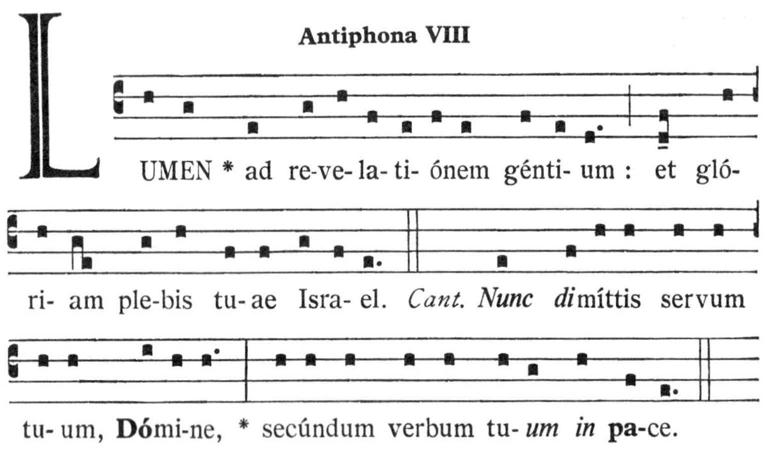

Ant. Lumen.

Quia vidérunt óculi **mei** * salu*táre* **tuum**. *Ant.* Lumen.

Deinde :

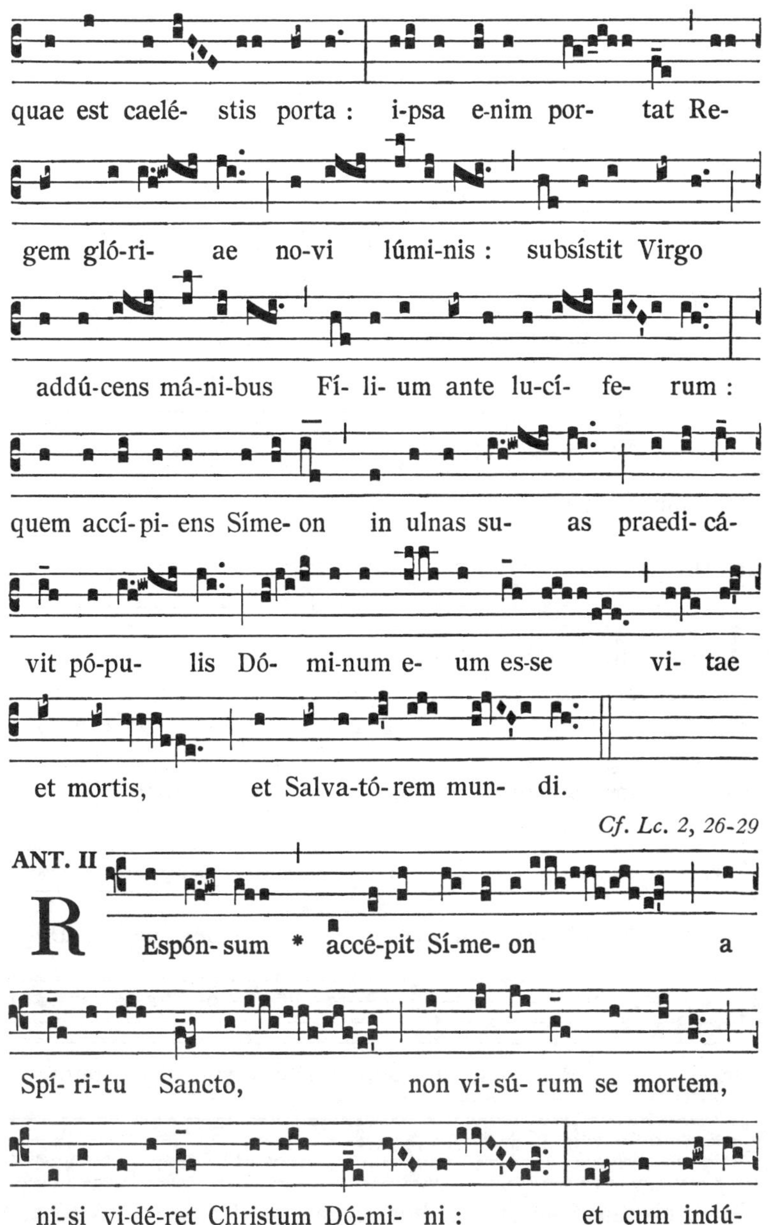
quae est caelé- stis porta : i-psa e-nim por- tat Re-
gem gló-ri- ae no-vi lúmi-nis : subsístit Virgo
addú-cens má-ni-bus Fí- li- um ante lu-cí- fe- rum :
quem accí-pi- ens Síme- on in ulnas su- as praedi- cá-
vit pó-pu- lis Dó- mi-num e- um es-se vi- tae
et mortis, et Salva-tó-rem mun- di.
Cf. Lc. 2, 26-29
ANT. II
REspÓn- sum * accé-pit Sí-me- on a
Spí- ri-tu Sancto, non vi-sú- rum se mortem,
ni-si vi-dé-ret Christum Dó-mi- ni : et cum indú-

ce-rent pú- e- rum in templum, accé-pit e- um
in ulnas su- as, et be-ne- dí- xit De- um, et di-
xit : Nunc dimít- tis, Dó- mi- ne, servum
tu- um in pa-ce.
Lc. 2, 24. 23. ℣. 22
RESP. II
O B-tu-lé- runt * pro e- o Dó-mi- no par túr-
tu- rum, aut du- os pul- los co- lum- bá-
rum : * Sic-ut scri- ptum est in le- ge Dó-
mi- ni. ℣. Postquam au- tem implé-ti sunt di- es purga-
ti- ó-nis Ma-rí- ae, se-cúndum legem Mó- y- si, tu- lé-runt

Ie-sum in Ie-rú-sa-lem, ut síste-rent e- um Dó- mi-

no. * Sic-ut.

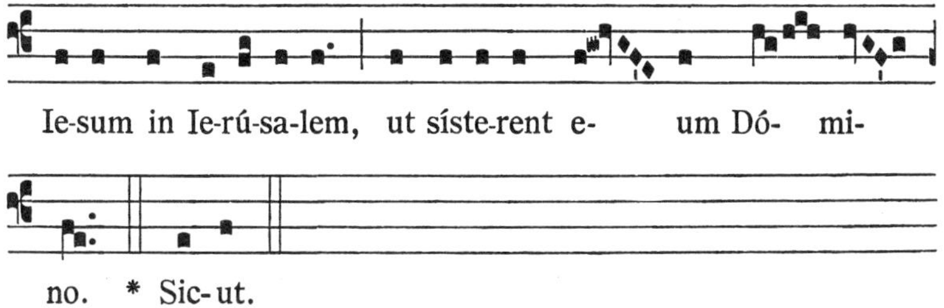

AD MISSAM

Ingrediente processione in ecclesiam, cantatur :

Antiphona ad introitum I

Ps. 47, 10. 11 et 2

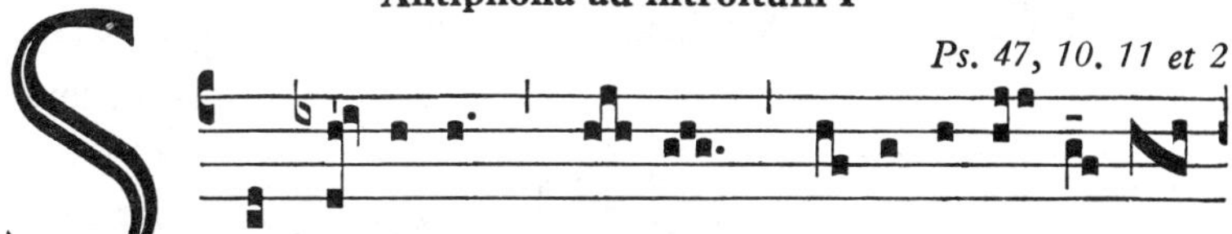

SUSCE-PIMUS * De- us, mi- se- ri- cór- di- am

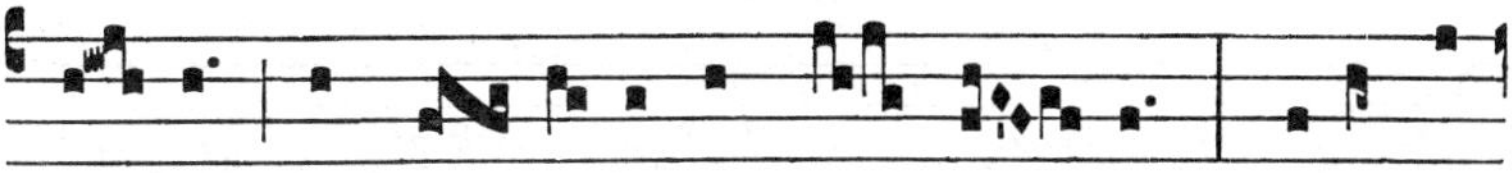

tu- am in mé- di- o templi tu- i : se-cúndum

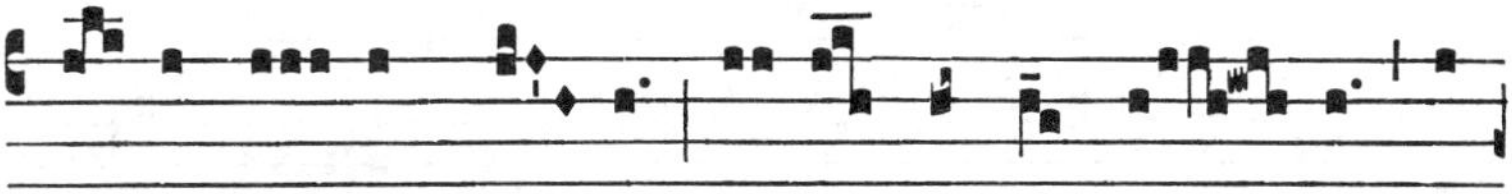

no- men tu- um De- us, i- ta et laus tu- a in

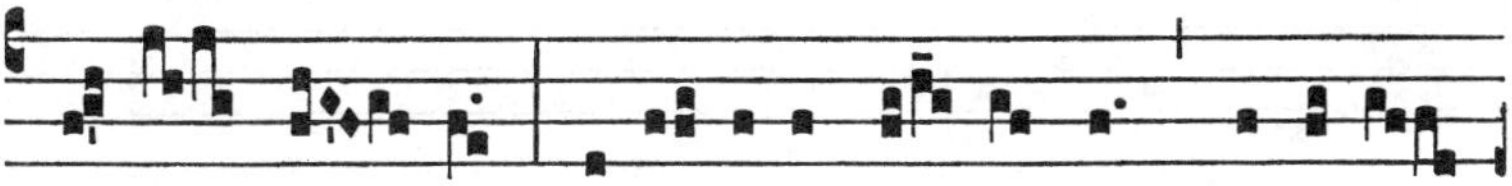

fi- nes ter- rae : iustí- ti- a ple- na est déxte-ra

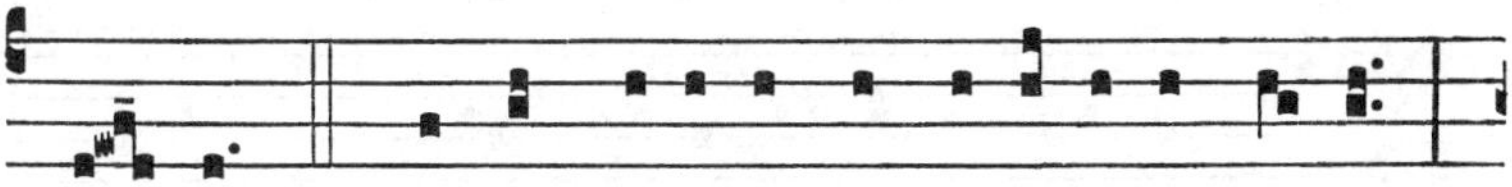

tu- a. *Ps.* Magnus Dómi-nus, et laudá-bi- lis ni- mis : *

in ci-vi-tá-te De- i nostri, in monte sancto e- ius.

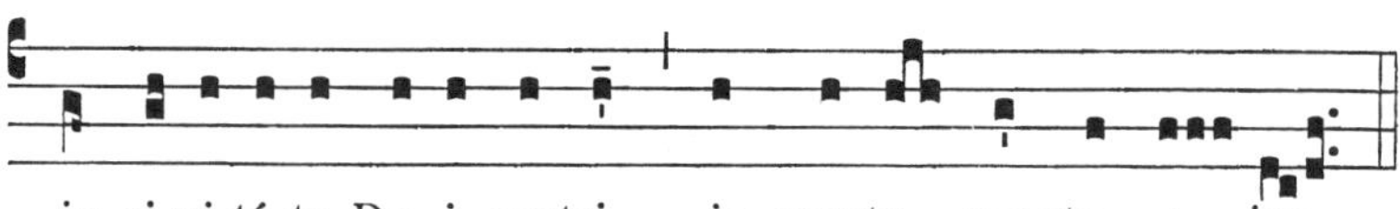

Vel IN. Ecce advénit, 56.

Omittitur Kýrie eléison, *cantatur* Glória in excélsis.

GR. Suscépimus, Deus, 360.

I

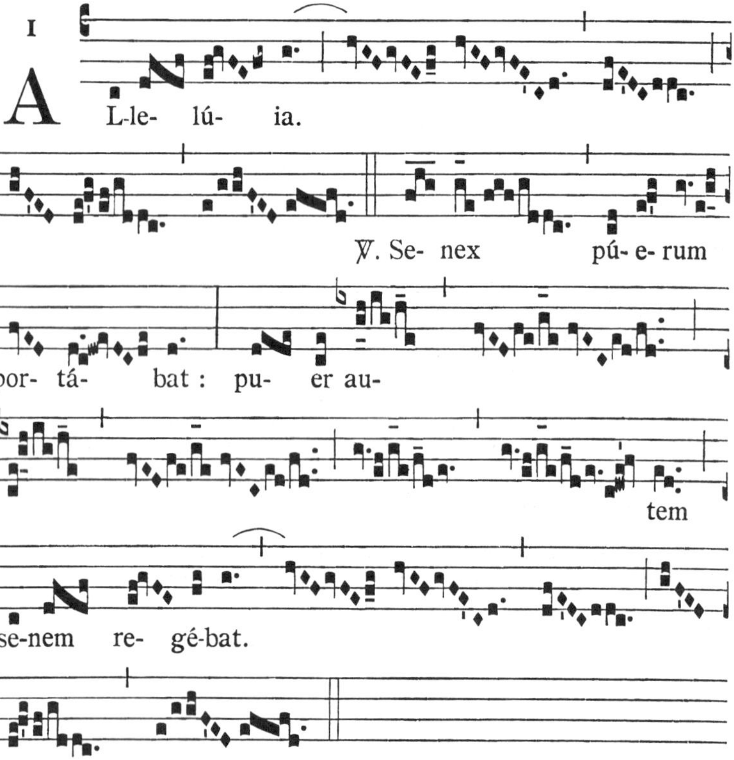

A L-le- lú- ia.
℣. Se- nex pú- e- rum
por- tá- bat : pu- er au-
tem
se-nem re- gé-bat.

OF. Diffúsa est grátia, 421.

Lc. 2, 26

CO. VIII

R Espónsum * accé-pit Síme- on a Spí-ri-tu

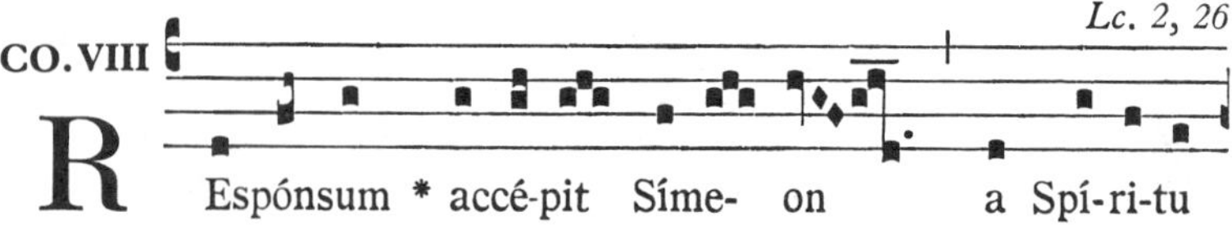

Cant. Lc **2**, 29. 30-31. 32, *et* ps. **47***, 2. 3 ab. 3 cd. 4. 9. 10. 11. 12. 15 (Differentia : **G***)

Die 3 februarii

S. BLASII, EPISCOPI ET MARTYRIS

IN. Sacerdótes Dei, 447.
GR. Glória et honóre, 476.
AL. Hic est sacérdos, 449.
OF. Invéni David, 447.
CO. Posuísti, Dómine, 483.

Eodem die

S. ANSGARII, EPISCOPI

IN. Sacerdótes tui, 485.
GR. Sacerdótes eius, 488.
AL. Iurávit Dóminus, 489.
OF. Véritas mea, 483.
CO. Beátus servus, 491, *cum* ps. **32***.

Die 5 februarii

S. AGATHÆ, VIRGINIS ET MARTYRIS Mem.

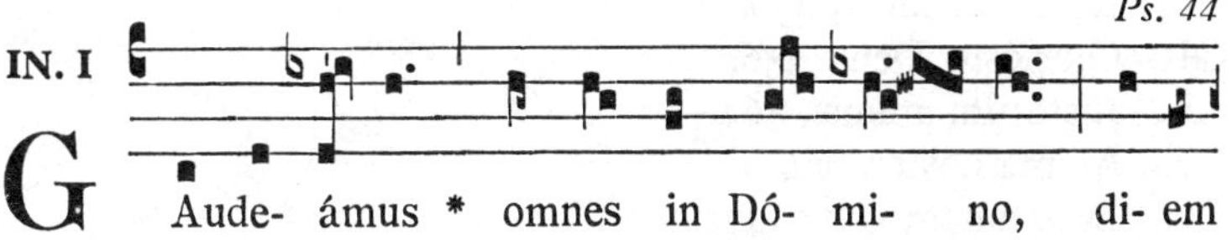

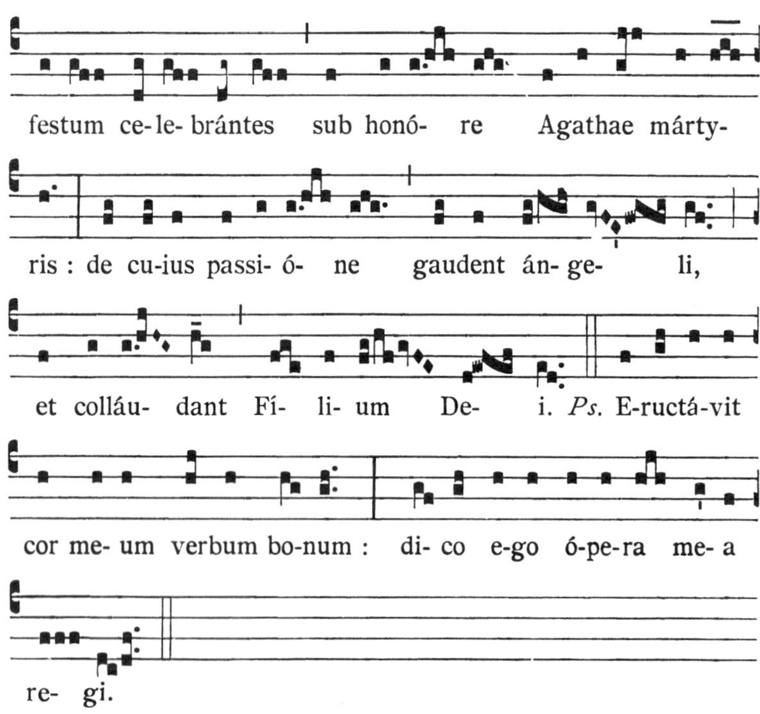

GR. Adiuvábit eam, 526.
AL. Loquébar, Dómine, 528.
OF. Afferéntur... post eam, 505.
CO. Feci iudícium, 529.

Die 6 februarii

SS. PAULI MIKI ET SOCIORUM, MARTYRUM Mem.

IN. Iusti epuléntur, 450.
GR. Gloriósus Deus, 456.
AL. Iustórum ánimæ, 462.
OF. Anima nostra, 466.
CO. Dico autem vobis, 470.

Die 8 februarii

S. HIERONYMI EMILIANI

IN. Dispérsit, dedit, 519.
GR. Ego dixi : Dómine, 279.
AL. Dispérsit, dedit, 521.
OF. In virtúte tua, 512.
CO. Amen dico vobis : quod uni, 79.

Die 10 februarii

S. SCHOLASTICÆ, VIRGINIS Mem.

IN. Dilexísti iustítiam, 498.
GR. Spécie tua, 411.
AL. Adducéntur regi, 500.
OF. Fíliæ regum, 505.
CO. Quinque prudéntes vírgines, 507.

Die 11 februarii

B. MARIÆ VIRGINIS DE LOURDES

Ut in sollemnitate Conceptionis immaculatæ B. M. V., die 8 decembris, præter :

IN. Vultum tuum deprecabúntur, 404.

Tempore Quadragesimæ : OF. Ave, María, 419.

Die 14 februarii

SS. CYRILLI, MONACHI, ET METHODII, EPISCOPI Mem.

IN. Sacerdótes tui, 485.
GR. Sacerdótes eius, 488.
AL. Laudáte Dóminum, 273.
OF. Pópulum húmilem, 302.
CO. Quod dico vobis in ténebris, 472.

Die 17 februarii

SS. SEPTEM FUNDATORUM ORDINIS SERVORUM BEATÆ MARIÆ VIRGINIS

IN. Sapiéntiam sanctórum, 452.
GR. Ecce quam bonum, 351.
AL. Córpora sanctórum, 459.
OF. Recordáre, Virgo Mater, 422.
CO. Ego vos elégi de mundo, 436.

Die 21 februarii

S. PETRI DAMIANI, EPISCOPI ET ECCL. DOCTORIS

IN. Lex Dómini irreprehensíbilis, 86.
GR. Beátus vir qui timet, 475.
AL. Qui séquitur me, 480.
OF. Invéni David, 447.
CO. Qui vult veníre post me, 484.

Die 22 februarii

CATHEDRÆ S. PETRI, APOSTOLI Fest.

IN. Státuit ei Dóminus, 445.

Ps. 106, 32. ℣. 31

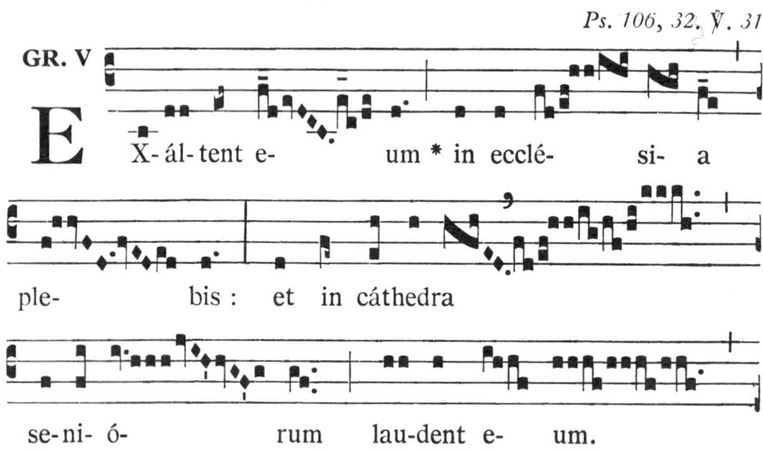

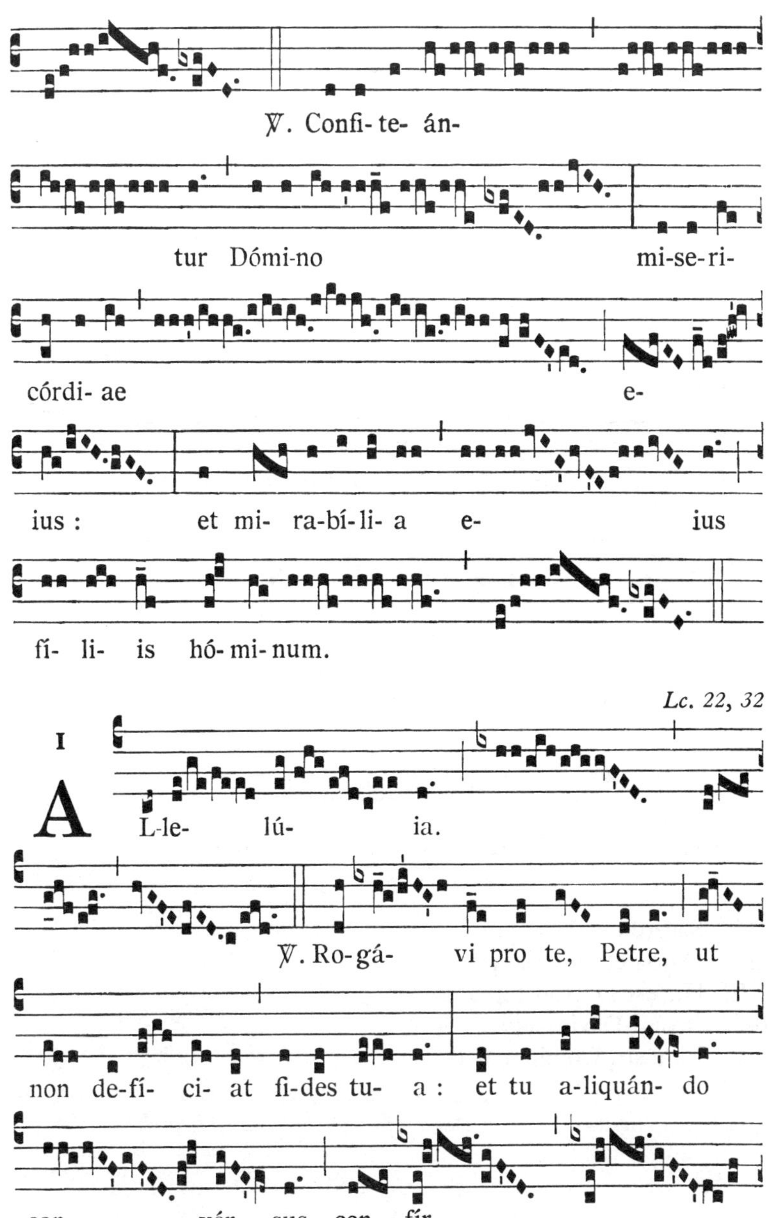
℣. Confi- te- án-
tur Dómi-no mi-se-ri-
córdi- ae e-
ius : et mi- ra-bí-li- a e- ius
fí- li- is hó- mi- num.
Lc. 22, 32
I
A L-le- lú- ia.
℣. Ro-gá- vi pro te, Petre, ut
non de-fí- ci- at fi-des tu- a : et tu a-liquán- do
con- vér- sus, con- fír-

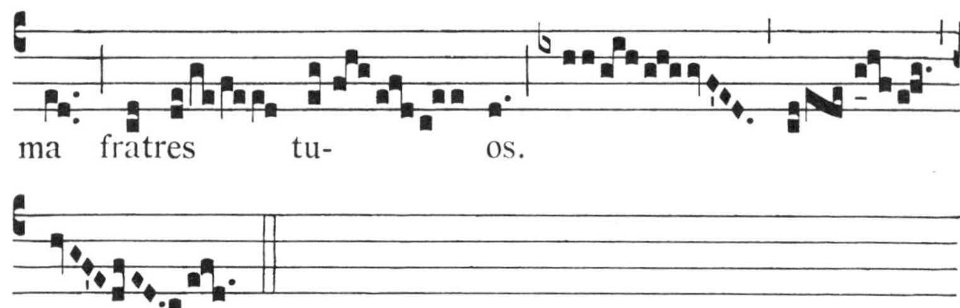

OF. In omnem terram, 435.

Mt. 16, 18

Ps. **79***, 2 ab. 9. 10. 11. 12. 15. 16. 18. 19

Die 23 februarii

S. POLYCARPI, EPISCOPI ET MARTYRIS — Mem.

IN. Sacerdótes Dei, 447.
GR. Glória et honóre, 476.
AL. Hic est sacérdos, 449.
OF. Invéni David, 447.
CO. Posuísti, Dómine, 483.

MARTIUS

Die 4 martii

S. CASIMIRI

IN. Os iusti meditábitur, 494.
GR. Iustus ut palma, 510.
AL. Beátus vir qui suffert, 511.
OF. Véritas mea, 483.
CO. Beátus servus, 491, *cum* ps. **32***.

Die 7 martii

SS. PERPETUÆ ET FELICITATIS, MARTYRUM Mem.

IN. Iusti epuléntur, 450.
GR. Anima nostra, 453.
AL. Te mártyrum candidátus, 465.
OF. Afferéntur... próximæ, 504.
CO. Dico autem vobis, 470.

Die 8 martii

S. IOANNIS A DEO, RELIGIOSI

Cantus ut supra, die 4 martii.

Die 9 martii

S. FRANCISCÆ ROMANÆ, RELIGIOSÆ

IN. Cognóvi, Dómine, 525.
GR. Diffúsa est grátia, 408.
AL. Spécie tua, 416.
OF. Diffúsa est grátia, 421.
CO. Dilexísti iustítiam, 506.

Die 17 martii

S. PATRICII, EPISCOPI

IN. Státuit ei Dóminus, 445.
GR. Ecce sacérdos magnus, 486.
OF. Invéni David, 447.
CO. Fidélis servus et prudens, 491, *cum* ps. **131***.

Die 18 martii

S. CYRILLI HIEROSOLYMITANI, EPISCOPI ET ECCLESIÆ DOCTORIS

IN. Sitiéntes, veníte ad aquas, 114.
GR. Sacerdótes eius, 488.
OF. Iustus ut palma, 497.
CO. Beátus servus, 491, *cum* ps. **32***.

Die 19 martii

S. IOSEPH, SPONSI B. MARIÆ VIRGINIS Sol.

IN. Iustus ut palma, 508.
GR. Dómine, prævenísti eum, 509.
TR. Beátus vir qui timet, 481.
OF. Véritas mea, 483.

Mt. 1, 20

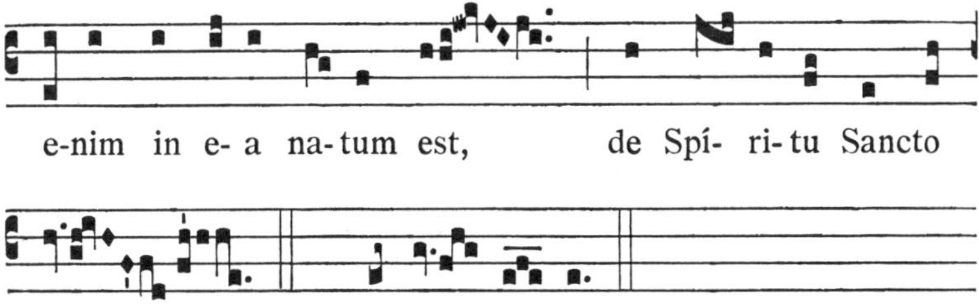

est. *T. P.* Alle- lú- ia.

Ps. III*, 1. 2. 3. 4. 5-6 a. 6 b-7 a. 7 b-8. 9

Quando legitur Evangelium Ibant parentes Iesu :

CO. Fili, quid fecísti, 51, *cum* ps. III*, *ut supra.*

Die 23 martii

S. TURIBII DE MONGROVEJO, EPISCOPI

IN. Dispérsit, dedit paupéribus, 519.
GR. Lætátus sum, 336.
OF. In te sperávi, Dómine, 322.
CO. Qui mihi minístrat, 484.

Die 25 martii

IN ANNUNTIATIONE DOMINI — Sol.

IN. Roráte, cæli, désuper, 34.
GR. Tóllite portas, 25.
TR. Audi, fília, 417.

Tempore paschali, omissis Graduali et Tractu, dicitur : Allelúia. ℣. Ave María, 412. Allelúia. ℣. Virga Iesse, 416.

OF. Ave, María, grátia plena, 419.
CO. Ecce Virgo concípiet, 37.

APRILIS

Die 2 aprilis

S. FRANCISCI DE PAOLA, EREMITÆ

IN. Iustus ut palma, 508.
GR. Os iusti meditábitur, 494.

Tempore paschali omittitur Graduale, et eius loco dicitur :
AL. Beátus vir qui timet, 511, *vel* Iustus germinábit, 496.

OF. Desidérium ánimæ eius, 518.
CO. Amen dico vobis : quod vos, 436.

Die 4 aprilis

S. ISIDORI, EPISCOPI ET ECCLESIÆ DOCTORIS

IN. Meditátio cordis mei, 103.
GR. Sacerdótes eius índuam, 488.

Tempore paschali :
AL. Iurávit Dóminus, 489, *vel* Amávit eum, 495.

OF. Iustus ut palma, 497.
CO. Fidélis servus, 491, *cum* ps. **118***.

Die 5 aprilis

S. VINCENTII FERRER, PRESBYTERI

IN. Os iusti meditábitur, 494.
GR. Iustus ut palma, 510.

Tempore paschali :
AL. Beátus vir qui suffert, 511, *vel* Amávit eum, 495.

OF. Véritas mea, 483.
CO. Beátus servus, 491, *cum* ps. **120***.

Die 7 aprilis

S. IOANNIS BAPTISTÆ DE LA SALLE, PRESBYTERI Mem.

Cantus ut supra, die 5 aprilis.

Die 11 aprilis

S. STANISLAI, EPISCOPI ET MARTYRIS Mem.

Tempore paschali :

IN. Protexísti me, Deus, 442.
AL. Confitebúntur, 478, *vel* Posuísti, 480.
OF. Confitebúntur cæli, 441.
CO. Lætábitur iustus, 444.

Extra tempus paschale :

IN. Sacerdótes Dei, 447.
GR. Glória et honóre, 476.
AL. Hic est sacérdos, 449.
OF. Invéni David, 447.
CO. Posuísti, Dómine, 483.

Die 13 aprilis

S. MARTINI I, PAPÆ ET MARTYRIS

Cantus ut supra, die 11 aprilis.

Die 21 aprilis

S. ANSELMI, EPISCOPI ET ECCLESIÆ DOCTORIS

IN. Lex Dómini irreprehensíbilis, 86.
AL. Amávit eum, 495, *vel* Iustus germinábit, 496.
OF. Iustus ut palma, 497.
CO. Qui meditábitur, 67.

Die 23 aprilis

S. GEORGII, MARTYRIS

IN. Protexísti me, Deus, 442.
AL. Confitebúntur, 478, *vel* Posuísti, 480.
OF. Confitebúntur cæli, 441.
CO. Lætábitur iustus, 444.

Die 24 aprilis

S. FIDELIS DE SIGMARINGEN, PRESBYTERI ET MARTYRIS

Cantus ut supra, die 23 aprilis.

Die 25 aprilis

S. MARCI, EVANGELISTÆ Fest.

IN. Accípite iucunditátem, 243.
AL. Loquebántur váriis linguis, 431.
OF. Confitebúntur, 441.
— In omnem terram, 435.
CO. Signa, *cum* ps. 88*, 437.
— Data est mihi, 213, *cum* ps. 77*, 1. 3-4 a. 23. 24. 25. 27.

Die 28 aprilis

S. PETRI CHANEL, PRESBYTERI ET MARTYRIS

IN. Veníte, benedícti, 205.
AL. Iustus non conturbábitur, 479.
OF. Repléti sumus, 441.
CO. Data est mihi, 213, *cum* ps. 77* *ut supra.*

Die 29 aprilis

S. CATHARINÆ SENENSIS, VIRGINIS ET ECCLESIÆ DOCTORIS Mem.

IN. Dilexísti iustítiam, 498.
AL. Adducéntur, 500, *vel* Spécie tua, 416.
OF. Fíliæ regum, 505.
CO. Quinque prudéntes vírgines, 507.

Vel ad libitum :

IN. Cáritas Dei diffúsa est, 248.
AL. Dómine, Deus salútis meæ, 317.
OF. Deus, Deus meus ad te, 224.
CO. Notas mihi fecísti, 362.

Die 30 aprilis

S. PII V, PAPÆ

IN. Státuit ei Dóminus, 445.
AL. Tu es sacérdos, 449, *vel* Hic est sacérdos, 449.
OF. Invéni David servum meum, 447.
CO. Fidélis servus et prudens, 491, *cum* ps. **131***.

MAIUS

Die 1 maii

S. IOSEPH OPIFICIS

IN. Ecce óculi Dómini, 439.

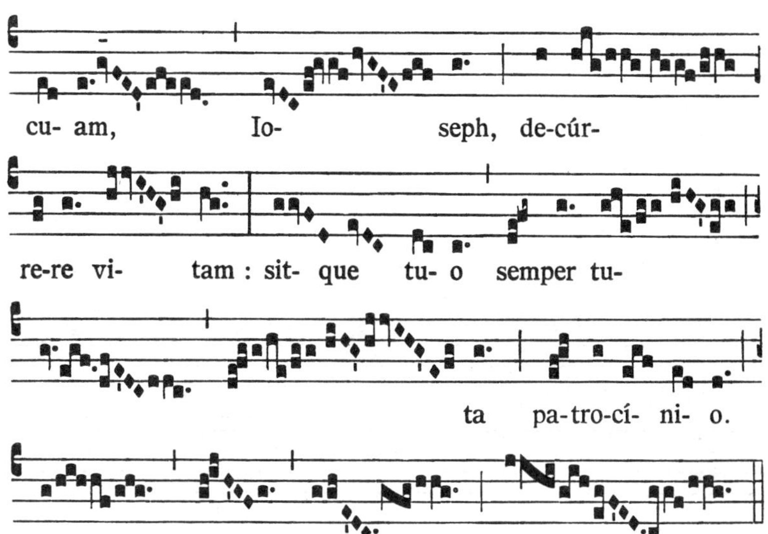

OF. In te sperávi, Dómine, 322.
CO. Dóminus firmaméntum meum, 290.

Die 2 maii

S. ATHANASII, EPISCOPI ET ECCLESIÆ DOCTORIS

Mem.

IN. In médio Ecclésiæ, 493.
AL. Beátus vir qui suffert, 511.
OF. Invéni David servum meum, 447.
CO. Quod dico vobis in ténebris, 472.

Die 3 maii

SS. PHILIPPI ET IACOBI, APOSTOLORUM Fest.

Antiphona ad introitum I

Neh. vel 2 Esdr. 9, 27 ; Ps. 32

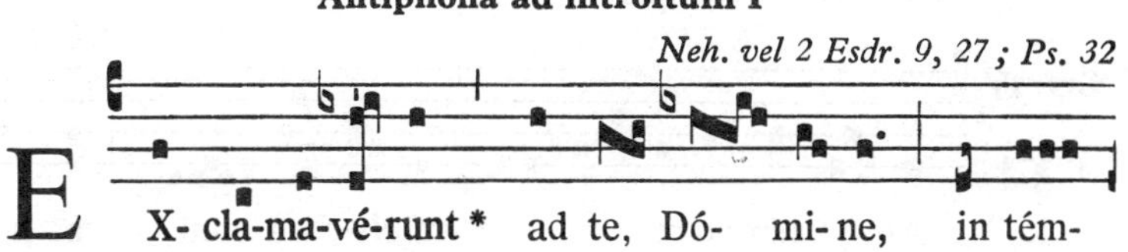

po- re affli-cti- ó- nis su- ae, et tu de cae- lo
exau- dí-sti e- os, al- le- lú- ia, alle- lú- ia.
Ps. Exsul-tá-te, iusti, in Dómi- no : re-ctos de-cet col- laudá-
ti- o.
Io. 14, 9
VIII
A L-le-lú-ia.
℣. Tan- to témpo- re vo-bíscum sum, et non cogno-
ví- stis me? Phi- líppe, qui vi-det me, vi- det
et Patrem.
OF. Confitebúntur cæli, 441.
Io. 14, 9
CO. IV
T Anto témpo-re * vo-bís-cum sum, et non

Ps. **32***, 1. 2. 3. 6. 12. 13. 18 (Differentia : **f**)

Die 12 maii

SS. NEREI ET ACHILLEI, MARTYRUM

IN. Ecce óculi Dómini, 439.
AL. Hæc est vera fratérnitas, 460.
OF. Confitebúntur cæli, 441.
CO. Gaudéte, iusti, 442.

Extra tempus paschale :

IN. Salus autem iustórum, 451.
GR. Gloriósus Deus, 456.
AL. Hæc est vera fratérnitas, *ut supra.*
OF. Anima nostra, 466.
CO. Amen dico vobis : quod uni, 79.

Eodem die

S. PANCRATII, MARTYRIS

IN. Ecce óculi Dómini, 439.
AL. Laudáte, púeri, 215.

OF. Confitebúntur cæli, 441.
CO. Ego sum vitis vera, 228.

Extra tempus paschale :

IN. Lætábitur iustus, 473.
GR. Iustus cum cecíderit, 476.
AL. Qui séquitur me, 480.
OF. Posuísti, Dómine, 482.
CO. Qui mihi minístrat, 484.

Die 14 maii

S. MATTHIÆ, APOSTOLI Fest.

IN. Vocem iucunditátis, 229.
AL. Ego vos elégi, 429.
OF. Repléti sumus, 441.
CO. Ego vos elégi, 436.

Extra tempus paschale :

IN. Mihi autem, 425.
GR. Nimis honoráti sunt, 428.
AL. Ego vos elégi, *ut supra.*
OF. Constítues eos, 434.
CO. Vos qui secúti estis me, 438, V *vel* VI.

Die 18 maii

S. IOANNIS I, PAPÆ ET MARTYRIS

IN. Protexísti me, Deus, 442.
AL. Confitebúntur, 478, *vel* Posuísti, 480.
OF. Confitebúntur cæli, 441.
CO. Lætábitur iustus, 444.

Extra tempus paschale :

IN. Sacerdótes Dei, 447.
GR. Glória et honóre, 476.
AL. Hic est sacérdos, 449.
OF. Invéni David servum meum, 447.
CO. Posuísti, Dómine, 483.

Die 20 maii

S. BERNARDINI SENENSIS, PRESBYTERI

IN. Os iusti meditábitur, 494.
GR. Iustus ut palma, 510.
AL. Beátus vir qui suffert, 511.
OF. Véritas mea, 483.
CO. Beátus servus, 491, *cum* ps. **120***.

Die 25 maii

S. BEDÆ VENERABILIS, PRESBYTERI ET ECCLESIÆ DOCTORIS

IN. Meditátio cordis mei, 103.
GR. Iustus ut palma, 510.
AL. Amávit eum Dóminus, 495.
OF. Benedícam Dóminum, 293.
CO. Qui meditábitur, 67.

Eodem die

S. GREGORII VII, PAPÆ

IN. Státuit ei Dóminus, 445.
GR. Ecce sacérdos magnus, 486.
AL. Tu es sacérdos in ætérnum, 449.
OF. Invéni David servum meum, 447.
CO. Fidélis servus et prudens, 491, *cum* ps. **131***.

Eodem die

S. MARIÆ MAGDALENÆ DE PAZZI, VIRGINIS

IN. Dilexísti iustítiam, 498.
GR. Spécie tua, 411.
AL. Adducéntur regi, 511.
OF. Fíliæ regum, 505.
CO. Quinque prudéntes vírgines, 507.

Die 26 maii

S. PHILIPPI NERI, PRESBYTERI Mem.

IN. Cáritas Dei diffúsa est, 248.
AL. O quam bonus, 517.
OF. Bénedic, ánima mea, 362.
CO. Magna est glória eius, 437.

Extra tempus paschale :
IN. Os iusti meditábitur, 494.
GR. Veníte, fílii, audíte me, 298.

Die 27 maii

S. AUGUSTINI CANTUARIENSIS, EPISCOPI

IN. Sacerdótes tui, Dómine, 485.
GR. Sacerdótes eius índuam, 488.
AL. Iurávit Dóminus, 489.
OF. Véritas mea, 483.
CO. Beátus servus, 491, *cum* ps. **32***.

Die 31 maii

IN VISITATIONE B. MARIÆ VIRGINIS Fest.

IN. Gaudeámus... de cuius festivitáte, 405.
GR. Benedícta et venerábilis, 407.
AL. Felix es, sacra Virgo, 414.
OF. Beáta es, Virgo María, 420.
CO. Beátam me dicent, 592.

Sabbato post dominicam II post Pentecosten

IMMACULATI CORDIS B. MARIÆ VIRGINIS

IN. Meditátio cordis mei, 103.
GR. Exsultábit cor meum, 409.
AL. Parátum cor meum, Deus, 344.
OF. Meditábor in mandátis tuis, 356.
CO. Narrábo ómnia, 281, *cum* ps. **9**. 4. 5. 10. 11. 12. 13. 14. 15.

IUNIUS

Die 1 iunii

S. IUSTINI, MARTYRIS Mem.

IN. Loquébar de testimóniis tuis, 526.
GR. Os iusti meditábitur, 494.
AL. Qui séquitur me, 480.
OF. Levábo óculos meos, 78.
CO. Quod dico vobis, 472.

Tempore paschali :
OF. Confitebúntur cæli, 441.
CO. Lætábitur iustus, 444.

Die 2 iunii

SS. MARCELLINI ET PETRI, MARTYRUM

IN. Clamavérunt iusti, 450.
GR. Clamavérunt iusti, 454.
AL. Ego vos elégi de mundo, 429.
OF. Lætámini in Dómino, 468 (*T. P.* 443).
CO. Iustórum ánimæ, 470.

Tempore paschali :
IN. Sancti tui, Dómine, 440.
AL. *et* OF. *ut supra.*
CO. Gaudéte, iusti, in Dómino, 442.

Die 3 iunii

SS. CAROLI LWANGA ET SOCIORUM, MARTYRUM
Mem.

IN. Probásti, Dómine, 474.
GR. Iustórum ánimæ, 457.
AL. Sancti tui... florébunt, 464.
OF. Iustórum ánimæ, 468.
CO. Et si coram homínibus, 470.

Tempore paschali :
Cantus ut supra die 2 iunii pro T. P.

Die 5 iunii

S. BONIFATII, EPISCOPI ET MARTYRIS Mem.

IN. Loquébar de testimóniis tuis, 526.
GR. Veníte, fílii, audíte me, 298.
AL. Invéni David, 446.
OF. Benedícam Dóminum, 293.
CO. Signa, 437.

Tempore paschali :
CO. Lætábitur iustus, 444.

Die 6 iunii

S. NORBERTI, EPISCOPI

IN. Státuit ei Dóminus, 445.
GR. Ecce sacérdos magnus, 486.
AL. Tu es sacérdos, 449.
OF. Invéni David, 447.
CO. Fidélis servus, 491, *cum* ps. **131***.

Die 9 iunii

S. EPHRÆM, DIACONI ET ECCLESIÆ DOCTORIS

IN. Iustus ut palma, 508.
GR. Os iusti meditábitur, 494.
AL. Cantáte Dómino, 276.
OF. Bonum est confitéri, 270.
CO. Narrábo ómnia, 281, *cum* ps. **9**, 4. 5. 10. 11. 12. 13. 14. 15

Die 11 iunii

S. BARNABÆ, APOSTOLI Mem.

IN. Mihi autem nimis, 425.
GR. In omnem terram, 427.
AL. Ego vos elégi, 429.
OF. Constítues eos, 434.
CO. Vos qui secúti estis me, 438, V *vel* VI, *cum* ps. **30***.

T. P., cantus ut in festo S. Matthiæ, die 14 maii, 562.

Die 13 iunii

S. ANTONII DE PADOVA, PRESBYTERI ET ECCLESIÆ DOCTORIS — Mem.

IN. Os iusti meditábitur, 494.
GR. Iustus ut palma, 510.
AL. Amávit eum Dóminus, 495.
OF. Véritas mea, 483.
CO. Beátus servus, 491, *cum* ps. **120***.

Die 19 iunii

S. ROMUALDI, ABBATIS

IN. Os iusti meditábitur, 494.
GR. Dómine, prævenísti eum, 509.
AL. Iustus ut palma, 516.
OF. Desidérium ánimæ eius, 518.
CO. Fidélis servus et prudens, 491, *cum* ps. **111***.

Die 21 iunii

S. ALOISII GONZAGA, RELIGIOSI — Mem.

IN. Meditátio cordis mei, 103.
GR. Iustus ut palma, 510.
AL. Amávit eum Dóminus, 495.
OF. Iustítiæ Dómini, 309.
CO. Dómine, quis habitábit, 102.
— Panem de cælo, 319.

Die 22 iunii

S. PAULINI NOLANI, EPISCOPI

IN. Sacerdótes tui, 485.
GR. Ecce sacérdos magnus, 486.
AL. Tu es sacérdos, 449.
OF. Invéni David, 447.
CO. Fidélis servus, 491, *cum* ps. **131***.

Eodem die

SS. IOANNIS FISHER, EPISCOPI, ET THOMÆ MORE, MARTYRUM

IN. Multæ tribulatiónes iustórum, 451.
GR. Veníte, fílii, audíte me, 298.
AL. Sancti tui... benedícent te, 463.
OF. Mirábilis Deus, 469.
CO. Iustórum ánimæ, 470.

Die 24 iunii

IN NATIVITATE S. IOANNIS BAPTISTÆ Sol.

AD MISSAM IN VIGILIA

Lc. 1, 13. 15. 14

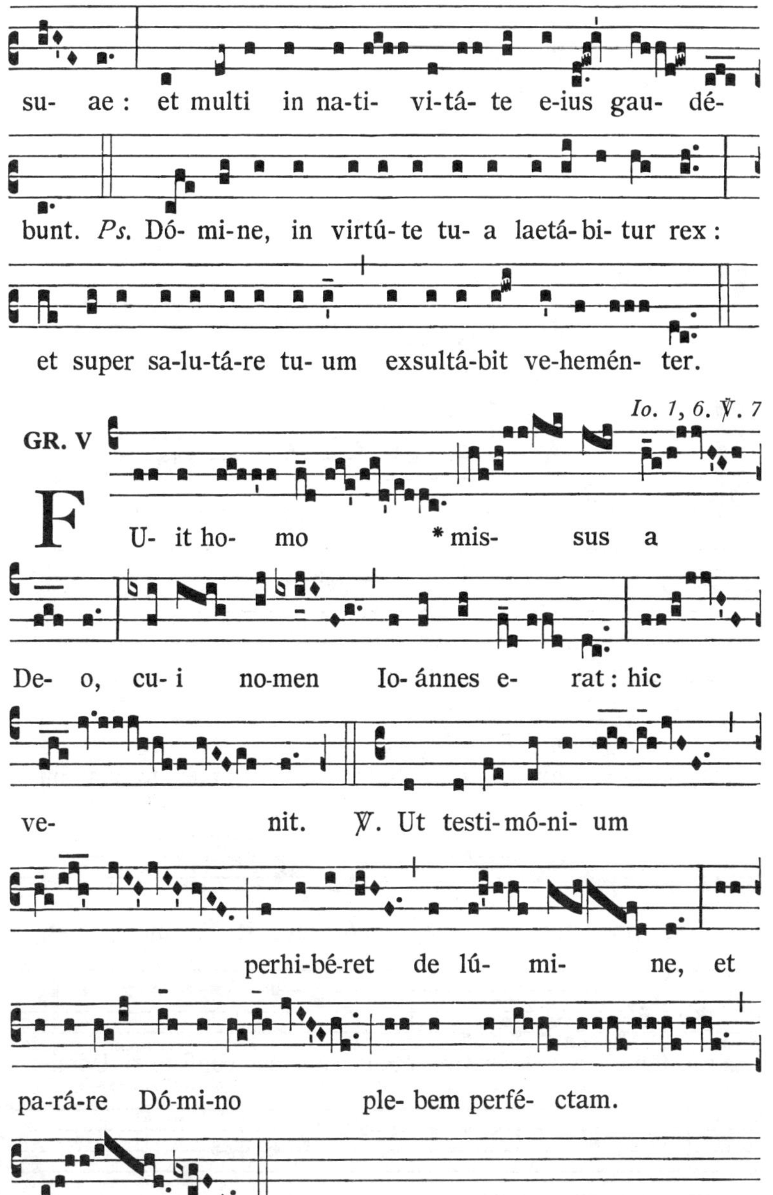
su- ae : et multi in na-ti- vi-tá- te e-ius gau- dé-
bunt. Ps. Dó- mi-ne, in virtú- te tu- a laetá- bi- tur rex :
et super sa-lu-tá-re tu- um exsultá-bit ve-hemén- ter.
Io. 1, 6. ℣. 7
GR. V
FU- it ho- mo * mis- sus a
De- o, cu- i no-men Io- ánnes e- rat : hic
ve- nit. ℣. Ut testi-mó-ni- um
perhi-bé-ret de lú- mi- ne, et
pa-rá-re Dó-mi-no ple- bem perfé- ctam.

AL. Beátus vir qui timet, 511.
OF. Glória et honóre, 434.
CO. Magna est glória eius, 437.

AD MISSAM IN DIE

Antiphona ad introitum I

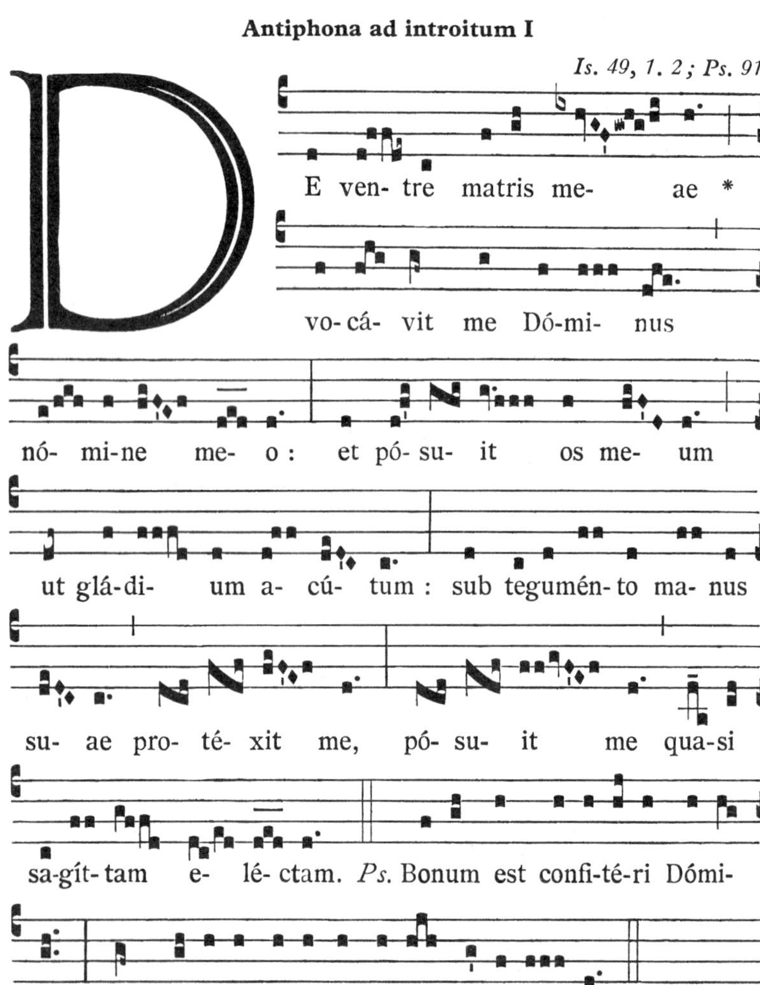

Ier. 1, 5. ℣. 9

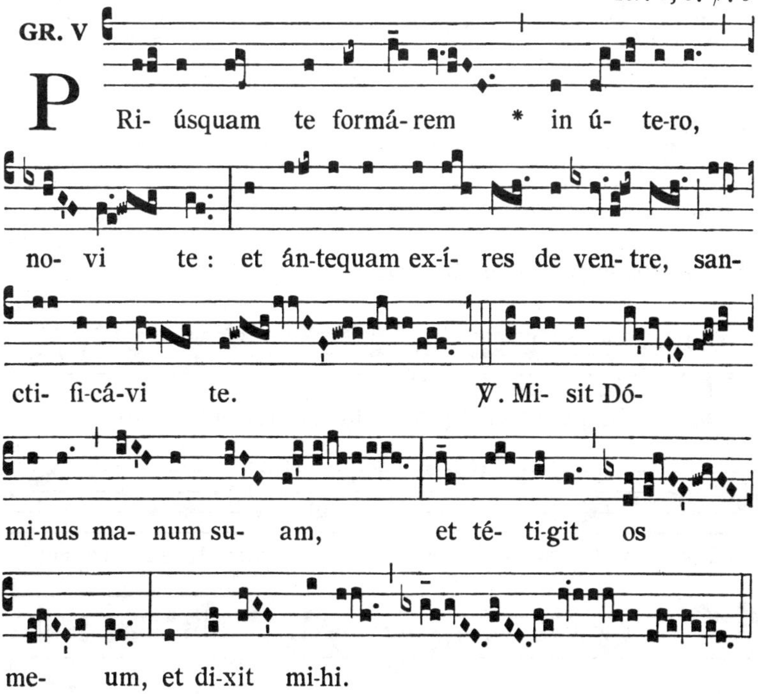

GR. V
PRiúsquam te formárem * in útero, novi te: et ántequam exíres de ventre, sanctificávi te.
℣. Misit Dóminus manum suam, et tétigit os meum, et dixit mihi.

Repetitur Priúsquam *usque ad versum.*

II
ALlelúia.
℣. Tu, puer, prophéta Altíssimi vocáberis: praeíbis

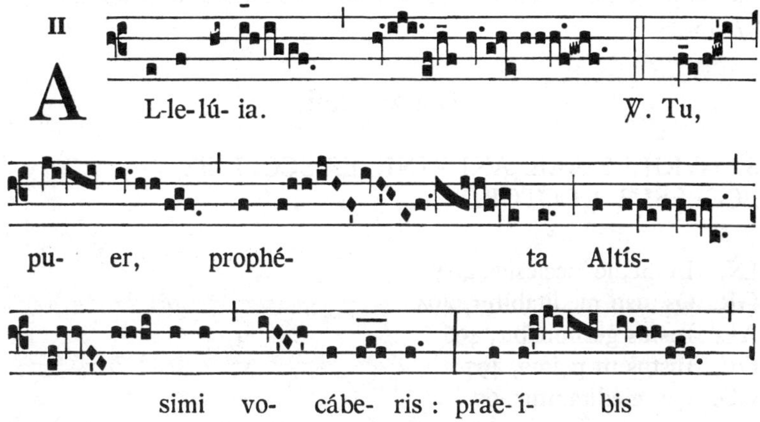

OF. Iustus ut palma florébit, 497.

Cant. Benedíctus : Lc. 1. 68. 69. 70. 71. 72. 73. 74. 75. 77. 78. 79
sed iuxta codices antiquiores, potissimum ante ceteros cantandi sunt :
77. 78. 79

Die 27 iunii

S. CYRILLI ALEXANDRINI, EPISCOPI ET ECCLESIÆ DOCTORIS

IN. In médio Ecclésiæ, 493.
GR. Os iusti meditábitur, 494.
AL. Iustus germinábit, 496.
OF. Iustus ut palma, 497.
CO. Qui meditábitur, 67.

Die 28 iunii

S. IRENÆI, EPISCOPI ET MARTYRIS Mem.

IN. Loquétur Dóminus pacem, 369.
GR. Invéni David, servum meum, 445.
AL. Spíritus Sanctus docébit vos, 432.
OF. Benedícam Dóminum, 293.
CO. Quod dico vobis, 472.

Die 29 iunii

SS. PETRI ET PAULI, APOSTOLORUM Sol.

AD MISSAM IN VIGILIA

Io. 21, 18. 19; Ps. 18

IN. IV

GR. In omnem terram, 427.
AL. Constítues eos príncipes, 429.
OF. Mihi autem, 435.

Io. 21, 15. 17

Ps. 18*, 2. 3. 4. 5. 6. 7

AD MISSAM IN DIE

Antiphona ad introitum III

Act. 12, 11 ; Ps. 138

Ps. 44, 17. ℣. 18
GR. V
COnstí- tu- es e- os * prín-ci-pes
su- per omnem ter- ram : mé- mo- res
e- runt nó- mi- nis tu- i, Dó- mi- ne.
℣. Pro pá- tri-bus tu-
is na- ti sunt ti- bi fí- li- i : pro-
ptér-e- a pópu- li confi-tebúntur ti- bi.
Mt. 16, 18
II
AL-le-lú- ia. ℣. Tu es

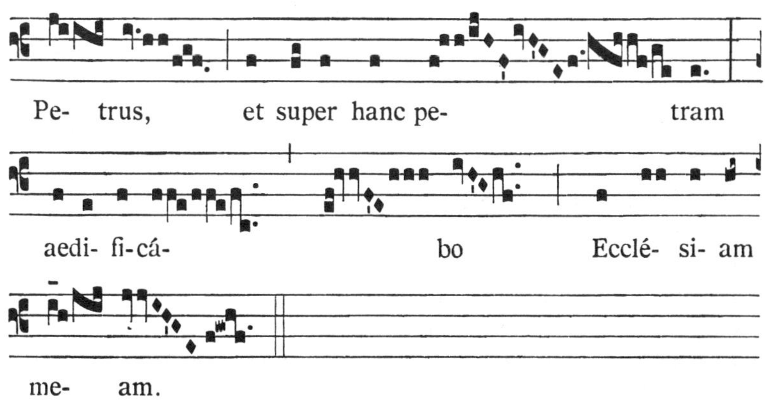

OF. Constítues eos príncipes, 434.

Mt. 16, 18

Ps. **79***, 2 ab. 8. 9. 10. 11. 12. 15. 16. 18. 19. 20

Die 30 iunii

SS. PROTOMARTYRUM S. ROMANÆ ECCLESIÆ

IN. Probásti, Dómine, 474.
— Timéte Dóminum, 453.
GR. Iustórum ánimæ, 457.
AL. Fulgébunt iusti, 460.
OF. Gloriabúntur in te, 467.
CO. Posuérunt mortália, 471.

IULIUS

Die 3 iulii

S. THOMÆ, APOSTOLI Fest.

IN. Mihi autem, 425.
GR. Nimis honoráti sunt, 428.
AL. Gaudéte, iusti, 430.
OF. In omnem terram, 435.
CO. Mitte manum tuam, 218.
Ps. **117***, 1. 8. 9. 14. 15. 16. 17. 18. 21. 28
vel ps. **115***, 10. 12. 13. 14. 15. 16 ab. 16 c - 17. 18. 19

Die 4 iulii

S. ELISABETH LUSITANIÆ

IN. Cognóvi, Dómine, 525.
— Dispérsit, dedit, 519.
GR. Diffúsa est grátia, 408.
AL. Spécie tua, 416.
OF. Diffúsa est grátia, 421.
CO. Dilexísti iustítiam, 506.

Die 5 iulii

S. ANTONII MARIÆ ZACCARIA, PRESBYTERI

IN. Os iusti meditábitur, 494.
GR. Iustus ut palma, 510.
AL. Beátus vir qui timet, 511.
OF. Mirábilis Deus in sanctis suis, 469.
CO. Dómine, quis habitábit, 102.

Die 6 iulii

S. MARIÆ GORETTI, VIRGINIS ET MARTYRIS

IN. Me exspectavérunt peccatóres, 498.
GR. Si ámbulem, 125.
AL. Laudáte, púeri, 215.
OF. In te sperávi, Dómine, 322.
CO. Dómine, quis habitábit, 102.

Die 11 iulii

S. BENEDICTI, ABBATIS Mem.

IN. Os iusti meditábitur, 494.
GR. Dómine, prævenísti eum, 509.
AL. Iustus ut palma florébit, 516.
OF. Desidérium ánimæ eius, 518.
CO. Fidélis servus, 491, *cum* ps. **111***.

Die 13 iulii

S. HENRICI

IN. In virtúte tua... lætábitur rex, 523.
GR. Iustus ut palma florébit, 510.
AL. Beátus vir qui suffert, 511.
OF. Véritas mea, 483.
CO. Beátus servus, 491, *cum* ps. **71***.

Die 14 iulii

S. CAMILLI DE LELLIS, PRESBYTERI

IN. Dispérsit, dedit paupéribus, 519.
GR. Os iusti meditábitur, 494.
AL. Beátus vir qui timet, 511.
OF. In virtúte tua, 512.
CO. Amen dico vobis : quod uni, 79.

Die 15 iulii

S. BONAVENTURÆ,
EPISCOPI ET ECCLESIÆ DOCTORIS Mem.

IN. Meditátio cordis mei, 103.
GR. Sacerdótes eius, 488.
AL. Iurávit Dóminus, 489.
OF. Benedíctus es... in lábiis meis, 277.
CO. Qui meditábitur, 67.

Die 16 iulii

B. MARIÆ VIRGINIS DE MONTE CARMELO

IN. Vultum tuum deprecabúntur, 404.
GR. Benedícta et venerábilis, 407.
AL. Virga Iesse flóruit, 416.
OF. Recordáre, Virgo Mater, 422.
CO. Diffúsa est grátia, 423.

Die 21 iulii

S. LAURENTII DE BRINDISI, PRESBYTERI ET ECCLESIÆ DOCTORIS

IN. Lex Dómini irreprehensíbilis, 86.
GR. Iustus ut palma, 510.
AL. Beátus vir qui timet, 511.
OF. Levábo óculos meos, 78.
CO. Qui mihi minístrat, 484.

Die 22 iulii

S. MARIÆ MAGDALENÆ Mem.

IN. Tibi dixit cor meum, 88.
GR. Audi, fília, et vide, 406.
AL. Surréxit Dóminus de sepúlcro, 203.
OF. Deus, Deus meus, ad te de luce vígilo, 224.
CO. Notas mihi fecísti, 362.

Die 23 iulii

S. BIRGITTÆ, RELIGIOSÆ

IN. Cognóvi, Dómine, 525.
GR. Diffúsa est grátia, 408.
AL. Spécie tua, 416.
OF. Diffúsa est grátia, 421.
CO. Dilexísti iustítiam, 506.

Die 25 iulii

S. IACOBI, APOSTOLI Fest.

IN. Mihi autem nimis honoráti sunt, 425.
GR. Constítues eos príncipes, 426.
AL. Ego vos elégi de mundo, 429.
OF. In omnem terram, 435.
CO. Ego vos elégi de mundo, 436.

Die 26 iulii

SS. IOACHIM ET ANNÆ, PARENTUM B. MARIÆ V. Mem.

IN. Sapiéntiam sanctórum, 452.
GR. Exsultábunt sancti, 455.

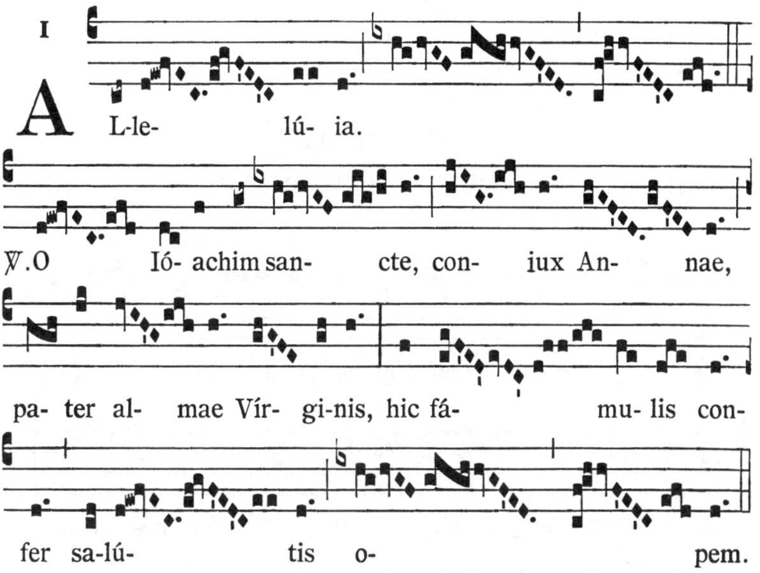

OF. Lætámini in Dómino, 468.
CO. Ierúsalem, surge, 20,
cum ps. **127***, 1. 2. 3 ab. 3 cd. 4. 5. 6

Die 29 iulii

S. MARTHÆ Mem.

IN. Dilexísti iustítiam, 498.
GR. Spécie tua, 411.
AL. Adducéntur regi, 500.
OF. Fíliæ regum, 505.
CO. Quinque prudéntes vírgines, 507.

Die 30 iulii

S. PETRI CHRYSOLOGI, EPISCOPI ET ECCLESIÆ DOCTORIS

IN. Sacerdótes eius, 448.
GR. Ecce sacérdos magnus, 486.
AL. Tu es sacérdos in ætérnum, 449.
OF. Iustus ut palma florébit, 497.
CO. Dómine, quinque talénta, 515.

Die 31 iulii

S. IGNATII DE LOYOLA, PRESBYTERI Mem.

Phil. 2, 10. 11; Ps. 8

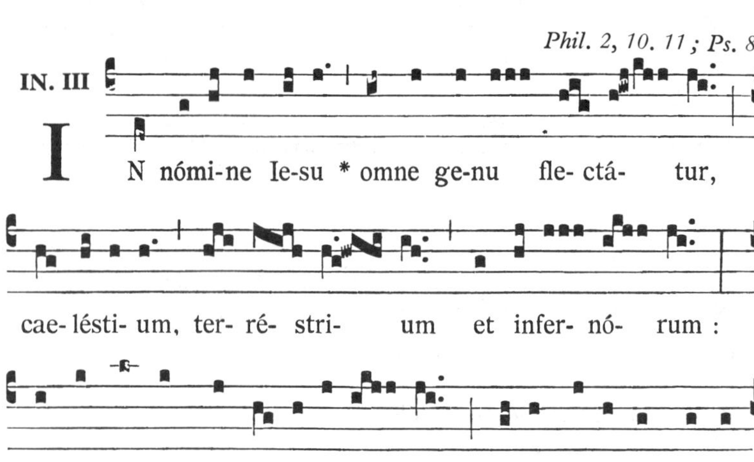

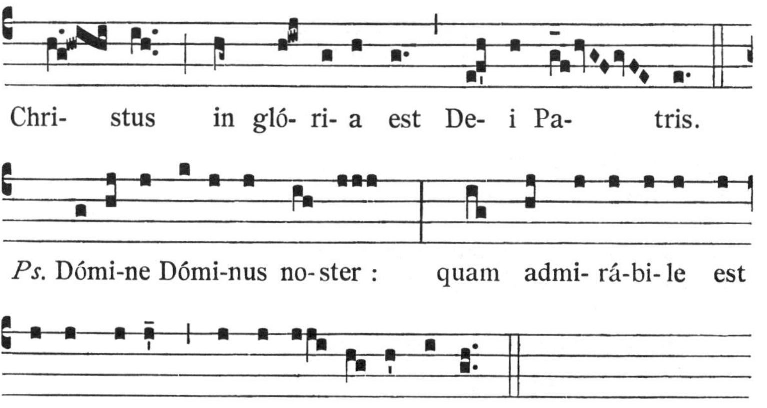

GR. Iustus ut palma florébit, 510.
AL. Beátus vir qui suffert, 511.
OF. Véritas mea, 483.
CO. Qui meditábitur, 67.

AUGUSTUS

Die 1 augusti

S. ALFONSI MARIÆ DE LIGUORI, EPISCOPI ET ECCLESIÆ DOCTORIS — Mem.

IN. Lex Dómini irreprehensíbilis, 86.
GR. Beátus vir qui timet, 475.
AL. Iurávit Dóminus, 489.
OF. Invéni David servum meum, 447.
CO. Iustus Dóminus, 93.

Die 2 augusti

S. EUSEBII VERCELLENSIS, EPISCOPI

IN. Sacerdótes Dei, benedícite, 447.
GR. Ecce sacérdos magnus, 486.
AL. Tu es sacérdos in ætérnum, 449.
OF. Invéni David servum meum, 447.
CO. Fidélis servus et prudens, 491, *cum* ps. **131***.

Die 4 augusti

S. IOANNIS MARIÆ VIANNEY, PRESBYTERI — Mem.

IN. Os iusti meditábitur, 494.
GR. Iustus ut palma florébit, 510.
AL. Beátus vir qui suffert, 511.
OF. Véritas mea, 483.
CO. Beátus servus, 491, *cum* ps. **120***.
— Multitúdo languéntium, 471.

Die 5 augusti

IN DEDICATIONE BASILICÆ S. MARIÆ

Cantus ut in Missa votiva de B.M.V., tempore per annum, A, B, C, 663.

Die 6 augusti

IN TRANSFIGURATIONE DOMINI Fest.

IN. Tibi dixit cor meum, 88.
GR. Speciósus forma, 54.

Sap. 7, 26

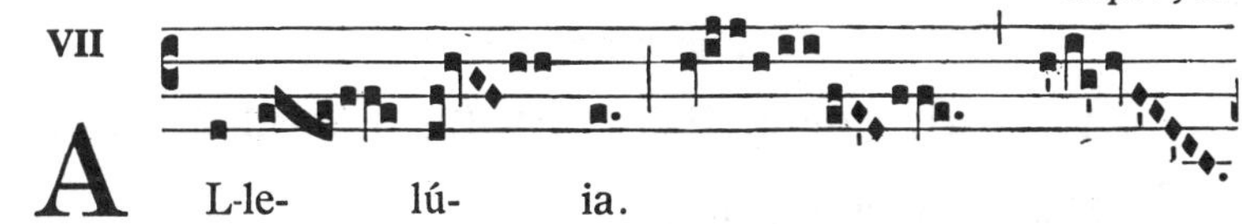

VII
A L-le- lú- ia.

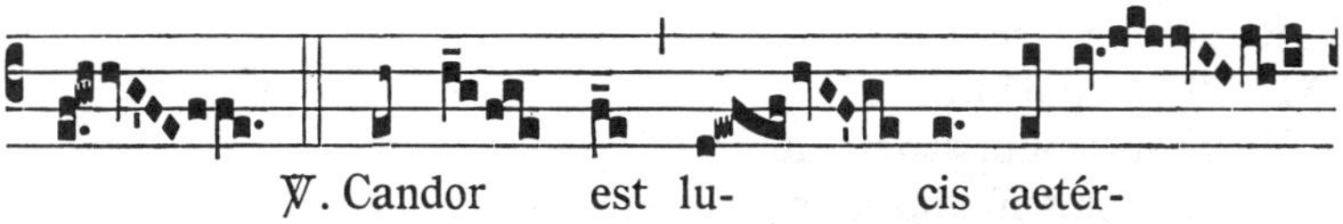

℣. Candor est lu- cis aetér-

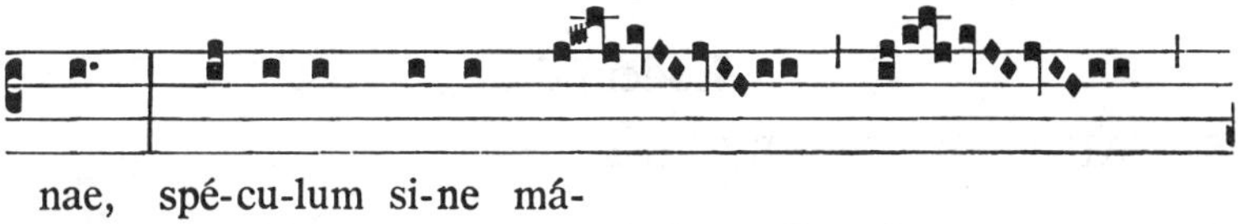

nae, spé-cu-lum si-ne má-

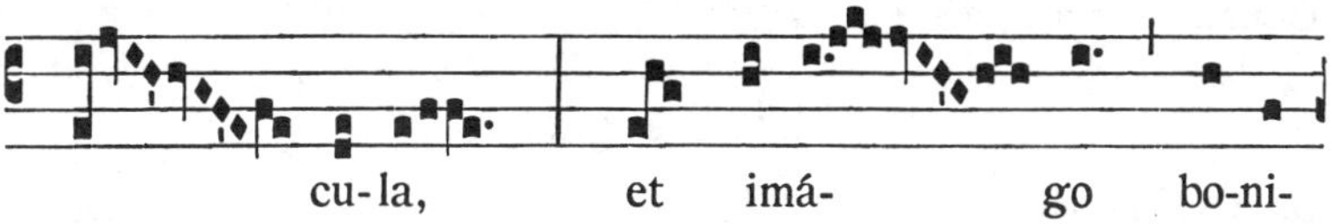

cu-la, et imá- go bo-ni-

tá- tis il-lí- us.

OF. Glória et honóre, 434.

Mt. 17, 9

CO. I
V I-si- ó-nem * quam vi- dístis, némi-ni di-xé- ri-

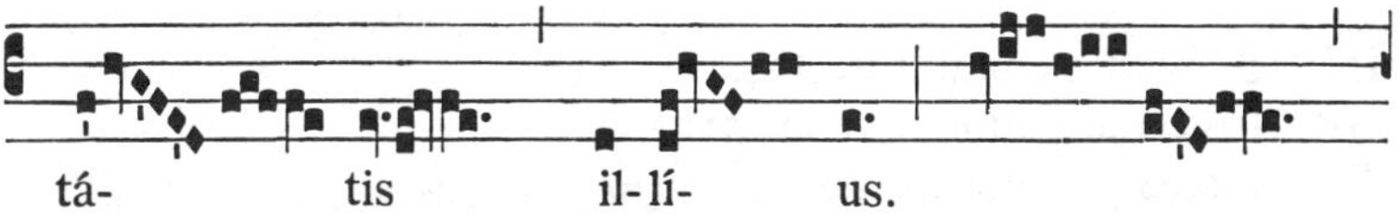

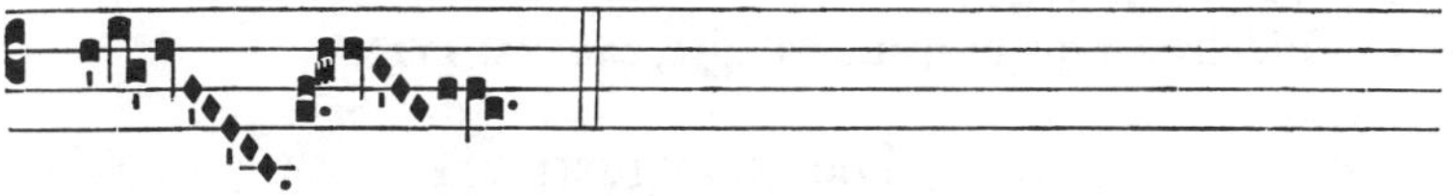

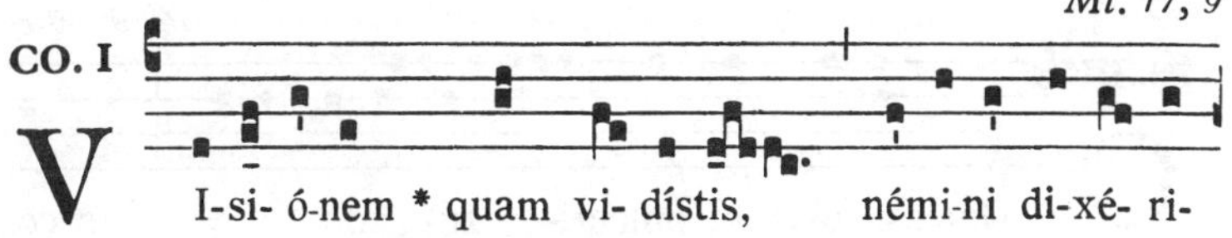

Ps. **44***, 2 ab. 3. 4. 5. 6. 7. 8. 18 ab
vel ps. **96***, 1. 2. 3. 4. 5. 6. 11. 12

Die 7 augusti

SS. XYSTI II, PAPÆ, ET SOCIORUM, MARTYRUM

IN. Sapiéntiam sanctórum, 452.
GR. Anima nostra, sicut passer, 453.
AL. Iusti epuléntur, 461.
OF. Exsultábunt sancti, 466.
CO. Dico autem vobis, 470.

Eodem die

S. CAIETANI, PRESBYTERI

Cantus ut supra, die 4 augusti.

Die 8 augusti

S. DOMINICI, PRESBYTERI Mem.

IN. Os iusti meditábitur, 494.
GR. Iustus ut palma florébit, 510.
AL. Iustus germinábit, 496.
OF. Véritas mea, 483.
CO. Fidélis servus et prudens, 491, *cum* ps. **111***.

Die 10 augusti

S. LAURENTII, DIACONI ET MARTYRIS Fest.

Ps. 95, 6 et 1

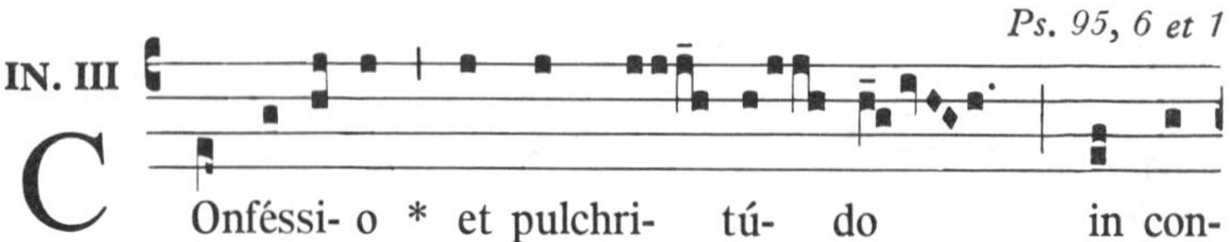

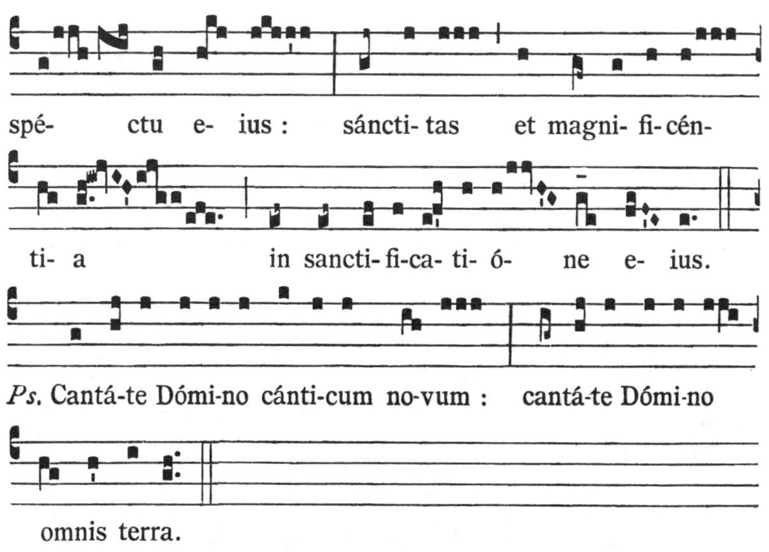

Ad libitum : Dispérsit, dedit paupéribus, 519.

Ps. 16, 3

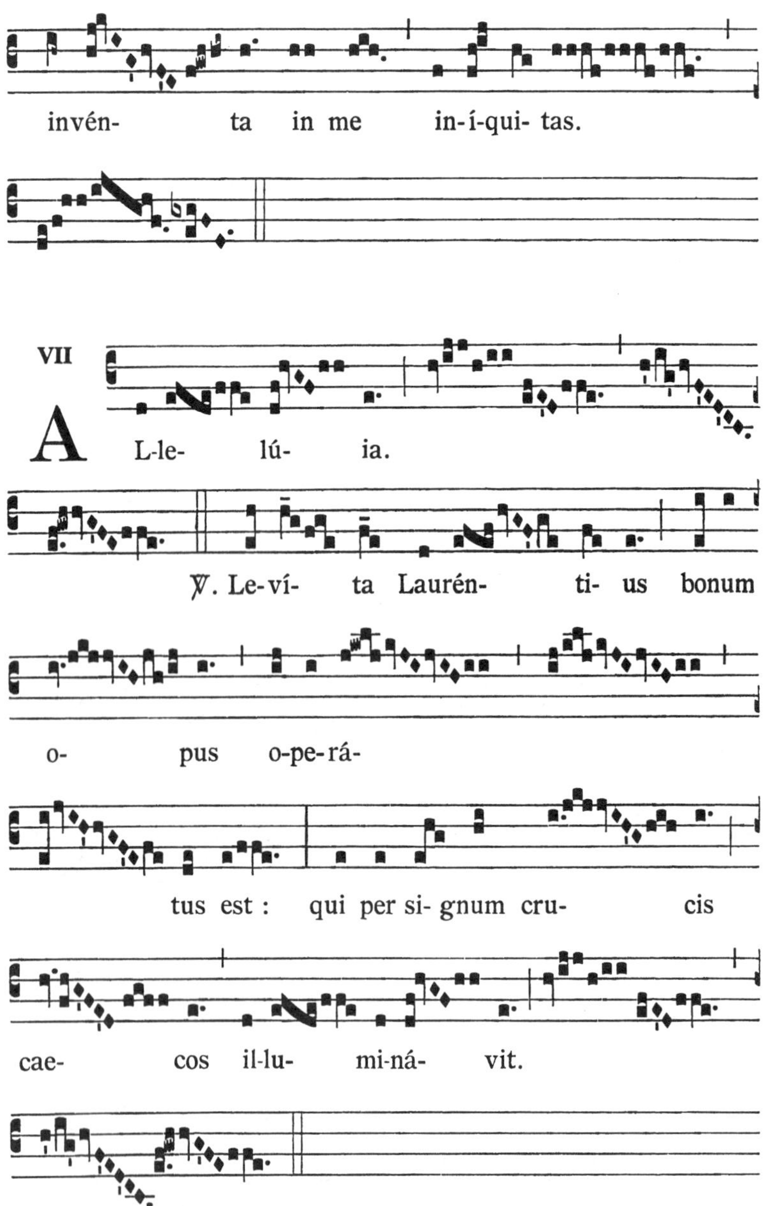
invén- ta in me in-í-qui- tas.
VII
ALle- lú- ia.
℣. Le-ví- ta Laurén- ti- us bonum
o- pus o-pe-rá-
tus est : qui per si- gnum cru- cis
cae- cos il-lu- mi-ná- vit.

Ad libitum : Orátio mea munda est, 513.

CO. Qui mihi minístrat, 484.

Die 11 augusti

S. CLARÆ, VIRGINIS — Mem.

IN. Dilexísti iustítiam, 498.
GR. Spécie tua, 411.
AL. Adducéntur regi, 500.
OF. Fíliæ regum, 505.
CO. Quinque prudéntes vírgines, 507.

Die 13 augusti

SS. PONTIANI, PAPÆ, ET HIPPOLYTI, PRESBYTERI, MARTYRUM

IN. Salus autem iustórum, 451.
GR. Clamavérunt iusti, 454.
AL. Te mártyrum candidátus, 465.
OF. Iustórum ánimæ, 468.
CO. Quod dico vobis in ténebris, 472.

Die 14 aug., S. Maximiliani Mariæ Kolbe, 596.

Die 15 augusti

IN ASSUMPTIONE B. MARIÆ VIRGINIS

Sol.

AD MISSAM IN VIGILIA

IN. Vultum tuum deprecabúntur, 404.
GR. Benedícta et venerábilis, 407.
AL. Felix es, sacra Virgo, 414.
OF. Beáta es, Virgo María, 420.
CO. Beáta víscera, 423.

AD MISSAM IN DIE

Antiphona ad introitum VII

Apoc. 12, 1; Ps. 97

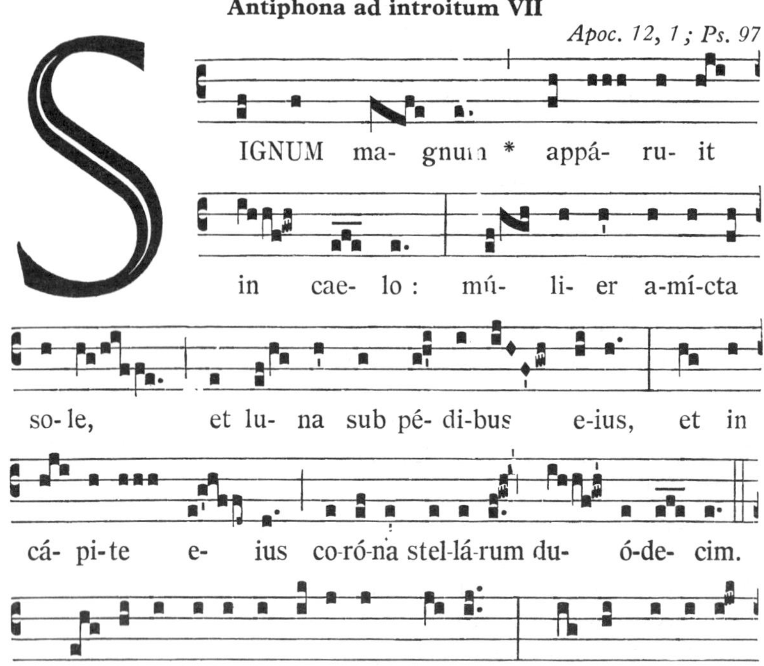

li- a fe- cit.

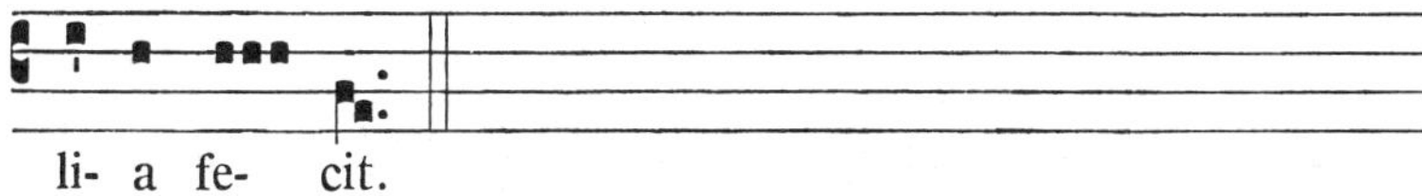

Ad libitum :

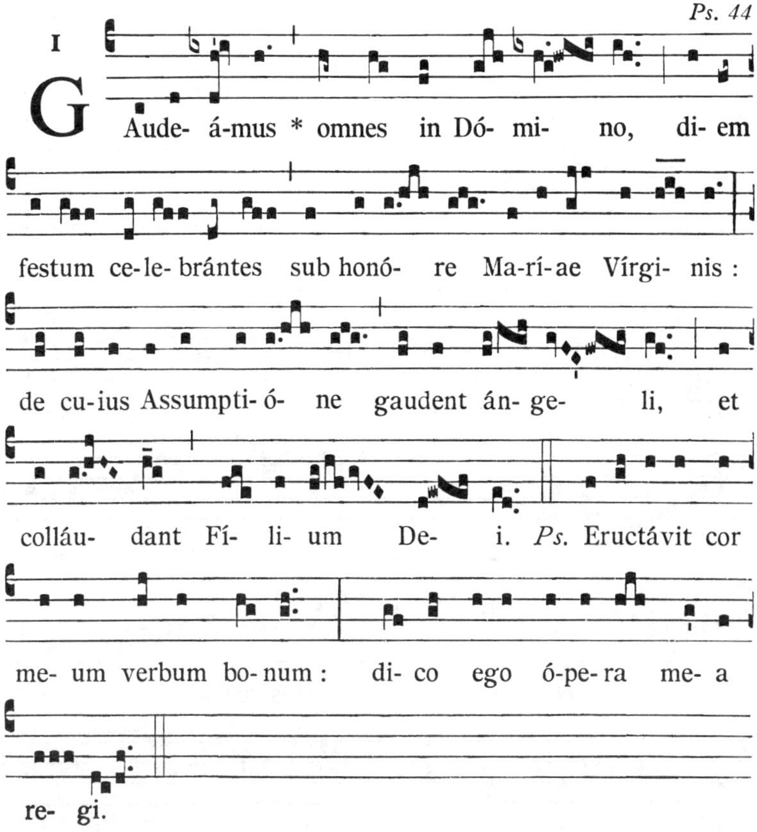

Ps. 44
I
GAude- á-mus * omnes in Dó- mi- no, di- em
festum ce-le-brántes sub honó- re Ma-rí-ae Vírgi- nis :
de cu-ius Assumpti-ó- ne gaudent án- ge- li, et
colláu- dant Fí- li- um De- i. Ps. Eructávit cor
me- um verbum bo-num : di- co ego ó-pe-ra me- a
re- gi.

GR. Audi, fília, et vide, 406.

V
ALle- lú- ia.

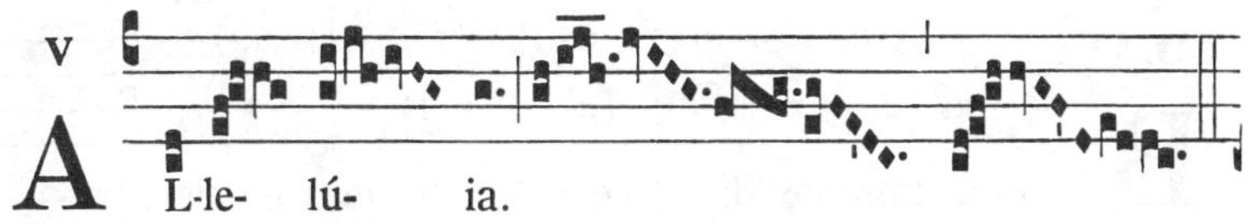

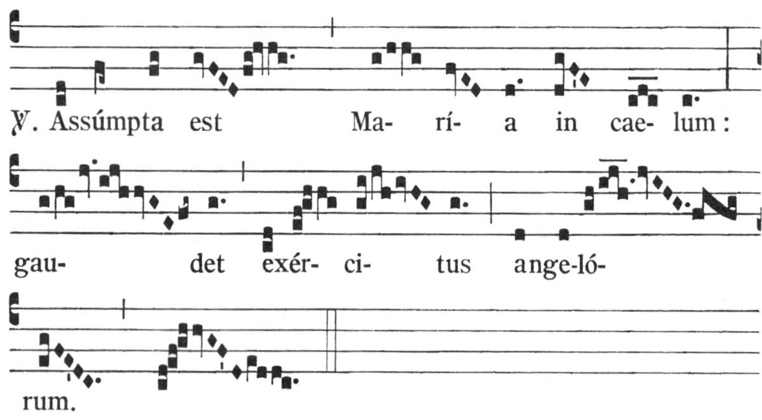
℣. Assúmpta est Ma- rí- a in cae- lum :
gau- det exér- ci- tus ange-ló-
rum.

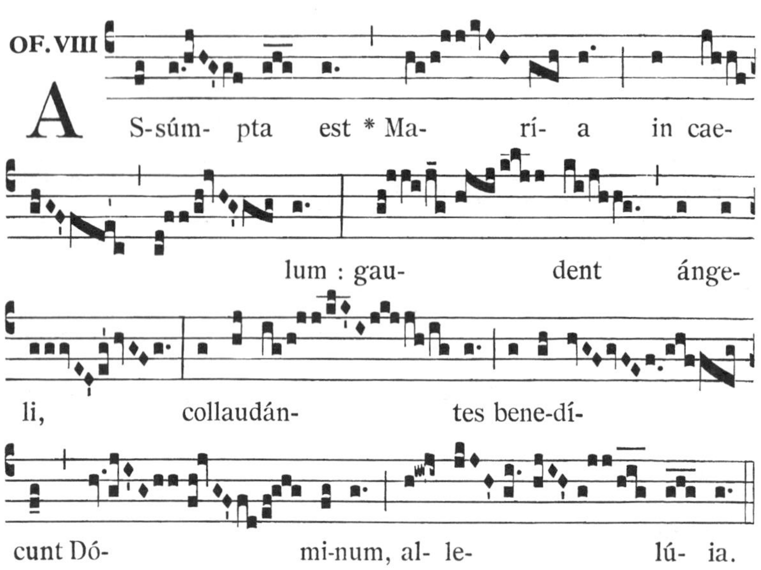
OF. VIII
A S-súm- pta est * Ma- rí- a in caelum : gau- dent ánge-
li, collaudán- tes bene-dí-
cunt Dó- mi-num, al- le- lú- ia.

Luc. 1, 48. 49

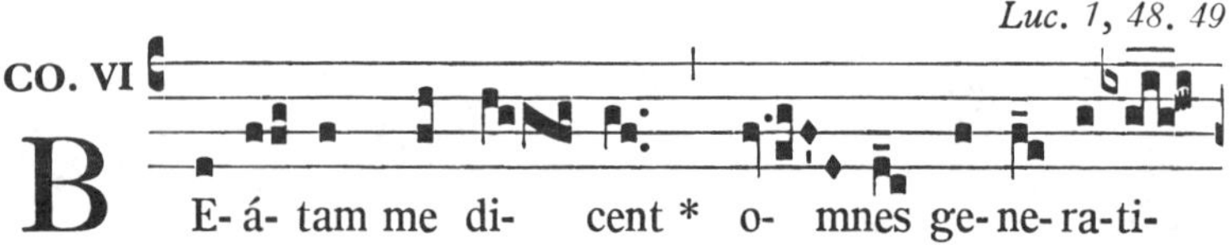
CO. VI
B E- á- tam me di- cent * o- mnes ge- ne- ra- ti-

Cant. Magníficat : Luc. 1, 46-47. 50. 51. 52. 53. 54. 55

Die 16 augusti

S. STEPHANI HUNGARIÆ

IN. In virtúte tua... lætábitur rex, 523.
GR. Iustus ut palma, 510.
AL. Beátus vir qui suffert, 511.
OF. Véritas mea, 483.
CO. Beátus servus, 491, *cum* ps. **71***.

Die 19 augusti

S. IOANNIS EUDES, PRESBYTERI

IN. Os iusti meditábitur, 494.
GR. Iustus ut palma, 510.
AL. Beátus vir qui suffert, 511.
OF. Véritas mea, 483.
CO. Beátus servus, 491, *cum* ps. **120***.

Die 20 augusti

S. BERNARDI, ABBATIS ET ECCLESIÆ DOCTORIS

Mem.

IN. Meditátio cordis mei, 103.
GR. Dómine, prævenísti eum, 509.
AL. Iustus ut palma, 516.
OF. Iustítiæ Dómini, 309.
CO. Gustáte et vidéte, 303.

Die 21 augusti

S. PII X, PAPÆ Mem.

IN. Státuit ei Dóminus, 445.
GR. Veníte, fílii, audíte me, 298.
AL. Dómine, diléxi decórem, 400.
OF. Benedícam Dóminum, 293.
CO. Manducavérunt, 278.
— Qui mandúcat carnem meam, 383.

Die 22 augusti

B. MARIÆ VIRGINIS REGINÆ Mem.

IN. Salve, sancta Parens, 403.
— Vultum tuum deprecabúntur, 404.
GR. Posuísti, Dómine, 477.
AL. Posuísti, Dómine, 480.
OF. Recordáre, Virgo Mater, 422.
CO. Diffúsa est grátia, 423.

Die 23 augusti

S. ROSÆ DE LIMA, VIRGINIS

IN. Dilexísti iustítiam, 498.
GR. Spécie tua, 411.
AL. Adducéntur regi, 500.
OF. Fíliæ regum, 505.
CO. Quinque prudéntes vírgines, 507.

Die 24 augusti

S. BARTHOLOMÆI, APOSTOLI Fest.

IN. Mihi autem, 425.
GR. Constítues eos, 426.
AL. Te gloriósus Apostolórum chorus, 432.
OF. Mihi autem, 435.
CO. Vos qui secúti estis me, VI, 438.

Die 25 augusti

S. LUDOVICI

IN. In virtúte tua... lætábitur rex, 523.
GR. Iustus ut palma florébit, 510.
AL. Beátus vir qui suffert, 511.
OF. Véritas mea, 483.
CO. Beátus servus, 491, *cum* ps. **71***.

Eodem die

S. IOSEPH DE CALASANZ, PRESBYTERI

IN. Dispérsit, dedit, 519.
GR. Os iusti meditábitur, 494.
AL. Beátus vir qui suffert, 511.
OF. In virtúte tua, 512.
CO. Amen dico vobis : quod uni, 79.

Die 27 augusti

S. MONICÆ — Mem.

IN. Cognóvi, Dómine, 525.
GR. Diffúsa est grátia, 408.
AL. Spécie tua, 416.
OF. Diffúsa est grátia, 421.
CO. Dilexísti iustítiam, 506.

Die 28 augusti

S. AUGUSTINI, EPISCOPI ET ECCLESIÆ DOCTORIS — Mem.

IN. In médio Ecclésiæ, 493.
GR. Os iusti meditábitur, 494.
AL. Invéni David servum meum, 446.
OF. Iustus ut palma, 497.
CO. Fidélis servus et prudens, 491, *cum* ps. **118***.

Die 29 augusti

IN PASSIONE S. IOANNIS BAPTISTÆ — Mem.

IN. Loquébar de testimóniis tuis, 526.
GR. Iustus ut palma, 510.
AL. Iustus germinábit, 496.
OF. In virtúte tua, 512.
CO. Posuísti, Dómine, 483.

Die 14 augusti

S. MAXIMILIANI MARIÆ KOLBE, MARTYRIS — Mem.

IN. Sacerdotes Dei, 447.
GR. Si ambulem, 125.
AL. Beatus vir qui suffert, 511.
OF. Deus, Deus meus, 224.
CO. Et si coram hominibus, 470.

SEPTEMBER

Die 3 septembris

S. GREGORII MAGNI,
PAPÆ ET ECCLESIÆ DOCTORIS Mem.

IN. Sacerdótes Dei, 447.
GR. Iurávit Dóminus, 486.
AL. Spíritus sanctus docébit vos, 432.
OF. Véritas mea, 483.
CO. Fidélis servus et prudens, 491, *cum* ps. 118*.

Die 8 septembris

IN NATIVITATE B. MARIÆ VIRGINIS Fest.

Ut supra, in festo Visitationis B. M. V., die 31 maii, 564, præter :

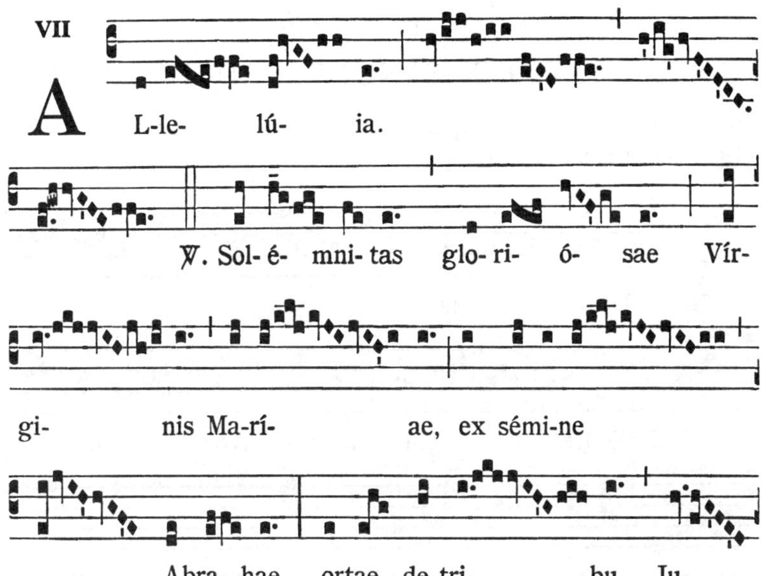

Die 13 septembris

S. IOANNIS CHRYSOSTOMI, EPISCOPI ET ECCLESIÆ DOCTORIS — Mem.

IN. In médio Ecclésiæ, 493.
GR. Ecce sacérdos magnus, 486.
AL. Beátus vir qui suffert, 511.
OF. Iustus ut palma, 497.
CO. Fidélis servus et prudens, 491, *cum* ps. **118***.

Die 14 septembris

IN EXALTATIONE SANCTÆ CRUCIS — Fest.

IN. Nos autem gloriári opórtet, 162.
GR. Christus factus est, 148.

gna susti- né- re regem caeló- rum et
Dó- mi- num.
OF. II
PRó- tege, * Dó- mi- ne, ple- bem
tu- am, per si- gnum san- ctae Cru- cis, ab
ó- mni-bus in- sí- di- is in-i-mi- có- rum ó-
mni- um : ut ti- bi gra- tam exhi-be- á-
mus ser- vi- tú- tem, et acceptá- bi- le
ti- bi fi- at sa- cri- fí- ci- um no- strum
alle- lú- ia.

CO. IV
PER si-gnum Cru-cis * de in- i-mí-cis no- stris
lí-be-ra nos, De- us no- ster.

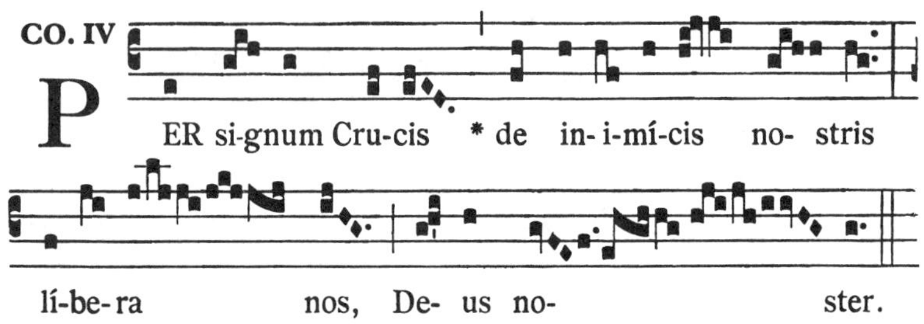

Ps. 17*, 2 - 3 a. 3 bc. 4. 18. 38. 39. 41. 48. 49. 50

Die 15 septembris

B. MARIÆ VIRGINIS PERDOLENTIS Mem.

Io. 19, 25 ; Ps. 55

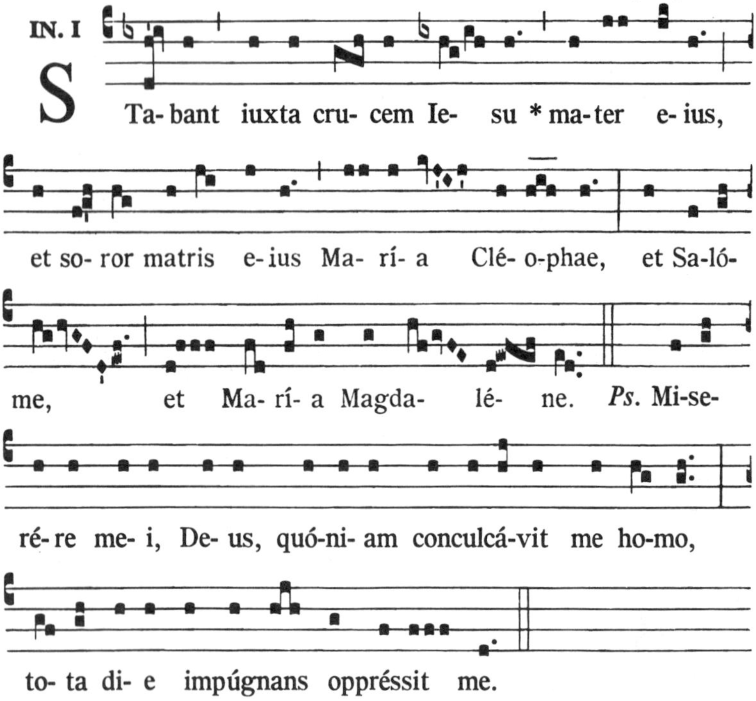
IN. I
STa-bant iuxta cru- cem Ie- su * ma-ter e- ius,
et so- ror matris e- ius Ma- rí- a Clé- o-phae, et Sa-ló-
me, et Ma- rí- a Magda- lé- ne. Ps. Mi-se-
ré- re me- i, De- us, quó-ni- am conculcá-vit me ho-mo,
to- ta di- e impúgnans oppréssit me.

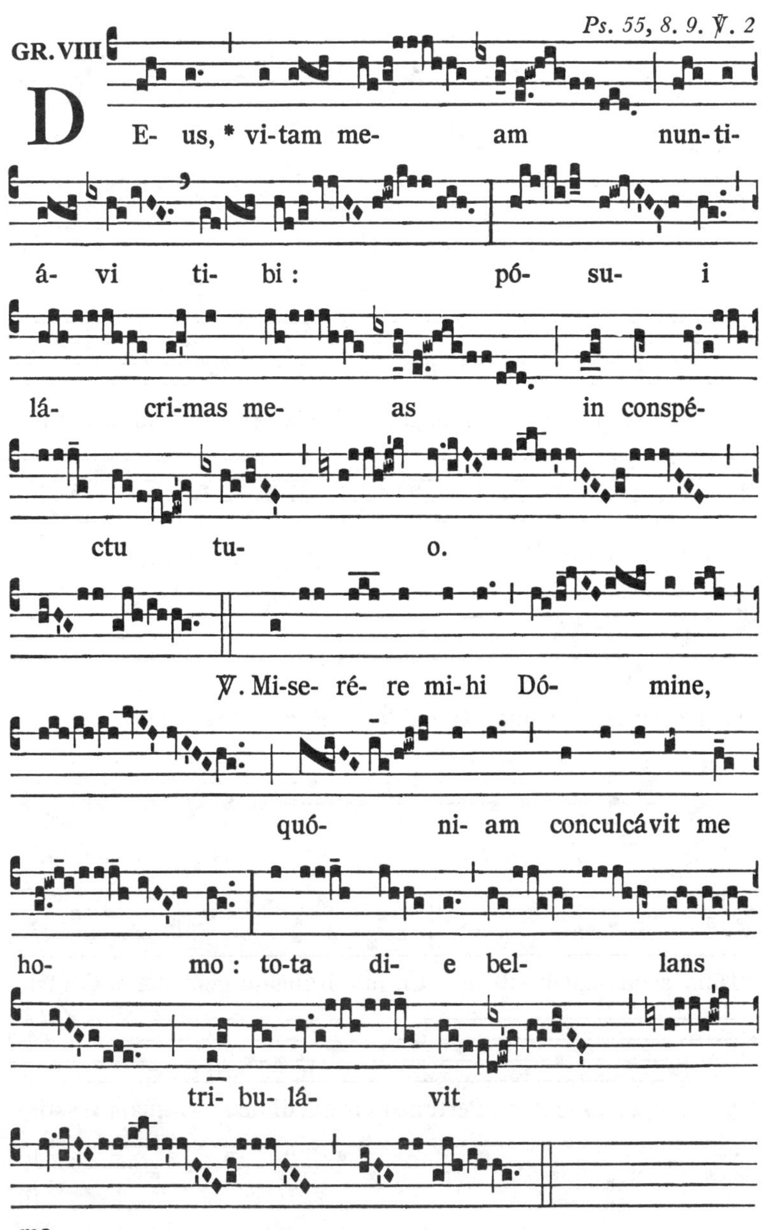
GR. VIII
Ps. 55, 8. 9. ℣. 2
DEus, * vi-tam me- am nun-ti-
á- vi ti- bi : pó- su- i
lá- cri-mas me- as in conspéctu tu- o.
℣. Mi-se- ré- re mi-hi Dó- mine,
quó- ni- am conculcávit me
ho- mo : to-ta di- e bel- lans
tri- bu- lá- vit
me.

II
A
L-le- lú-ia.
℣. Sta- bat
san- cta Ma- rí- a, cae- li Re- gí- na,
et mundi Dó- mi-na, iuxta cru- cem Dómi-ni
nostri Ie- su Chri- sti do- lo- ró- sa.
Quando canitur Allelúia cum suo ℣., addi potest Sequentia :
II
S
Ta-bat Ma-ter do-lo-ró-sa Iuxta cru-cem lacrimó-sa,
Dum pendé-bat Fí- li- us. Cu-ius á-nimam geméntem, Contri-
stá-tam et do-léntem, Pertransí-vit glá-di- us. O quam tri-stis
et afflícta Fu- it il-la be-ne-dícta Ma-ter U-ni-gé-ni-ti!

Quae maeré-bat et do-lé-bat, Pi- a Ma-ter, dum vi-dé-bat
Na-ti poenas íncly-ti. Quis est homo qui non fle-ret, Matrem
Chri-sti si vi- dé-ret In tanto supplí-ci- o? Quis non posset
contristá- ri, pi-am Matrem contemplá-ri Do- léntem cum
Fí- li- o? Pro peccá-tis su-ae gentis Vi-dit Ie-sum in tor-
méntis, Et flagél-lis súbdi-tum. Vi-dit su- um dulcem na-tum
Mo-ri- éntem de-so-lá-tum, Dum emí-sit spí-ri-tum. E- ia Ma-
ter, fons amó-ris, Me sentí-re vim do-ló-ris Fac, ut te-cum
lúge- am. Fac ut árde- at cor me- um In amándo Christum

De- um, Ut si-bi complá-ce- am. Sancta Ma-ter, istud agas,
Cru-ci- fí-xi fi-ge plagas Cordi me- o vá-li-de. Tu- i na-ti
vulne-rá-ti, Tam digná-ti pro me pa-ti, Poenas me-cum dí-
vi-de. Fac me ve-re tecum fle-re, Cru-ci- fí-xo condo-lé-re,
Do-nec e-go ví-xe-ro. Iuxta cru-cem te-cum sta-re, Ac me
ti-bi so-ci- á-re In planctu de-sí-de-ro. Virgo vírgi-
num praeclá-ra, Mi-hi iam non sis amá-ra : Fac me te-cum
plánge-re. Fac ut portem Christi mortem, Passi- ó-nis fac
me sortem, Et plagas re-có- le-re. Fac me plagis vulne-

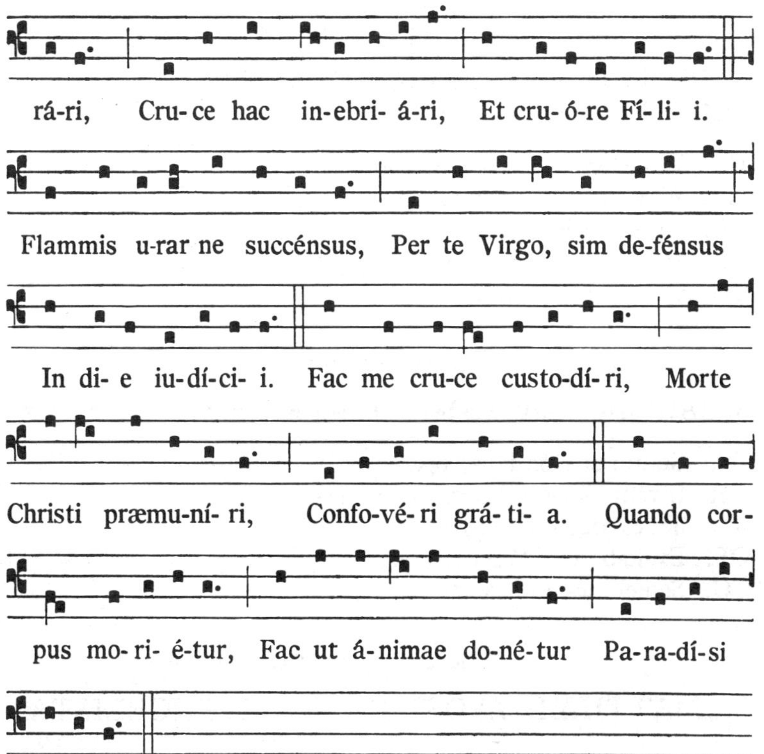

OF. Recordáre, Virgo Mater, 422.
CO. Redíme me, Deus, 128,
cum ps. **24**, 1 - 2 a. 4. 5. 8. 9. 10. 17. 20. 21

Die 16 septembris

SS. CORNELII, PAPÆ, ET CYPRIANI, EPISCOPI, MARTYRUM — Mem.

IN. Clamavérunt iusti, 450.
GR. Gloriósus Deus in sanctis, 456.
AL. Córpora sanctórum, 459.
OF. Mirábilis Deus, 469.
CO. Et si coram homínibus, 470.

Die 17 septembris

S. ROBERTI BELLARMINO, EPISCOPI ET ECCLESIÆ DOCTORIS

IN. Lex Dómini irreprehensíbilis, 86.
GR. Ecce sacérdos magnus, 486.
AL. Tu es sacérdos, 449.
OF. Invéni David servum meum, 447.
CO. Qui meditábitur, 67.

Die 19 septembris

S. IANUARII, EPISCOPI ET MARTYRIS

IN. Státuit ei Dóminus, 445.
GR. Invéni David servum meum, 445.
AL. Tu es sacérdos, 449.
OF. Exaltábo te, Dómine, 313.
CO. Semel iurávi in sancto meo, 492.

Die 21 septembris

S. MATTHÆI, APOSTOLI ET EVANGELISTÆ

Fest.

IN. Os iusti meditábitur, 494.
GR. Beátus vir qui timet, 475.
AL. Te gloriósus, 432.
OF. Posuísti, Dómine, 482.
CO. Magna est glória eius, 437.

Die 26 septembris

SS. COSMÆ ET DAMIANI, MARTYRUM

IN. Sapiéntiam sanctórum, 452.
GR. Clamavérunt iusti, 454.
AL. Hæc est vera fratérnitas, 460.
OF. Gloriabúntur in te, 467.
CO. Posuérunt mortália, 471.

Die 27 septembris

S. VINCENTII DE PAUL, PRESBYTERI Mem.

IN. Iustus ut palma florébit, 508.
GR. Os iusti meditábitur, 494.
AL. Beátus vir qui timet, 511.
OF. In virtúte tua, Dómine, 512.
CO. Amen dico vobis : quod vos, 436.

Die 28 septembris

S. VENCESLAI, MARTYRIS

IN. In virtúte tua... lætábitur rex, 523.
GR. Beátus vir qui timet, 475.
AL. Posuísti, Dómine, 480.
OF. Glória et honóre, 434.
CO. Qui vult veníre post me, 484.

Die 29 septembris

SS. MICHAELIS, GABRIELIS ET RAPHAELIS, ARCHANGELORUM Fest.

Antiphona ad introitum III

Ps. 102, 20

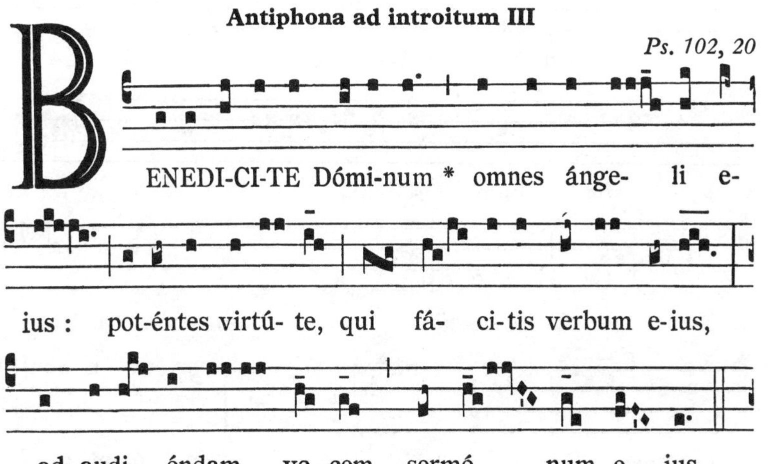

T. P. Alle- lú- ia, alle- lú- ia. Ps. Bé-ne-dic á-nima
me- a Dómi- no : et ómni- a quae intra me sunt, nómi-
ni sancto e-ius.
Ps. 102, 20. ℣. 1
GR. III
B Ene- dí- ci-te * Dó- mi- num
omnes ánge-li e- ius :
pot-én- tes vir- tú- te, qui fá-
ci- tis verbum e- ius.
℣. Bé-ne-dic á-nima me- a Dó-
mi- num, et ómni- a

Vel ad libitum :

AL. Laudáte Deum, omnes ángeli, 262.

Apoc. 8, 3. 4
OF. I
STetit * ánge- lus iuxta
a- ram tem- pli, ha- bens thu-rí-bu-
lum áu- re- um in manu su- a : et da-ta
sunt e- i incénsa mul- ta : et ascén-
dit fu- mus a- ró- ma- tum
in conspéctu De- i, alle- lú-ia.
Dan. 3, 58
CO. III
BE-ne-dí-ci- te * omnes ánge- li Dómi- ni
Dó- mi- num : hymnum dí-ci- te, et su- per- exaltá- te

Cant. Danielis **3**, 57. 60 a - 61 a. 62 a - 63 a. 64 a - 65 a. 83. 84 a - 85 a. 86 a - 87 a

Ad libitum, psalmodia IV toni.

Die 30 septembris

S. HIERONYMI, PRESBYTERI ET ECCLESIÆ DOCTORIS — Mem.

IN. In médio Ecclésiæ, 493.
GR. Os iusti meditábitur, 494.
AL. Amávit eum Dóminus, 495.
OF. Iustus ut palma, 497.
CO. Fidélis servus et prudens, 491, *cum* ps. **118***.

OCTOBER

Die 1 octobris

S. TERESIÆ A IESU INFANTE, VIRGINIS — Mem.

IN. Ego autem in Dómino sperávi, 111.
GR. Unam pétii a Dómino, 358.
AL. Laudáte Dóminum, 273.
OF. Bénedic, ánima mea, 362.
CO. Narrábo ómnia, 281.

Die 2 octobris

SS. ANGELORUM CUSTODUM — Mem.

IN. Benedícite Dóminum, 607.
GR. Angelis suis mandávit de te, 72.

Ps. 102, 21

OF. Immíttet ángelus Dómini, 325.
CO. Benedícite, omnes ángeli, 610.

Die 4 octobris

S. FRANCISCI ASSISIENSIS Mem.

IN. Nos autem gloriári opórtet, 162, *cum psalmo 141 :*

IV
Ps. Vo- ce me- a ad Dó-mi-num clamo, vo- ce me- a
ad Dómi-num dépre-cor. *Ant.* Nos au- tem.

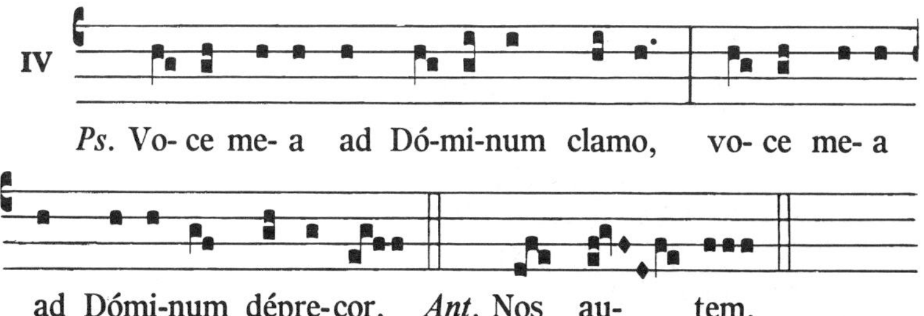

GR. Os iusti meditábitur, 494.

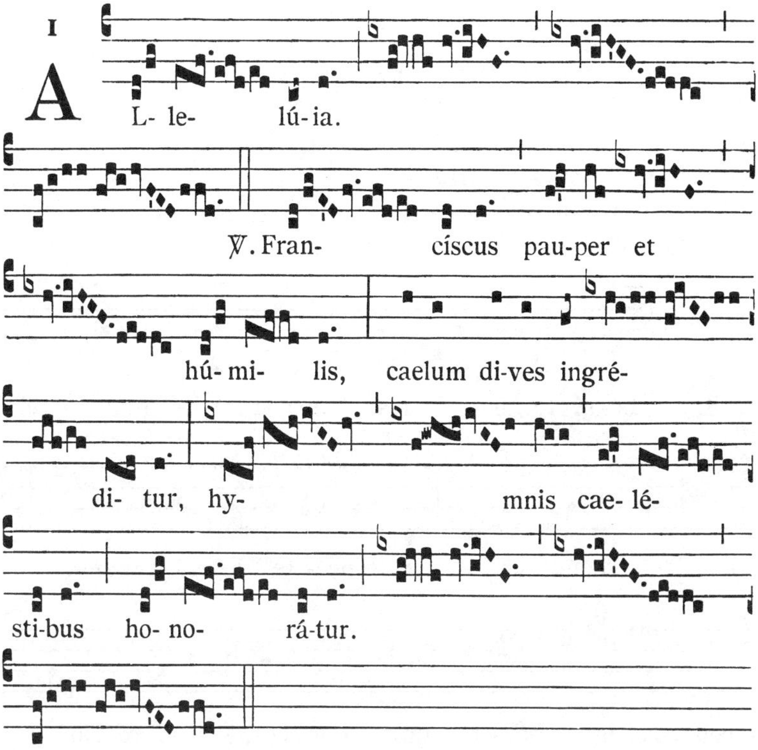
I
A L- le- lú-ia.
℣. Fran- císcus pau-per et
hú- mi- lis, caelum di-ves ingré-
di- tur, hy- mnis cae- lé-
sti-bus ho- no- rá-tur.

OF. Véritas mea, 483.
CO. Fidélis servus et prudens, 491.
Ps. **141***, 2. 3. 4. 6. 7 ab. 7 cd. 8 ab. 8 cd

Die 6 octobris

S. BRUNONIS, PRESBYTERI

IN. Os iusti meditábitur, 494.
GR. Iustus ut palma florébit, 510.
AL. Beátus vir qui suffert, 511.
OF. Véritas mea, 483.
CO. Beátus servus, 491, *cum* ps. **120***.

Die 7 octobris

B. MARIÆ VIRGINIS A ROSARIO — Mem.

IN. Vultum tuum deprecabúntur, 404.
GR. Propter veritátem, 410.
AL. Felix es, sacra Virgo, 414.
OF. Ave, María, grátia plena, 419.

Sir. 39, 19

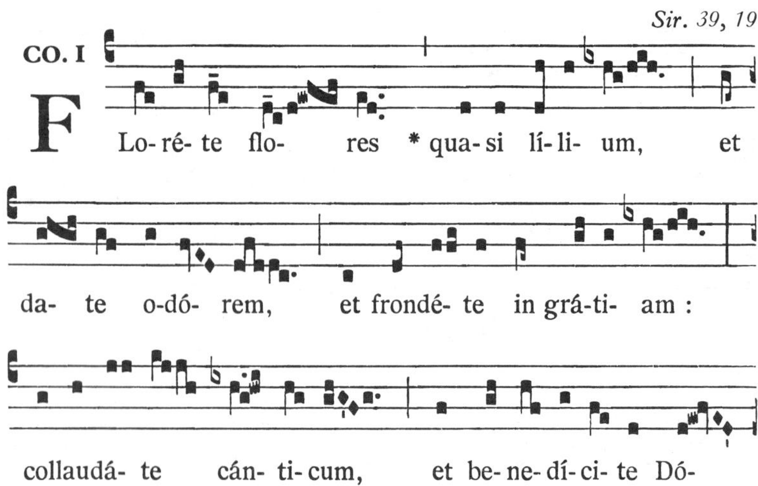

Ps. **44***, 2 ab. 10 b. 11. 12. 13. 14. 15. 16

Ad libitum :

CO. Ecce Virgo concípiet, 37, *cum* ps. **44***, *ut supra.*

Die 9 octobris

SS. DIONYSII, EPISCOPI, ET SOCIORUM, MARTYRUM

IN. Sapiéntiam sanctórum, 452.
GR. Anima nostra sicut passer, 453.
AL. Iusti epuléntur, 461.
OF. Exsultábunt sancti, 466.
CO. Dico autem vobis, 470.

Eodem die

S. IOANNIS LEONARDI, PRESBYTERI

IN. Ego autem sicut olíva, 424.
GR. Ego dixi : Dómine, 279.
AL. Beátus vir qui timet, 511.
OF. In virtúte tua, 512.
CO. Fidélis servus et prudens, 491, *cum* ps. **111***.

Die 14 octobris

S. CALLISTI I, PAPÆ ET MARTYRIS

IN. Sacerdótes Dei, 447.
GR. Invéni David servum meum, 445.
AL. Amávit eum Dóminus, 495.
OF. Véritas mea, 483.
CO. Beátus servus, 491, *cum* ps. **32***.

Die 15 octobris

S. TERESIÆ DE AVILA, VIRGINIS ET ECCLESIÆ DOCTORIS — Mem.

IN. Dilexísti iustítiam, 498.
GR. Spécie tua, 411.
AL. Adducéntur regi, 500.
OF. Fíliæ regum, 505.
CO. Quinque prudéntes vírgines, 507.

Vel ad libitum :

IN. Sapiéntiam sanctórum, 452.
GR. Veníte, fílii, audíte me, 298.
AL. Parátum cor meum, Deus, 344.
OF. Benedícam Dóminum, 293.
CO. Narrábo ómnia, 281.

Die 16 octobris

S. HEDVIGIS, RELIGIOSÆ

IN. Cognóvi, Dómine, 525.
GR. Diffúsa est grátia, 408.
AL. Spécie tua, 416.
OF. Diffúsa est grátia, 421.
CO. Dilexísti iustítiam, 506.

Eodem die

S. MARGARITÆ MARIÆ ALACOQUE, VIRGINIS

IN. Tibi dixit cor meum, 88.
GR. Concupívit rex, 408.
AL. Quinque prudéntes vírgines, 502.
OF. Afferéntur... próximæ, 504.
CO. Simile est regnum cælórum, 519.

Die 17 octobris

S. IGNATII ANTIOCHENI, EPISCOPI ET MARTYRIS — Mem.

IN. Nos autem gloriári oportet, 162, *cum ps. 131 :*

GR. Ecce sacérdos magnus, 486.
AL. Qui séquitur me, 481.
OF. Glória et honóre, 434.

Ps. **33***, 2. 6. 16. 18. 19. 20. 21. 23

Die 18 octobris

S. LUCÆ, EVANGELISTÆ Fest.

IN. Mihi autem, 425.
GR. In omnem terram, 427.
AL. Ego vos elégi, 429.
OF. Mihi autem, 435.
CO. Vos qui secúti estis me, V *vel* VI, 438, *cum* ps. **30***.

Die 19 octobris

SS. IOANNIS DE BREBEUF ET ISAAC JOGUES, PRESBYTERORUM, ET SOCIORUM, MARTYRUM

IN. Clamavérunt iusti, 450.
GR. Anima nostra sicut passer, 453.

AL. Confitémini... et invocáte, 340.
OF. Lætámini in Dómino, 468.
CO. Iustórum ánimæ, 470.

Eodem die

S. PAULI A CRUCE, PRESBYTERI

IN. Ego autem cum iustítia, 94.
GR. Iustus ut palma florébit, 510.
AL. Beátus vir qui suffert, 511.
OF. In te sperávi, Dómine, 322.
CO. Qui vult veníre post me, 484.

Die 23 octobris

S. IOANNIS DE CAPESTRANO, PRESBYTERI

IN. Ego autem in Dómino sperávi, 111.
GR. Tu es Deus qui facis mirabília, 275.
AL. Qui timent Dóminum, 352.
OF. Factus est Dóminus, 119.
CO. Dóminus firmaméntum meum, 290.

Die 24 octobris

S. ANTONII MARIÆ CLARET, EPISCOPI

IN. Sacerdótes tui, Dómine, 485.
GR. Sacerdótes eius índuam, 488.
AL. Iurávit Dóminus, 489.
OF. Véritas mea, 483.
CO. Beátus servus, 491, *cum* ps. **32***.

Die 28 octobris

SS. SIMONIS ET IUDÆ, APOSTOLORUM Fest.

IN. Iúdicant sancti gentes, 425.
GR. Constítues eos príncipes, 426.
AL. Nimis honoráti sunt amíci tui, 431.
OF. In omnem terram, 435.
CO. Ego vos elégi de mundo, 436.

NOVEMBER

Die 1 novembris

OMNIUM SANCTORUM

Antiphona ad introitum I

GR. Timéte Dóminum, omnes sancti, 458.

OF. Iustórum ánimæ, 468.
CO. Beáti mundo corde, 514.
Ps. **125***, 1. 2 ab. 2 cd. 3. 4. 5. 6 ab. 6 cd

Die 2 novembris

IN COMMEMORATIONE OMNIUM FIDELIUM DEFUNCTORUM

Ut infra notatur pro Missis defunctorum, 669.

Die 3 novembris

S. MARTINI DE PORRES, RELIGIOSI

IN. Dispérsit, dedit paupéribus, 519.
GR. Dispérsit, dedit paupéribus, 520.
AL. Mirábilis Dóminus noster, 462.
OF. In virtúte tua lætábitur iustus, 512.
CO. Amen dico vobis : quod uni, 79.

Die 4 novembris

S. CAROLI BORROMEO, EPISCOPI Mem.

IN. Státuit ei Dóminus, 445.
GR. Ecce sacérdos magnus, 486.
AL. Tu es sacérdos in ætérnum, 449.
OF. Invéni David servum meum, 447.
CO. Fidélis servus et prudens, 491, *cum* ps. **131***.

Die 9 novembris

IN DEDICATIONE BASILICÆ LATERANENSIS Fest.

IN. Deus in loco sancto suo, 310.
GR. Lætátus sum, 336.
AL. Bene fundáta est domus, 399.
OF. Dómine Deus, in simplicitáte cordis, 401.
CO. Ierúsalem, quæ ædificátur, 370.

Die 10 novembris

S. LEONIS MAGNI, PAPÆ ET ECCLESIÆ DOCTORIS Mem.

IN. In médio Ecclésiæ, 493.
GR. Os iusti meditábitur sapiéntiam, 494.
AL. Iustus germinábit, 496.
OF. Invéni David servum meum, 447.
CO. Beátus servus, 491, *cum* ps. **32***.

Die 11 novembris

S. MARTINI, EPISCOPI Mem.

IN. Státuit ei Dóminus, 445.
GR. Ecce sacérdos magnus, 486.

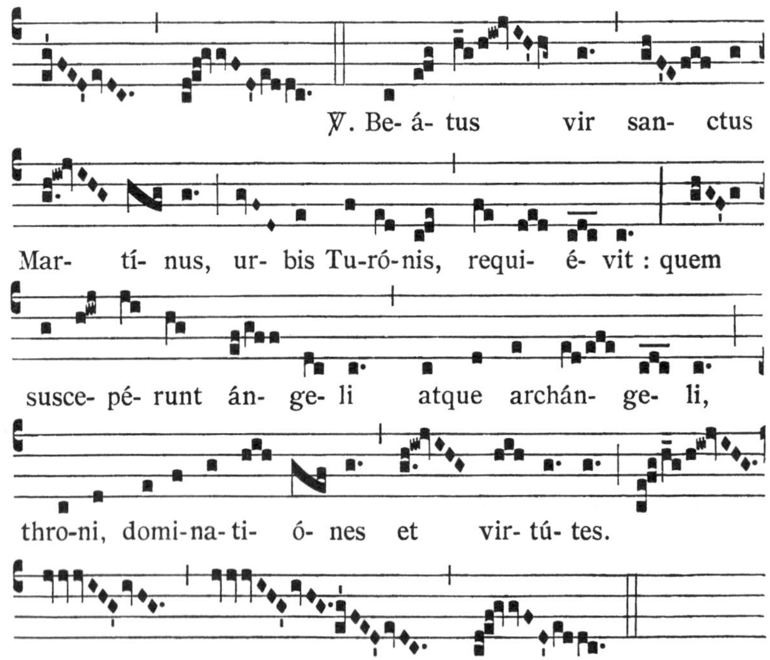

OF. Véritas mea, 483.
CO. Beátus servus, 491.
Ps. **19***, 2. 3. 4. 5. 6. 7. 8. 9

Die 12 novembris

S. IOSAPHAT, EPISCOPI ET MARTYRIS — Mem.

IN. Sacerdótes eius índuant salutáre, 448.
GR. Invéni David servum meum, 445.
AL. Hic est sacérdos, 449.
OF. Glória et honóre, 434.
CO. Ego sum pastor bonus, 224.

Die 15 novembris

S. ALBERTI MAGNI, EPISCOPI ET ECCLESIÆ DOCTORIS

IN. Meditátio cordis mei, 103.
GR. Sacerdótes eius índuam salutári, 488.

AL. Iurávit Dóminus, 489.
OF. Levábo óculos meos, 78.
CO. Qui meditábitur in lege Dómini, 67.

Die 16 novembris

S. MARGARITÆ SCOTIÆ

IN. Cognóvi, Dómine, 525.
GR. Diffúsa est grátia in lábiis tuis, 408.
AL. Spécie tua et pulchritúdine tua, 416.
OF. Diffúsa est grátia in lábiis tuis, 421.
CO. Dilexísti iustítiam, 506.

Eodem die

S. GERTRUDIS, VIRGINIS

IN. Dilexísti iustítiam, 498.
GR. Spécie tua et pulchritúdine tua, 411.
AL. Adducéntur regi, 500.
OF. Fíliæ regum, 505.
CO. Quinque prudéntes vírgines, 507.

Die 17 novembris

S. ELISABETH HUNGARIÆ, RELIGIOSÆ — Mem.

IN. Cognóvi, *et alii cantus ut supra die 16 novembris.*

Die 18 novembris

IN DEDICATIONE BASILICARUM SS. PETRI ET PAULI, APOSTOLORUM

IN. Sapiéntiam sanctórum, 452.
GR. Iustórum ánimæ, 457.
AL. Constítues eos príncipes, 429.
OF. Exsultábunt sancti, 466.
CO. Iustórum ánimæ, 470.

Die 21 novembris

IN PRÆSENTATIONE B. MARIÆ VIRGINIS — Mem.

IN. Vultum tuum deprecabúntur, 404.
GR. Concupívit rex decórem tuum, 408.
AL. Adorábo ad templum, 270.
OF. Afferéntur... post eam, 505.
CO. Diffúsa est grátia in lábiis tuis, 423.

Die 22 novembris

S. CÆCILIÆ, VIRGINIS ET MARTYRIS — Mem.

IN. Loquébar de testimóniis tuis, 526.
GR. Audi, fília, et vide, 406.
AL. Quinque prudéntes vírgines, 502.
OF. Afferéntur... próximæ, 504.
CO. Confundántur supérbi, 529.

Die 23 novembris

S. CLEMENTIS I, PAPÆ ET MARTYRIS

GR. Iurávit Dóminus, 486.
AL. Hic est sacérdos, 449.
OF. Véritas mea, 483.
CO. Beátus servus, 491, *cum* ps. **32***.

Eodem die

S. COLUMBANI, ABBATIS

IN. Loquébar de testimóniis tuis, 526.
GR. Dómine, prævenísti eum, 509.
AL. Confitémini... et invocáte, 340.
OF. Desidérium ánimæ eius, 518.
CO. Fidélis servus et prudens, 491, *cum* ps. **111***.

Die 30 novembris

S. ANDREÆ, APOSTOLI — Fest.

IN. Dóminus secus mare, 264.
GR. In omnem terram, 427.

OF. Mihi autem, 435.
CO. Veníte post me, 267.
— Dicit Andréas Simóni, 263.

DECEMBER

Die 3 decembris

S. FRANCISCI XAVIER, PRESBYTERI Mem.

IN. Loquébar de testimóniis tuis, 526.
GR. Iustus ut palma florébit, 510.
AL. Laudáte Dóminum, 273.
OF. Véritas mea, 483.
CO. Signa, 437,
cum ps. **95***, 1. 2. 3. 4. 5. 7-8 a. 8 b-9 a. 11-12 a. 13 cd

Die 4 decembris

S. IOANNIS DAMASCENI, PRESBYTERI ET ECCLESIÆ DOCTORIS

IN. Meditátio cordis mei, 103.
GR. Os iusti meditábitur, 494.
AL. Iustus non conturbábitur, 479.
OF. Bonum est confitéri, 369.
CO. Narrábo ómnia, 281.

Die 6 decembris

S. NICOLAI, EPISCOPI

IN. Státuit ei Dóminus, 445.
GR. Invéni David servum meum, 445.
AL. Iustus ut palma florébit, 516.
OF. Véritas mea, 483.
CO. Semel iurávi in sancto meo, 492.

Die 7 decembris

S. AMBROSII, EPISCOPI ET ECCLESIÆ DOCTORIS Mem.

IN. In médio Ecclésiæ, 493.
GR. Ecce sacérdos magnus, 486.
AL. Iurávit Dóminus, 489.
OF. Véritas mea, 483.
CO. Semel iurávi in sancto meo, 492.

Die 8 decembris

IN CONCEPTIONE IMMACULATA B. MARIÆ VIRGINIS

Sol.

Antiphona ad introitum III

Is. 61, 10; Ps. 29

susce-pí-sti me : nec de-lectásti in-imí-cos me- os super
me.
Iudith. 13, 23. ℣. 15, 10
GR. V
B Ene- dí- cta es tu, * Virgo Ma- rí- a,
a Dómi-no De- o excél- so, prae
ómni- bus mu- li- é- ri- bus su- per ter-ram.
℣. Tu gló- ri- a Ie-rú-
sa- lem, tu laetí- ti- a Is- ra- el, tu
ho-no- ri- fi- cénti- a pó-pu- li nostri.

Cant. 4, 7
I
A L- le- lú- ia.
℣. To- ta pulchra es, Ma-
rí- a : et mácu-la o- ri- gi- ná-
lis non est in te.
Luc. 1, 28
OF. VIII
A - ve * Ma- rí- a, grá-
ti- a ple- na : Dó- mi-nus
te- cum : be-ne-dí- cta tu in
mu-li- é- ri-bus, alle- lú- ia.

Ps. 86, 3; Luc. 1, 49

Cant. Magníficat, Lc. 1, 46-47, 48. 50. 51. 52. 53. 54. 55

Die 11 decembris

S. DAMASI I, PAPÆ

IN. Sacerdótes tui, Dómine, 485.
GR. Ecce sacérdos magnus, 486.
AL. Tu es sacérdos in ætérnum, 449.
OF. Invéni David servum meum, 447.
CO. Dómine, quinque talénta, 515.

Die 12 decembris

S. IOANNÆ FRANCISCÆ DE CHANTAL, RELIGIOSÆ

IN. Cognóvi, Dómine, 525.
GR. Diffúsa est grátia in lábiis tuis, 408.
AL. Spécie tua et pulchritúdine tua, 416.
OF. Diffúsa est grátia in lábiis tuis, 421.
CO. Dilexísti iustítiam, 506.

Die 13 decembris

S. LUCIÆ, VIRGINIS ET MARTYRIS — Mem.

IN. Dilexísti iustítiam, 498.
GR. Dilexísti iustítiam, 499.
AL. Diffúsa est grátia in lábiis tuis, 413.
OF. Afferéntur… próximæ, 504.
CO. Príncipes persecúti sunt, 530.

Die 14 decembris

S. IOANNIS A CRUCE, PRESBYTERI ET ECCLESIÆ DOCTORIS — Mem.

IN. Os iusti meditábitur, 494.
GR. Iustus ut palma florébit, 510.
AL. Beátus vir qui suffert, 511.
OF. Véritas mea, 483.
CO. Qui vult veníre post me, 484.

Die 21 decembris

S. PETRI CANISII, PRESBYTERI ET ECCLESIÆ DOCTORIS

IN. Lex Dómini irreprehensíbilis, 86.
GR. Os iusti meditábitur, 494.
AL. Beátus vir qui timet, 511.
OF. Meditábor in mandátis tuis, 356.
CO. Quod dico vobis in ténebris, 472.

Die 23 decembris

S. IOANNIS DE KETY, PRESBYTERI

IN. Dispérsit, dedit paupéribus, 519.
GR. Ego dixi : Dómine, 279.
AL. Beátus vir qui timet, 511.
OF. Véritas mea, 483.
CO. Amen dico vobis : quod uni, 79.

Die 26 decembris

S. STEPHANI, PROTOMARTYRIS — Fest.

Ps. 118, 23. 86. 23 et 1 ; cf. Ps. 108, 26

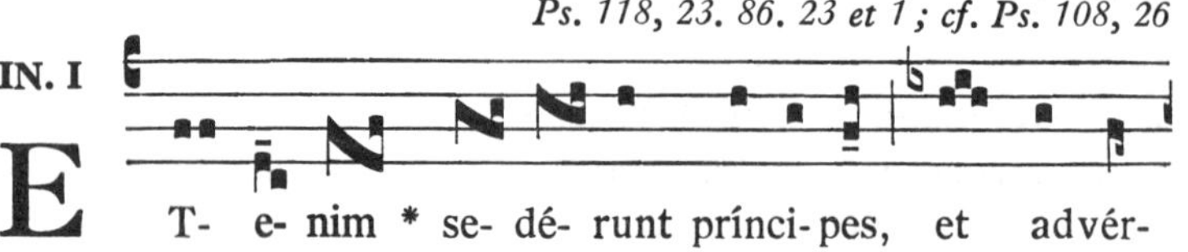

sum me loquebán- tur : et in-í- qui per- se-cú- ti sunt
me : ádiu-va me, Dómi- ne De- us me- us, qui- a servus
tu- us exerce- bá- tur in tu- is iusti- fi- ca- ti- ó-
ni- bus. Ps. Be- á-ti immacu-lá-ti in vi- a : qui ámbu-
lant in le- ge Dómi- ni.
Ps. 118, 23, 86. ℣. Ps. 108, 26
GR. V
SEdé- runt * prínci- pes, et advérsum
me loque- bán- tur : et i-níqui perse-cú-ti sunt
me. ℣. Adiuva me, Dómi-ne
De- us me-

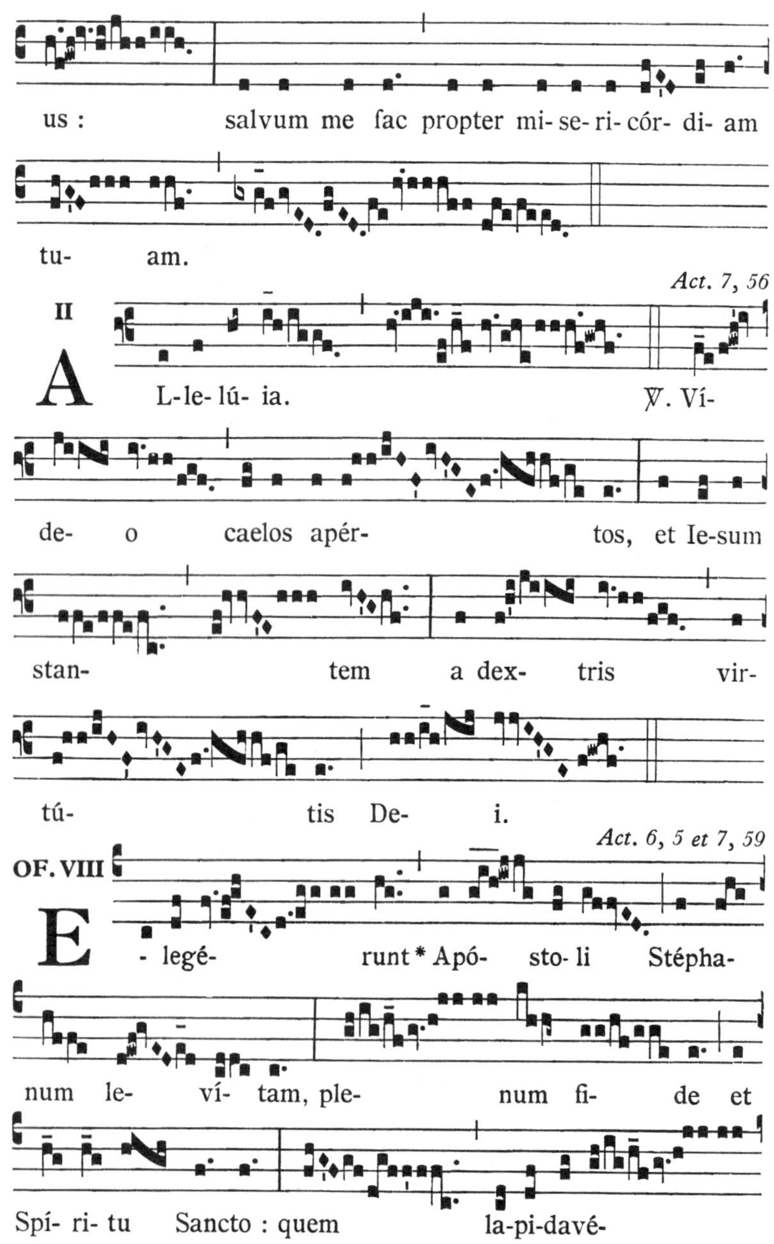
us : salvum me fac propter mi- se- ri- cór- di- am
tu- am.
Act. 7, 56
II
A L-le- lú- ia.
℣. Ví-
de- o caelos apér- tos, et Ie-sum
stan- tem a dex- tris vir-
tú- tis De- i.
Act. 6, 5 et 7, 59
OF. VIII
E - legé- runt * Apó- sto- li Stépha-
num le- ví- tam, ple- num fi- de et
Spí- ri- tu Sancto : quem la-pi-davé-

runt Iudaé- i o-rántem, et di- céntem : Dó- mi-
ne Ie- su, ác- ci- pe spí-ri-
tum me- um, alle- lú-ia.

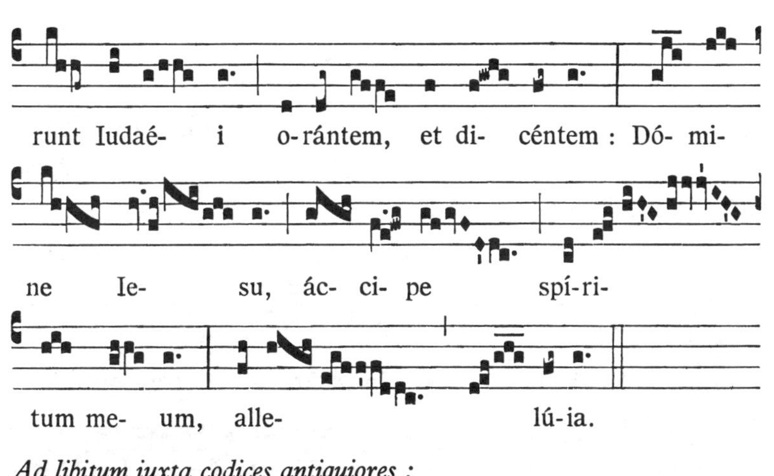

Ad libitum iuxta codices antiquiores :
In virtúte tua, 512.

Act. 7, 56. 59. 60

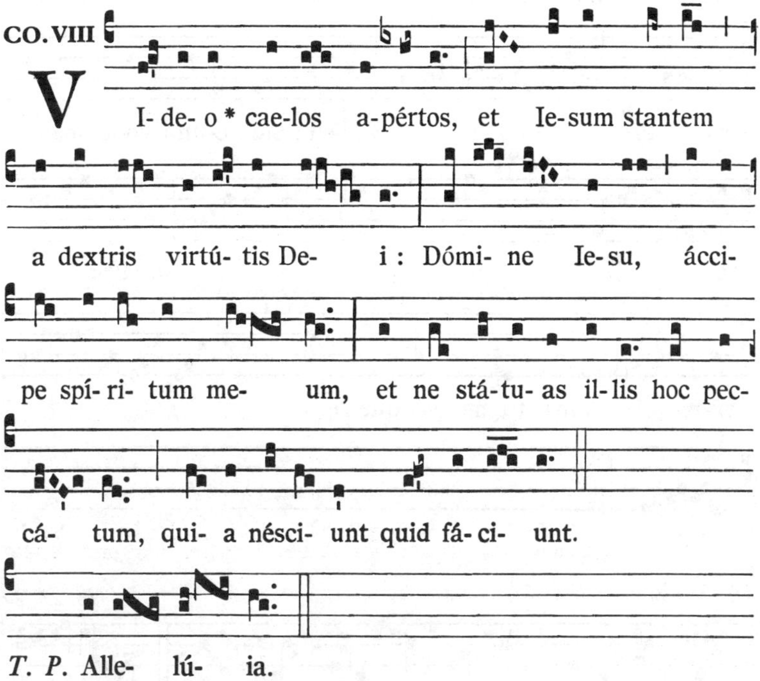
CO. VIII
V I- de- o * cae-los a-pértos, et Ie-sum stantem
a dextris virtú- tis De- i : Dómi- ne Ie-su, ácci-
pe spí- ri- tum me- um, et ne stá-tu- as il-lis hoc pec-
cá- tum, qui- a nésci- unt quid fá- ci- unt.
T. P. Alle- lú- ia.

Ps. 118*, 1. 78. 86. 95. 150. 153. 157. 161. 173

Die 27 decembris

S. IOANNIS, APOSTOLI ET EVANGELISTÆ

Fest.

IN. In médio Ecclésiæ, 493.

Io. 21, 23

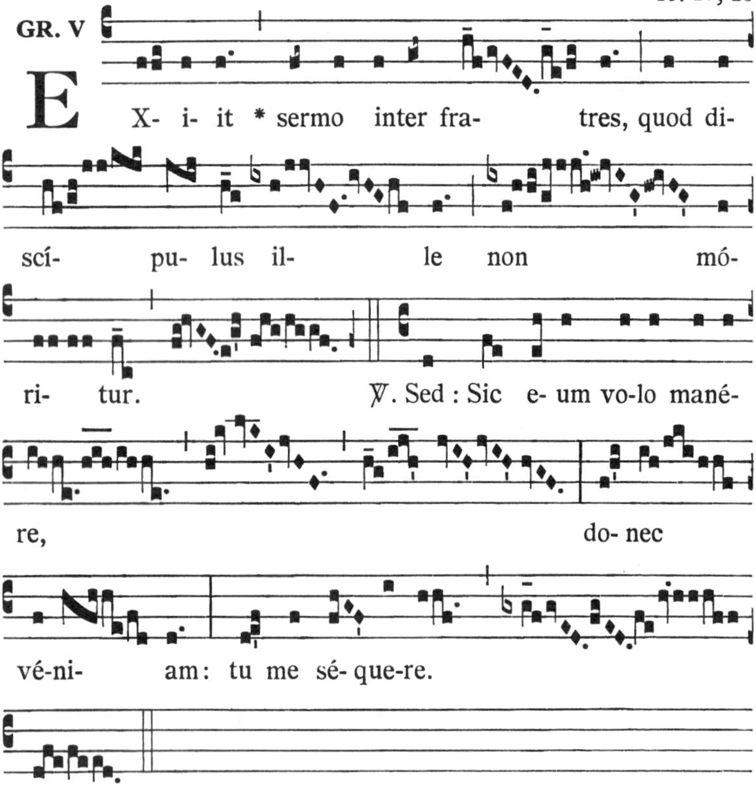
GR. V
E X- i- it * sermo inter fra- tres, quod di-
scí- pu- lus il- le non mó-
ri- tur. ℣. Sed : Sic e- um vo-lo mané-
re, do- nec
vé-ni- am: tu me sé- que-re.

Io. 21, 24

II
A L-le-lú- ia. ℣. Hic

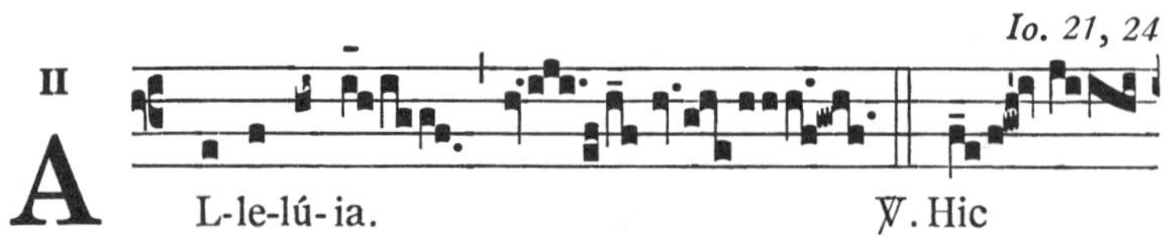

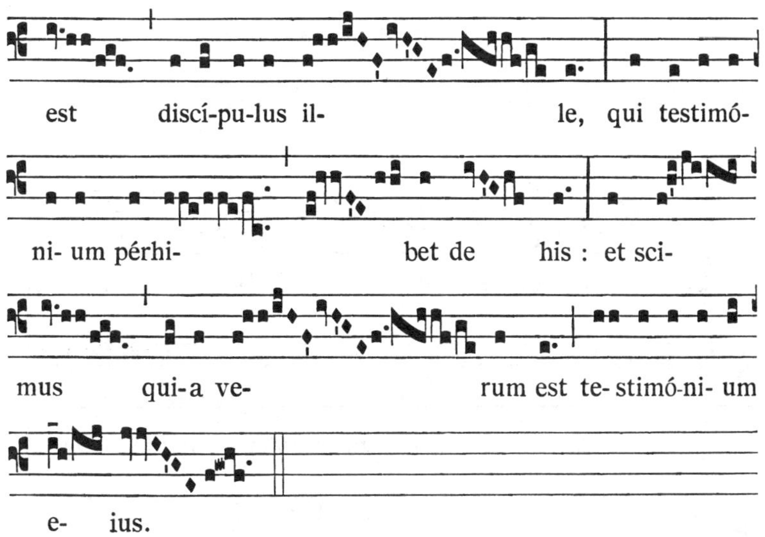

OF. Iustus ut palma florébit, 497.

Io. 21, 23

Ps. 88*, 2. 4. 5. 6. 8. 20. 21. 22. 25

Die 28 decembris

SS. INNOCENTIUM, MARTYRUM Fest.

Ps. 8, 3 et 2

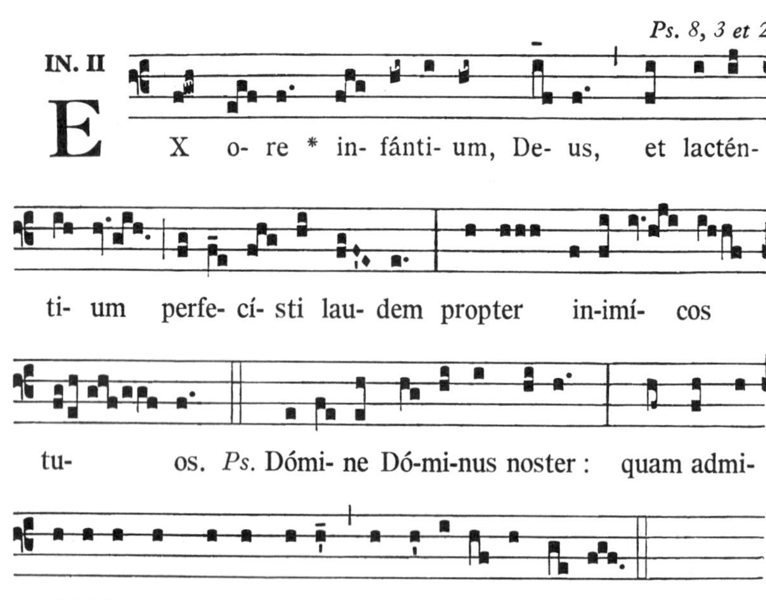

GR. Anima nostra sicut passer, 453.
AL. Laudáte, púeri, Dóminum, 215.
OF. Anima nostra sicut passer, 466.

Mt. 2, 18

Ps. 78*, 1. 2. 3. 4. 5. 13 ab. 13 c

Die 29 decembris

S. THOMÆ BECKET, EPISCOPI ET MARTYRIS

IN. Loquébar de testimóniis tuis, 526.
GR. Ecce sacérdos magnus, 486.
AL. Ego sum pastor bonus, 223.
OF. Posuísti, Dómine, 482.
CO. Servíte Dómino, 68, *cum* ps. **2**, 1. 2. 3. 4. 5. 6. 10

Die 31 decembris

S. SILVESTRI I, PAPÆ

IN. Sacerdótes tui, Dómine, 485.
GR. Ecce sacérdos magnus, 486.
AL. Invéni David servum meum, 446.
OF. Invéni David servum meum, 447.
CO. Beátus servus, 491, *cum* ps. **32***.

MISSÆ RITUALES AD DIVERSA ET VOTIVÆ

MISSÆ RITUALES

I. IN CONFERENDIS SACRAMENTIS INITIATIONIS CHRISTIANÆ

A. In scrutiniis peragendis

IN. Dum sanctificátus fúero in vobis, 249.
GR. Veníte, fílii, audíte me, 298.
AL. In éxitu Israel ex Ægýpto, 348.
— Veníte ad me, omnes, 619.
OF. Illúmina óculos meos, 290.
CO. *Quando legitur Evangelium de Samaritana :*
Qui bíberit aquam, *cum* cant. Isaiæ **12***, 99.
— *Quando legitur Evangelium de cæco nato :*
Lutum fecit, *cum* ps. **26***, 111.
— *Quando legitur Evangelium de Lazaro :*
Videns Dominus, *cum* ps. **129***, 124.

B. In conferendo Baptismate

IN. Sitiéntes, veníte ad aquas, 114.
Tempore paschali :
— Deus, dum egrederéris, 315.
— Edúxit Dóminus, 214.
GR. Beáta gens, cuius est Dóminus, 333.
— Lætátus sum, 336.
AL. Confitémini... et invocáte, 340.
— Verba mea aúribus pércipe, 280.
OF. Factus est Dóminus firmaméntum, 119.
— Gressus meos dírige, Dómine, 365.
CO. Omnes qui in Christo, *cum* ps. **28***, 61.
Tempore Quadragesimæ :
— Illúmina fáciem tuam, *cum* ps. **30**, 271.

C. In conferenda Confirmatione

IN. Dum sanctificátus fúero in vobis, 249.
Tempore paschali :
— Cáritas Dei diffúsa est, 248.
GR. Beáta gens, 333.
AL. Emítte Spíritum tuum, 249, *vel* 253.
— Veni, Sancte Spíritus, 253.
OF. Confírma hoc, Deus, 255.
Tempore Quadragesimæ :
— Meditábor in mandátis tuis, 356.
CO. Beáti mundo corde, 514, *cum* ps. **33***.
— Dómine, quinque talénta, 515, *cum* ps. **118***.
— Qui vult veníre post me, 484, *cum* ps. **33***, 2. 3. 4. 6. 9. 12. 13. 14. 15
Extra tempus Quadragesimæ :
— Non vos relínquam órphanos, 232, *cum* ps. **121***.
— Spíritus qui a Patre procédit, 233, *cum* ps. **77***, 000.

II. IN CONFERENDIS SACRIS ORDINIBUS

ANTIPHONÆ AD INTROITUM

I Dóminus fortitúdo plebis suæ, 294.
II Dóminus secus mare Galilǽæ, 264.
III Protéctor noster áspice, Deus, 323.
IV Sacerdótes Dei, benedícite Dóminum, 447.
V Scio cui crédidi, 535.

GRADUALIA

I Bonum est confídere in Dómino, 324.
II Iurávit Dóminus, 486.
III Protéctor noster áspice, Deus, 292.

VERSUS ALLELUIATICI

I Confitémini... et invocáte, 340.
II Ego sum pastor bonus, 223.
III Ego vos elégi de mundo, 429.
IV Iurávit Dóminus, 489.
V Tu es sacérdos in ætérnum, 449.

ANTIPHONA AD OFFERTORIUM

Sicut in holocaústo aríetum, 299.

ANTIPHONÆ AD COMMUNIONEM

I Ego vos elégi de mundo, 436.
II Hoc corpus quod pro vobis tradétur, 170, *cum* ps. **115***, 10. 11. 12. 13. 14. 15. 16 ab. 16 c - 17. 18. 19
III Introíbo ad altáre Dei, 274.
IV Lavábo inter innocéntes, 129.
V Qui mihi minístrat, me sequátur, 484, *cum* ps. **33***.
VI Simon Ioánnis, díligis me, 574.

Tempore paschali :

VII Data est mihi omnis potéstas, 213, *cum* ps. 77*, 1. 3 - 4 a. 23. 24. 25. 27
VIII Ego sum pastor bonus, 224, *cum* ps. **22***.

III. AD MINISTRANDUM VIATICUM

Dici potest Missa de Ss.ma Eucharistia, 658, *vel, pro opportunitate, Missa pro infirmis,* 655.

IV. PRO SPONSIS

IN. Deus in loco sancto suo, 310.
— Dómine, refúgium factus es nobis, 79.
— Timéte Dóminum, omnes sancti eius, 453.
GR. Timéte Dóminum, omnes sancti eius, 458.

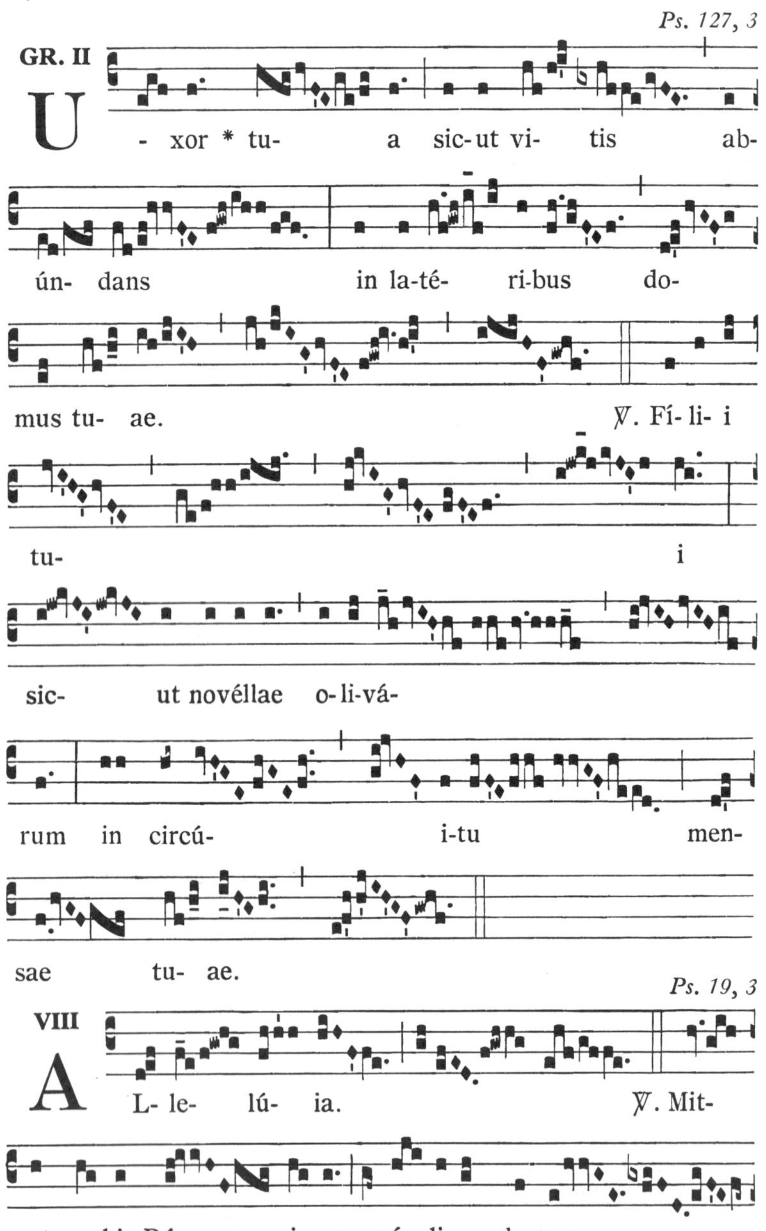
Ps. 127, 3
GR. II
U - xor * tu- a sic-ut vi- tis ab-
ún- dans in la-té- ri-bus domus tu- ae. ℣. Fí- li- i
tu- i
sic- ut novéllae o-li-vá-
rum in circú- i-tu men-
sae tu- ae.
Ps. 19, 3
VIII
A L- le- lú- ia. ℣. Mit-
tat vo- bis Dó- mi-nus auxí- li- um de san-

OF. Immíttet ángelus Dómini, 325.
— In te sperávi, Dómine, 322.
CO. Beáti mundo corde, 514, *cum* ps. **33***.
— Primum quærite regnum Dei, 325.

V. IN BENEDICTIONE ABBATIS VEL ABBATISSÆ

IN. Protéctor noster aspíce, Deus, 323.
GR. Veníte, fílii, audíte me, 298.
AL. Qui timent Dóminum, sperent in eo, 352.
OF. Gressus meos dírige, Dómine, 365.
CO. Tu mandásti mandáta tua, 342.

VI. IN DIE CONSECRATIONIS VIRGINUM ET IN PROFESSIONE RELIGIOSORUM

ANTIPHONÆ AD INTROITUM

I Dum sanctificátus fúero in vobis, 249.
II Exspécta Dóminum, viríliter age, 126.
III Lætétur cor quæréntium Dóminum, 357.
IV Tibi dixit cor meum, 88.

Tempore paschali :

V Exáudi, Dómine... tibi dixit cor, 241.
VI Veníte, benedícti Patris mei, 205.

GRADUALIA

I Beáta gens, 333.
II Ecce quam bonum et quam iucúndum, 351.
III Lætátus sum, 336.
IV Unam pétii a Dómino, 358.
V Veníte, fílii, audíte me, 298.

VERSUS ALLELUIATICI

I Dómine, diléxi decórem domus tuæ, 400.
II Ego vos elégi de mundo, 429.
III Lætátus sum, 19.
IV Lauda, ánima mea, Dóminum, 355.
V O quam bonus et suávis est, 517.
VI Parátum cor meum, 344.
VII Quinque prudéntes vírgines, 502.
VIII Veníte ad me, omnes, 619.

TRACTUS

I Qui confídunt in Dómino, 109.
II Sicut cervus desíderat, 190.

ANTIPHONÆ AD OFFERTORIUM

I Confitébor tibi, Dómine, 123.
II Dómine Deus, in simplicitáte cordis mei, 401.
III Exspéctans, exspectávi Dóminum, 328.
IV Meditábor in mandátis tuis, 356.
V Sicut in holocáusto aríetum, 299.

Tempore paschali :

VI Deus, Deus meus, ad te de luce vígilo, 224.
VII Lauda, ánima mea, Dóminum, 221.

ANTIPHONÆ AD COMMUNIONEM

I Amen dico vobis quod vos, 436.
II Beáti mundo corde, 514, *cum* ps. **33***.
III Ego vos elégi de mundo, 436.

IV Meménto verbi tui servo tuo, 346.
V Notas mihi fecísti vias vitæ, 362.
VI Optimam partem elégit, 507.
VII Qui mihi minístrat, me sequátur, 484, *cum* ps. **33***.
VIII Qui vult veníre post me, 484.
IX Quicúmque fécerit voluntátem, 515.
X Quinque prudéntes vírgines, 507, *cum* ps. **33***.
XI Unam pétii a Dómino, 294.

Tempore paschali :

XII Ego sum vitis vera, 228.
XIII Populus acquisitiónis, 210.
XIV Si consurrexístis cum Christo, 205.

MISSÆ AD DIVERSA

I. PRO SANCTA ECCLESIA

1. **Pro papa** (Missale Romanum n. 2)
præsertim in anniversario electionis

IN. Státuit ei Dóminus, 445.
GR. Exáltent eum in ecclésia plebis, 548.
AL. Tu es Petrus, 576.
OF. Véritas mea, 483.
CO. Simon Ioánnis, 574.

2. **Pro episcopo** (MR n. 3)
præsertim in anniversario electionis

IN. Dominus fortitúdo plebis suæ, 294.
GR. Exáltent eum in ecclésia plebis, 548.
AL. Ego sum pastor bonus, 223.
OF. Invéni David servum meum, 447.
CO. Ego vos elégi de mundo, 436.

3. **Pro eligendo papa vel episcopo** (MR n. 4)

Missa de Spiritu Sancto, 660.

4. **Pro concilio vel synodo** (MR n. 5)

IN. Deus in loco sancto suo, 310.
Tempore paschali :
— Cáritas Dei diffúsa est, 248.
GR. Veníte, fílii, audíte me, 298.
AL. Spíritus sanctus docébit vos, 432.
OF. Confitebúntur cæli, 441.
Tempore Quadragesimæ :
Levábo óculos meos, 78.
CO. Tu mandásti mandáta tua, 342.
Tempore paschali :
— Spíritus sanctus docébit vos, 232.

5. **Pro sacerdotibus** (MR n. 6)

IN. Sacerdótes Dei, benedícite Dóminum, 447.
— Sacerdótes eius índuant salutári, 448.
GR. Iurávit Dóminus, 486.
— Sacerdótes eius índuant salutári, 488.
AL. Ego vos elégi de mundo, 429.
— Iurávit Dóminus, 489.
OF. Gloriabúntur in te, 467.
— Invéni David servum meum, 447.
CO. Introíbo ad altáre Dei, 274.
Tempore paschali :
— Pater, cum essem cum eis, 243.

6. **Pro vocationibus sacerdotalibus vel religiosis** (MR nn. 9 et 11)

IN. Dóminus secus mare Galilǽæ, 264.
GR. Unam pétii a Dómino, 358.
AL. Parátum cor meum, Deus, 344.
OF. Bonum est confitéri, 369.
CO. Amen dico vobis quod vos, 436.
— Dicit Andréas Simóni, 263, *cum* ps. **33***.
— Veníte post me, fáciam vos, 267.

7. **Pro unitate christianorum** (MR n. 13)

IN. Deus in loco sancto suo, 310.
— Dum sanctificátus fúero in vobis, 249.
— Loquétur Dóminus pacem, 369.
GR. Univérsi qui te exspéctant, 16.
AL. Ego sum pastor bonus, 223.
— Lætátus sum, 19.
OF. Deus, tu convértens, 20.
CO. Amen dico vobis, quidquid, 368.
Tempore paschali :
— Ego sum pastor bonus, 224.

8. Pro evangelizatione populorum (MR n. 14)

IN. Omnes gentes, pláudite mánibus, 297.
— Omnis terra adóret te, 260.
Tempore paschali :
— Vocem iucunditátis annuntiáte, 229.
GR. Dómine, Dóminus noster, 308.
— Timébunt gentes nomen tuum, 265.
AL. Confitémini... et invocáte, 340.
— Dóminus regnávit, exsúltet terra, 266.
— Laudáte Dóminum, omnes gentes, 273.
— Omnes gentes, pláudite mánibus, 298.
— Timébunt gentes nomen tuum, 337.
OF. In omnem terram exívit, 435.
CO. Data est mihi omnis potéstas, 213.
Tempore Quadragesimæ :
— Dómine, Dóminus noster, 357.

9. Pro christianis persecutione vexatis (MR n. 15)

IN. Exsúrge, quare obdórmis, Dómine, 91.
— In voluntáte tua, Dómine, 346.
— Réspice, Dómine, in testaméntum tuum, 319.
GR. Réspice, Dómine, in testaméntum tuum, 320.
— Sciant gentes quóniam nomen tibi, Deus, 88.
AL. Dómine, Deus meus, in te sperávi, 282.
— Eripe me de inimícis meis, 308.
OF. Ad te, Dómine, levávi ánimam meam, 17.
— Pópulum húmilem salvum fácies, 302.
CO. Beáti mundo corde, 514, *cum* ps. **33***.
— In salutári tuo ánima mea, 350.
— Quod dico vobis in ténebris, 472.

10. In conventu spirituali vel pastorali (MR n. 16)

IN. Réspice, Dómine, in testaméntum tuum, 319.
GR. Ecce quam bonum et quam iucúndum, 351.
— Veníte, fílii, audíte me, 298.
AL. Spíritus sanctus docébit vos, 432.
OF. Levábo óculos meos, 78.

CO. Tu mandásti mandáta tua, 342.
Tempore paschali :
— Spíritus sanctus docébit vos, 232.

II. PRO REBUS PUBLICIS

11. Pro pace et iustitia servanda (MR n. 22)

IN. Da pacem, Dómine, sustinéntibus te, 336.
GR. Benedíctus Dóminus Deus Israel, 257.
— Lætátus sum, 336.
AL. Lauda, Ierúsalem, Dóminum, 358.
— Qui pósuit fines tuos pacem, 364.
OF. Laudáte Dóminum quia benígnus est, 110.
CO. Beáti mundo corde, 514, *cum* ps. **33***.
— Iustus Dóminus, et iustítias diléxit, 93.
Extra tempus Quadragesimæ :
— Pacem meam do vobis, allelúia, 228.

12. Tempore belli vel eversionis (MR n. 23)

IN. Circumdedérunt me dolóres mortis, 117.
— Dicit Dóminus : Ego cógito, 366.
— Reminíscere miseratiónum tuárum, 81.
GR. Tribulatiónes cordis mei, 81.
— Tu es Deus qui facis mirabília, 275.
AL. Eripe me de inimícis meis, 308.
OF. Pópulum húmilem salvum fácies, 302.
CO. Inclína aurem tuam, accélera, 300.

III. IN DIVERSIS CIRCUMSTANTIIS PUBLICIS

13. Initio anni civilis (MR n. 24)

IN. Deus in loco sancto suo, 310.
— Exsultáte Deo adiutóri nostro, 311.
GR. Beáta gens, cuius est Dóminus Deus, 333.
AL. Qui pósuit fines tuos pacem, 364.
OF. Laudáte Dóminum quia benígnus est, 110.
CO. Primum quǽrite regnum Dei, 325.

14. **Pro humano labore sanctificando** (MR n. 25)

IN. Exspécta Dóminum, viríliter age, 126.
GR. Protéctor noster, áspice, Deus, 292.
AL. Veníte ad me, omnes, 619.
OF. Benedícam Dóminum, 293.
CO. De fructu óperum tuórum, 329.
— Dómine, quinque talénta, 515.
— Primum quǽrite regnum Dei, 325.

15. **In conserendis agris** (MR n. 26)

IN. De necessitátibus meis, 84.
GR. Tribulatiónes cordis mei, 81.
AL. Exsultáte Deo adiutóri nostro, 312.
OF. In te sperávi, Dómine, 322.
CO. Dóminus dabit benignitátem, 17.
— Honóra Dóminum de tua substántia, 314, *cum* ps. **127***.

16. **Post collectos fructus terræ** (MR n. 27)

IN. Audívit Dóminus, et misértus est mihi, 68.
GR. Lætátus sum, 336.
AL. Exsultáte Deo adiutóri nostro, 312.
OF. In te sperávi, Dómine, 322.
CO. Comédite pínguia et bíbite mulsum, 268.
— De fructu óperum tuórum, 329.

17. **Tempore famis vel pro fame laborantibus** (MR n. 28)

IN. Ego clamávi, quóniam exaudísti me, 354.
— Réspice, Dómine, in testaméntum tuum, 319.
GR. Iacta cogitátum tuum in Dómino, 285.
AL. In te, Dómine, sperávi, 296.
— Veníte ad me, omnes, 619.
OF. Dómine, Deus salútis meæ, 87.
CO. Rédime me, Deus Israel, 128.

18. **Pro profugis et exsulibus** (MR n. 29)

IN. Dicit Dóminus : Ego cógito, 366.
— Esto mihi in Deum protectórem, 275.
GR. Angelis suis mandávit de te, 72.
— Si ámbulem in médio umbræ, 125.
AL. Verba mea áuribus pércipe, 280.
OF. Gressus meos dírige, Dómine, 365.
CO. Dóminus firmaméntum meum, 290.

19. **Pro infirmis** (MR n. 32)

IN. Exáudi, Deus, oratiónem meam, 115.
GR. In Deo sperávit cor meum, 311.
— Miserére mihi, Dómine, 103.
AL. Dómine, exáudi oratiónem meam, 334.
OF. Exáudi, Deus, oratiónem meam, 100.
CO. Illúmina fáciem tuam, 271.
— Multitúdo languéntium, 471.
Tempore paschali :
— Ego sum vitis vera, 228, *cum* ps. **33***.

20. **Pro quacumque necessitate** (MR n. 38)

IN. Exsúrge, quare obdórmis, Dómine? 91.
— Salus pópuli ego sum, 339.
GR. Liberásti nos, Dómine, 366.
— Salvum fac servum tuum, 85.
AL. Propítius esto, Dómine, 345.
— Veníte ad me, omnes, 619.
OF. Dómine Deus salútis meæ, 87.
— Si ambulávero in médio tribulatiónis, 341.
CO. Meménto verbi tui servo tuo, 346.
— Petíte et accipiétis, 314 (*in Quadr.* 83).

21. **Pro gratiis Deo reddendis** (MR n. 39)

IN. Ego autem in Dómino sperávi, 111.
Tempore paschali :
— Accípite iucunditátem, 243.

GR. Benedícam Dóminum, 316.

Vel : Veníte, exsultémus Dómino, 324.

OF. Bénedic, ánima mea, Dómino, 362.
— Benedícite, gentes, Dóminum, 231.
CO. Tóllite hóstias et introíte, 338.

IV. PRO QUIBUSDAM NECESSITATIBUS PARTICULARIBUS

22. **Pro remissione peccatorum** (MR n. 40)

IN. Miseréris ómnium, Dómine, 62.
— Réspice in me, et miserére mei, 284.
GR. Propítius esto, Dómine, 288.
AL. Deus iudex iustus, fortis, 286.
— Propítius esto, Dómine, 345.
OF. Dómine, exáudi oratiónem meam, 156.
— Illúmina óculos meos, 290.
CO. Dico vobis, gáudium est, 387.
— Illúmina fáciem tuam, 271.
— Petíte et accipiétis, 314 (*in Quadr.* 83).

23. **Ad postulandam gratiam bene moriendi** (MR n. 46)

IN. Exáudi, Dómine,... adiútor meus, 291.
GR. Si ámbulem in médio umbræ, 125.
AL. In te, Dómine, sperávi, 296.
OF. Illúmina óculos meos, 290.
CO. Illúmina fáciem tuam, 271.

MISSÆ VOTIVÆ

1. De Ss.ma Trinitate

Ut in sollemnitate, 371.

2. De Mysterio S. Crucis

Ut in festo Exaltationis S. Crucis, die 14 septembris, 598.
OF. *sine* allelúia *in Quadragesima.*

3. De Ss.ma Eucharistia

Extra tempus Quadragesimæ :
IN. Cibávit eos ex ádipe fruménti, 377.
Tempore Quadragesimæ :
— Omnis terra adóret te, 260.
— Veníte, adorémus Deum, 271.
GR. Oculi ómnium in te sperant, 343.
AL. Caro mea vere est cibus, 378.
TR. Ab ortu solis, 163.
OF. Portas cæli apéruit Dóminus, 207.
Tempore Quadragesimæ :
— Sanctificávit Móyses, 338.
CO. Qui mandúcat carnem meam, 383.

Hæc Missa dicitur etiam tamquam Missa votiva de D. N. Iesu Christo summo et æterno sacerdote, præter :
GR. Iurávit Dóminus, 486, *vel* AL. Iurávit Dóminus, 489.
CO. Hoc corpus, quod pro vobis tradétur, 170.

4. De Ss.mo Nomine Iesu

IN. In nómine Iesu omne genu, 582.
GR. Dómine Dóminus noster, 308.
AL. Laudáte, púeri, Dóminum, 215.
OF. Dómine, fac mecum misericórdiam, 104.
CO. Dómine, Dóminus noster, 357.

5. De pretiosissimo Sanguine D. N. Iesu Christi

IN. Dignus est Agnus qui occísus est, 388.

Ad libitum : *Apc. 5, 9-10; Ps. 88*

GR. Christus factus est pro nobis obédiens, 148.
AL. Caro mea vere est cibus, 378.
OF. Impropérium exspectávit, 386.
CO. Unus mílitum láncea latus eius apéruit, 387.

6. De sacratissimo Corde Iesu

IN. Cogitatiónes Cordis eius, 384.
GR. Dulcis et rectus Dóminus, 38.
AL. Ego sum pastor bonus, 223.
— Tóllite iugum meum, 385.
— Veníte ad me, omnes, 619.
TR. Dómine, non secúndum peccáta nostra, 64.
OF. Impropérium exspectávit, 386.
Tempore paschali :
— Bénedic, ánima mea, 362, *cum* allelúia.
CO. Dico vobis, gáudium est, 387.
— Unus mílitum láncea latus eius apéruit, 387.
Tempore paschali :
Ego sum pastor bonus, 224.

Vel :

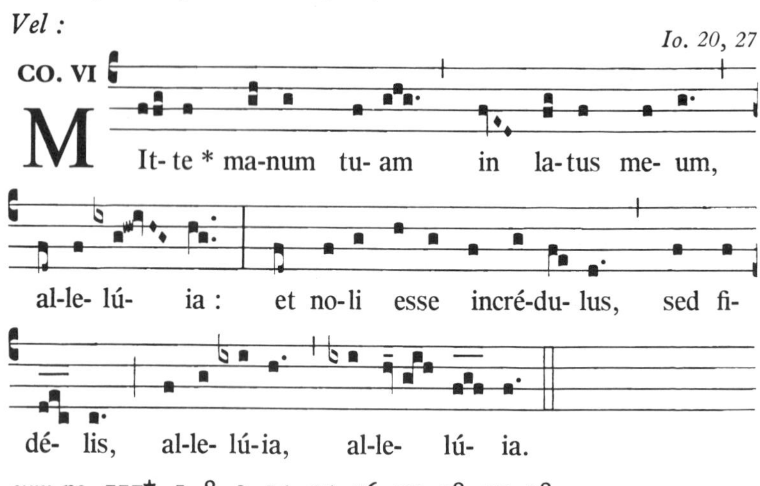

cum ps. 117*, 1. 8. 9. 14. 15. 16. 17. 18. 21. 28.

7. De Spiritu Sancto

Extra tempus Quadragesimæ

IN. Cáritas Dei diffúsa est, 248.
— Spíritus Dómini replévit orbem, 252.
GR. Beáta gens, 333.

AL. Emítte Spíritum tuum, 249, *vel* 253.
— Veni, Sancte Spíritus, 253.
OF. Confírma hoc Deus, 255.
— Emítte Spíritum tuum, 250.
CO. Spíritus qui a Patre procédit, 233.
— Spíritus Sanctus docébit vos, 232.

Tempore Quadragesimæ

IN. Dum sanctificátus fúero in vobis, 249.
GR. Beáta gens, 333.

Ps. 103, 30; Sap. 12, 1

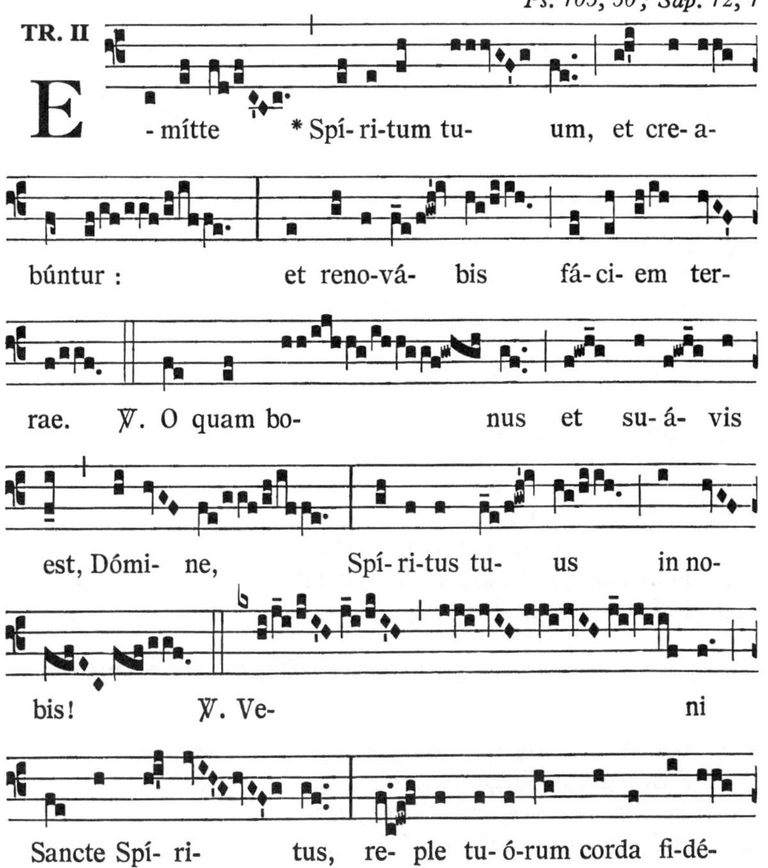

OF. Levábo óculos meos, 78.
CO. Gustáte et vidéte, 303.

8. De beata Maria Virgine

Hæ Missæ adhibentur etiam pro memoria sanctæ Mariæ in sabbato, tempore per annum.

Tempore Adventus

IN. Roráte, cæli, désuper, 403.
GR. Tóllite portas, príncipes, vestras, 25.
AL. Ave, María, grátia plena, 412.
OF. Ave, María, grátia plena, 419.
CO. Ecce Virgo concípiet, 37.

Tempore Nativitatis

IN. Vultum tuum deprecabúntur, 404.
GR. Speciósus forma, 54.
AL. Post partum, Virgo invioláta, 414.
OF. Felix namque es, sacra Virgo, 422.
CO. Beáta víscera Maríæ Vírginis, 423.

Tempore per annum, post festum Baptismatis Domini

IN. Salve, sancta Parens, 403.
GR. Benedícta et venerabílis es, 407.
AL. Post partum, Virgo invioláta, 414.
OF. Felix namque es, sacra Virgo, 422.
CO. Beáta víscera Maríæ Vírginis, 423.

Tempore paschali

IN. Salve, sancta Parens, 403.
AL. Virga Iesse flóruit, 416.
OF. Beáta es, Virgo María, 420.
CO. Diffúsa est grátia in lábiis tuis, 423.

Tempore per annum, post Pentecosten

A

IN. Salve, sancta Parens, 403.
GR. Diffúsa est grátia in lábiis tuis, 408.
AL. Virga Iesse flóruit, 416.
OF. Ave, María, grátia plena, 419.
CO. Beáta víscera Maríæ Vírginis, 423.

B

IN. Vultum tuum deprecabúntur, 404.
GR. Audi, fília, et vide, 406.
— Propter veritátem, 410.
AL. Spécie tua et pulchritúdine tua, 416.
OF. Ave, María, grátia plena, 419.
— Beáta es, Virgo María, 420.
CO. Diffúsa est grátia in lábiis tuis, 423.

C

IN. Salve, sancta Parens, 403.
GR. Concupívit rex decórem tuum, 408.
AL. Diffúsa est grátia in lábiis tuis, 413.
OF. Felix namque es, sacra Virgo, 422.
CO. Glorиósa dicta sunt de te, 631.

9. De sanctis angelis

IN. Adoráte Deum, omnes ángeli eius, 264.
— Benedícite Dóminum, 607.
GR. Angelis suis mandávit de te, 72.

Vel :

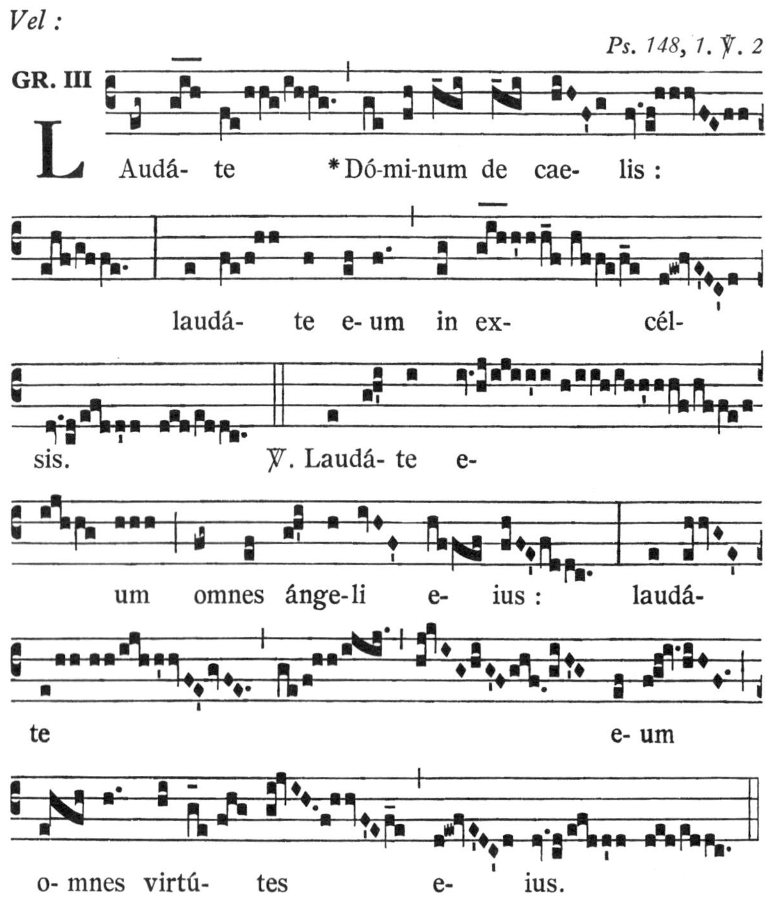

AL. Angelus Dómini descéndit de cælo, 201.
— Laudáte Deum, omnes ángeli eius, 262.
OF. Stetit ángelus iuxta aram templi, 610.
CO. Benedícite, omnes ángeli Dómini, 610.

10. De sancto Ioseph

Ut in sollemnitate S. Ioseph, die 19 martii, 552, *cum ad libitum :*

CO. Fidélis servus et prudens, 491, *cum* ps. 111*.

11. De omnibus sanctis Apostolis

IN. Mihi autem nimis honoráti sunt, 425.
GR. Constítues eos príncipes, 426.
AL. Nimis honoráti sunt amíci tui, 431.
OF. In omnem terram exívit sonus eórum, 435.
CO. Vos qui secúti estis me, I *vel* II, 438.

Tempore paschali :

IN. Accípite iucunditátem, 243.
AL. Ego vos elégi de mundo, 429.
OF. Confitebúntur cæli, 441.
CO. Gaudéte, iusti, in Dómino, 442.

12. De sancto Petro apostolo

Ut supra notatur pro festo Cathedræ S. Petri, 548, præter :

13. De sancto Paulo apostolo

IN. Scio cui crédidi, et certus sum, 535.
GR. Qui operátus est Petro in apostolátum, 536.

OF. Mihi autem nimis honoráti sunt, 435.
CO. Amen dico vobis : quod vos, 436.

14. De uno sancto Apostolo

Ut in eius festivitate.

15. De omnibus Sanctis

IN. Iúdicant sancti gentes, 425.
GR. Exsultábunt sancti in glória, 455.
AL. Veníte ad me, omnes, 619.
OF. Exsultábunt sancti in glória, 466.
CO. Iustórum ánimæ in manu Dei, 470.

LITURGIA DEFUNCTORUM

I. MISSÆ IN EXSEQUIIS IN ANNIVERSARIO ET IN DIVERSIS COMMEMORATIONIBUS

ANTIPHONÆ AD INTROITUM

I

IV Esdr. 2, 34. 35 ; Ps. 64, 2. 3. 4. 5

II De necessitátibus meis éripe me, 84.
III Ego autem cum iustítia apparébo, 94.
IV Intret orátio mea in conspéctu tuo, 363.
V Si iniquitátes observáveris, Dómine, 350.
VI Sicut óculi servórum in mánibus, 77.
VII Verba mea áuribus pércipe, Dómine, 83.

GRADUALIA

I

IV Esdr. 2, 34. 35. ℣. Ps. 111, 7

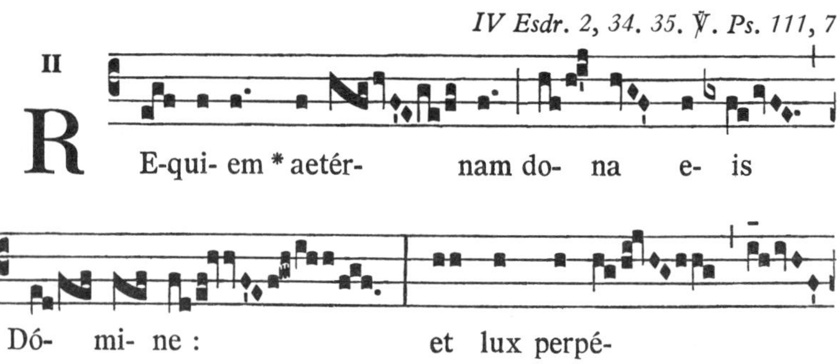

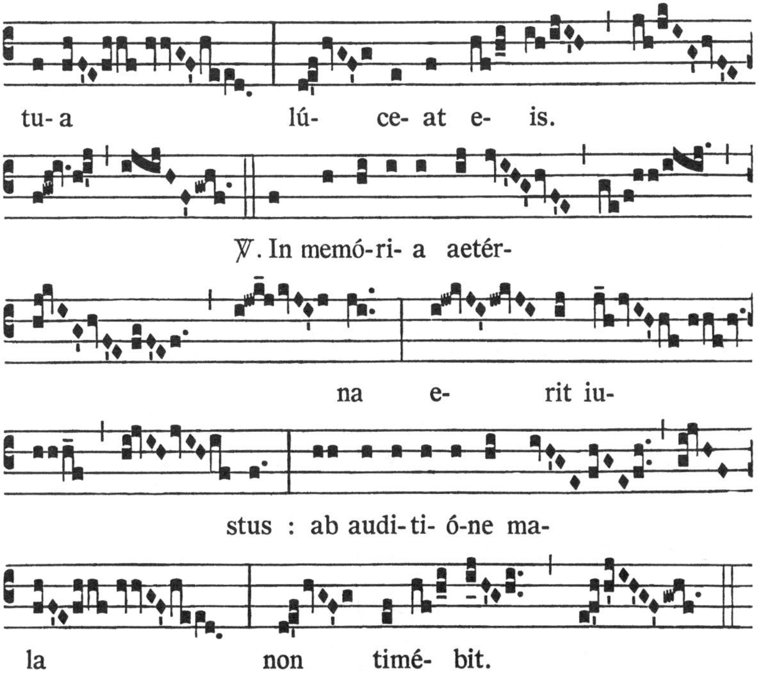
tu- a lú- ce- at e- is.
℣. In memó-ri- a aetér-
na e- rit iu-
stus : ab audi- ti- ó-ne mala non timé- bit.

II Convértere, Dómine, aliquántulum, 295.
III Lætátus sum, 336.
IV Salvum fac servum tuum, 85.
V Si ámbulem in médio umbræ, 125.
VI Unam pétii a Dómino, 358.

VERSUS ALLELUIATICI

I De profúndis clamávi ad te, Dómine, 367.
II In éxitu Israel ex Ægýpto, 348.
III Lætátus sum, 19.

IV

IV Esdr. 2, 34. 35

VIII
A L- le- lú- ia.

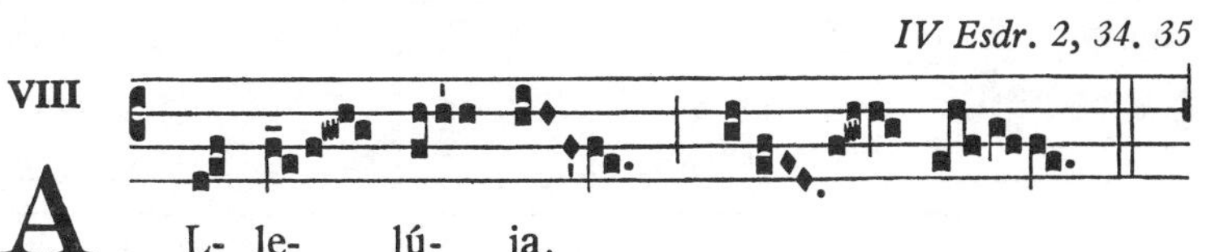

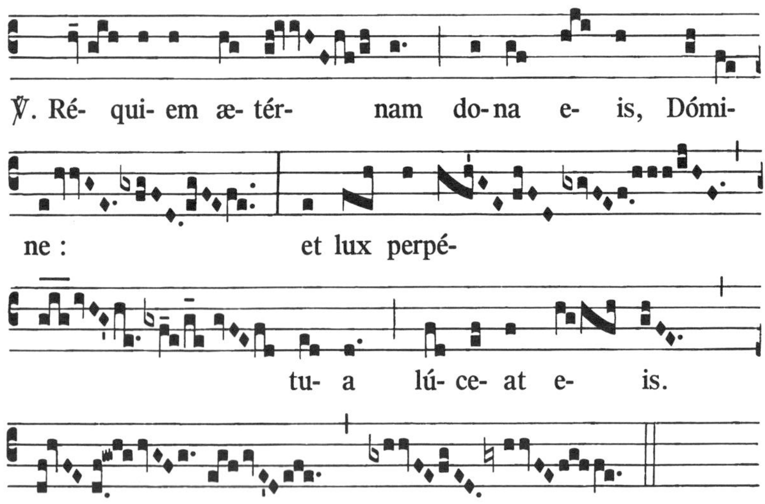

℣ *Pro sacerdotibus et religiosis :* Ego vos elégi de mundo, 429.

TRACTUS

I

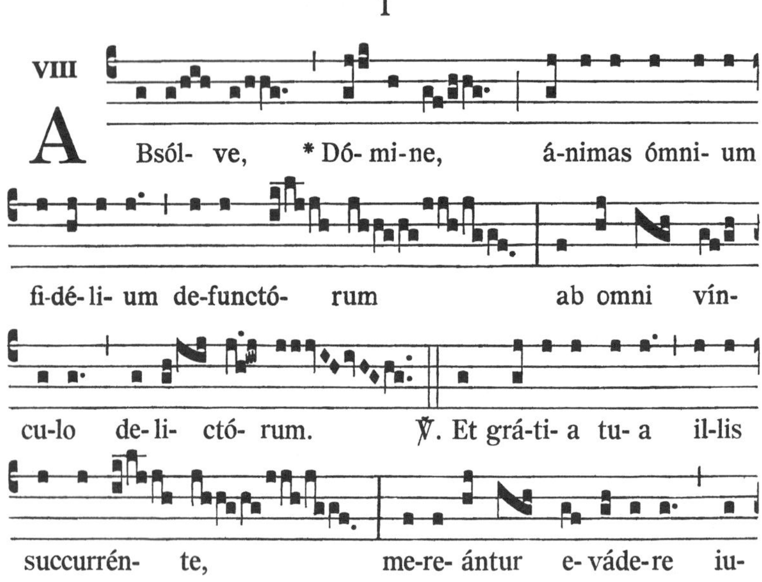

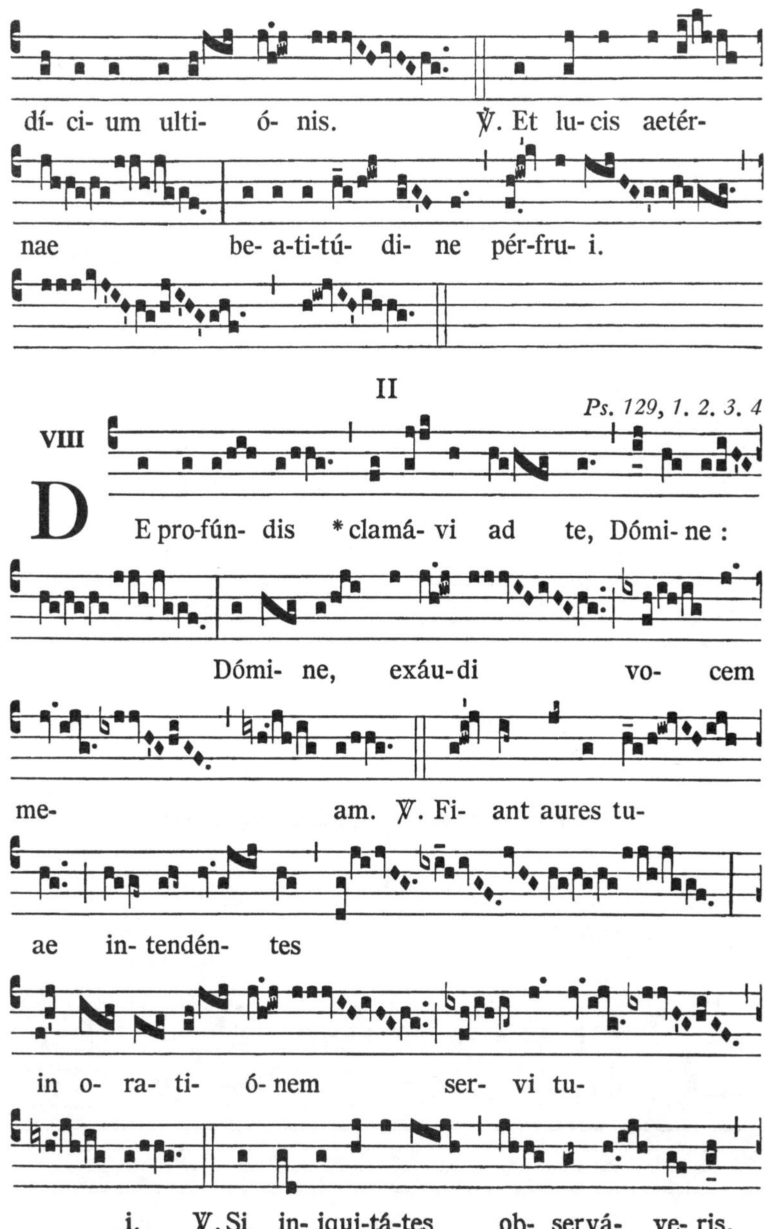
dí- ci- um ulti- ó- nis. ℣. Et lu- cis aetér-
nae be- a-ti-tú- di- ne pér-fru- i.
II
Ps. 129, 1. 2. 3. 4
VIII
DE pro-fún- dis * clamá- vi ad te, Dómi- ne :
Dómi- ne, exáu- di vo- cem
me- am. ℣. Fi- ant aures tu-
ae in- tendén- tes
in o- ra- ti- ó- nem ser- vi tu-
i. ℣. Si in- iqui-tá-tes ob- servá- ve- ris,

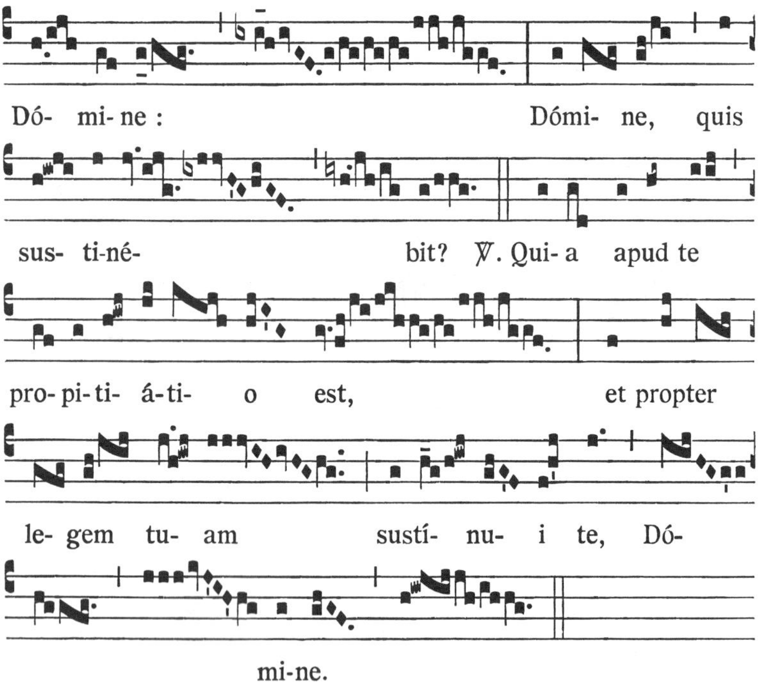
Dó- mi- ne : Dómi- ne, quis
sus- ti-né- bit? ℣. Qui- a apud te
pro- pi- ti- á-ti- o est, et propter
le- gem tu- am sustí- nu- i te, Dómi-ne.

III Qui séminant in lácrimis, 465.
IV Sicut cervus desíderat, 190.

ANTIPHONÆ AD OFFERTORIUM

I

℣. Hóstias *omitti potest.*

II
D Omi-ne Ie-su Christe, * Rex gló- ri-
ae, lí-be-ra á-nimas ómni- um fi-dé- li- um de- fun-

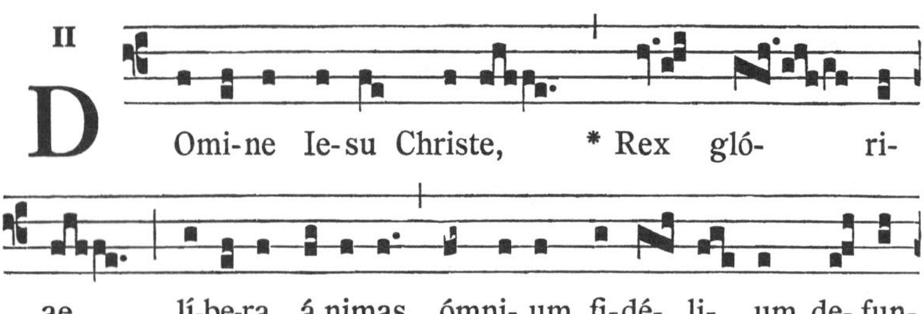

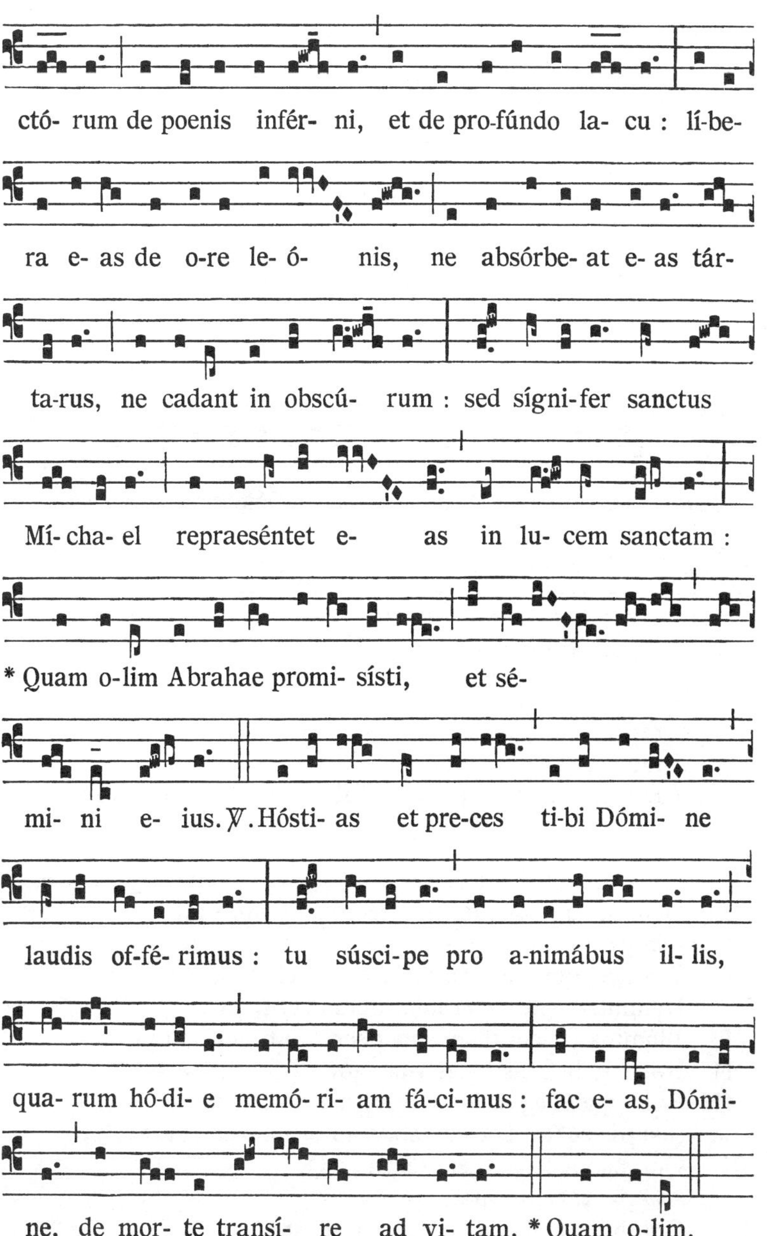
ctó- rum de poenis inférni, et de pro-fúndo la- cu : lí-be-
ra e- as de o-re le- ó- nis, ne absórbe- at e- as tár-
ta-rus, ne cadant in obscú- rum : sed sígni-fer sanctus
Mí- cha- el repraeséntet e- as in lu- cem sanctam :
* Quam o-lim Abrahae promi- sísti, et sé-
mi- ni e- ius. ℣. Hósti- as et pre-ces ti-bi Dómi- ne
laudis of-fé- rimus : tu súsci-pe pro a-nimábus il- lis,
qua- rum hó-di- e memó- ri- am fá-ci-mus : fac e- as, Dómine, de mor- te transí- re ad vi- tam. * Quam o-lim.

II De profúndis clamávi ad te, Dómine, 368.
III Dómine, convértere, et éripe ánimam meam, 283.
IV Dómine, Deus salútis meæ, 87.
V Illúmina óculos meos, 290.
VI Miserére mihi, Dómine, 92.
VII Si ambulávero in médio tribulatiónis, 341.

ANTIPHONÆ AD COMMUNIONEM

I

IV Esdr. 2, 35

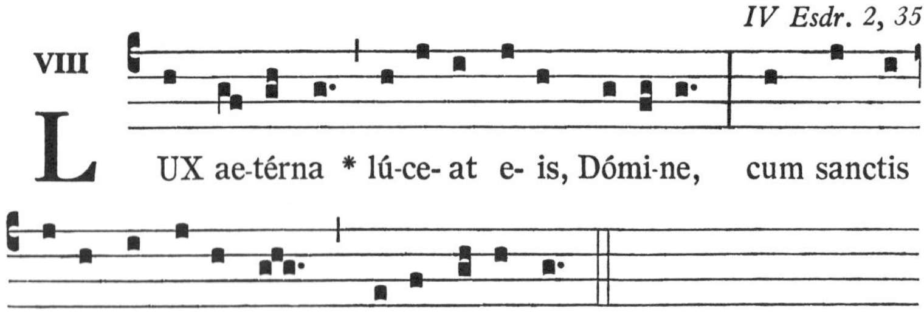

cum ps. **129***, 1 - 2 a. 2 bc. 3. 4. 5 - 6 a. 6 b - 7 a. 7 bc. 8.
vel **120***, 1. 2. 3. 4. 5. 6. 7. 8
vel **22***, 1 - 2 a. 2 b - 3 a. 3 b. 4 ab. 4 cd. 5 ab. 5 cd. 6 ab

II Amen dico vobis : quod uni, 79, *cum* ps. **6***, 2. 3. 4. 5. 6. 7
III Dómine, quinque talénta tradidísti mihi, 515,
cum ps. **15***, 1. 2. 3. 5. 6. 7. 8. 9. 10
IV Dómine, quis habitábit in tabernáculo tuo, 102.
V Dóminus regit me et nihil mihi déerit, 365.
VI Illúmina fáciem tuam super servum tuum, 271.
VII Notas mihi fecísti vias vitæ, 362.
VIII Panis quem ego dédero, caro mea est, 322.
cum ps. **26***, 1 a. 1 b. 2 ab. 3 ab. 9 ab. 9 cd. 11. 13. 14
IX Qui mandúcat carnem meam, 383,
cum ps. **22***, *ut supra.*
X Qui mihi minístrat, me sequátur, 484.

Tempore paschali :

IN. Ecce óculi Dómini super timéntes eum, 439.
AL. Christus resúrgens ex mórtuis, 226.
— Oportébat pati Christum et resúrgere, 220.
— Surréxit Christus et illúxit nobis, 230.
— Surréxit Dóminus de sepúlcro, 203.
OF. Deus, Deus meus, ad te de luce vígilo, 224.
CO. Christus resúrgens ex mórtuis, 207, *cum* ps. **15***.
— Ego sum pastor bonus, 224, *cum* ps. **22***.

2. MISSA IN EXSEQUIIS PARVULI BAPTIZATI

IN. Ego autem cum iustítia apparébo, 94.
GR. Beáta gens cuius est Dóminus, 333.
AL. Laudáte, púeri, Dóminum, 215.
OF. Inténde voci oratiónis meæ, 280.
CO. Dóminus regit me, et nihil mihi déerit, 365.

Tempore Paschali :

IN. Veníte benedícti Patris mei, 205.
CO. Omnes qui in Christo baptizáti estis, 61.

3. ORDO EXSEQUIARUM

DE VIGILIA PRO DEFUNCTO

Quando corpus defuncti in feretro deponitur, cantari possunt sequentes antiphonæ cum psalmis :

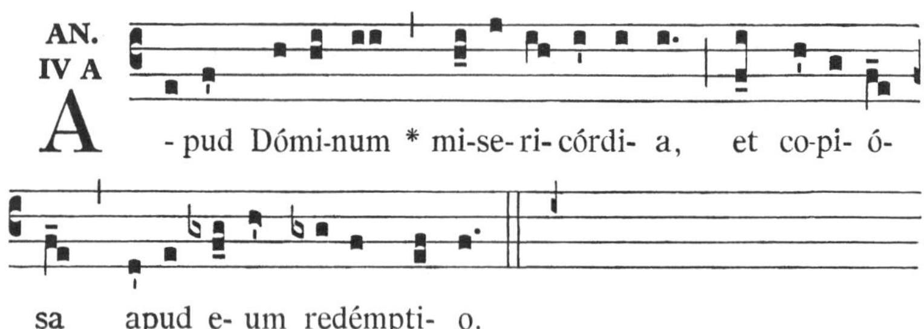

Psalmus 129

Post antiphonam ab omnibus decantatam, cantor vel cantores versum integrum canunt. Intonatio rursus cantatur initio cuiusque versiculi.

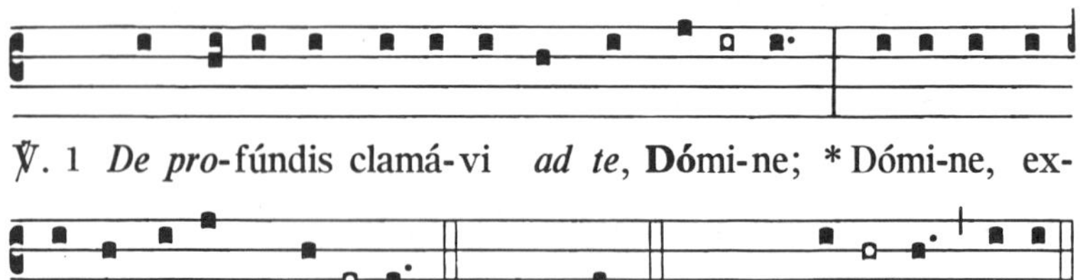

2 *Fiant* aures tuæ *inten***dén**tes * in vocem depreca*tiónis* **me**æ. *Ant.* Apud.

3 *Si in*iquitátes observá*veris*, **Dó**mine, * Dómine, *quis susti***né**bit? *Ant.* Apud.

4 *Quia* apud te propiti*áti*o est, * et *timébi***mus** te. *Ant.* Apud.

5 *Sustí*nui te, **Dó**mine; † sustínuit ánima mea in *verbo* **ei**us, * sperávit ánima *mea in* **Dó**mino. *Ant.* Apud.

6 *Magis* quam custó*des au***ró**ram, * speret Is*rael in* **Dó**mino. *Ant.* Apud.

7 *Quia* apud Dóminum mi*seri***cór**dia, * et copiósa apud *eum re***dém**ptio. *Ant.* Apud.

8 *Et ip*se ré*dimet* **Is**rael * ex ómnibus iniqui*tátibus* **e**ius. *Ant.* Apud.

In fine omnium psalmorum, omittitur Réquiem ætérnam.

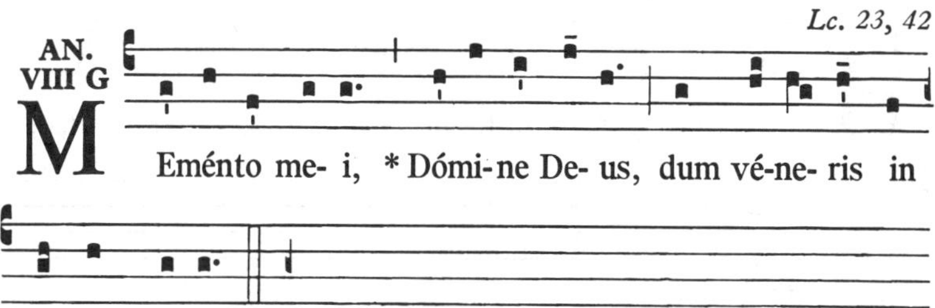

regnum tu- um.

Psalmus 22

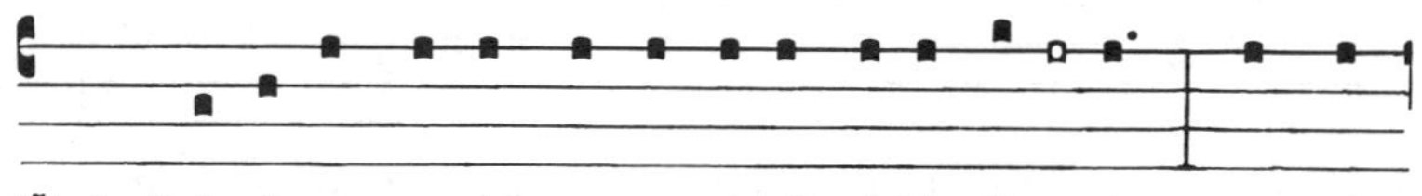

℣. 1 *Dó-mi-*nus pascit me, et ni-hil mi-hi **dé**- e-rit : * in pá-

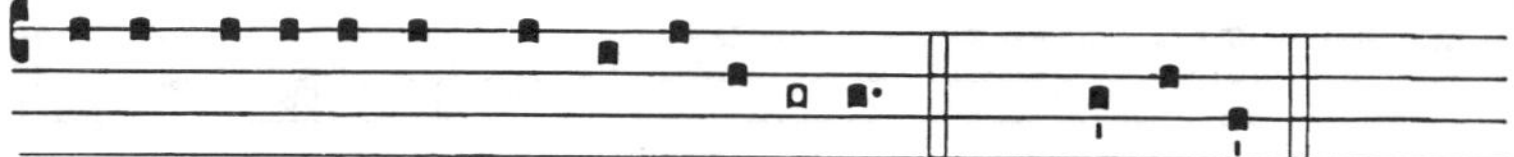

scu- is vi-rénti-bus me *col-lo***cá**- vit. *Ant.* Meménto.

2 *Super* aquas quiétis **edú**xit me, * ánimam me*am re***fé**cit. *Ant.* Meménto.

3 *Dedú*xit me super sémitas ius**tí**tiæ * propter *nomen* **su**um. *Ant.* Meménto.

4 *Nam et* si ambulávero in valle umbræ mortis, non timébo **ma**la, * quóni*am tu* **me**cum es. *Ant.* Meménto.

5 *Virga* tua et báculus **tu**us * ipsa me *conso***lá**ta sunt. *Ant.* Meménto.

6 *Parás*ti in conspéctu meo **men**sam * advérsus eos qui *tríbu***lant** me; *Ant.* Meménto.

7 *Impin*guásti in óleo caput **me**um, * et calix me*us* *red***ún**dat. *Ant.* Meménto.

8 *Ete*nim benígnitas et misericórdia subse**quén**tur me * ómnibus diébus *vitæ* **me**æ. *Ant.* Meménto.

9 *Et in*habitábo in domo **Dó**mini * in longitúdi*nem* *di***é**rum. *Ant.* Meménto.

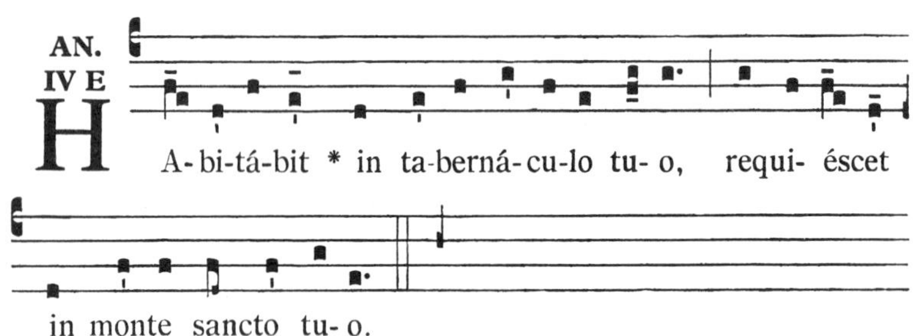

Psalmus 14

Flexa : **su-** a, †

2 *Qui in*gréditur sine mácula, et operá*tur* *ius***tí**tiam; * qui lóquitur veritátem *in corde* **su**o. *Ant.* Habitábit.

3 *Qui non* egit dolum in lingua **su**a, † nec fecit próximo *suo* **ma**lum, * et oppróbrium non íntulit *próximo* **su**o. *Ant.* Habitábit.

4 *Ad ní*hilum reputátus est in conspéctu e*ius* *ma***líg**nus, * timéntes autem Dó*minum* *glo***rí**ficat. *Ant.* Habitábit.

5 *Qui iu*rat in detriméntum suum et non **mu**tat, † qui pecúniam suam non dedit *ad u***sú**ram, * et múnera super innocén*tem non ac***cé**pit. *Ant.* Habitábit.

6 Qui **fa**cit hæc, * non movébi*tur in æ***tér**num. *Ant.* Habitábit.

STATIO PRIMA : IN DOMO DEFUNCTI

Pro opportunitate cani potest unus aliusve e psalmis responsoriis sequentibus :

Psalmus 129

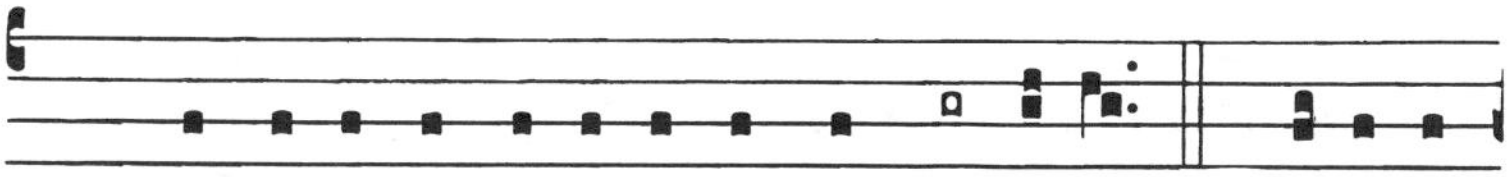

℣. 1 De pro-fúndis clamá-vi ad te, **Dómi**-ne : ℟. Dómi-ne,

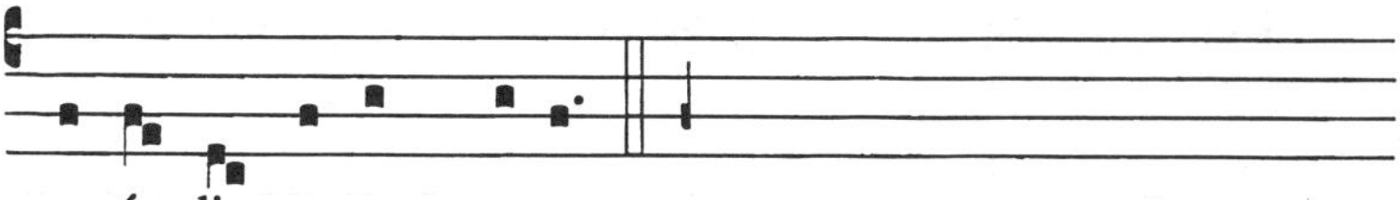

ex-áu-di vo-cem me- am.

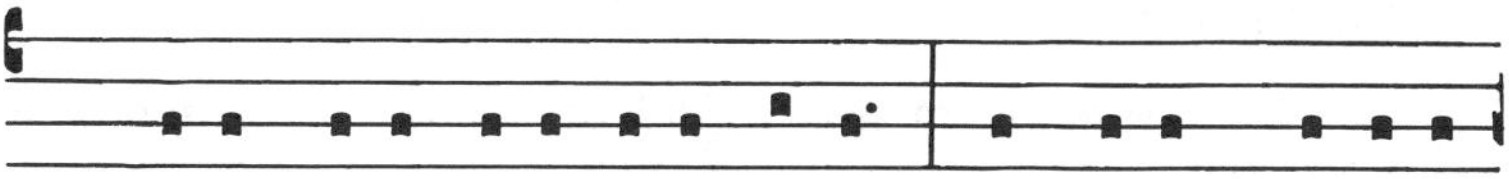

℣. 2 Fi- ant aures tu- æ inten**dén**tes, * in vo-cem depre-ca-

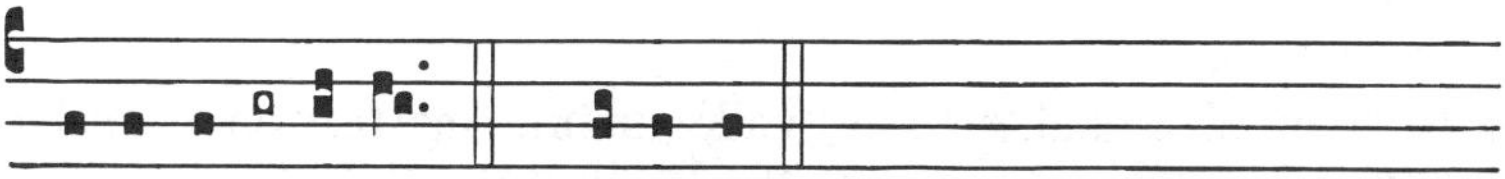

ti- ó-nis **me**- æ. ℟. Dómi-ne.

℣. 3 *et sequentes*, 678.

Psalmus 22

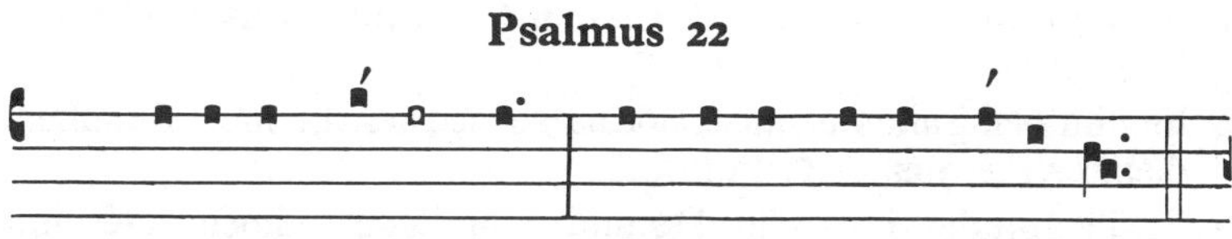

℣. 1 Dómi-nus **pas**cit me, * et ni-hil mi-hi **dé**- e- rit.

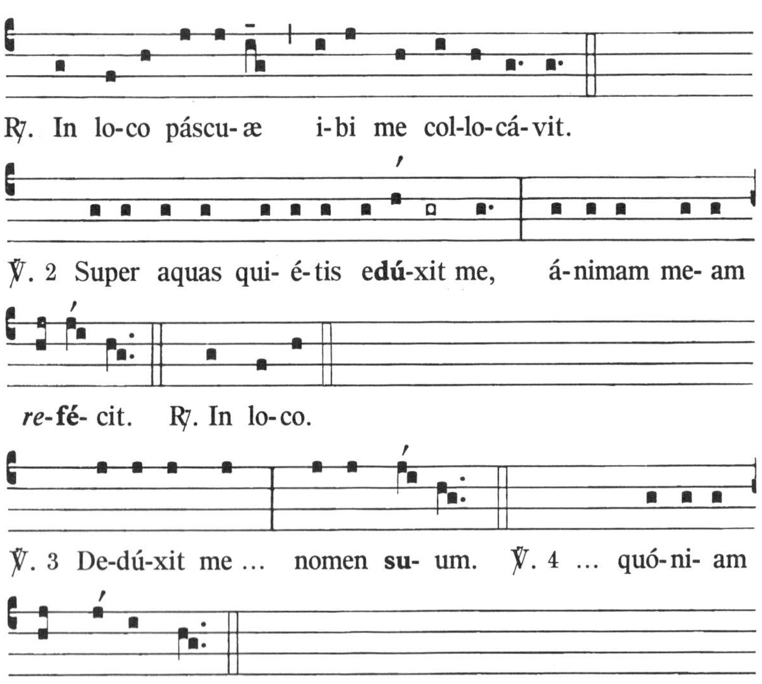

Versiculi impares in primo tenore (ut) cantantur; pares autem in secundo (sol).

3 Dedúxit me super sémitas ius**tí**tiæ * propter nomen **suum.** ℟. In loco.

4 Nam et si ambulávero in valle umbræ mortis, non timébo **mala,** * quóniam *tu* **me**cum es. ℟. In loco.

5 Virga tua et báculus **tuus** * ipsa me conso**lá**ta sunt. ℟. In loco.

6 Parásti in conspéctu meo **men**sam * advérsus eos qui trí*bu***lant** me. ℟. In loco.

7 Impinguásti in óleo caput **me**um, * et calix meus red**ún**dat. ℟. In loco.

8 Etenim benígnitas et misericórdia subse**quén**tur me * ómnibus diébus vi*tæ* **me**æ. ℟. In loco.

9 Et inhabitábo in domo **Dó**mini * in longitúdinem di**é**rum. ℟. In loco.

Psalmus 88

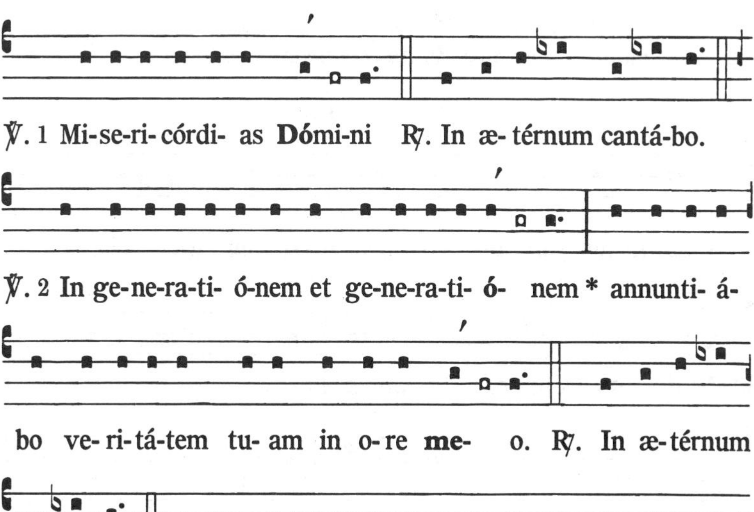

3 Quóniam dixísti : « In ætérnum misericórdia ædificábitur », * in cælis firmábitur véritas **tua**. ℟. In ætérnum.

4 Confitebúntur cæli mirábilia tua, **Dó**mine, * etenim veritátem tuam in ecclésia san**ctó**rum. ℟. In ætérnum.

5 Deus, metuéndus in consílio san**ctó**rum, * magnus et terríbilis super omnes qui in circúitu **e**ius sunt. ℟. In ætérnum.

6 Dómine Deus virtútum, quis símilis **ti**bi? * Potens es, Dómine, et véritas tua in circúitu **tu**o. ℟. In ætérnum.

7 Iustítia et iudícium firmaméntum sedis **tu**æ. * Misericórdia et véritas præcédent fáciem **tu**am. ℟. In ætérnum.

8 Beátus pópulus qui scit iubilati**ó**nem; * Dómine, in lúmine vultus tui ambu**lá**bunt, ℟. In ætérnum.

9 Et in nómine tuo exsultábunt tota **di**e, * et in iustítia tua exalta**bún**tur. ℟. In ætérnum.

10 Quóniam decor virtútis eórum **tu** es, * et in beneplácito tuo exaltábitur córnu **no**strum. ℟. In ætérnum.

AD PROCESSIONEM AD ECCLESIAM

Si delatio defuncti ad ecclesiam fit cum processione, cantari possunt sequentes psalmi responsorii vel antiphonæ cum psalmis :

Psalmus 121

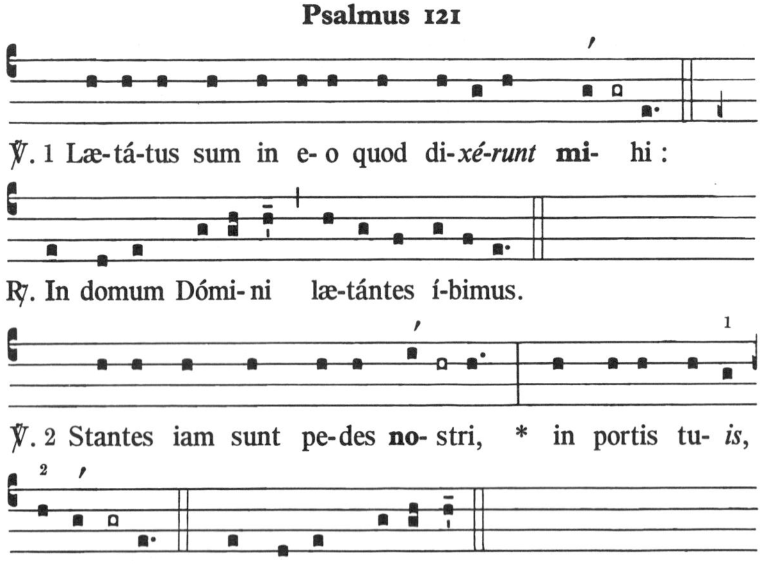

Ie-**rú**-sa-lem. ℟. In domum Dómi- ni.

3 Ierúsalem, quæ ædificáta est ut **cí**vitas * sibi compácta *in idí***psum**. ℟. In domum.

4 Illuc enim ascendérunt tribus, tribus **Dó**mini, * testimónium Israel, ad confiténdum nó*mini* **Dó**mini. ℟. In domum.

5 Quia illic sedérunt sedes ad iu**dí**cium, * sedes *domus* **Da**vid. ℟. In domum.

6 Rogáte quæ ad pacem sunt Ie**rú**salem, * secúri sint *dili***gén**tes te. ℟. In domum.

7 Fiat pax in muris **tu**is, * et secúritas in túr*ribus* **tu**is. ℟. In domum.

8 Propter fratres meos et próximos **me**os * lo*quar* : « *Pax* **in** te! » ℟. In domum.

9 Propter domum Dómini Dei **no**stri * exquíram *bona* **ti**bi. ℟. In domum.

Vel, pro opportunitate, cum responso Allelúia, *ut sequitur :*

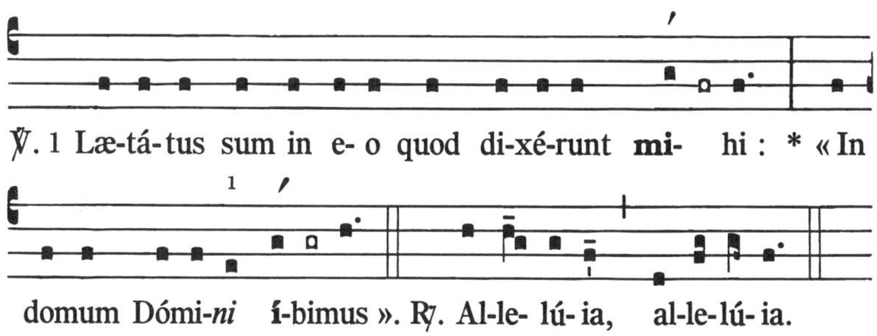

℣. 2 *et seq. ut supra.*

Psalmus 125

3 Tunc dicébant inter **gen**tes : * « Magnificávit Dóminus fácere cum **e**is ». ℟. Facti sumus.

4 Magnificávit Dóminus fácere no**bís**cum; * facti sumus læ**tán**tes. ℟. Facti sumus.

5 Convérte, Dómine, captivitátem **no**stram, * sicut torréntes in **Au**stro. ℟. Facti sumus.

6 Qui séminant in **lá**crimis, * in exsultatióne **me**tent. ℟. Facti sumus.

7 Eúntes ibant et **fle**bant, * semen spargéndum port**án**tes; ℟. Facti sumus.

8 Veniéntes autem vénient in exsultati**ó**ne, * portántes manípulos **su**os. ℟. Facti sumus.

Vel cum responso Allelúia, *ut sequitur :*

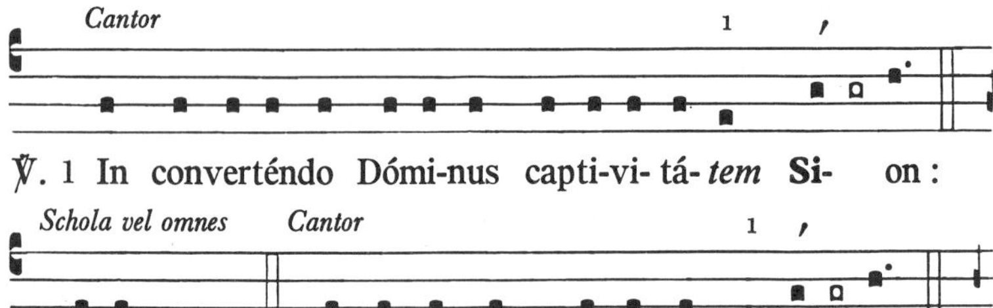

℣. 1 In convertendo Dómi-nus capti-vi- tá- *tem* **Si-** on :

℟. Alle- lú- ia. fa-cti su-mus qua-si som-*ni*- **án-** tes.

℟. Alle- lú- ia.

℣. 2 *et seq. ut supra.*

ANTIPHONÆ CUM PSALMIS

I

Ps. 114, 9

III b

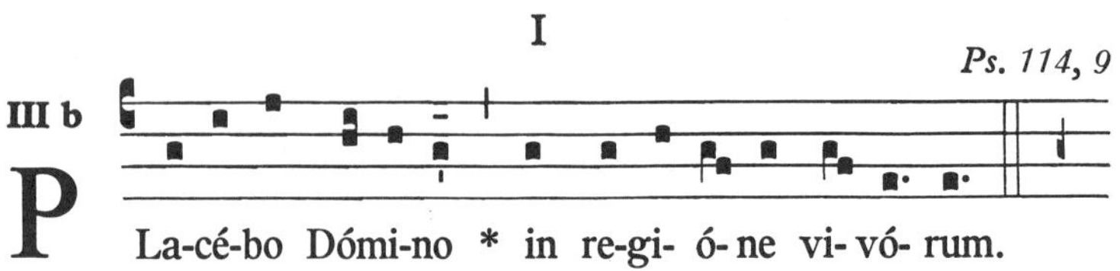

P La-cé-bo Dómi-no * in re-gi- ó- ne vi- vó- rum.

Psalmus 114

℣. 1 *Di- lé*-xi, quóni- am ex**áu**- dit **Dómi**-nus * vo- cem depre-

ca-ti- ó-*nis* **me-** æ. *Ant.* Pla-cé-bo. *Flexa:* **invé**-ni, †

2 *Quia* inclinávit aurem **suam mihi**, * cum in diébus meis in*vo*-
cábam. *Ant.* Placébo.

3 *Circum*dedérunt me **fu**nes **mor**tis, * et angústiæ inférni in*ve*-
nérunt me. *Ant.* Placébo.

4 *Tribu*latiónem et dolórem **invé**ni, † et nomen Dómini **invocá**-
bam : * « O Dómine, líbera áni*mam* **meam** ». *Ant.* Placébo.

5 *Misé*ricors Dómi**nus** et **ius**tus, * et Deus noster mi*se***ré**tur.
Ant. Placébo.

6 *Custó*diens **pár**vulos **Dómi**nus; * humiliátus sum, et salvum
me **fá**ciet. *Ant.* Placébo.

7 *Convér*tere, ánima mea, in **ré**quiem **tu**am, * quia Dóminus
benefé*cit* **ti**bi. *Ant.* Placébo.

8 *Quia* erípuit ánimam meam de **mor**te, † óculos **meos** a **lácri**-
mis, * pedes meos *a* **lap**su. *Ant.* Placébo.

II

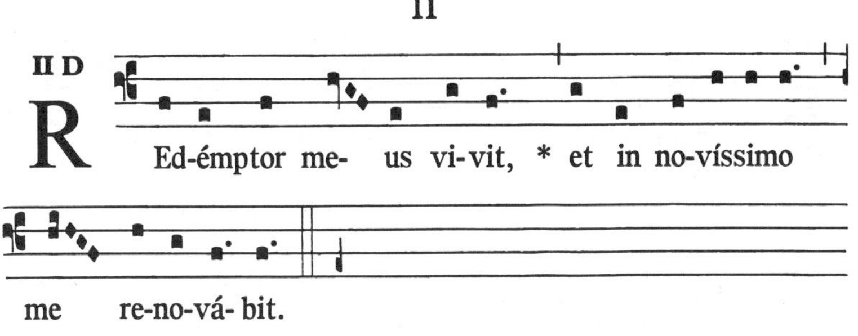

Psalmus 115

℣. 1 *Cré-di-* di, é-ti- am cum lo-**cú**-tus sum : * « Ego humi- li-

á-tus *sum* **ni-** mis. *Ant.* Red-émptor. *Flexa:* **me-** a : †

2 *Ego* dixi in trepidatióne **mea** : * « Omnis ho*mo* **men**dax ». *Ant.* Redémptor.
3 *Quid re*tríbuam **Dó**mino * pro ómnibus quæ retríbu*it* **mi**hi? *Ant.* Redémptor.
4 *Cáli*cem salutáris ac**cí**piam, * et nomen Dómini in*vo***cá**bo. *Ant.* Redémptor.
5 *Vota* mea Dómino **red**dam * coram omni pópu*lo* **e**ius. *Ant.* Redémptor.
6 *Pretió*sa in conspéctu **Dó**mini * mors sanctó*rum* **e**ius. *Ant.* Redémptor.
7 *O Dó*mine, ego servus **tu**us, * ego servus tuus et fílius ancíl*læ* **tu**æ. *Ant.* Redémptor.
8 *Diru*písti víncula **me**a : † tibi sacrificábo hóstiam **lau**dis, * et nomen Dómini in*vo***cá**bo. *Ant.* Redémptor.
9 *Vota* mea Dómino **red**dam * coram omni pópu*lo* **e**ius. *Ant.* Redémptor.
10 *In á*triis domus **Dó**mini, * in médio tui, *Ie***rú**salem. *Ant.* Redémptor.

III

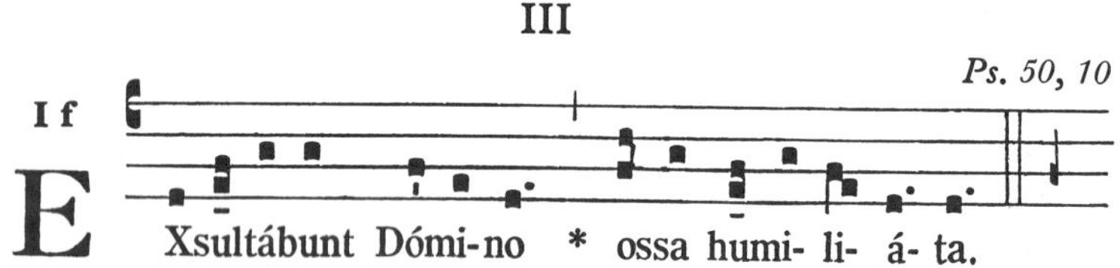

Psalmus 50

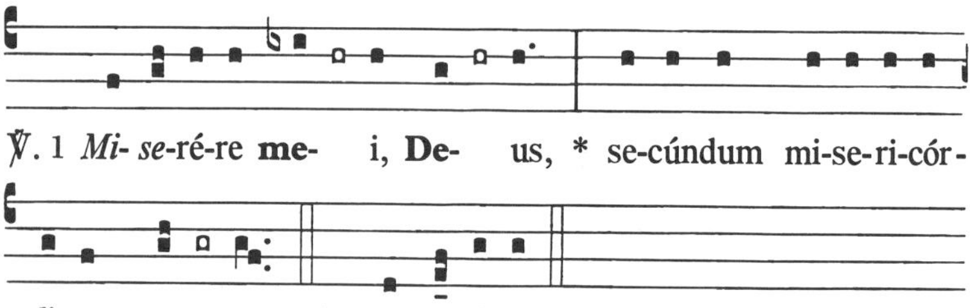

2 *Et se*cúndum multitúdinem miseratió**num** **tu**árum * dele iniqui*tátem* **me**am. *Ant.* Exsultábunt.
3 *Ampli*us lava me ab iniqui**tá**te **me**a, * et a peccáto *meo* **mun**da me. *Ant.* Exsultábunt.

4 *Quóni*am iniquitátem meam **e**go co**gnó**sco, * et peccátum meum contra *me est* **sem**per. *Ant.* Exsultábunt.

5 *Tibi*, tibi **so**li pec**cá**vi, * et malum co*ram te* **fe**ci. *Ant.* Exsultábunt.

6 *Ut iu*stus inveniáris in sen**tén**tia **tua** * et æquus in iudí*cio* **tu**o. *Ant.* Exsultábunt.

7 *Ecce* enim in iniquitáte **gene**r**á**tus sum, * et in peccáto concépit me *mater* **me**a. *Ant.* Exsultábunt.

8 *Ecce* enim veritátem in corde **dilexí**sti, * et in occúlto sapiéntiam manife*stásti* **mi**hi. *Ant.* Exsultábunt.

9 *Aspér*ges me hyssópo, **et** mun**dá**bor; * lavábis me, et super nivem *deal***bá**bor. *Ant.* Exsultábunt.

10 *Avér*te fáciem tuam a pec**cá**tis **me**is, * et omnes iniquitátes *meas* **de**le. *Ant.* Exsultábunt.

11 *Cor mun*dum crea **in** me, **De**us, * et spíritum firmum ínnova in viscé*ribus* **me**is. *Ant.* Exsultábunt.

12 *Ne pro*ícias me a **fá**cie **tua**, * et spíritum sanctum tuum ne áu*feras* **a** me. *Ant.* Exsultábunt.

13 *Redde* mihi lætítiam salu**tá**ris **tui**, * et spíritu promptíssi*mo con***fír**ma me. *Ant.* Exsultábunt.

IV

Apoc. 14, 13

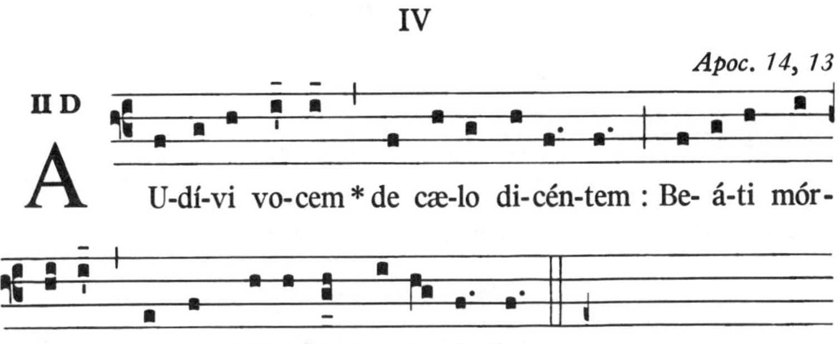

Psalmus 120

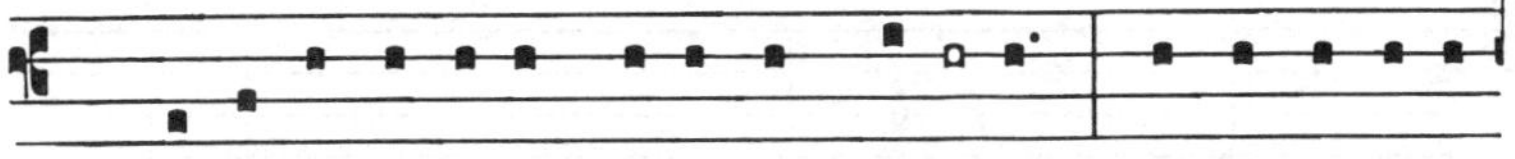

℣. 1 *Le-vá*-bo ó-cu-los me- os in **mon**- tes : * unde vé-ni- et

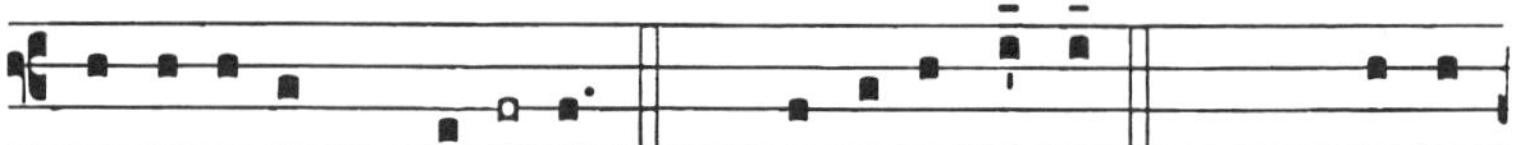

auxí- li- *um* **mi-** hi? *Ant.* Audí-vi vo-cem. *Flexa :* **custó-**

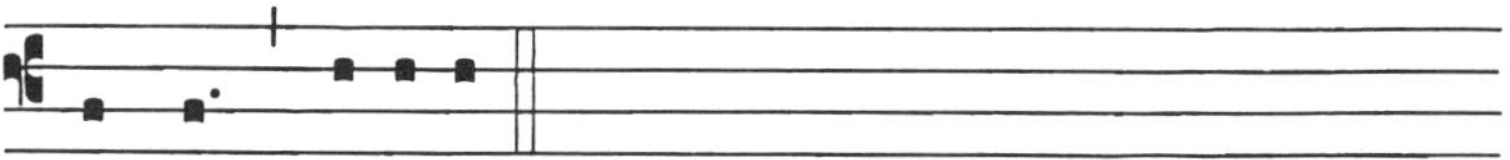

dit te, †

2 *Auxí*lium meum a **Dó**mino, * qui fecit cælum *et* **ter**ram. *Ant.* Audívi vocem.

3 *Non da*bit in commotiónem pedem **tu**um, * neque dormitábit qui *cu***stó**dit te. *Ant.* Audívi vocem.

4 *Ecce* non dormitábit neque **dór**miet * qui custó*dit* **Is**rael. *Ant.* Audívi vocem.

5 *Dómi*nus cus**tó**dit te, † Dóminus umbráculum **tu**um, * ad manum déxte*ram* **tu**am. *Ant.* Audívi vocem.

6 *Per di*em sol non percúti**et** te, * neque luna *per* **noc**tem. *Ant.* Audívi vocem.

7 *Dómi*nus custódiet te ab omni **ma**lo; * custódiet ánimam tu*am* **Dó**minus. *Ant.* Audívi vocem.

8 *Dómi*nus custódiet intróitum tuum et éxitum **tu**um, * ex hoc nunc et usque *in* **sǽ**culum. *Ant.* Audívi vocem.

V

Psalmus 122

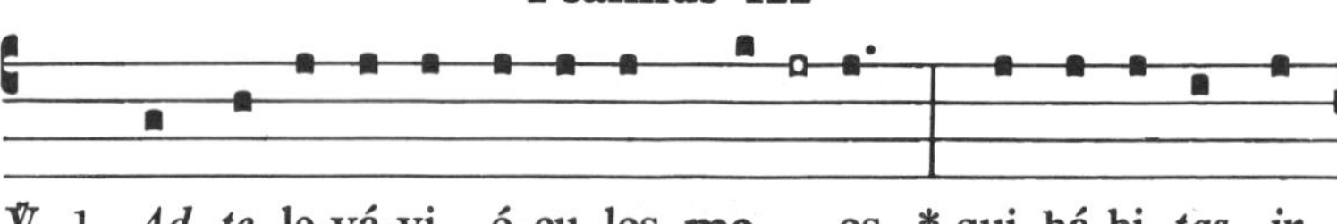

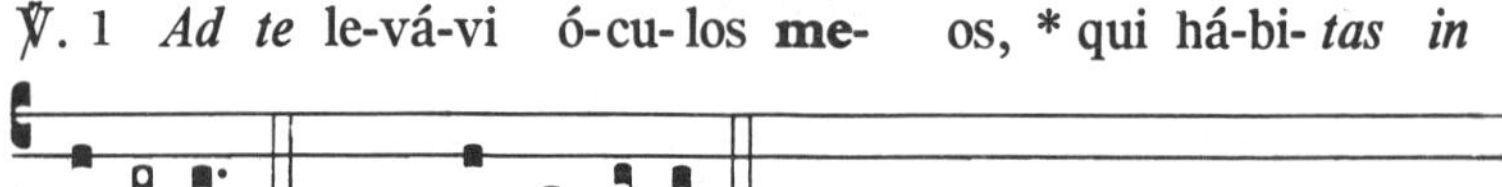

cæ- lis. *Ant.* Qui há-bi-tas.

2 *Ecce* sicut óculi servórum ad manus dominórum su**ó**rum, * sicut óculi ancíllæ ad manus d*ó*min*æ* **su**æ. *Ant.* Qui hábitas.
3 *Ita* óculi nostri ad Dóminum Deum **no**strum, * donec misere*átur* **no**stri. *Ant.* Qui hábitas.
4 *Mis*erére nostri, Dómine, miserére **no**stri, * quia multum repléti sumus de*specti***ó**ne. *Ant.* Qui hábitas.
5 *Quia* multum repléta est ánima **no**stra * derisióne abundántium et despectióne *super***bó**rum. *Ant.* Qui hábitas.

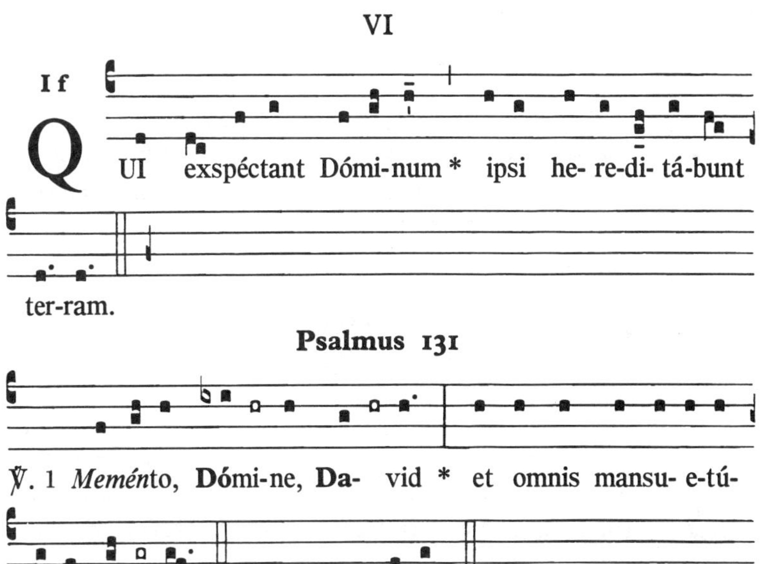

2 *Quia* iu**rá**vit **Dó**mino, * votum vovit Po*ténti* **Ia**cob. *Ant.* Qui exspéctant.
3 « *Non in*troíbo in tabernáculum **do**mus **me**æ, * non ascéndam in lectum *stráti* **mei**. *Ant.* Qui exspéctant.
4 *Non da*bo somnum **ó**culis **me**is * et pálpebris meis dormi*tati*-**ó**nem. *Ant.* Qui exspéctant.
5 *Donec* invéniam **lo**cum **Dó**mino, * tabernáculum Po*ténti* **Ia**cob ». *Ant.* Qui exspéctant.
6 *Ecce* audívimus eam **es**se in **E**phrata, * invénimus eam in *campis* **Iaa**r. *Ant.* Qui exspéctant.

7 *Ingre*diámur in taber**ná**culum **e**ius, * adorémus ad scabéllum *pedum* **e**ius. *Ant.* Qui exspéctant.

8 *Surge*, Dómine, in **ré**quiem **tu**am, * tu et arca fortitú*dinis* **tu**æ. *Ant.* Qui exspéctant.

9 *Sacer*dótes tui indu**án**tur ius**tí**tiam, * et sancti tu*i ex***súl**tent. *Ant.* Qui exspéctant.

10 *Propter* David **ser**vum **tu**um * non avértas fáciem *Christi* **tu**i. *Ant.* Qui exspéctant.

Adhiberi possunt etiam alii cantus apti.

STATIO SECUNDA : IN ECCLESIA

Ad ingressum in ecclesiam et ad initium Missæ, de more unicus habeatur cantus, iuxta normas in Institutione generali de Missa traditas. Attamen, si specialis ratio pastoralis duplicem cantum requirat, potest adhiberi unum ex responsoriis de quibus infra.

Ad Missam, ut supra, 669.

AD ULTIMAM COMMENDATIONEM ET VALEDICTIONEM

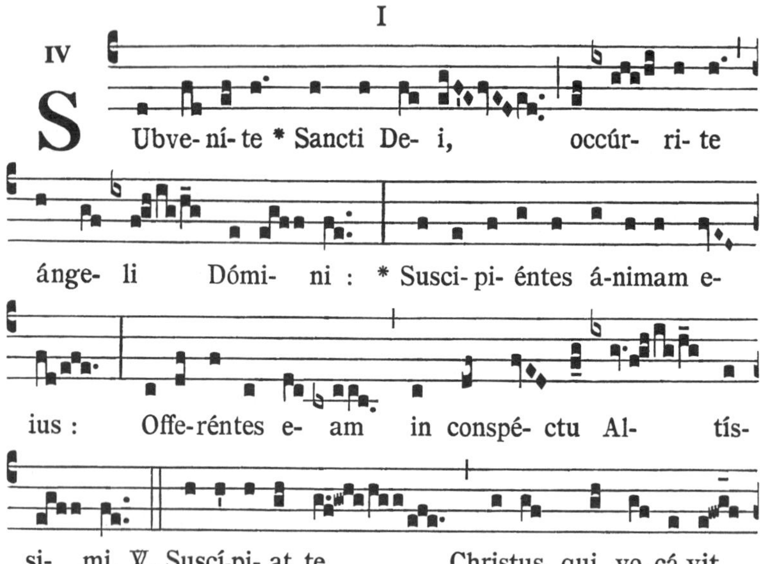

II

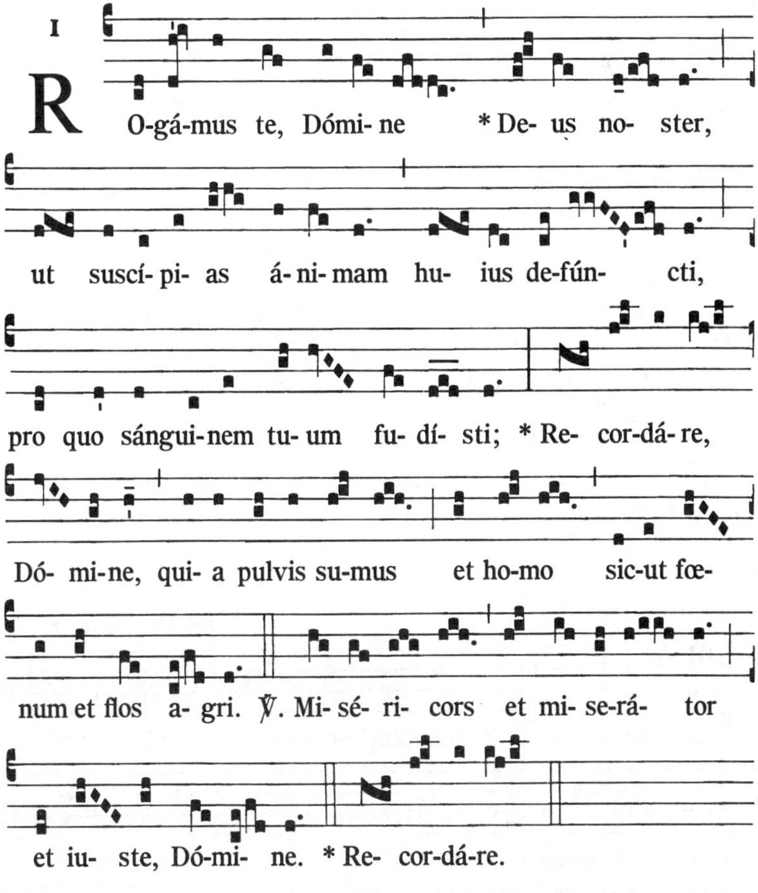

I

R O-gá-mus te, Dómi- ne * De- us no- ster,
ut suscí- pi- as á- ni- mam hu- ius de-fún- cti,
pro quo sángui-nem tu- um fu- dí- sti; * Re- cor-dá- re,
Dó- mi-ne, qui- a pulvis su-mus et ho-mo sic-ut fœ-
num et flos a- gri. ℣. Mi- sé- ri- cors et mi- se-rá- tor
et iu- ste, Dó-mi- ne. * Re- cor-dá-re.

III

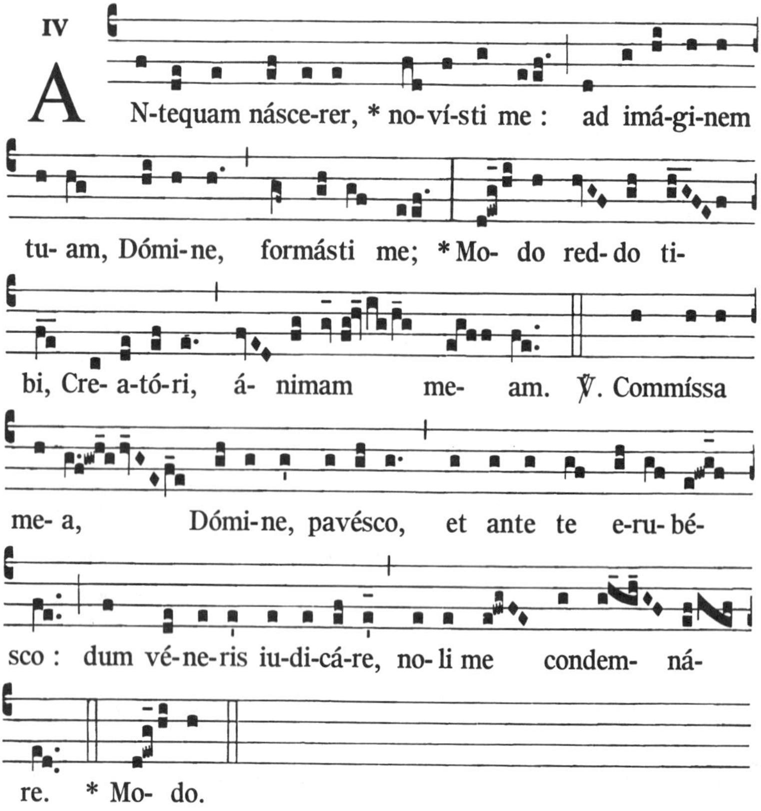
IV
A N-tequam násce-rer, * no-ví-sti me : ad imá-gi-nem
tu- am, Dómi-ne, formásti me; * Mo- do red- do ti-
bi, Cre- a-tó-ri, á- nimam me- am. ℣. Commíssa
me- a, Dómi-ne, pavésco, et ante te e-ru- bé-
sco : dum vé-ne-ris iu-di-cá-re, no- li me condem- ná-
re. * Mo- do.

IV

Iob 19, 25, 26. ℣. 27

VIII
C Redo * quod Red-émptor me- us vi- vit,
et in no-vís- simo di- e de terra surrectú-

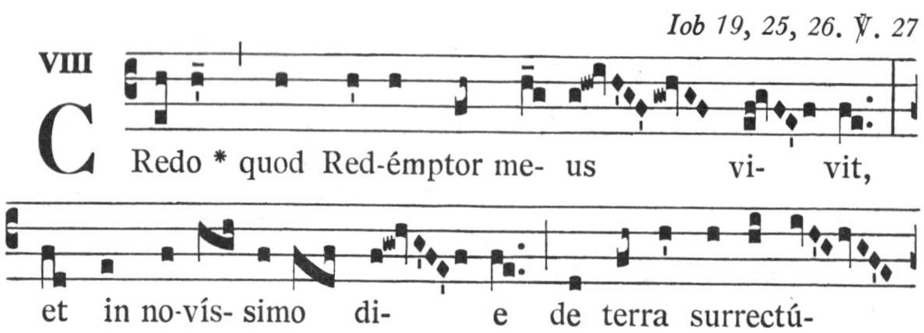

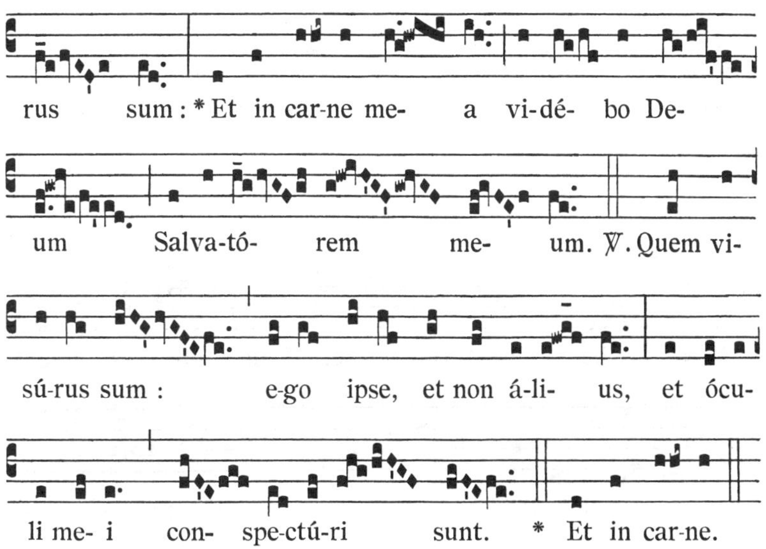
rus sum : * Et in car-ne me- a vi-dé- bo De-
um Salva-tó- rem me- um. ℣. Quem vi-
sú-rus sum : e-go ipse, et non á-li- us, et óculi me- i con- spe-ctú-ri sunt. * Et in car-ne.

V

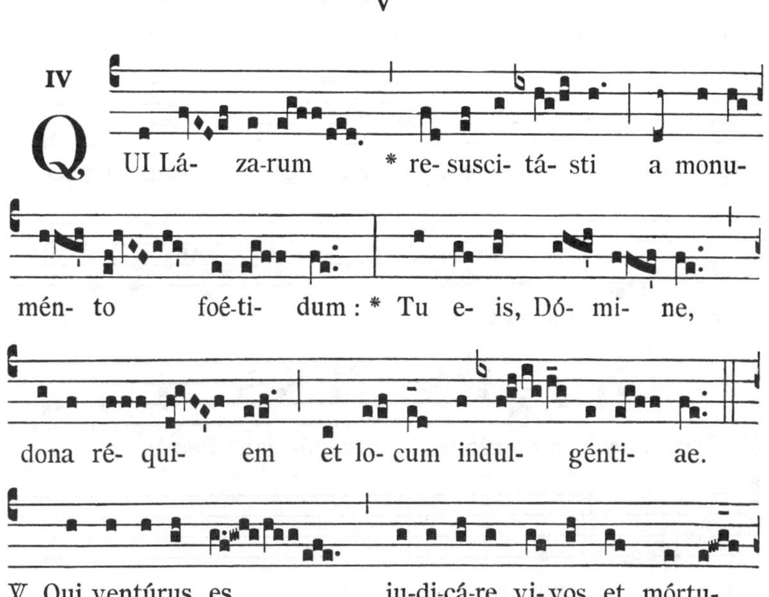
IV
QUI Lá- za-rum * re- susci- tá- sti a monu-
mén- to foé-ti- dum : * Tu e- is, Dó- mi- ne,
dona ré- qui- em et lo- cum indul- génti- ae.
℣. Qui ventúrus es iu-di-cá-re vi- vos et mórtu-

os, et saécu- lum per i- gnem. * Tu e- is.

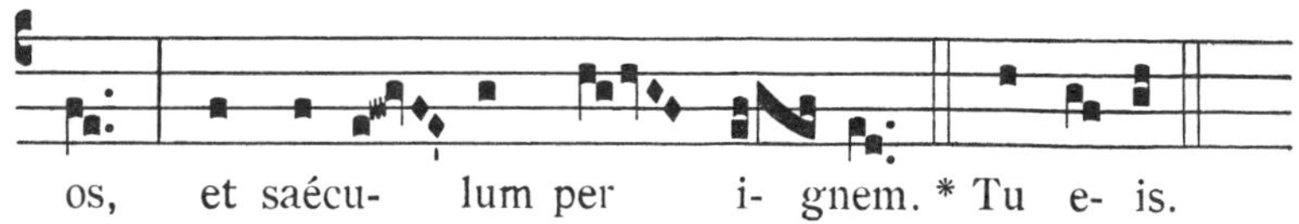

VI

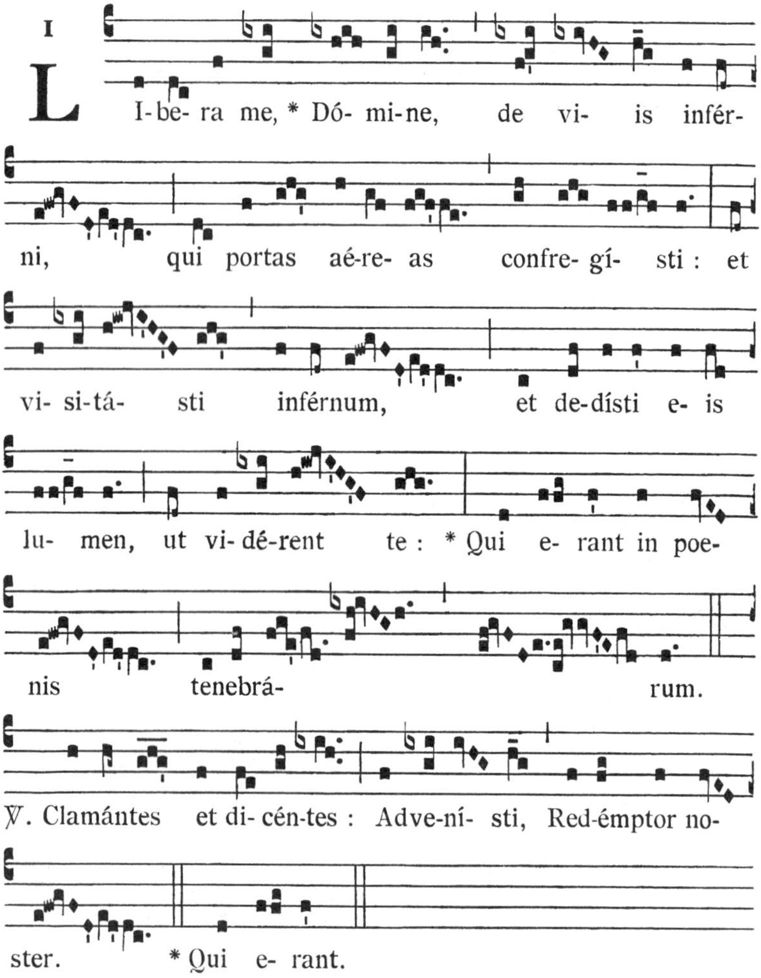

I
L
I-be- ra me, * Dó- mi-ne, de vi- is inférni, qui portas aé-re- as confre- gí- sti : et
vi- si-tá- sti inférnum, et de-dísti e- is
lu- men, ut vi- dé-rent te : * Qui e- rant in poenis tenebrá- rum.
℣. Clamántes et di- cén-tes : Adve-ní- sti, Red-émptor noster. * Qui e- rant.

Dum corpus effertur ex ecclesia, cani possunt :

ANTIPHONÆ

I

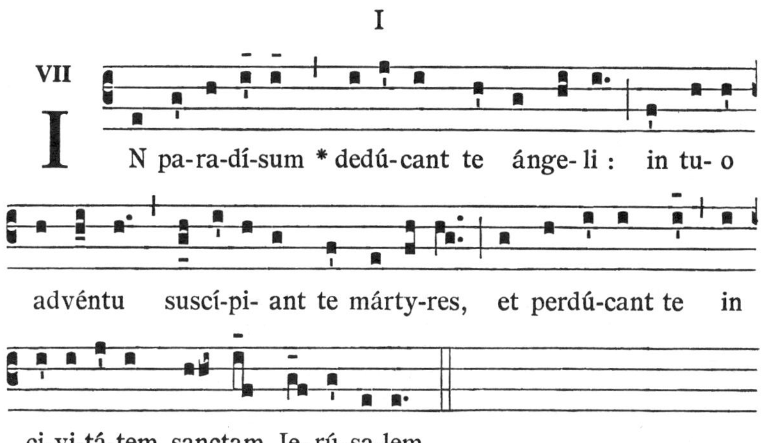

II

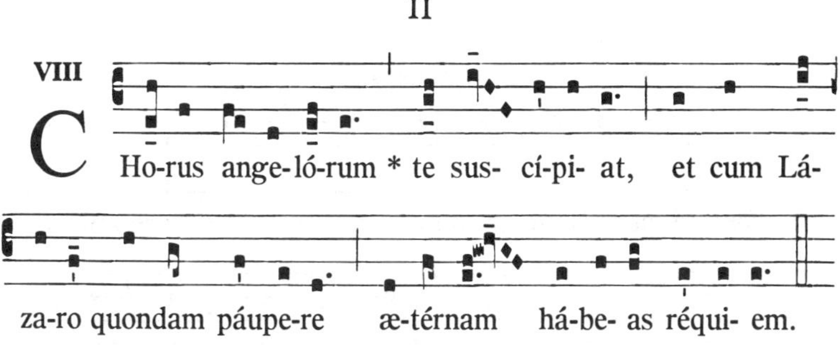

III

Io. 11, 25. 26

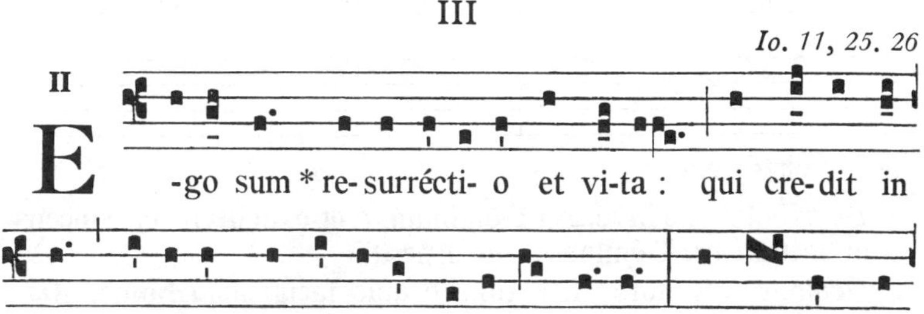

vi-vit et cre-dit in me, non mo-ri- é-tur in ae-térnum.

cum nonnullis versiculis aptioribus ps. 113, In éxitu Israel.

AD PROCESSIONEM AD CŒMETERIUM

Dum corpus fertur ad cæmeterium, cantari possunt :

ANTIPHONÆ CUM PSALMIS

I

VIII G

Psalmus 117

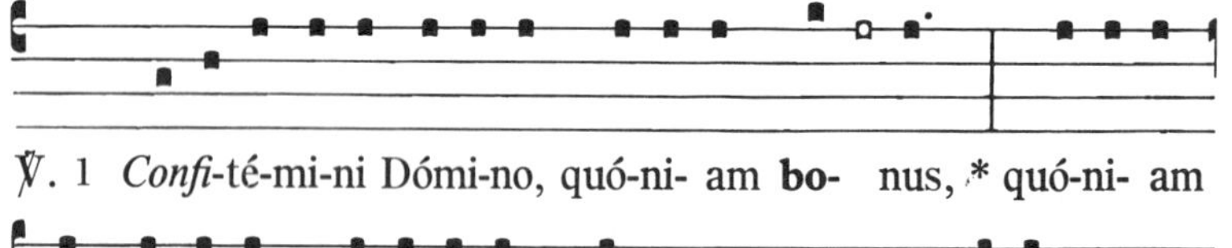

℣. 1 *Confi*-té-mi-ni Dómi-no, quó-ni- am **bo**- nus, * quó-ni- am

in sǽ-cu-lum mi-se-ri-cór*di- a* **e**- ius. *Ant.* Ape- rí- te.

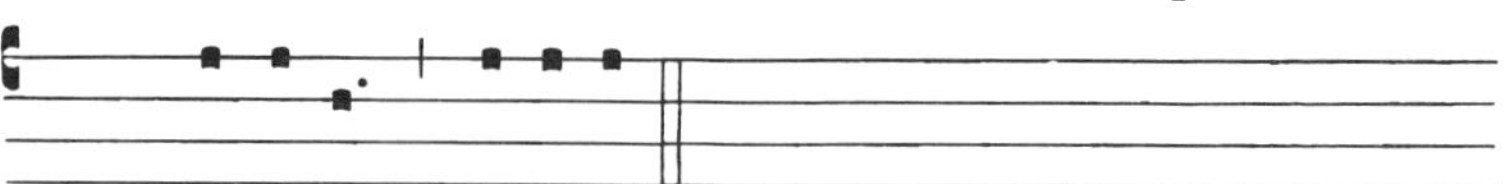

Flexa : vir**tú**-tem : †

2 *De tri*bulatióne invocávi **Dó**minum, * et exaudívit me edúcens in latitú*dinem* **Dó**minus. *Ant.* Aperíte.

3 *Dómi*nus **me**cum, * non timébo quid fáciat *mihi* **ho**mo. *Ant.* Aperíte.

4 *Bonum* est confúgere ad **Dó**minum, * quam confíd*ere in* **hó**mine. *Ant.* Aperíte.

5 *Bonum* est confúgere ad **Dó**minum, * quam confídere *in prin***cí**pibus. *Ant.* Aperíte.

6 *Impel*léntes impulérunt me, ut **cá**derem, * et Dómi*nus ad***iú**vit me. *Ant.* Aperíte.

7 *Forti*túdo mea et laus mea **Dó**minus, * et factus est mihi *in sa***lú**tem. *Ant.* Aperíte.

8 *Déxte*ra Dómini fecit vir**tú**tem, † déxtera Dómini exal**tá**vit me; * déxtera Dómini fe*cit vir***tú**tem. *Ant.* Aperíte.

9 *Non mó*riar, sed **vi**vam, * et narrábo *ópera* **Dó**mini. *Ant.* Aperíte.

10 *Hæc por*ta **Dó**mini, * iusti intrá*bunt in* **e**am. *Ant.* Aperíte.

11 *Confi*tébor tibi, quóniam exau**dí**sti me, * et factus es mihi *in sa***lú**tem. *Ant.* Aperíte.

II

Alii versiculi ut supra.

III

Ps. 41, 3

Psalmus 41

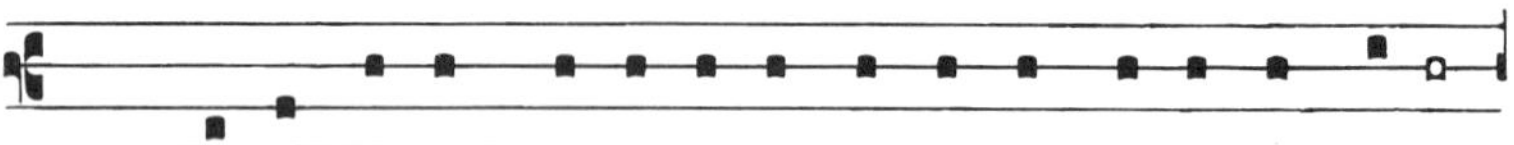

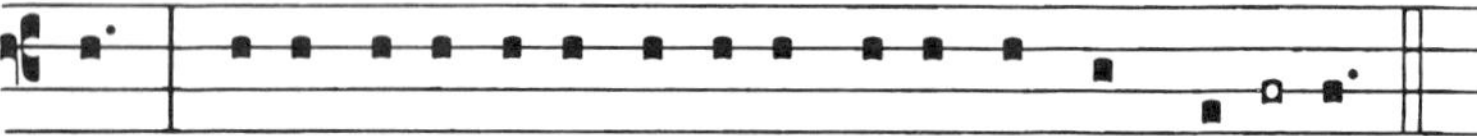

2 *Fué*runt mihi lácrimæ meæ panis die ac **no**cte, * dum dícitur mihi cotídie : « Ubi est De*us* **tu**us? » *Ant.* Sitívit.

3 *Hæc re*cordátus sum et effúdi in me ánimam **me**am; * quóniam transíbam in locum tabernáculi admirábilis usque ad do*mum* **Dei**, *Ant.* Sitívit.

4 *In vo*ce exsultatiónis et confessi**ó**nis, * multitúdinis festa ce*le*-**brán**tis. *Ant.* Sitívit.

5 *Quare* tristis es, ánima **me**a, * et quare conturbá*ris* **in** me? *Ant.* Sitívit.

6 *Spera* in Deo, quóniam adhuc confitébor **il**li, * salutáre vultus mei et De*us* **me**us. *Ant.* Sitívit.

IV

Ps. 24, 7

me- as ne memí-ne- ris Dómi-ne.

Psalmus 24

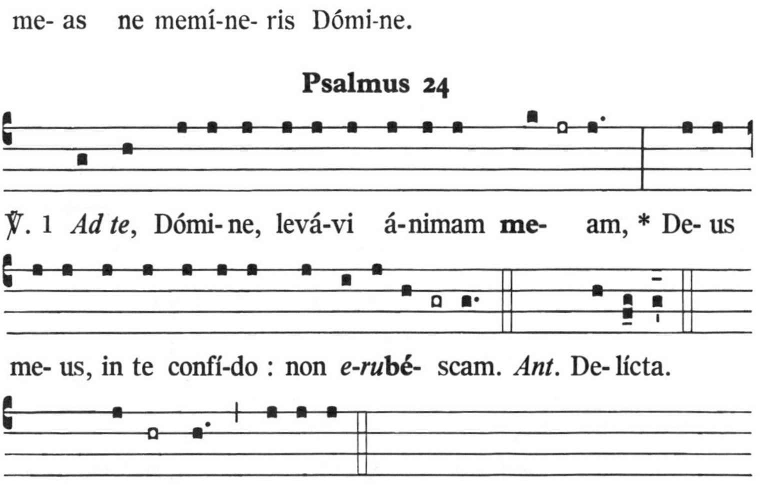

Flexa : **do**-ce me, †

2 *Neque* exsúltent super me inimíci **mei**, * étenim univérsi qui sústinent te non *confun***dén**tur. *Ant.* Delícta.

3 *Vias* tuas, Dómine, demónstra **mi**hi, * et sémitas tuas *édo***ce** me. *Ant.* Delícta.

4 *Díri*ge me in veritáte tua et **do**ce me, † quia tu es Deus salútis **me**æ, * et te sustínui *tota* **di**e. *Ant.* Delícta.

5 *Remi*níscere miseratiónum tuárum, **Dó**mine, * et misericordiárum tuárum, quóniam a *sǽcu***lo** sunt. *Ant.* Delícta.

6 *Secún*dum misericórdiam tuam meménto **mei** tu, * propter bonitátem *tuam*, **Dó**mine. *Ant.* Delícta.

7 *Dulcis* et rectus **Dó**minus, * propter hoc peccatóres vi*am do***cé**bit. *Ant.* Delícta.

8 *Uni*vérsæ viæ Dómini misericórdia et **vé**ritas * custodiéntibus testaméntum eius et testim*ónia* **ei**us. *Ant.* Delícta.
9 *Propter* nomen tuum, Dómine, propitiáberis peccáto **me**o; * mul*tum est* **e**nim. *Ant.* Delícta.

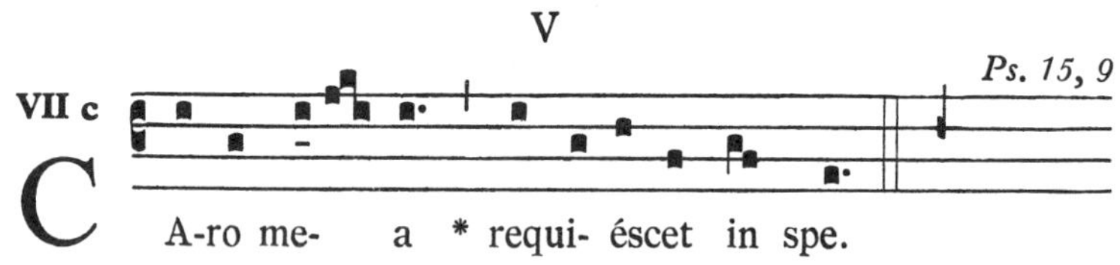

Psalmus 15

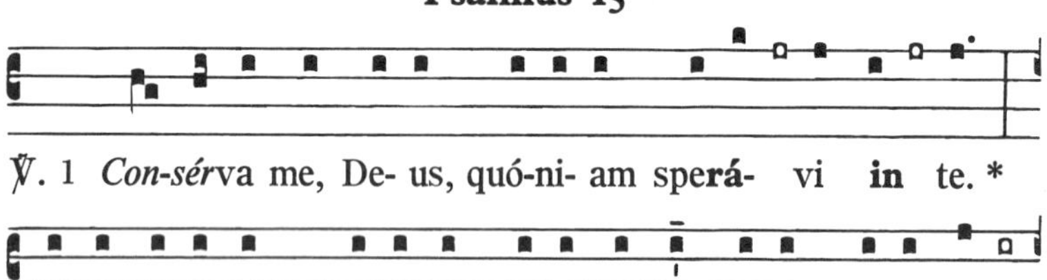

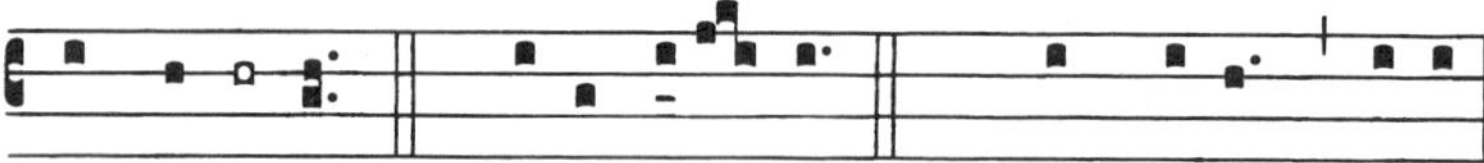

2 *Dómi*nus pars hereditátis meæ et **cá**licis **mei** : * tu es qui détines **sor**tem **me**am. *Ant.* Caro mea.
3 *Funes* cecidérunt mihi **in** præ**clá**ris; * ínsuper et heréditas mea speci**ó**sa est **mi**hi. *Ant.* Caro mea.
4 *Bene*dícam Dóminum qui tríbuit mihi **in**tel**léc**tum; * ínsuper et in nóctibus erudiérunt me **re**nes **mei**. *Ant.* Caro mea.
5 *Propo*nébam Dóminum in conspéctu **meo sem**per, * quóniam a dextris est mihi, non **com**mo**vé**bor. *Ant.* Caro mea.
6 *Propter* hoc lætátum est cor **me**um, † et exsultavérunt præ**cór**dia **me**a; * ínsuper et caro mea requi**é**scet **in** spe. *Ant.* Caro mea.
7 *Quóni*am non derelínques ánimam meam **in** in**fér**no, * nec dabis sanctum tuum vidére cor**rup**ti**ó**nem. *Ant.* Caro mea.
8 *Notas* mihi fácies vias **vi**tæ, † plenitúdinem lætítiæ cum **vul**tu **tu**o, * delectatiónes in déxtera tua **u**sque in **fi**nem. *Ant.* Caro.

STATIO TERTIA : AD SEPULCRUM

In fine totius ritus, aliquis cantus edi potest, iuxta consuetudinem locorum, verbi gratia :

ANTIPHONÆ CUM PSALMIS

I

Ps. 4, 9

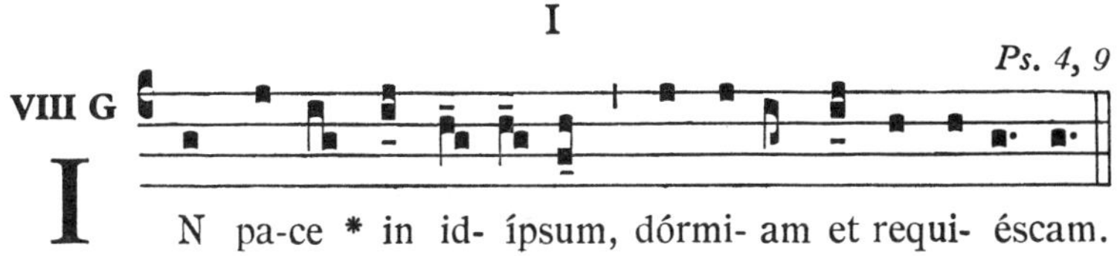

Psalmus 4

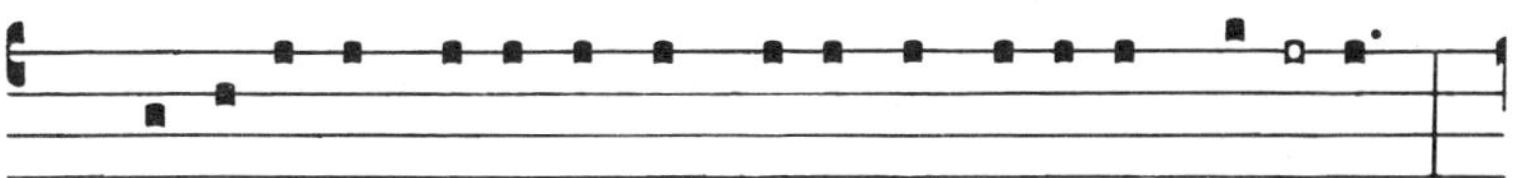

℣. 1 *Invo*-cántem exáudi me, De- us iustí- ti- æ **me**- æ; *

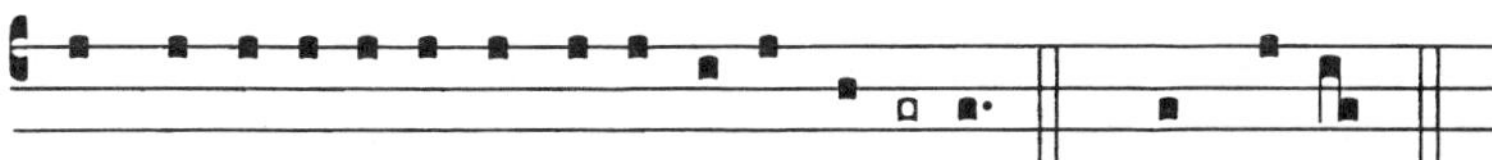

in tri-bu- la-ti- ó-ne di- la-*tásti* **mi**- hi. *Ant.* In pa-ce.

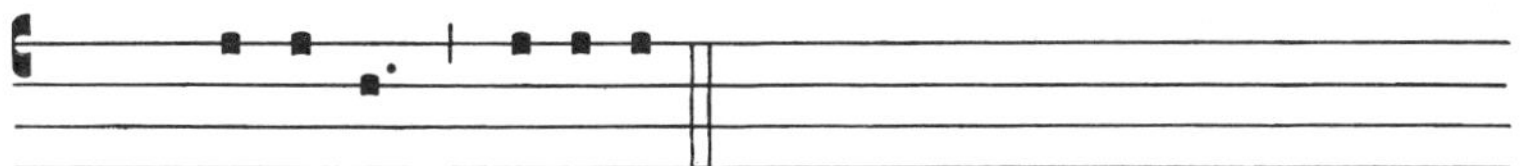

Flexa : pec**cá**-re; †

2 *Mise*rére **mei** * et exáudi orati*ónem* **me**am. *Ant.* In pace.

3 *Fíli*i hóminum, úsquequo gravi **cor**de? * ut quid diligitis vanitátem et quǽri*tis men***dá**cium? *Ant.* In pace.

4 *Et sci*tóte quóniam mirificávit Dóminus sanctum **su**um; * Dóminus exáudiet, cum clamáve*ro ad* **e**um. *Ant.* In pace.

5 *Ira*scímini et nolíte pec**cá**re; † loquímini in córdibus **ves**tris, * in cubílibus vestris et *conqui***é**scite. *Ant.* In pace.

6 *Sacri*ficáte sacrifícium ius**tí**tiæ * et sperá*te in* **Dó**mino. *Ant.* In pace.

7 *Multi* dicunt : « Quis osténdit nobis **bo**na? » * Leva in signum super nos lumen vultus *tui*, **Dó**mine. *Ant.* In pace.

8 *Maió*rem dedísti lætítiam in corde **me**o, * quam cum multiplicántur fruméntum et vi*num e***ó**rum. *Ant.* In pace.

II

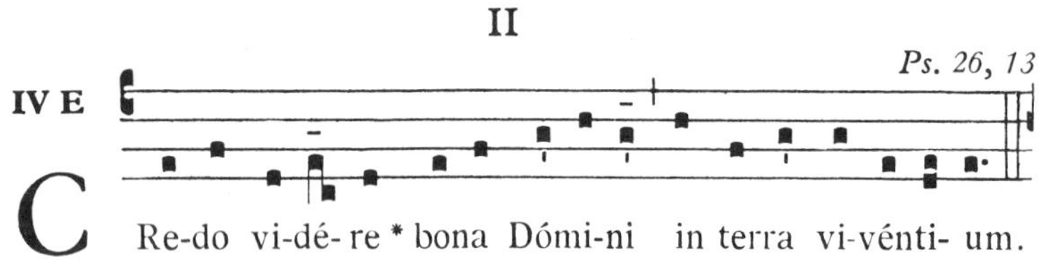

Psalmus 26

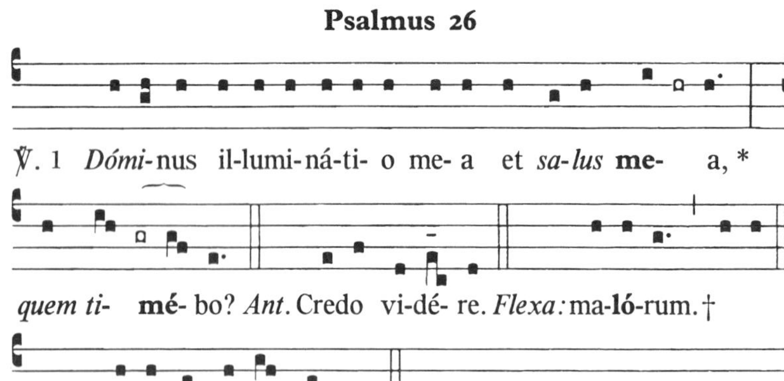

℣. 2... di- é-*bus vi-tæ* **me**- æ.

2 *Unum* pétii a Dómino, *hoc re***quí**ram : * ut inhábitem in domo Dómini ómnibus dié*bus vitæ* **me**æ. *Ant.* Credo.

3 *Ut ví*deam volu*ptátem* **Dó**mini, * et vísi*tem templum* **e**ius. *Ant.* Credo.

4 *Quóni*am occultábit me in tentório suo, in die ma**ló**rum. † Abscóndet me in abscóndito tabernᴀ́*culi* **sui**, * in pe*tra exal***tábit** me. *Ant.* Credo.

5 *Immo*lábo in tabernáculo eius hóstias vocifer*ati*ónis, * cantábo et psal*mum dicam* **Dómi**no. *Ant.* Credo.

6 *Exáu*di, Dómine, vocem meam *qua cla***má**vi, * miserére me*i et* ex**áudi** me. *Ant.* Credo.

7 *De te* dixit cor **me**um : † « Exquírite fá*ciem* **e**ius »; * fáciem tuam, Dó*mine*, *re***quí**ram. *Ant.* Credo.

CANTUS
IN ORDINE MISSÆ
OCCURRENTES

IN DOMINICIS
AD ASPERSIONEM AQUÆ BENEDICTÆ
EXTRA TEMPUS PASCHALE
I

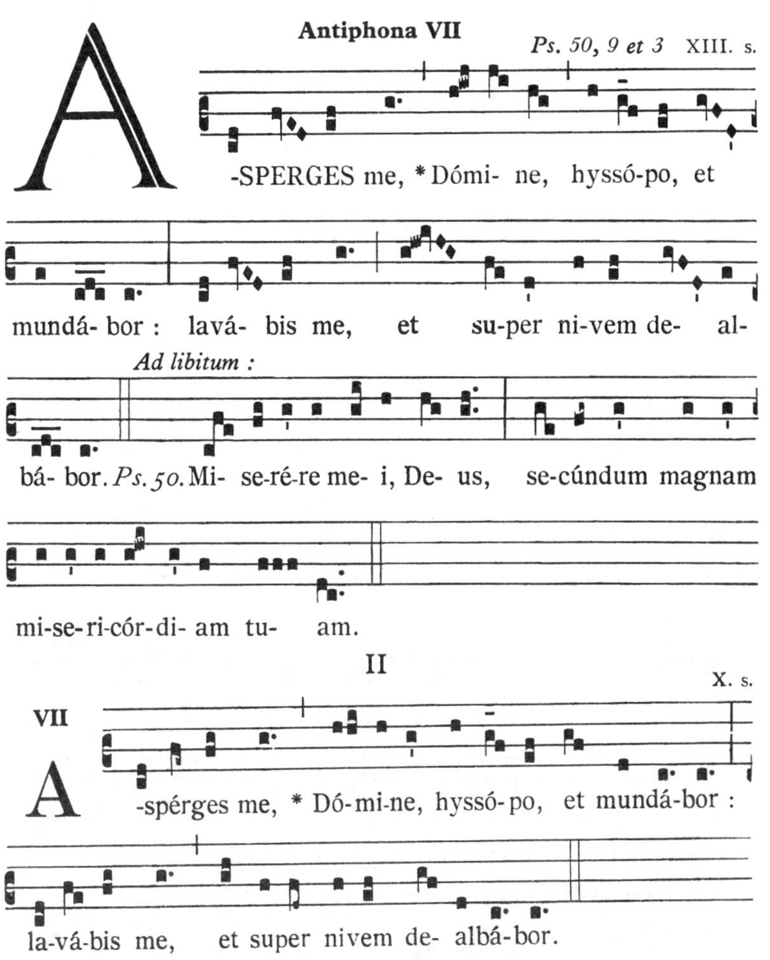

Ps. Miserére, *ut supra.*

III

XII. s.

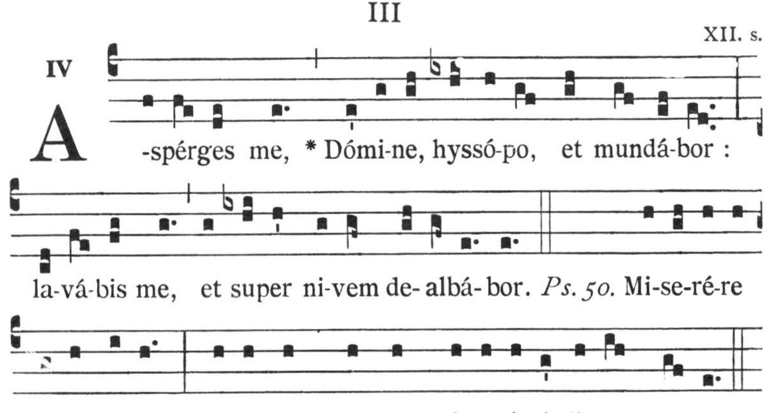

TEMPORE PASCHALI

Scilicet a dominica Paschæ usque ad Pentecosten inclusive

Ezech. 47, 1. 9 X. s.

KYRIALE [1]

1. Pro cantibus in Ordine Missæ occurrentibus servantur Kyriale Romanum et Kyriale simplex.

Licet cantuum selectio præprimis ex ingenio seu capacitate pendeat cantorum, ornatiores melodiæ in sollemnioribus celebrationibus præferantur.

2. Ad cantum *Kyrie* quod attinet, quando novem invocationes notantur in extenso, musicæ « forma » eas integre canere requirit. Contra, quando unica habetur melodia repetenda pro primis invocationibus *Kyrie*, hæc invocatio bis tantummodo cantatur. Item pro invocationibus sequentibus, *Christe* et *Kyrie* (ex. gr. Kyrie V). Quando tamen ultimum *Kyrie* peculiari melodia est instructum (ex. gr. Kyrie I), *Kyrie* quod præcedit semel tantum canitur ; ita regula generalis de unaquaque invocatione repetenda servatur.

3. Cum *Kyrie* tamquam responsio ad aliquam invocationem in actu pænitentiali usurpatur, melodia huic muneri respondens elegatur, scilicet Kyrie XVI vel XVIII Kyrialis Romani, necnon melodiæ Kyrialis simplicis.

[1] *Cf. Prænotanda, nn. 2, 3, 16*

I

TEMPORE PASCHALI

(Lux et origo)

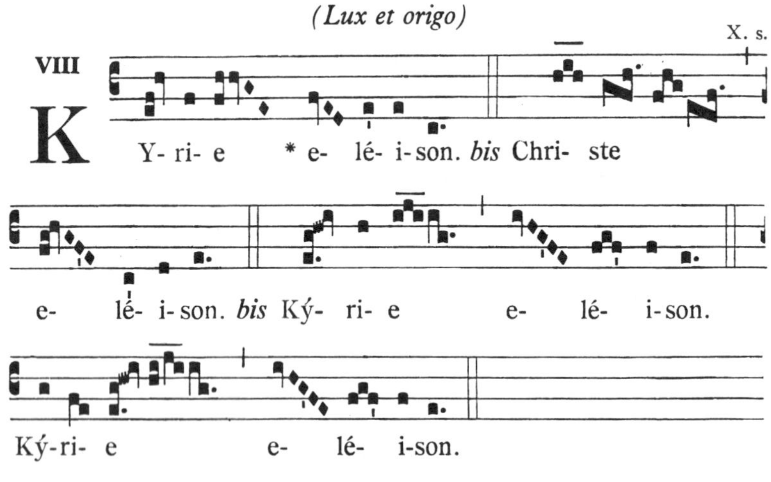

A

PRO DOMINICIS

(Te Christe rex supplices)

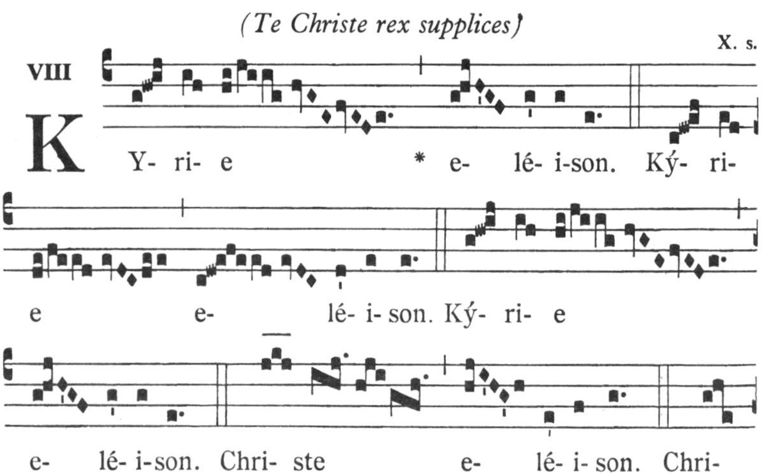

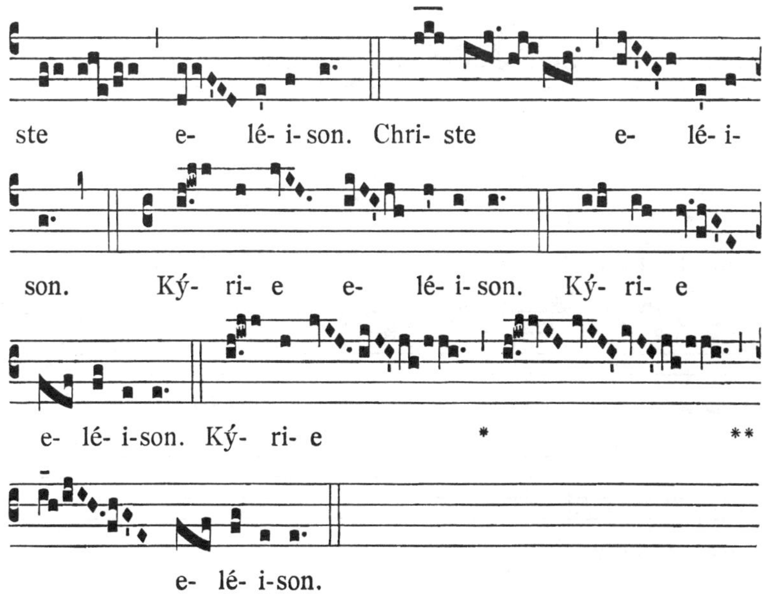

B

PRO FESTIS ET MEMORIIS

(Conditor Kyrie omnium)

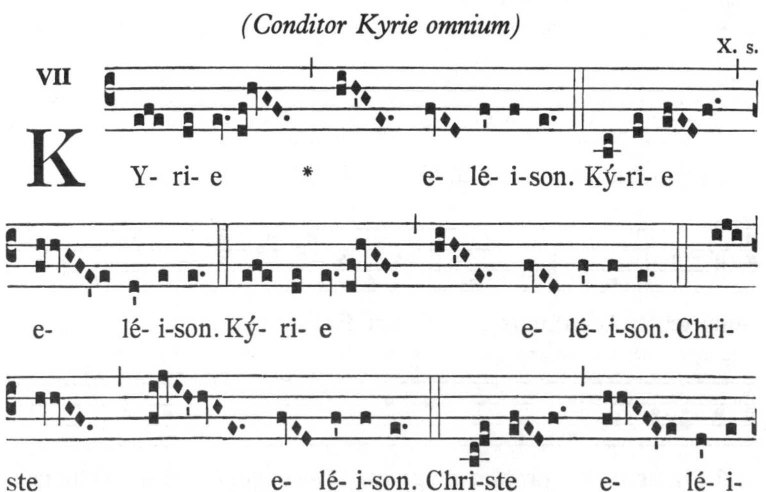

son. Chri- ste e- lé- i-son. Ký- ri- e
e- lé- i-son. Ký- ri- e e- lé- i-son. Ký-
ri- e * **
e- lé- i-son.
X. s.
IV
GLó-ri- a in excél-sis De- o. Et in ter- ra pax
ho-mí-ni-bus bonae vo-luntá- tis. Laudámus te. Be-ne-dí-cimus te. Ado-rámus te. Glo-ri- fi-cá-mus te. Grá-ti- as
á-gimus ti- bi propter magnam gló- ri- am tu- am. Dó-mi-ne

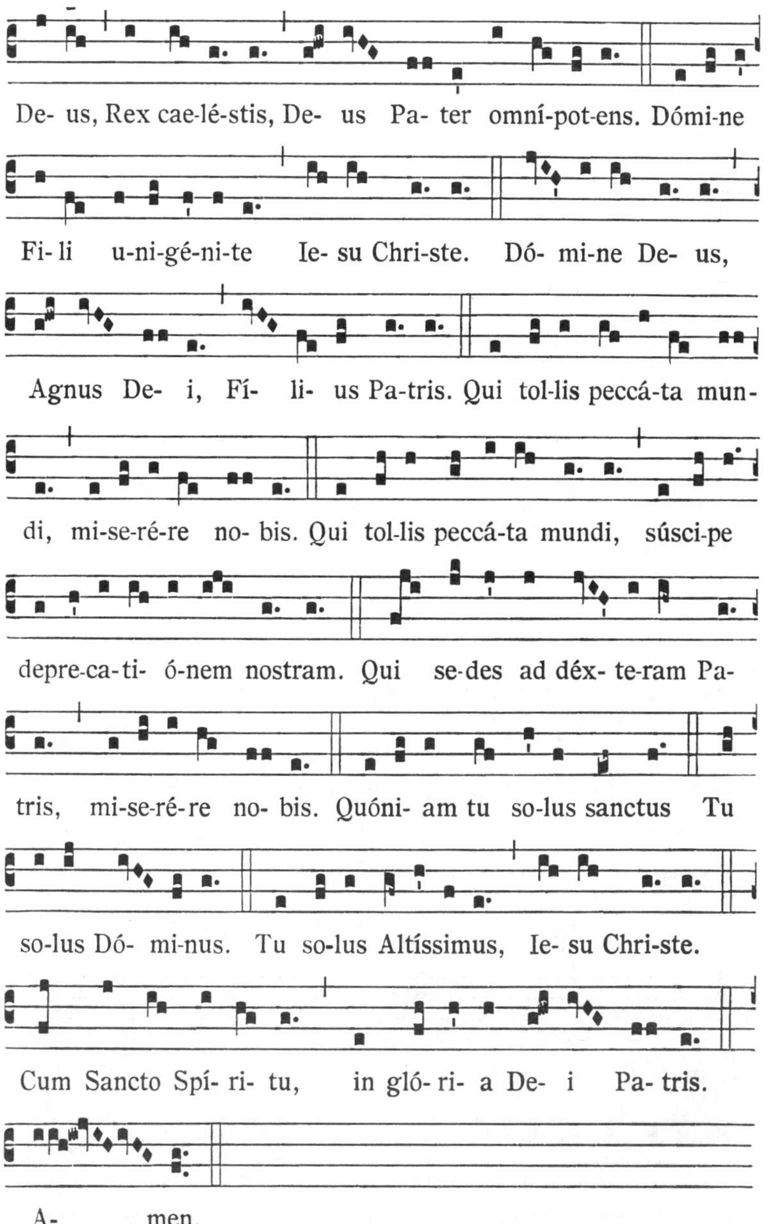
De- us, Rex cae-lé-stis, De- us Pa- ter omní-pot-ens. Dómi-ne
Fi- li u-ni-gé-ni-te Ie- su Chri-ste. Dó- mi-ne De- us,
Agnus De- i, Fí- li- us Pa-tris. Qui tol-lis peccá-ta mun-
di, mi-se-ré-re no- bis. Qui tol-lis peccá-ta mundi, súsci-pe
depre-ca-ti- ó-nem nostram. Qui se-des ad déx- te-ram Pa-
tris, mi-se-ré-re no- bis. Quóni- am tu so-lus sanctus Tu
so-lus Dó- mi-nus. Tu so-lus Altíssimus, Ie- su Chri-ste.
Cum Sancto Spí- ri- tu, in gló- ri- a De- i Pa- tris.
A- men.

X. s.
IV
S Anctus, * Sanctus, Sanctus Dómi-nus De- us
Sá-ba- oth. Ple- ni sunt cae- li et ter-ra gló- ri- a
tu- a. Ho-sánna in ex-cél-sis. Be-ne-díctus qui ve-nit
in nó- mi-ne Dó-mi-ni. Ho- sánna in excél- sis.
X. s.
IV
A -gnus De- i, * qui tol-lis peccá- ta mun- di : mi-se-
ré- re no- bis. Agnus De- i, * qui tol-lis peccá-
ta mun-di : mi-se-ré- re no- bis. Agnus De- i, *
qui tol-lis peccá- ta mun- di : dona no- bis pa- cem.

A Missa Vigiliæ paschalis usque ad dominicam II Paschæ inclusive et in dominica Pentecosten :

VIII
I
- te, missa est, alle-lú- ia, alle- lú- ia.
De- o grá-ti- as, alle-lú- ia, alle- lú- ia.

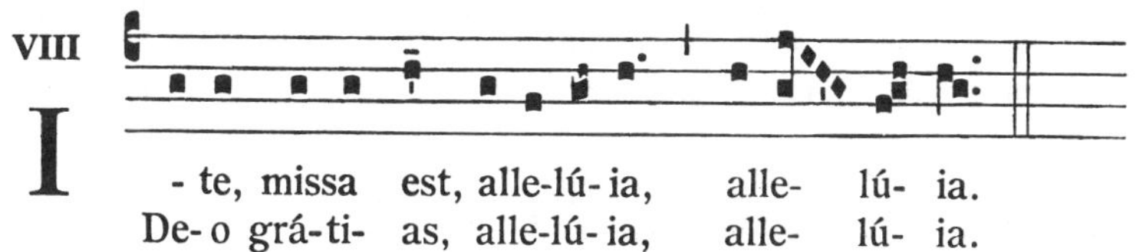

II

(Kyrie fons bonitatis)

X. s.

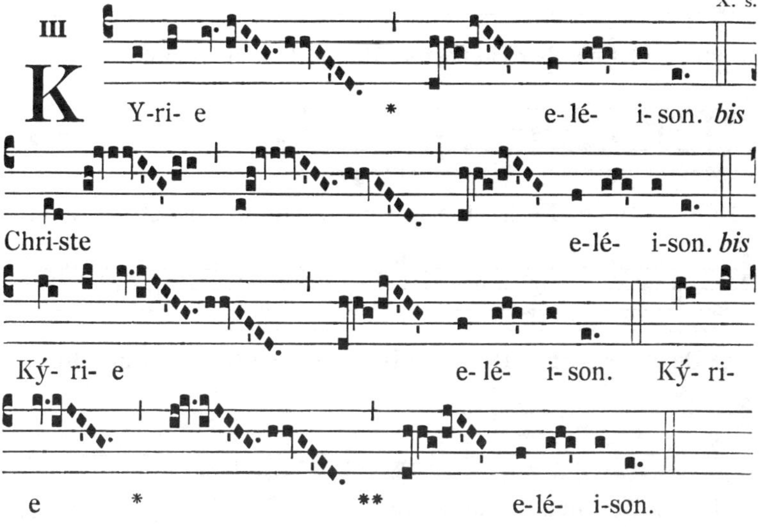
III
K
Y-ri- e * e- lé- i- son. bis
Chri-ste e-lé- i-son. bis
Ký- ri- e e- lé- i- son. Ký- ri-
e * ** e-lé- i-son.

XIII. s.

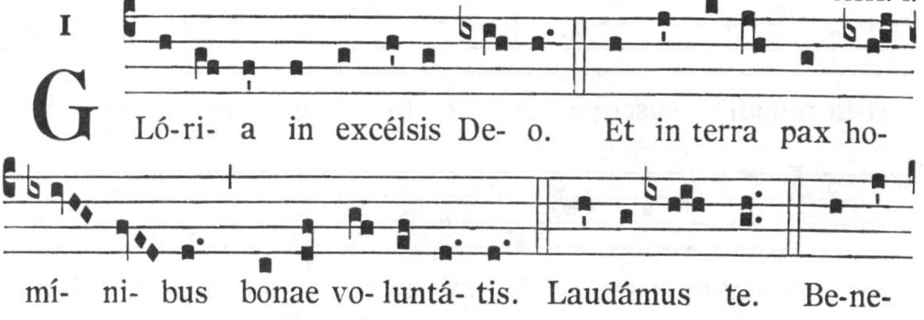
I
G
Ló-ri- a in excélsis De- o. Et in terra pax ho-
mí- ni- bus bonae vo- luntá- tis. Laudámus te. Be-ne-

dí-cimus te. Ado- rámus te. Glo-ri- fi-cá- mus te. Grá-ti- as
á-gimus ti- bi propter ma- gnam gló- ri- am tu- am.
Dómi-ne De- us, Rex cae-léstis, De- us Pa- ter omní-pot- ens.
Dó- mi-ne Fi- li u-ni- gé-ni-te Ie- su Chri-ste. Dómine De- us, Agnus De- i, Fí- li- us Pa-tris. Qui tol-
lis peccá-ta mundi, mi-se- ré- re no- bis. Qui tol- lis peccá-ta mundi, súsci-pe depre-ca-ti- ó-nem nostram. Qui se-
des ad déx-te-ram Pa- tris, mi-se- ré- re no- bis. Quó-ni- am

tu so- lus sanctus. Tu so-lus Dómi-nus. Tu so-lus Al- tís-
simus, Ie- su Chri- ste. Cum Sancto Spí- ri- tu in gló-
ri- a De- i Pa- tris. A- men.
XII-XIII. s.
I
S
An- ctus, * San- ctus, San- ctus
Dómi-nus De- us Sába- oth. Ple-ni sunt caeli et ter- ra
gló- ri- a tu- a. Ho-sánna in ex-cél-sis. Be-ne-
díctus qui ve- nit in nó- mi-ne Dómi-ni. Ho-sánna
in ex-cél-sis.

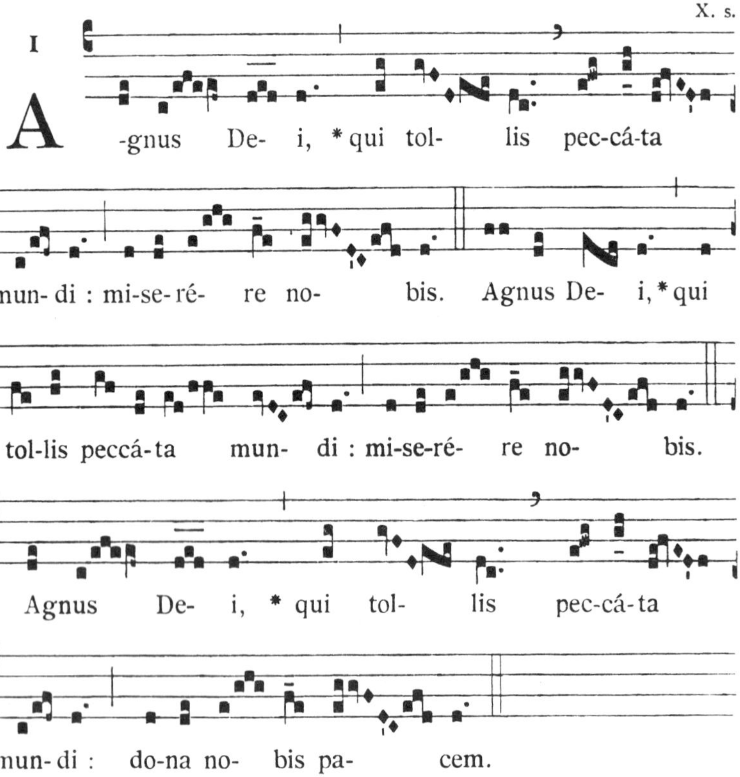

X. s.
I
A-gnus De- i, * qui tol- lis pec-cá-ta
mun- di : mi-se-ré- re no- bis. Agnus De- i, * qui
tol-lis peccá-ta mun- di : mi-se-ré- re no- bis.
Agnus De- i, * qui tol- lis pec-cá-ta
mun- di : do-na no- bis pa- cem.

III

(Kyrie Deus sempiterne)

XI. s.
IV
K-Y- ri- e * e-lé- i-son. Ký-ri- e
e- lé- i- son. Ký- ri- e e-lé- i-

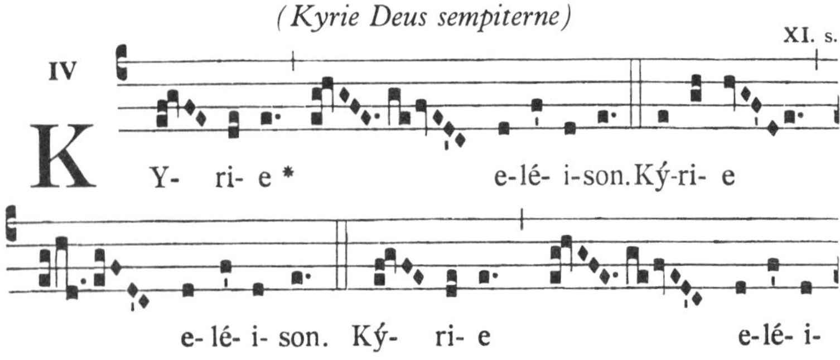

son. Chri- ste e-lé- i-son. Christe
e-lé- i- son. Chri- ste e- lé- i-
son. Ký- ri- e e- lé- i- son. Ký-ri-
e e- lé- i- son. Ký- ri- e
* **
e-lé- i-son.
XI. s.
VIII
GLó-ri- a in excél- sis De- o. Et in terra pax
homí-ni-bus bo- nae vo-luntá- tis. Lau- dámus te. Be-ne-
dí- ci- mus te. Ado-rá-mus te. Glo-ri- fi- cá- mus te.

Grá-ti- as á-gimus ti-bi propter ma-gnam gló-ri- am tu- am.
Dómi-ne De- us, Rex cae-léstis, De- us Pa- ter o-mní- pot-ens.
Dómi-ne Fi- li u-ni- gé-ni-te Ie- su Chri-ste. Dómi-ne
De- us, Agnus De- i, Fí- li- us Patris. Qui tol-lis pec- cá- ta
mundi, mi-se-ré- re no- bis. Qui tol-lis pec- cá- ta mundi,
súscipe depre-ca- ti- ó-nem nostram. Qui se- des ad déxte-ram
Pa- tris, mi- se- ré-re no- bis. Quó-ni- am tu so-lus sanctus.
Tu so-lus Dómi-nus. Tu so-lus Altíssimus, Ie- su Chri-
ste. Cum Sancto Spí- ri-tu in gló-ri- a De- i Pa- tris.
A- men.

Vel ad libitum :

A

(Rector cosmi pie)

XI. s.

II

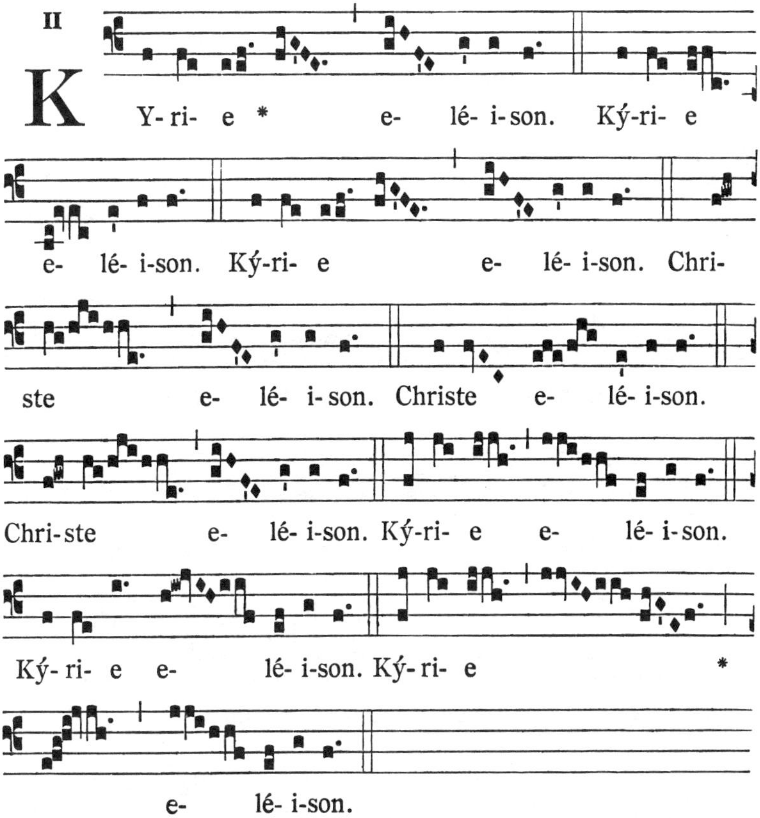

K Y-ri- e * e- lé- i-son. Ký-ri- e
e- lé- i-son. Ký-ri- e e- lé- i-son. Chri-
ste e- lé- i-son. Christe e- lé- i-son.
Chri-ste e- lé- i-son. Ký-ri- e e- lé- i-son.
Ký- ri- e e- lé- i-son. Ký- ri- e *
e- lé- i-son.

B

X-XI. s.

II

G Ló-ri- a in excél- sis De- o. Et in terra pax

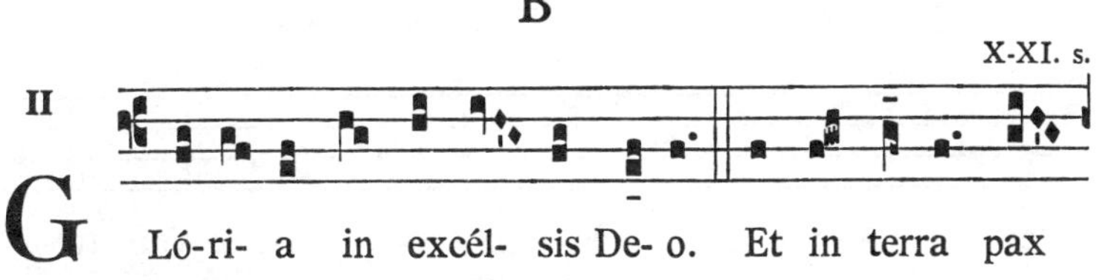

homí- ni- bus bonae vo- luntá- tis. Laudámus
te. Bene-dí- cimus te. Ado-
rá- mus te. Glo-ri- fi-cá- mus te.
Grá-ti- as á- gi-mus ti-bi pro- pter magnam gló- ri- am
tu- am. Dómi- ne De- us, Rex cae-léstis, De- us Pa-
ter omní- pot-ens. Dó- mi-ne Fi- li
u-ni-gé- ni- te Ie- su Chri- ste. Dó- mi-ne
De- us, Agnus De- i, Fí- li- us Patris. Qui tol-lis

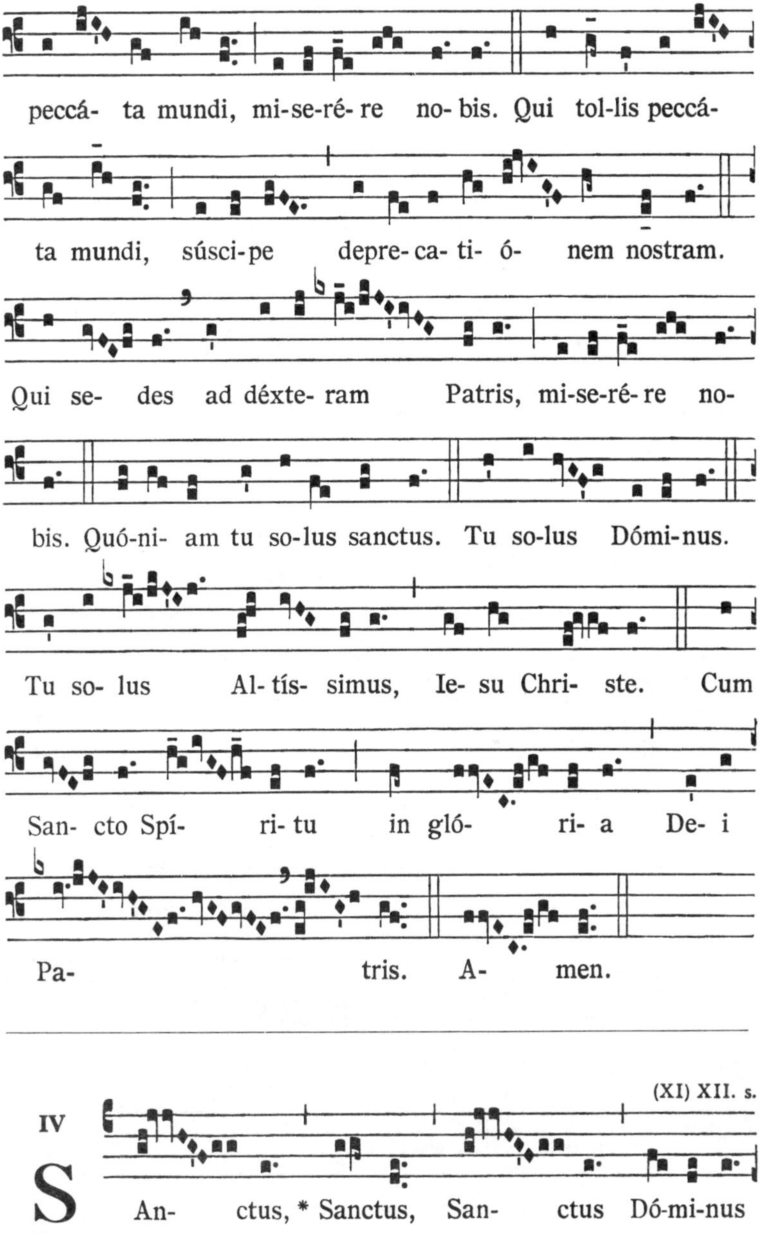

peccá- ta mundi, mi-se-ré- re no- bis. Qui tol-lis peccá-

ta mundi, súsci-pe depre- ca- ti- ó- nem nostram.

Qui se- des ad déxte- ram Patris, mi-se-ré- re no-

bis. Quó-ni- am tu so-lus sanctus. Tu so-lus Dómi-nus.

Tu so- lus Al- tís- simus, Ie- su Chri- ste. Cum

San- cto Spí- ri- tu in gló- ri- a De- i

Pa- tris. A- men.

(XI) XII. s.

XI-XII. s.

IV

A- gnus De- i, * qui tol- lis peccá- ta mun- di : mi- se- ré- re no- bis. Agnus De- i, * qui tol- lis peccá- ta mun- di : mi- se- ré- re no- bis. A- gnus De- i, * qui tol- lis peccá- ta mun- di : do- na no-bis pa- cem.

IV

IN FESTIS APOSTOLORUM

(Cunctipotens genitor Deus)

De- us, Rex cae-léstis, De- us Pa- ter omní- pot-ens.
Dómi-ne Fi- li u-ni- gé-ni- te Ie- su Chri- ste.
Dómi-ne De- us, Agnus De- i, Fí- li- us Pa- tris. Qui
tol-lis peccá- ta mundi, mi- se- ré-re no- bis. Qui tol-lis peccá-ta mundi, súsci-pe depre-ca-ti- ónem nostram. Qui se-
des ad déx-te-ram Patris, mi- se- ré-re no- bis. Quó-ni- am
tu so-lus sanctus. Tu so-lus Dó-mi-nus. Tu so-lus Altíssimus, Ie- su Chri- ste. Cum San- cto Spí- ri- tu
in gló-ri- a De- i Pa- tris. A- men.

XI s.
VIII
S
An- ctus, * Sanctus, San- ctus Dómi-nus De- us
Sá- ba- oth. Ple-ni sunt cae-li et terra gló- ri- a tu- a.
Ho- sánna in ex- cél- sis. Be-ne-díctus qui ve- nit
in nómi-ne Dó- mi- ni. Ho- sánna in ex-
cél- sis.
(XII) XIII. s.
VI
A
-gnus De- i, * qui tol-lis peccá-ta mundi : mi-se-
ré- re no- bis. Agnus De- i, * qui tol-lis peccá-ta mun-
di : mi-se-ré- re no- bis. Agnus De- i, * qui tol-lis
peccá-ta mundi : dona no- bis pa- cem.

V

(Kyrie magnæ Deus potentiæ)

stis, De- us Pa-ter o- mní-pot- ens. Dó- mi- ne Fi- li
u-ni-gé-ni-te Ie- su Chri-ste. Dómi-ne De- us, A-
gnus De- i, Fí- li- us Pa- tris. Qui tol- lis peccá- ta mundi, mi- se- ré- re no- bis. Qui tol- lis peccá- ta
mundi, súsci-pe depre- ca- ti- ó-nem nostram. Qui se-
des ad déxte- ram Pa-tris, mi- se- ré- re no- bis.
Quó- ni- am tu so- lus sanctus. Tu so- lus Dómi-nus.
Tu so- lus Al- tíssi-mus, Ie- su Chri- ste. Cum Sancto
Spí-ri-tu, in gló-ri- a De- i Pa- tris. A- men.

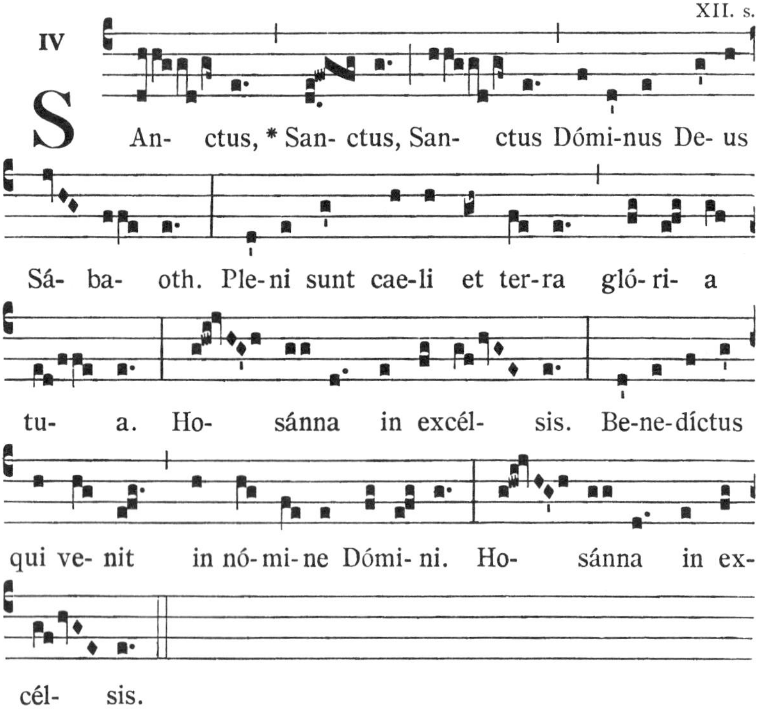

XII. s.

IV

S An- ctus, * San- ctus, San- ctus Dómi-nus De- us

Sá- ba- oth. Ple-ni sunt cae-li et ter-ra gló-ri- a

tu- a. Ho- sánna in excél- sis. Be-ne-díctus

qui ve- nit in nó-mi-ne Dómi- ni. Ho- sánna in ex-

cél- sis.

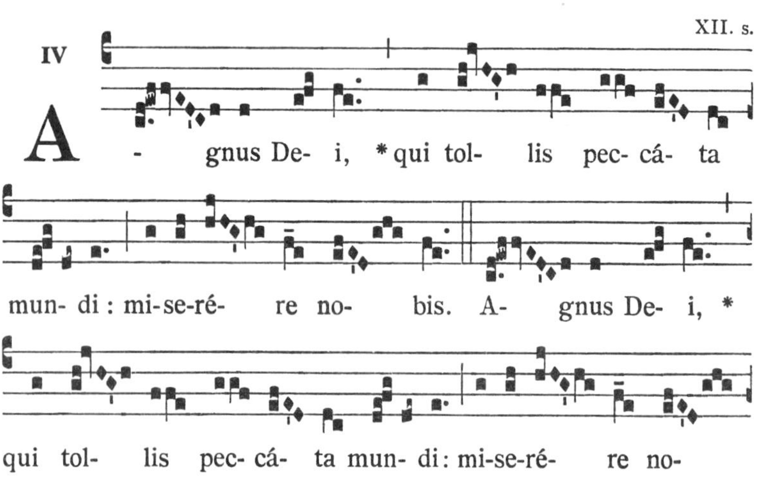

VI

(Kyrie rex genitor)

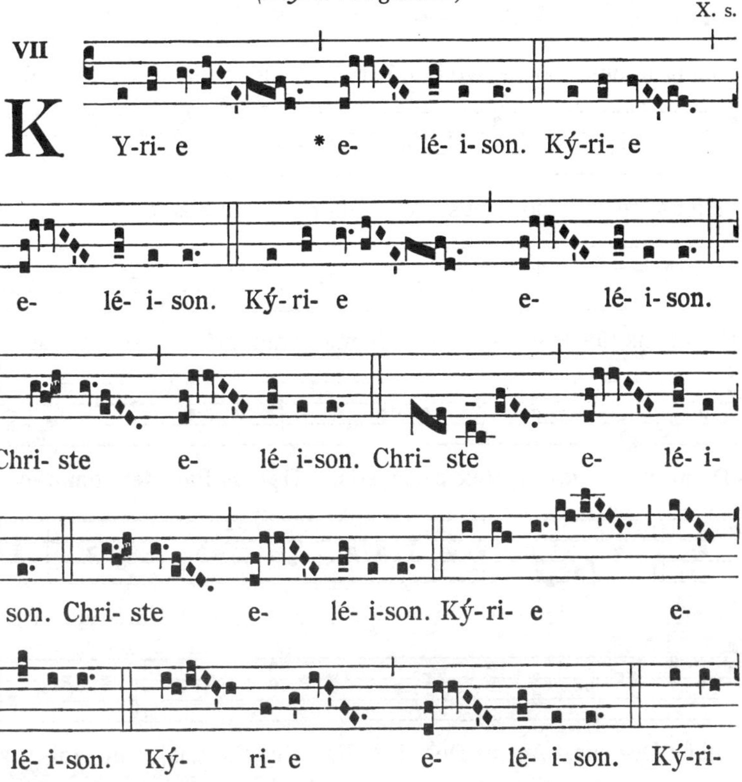

X. s.

VII

K Y-ri- e * e- lé- i- son. Ký-ri- e

e- lé- i- son. Ký- ri- e e- lé- i- son.

Chri- ste e- lé- i-son. Chri- ste e- lé- i-

son. Chri- ste e- lé- i-son. Ký-ri- e e-

lé- i-son. Ký- ri- e e- lé- i- son. Ký-ri-

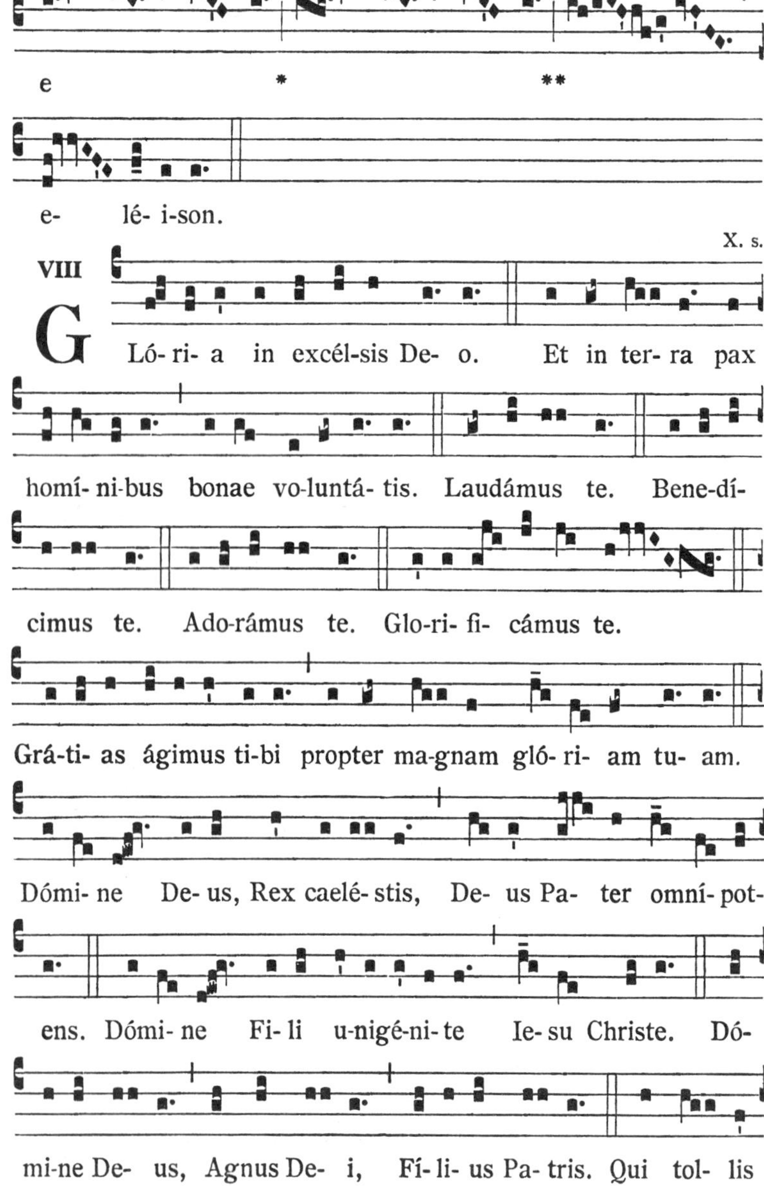
e * **
e- lé- i-son.
X. s.
VIII
G Ló-ri- a in excél-sis De- o. Et in ter- ra pax
homí- ni-bus bonae vo-luntá- tis. Laudámus te. Bene-dí-
cimus te. Ado-rámus te. Glo-ri- fi- cámus te.
Grá-ti- as ágimus ti-bi propter ma-gnam gló- ri- am tu- am.
Dómi- ne De- us, Rex caelé- stis, De- us Pa- ter omní- pot-
ens. Dómi- ne Fi- li u-nigé-ni- te Ie- su Christe. Dómi-ne De- us, Agnus De- i, Fí- li- us Pa- tris. Qui tol- lis

pec- cá-ta mundi, mi- se- ré- re no- bis. Qui tol- lis pec-
cá- ta mun- di, sús- ci- pe depreca- ti- ó-nem nostram.
Qui se- des ad déxte- ram Pa- tris, mi- se- ré-re no- bis.
Quóni- am tu so-lus sanctus. Tu so-lus Dó-mi-nus. Tu so-lus
Altíssimus, Ie-su Chri- ste. Cum San-cto Spí-ri- tu, in
gló- ri- a De- i Pa-tris. A- men.
XI. s.
III
S Anctus, * Sanctus, Sanctus Dóminus De- us Sá-
ba- oth. Ple-ni sunt cae- li et ter-ra gló- ri- a tu- a.

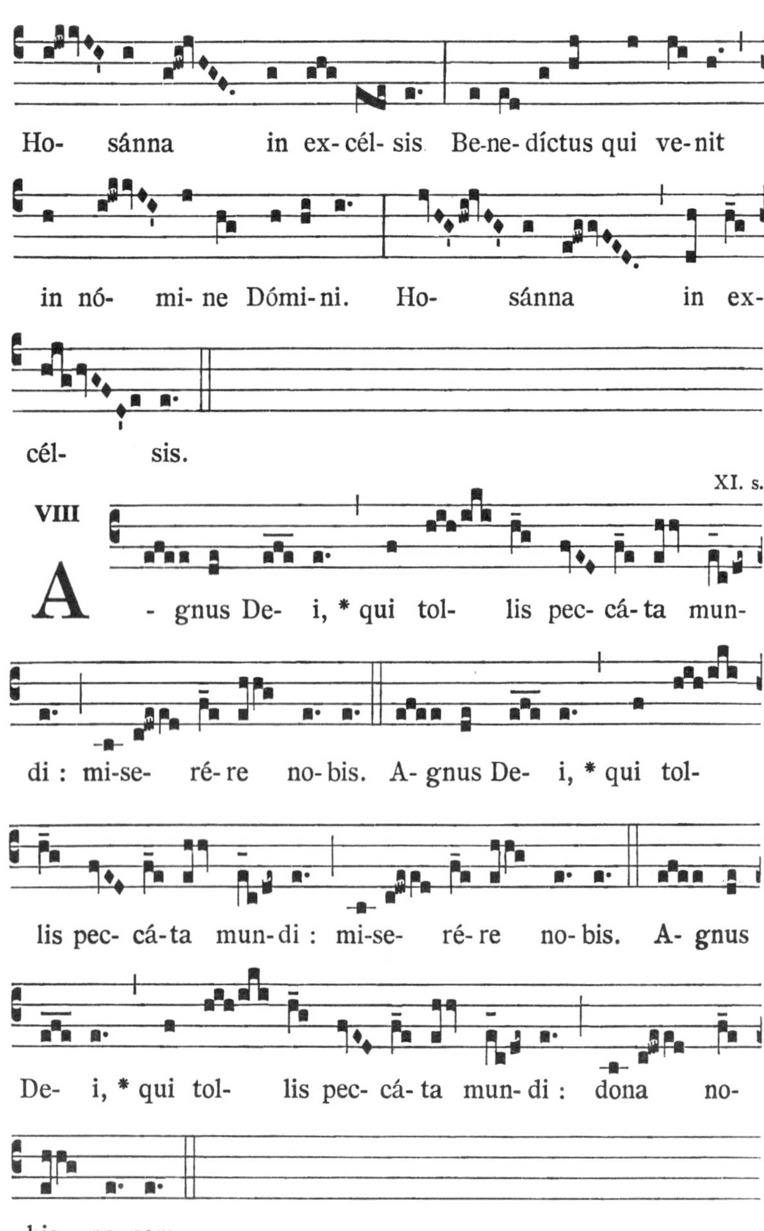
Ho- sánna in ex- cél- sis. Be-ne- díctus qui ve- nit
in nó- mi- ne Dómi- ni. Ho- sánna in ex-
cél- sis.
XI. s.
VIII
A - gnus De- i, * qui tol- lis pec- cá- ta mundi : mi-se- ré- re no- bis. A- gnus De- i, * qui tol-
lis pec- cá- ta mun- di : mi-se- ré- re no- bis. A- gnus
De- i, * qui tol- lis pec- cá- ta mun- di : dona no-
bis pa- cem.

VII

(Kyrie rex splendens)

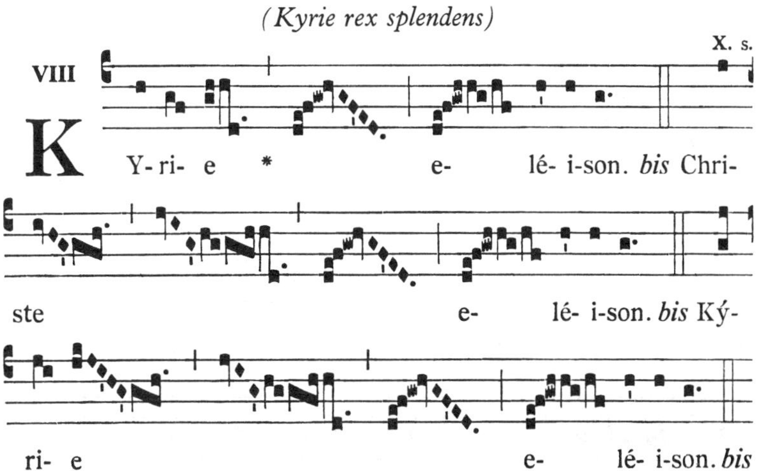

Vel : Kýrie I ad libitum, 785.

Rex cae-lé-stis, De- us Pa-ter omní-pot-ens. Dómi-ne Fi- li
u-ni-gé-ni- te Ie-su Chri-ste. Dómi-ne De- us, Agnus
De- i, Fí-li- us Pa-tris. Qui tol-lis peccá-ta mun-di, mi-
se-ré-re no-bis. Qui tollis peccá-ta mun-di, súsci-pe de-
pre-ca-ti- ó-nem nostram. Qui se-des ad déxte-ram Pa-tris,
mi-se-ré-re no- bis. Quó-ni- am tu so-lus sanctus. Tu so-lus
Dóminus. Tu so-lus Altíssimus, Ie-su Chri- ste. Cum Sancto Spí- ri-tu, in gló-ri- a De- i Pa-tris. A- men.

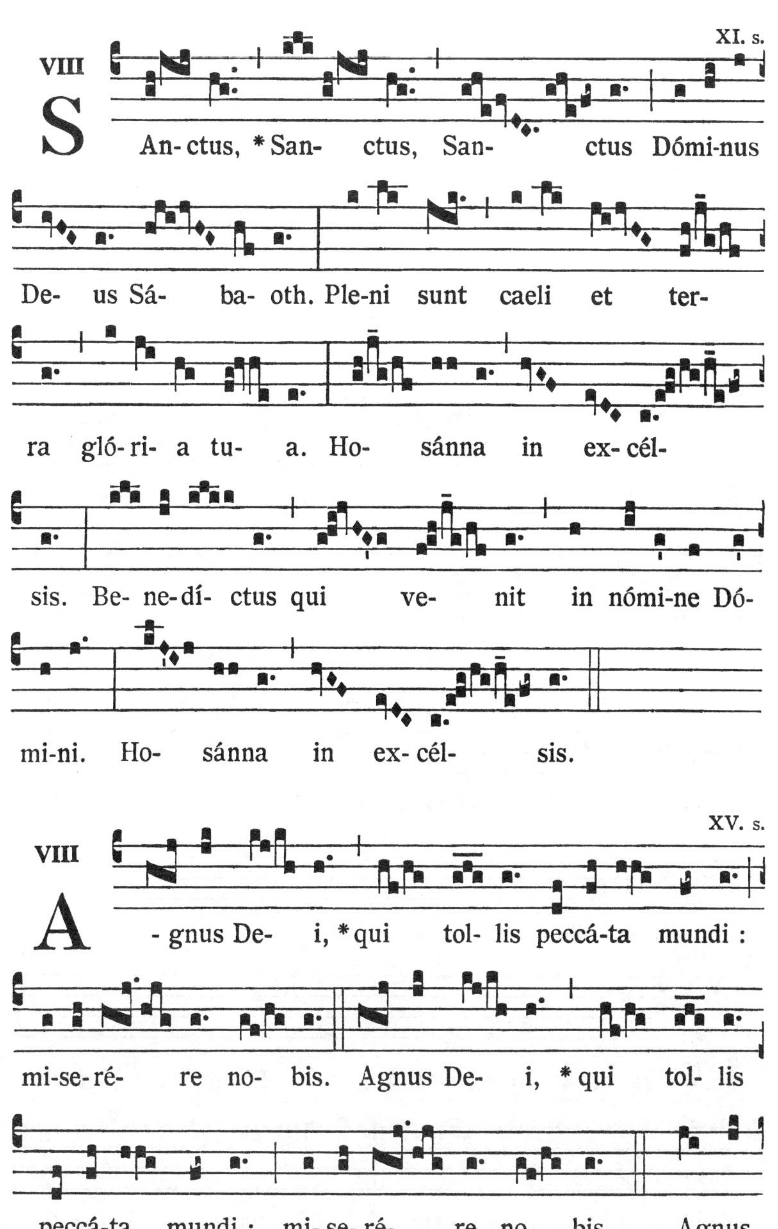
XI. s.
VIII
SAnctus, * Sanctus, Sanctus Dómi-nus
De-us Sá-ba-oth. Ple-ni sunt caeli et ter-
ra gló-ri-a tu-a. Ho-sánna in ex-cél-
sis. Be-ne-dí-ctus qui ve-nit in nómi-ne Dó-
mi-ni. Ho-sánna in ex-cél-sis.
XV. s.
VIII
A-gnus De-i, * qui tol-lis peccá-ta mundi :
mi-se-ré-re no-bis. Agnus De-i, * qui tol-lis
peccá-ta mundi : mi-se-ré-re no-bis. Agnus

De- i, *qui tol-lis peccá- ta mun-di : dona no- bis
pa- cem.

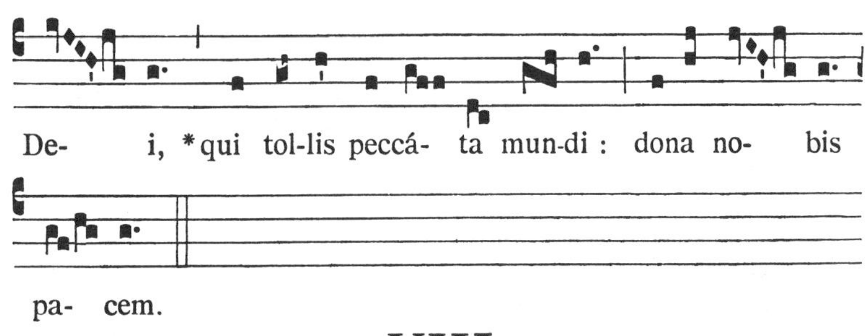

VIII

(De angelis)

XV-XVI. s.

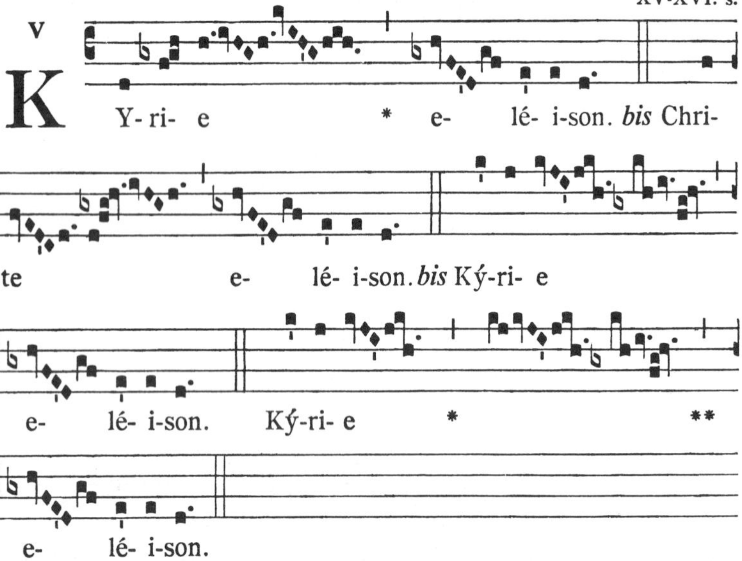
V
KYri- e * e- lé- i-son. *bis* Chri-
ste e- lé- i-son. *bis* Ký-ri- e
e- lé- i-son. Ký-ri- e * **
e- lé- i-son.

XVI. s.

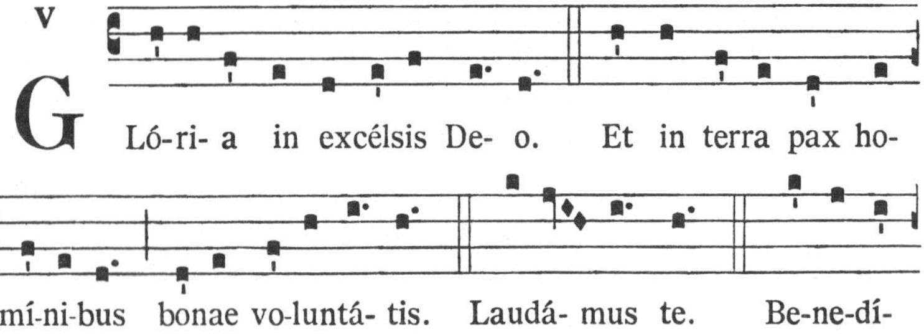
V
GLó-ri- a in excélsis De- o. Et in terra pax ho-
mí-ni-bus bonae vo-luntá- tis. Laudá- mus te. Be-ne-dí-

cimus te. Ado-rá- mus te. Glo-ri- fi-cámus te. Grá-
ti- as á-gimus ti- bi propter magnam gló-ri- am tu- am.
Dómi-ne De- us, Rex caelé-stis, De- us Pa-ter omní- pot- ens.
Dómi-ne Fi- li u-ni-gé-ni- te Ie- su Chri-ste. Dómi-ne
De- us, Agnus De- i, Fí- li- us Pa- tris. Qui tol-lis peccá-
ta mun- di, mi-se-ré- re no- bis. Qui tol-lis peccá-ta mundi, súsci- pe depre-ca-ti- ó-nem no- stram. Qui se-des ad
déxte- ram Pa-tris, mi-se-ré-re no- bis. Quó-ni- am tu so-lus
sanctus. Tu so-lus Dó-mi-nus. Tu so-lus Al-tíssimus,

Ie-su Chri-ste. Cum Sancto Spí-ri-tu, in gló-ri- a De- i
Pa- tris. A- men.

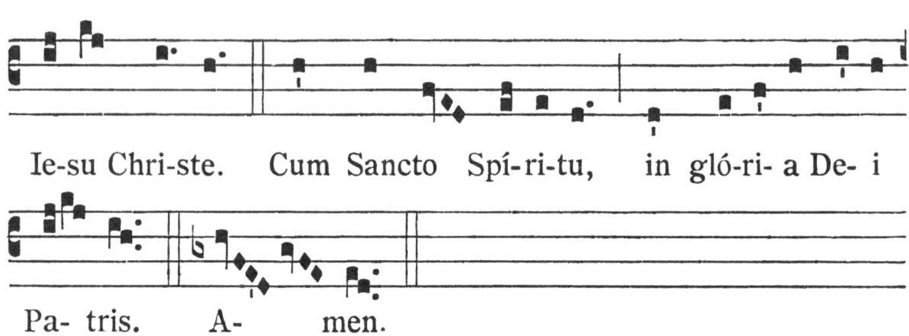

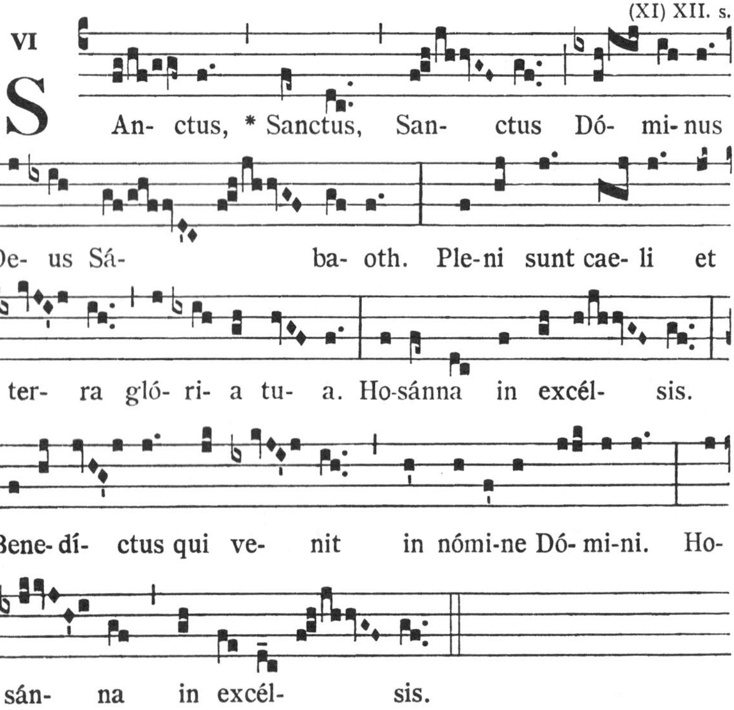

(XI) XII. s.
VI
S An- ctus, * Sanctus, San- ctus Dó- mi- nus
De- us Sá- ba- oth. Ple-ni sunt cae- li et
ter- ra gló- ri- a tu- a. Ho-sánna in excél- sis.
Bene- dí- ctus qui ve- nit in nómi-ne Dó- mi-ni. Ho-
sán- na in excél- sis.

XV. s.
VI
A - gnus De- i, * qui tol-lis peccá-ta mun-di : mi-se-

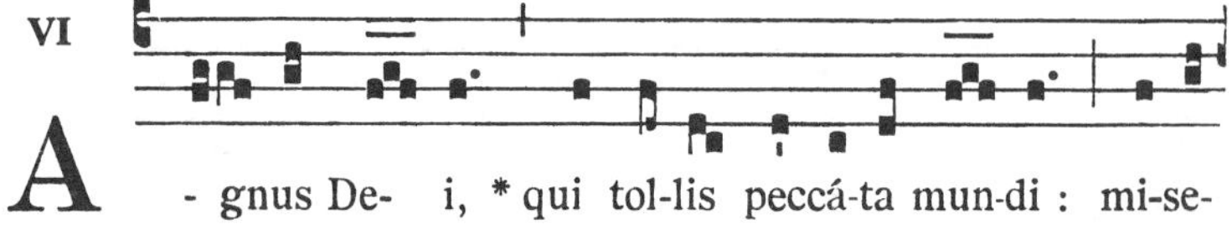

IX

IN SOLEMNITATIBUS ET FESTIS B. M. V.

(Cum iubilo)

XII. s.

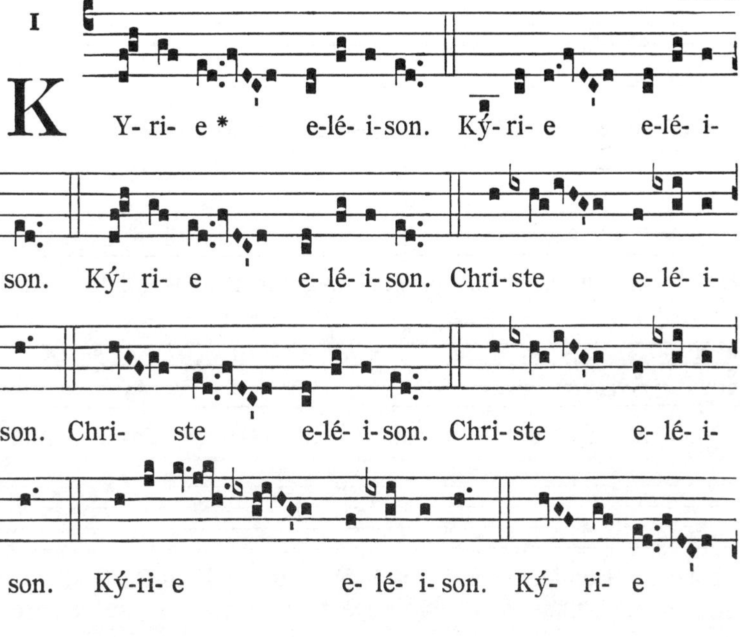

I

K Y- ri- e * e-lé- i-son. Ký- ri- e e-lé- i-

son. Ký- ri- e e- lé- i- son. Chri- ste e- lé- i-

son. Chri- ste e-lé- i- son. Chri- ste e- lé- i-

son. Ký-ri- e e- lé- i- son. Ký- ri- e

e-lé- i- son. Ký-ri- e * **

e-lé- i- son.

XI. s.

VII

GLó-ri- a in excélsis De- o. Et in ter-ra pax ho-

mí- ni- bus bonae vo-luntá- tis. Laudá- mus te. Be-ne-

dí-cimus te. Ado- rá- mus te. Glo-ri- fi-cá- mus te.

Grá-ti- as á-gimus ti- bi propter magnam gló- ri- am tu- am.

Dómi-ne De- us, Rex cae- léstis, De- us Pa- ter omní-

pot- ens. Dómi-ne Fi- li u-ni-gé- ni-te Ie-su Chri- ste.

XIV. s.

V

SAn- ctus, * San-ctus, San- ctus Dómi-nus

De- us Sá- ba- oth. Ple-ni sunt cae-li et ter- ra gló-
ri- a tu- a. Ho-sán-na in excél- sis. Be- ne-díctus
qui ve- nit in nó- mi-ne Dó- mi-ni. Ho-
sánna in ex-cél- sis.
(X) XIII. s.
V
A-gnus De- i, * qui tol- lis peccá-ta mundi : mi- se- ré-re no- bis. Agnus De- i, * qui tol-
lis peccá- ta mundi : mi- se- ré- re no- bis. Agnus
De- i, * qui tol- lis peccá-ta mun- di : do-na
no- bis pa- cem.

X

IN FESTIS ET MEMORIIS B. M. V.

(Alme Pater)

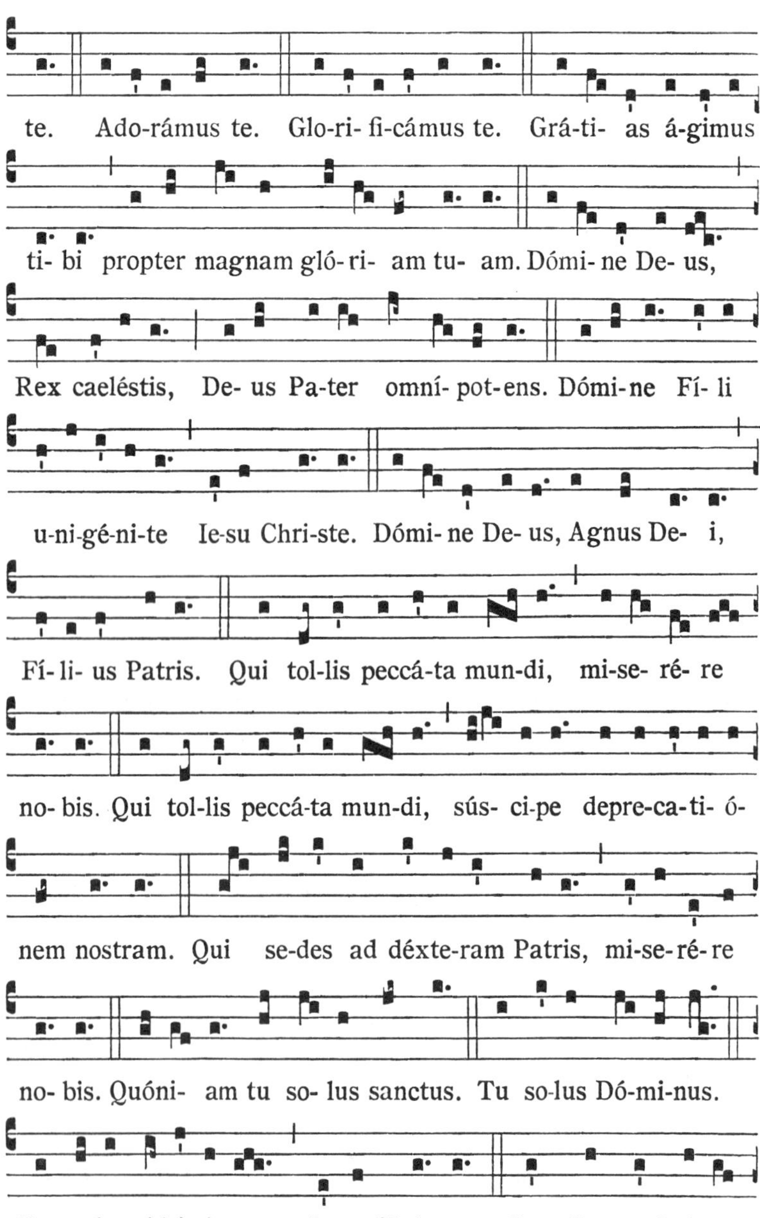
te. Ado-rámus te. Glo-ri- fi-cámus te. Grá-ti- as á-gimus
ti- bi propter magnam gló-ri- am tu- am. Dómi- ne De- us,
Rex caeléstis, De- us Pa-ter omní- pot-ens. Dómi-ne Fí- li
u-ni-gé-ni-te Ie-su Chri-ste. Dómi- ne De- us, Agnus De- i,
Fí- li- us Patris. Qui tol-lis peccá-ta mun-di, mi-se- ré- re
no- bis. Qui tol-lis peccá-ta mun-di, sús- ci-pe depre-ca-ti- ó-
nem nostram. Qui se-des ad déxte-ram Patris, mi-se-ré-re
no- bis. Quóni- am tu so- lus sanctus. Tu so-lus Dó-mi-nus.
Tu so-lus Altíssimus, Ie-su Chri-ste. Cum Sancto Spí-ri-

tu, in gló- ri- a De- i Pa-tris. A- men.
IV
S
Anctus, * San- ctus, Sanctus Dómi-nus De- us Sá-
ba- oth. Ple-ni sunt caeli et terra gló-ri- a tu- a. Ho-sánna in excél- sis. Be-ne-díctus qui ve- nit in nómi-ne Dó-
mi- ni. Ho-sánna in excél- sis.
XII. s.
IV
A
-gnus De- i, * qui tol-lis pec-cá-ta mundi : mi-se-
ré-re no- bis. Agnus De- i, * qui tol-lis pec-cá-ta mundi :
mi- se-ré- re no- bis. Agnus De- i, * qui tol-lis pec-cá-ta
mundi : do-na no-bis pa- cem.

XI

IN DOMINICIS PER ANNUM

(Orbis factor)

A

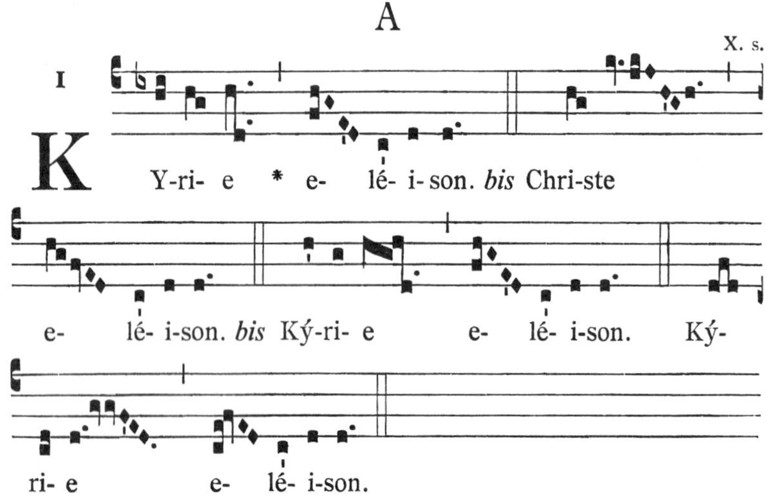

B

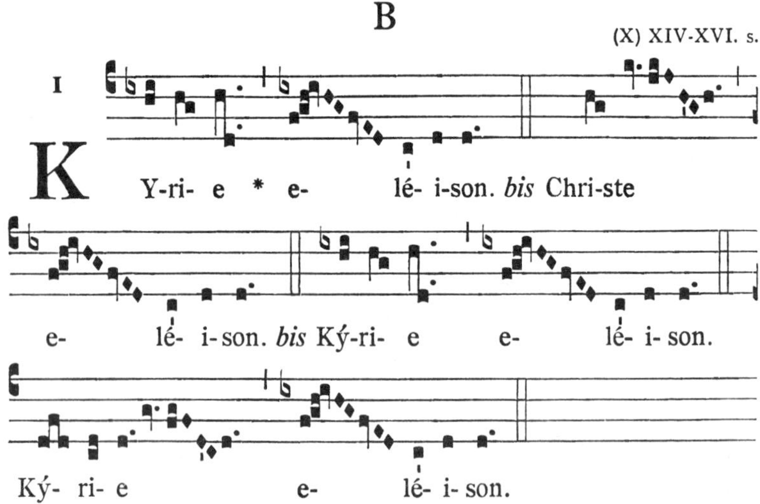

X. s.
II
GLó-ri- a in excélsis De- o. Et in terra pax
homí-ni-bus bonae vo-luntá- tis. Laudámus te. Be-ne-
dí- cimus te. Ado-rámus te. Glo-ri- fi-cámus te.
Grá-ti- as ágimus ti-bi propter magnam gló- ri- am tu- am.
Dómi- ne De- us, Rex cae-lé-stis, De- us Pa-ter omní-pot-
ens. Dómi- ne Fi- li u-ni-gé-ni-te Ie- su Chri-ste.
Dómi- ne De- us, Agnus De- i, Fí- li- us Pa-tris. Qui
tol-lis peccá-ta mun- di, mi- se- ré- re no- bis. Qui tol-lis
peccá-ta mun-di, súsci-pe depre-ca-ti- ó-nem nostram. Qui

se-des ad déx- te-ram Pa-tris, mi-se- ré-re no- bis. Quóni- am
tu so-lus sanctus. Tu so-lus Dómi-nus. Tu so- lus Altíssimus, Ie- su Chri-ste. Cum Sancto Spí- ri- tu, in gló-
ri- a De- i Pa- tris. A- men.
XI. s.
II
S Anctus, * San-ctus, Sanctus Dó-mi-nus De- us
Sá-ba- oth. Ple- ni sunt cae- li et ter- ra gló- ri- a
tu- a Ho-sánna in ex- cél-sis. Be-ne-díctus qui
ve-nit in nó-mi- ne Dó-mi- ni. Ho-sánna
in ex- cél-sis.

Ad libitum pro dominicis : XIII et XIV.

XII

(Pater cuncta)

Vel : Ký́rie IX ad libitum, 789.

XII. s.
IV
GLó-ri- a in excélsis De- o. Et in terra pax
homí-ni-bus bonae vo-luntá- tis. Laudámus te. Bene-dí-ci-
mus te. Ado-rámus te. Glo-ri- fi-cámus te. Grá-ti- as ágimus ti-bi propter magnam gló-ri- am tu- am. Dómi-ne De- us,
Rex caeléstis, De- us Pa-ter omní-pot- ens. Dómi-ne Fi- li
u-ni-gé-ni-te Ie-su Chri-ste. Dómi-ne De- us, Agnus De- i,
Fí- li- us Pa-tris. Qui tol-lis peccá-ta mundi, mi-se- ré-re
no- bis. Qui tol-lis peccá-ta mundi, súsci-pe depre-ca- ti- ó-
nem nostram. Qui se-des ad déxte-ram Patris, mi-se- ré-re

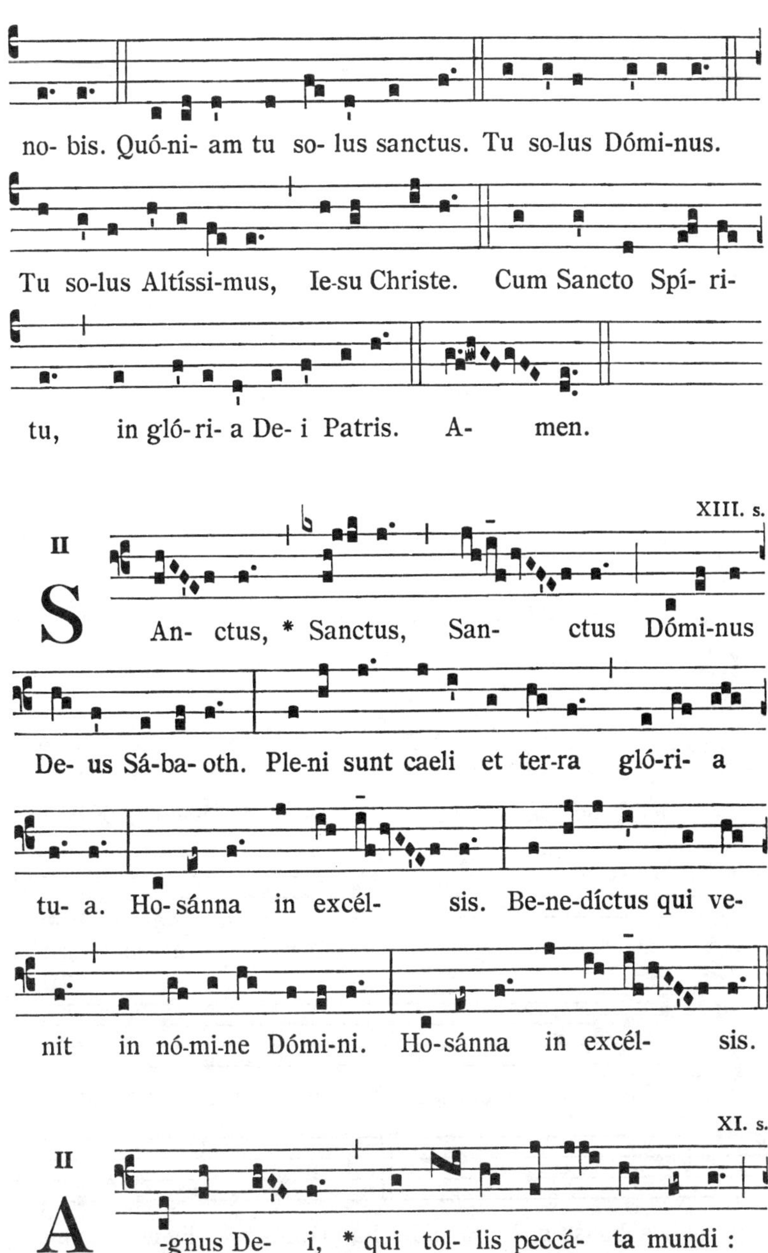
no- bis. Quó-ni- am tu so- lus sanctus. Tu so-lus Dómi-nus.
Tu so-lus Altíssi-mus, Ie-su Christe. Cum Sancto Spí- ri-
tu, in gló-ri- a De- i Patris. A- men.
XIII. s.
II
S An- ctus, * Sanctus, San- ctus Dómi-nus
De- us Sá-ba- oth. Ple-ni sunt caeli et ter-ra gló-ri- a
tu- a. Ho- sánna in excél- sis. Be-ne-díctus qui ve-
nit in nó-mi-ne Dómi-ni. Ho-sánna in excél- sis.
XI. s.
II
A -gnus De- i, * qui tol- lis peccá- ta mundi :

XIII

(Stelliferi conditor orbis)

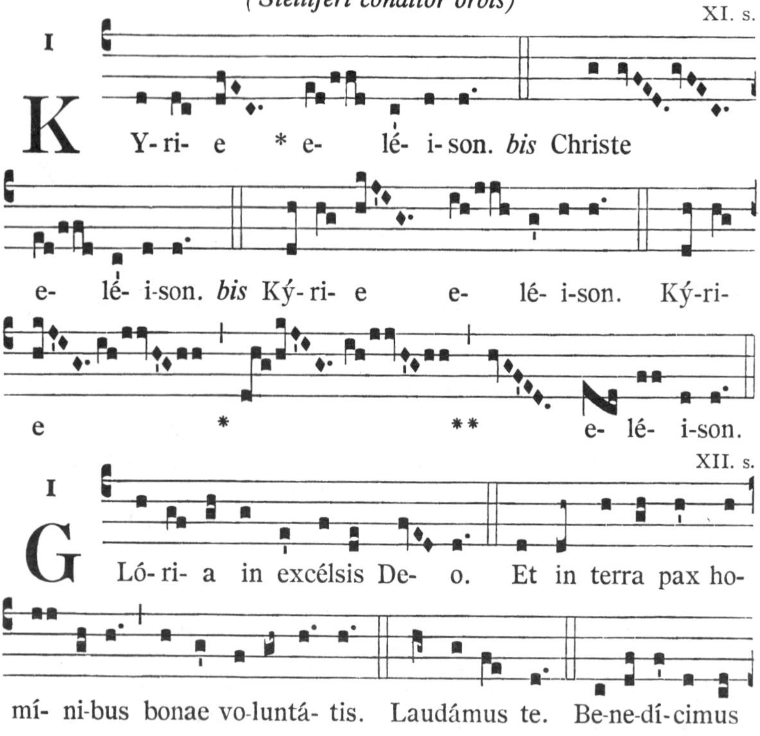

XI. s.

I

K Y-ri- e * e- lé- i- son. *bis* Christe

e- lé- i-son. *bis* Ký- ri- e e- lé- i-son. Ký-ri-

e * ** e- lé- i-son.

XII. s.

I

G Ló- ri- a in excélsis De- o. Et in terra pax ho-

mí- ni-bus bonae vo-luntá- tis. Laudámus te. Be-ne-dí-cimus

te. Ado- rámus te. Glo-ri- fi-cámus te. Grá-ti- as á-gimus
ti- bi propter magnam gló- ri- am tu- am. Dómi-ne De- us,
Rex cae-lé- stis, De- us Pa-ter omní-pot-ens. Dómi-ne Fi- li
u-ni-gé- ni- te Ie- su Chri-ste. Dómi-ne De- us, Agnus
De- i, Fí- li- us Patris. Qui tol-lis peccá-ta mundi, mi-se-
ré- re no-bis. Qui tol-lis peccá-ta mundi, súsci-pe depre-
ca-ti- ó-nem nostram. Qui sedes ad déxte- ram Pa-tris, mi-se-
ré- re no- bis. Quó-ni- am tu so-lus sanctus. Tu so-lus Dóminus. Tu so-lus Altís-simus, Ie- su Chri-ste. Cum Sancto

Spí-ri-tu, in gló-ri- a De- i Pa-tris. A- men.

XIII. s.

VIII

SAnctus, * Sanctus, Sanctus Dóminus De- us Sá- ba- oth. Ple-ni sunt caeli et terra gló-ri- a tu- a. Ho-sán- na in ex- cél-sis. Be-ne-díctus qui ve- nit in nómi-ne Dómi- ni. Ho-sánna in ex-cél-sis.

I

A-gnus De- i, * qui tol-lis pec- cá- ta mun- di : mi-se-ré-re no-bis. Agnus De- i, * qui tol- lis pec- cá-ta mundi : mi-se-ré- re no- bis. Agnus De- i, * qui tol-lis pec- cá-ta mun- di : do-na no-bis pa-cem.

XIV

(Iesu redemptor)

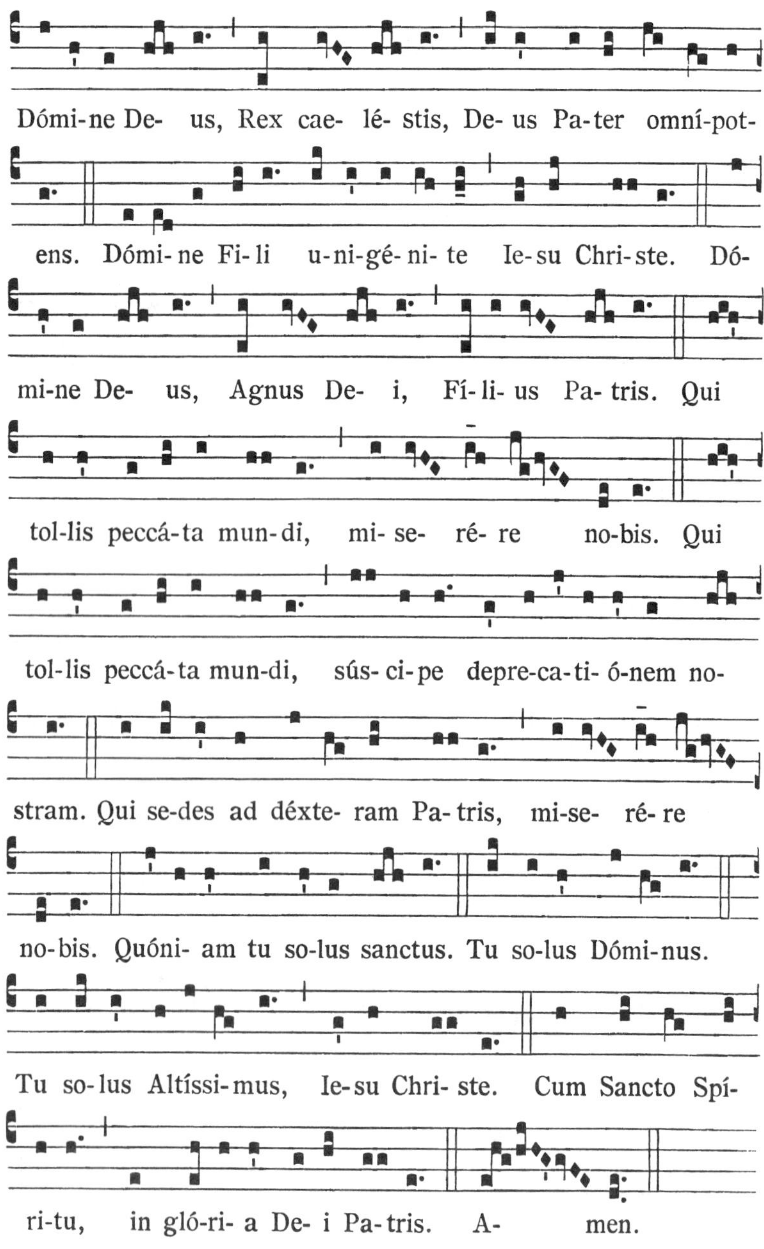
Dómi-ne De- us, Rex cae- lé- stis, De- us Pa-ter omní-pot-
ens. Dómi-ne Fi-li u-ni-gé-ni- te Ie-su Chri-ste. Dómi-ne De- us, Agnus De- i, Fí-li- us Pa- tris. Qui
tol-lis peccá-ta mun-di, mi- se- ré- re no-bis. Qui
tol-lis peccá-ta mun-di, sús- ci-pe depre-ca-ti- ó-nem nostram. Qui se-des ad déxte- ram Pa- tris, mi-se- ré- re
no-bis. Quóni- am tu so-lus sanctus. Tu so-lus Dómi-nus.
Tu so- lus Altíssi-mus, Ie-su Chri- ste. Cum Sancto Spí-
ri-tu, in gló-ri- a De- i Pa-tris. A- men.

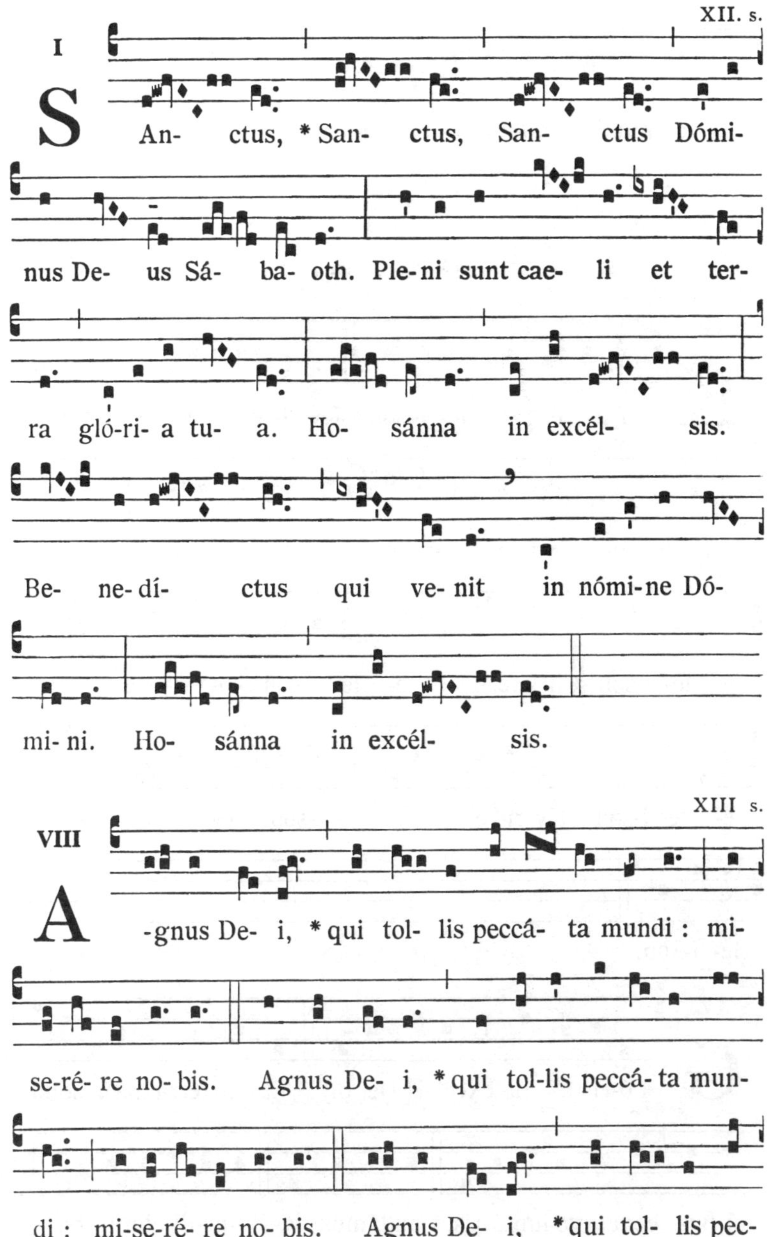
XII. s.
I
S
An- ctus, * San- ctus, San- ctus Dómi-
nus De- us Sá- ba- oth. Ple- ni sunt cae- li et ter-
ra gló-ri- a tu- a. Ho- sánna in excél- sis.
Be- ne- dí- ctus qui ve- nit in nómi- ne Dó-
mi- ni. Ho- sánna in excél- sis.
XIII s.
VIII
A
-gnus De- i, * qui tol- lis peccá- ta mundi : mi-
se-ré- re no- bis. Agnus De- i, * qui tol-lis peccá- ta mun-
di : mi-se-ré- re no- bis. Agnus De- i, * qui tol- lis pec-

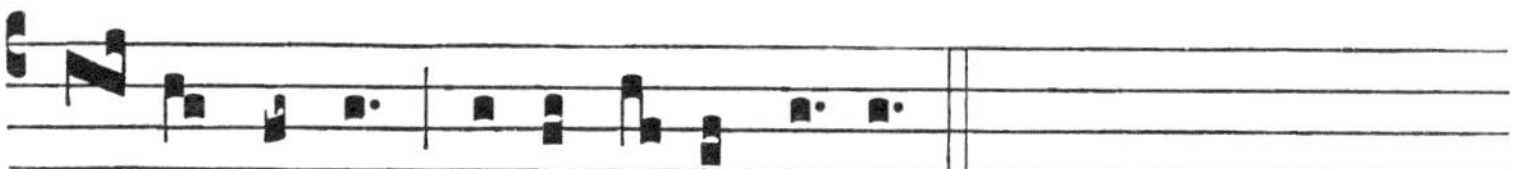

cá- ta mundi : do-na no- bis pa- cem.

XV

(Dominator Deus)

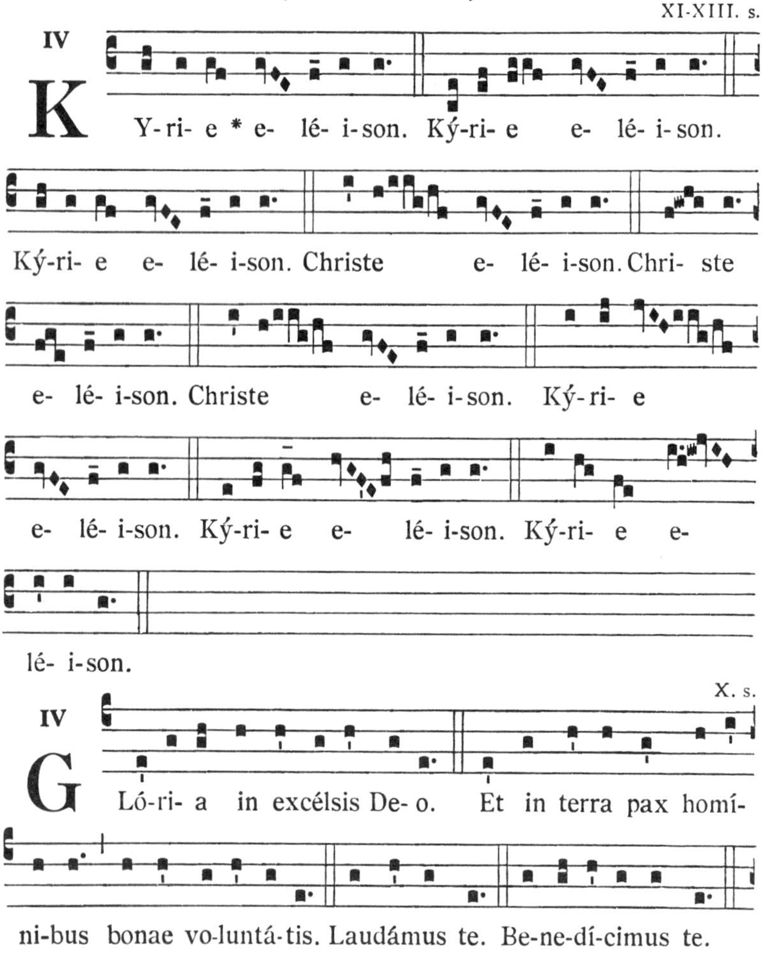

XI-XIII. s.

IV

K Y-ri- e * e- lé- i-son. Ký-ri- e e- lé- i-son.

Ký-ri- e e- lé- i-son. Christe e- lé- i-son. Chri- ste

e- lé- i-son. Christe e- lé- i-son. Ký-ri- e

e- lé- i-son. Ký-ri- e e- lé- i-son. Ký-ri- e e-

lé- i-son.

X. s.

IV

G Ló-ri- a in excélsis De- o. Et in terra pax homí-

ni-bus bonae vo-luntá-tis. Laudámus te. Be-ne-dí-cimus te.

Ado-rámus te. Glo-ri- fi-cámus te. Grá-ti- as á-gimus ti-bi
propter magnam gló-ri- am tu- am. Dómi-ne De- us, Rex cae-lé-
stis, De- us Pa-ter omní-pot-ens. Dómi-ne Fi- li u-ni-gé-
ni-te Ie-su Christe. Dómi-ne De- us, Agnus De- i, Fí-
li- us Patris. Qui tol-lis peccá-ta mundi, mi-se-ré-re no-bis.
Qui tol-lis peccá-ta mundi, súsci-pe depre-ca- ti- ó-nem nostram. Qui se-des ad déxte-ram Patris, mi-se-ré-re no-bis.
Quó-ni- am tu so-lus sanctus. Tu so-lus Dómi-nus. Tu so-lus
Altíssimus, Ie-su Chri- ste. Cum Sancto Spí-ri-tu, in gló-

ri- a De- i Pa- tris. A- men.
X. s.
II
SAnctus, * Sanctus, Sanctus Dómi-nus De- us Sá-
ba- oth. Ple-ni sunt cae-li et ter-ra gló- ri- a tu- a.
Ho- sánna in excél- sis. Be-ne-díctus qui ve- nit in
nómi-ne Dó-mi-ni. Ho- sánna in excél-sis.
(XII) XIV. s.
I
A-gnus De- i, * qui tol-lis peccá-ta mundi : mi-se-
ré- re no- bis. Agnus De- i, * qui tol- lis peccá-ta mun-
di : mi-se-ré- re no- bis. Agnus De- i, * qui
tol-lis peccá-ta mundi : dona no-bis pa- cem.

XVI

IN FERIIS PER ANNUM

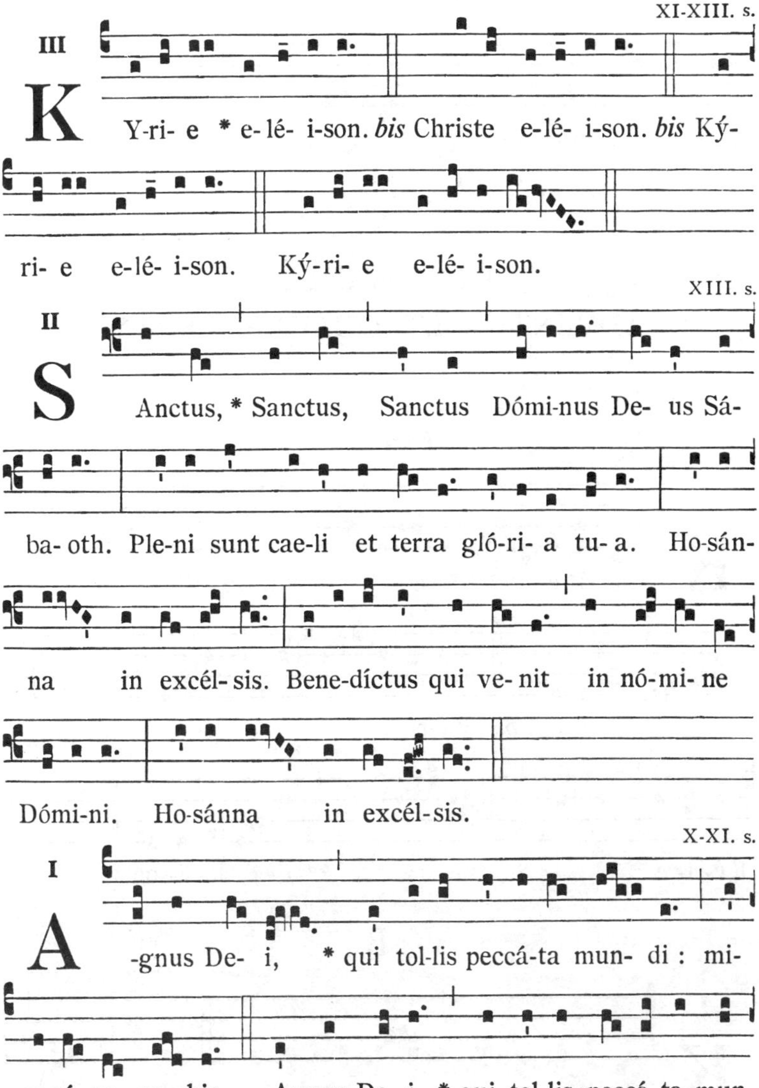

XI-XIII. s.

III

K Y-ri- e * e- lé- i-son. *bis* Christe e-lé- i-son. *bis* Ký-

ri- e e-lé- i-son. Ký-ri- e e-lé- i-son.

XIII. s.

II

S Anctus, * Sanctus, Sanctus Dómi-nus De- us Sá-

ba- oth. Ple-ni sunt cae-li et terra gló-ri- a tu- a. Ho-sán-

na in excél- sis. Bene-díctus qui ve- nit in nó-mi- ne

Dómi-ni. Ho-sánna in excél-sis.

X-XI. s.

I

A -gnus De- i, * qui tol-lis peccá-ta mun- di : mi-

se-ré- re no- bis. Agnus De- i, * qui tol-lis peccá-ta mun-

XVII

IN DOMINICIS ADVENTUS ET QUADRAGESIMÆ

A

(Kyrie salve)

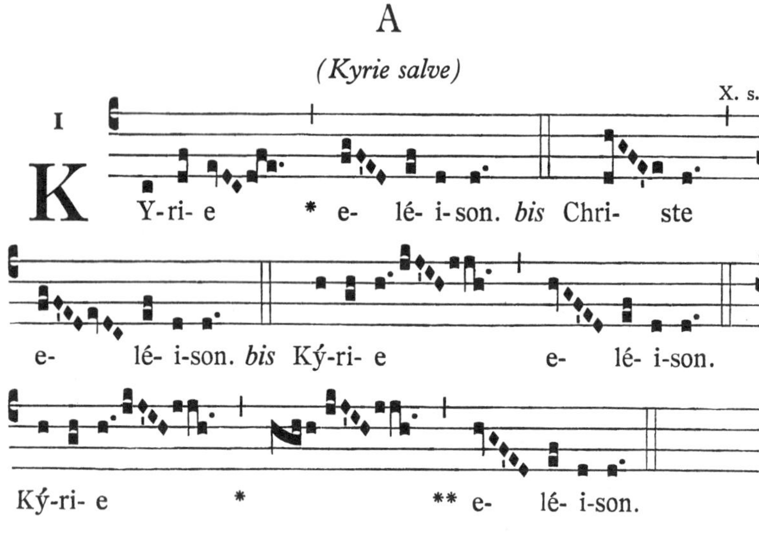

B

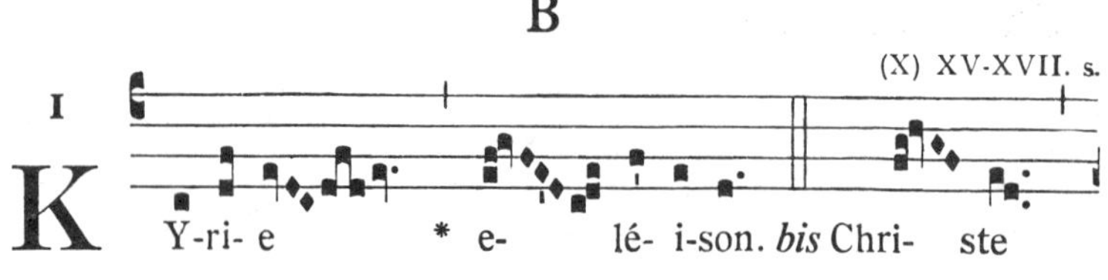

e- lé- i-son. bis Ký-ri- e e- lé- i-son.
Ký-ri- e * ** e-
lé- i-son.
C
XIV. s.
VI
Kyri- e * e- lé- i-son. bis Christe e-
lé- i-son. bis Ký-ri- e e- lé- i-son. Ký-ri-
e * ** e- lé- i-son.
XI. s.
V
Sanctus, * San-ctus, San- ctus Dómi-nus De- us
Sá- ba- oth. Ple-ni sunt cae- li et ter-ra gló-ri- a

tu- a. Ho- sánna in excél- sis. Be-ne- díctus
qui ve-nit in nó-mi-ne Dómi-ni. Ho- sánna in
excél- sis.

XIII. s.
V
Agnus De- i, * qui tol- lis peccá- ta mundi : mi-
se-ré-re no- bis. Agnus De- i, * qui tol- lis peccá- ta mundi : mi-se-ré-re no- bis. Agnus De- i, * qui tol- lis pec-
cá- ta mundi : do-na no-bis pa- cem.

XVIII

IN FERIIS ADVENTUS ET QUADRAGESIMÆ ET AD MISSAM PRO DEFUNCTIS

A

(Deus genitor alme)

XI. s.

B

Ad Missam pro defunctis :

XIII. s.

SAnctus, * Sanctus, Sanctus Dóminus De- us Sá-

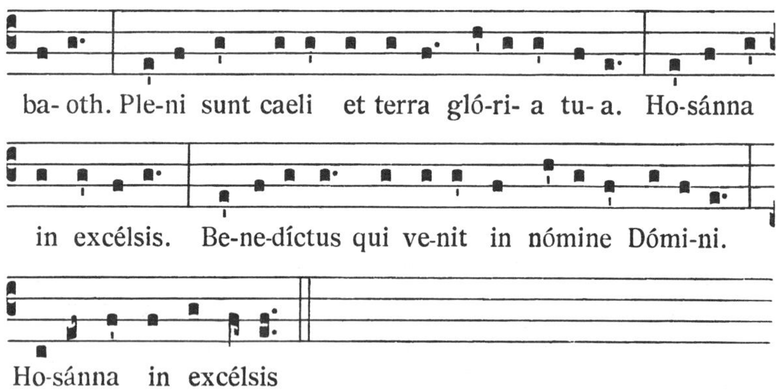
ba- oth. Ple-ni sunt caeli et terra gló-ri- a tu- a. Ho-sánna
in excélsis. Be-ne-díctus qui ve-nit in nómine Dómi-ni.
Ho-sánna in excélsis

XII. s.
A-gnus De- i, * qui tol-lis peccá-ta mundi : mi-se-
ré-re no- bis. Agnus De- i, * qui tol-lis peccá-ta mundi :
mi-se-ré-re no-bis. Agnus De- i, * qui tol-lis peccá- ta mundi : do-na no-bis pa-cem.

CREDO

I

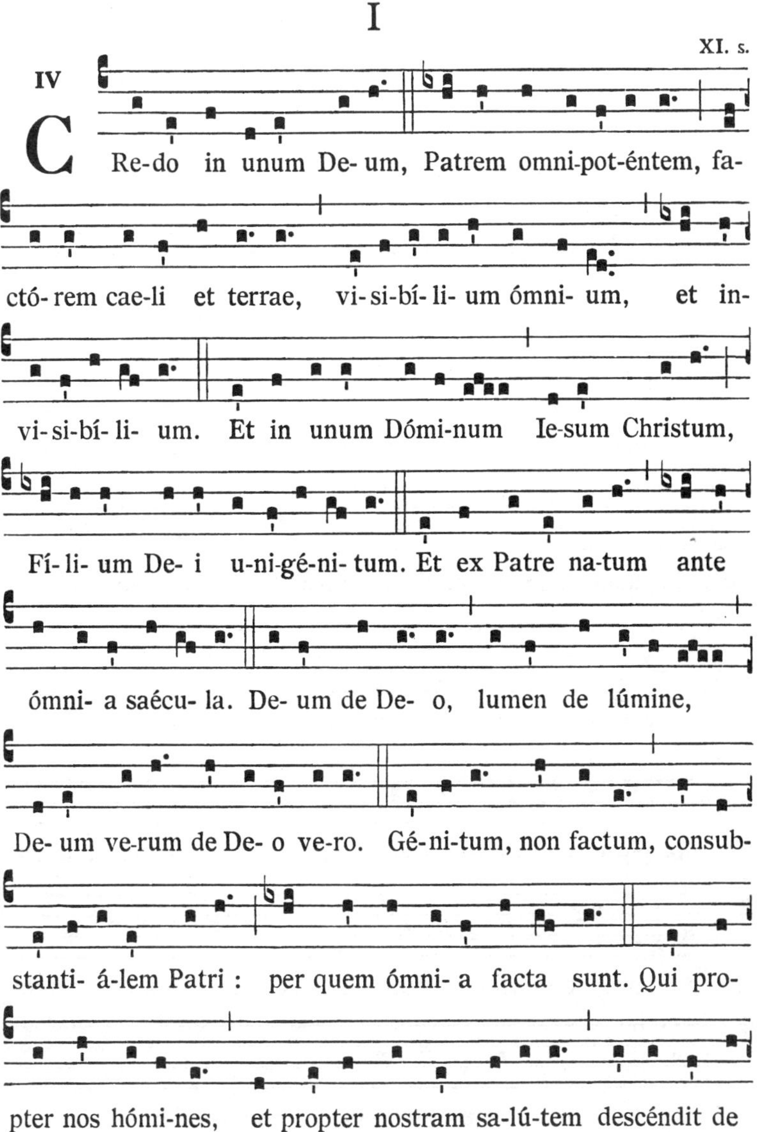
XI. s.
IV
CRe-do in unum De-um, Patrem omni-pot-éntem, factó-rem cae-li et terrae, vi-si-bí-li-um ómni-um, et invi-si-bí-li-um. Et in unum Dómi-num Ie-sum Christum,
Fí-li-um De-i u-ni-gé-ni-tum. Et ex Patre na-tum ante
ómni-a saécu-la. De-um de De-o, lumen de lúmine,
De-um ve-rum de De-o ve-ro. Gé-ni-tum, non factum, consubstanti-á-lem Patri : per quem ómni-a facta sunt. Qui propter nos hómi-nes, et propter nostram sa-lú-tem descéndit de

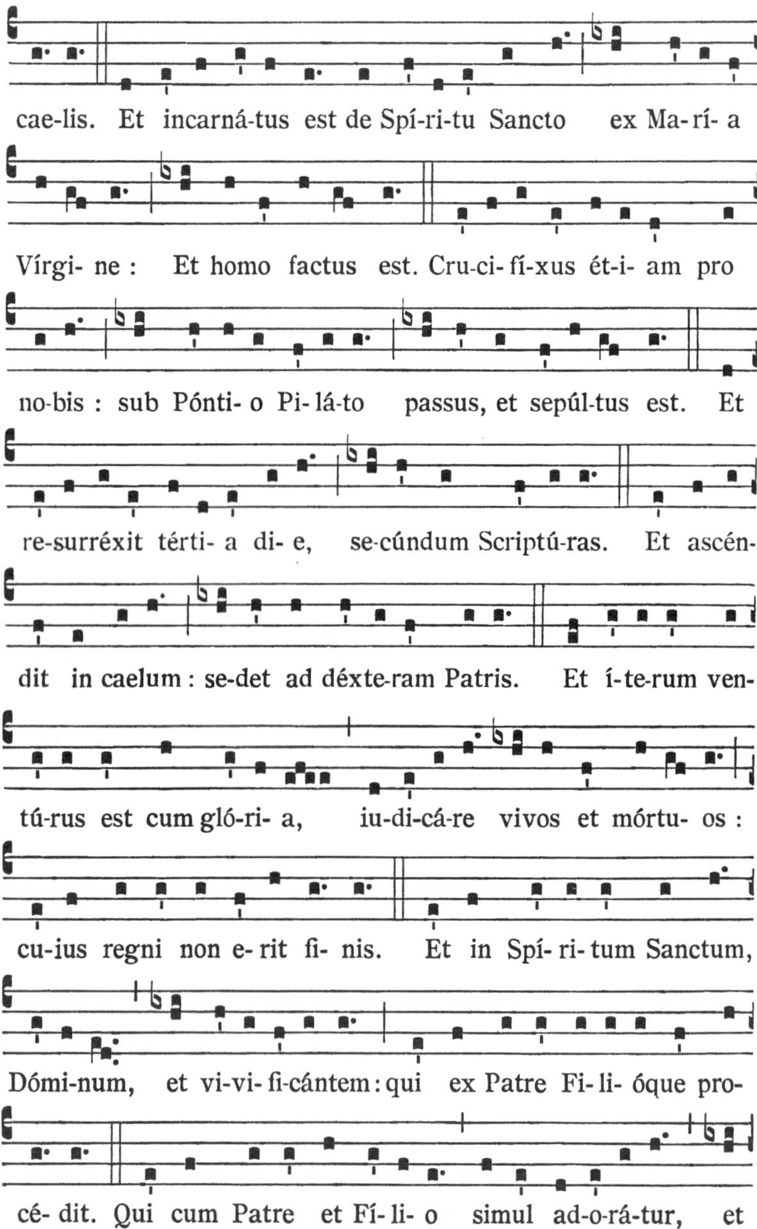
cae-lis. Et incarná-tus est de Spí-ri-tu Sancto ex Ma-rí- a
Vírgi- ne : Et homo factus est. Cru-ci- fí-xus ét-i- am pro
no-bis : sub Pónti- o Pi- lá-to passus, et sepúl-tus est. Et
re-surréxit térti- a di- e, se-cúndum Scriptú-ras. Et ascéndit in caelum : se-det ad déxte-ram Patris. Et í-te-rum ventú-rus est cum gló-ri- a, iu-di-cá-re vivos et mórtu- os :
cu-ius regni non e- rit fi- nis. Et in Spí- ri- tum Sanctum,
Dómi-num, et vi-vi- fi-cántem : qui ex Patre Fi- li- óque pro-
cé- dit. Qui cum Patre et Fí- li- o simul ad-o-rá-tur, et

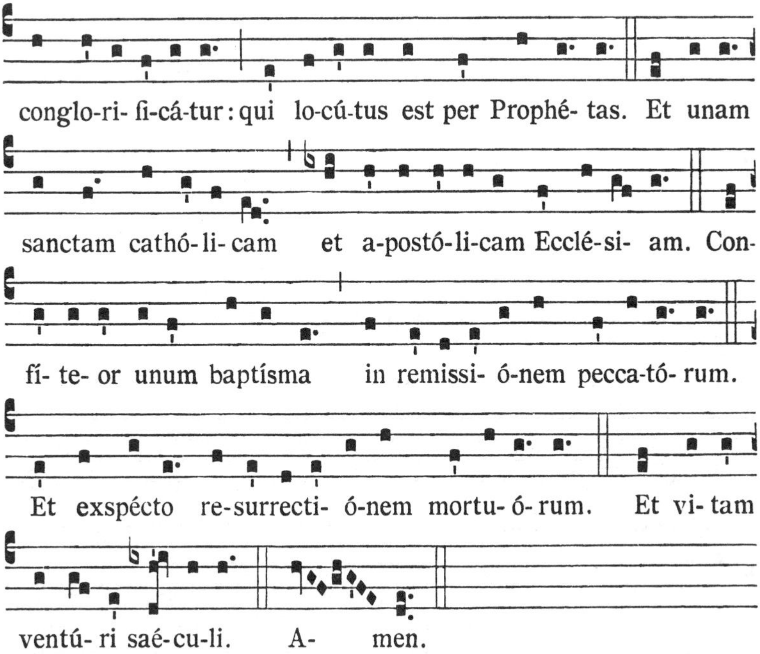
conglo-ri- fi-cá-tur: qui lo-cú-tus est per Prophé- tas. Et unam
sanctam cathó-li- cam et a-postó-li-cam Ecclé-si- am. Con-
fí- te- or unum baptísma in remissi- ó-nem pecca-tó- rum.
Et exspécto re-surrecti- ó-nem mortu- ó- rum. Et vi- tam
ventú- ri saé-cu-li. A- men.

¶ *Præter præcedentem tonum authenticum, alii subsequentes usu iam recepti assumi possunt.*

II

IV
C Re-do in unum De- um, Patrem omni-pot-éntem,
factó-rem cae-li et terrae, vi- si- bí- li- um ómni- um, et
invi-si-bí-li- um. Et in unum Dómi-num Ie-sum Christum,

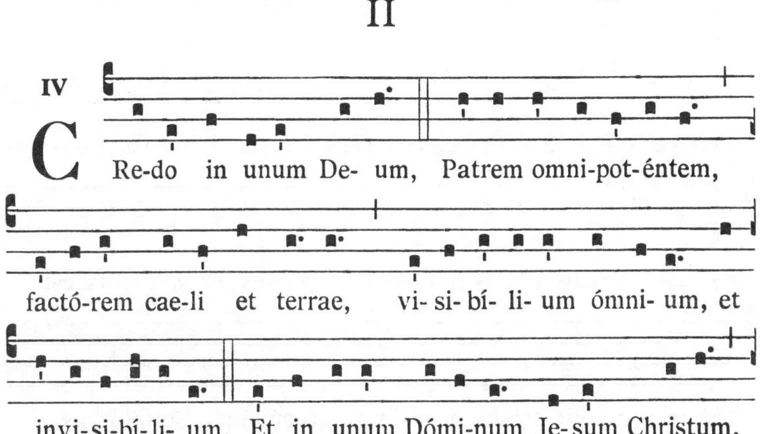

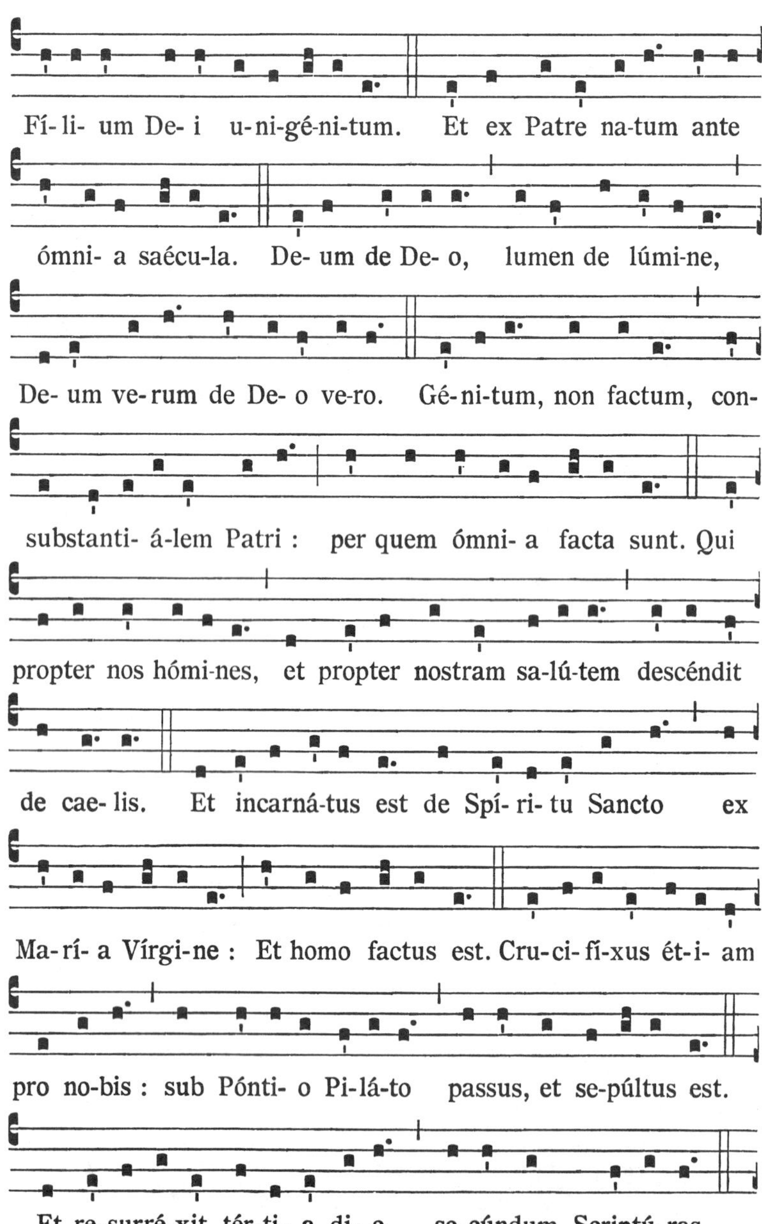
Fí- li- um De- i u-ni-gé-ni-tum. Et ex Patre na-tum ante
ómni- a saécu-la. De- um de De- o, lumen de lúmi-ne,
De- um ve-rum de De- o ve-ro. Gé-ni-tum, non factum, con-
substanti- á-lem Patri : per quem ómni- a facta sunt. Qui
propter nos hómi-nes, et propter nostram sa-lú-tem descéndit
de cae- lis. Et incarná-tus est de Spí- ri- tu Sancto ex
Ma-rí- a Vírgi-ne : Et homo factus est. Cru-ci-fí-xus ét-i- am
pro no-bis : sub Pónti- o Pi-lá-to passus, et se-púltus est.
Et re-surré-xit tér-ti- a di- e, se-cúndum Scriptú-ras.

Et ascéndit in caelum : se-det ad déxte-ram Patris. Et
ít-e-rum ventúrus est cum gló-ri- a, iu-di-cá-re vi-vos et
mórtu- os : cu-ius regni non e- rit fi-nis. Et in Spí- ri- tum
Sanctum, Dómi-num, et vi-vi- fi-cántem : qui ex Patre Fi-
li- óque pro-cé- dit. Qui cum Patre et Fí- li- o simul ado-
rá- tur, et conglo-ri- fi-cá-tur : qui lo-cú-tus est per Pro-
phé- tas. Et u-nam sanctam cathó-li-cam et apostó-li-cam
Ecclé- si- am. Confí- te- or unum baptísma in remissi- ó-
nem pecca-tó-rum. Et exspécto re-surrecti- ó-nem mortu- ó-

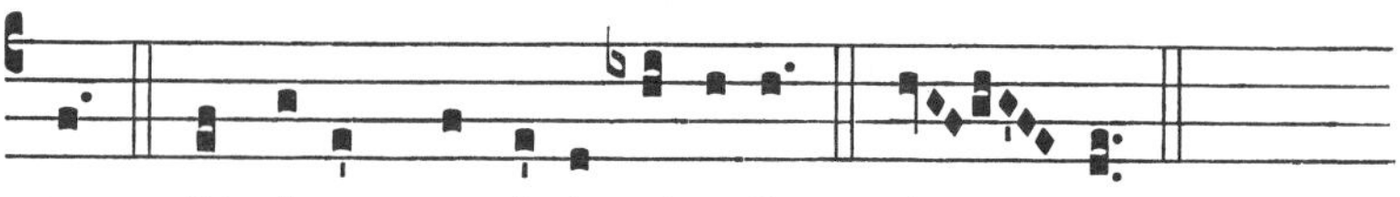

rum. Et vi-tam ventú-ri saécu- li. A- men.

III

XVII. s.

V

CRedo in unum De- um, Patrem omni-pot-éntem,

factó- rem caeli et terrae, vi- si-bí- li- um ómni- um, et in-

vi- si- bí- li- um. Et in unum Dómi-num Ie- sum Christum,

Fí- li- um De- i u-ni-gé-ni-tum. Et ex Patre na- tum ante

ómni- a saé- cu-la. De- um de De- o, lumen de lúmi-ne,

De- um ve-rum de De- o ve-ro. Gé-ni-tum, non factum, con-

substanti- á-lem Patri : per quem ómni- a fa-cta sunt. Qui

propter nos hómi-nes, et propter nostram sa- lú- tem descén-
dit de cae- lis. Et incarná-tus est de Spí-ri-tu Sancto ex
Ma-rí- a Vírgi-ne : Et homo factus est. Cru- ci- fí- xus
ét-i- am pro no-bis : sub Pónti- o Pi-lá-to passus, et se-púl-
tus est. Et re-surré-xit térti- a di- e, se-cúndum Scri-
ptú- ras. Et ascéndit in cae- lum : se-det ad déxte- ram Pa-
tris. Et í-te-rum ventú-rus est cum gló-ri- a, iu-di-cá-re
vi-vos et mórtu- os : cu-ius regni non e- rit fi- nis. Et in
Spí- ri- tum Sanctum, Dómi-num, et vi-vi- fi-cántem : qui ex

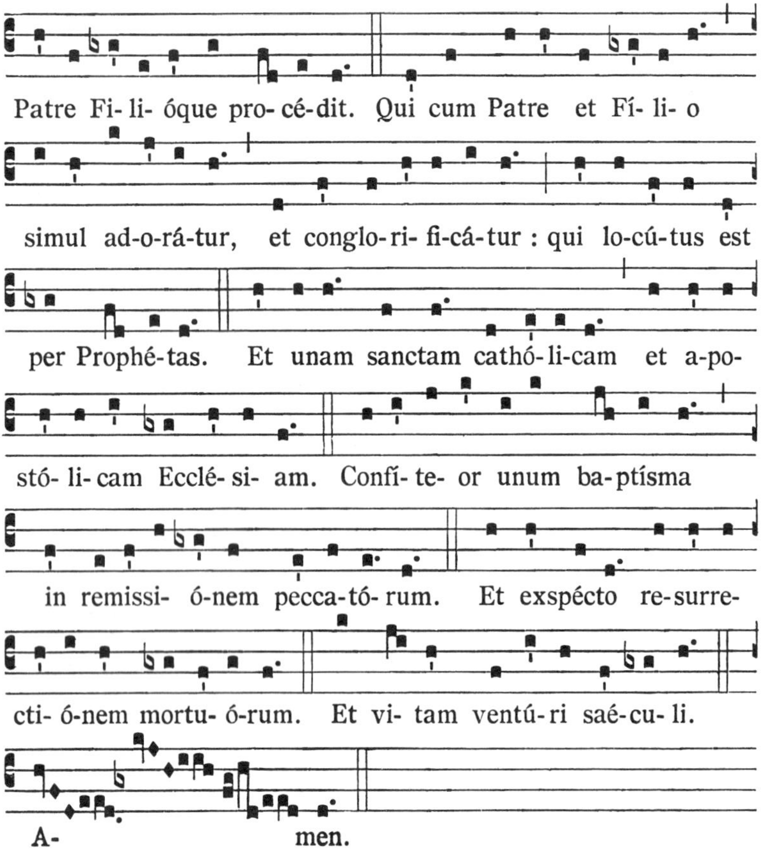

Patre Fi- li- óque pro- cé-dit. Qui cum Patre et Fí- li- o
simul ad-o-rá-tur, et conglo-ri- fi-cá-tur : qui lo-cú-tus est
per Prophé-tas. Et unam sanctam cathó-li-cam et a-po-
stó- li- cam Ecclé- si- am. Confí- te- or unum ba-ptísma
in remissi- ó-nem pecca-tó- rum. Et exspécto re-surre-
cti- ó-nem mortu- ó-rum. Et vi- tam ventú-ri saé-cu- li.
A- men.

IV

XV. s.

I
CRe-do in unum De- um, Patrem omni-pot-én- tem,
factó-rem cae-li et ter- rae, vi-si-bí- li- um ómni- um, et in-

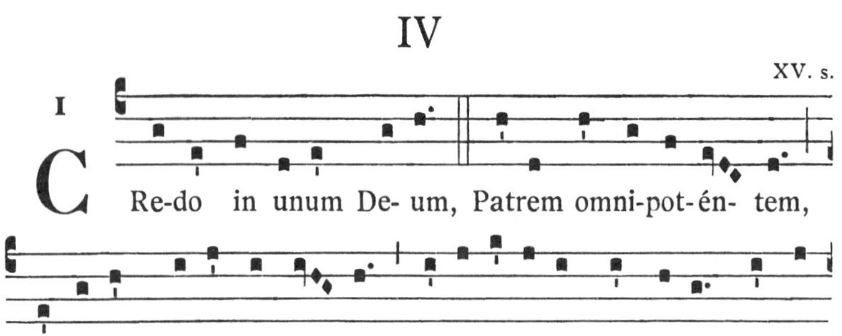

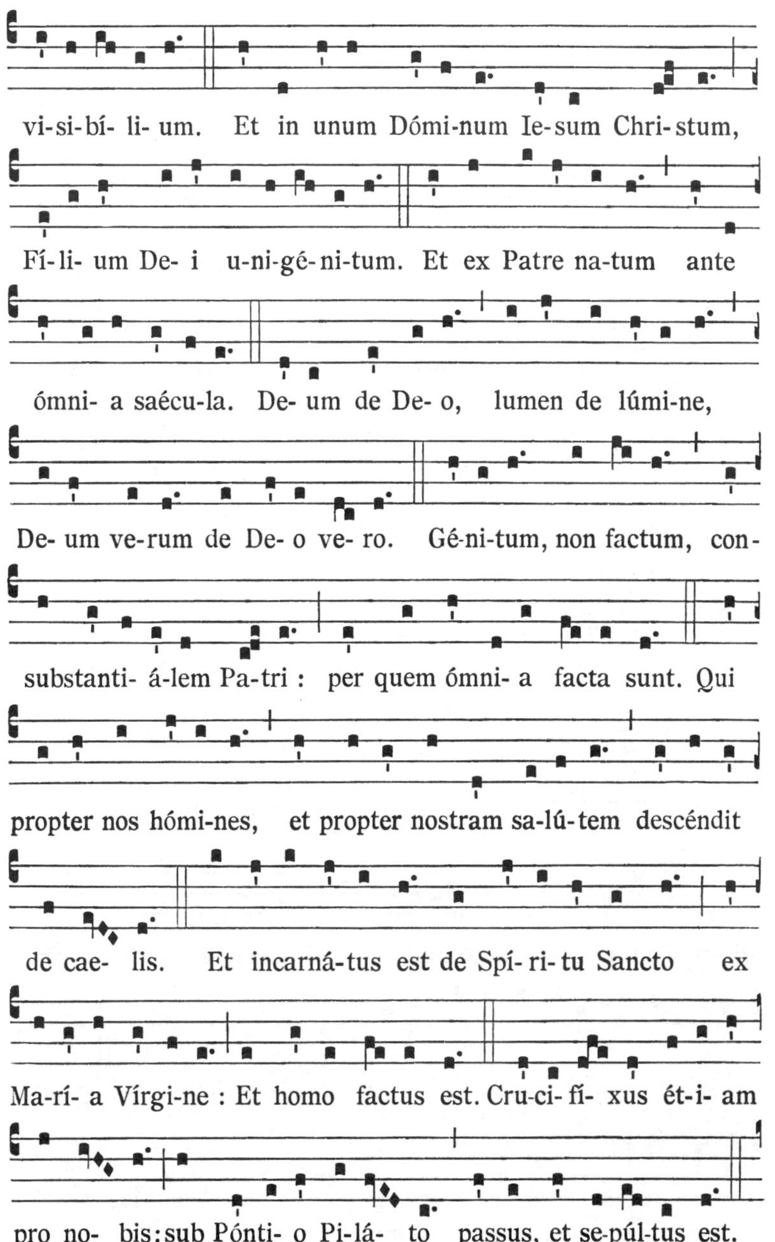
vi-si-bí- li- um. Et in unum Dómi-num Ie-sum Chri- stum,
Fí-li- um De- i u-ni-gé-ni-tum. Et ex Patre na-tum ante
ómni- a saécu-la. De- um de De- o, lumen de lúmi-ne,
De- um ve-rum de De- o ve- ro. Gé-ni-tum, non factum, con-
substanti- á-lem Pa-tri : per quem ómni- a facta sunt. Qui
propter nos hómi-nes, et propter nostram sa-lú-tem descéndit
de cae- lis. Et incarná-tus est de Spí- ri- tu Sancto ex
Ma-rí- a Vírgi-ne : Et homo factus est. Cru-ci- fí- xus ét-i- am
pro no- bis: sub Pónti- o Pi-lá- to passus, et se-púl-tus est.

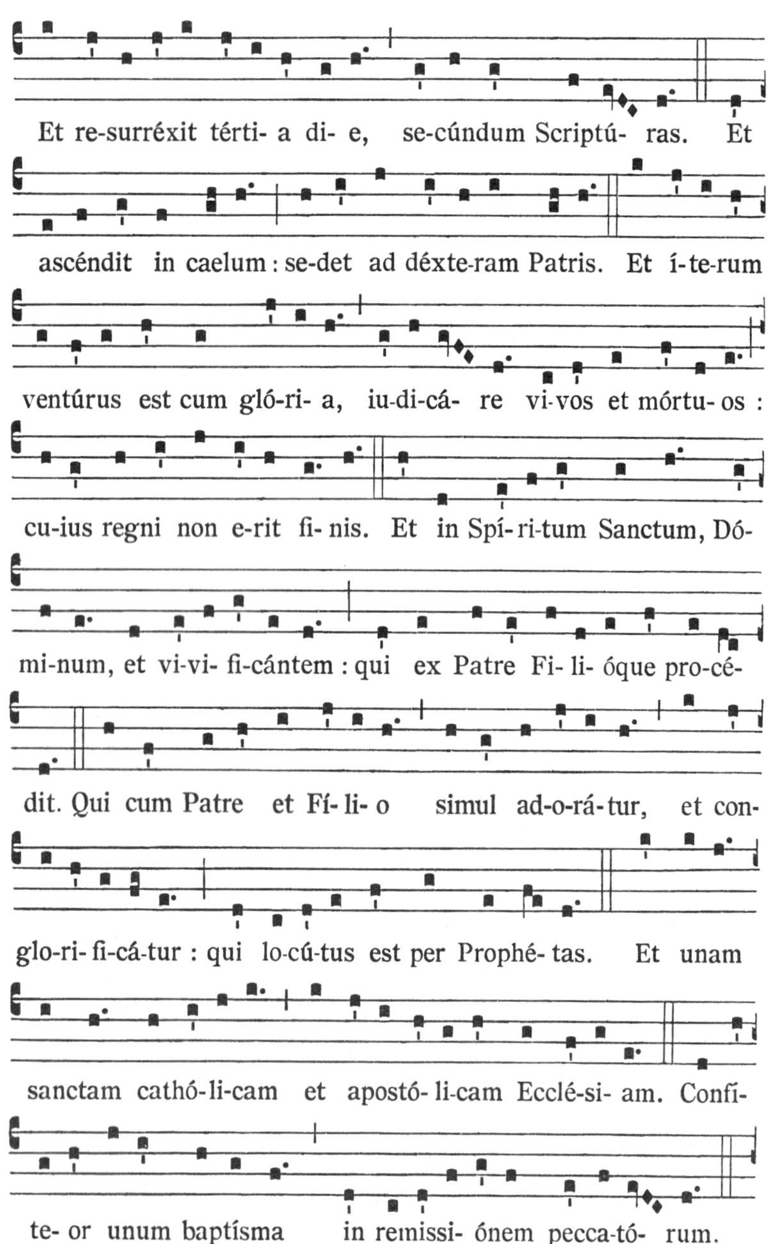
Et re-surréxit térti- a di- e, se-cúndum Scriptú- ras. Et
ascéndit in caelum : se-det ad déxte-ram Patris. Et í-te-rum
ventúrus est cum gló-ri- a, iu-di-cá- re vi-vos et mórtu- os :
cu-ius regni non e-rit fi- nis. Et in Spí- ri-tum Sanctum, Dómi-num, et vi-vi- fi-cántem : qui ex Patre Fi- li- óque pro-cé-
dit. Qui cum Patre et Fí- li- o simul ad-o-rá- tur, et con-
glo-ri- fi-cá-tur : qui lo-cú-tus est per Prophé- tas. Et unam
sanctam cathó-li-cam et apostó- li-cam Ecclé-si- am. Confí-
te- or unum baptísma in remissi- ónem pecca-tó- rum.

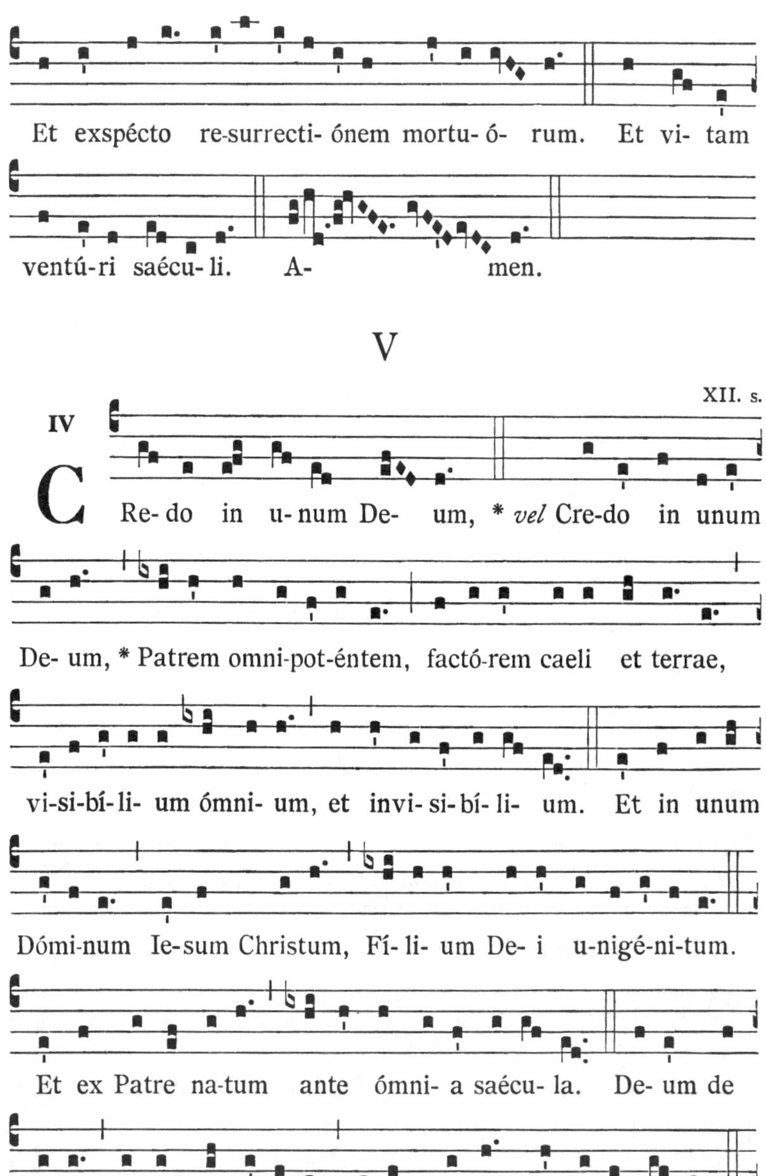
Et exspécto re-surrecti- ónem mortu- ó- rum. Et vi- tam
ventú-ri saécu- li. A- men.
V
XII. s.
IV
C Re- do in u- num De- um, * vel Cre-do in unum
De- um, * Patrem omni-pot-éntem, factó-rem caeli et terrae,
vi-si-bí- li- um ómni- um, et invi- si- bí- li- um. Et in unum
Dómi-num Ie-sum Christum, Fí- li- um De- i u-nigé-ni-tum.
Et ex Patre na-tum ante ómni- a saécu- la. De- um de
De- o, lumen de lúmi-ne, De- um ve- rum de De- o ve- ro.

Gé-ni-tum, non factum, consubstanti- á-lem Patri : per quem
ómni- a facta sunt. Qui propter nos hómi-nes et propter
nostram sa-lú- tem descéndit de cae- lis. Et incarnátus est
de Spí- ri-tu Sancto ex Ma-rí- a Vírgi- ne : Et ho-mo
factus est. Cru-ci-fí-xus ét-i- am pro no-bis : sub Pónti- o
Pi-lá-to passus, et se-púltus est. Et re-surré-xit térti- a
di- e, se-cúndum Scriptú- ras. Et ascéndit in caelum :
se-det ad déxte-ram Patris. Et í-te-rum ventú-rus est cum
gló-ri- a, iu-di-cá-re vi-vos et mórtu- os : cu-ius regni non

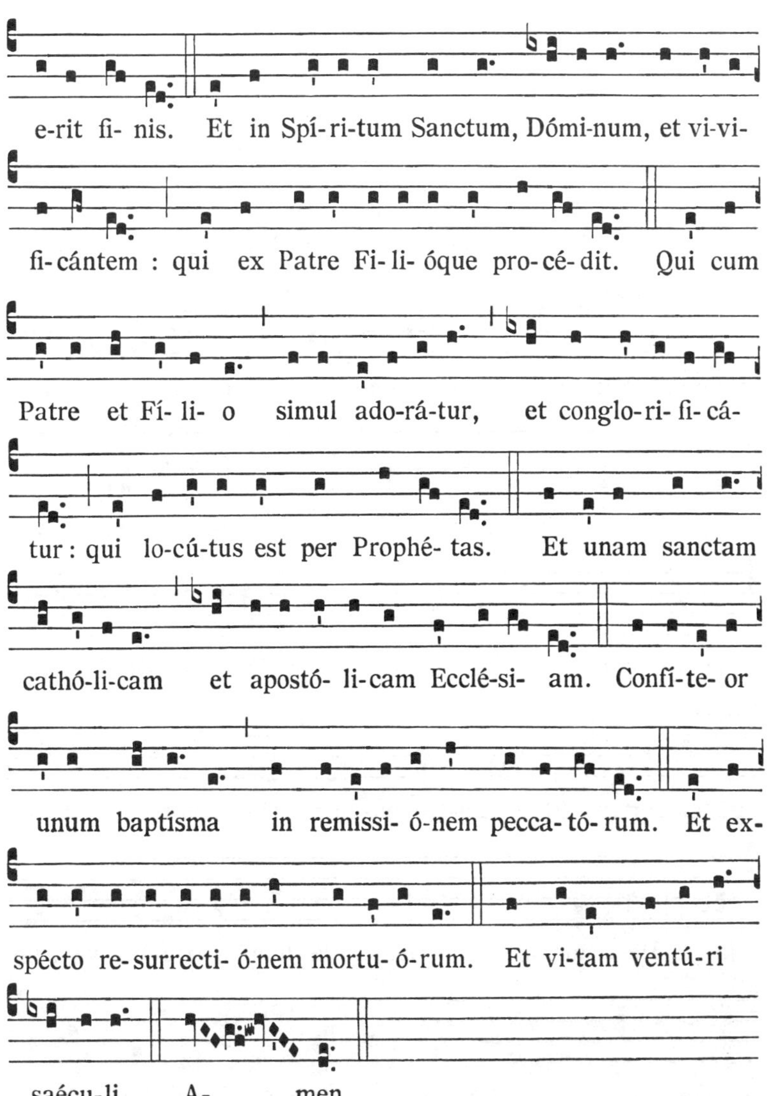
e-rit fi- nis. Et in Spí-ri-tum Sanctum, Dómi-num, et vi-vi-
fi-cántem : qui ex Patre Fi-li- óque pro-cé-dit. Qui cum
Patre et Fí- li- o simul ado-rá-tur, et conglo-ri- fi-cá-
tur : qui lo-cú-tus est per Prophé- tas. Et unam sanctam
cathó-li-cam et apostó- li-cam Ecclé-si- am. Confí-te- or
unum baptísma in remissi- ó-nem pecca-tó-rum. Et exspécto re-surrecti- ó-nem mortu- ó-rum. Et vi-tam ventú-ri
saécu-li. A- men.

VI

IV XI. s.

CRe-do in u-num De-um, * *vel* Cre-do in unum De-um * Patrem omni-pot-én-tem, factó-rem cae-li et ter-rae, vi-si-bí-li-um ómni-um, et invi-si-bí-li-um. Et in u-num Dómi-num Ie-sum Chri-stum, Fí-li-um De-i u-ni-gé-ni-tum. Et ex Pa-tre na-tum ante ómni-a saécu-la. De-um de De-o, lumen de lúmi-ne, De-um ve-rum de De-o ve-ro. Gé-ni-tum, non factum, consubstanti-á-lem Pa-tri : per quem ómni-a facta sunt. Qui propter nos hó-

mi-nes, et propter nostram sa-lú- tem descéndit de cae- lis.
Et incarná-tus est de Spí-ri-tu Sancto ex Ma-rí- a Vír-
gi- ne : Et homo factus est. Cru-ci- fí-xus ét- i- am pro
no- bis : sub Pónti- o Pi- lá- to passus, et sepúltus est.
Et re-surré- xit térti- a di- e, se-cúndum Scriptú- ras.
Et ascéndit in cae- lum : se-det ad déxte-ram Pa- tris.
Et í-te-rum ventú-rus est cum gló-ri- a iu-di-cá- re vi-vos et
mórtu- os : cu-ius regni non e-rit fi- nis. Et in Spí-
ri-tum Sanctum, Dómi-num, et vi-vi- fi-cán- tem : qui ex

Pa-tre Fi- li- óque pro-cé- dit. Qui cum Pa-tre et Fí- li- o
simul ado-rá- tur, et conglo-ri- fi-cá- tur : qui lo-cú-tus est
per Prophé- tas. Et u-nam sanctam cathó-li-cam et apo-
stó- li-cam Ecclé-si- am. Confí-te- or u-num baptísma in
remissi- ó-nem pecca-tó- rum. Et exspé-cto re-surrecti- ó-
nem mortu- ó- rum. Et vi- tam ventú-ri saécu- li.
Amen.

CANTUS AD LIBITUM

KYRIE

I

(Clemens rector)

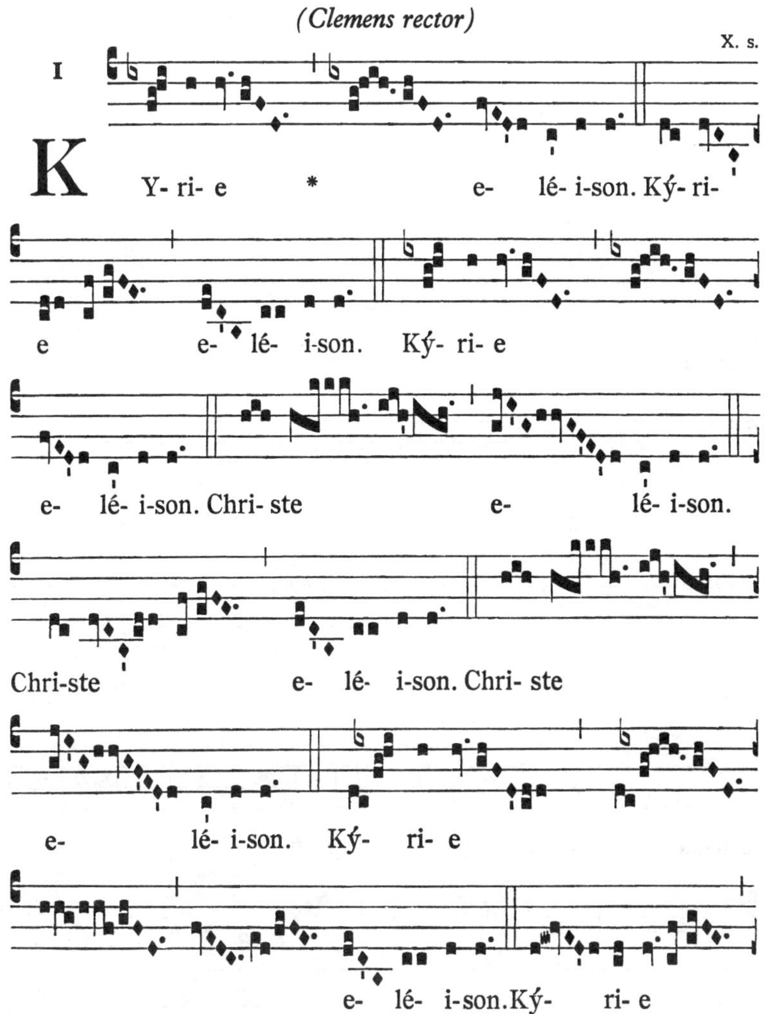

e- lé- i-son. Ký- ri- e * *
* ** e- lé- i-son.

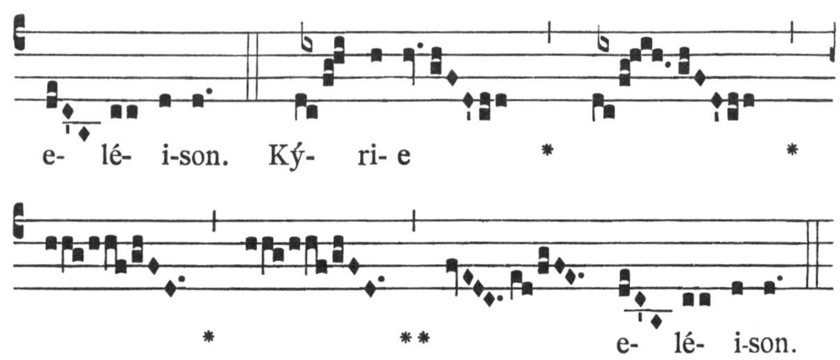

II

(Summe Deus)

XI. s.

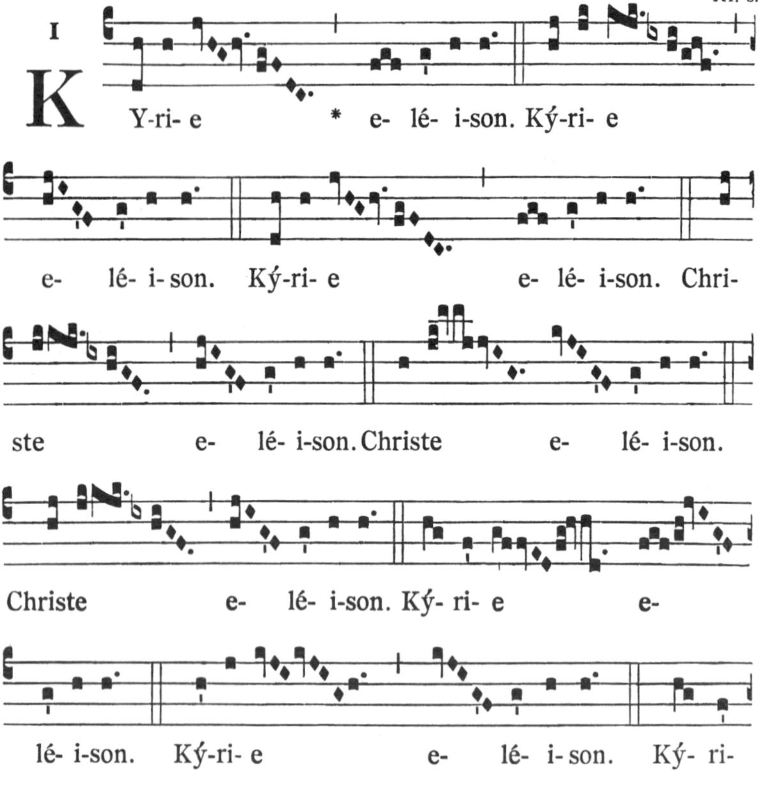

I
K Y-ri- e * e- lé- i-son. Ký-ri- e
e- lé- i- son. Ký-ri- e e- lé- i-son. Chri-
ste e- lé- i-son. Christe e- lé- i-son.
Christe e- lé- i-son. Ký- ri- e e-
lé- i-son. Ký-ri- e e- lé- i- son. Ký- ri-

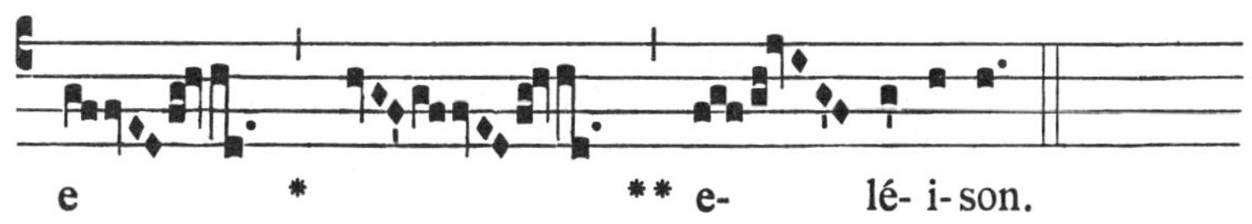

e * ** e- lé- i-son.

III

Cf. supra, III A, 721.

IV

(Kyrie altissime)

XI. s.

V

K Yri- e * e- lé- i-son. Kýri- e e- lé- i-son. Ký-ri- e e- lé- i-son. Chri-ste e- lé- i-son. Chri-ste e- lé- i-son. Christe e- lé- i-son. Ký- ri- e e- lé- i-son. Ký-ri- e e- lé- i-son. Ký- ri-

V. *Cf. supra*, I B, 711.

VI. *Cf. supra*, I A, 710.

VII

(Splendor æterne)

VIII

(Firmator sancte)

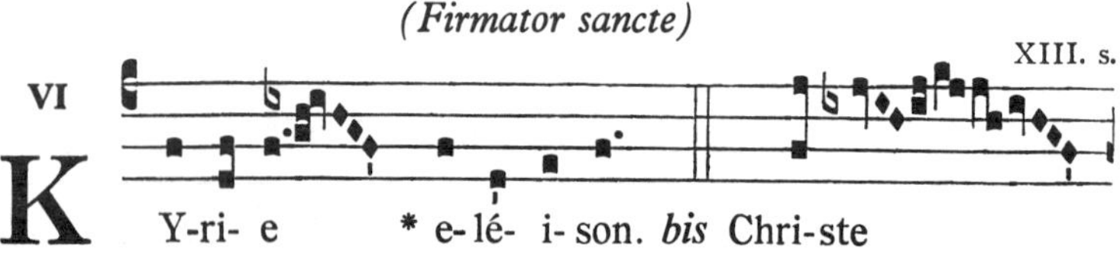

IX

(O Pater excelse)

X. *Cf. supra,* XI A, 748.

XI. *Cf. supra,* XVII A, 764.

GLORIA

I

XI s.

VIII
G Ló-ri- a in excél- sis De- o. Et in ter-ra pax
ho-mí-ni-bus bonae vo-luntá- tis. Laudámus te. Be-ne-
dí- ci-mus te. Ado-rá-mus te. Glo-ri- fi- cá-mus te.
Grá- ti- as á-gimus ti-bi propter magnam gló-ri- am tu- am.
Dómi-ne De- us, Rex cae-léstis, De- us Pa-ter o- mní-pot-ens.
Dómi-ne Fi- li u-ni-gé- ni- te Ie-su Chri-ste. Dómi-ne
De- us, Agnus De- i, Fí-li- us Pa-tris. Qui tol-lis peccá-ta

mundi, mi- se-ré- re no-bis. Qui tol-lis peccá-ta mundi,

sús-ci- pe depre-ca-ti- ó-nem nostram. Qui se-des ad déx-

te-ram Patris, mi- se-ré- re no-bis. Quó-ni- am tu so- lus

sanctus. Tu so-lus Dó-mi-nus. Tu so-lus Al-tíssimus, Ie- su

Chri-ste. Cum Sancto Spí- ri- tu, in gló-ri- a De- i

Pa-tris. A- men.

II

XI. s.

II

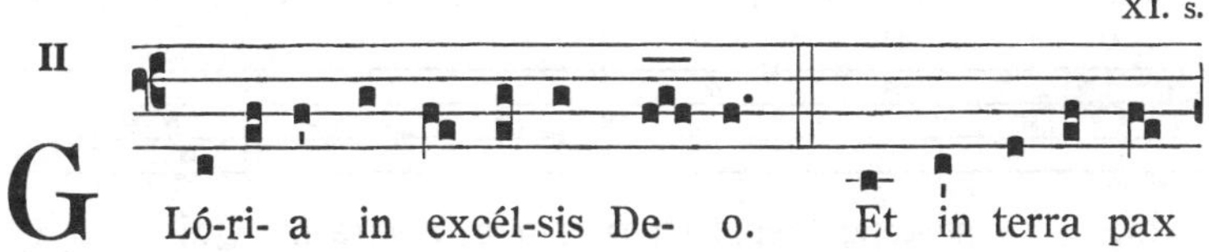

GLó-ri- a in excél-sis De- o. Et in terra pax

homí-ni-bus bonae vo-luntá- tis. Laudámus te. Be-ne-
dí- cimus te. Ado- rámus te. Glo-ri- fi-cámus
te. Grá-ti- as á-gimus ti- bi pro-
pter magnam gló- ri- am tu- am. Dómi-ne De- us, Rex
cae-léstis, De- us Pa- ter omní-pot-ens. Dómi-ne Fi- li
u-nigé-ni-te Ie-su Christe. Dómi-ne De- us, Agnus
De- i, Fí- li- us Pa- tris. Qui tol- lis peccá-ta mundi, mi-se- ré-re no- bis. Qui tol- lis peccá-ta mundi, súscipe depre-ca-ti- ó-nem nostram. Qui

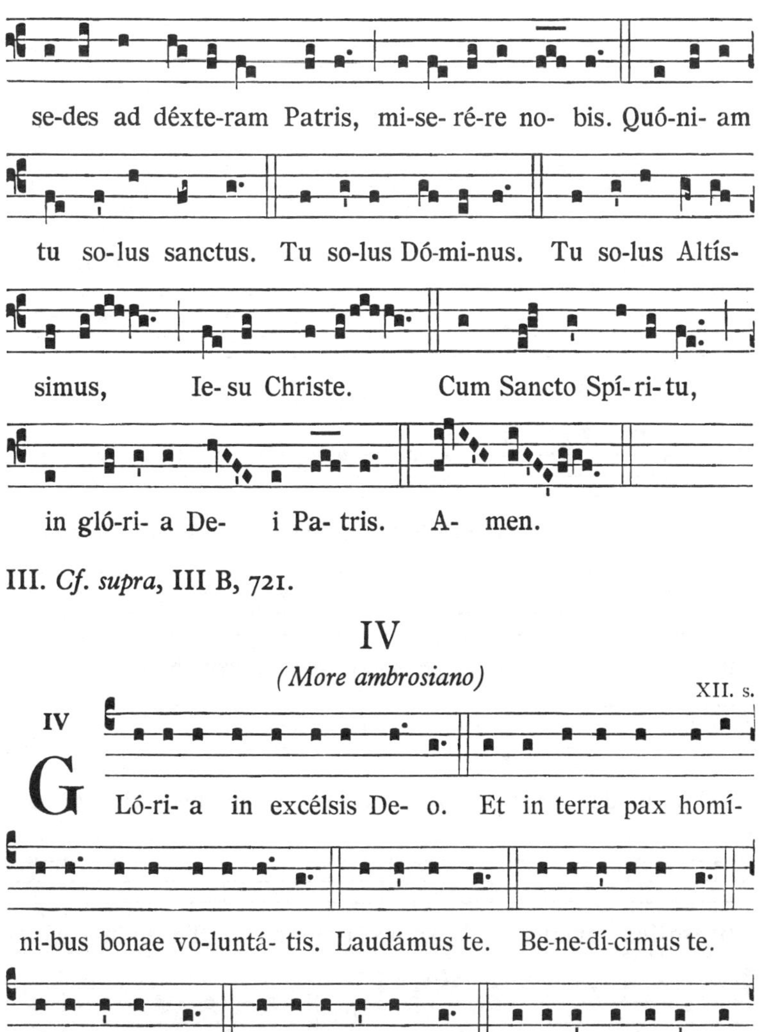

III. *Cf. supra*, III B, 721.

IV

(More ambrosiano)

XII. s.

IV

G Ló-ri- a in excélsis De- o. Et in terra pax homí-

ni-bus bonae vo-luntá- tis. Laudámus te. Be-ne-dí-cimus te.

Ado-rámus te. Glo- ri- fi- cámus te. Grá-ti- as á-gimus ti-

bi propter magnam gló-ri- am tu- am. Dómi-ne

De- us, Rex caeléstis, De- us Pa-ter omní-pot-ens. Dómi-ne
Fi- li u-ni-gé-ni- te, Ie-su Christe. Dómi-ne
De- us, Agnus De- i, Fí-li- us Pa-tris. Qui tol-lis peccá-ta
mundi, mi-se-ré-re no- bis. Qui tol-lis peccá-ta
mundi, súsci-pe depre-ca-ti- ó-nem nostram. Qui
sedes ad déxte-ram Patris, mi- se-ré-re no- bis. Quó-ni- am
tu so-lus sanctus. Tu so-lus Dómi-nus. Tu so-lus Altíssimus, Ie-su Christe. Cum Sancto Spí- ri-tu
in gló- ri- a De- i Patris. ** Amen.

SANCTUS

I

XI. s.
I
SAnctus, * Sanctus, Sanctus Dómi-nus De- us
Sá-ba- oth. Ple-ni sunt cae-li et terra gló- ri- a tu- a.
Ho- sánna in excél- sis. Be-ne-dí-ctus qui ve-nit in
nómi-ne Dó-mi-ni. Hosánna in ex- cél- sis.
II
XI. s.
IV
SAnctus, * Sanctus, Sanctus Dómi-nus De- us
Sá- ba- oth. Ple-ni sunt cae- li et ter- ra gló- ri- a
tu- a. Ho-sánna in excél- sis. Be-ne-dí-ctus qui

ve- nit in nó-mi-ne Dómi- ni. Ho-sánna in excél- sis.

III

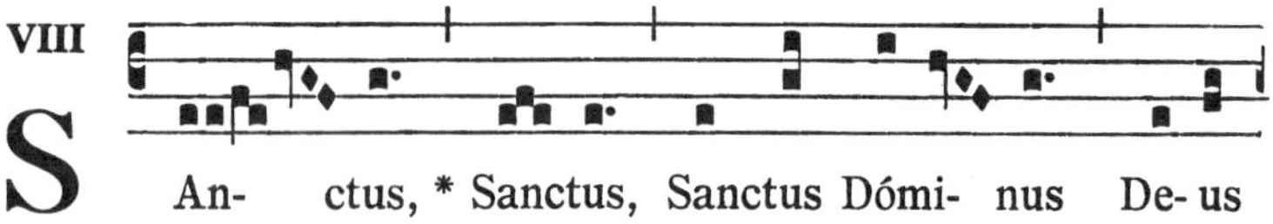

VIII

S An- ctus, * Sanctus, Sanctus Dómi- nus De- us

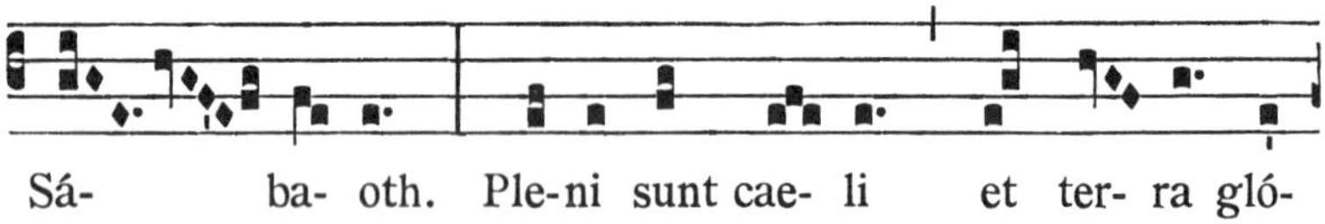

Sá- ba- oth. Ple-ni sunt cae- li et ter- ra gló-

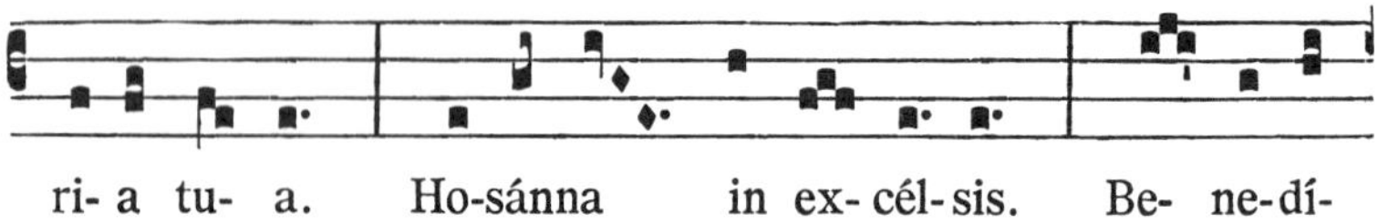

ri- a tu- a. Ho-sánna in ex- cél- sis. Be- ne-dí-

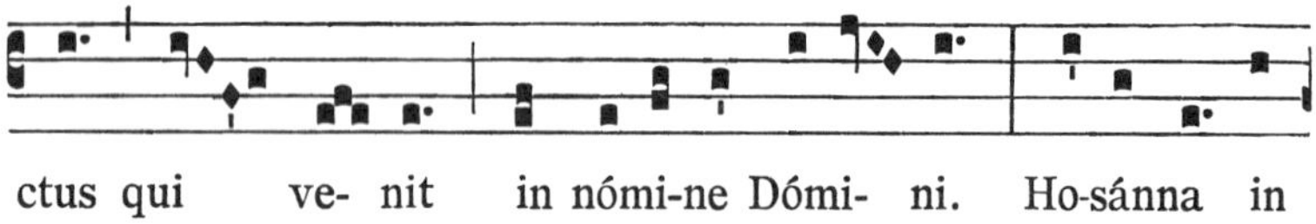

ctus qui ve- nit in nómi-ne Dómi- ni. Ho-sánna in

ex- cél- sis.

AGNUS

I

XII. s.

VIII

A - gnus De- i, * qui tol- lis peccá-ta

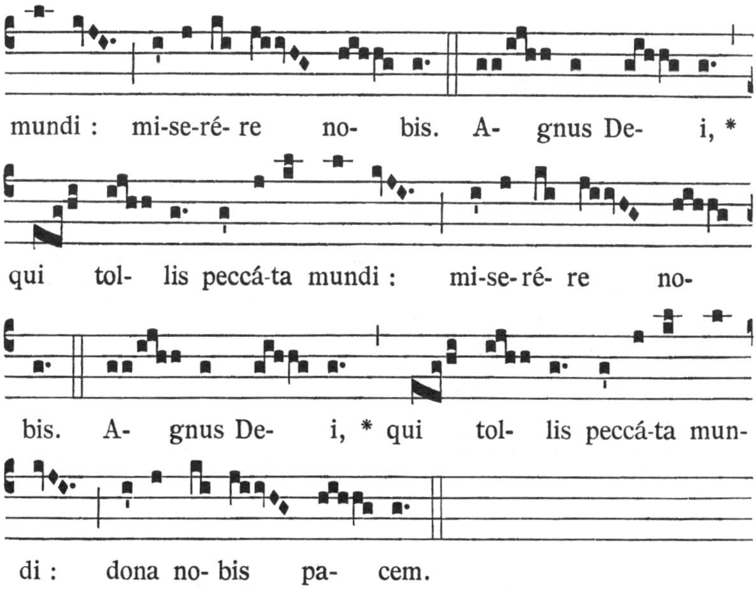
mundi : mi-se-ré- re no- bis. A- gnus De- i, *
qui tol- lis peccá-ta mundi : mi-se-ré- re no-
bis. A- gnus De- i, * qui tol- lis peccá-ta mundi : dona no- bis pa- cem.

II

VI
A -gnus De- i, * qui tol-lis peccá-ta mundi : mi-se-ré-re
no- bis. Agnus De- i, * qui tol-lis peccá-ta mundi : mi-se-
ré-re no- bis. Agnus De- i, * qui tol-lis peccá-ta mundi :
dona no-bis pa- cem.

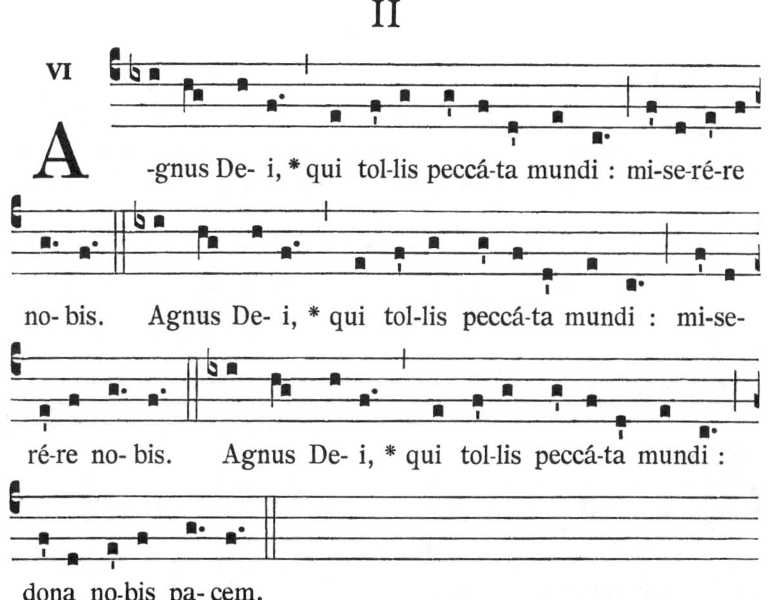

I. AD RITUS INITIALES

SIGNUM CRUCIS

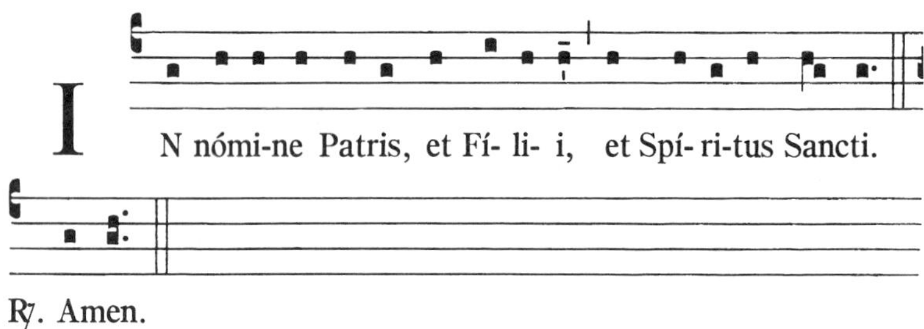

FORMULÆ SALUTATIONIS

I

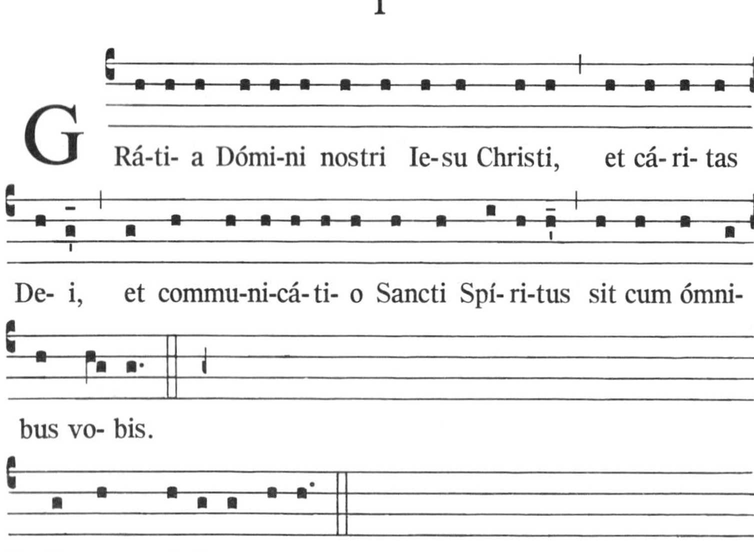

II

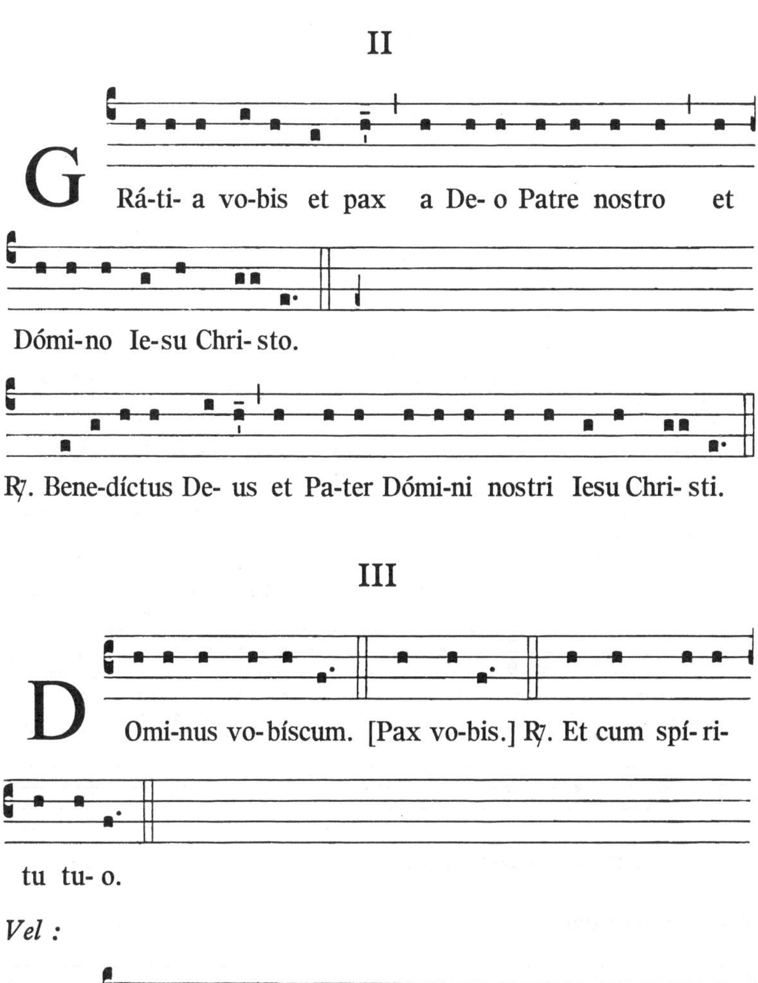
G Rá-ti- a vo-bis et pax a De- o Patre nostro et
Dómi-no Ie-su Chri- sto.
℟. Bene-díctus De- us et Pa-ter Dómi-ni nostri Iesu Chri- sti.
III
D Omi-nus vo-bíscum. [Pax vo-bis.] ℟. Et cum spí- ri-
tu tu- o.
Vel :
D Omi-nus vo-bís-cum. [Pax vo- bis]. ℟. Et cum spí-
ri-tu tu- o.

II. PRO ORATIONIBUS

TONI ORATIONUM

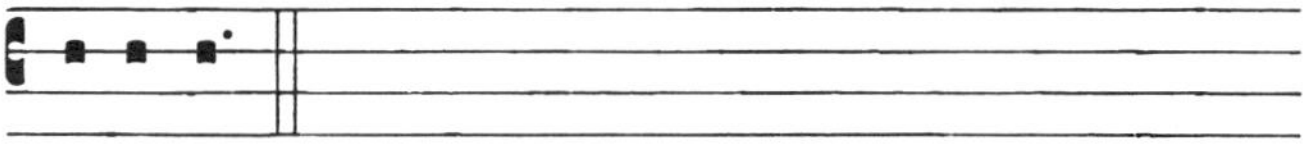

O - rémus.

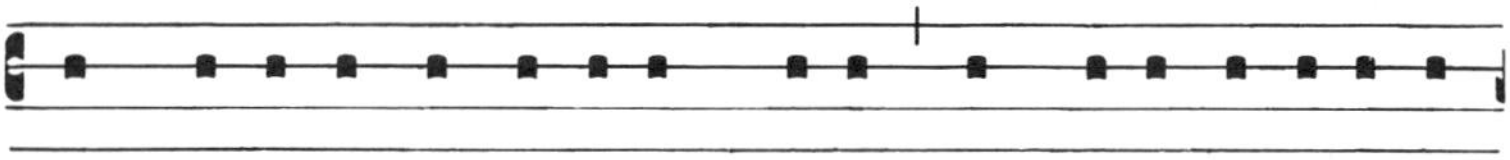

Da, quǽ-sumus, omní-po-tens De- us, hanc tu- is fi-dé- li-bus *vo- lun-***tá-** tem, ut, Christo tu- o ve-ni- énti iustis opé- ri-bus occur**rén-** tes, e-ius déxte-ræ so- ci- á- ti, regnum me-re- ántur possi-dé-re cæ-léste.

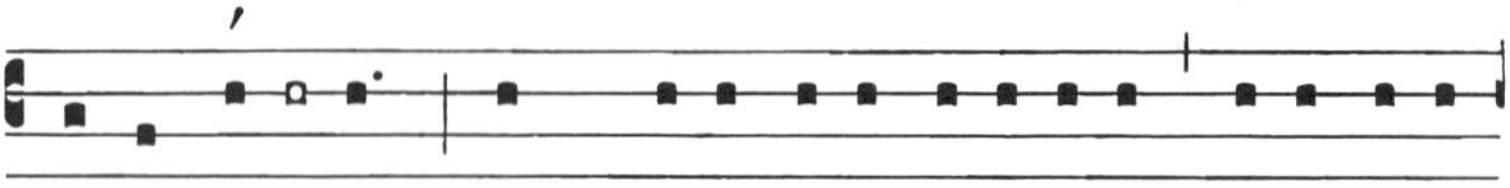

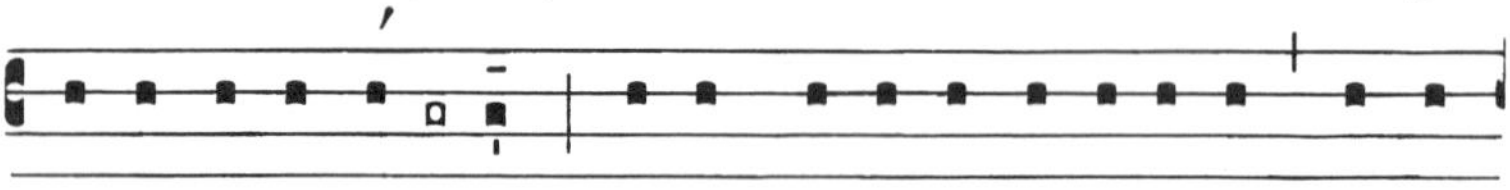

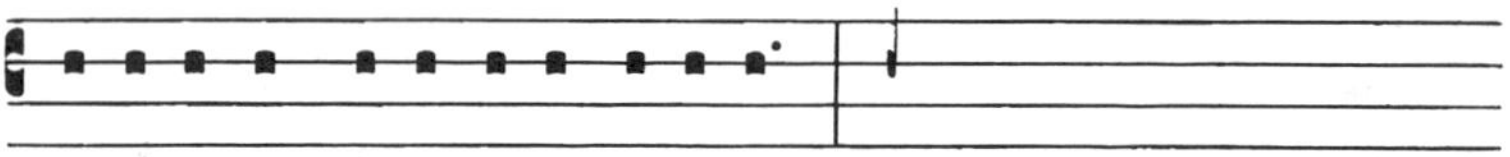

Post collectam

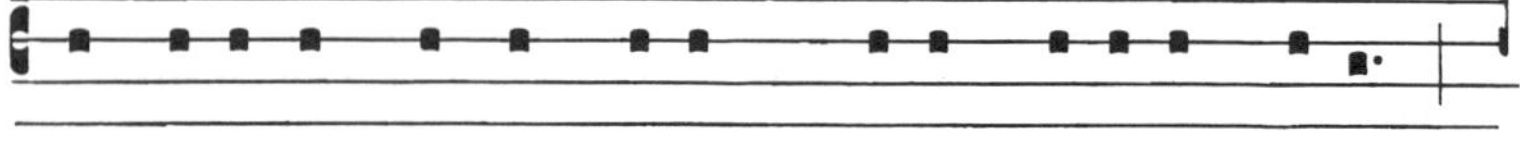

Per Dómi-num nostrum Ie-sum Christum Fí- li- um tu- um,

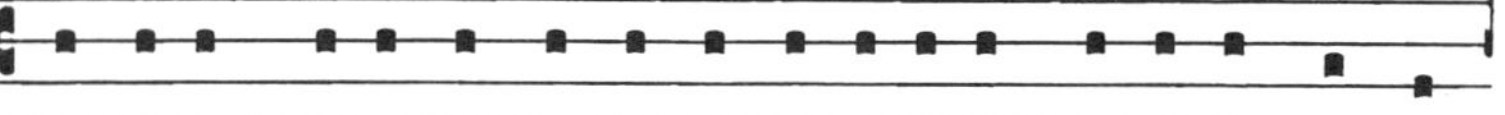

qui te-cum vi-vit et regnat in u-ni-tá-te Spí- ri- tus Sancti,

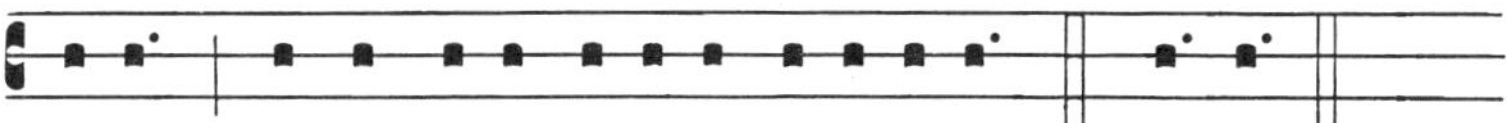

De- us, per ómni- a sǽcu- la sæcu-ló-rum. ℟. Amen.

Post alias orationes

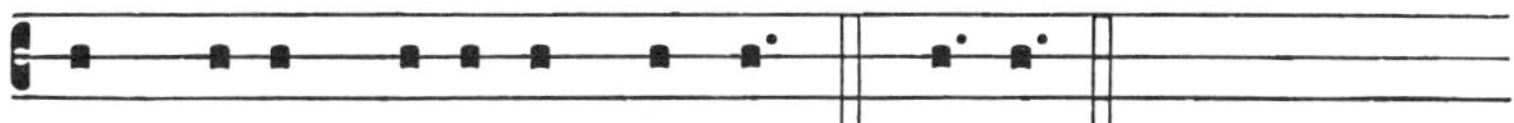

Per Christum Dómi-num nostrum. ℟. Amen.

Vel :

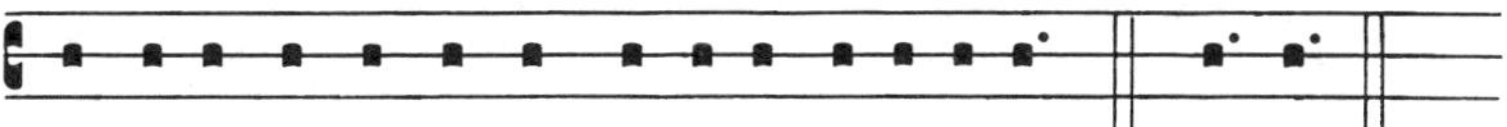

Qui vi-vit et regnat in sǽ-cu-la sæcu-ló-rum. ℟. Amen.

B

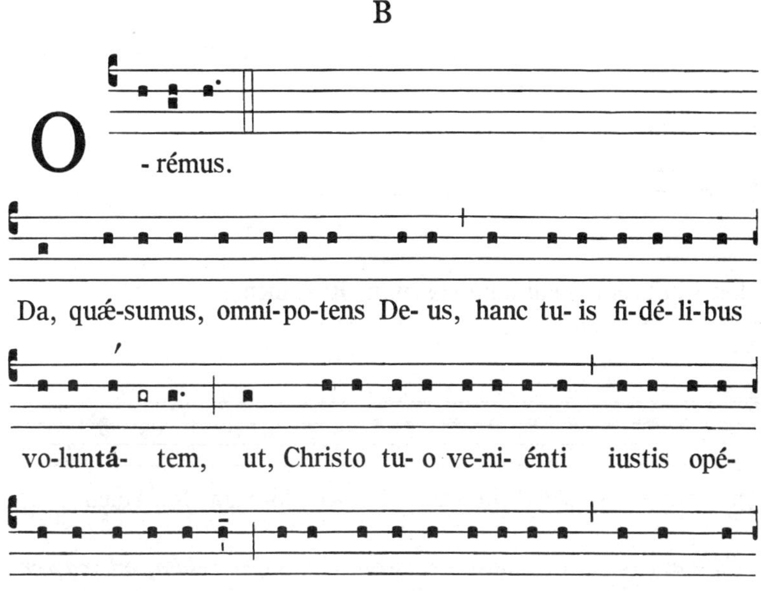

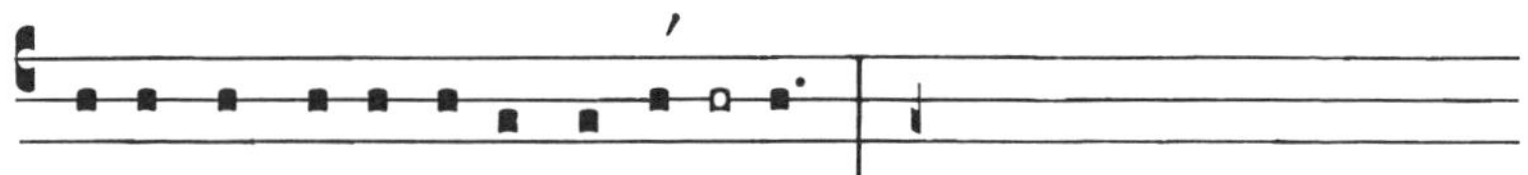

re- ántur possi-dé-*re* *cæ*-**lé**- ste.

Post collectam

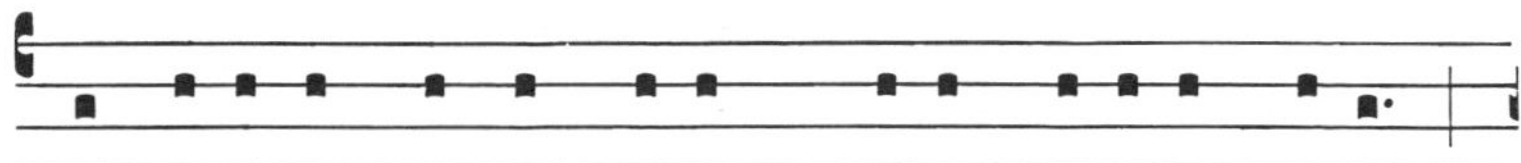

Per Dómi-num nostrum Ie-sum Christum Fí- li- um tu- um,

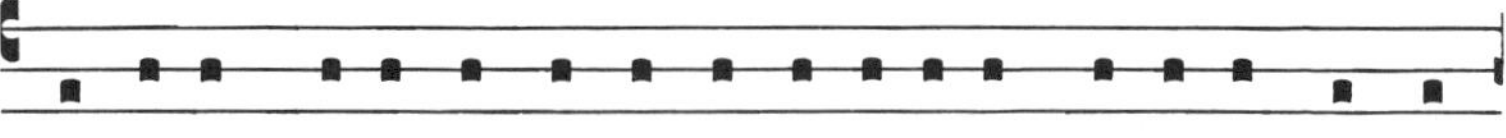

qui te-cum vi-vit et regnat in u-ni-tá-te Spí- ri- tus Sancti,

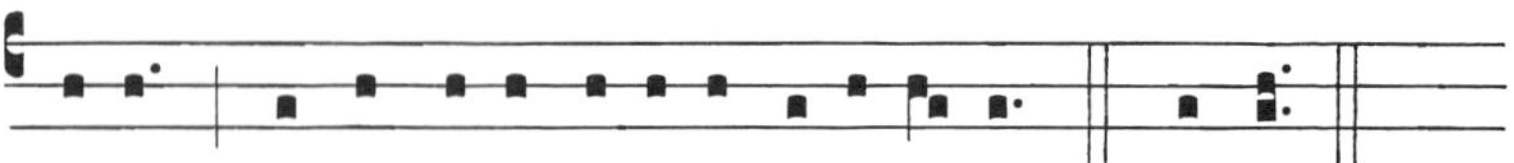

De- us, per ómni- a sǽcu-la sæcu-ló- rum. ℟. Amen.

Post alias orationes

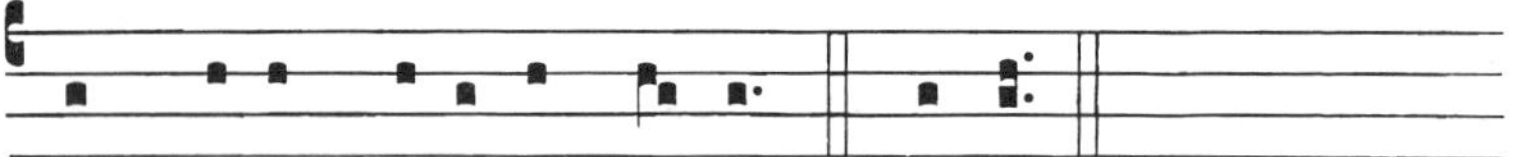

Per Christum Dómi-num nostrum. ℟. Amen.

Vel :

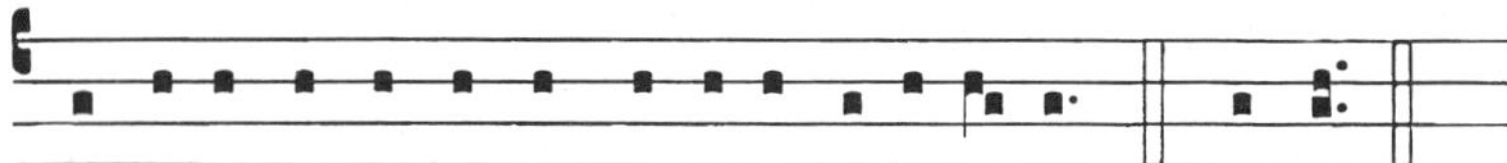

Qui vi-vit et regnat in sǽ-cu-la sæcu-ló- rum. ℟. Amen.

Hic tonus B *aptius convenit cum oratione super oblata, ad inducendam salutationem* Dóminus vobíscum *ante præfationem.*

III. AD LITURGIAM VERBI

TONI LECTIONUM

Præter tonos infrascriptos, quicumque tonus lectionum in usu receptus eligi potest.

LECTIO I

Verbum Dómi-ni. ℟. De- o grá-ti- as.

LECTIO II VEL UNICA ANTE EVANGELIUM

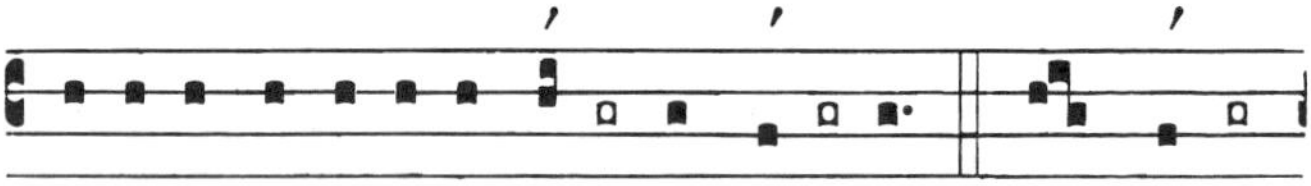

L Ecti- o E-písto-læ **ad** He**brǽ**- os. [ad **Gá**- la-

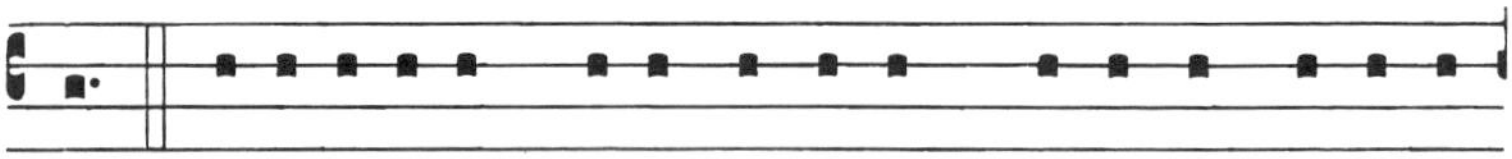

tas.] Multi- fá-ri- am multísque mo-dis... se-det ad déxte-ram

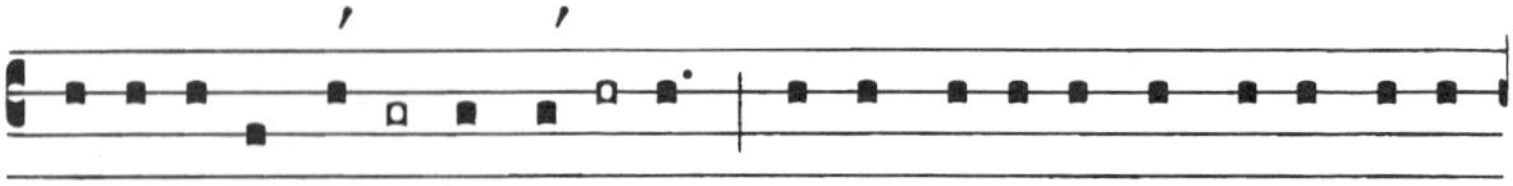

ma-iestá-*tis* **in** ex**cél**- sis; tanto mé- li- or ánge- lis effé-

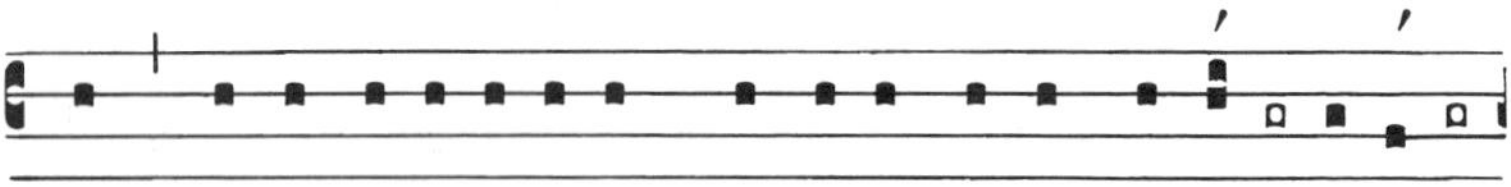

ctus, quanto diffe-rénti- us præ il-lis nomen he-**re**- di-**tá**-

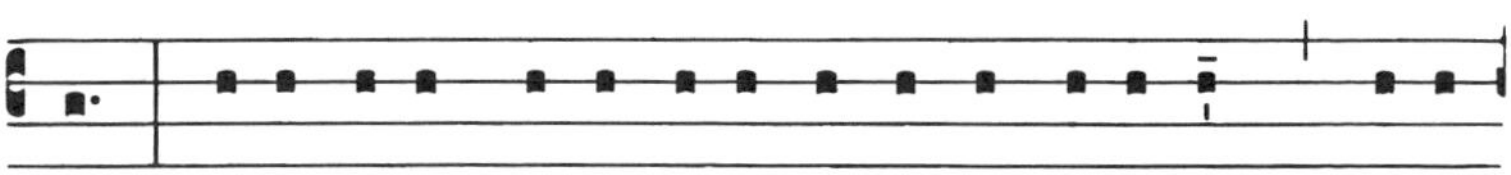

vit. Cu- i e-nim di-xit a-liquándo ange- ló-rum : « Fí- li-

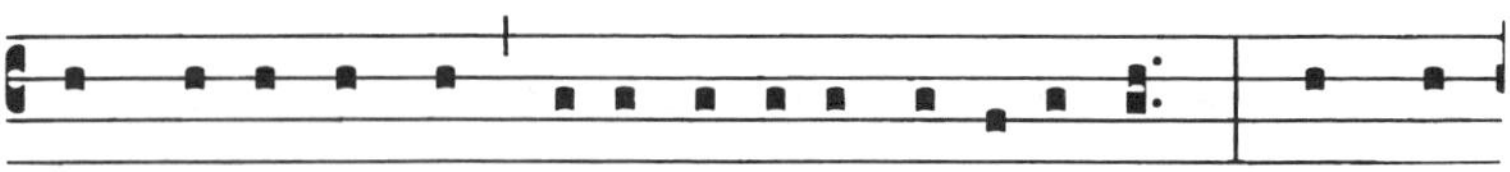

us me- us es tu, ego hó-di- e gé-*nu- i te* »?... Et, cum

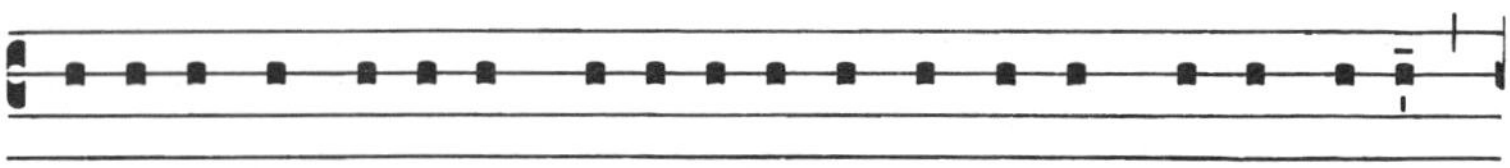

í-te-rum introdú-cit Primogé-ni-tum in orbem terræ, di-cit :

« Et adó-rent e- um omnes ánge- li **De-** i ».

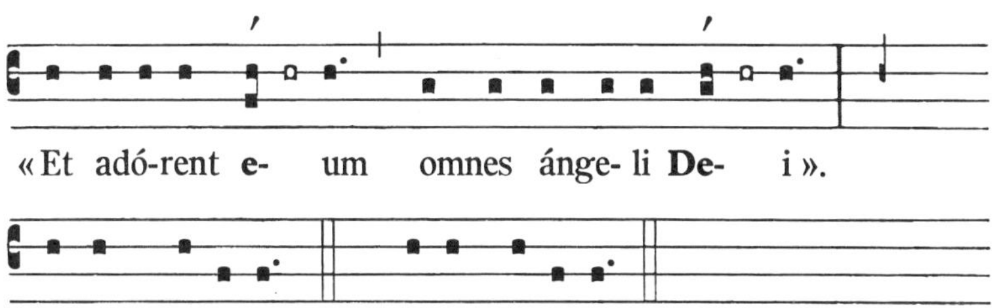

Verbum Dómi-ni. ℟. De- o grá-ti- as.

Hæc lectio potest etiam cantari in tono præcedenti, 803.

TONI EVANGELII

A

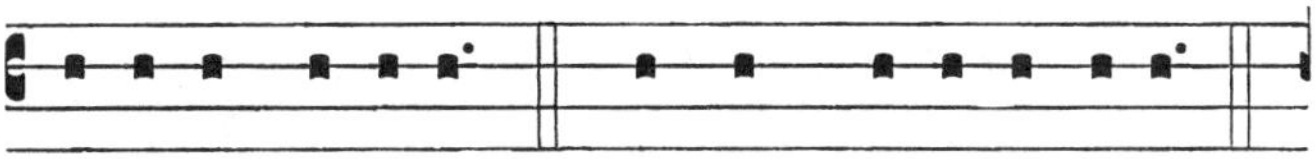

DOmi-nus vo-bíscum. ℟. Et cum spí- ri- tu tu- o.

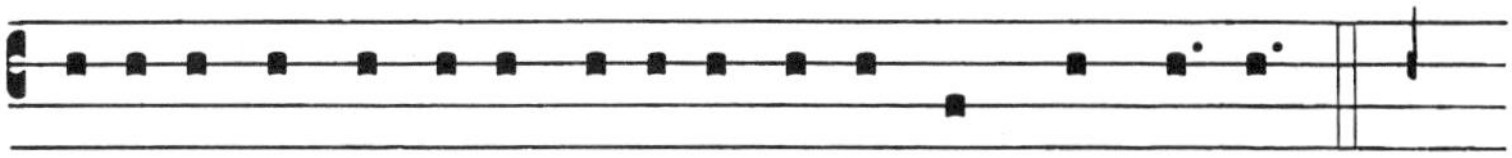

Lécti- o sancti Evangé- li- i se-cúndum Matthǽ- um.

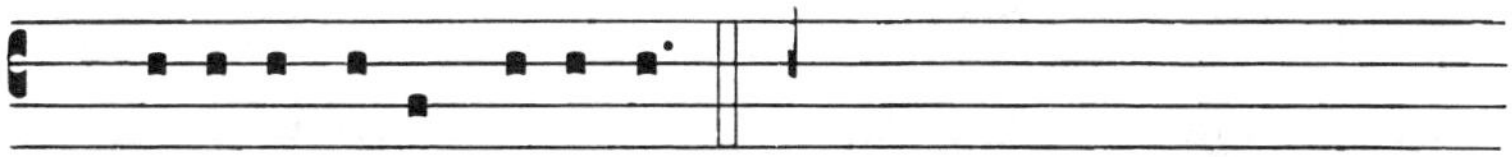

℟. Glóri- a ti-bi, Dómi-ne.

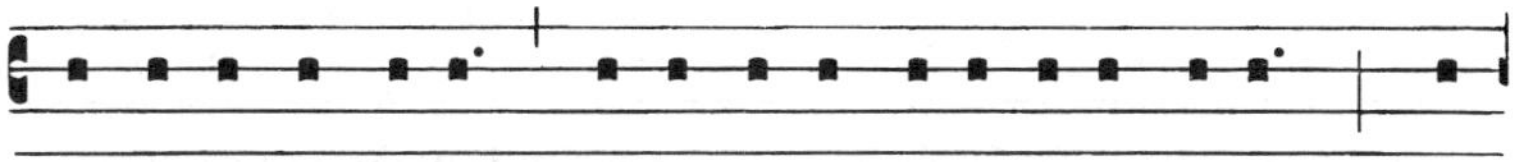

In il-lo témpo-re : Di-xit Ie-sus discí-pu-lis su- is : « Vos

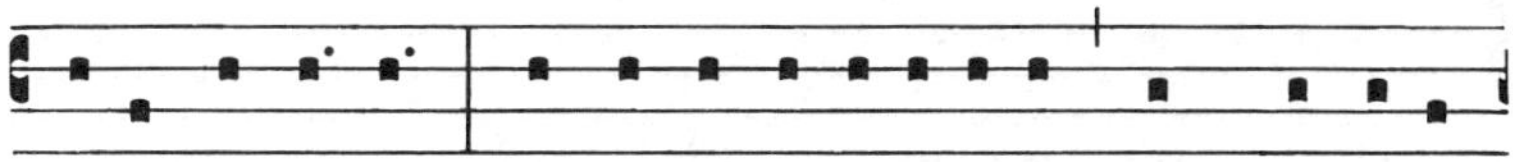

estis sal ter-ræ. Quod si sal e-vanú- e-rit, in quo sa-*li-*

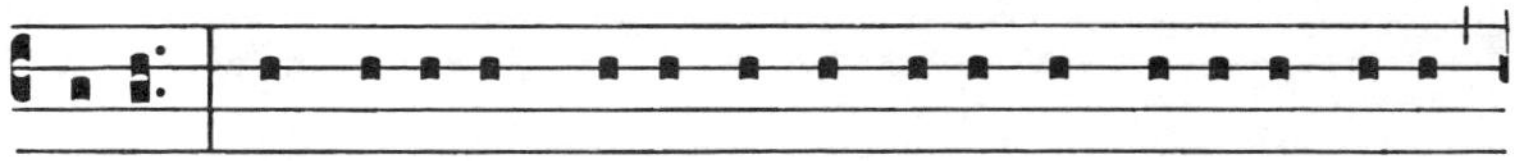

é- tur? Ad ní-hi-lum va-let ultra, ni-si ut mittá-tur fo-ras

In il-lo témpo-re : Di-xit Ie-sus discí-pu- lis su- is : « Vos estis sal **ter**- ræ. Quod si sal e-vanú- e-rit, in quo sa-*li*-

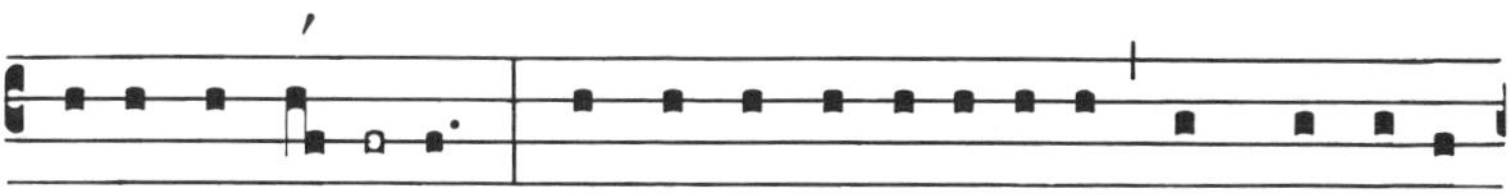

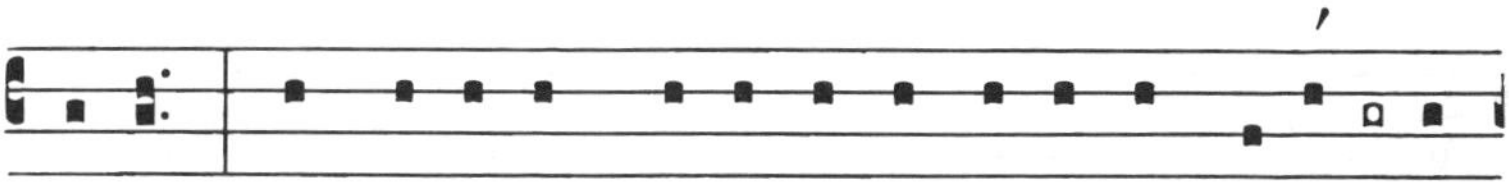

é- tur? Ad ní- hi- lum va- let ultra, ni- si ut *mit***tá**- tur

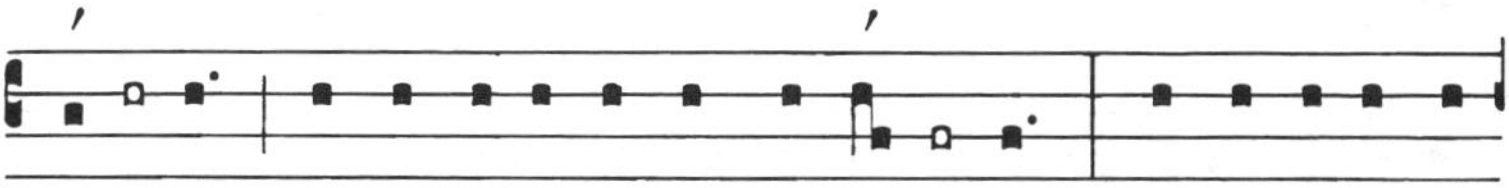

fo- ras et conculcé-tur ab ho**mí**- ni-bus... Sic lú-ce- at lux

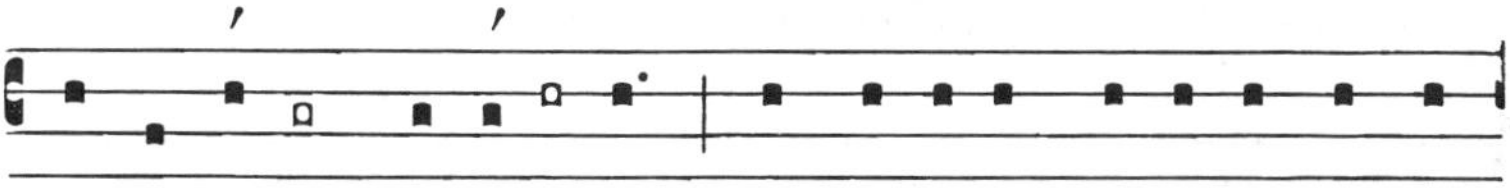

ve*stra* **co**-ram ho**mí**-ni-bus, ut ví-de- ant ó-pe- ra vestra

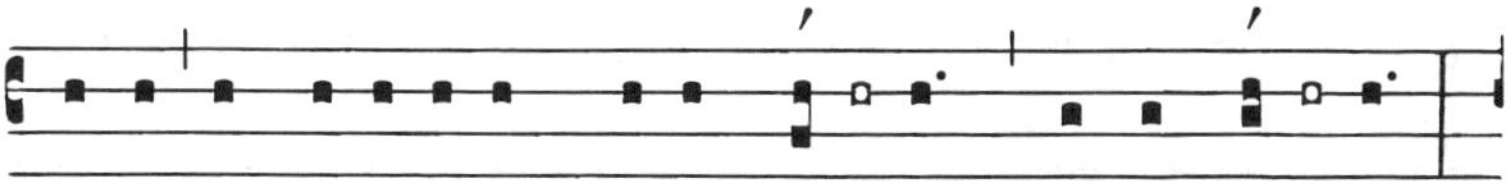

bo-na et glo-rí- fi-cent Patrem **ve**- strum, qui in **cæ**-lis est ».

Verbum Dómi-ni. ℟. Laus ti-bi, Christe.

C

D Omi-nus vo-bí-scum. ℟. Et cum spí-ri-tu tu- o.

Lécti- o sancti Evangé- li- i se-cúndum Matthǽ- um.

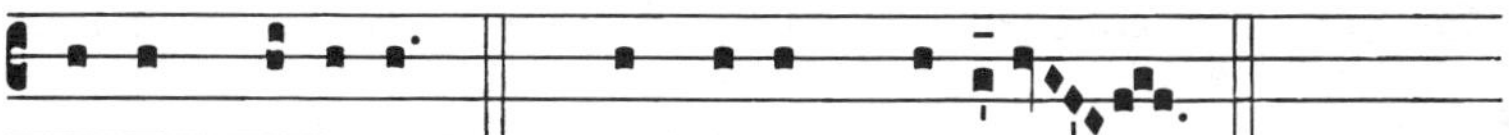

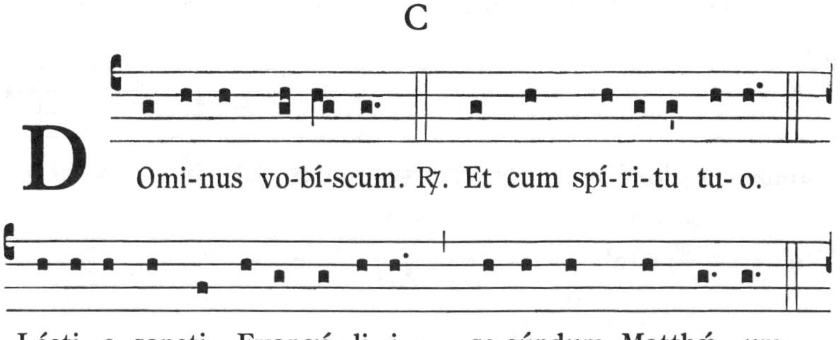

℟. Gló-ri- a ti-bi, Dómi-ne.

In il-lo témpo-re : Di-xit Ie-sus discí-pu- lis su- is : « Vos

estis sal **ter**- ræ. Quod si sal e-vanú- e-rit, in quo sa-*li*-

é- *tur*? Ad ní- hi- lum va- let ultra, ni- si ut *mit***tá**- tur

fo- ras et conculcé-tur ab ho**mí**-ni-bus... Sic lú-ce- at lux

ve*stra* **co**-ram ho**mí**-ni-bus, ut ví- de- ant ó-pe- ra vestra

bo-na et glo-rí- fi-cent Patrem **ve**- strum, qui in **cæ**-lis est ».

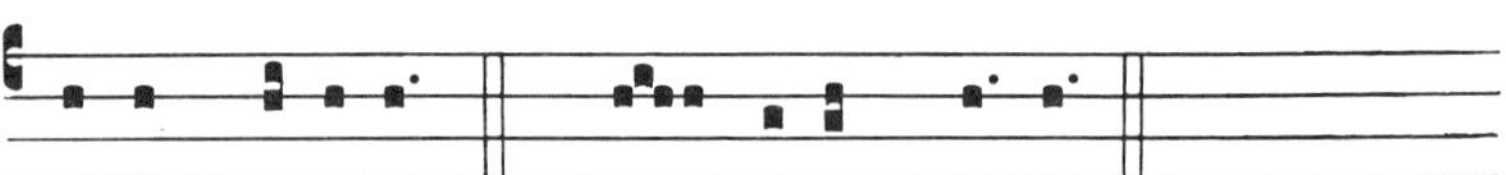

Verbum Dómi-ni. ℟. Laus ti-bi, Chri-ste.

IV. AD PRECEM EUCHARISTICAM

Ante præfationem

A. TONUS SIMPLEX

B. TONUS SOLLEMNIS

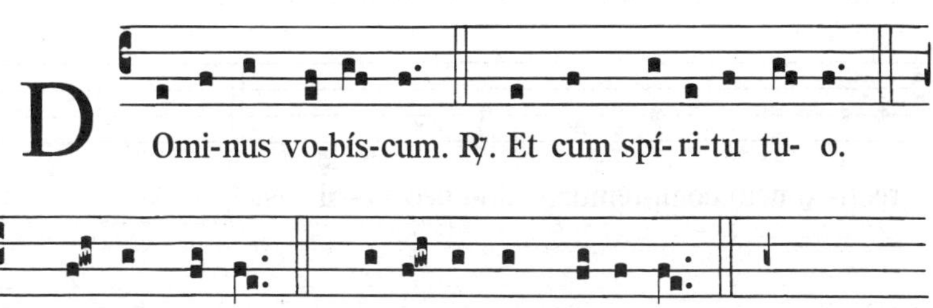

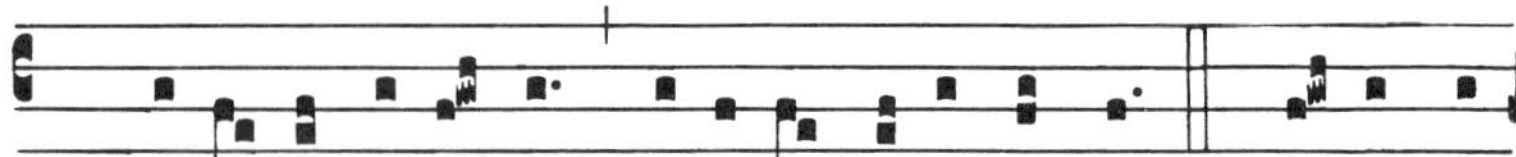

℣. Grá-ti- as agá-mus Dómi-no De- o nostro. ℟. Dignum et

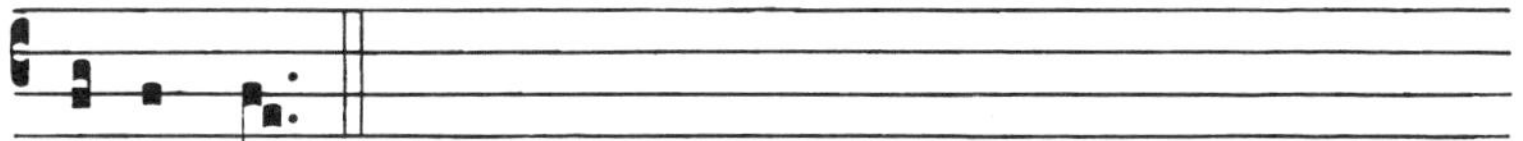

iustum est.

Hic tonus B *retineri potest cum præfationis tono tam sollemni quam simplici.*

Specimen toni præfationis invenitur in Missali Romano (*an.* 1970, 914-916)[1].

Pro cantu Precum eucharisticarum, vide in eodem (917-926).

Post consecrationem

[1] Cf. etiam volumen « Præfationes in cantu », in : Abbaye St-Pierre de Solesmes, 72 300 Sablé sur Sarthe.

Ad doxologiam

A. TONUS SIMPLEX

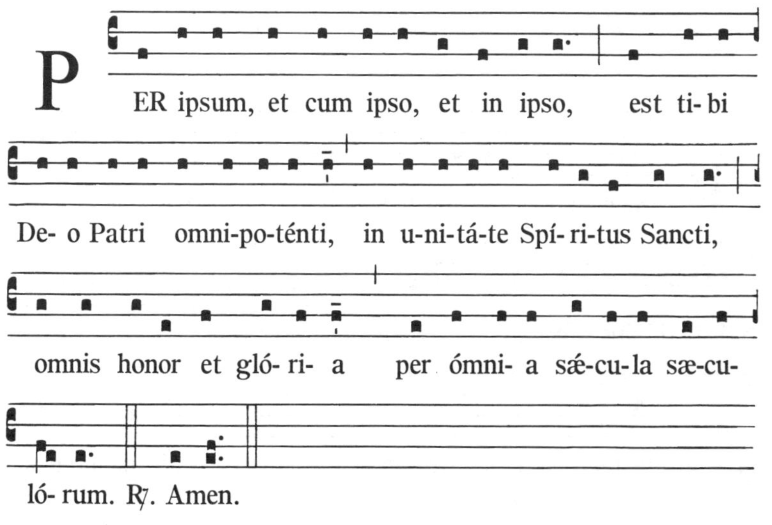

B. TONUS SOLLEMNIS

Hic tonus B *semper retineri potest.*

V. AD RITUS COMMUNIONIS

TONI ORATIONIS DOMINICÆ

A

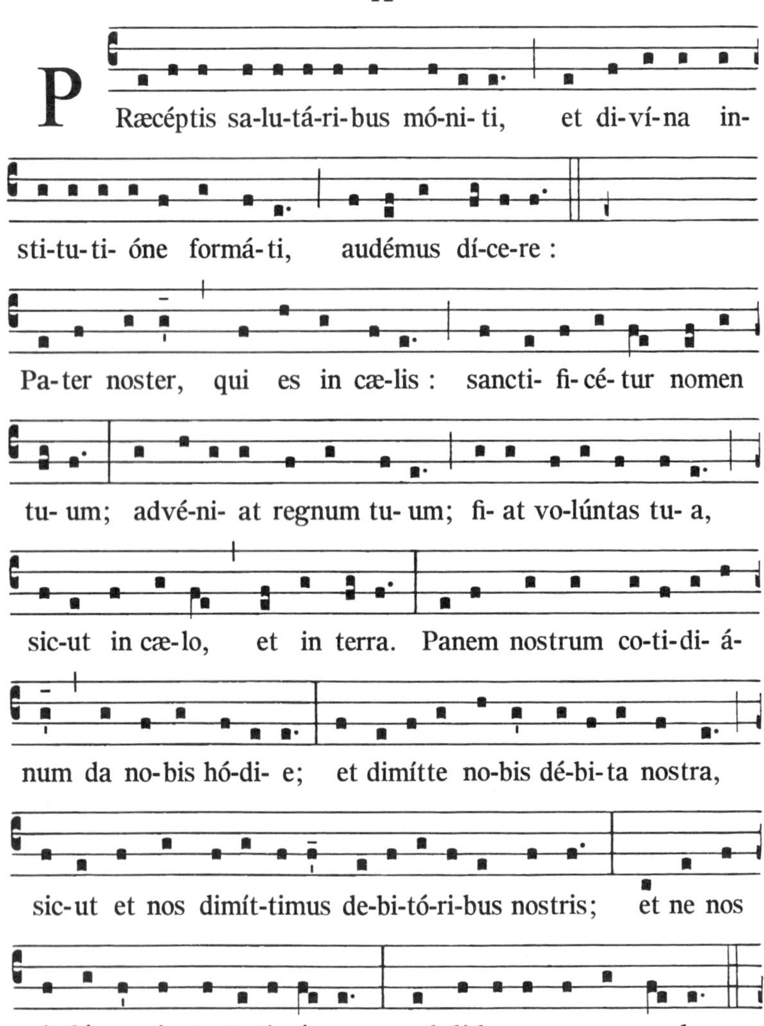

Libera nos, *ut infra*, 815.

B

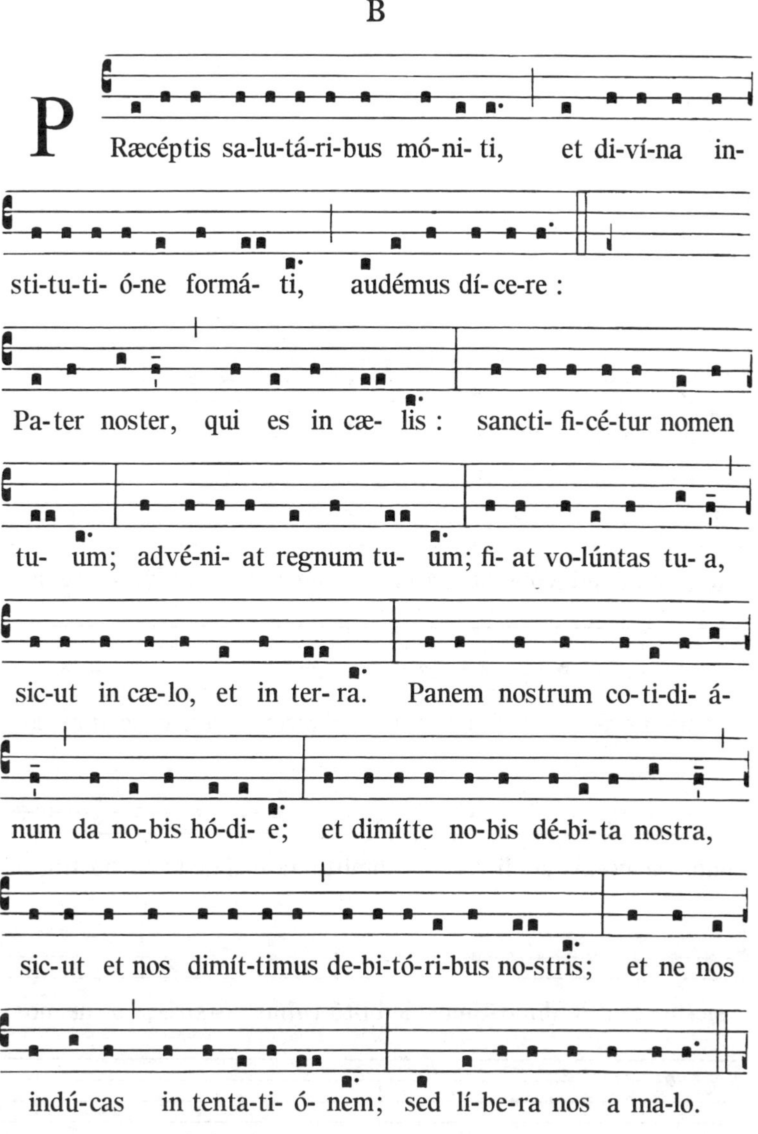

Libera nos, *ut infra*, 815.

C

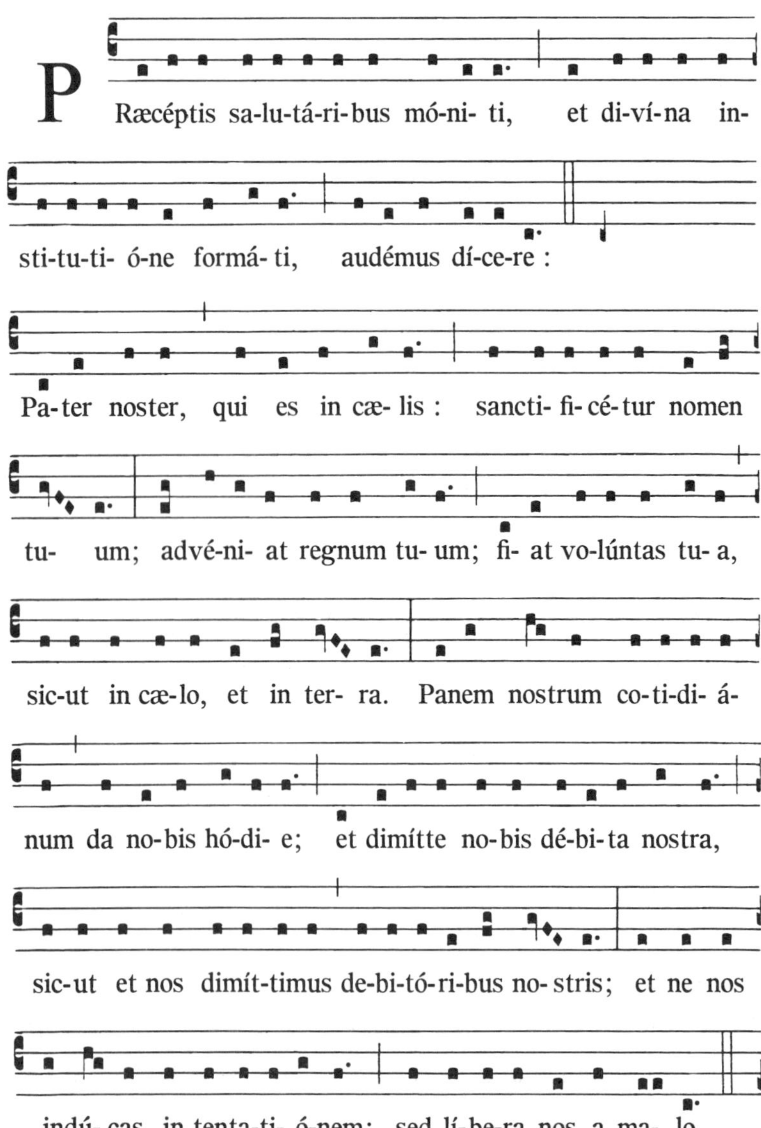
PRæcéptis sa-lu-tá-ri-bus mó-ni- ti, et di-ví-na in-
sti-tu-ti- ó-ne formá- ti, audémus dí-ce-re :
Pa-ter noster, qui es in cæ- lis : sancti- fi- cé- tur nomen
tu- um; advé-ni- at regnum tu- um; fi- at vo-lúntas tu- a,
sic-ut in cæ-lo, et in ter- ra. Panem nostrum co-ti-di- á-
num da no-bis hó-di- e; et dimítte no-bis dé-bi-ta nostra,
sic-ut et nos dimít-timus de-bi-tó-ri-bus no- stris; et ne nos
indú- cas in tenta-ti- ó-nem; sed lí-be-ra nos a ma- lo.

TONUS EMBOLISMI

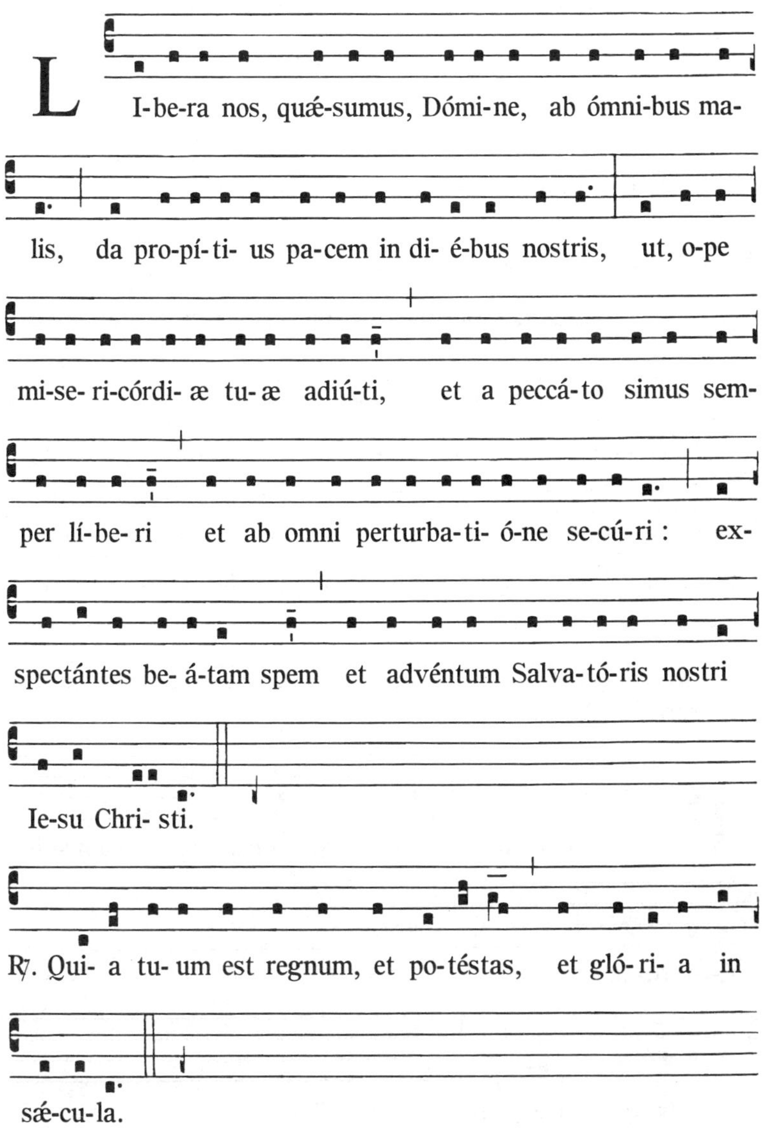

AD PACEM

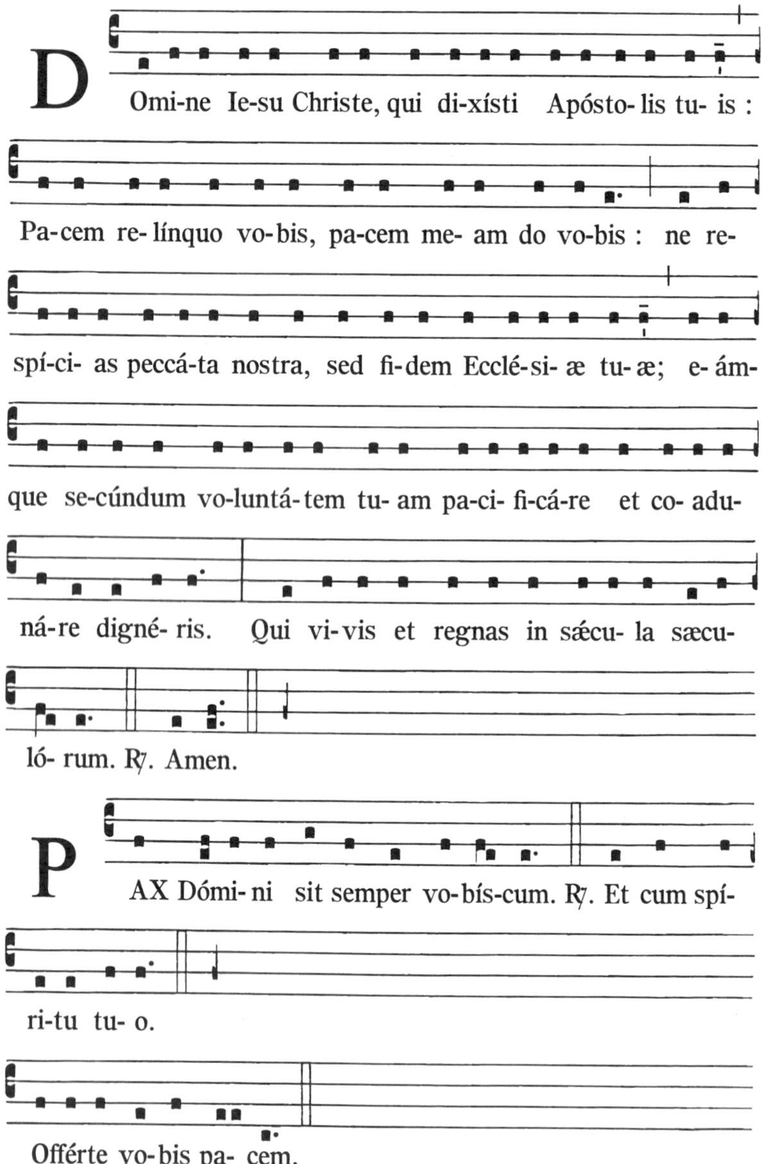

DOmi-ne Ie-su Christe, qui di-xísti Apósto- lis tu- is :
Pa-cem re- línquo vo-bis, pa-cem me- am do vo-bis : ne re-
spí-ci- as peccá-ta nostra, sed fi-dem Ecclé-si- æ tu- æ; e- ám-
que se-cúndum vo-luntá-tem tu- am pa-ci- fi-cá-re et co- adu-
ná-re digné- ris. Qui vi-vis et regnas in sǽcu- la sæcu-
ló- rum. ℟. Amen.
PAX Dómi- ni sit semper vo-bís-cum. ℟. Et cum spí-
ri-tu tu- o.
Offérte vo-bis pa- cem.

VI. AD RITUS CONCLUSIONIS

AD BENEDICTIONEM SIMPLICEM

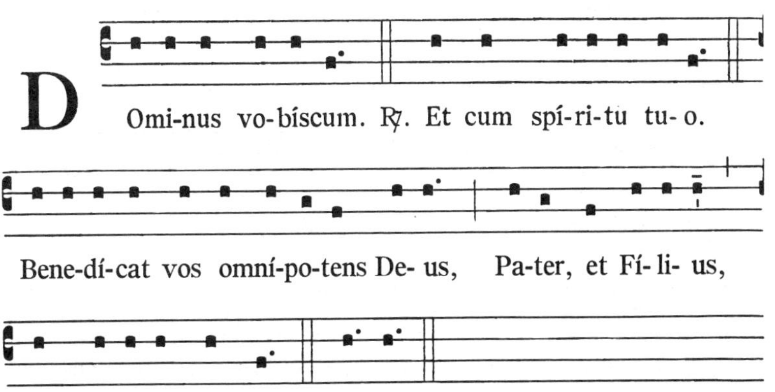

et Spí- ri-tus Sanctus. ℟. Amen.

B

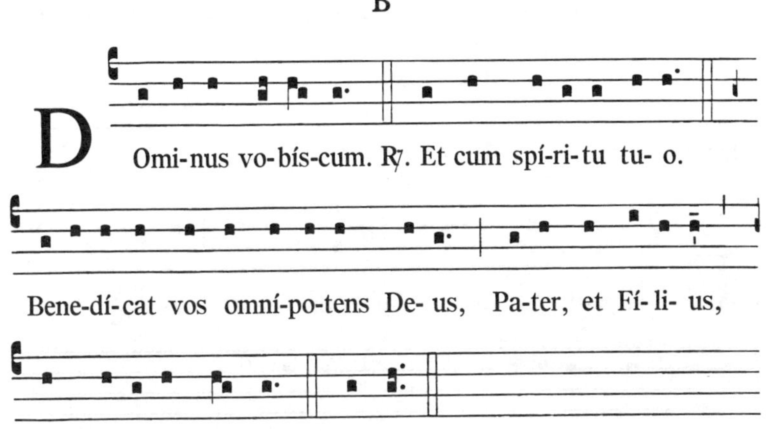

et Spí- ri-tus Sanctus. ℟. Amen.

AD BENEDICTIONEM SOLLEMNEM ET ORATIONES SUPER POPULUM

(Missale Romanum, pp. 495-506 et 507-511)

A

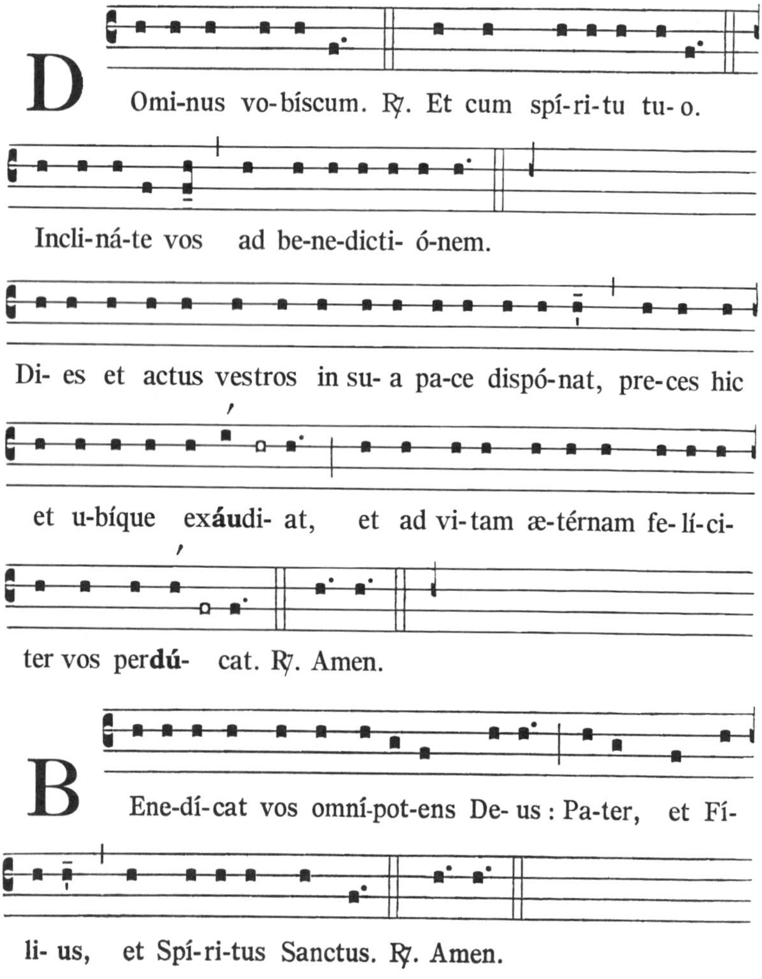

DOmi-nus vo-bíscum. ℟. Et cum spí-ri-tu tu-o.

Incli-ná-te vos ad be-ne-dicti- ó-nem.

Di- es et actus vestros in su- a pa-ce dispó-nat, pre-ces hic et u-bíque ex**áu**di- at, et ad vi-tam æ-térnam fe-lí-ci-ter vos per**dú**- cat. ℟. Amen.

BEne-dí-cat vos omní-pot-ens De- us : Pa-ter, et Fí-li- us, et Spí-ri-tus Sanctus. ℟. Amen.

B

Dominus vobíscum. ℟. Et cum spíritu tuo.
Inclináte vos ad benedictiónem.
Dies et actus vestros in sua pace dispónat, preces
hic et ubíque exáudiat, et ad vitam ætérnam fe-
líciter vos perdúcat. ℟. Amen.
et incólumes prótegat. ℟. Amen.
Benedícat vos omnípotens Deus, Pater, et Fílius, et Spíritus Sanctus. ℟. Amen.

AD BENEDICTIONEM EPISCOPALEM

A

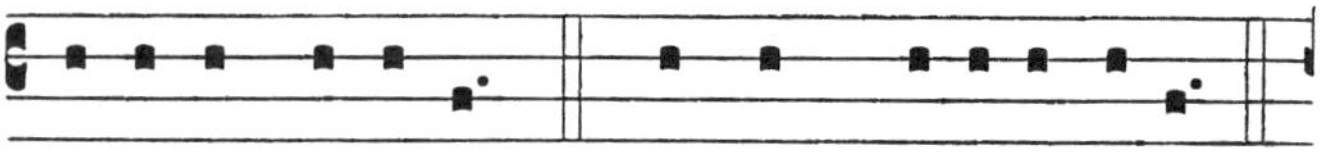

DOmi-nus vo-bíscum. ℟. Et cum spí-ri-tu tu-o.

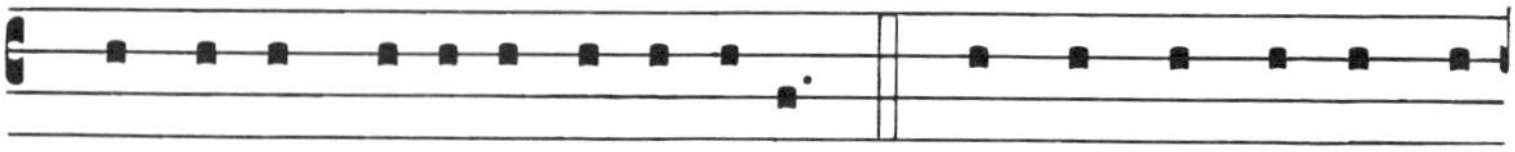

℣. Sit nomen Dómi-ni be-ne-díctum. ℟. Ex hoc nunc et usque 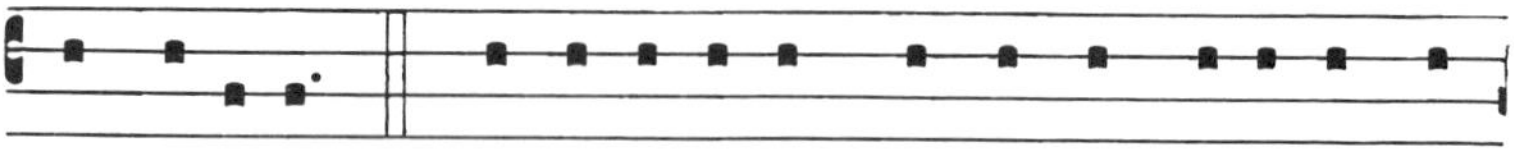 in sǽcu-lum. ℣. Adiu-tó-ri-um nostrum in nómi-ne Dó-mi-ni. ℟. Qui fe-cit cæ-lum et terram.

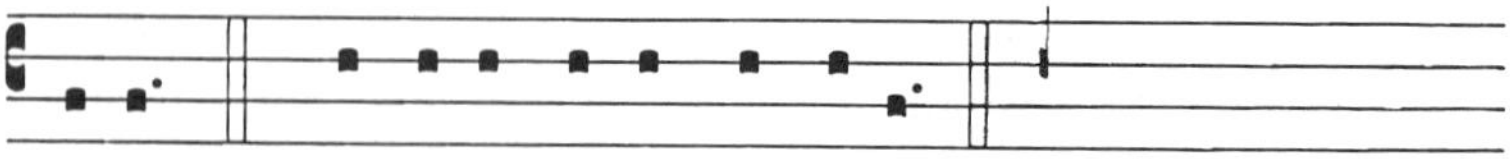

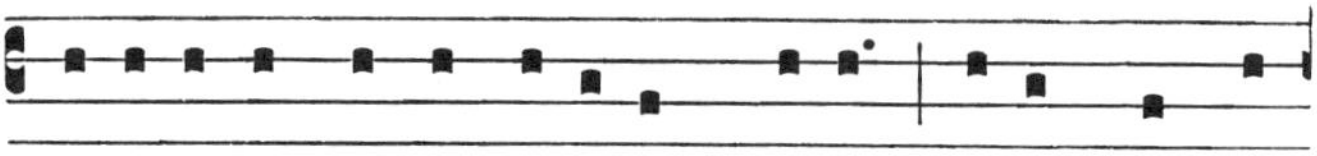

BEne-dí-cat vos omní-pot-ens De-us : Pa-ter, et Fí-li-us, et Spí-ri-tus Sanctus. ℟. Amen.

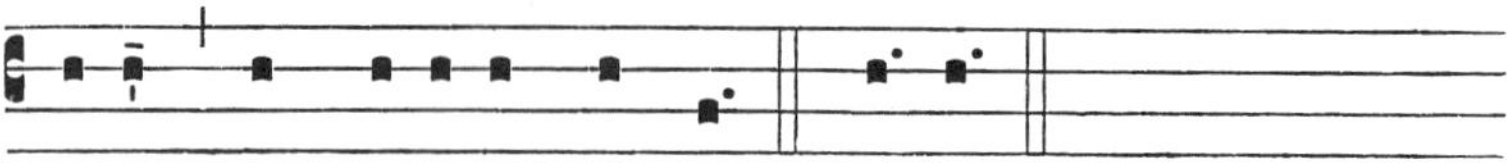

B

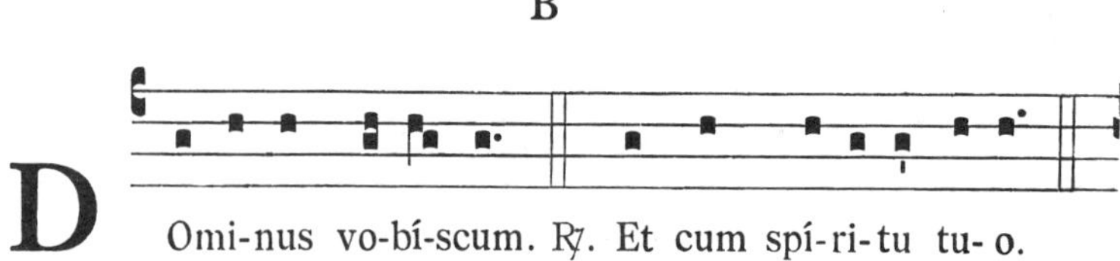

DOmi-nus vo-bí-scum. ℟. Et cum spí-ri-tu tu-o.

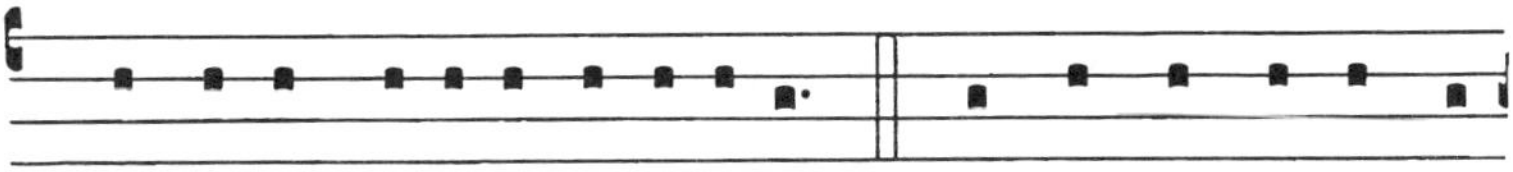

℣. Sit nomen Dómi-ni be-ne-díctum. ℟. Ex hoc nunc et usque

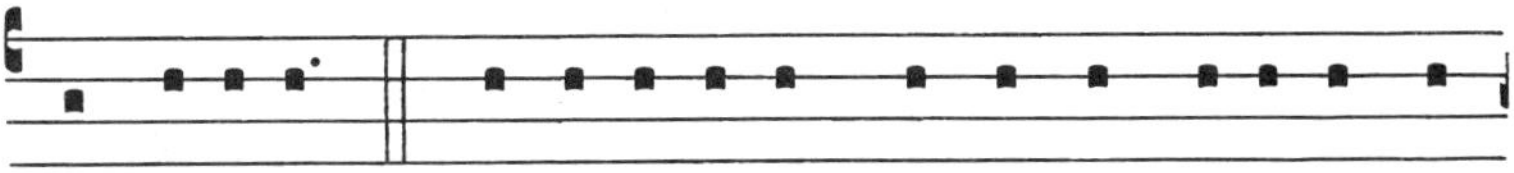

in sǽcu-lum. ℣. Adiu-tó-ri- um nostrum in nómi-ne Dó-

mi-ni. ℟. Qui fe-cit cæ-lum et terram.

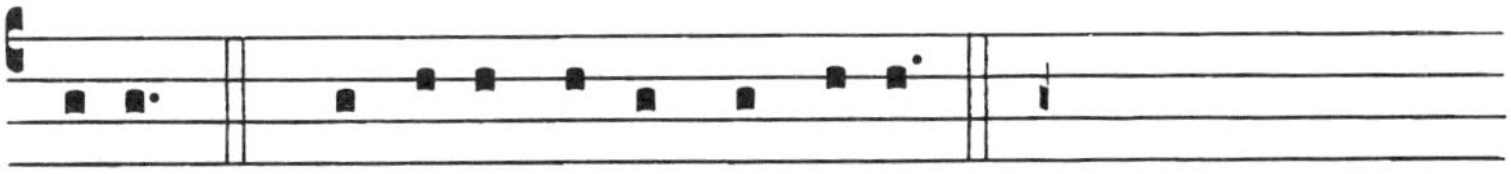

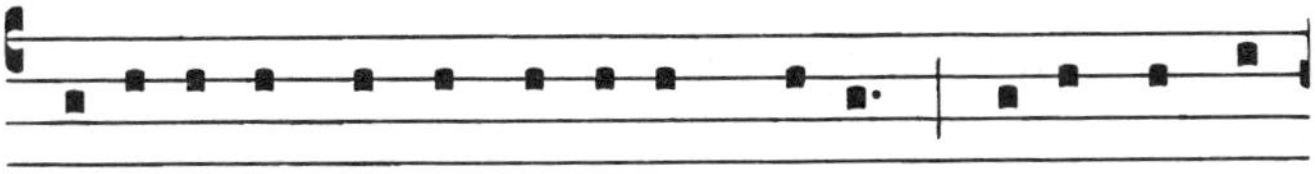

BEne-dí-cat vos omní-po-tens De- us, Pa-ter, et Fí-

li- us, et Spí-ri-tus Sanctus. ℟. Amen.

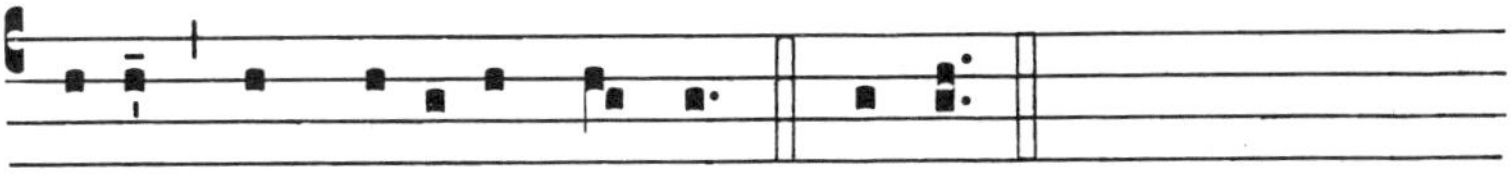

AD DIMITTENDUM POPULUM

I - te, mis-sa est. ℟. De- o grá- ti- as.

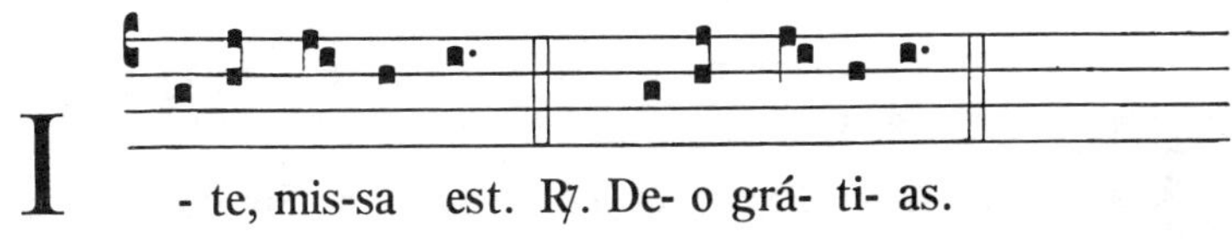

Dominica Resurrectionis, infra octavam Paschæ necnon dominica Pentecostes :

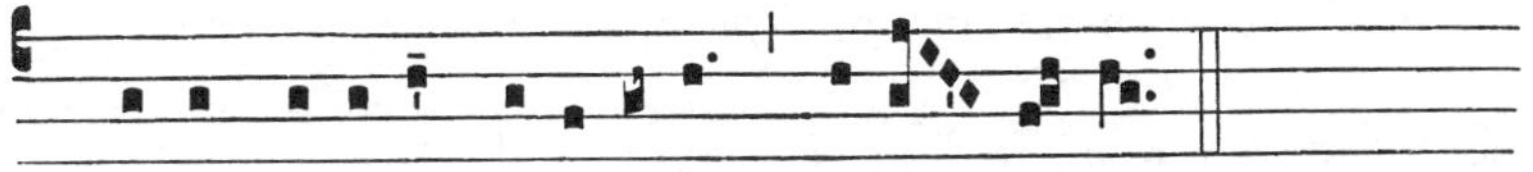

I- te, missa est, alle-lú-ia, alle- lú- ia.
℟. De- o grá-ti- as, alle-lú-ia, alle- lú- ia.

TONI V. GLORIA PATRI
PRO ANTIPHONIS AD INTROITUM ET AD COMMUNIONEM

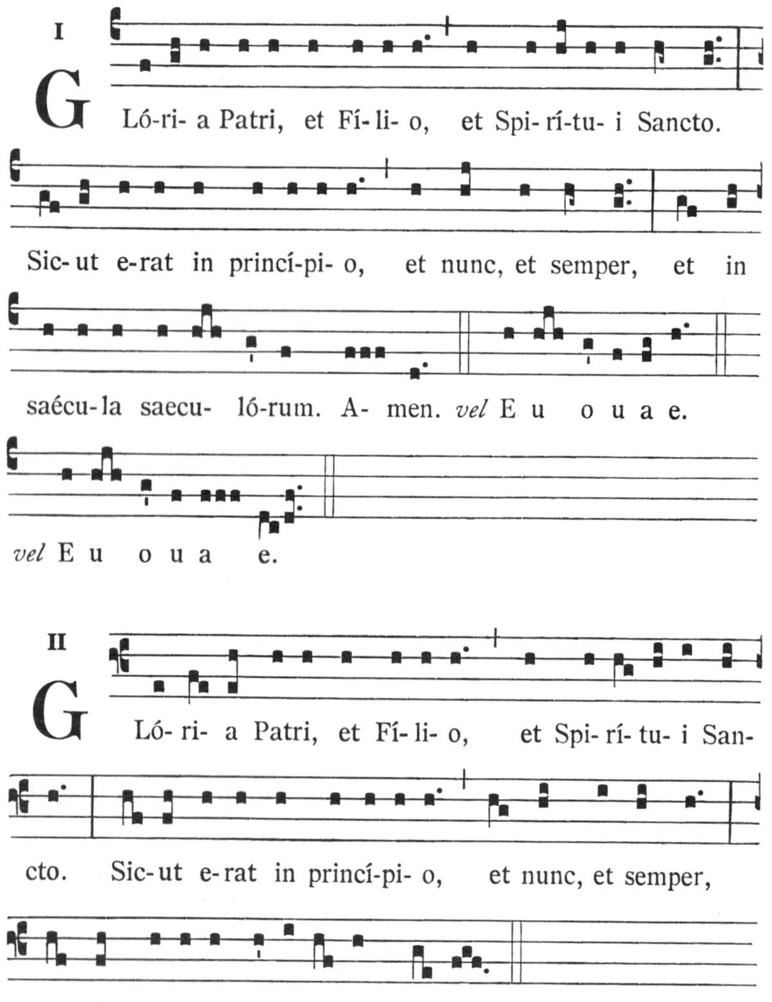

III
GLó-ri- a Patri, et Fí-li- o, et Spi-rí-tu- i Sancto.
Sic-ut e-rat in princí-pi- o, et nunc, et semper, et in
saécu-la saecu- ló- rum. Amen.
IV
GLó- ri- a Patri, et Fí- li- o, et Spi- rí- tu- i Sancto.
Sic- ut e-rat in princí-pi- o, et nunc, et semper, et in
saécu-la saecu-ló- rum. Amen. vel E u o u a e.
V
GLó-ri- a Patri, et Fí- li- o, et Spi- rí-tu- i Sancto.
Sic-ut e-rat in princí-pi- o, et nunc, et semper, et in
saécu-la saecu-ló-rum. Amen. vel E u o u a e.

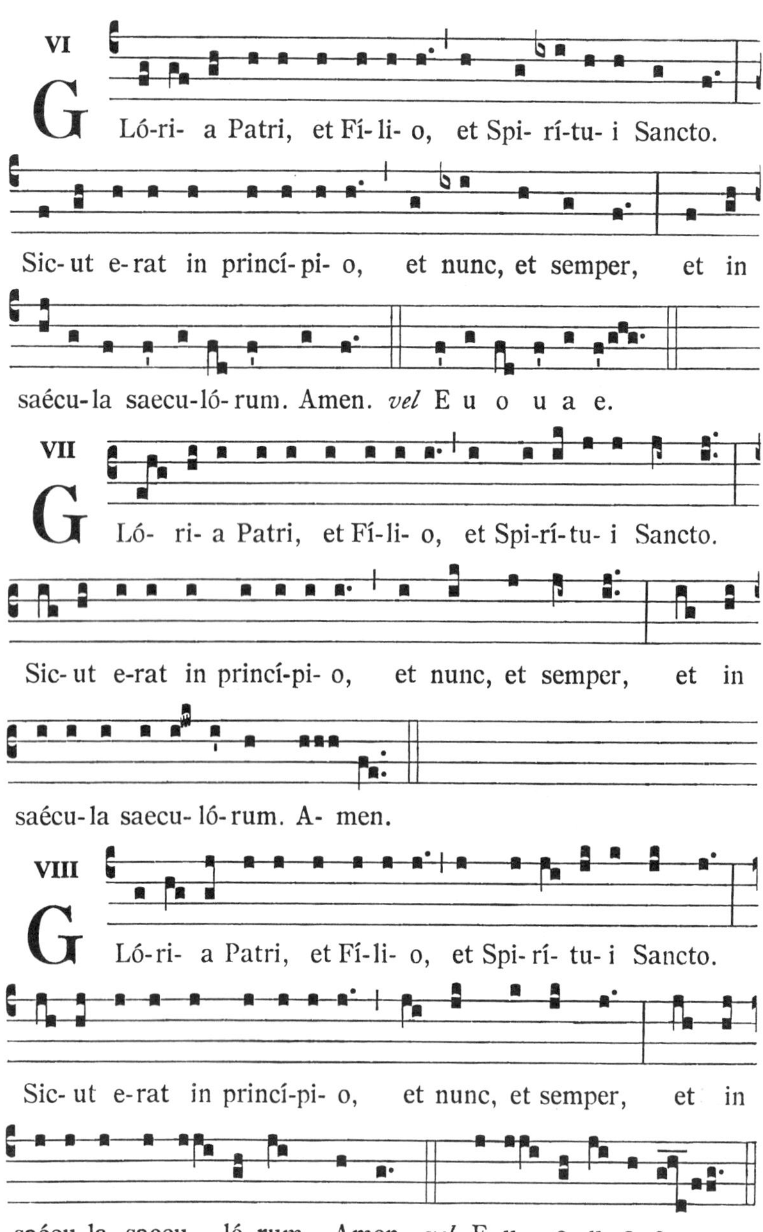
VI
GLó-ri- a Patri, et Fí-li- o, et Spi- rí-tu- i Sancto.
Sic-ut e-rat in princí-pi- o, et nunc, et semper, et in
saécu-la saecu-ló-rum. Amen. vel E u o u a e.
VII
GLó- ri- a Patri, et Fí-li- o, et Spi-rí-tu- i Sancto.
Sic-ut e-rat in princí-pi- o, et nunc, et semper, et in
saécu-la saecu-ló-rum. A- men.
VIII
GLó-ri- a Patri, et Fí-li- o, et Spi-rí- tu- i Sancto.
Sic-ut e-rat in princí-pi- o, et nunc, et semper, et in
saécu-la saecu- ló-rum. Amen. vel E u o u a e.

MODUS CANTANDI ALLELUIA
TEMPORE PASCHALI
SECUNDUM OCTO TONOS

AD INTROITUM

AD OFFERTORIUM

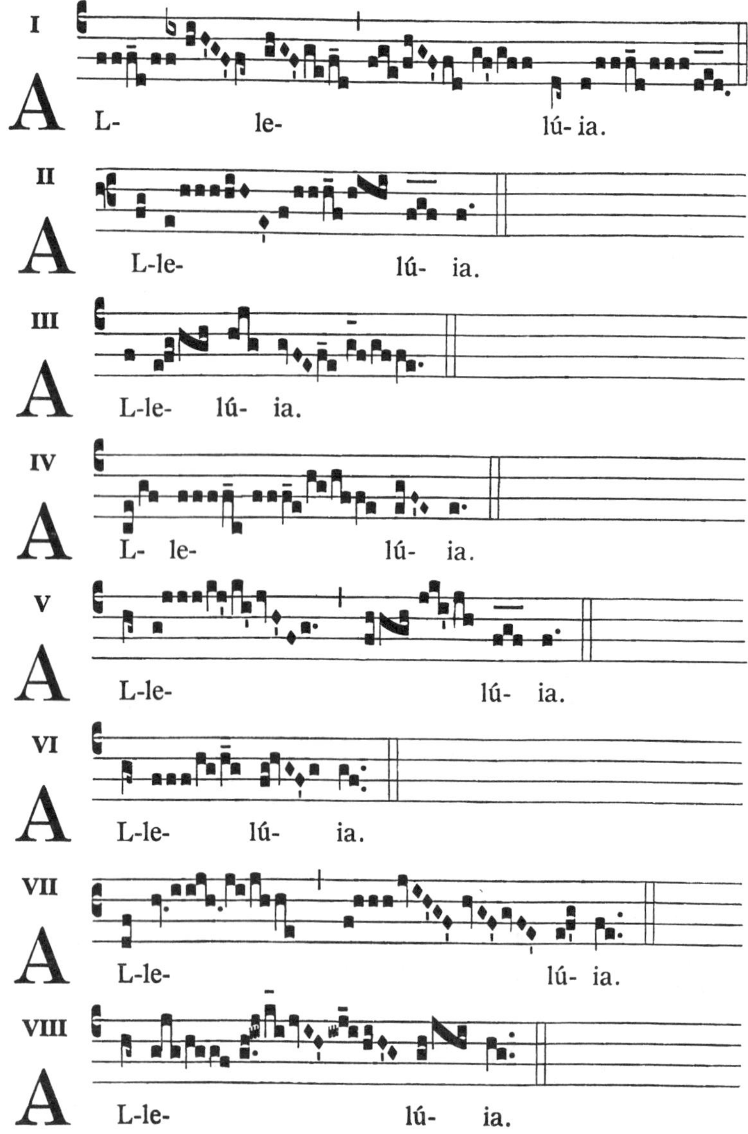

AD COMMUNIONEM

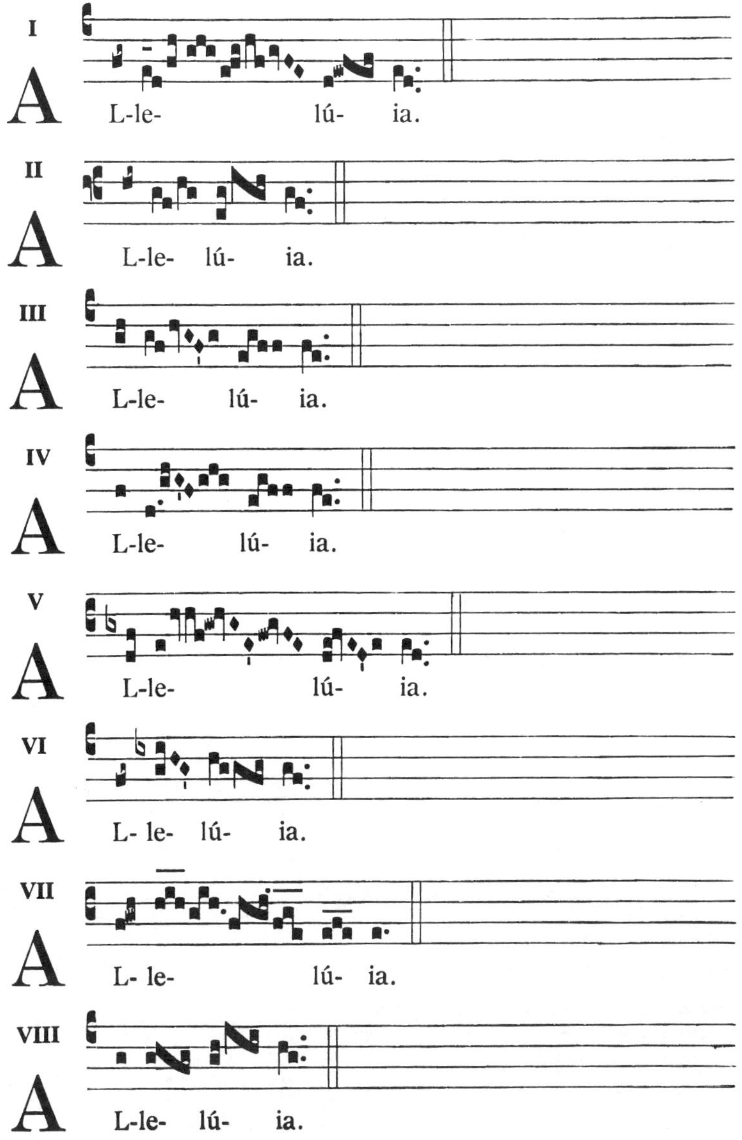

APPENDIX

LITANIÆ SANCTORUM

IN SOLLEMNIBUS SUPPLICATIONIBUS ADHIBENDÆ

Quoties in singulis partibus plures formulæ proponuntur litteris A *et* B *distinctæ, una vel alia ad libitum seligi potest. In elencho Sanctorum aliqua nomina suis locis inseri possunt (ex. gr. Patronorum, Titularis ecclesiæ, Fundatorum, etc.) Item supplicationibus pro variis necessitatibus aliquæ invocationes addi possunt, rerum et locorum adiunctis accommodatæ. Cognomina et cognomenta (v. g. Hungariæ) Sanctorum, inter parentheses posita, opportune omittuntur, quando litaniæ lingua Latina canuntur.*

I

SUPPLICATIO AD DEUM

A

Ký-ri- e, e- lé- i- son. *bis* Christe, e-lé- i- son. *bis* Ký- ri- e,

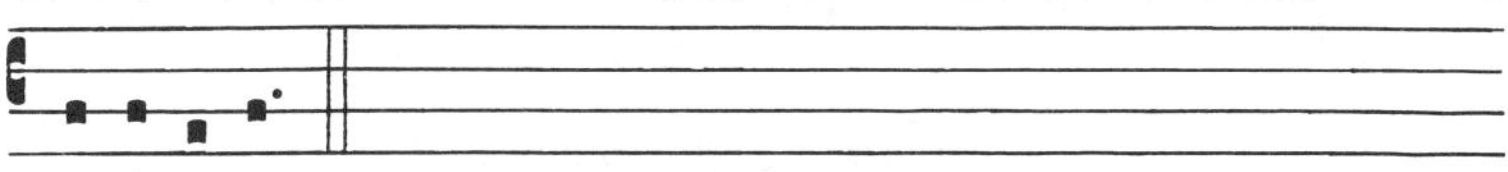

e-lé- i-son. *bis*

Vel :

B

Pa- ter de cæ- lis De- us, ℟. Mi-se-ré-re no-bis.
Fi- li Red- émptor mundi De- us, ℟. Mi-se-ré-re no-bis.
Spí- ri- tus San-cte De- us, ℟. Mi-se-ré-re no-bis.
Sancta Trínitas, unus De- us, ℟. Mi-se-ré-re no-bis.

II

INVOCATIO SANCTORUM

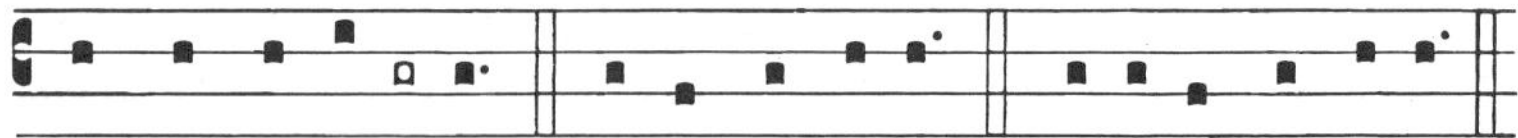

Sancta Dei **Gé**netrix, o*ra pro* **no**bis.
Sancta Virgo **vír**ginum, o*ra pro* **no**bis.
Sancti Míchael, Gábriel et **Rá**phael, orá*te pro* **no**bis.
Omnes sancti **An**geli, orá*te pro* **no**bis.

Patriarchæ et prophetæ

Sancte **A**braham, o*ra pro* **no**bis.
Sancte **Mó**yses, o*ra pro* **no**bis.
Sancte E**lí**a, o*ra pro* **no**bis.
Sancte Ioánnes Bap**tís**ta, o*ra pro* **no**bis.
Sancte **Io**seph, o*ra pro* **no**bis.
Omnes sancti patriárchæ et pro**phé**tæ, orá*te pro* **no**bis.

Apostoli et discipuli

Sancti Petre et **Pau**le, orá*te pro* **no**bis.
Sancte An**dré**a, o*ra pro* **no**bis.
Sancti Ioánnes et Ia**có**be, orá*te pro* **no**bis.
Sancte **Tho**ma, o*ra pro* **no**bis.
Sancte Mat**thǽ**e, o*ra pro* **no**bis.
Omnes sancti A**pó**stoli, orá*te pro* **no**bis.
Sancte **Lu**ca, o*ra pro* **no**bis.
Sancte **Mar**ce, o*ra pro* **no**bis.
Sancte **Bár**naba, o*ra pro* **no**bis.
Sancta María Magda**lé**na, o*ra pro* **no**bis.
Omnes sancti discípuli **Dó**mini, orá*te pro* **no**bis.

Martyres

Sancte **Sté**phane, o*ra pro* **no**bis.
Sancte **Igná**ti (Antiochéne), o*ra pro* **no**bis.
Sancte Poly**cár**pe, o*ra pro* **no**bis.
Sancte Iu**stí**ne, o*ra pro* **no**bis.
Sancte Lau**rén**ti, o*ra pro* **no**bis.
Sancte Cypri**á**ne, o*ra pro* **no**bis.
Sancte Boni**fá**ti, o*ra pro* **no**bis.
Sancte Stanis**lá**e, o*ra pro* **no**bis.
Sancte **Tho**ma (Becket), o*ra pro* **no**bis.
Sancti Ioánnes (Fisher) et **Tho**ma (More), orá*te pro* **no**bis.
Sancte **Pau**le (Miki), o*ra pro* **no**bis.
Sancti Ioánnes (de Brébeuf) et **I**saac (Jogues), orá*te pro* **no**bis.
Sancte **Pe**tre (Chanel), o*ra pro* **no**bis.
Sancte **Cá**role (Lwanga), o*ra pro* **no**bis.
Sanctæ Perpétua et Fe**lí**citas, orá*te pro* **no**bis.
Sancta **A**gnes, o*ra pro* **no**bis.
Sancta Ma**rí**a (Goretti), o*ra pro* **no**bis.
Omnes sancti **már**tyres, orá*te pro* **no**bis.

Episcopi et doctores

Sancti Leo et Gre**gó**ri, orá*te pro* **no**bis.
Sancte Am**bró**si, o*ra pro* **no**bis.
Sancte Hie**ró**nyme, o*ra pro* **no**bis.
Sancte Augu**stí**ne, o*ra pro* **no**bis.
Sancte Atha**ná**si, o*ra pro* **no**bis.
Sancti Basíli et Gre**gó**ri (Nazianzéne), orá*te pro* **no**bis.
Sancte Ioánnes Chry**só**stome, o*ra pro* **no**bis.
Sancte Mar**tí**ne, o*ra pro* **no**bis.
Sancte Pa**trí**ci, o*ra pro* **no**bis.
Sancti Cyrílle et Me**thó**di, orá*te pro* **no**bis.
Sancte **Cá**role (Borromeo), o*ra pro* **no**bis.
Sancte Fran**cís**ce (de Sales), o*ra pro* **no**bis.
Sancte **Pi**e (Decime), o*ra pro* **no**bis.

Presbyteri et religiosi

Sancte An**tó**ni, o*ra pro* **no**bis.
Sancte Bene**dí**cte, o*ra pro* **no**bis.
Sancte Ber**nár**de, o*ra pro* **no**bis.

Sancti Francísce et Do**mí**nice, orá*te pro* **no**bis.
Sancte **Tho**ma (de Aquino), o*ra pro* **no**bis.
Sancte **Igná**ti (de Loyola), o*ra pro* **no**bis.
Sancte Fran**cís**ce (Xavier), o*ra pro* **no**bis.
Sancte Vin**cén**ti (de Paul), o*ra pro* **no**bis.
Sancte Ioánnes Ma**rí**a (Vianney), o*ra pro* **no**bis.
Sancte Io**án**nes (Bosco), o*ra pro* **no**bis.
Sancta Catha**rí**na (Senensis), o*ra pro* **no**bis.
Sancta Te**ré**sia (de Avila), o*ra pro* **no**bis.
Sancta **Ro**sa (de Lima), o*ra pro* **no**bis.

Laici

Sancte Ludo**ví**ce, o*ra pro* **no**bis.
Sancta **Mó**nica, o*ra pro* **no**bis.
Sancta E**lí**sabeth (Hungariæ), o*ra pro* **no**bis.
Omnes Sancti et Sanctæ **De**i, orá*te pro* **no**bis.

III

INVOCATIO AD CHRISTUM

A

Pro- pí- *ti- us* **e-** sto, ℟. Lí-be-ra nos, Dómi-ne.

Ab *omni* **ma**lo, líbera nos, Dómine.
Ab om*ni pec***cá**to, líbera nos, Dómine.
Ab insídi*is di***á**boli, líbera nos, Dómine.
Ab ira et ódio et omni mala *volun***tá**te, líbera nos, Dómine.
A mor*te per***pé**tua, líbera nos, Dómine.
Per incarnati*ónem* **tu**am, líbera nos, Dómine.
Per nativi*tátem* **tu**am, líbera nos, Dómine.
Per baptísmum et sanctum ieiú*nium* **tu**um, líbera nos, Dómine.
Per crucem et passi*ónem* **tu**am, líbera nos, Dómine.
Per mortem et sepul*túram* **tu**am, líbera nos, Dómine.
Per sanctam resurrecti*ónem* **tu**am, líbera nos, Dómine.
Per admirábilem ascensi*ónem* **tu**am, líbera nos, Dómine.
Per effusiónem Spí*ritus* **San**cti, líbera nos, Dómine.
Per gloriósum ad*véntum* **tu**um, líbera nos, Dómine.

Vel :

B

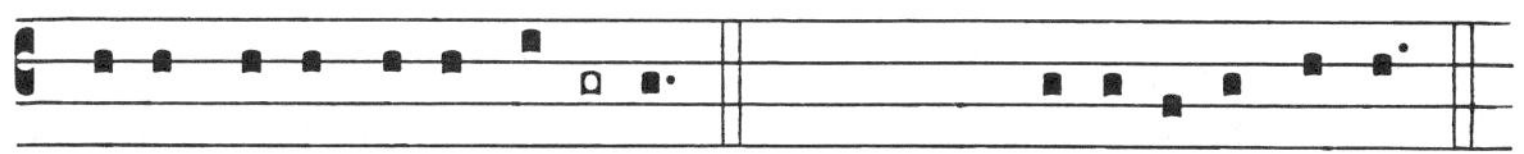

Christe, Fi- li De- i **vi-** vi, ℟. Mi-se-ré-re no-bis.

Qui in hunc mundum ve**ní**sti, miserére nobis.
Qui in cruce pepen**dí**sti, miserére nobis.
Qui mortem propter nos acce**pí**sti, miserére nobis.
Qui in sepúlcro iacu**í**sti, miserére nobis.
Qui a mórtuis resurre**xí**sti, miserére nobis.
Qui in cælos ascen**dí**sti, miserére nobis.
Qui Spíritum Sanctum in Apóstolos mi**sí**sti, miserére nobis.
Qui sedes ad déxteram **Pa**tris, miserére nobis.
Qui ventúrus es iudicáre vivos et **mór**tuos, miserére nobis.

IV

SUPPLICATIO PRO VARIIS NECESSITATIBUS

A

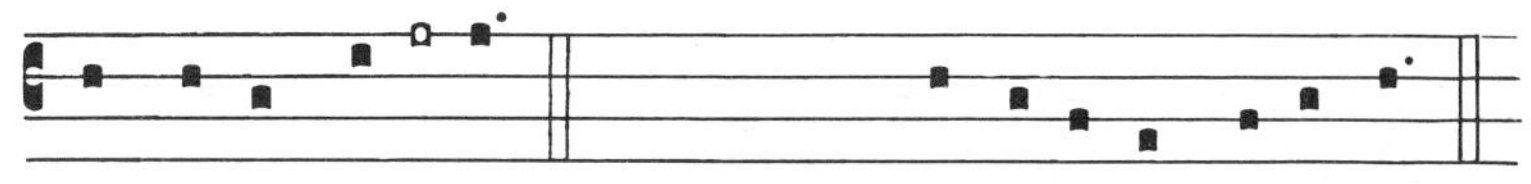

Ut no-*bis* **par-** cas, ℟. Te rogámus, audi nos.

Ut ad veram pæniténtiam
nos perdúcere *di***gné**ris, te rogámus, audi nos.
Ut nosmetípsos in tuo sancto servítio †
confortáre et conserváre *di***gné**ris, te rogámus, audi nos.
Ut ómnibus benefactóribus nostris †
sempitérna bona *re***trí**buas, te rogámus, audi nos.
Ut fructus terræ †
dare et conserváre *di***gné**ris, te rogámus, audi nos.

Vel :

B

Ut nobis *in***dúl**geas, te rogámus, audi nos.
Ut mentes nostras †
ad cæléstia desidéri*a* **é**rigas, te rogámus, audi nos.
Ut ánimas nostras, † fratrum, propinquórum
et benefactórum nostrórum †
ab ætérna damnatióne *e***rí**pias, te rogámus, audi nos.
Ut ómnibus fidélibus defúnctis †
réquiem ætérnam donáre *di***gné**ris, te rogámus, audi nos.
Ut mundum a peste, fame et bello
serváre *di***gné**ris, te rogámus, audi nos.
Ut cunctis pópulis † pacem et veram
concórdiam donáre *di***gné**ris, te rogámus, audi nos.

Precationes sequentes semper cantantur :

Ut Ecclésiam tuam sanctam †
régere et conserváre *di***gné**ris, te rogámus, audi nos.
Ut domnum apostólicum
et omnes ecclesiásticos órdines †
in sancta religióne conserváre *di***gné**ris, te rogámus, audi nos.
Ut ómnibus in Christum credéntibus †
unitátem largíri *di***gné**ris, te rogámus, audi nos.
Ut omnes hómines † ad Evangélii lumen
perdúcere *di***gné**ris, te rogámus, audi nos.

V

CONCLUSIO

A

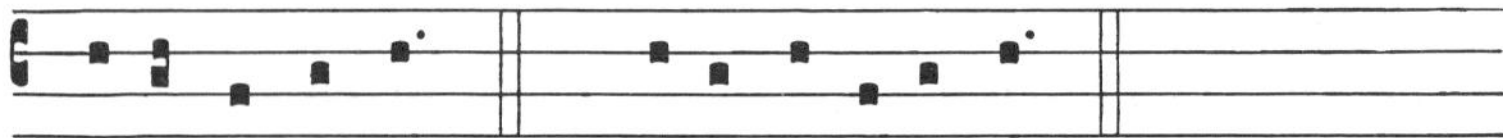

Christe, audi nos. *bis* Christe, exáudi nos. *bis*

Vel :

B

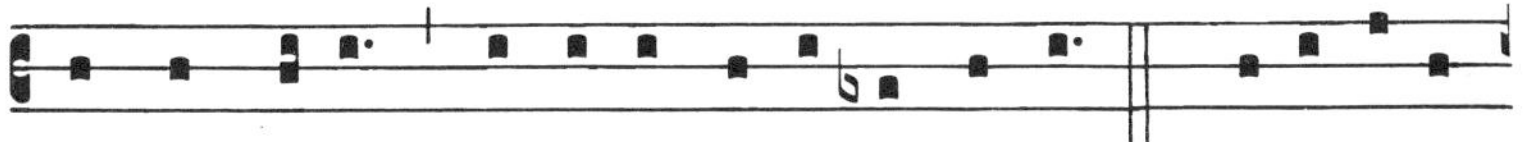

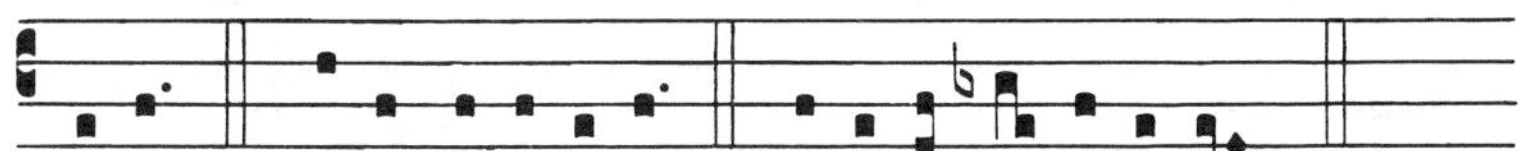

Oratio

DEus, refúgium nostrum et virtus, adésto piis Ecclésiæ tuæ précibus, auctor ipse pietátis, et præsta, ut, quod fidéliter pétimus, efficáciter consequámur. Per Christum Dóminum nostrum.

Vel :

DEus, qui nos cónspicis ex nostra infirmitáte defícere, ad amórem tui nóminis nos misericórditer per sanctórum tuórum exémpla restáura. Per Christum Dóminum nostrum.

PRO GRATIARUM ACTIONE

TONUS SOLLEMNIS

Hymnus III

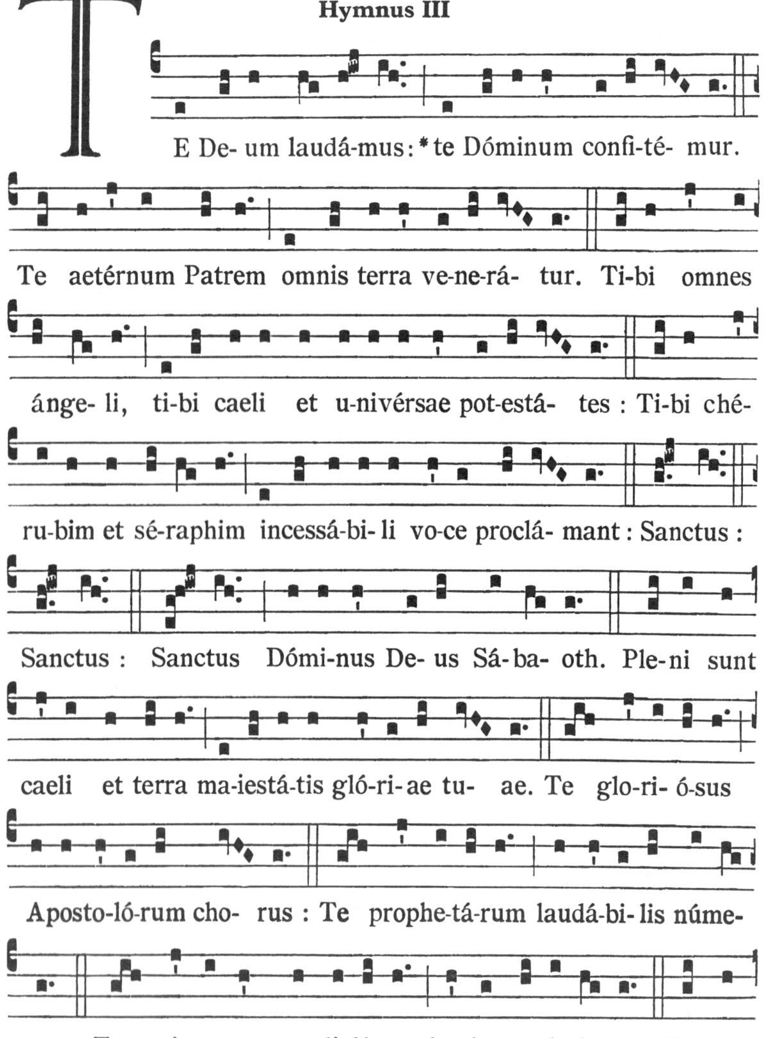

orbem terrá-rum sancta confi-té-tur Ecclé-si- a : Pa-trem
imménsae ma-iestá- tis : Vene-rándum tu-um ve-rum, et úni-
cum Fí- li- um : Sanctum quoque Pa-rácli-tum Spí-ri- tum.
Tu rex gló- ri-ae, Chri-ste. Tu Patris sempi-térnus es Fí-
li- us. Tu ad li-be-rándum susceptúrus hó-mi- nem, non hor-
ru- ísti Vírgi-nis ú-te-rum. Tu de-výcto mortis a-cú- le- o,
ape-ru- ísti credénti-bus regna caeló- rum. Tu ad déxte-ram
De- i se- des, in gló- ri- a Pa-tris. Iudex crédé- ris es-se ven-
tú- rus. Te ergo quaésumus, tu- is fámu-lis súbve- ni, quos

pre-ti- ó-so sángui-ne redemí-sti. Ætérna fac cum sanctis
tu- is in gló-ri- a nume-rá- ri. Salvum fac pópu-lum tu- um
Dómi-ne, et bé-ne-dic he-re- di-tá-ti tu- ae. Et re-ge
e- os, et extól- le il-los usque in aetér- num. Per síngu-los di- es, be-ne-dí-cimus te. Et laudámus nomen tu- um
in saé-cu- lum, et in saécu-lum saécu-li. Digná-re Dómi-ne
di- e i- sto si-ne peccá-to nos custo-dí- re. Mi-se-ré-re nostri
Dó-mi- ne, mi-se- ré-re nostri. Fi- at mi-se-ri-córdi- a tu- a
Dómi-ne su-per nos, quemádmodum spe-rá-vi-mus in te.

In te Dó-mi-ne spe-rá- vi : non confúndar in aetér- num.

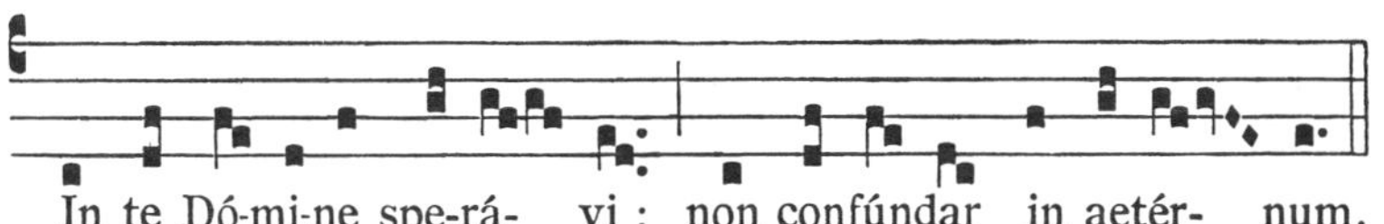

TONUS SIMPLEX

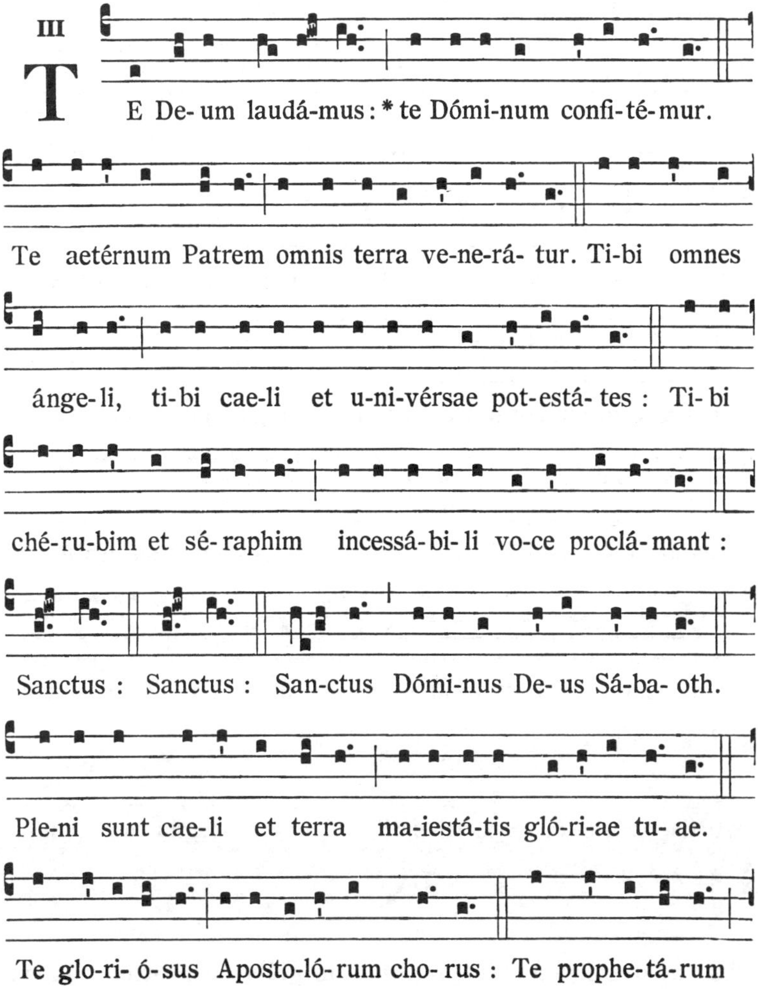

III
TE De- um laudá-mus : * te Dómi-num confi-té-mur.
Te aetérnum Patrem omnis terra ve-ne-rá- tur. Ti-bi omnes
ánge-li, ti-bi cae-li et u-ni-vérsae pot-está- tes : Ti- bi
ché-ru-bim et sé- raphim incessá- bi- li vo-ce proclá- mant :
Sanctus : Sanctus : San-ctus Dómi-nus De- us Sá-ba- oth.
Ple-ni sunt cae-li et terra ma-iestá-tis gló-ri-ae tu- ae.
Te glo-ri- ó-sus Aposto-ló-rum cho- rus : Te prophe-tá-rum

laudá-bi-lis núme-rus : Te márty-rum candi-dá-tus laudat
ex-érci-tus. Te per orbem terrá-rum sancta confi-té-tur
Ecclé-si- a : Pa-trem imménsae ma-iestá- tis : Ve-ne-rándum
tu- um ve-rum et ú-ni-cum Fí- li- um : Sanctum quoque
Pa-rácli-tum Spí-ri-tum. Tu rex gló-ri-ae, Chri-ste. Tu Patris
sempi-térnus es Fí- li- us. Tu ad li-be-rándum susceptú-rus
hómi-nem, non horru- ísti Vírgi-nis ú-te-rum. Tu de-vícto
mortis acú-le- o, a-pe-ru- ísti credénti-bus regna caeló- rum.
Tu ad déxte-ram De- i se-des, in gló-ri- a Pa-tris. Iudex

créde-ris esse ventú-rus. Te ergo quaésumus, tu- is fámu-
lis súbve-ni, quos pre-ti- ó-so sánguine red-emí-sti. Ætérna fac cum sanctis tu- is in glóri- a nume-rá- ri. Salvum
fac pópu-lum tu-um Dómine, et béne-dic he-re-di-tá-ti
tu- ae. Et re-ge e- os, et extól-le il-los usque in
aetér- num. Per síngu-los di- es, be-ne-dí-cimus te. Et laudámus nomen tu- um in saécu-lum, et in saécu-lum saécu-li.
Digná-re Dómi-ne di- e isto si-ne peccá-to nos custo-
dí- re. Mi-se-ré-re nostri Dómi-ne, mi-se-ré-re nostri.

Fi- at mi-se-ri-córdi- a tu- a Dómi-ne super nos, quemádmodum spe-rávimus in te. In te Dó-mi-ne spe-rá- vi : non
confúndar in aetér- num.

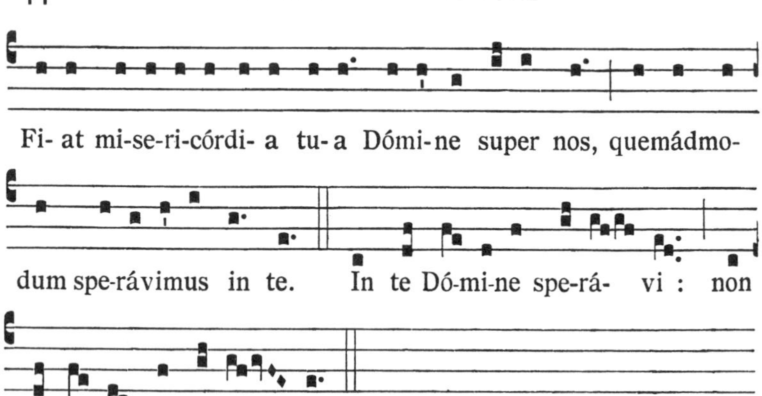

ALIO MODO, IUXTA MOREM ROMANUM

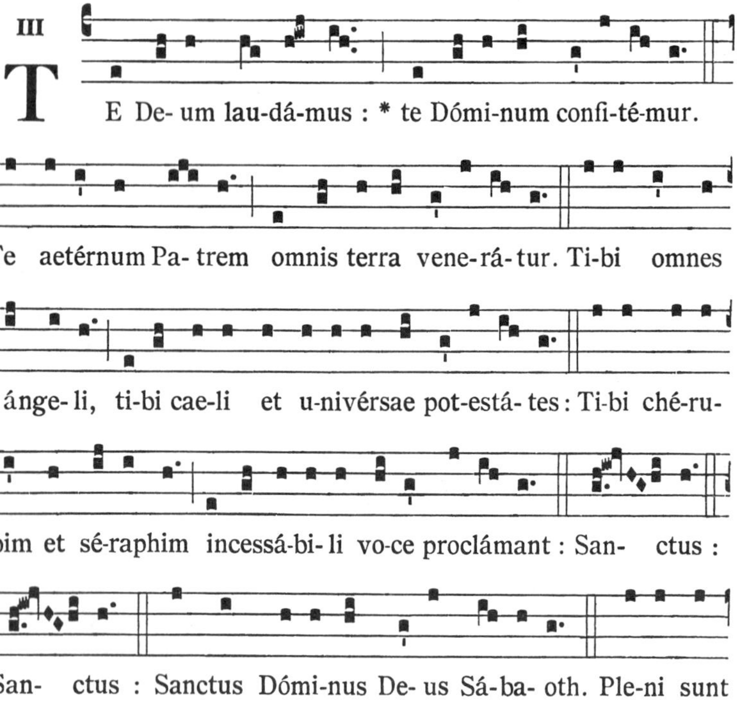
III
TE De- um lau-dá-mus : * te Dómi-num confi-té-mur.
Te aetérnum Pa- trem omnis terra vene-rá- tur. Ti-bi omnes
ánge- li, ti-bi cae-li et u-nivérsae pot-está- tes : Ti-bi ché-ru-
bim et sé-raphim incessá-bi- li vo-ce proclámant : San- ctus :
San- ctus : Sanctus Dómi-nus De- us Sá-ba- oth. Ple-ni sunt

cae-li et ter- ra ma-iestá-tis gló-ri-ae tu- ae. Te glo-ri- ó-
sus Aposto-ló-rum cho-rus : Te prophe-tá- rum laudá-bi-lis
núme-rus : Te márty-rum candi-dá- tus laudat ex-ér-ci-tus.
Te per orbem terrá- rum sancta confi-té-tur Ecclé- si- a :
Patrem imménsae ma-iestá- tis : Vene-rándum tu- um ve- rum,
et úni-cum Fí- li- um : Sanctum quoque Pa-rá-cli-tum Spí-
ri-tum. Tu rex gló- ri-ae, Chri-ste. Tu Patris sempi-térnus
es Fí- li- us. Tu ad li-be-rándum susceptúrus hómi-nem, non
horru- ísti Vírgi-nis ú-te-rum. Tu de-vícto mortis á-cu-le- o,

ape-ru- ísti credénti-bus regna cae-ló- rum. Tu ad déxte-ram
De- i se- des, in gló-ri- a Pa-tris. Iu-dex créde-ris esse
ventú-rus. Te ergo quaésumus, tu- is fámu-lis súbve-ni,
quos pre-ti- ó-so sángui-ne red-emí-sti. Ætérna fac cum
sanctis tu- is in gló-ri- a nume-rá- ri. Salvum fac pópulum tu- um Dómi-ne, et béne-dic he-re- di-tá-ti tu- ae.
Et re-ge e- os, et extól-le il-los usque in aetér- num.
Per síngu-los di- es, be-ne- dí-cimus te. Et laudámus nomen
tu- um in saécu-lum, et in saécu-lum saécu-li. Digná-re Dó-

℣. Benedicámus Patrem et Fílium cum Sancto Spíritu. *
℟. Laudémus et superexaltémus eum in sǽcula.

℣. Benedíctus es, Dómine, in firmaménto cæli.
℟. Et laudábilis, et gloriósus, et superexaltátus in sǽcula.

℣. Dómine, exáudi oratiónem meam.
℟. Et clamor meus ad te véniat.

℣. Dóminus vobíscum. ℟. Et cum spíritu tuo.

Orémus. *Oratio*

Deus, cuius misericórdiæ non est númerus, et bonitátis infinítus est thesáurus : † piíssimæ maiestáti tuæ pro collátis donis grátias ágimus, tuam semper cleméntiam exorántes; * ut qui peténtibus postuláta concédis, eósdem non déserens, ad prǽmia futúra dispónas. Per Christum Dóminum nostrum. ℟. Amen.

* *His* ℣℣. *et* ℟℟. *tempore paschali non additur* Allelúia.

HYMNUS DE SPIRITU SANCTO

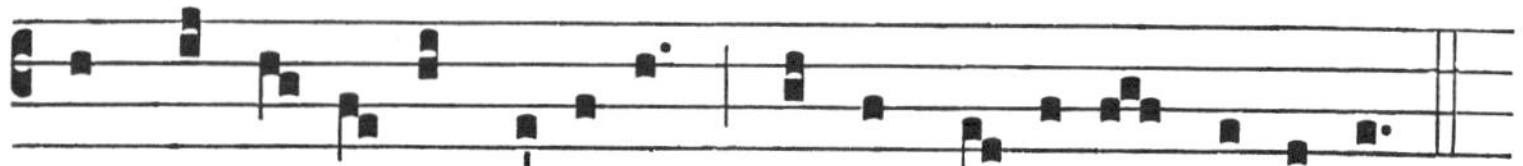

imple su- pérna grá-ti- a quæ tu cre- ásti, pécto- ra.

Qui díceris Paráclitus,
donum Dei altíssimi,
fons vivus, ignis, cáritas
et spiritális únctio.

Tu septifórmis múnere,
dextræ Dei tu dígitus,
tu rite promíssum Patris,
sermóne ditans gúttura.

Accénde lumen sénsibus,
infúnd*e* amórem córdibus,
infírma nostri córporis
virtúte firmans pérpeti.

Hostem repéllas lóngius
pacémque dones prótinus :
ductóre sic te prǽvio
vitémus omne nóxium.

Per te sciámus da Patrem
noscámus atque Fílium,
te utriúsque Spíritum
credámus omni témpore.
Amen.

℣. Emítte Spíritum tuum et creabúntur. (*T.P.* Allelúia.)
℟. Et renovábis fáciem terræ. (*T.P.* Allelúia.)

Orémus. *Oratio*

DEus, qui corda fidélium Sancti Spíritus illustratióne docuísti : † da nobis in eódem Spíritu recta sápere, * et de eius semper consolatióne gaudére. Per Christum Dóminum nostrum. ℟. Amen.

Die 2 februarii

IN PRÆSENTATIONE DOMINI

AD PROCESSIONEM

(Graduale simplex)

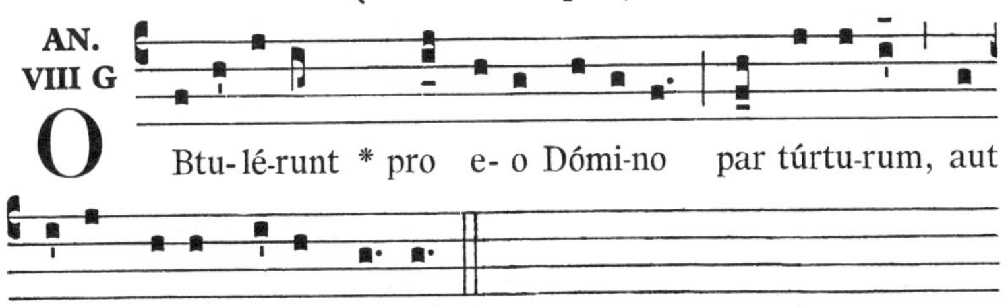

du- os pullos co-lumbá- rum.

Psalmus 23

Cantor vel cantores :

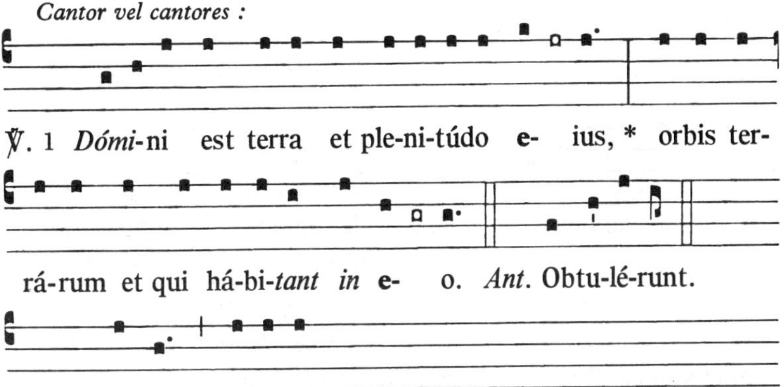

Flexa : **cor**de, †

2 *Quia* ipse super mária fundávit **e**um, * et super flúmina fir*mávit* **e**um. *Ant.* Obtulérunt.

3 *Quis a*scéndet in montem **Dó**mini, * aut quis stabit in loco *sancto* **e**ius? *Ant.* Obtulérunt.

4 *Inno*cens mánibus et mundo **cor**de, † qui non accépit in vanum nomen **e**ius, * nec iurá*vit in* **do**lum. *Ant.* Obtulérunt.

5 *Hic ac*cípiet benedictiónem a **Dó**mino, * et iustificatiónem a Deo salu*tári* **su**o. *Ant.* Obtulérunt.

6 *Hæc est* generátio quæréntium **eum**, * quæréntium fáciem *Dei*
Iacob. *Ant.* Obtulérunt.
7 *Attól*lite, portæ, cápita **ve**stra, † et elevámini, portæ ætertr-
náles, * et intro*íbit rex* **gló**riæ. *Ant.* Obtulérunt.
8 *Quis est* iste rex **gló**riæ? * Dóminus fortis et potens, Dóminus
po*tens in* **prœ́**lio. *Ant.* Obtulérunt.
9 *Attól*lite, portæ, cápita **ve**stra, † et elevámini, portæ æter-
náles, * et intro*íbit rex* **gló**riæ. *Ant.* Obtulérunt.
10 *Quis est* iste rex **gló**riæ? * Dóminus virtútum ipse *est rex*
glóriæ. *Ant.* Obtulérunt.

SS.MI CORPORIS ET SANGUINIS CHRISTI

AD PROCESSIONEM

Hymnus

Thomas de Aquino (?)

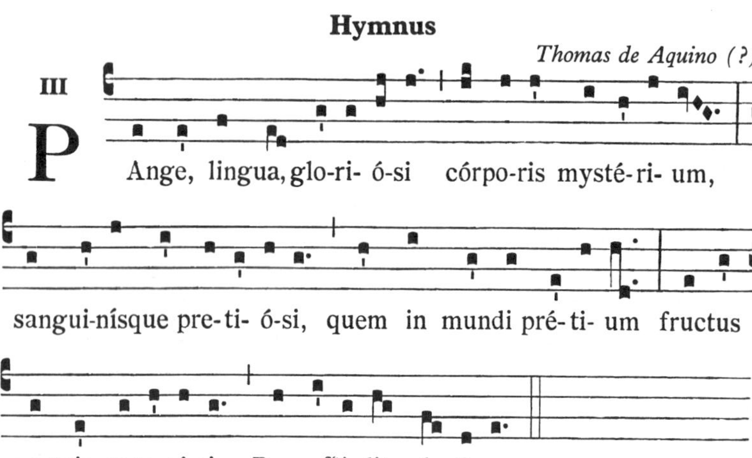

Nobis datus, nobis natus
ex intácta Vírgine,
et in mundo conversátus,
sparso verbi sémine,
sui moras incolátus
miro clausit órdine.

In suprémæ nocte cenæ
recúmbens cum frátribus,
observáta lege plene
cibis in legálibus,
cibum turbæ duodénæ
se dat suis mánibus.

Verbum caro panem verum
verbo carnem éfficit,
fitque sanguis Christi merum,
et, si sensus déficit,
ad firmándum cor sincérum
sola fides súfficit. Amen.

Alter tonus eiusdem hymni

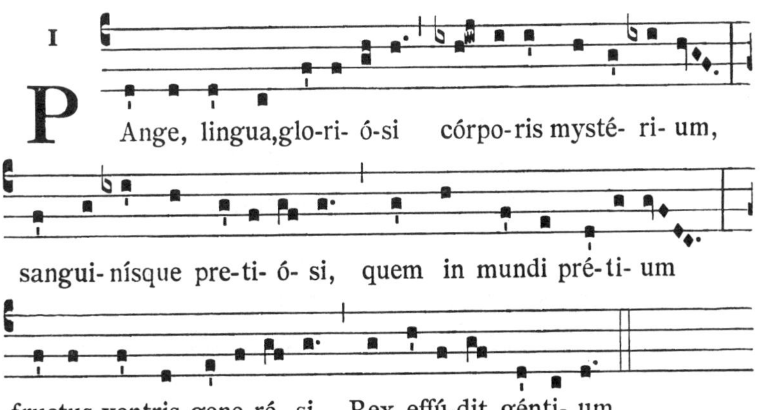

Hymnus

Thomas de Aquino (?)

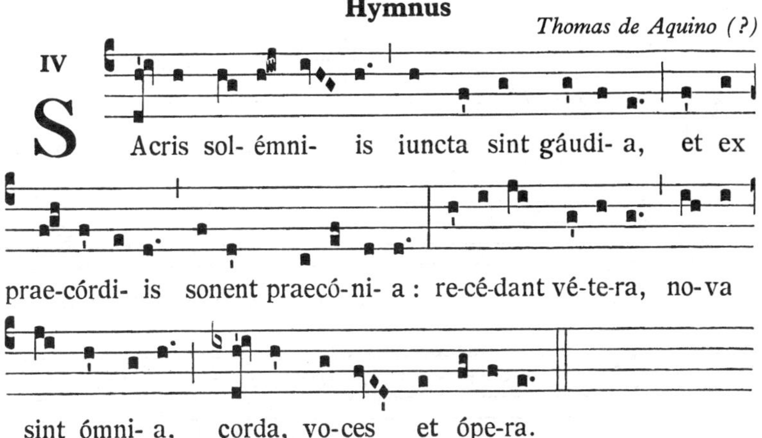

Noctis recólitur cena novíssima,
qua Christus créditur agnum et ázyma
dedísse frátribus iuxta legítima
priscis indúlta pátribus.

Dedit fragílibus córporis férculum,
dedit et trístibus sánguinis póculum,
dicens : Accípite quod trado vásculum,
omnes ex eo bíbite.

Sic sacrifícium istud instítuit,
cuius offícium commítti vóluit
solis presbýteris, quibus sic cóngruit,
ut sumant et dent céteris.

Panis angélicus fit panis hóminum;
dat panis cǽlicus figúris términum.
O res mirábilis : mandúcat Dóminum
servus pauper et húmilis.

Te, trina Déitas únaque, póscimus;
sic nos tu vísitas sicut te cólimus :
per tuas sémitas duc nos quo téndimus
ad lucem quam inhábitas. Amen.

Alter cantus eiusdem hymni

Psalmus 104

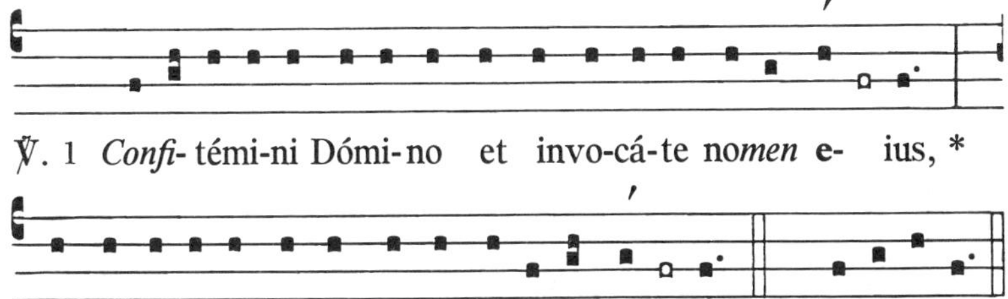

annunti- á-te inter gentes *ó-pe-ra* e- ius. *Ant.* Alle-lú-ia.

2 *Cantá*te ei et psálli*te* **ei**, * meditámini in ómnibus mirabí*libus* **eius**. *Ant.* Allelúia.

3 *Laudá*mini in nómine san*cto* **eius**, * lætétur cor quærén*tium* **Dó**minum. *Ant.* Allelúia.

4 *Quǽri*te Dóminum et poténti*am* **eius**, * quǽrite fáciem *eius* **sem**per. *Ant.* Allelúia.

5 *Memen*tóte mirabílium eius *quæ* **fe**cit, * prodígia eius et iudícia *oris* **eius**. *Ant.* Allelúia.

6 *Semen* Abraham, ser*vi* **eius**, * fílii Iacob, e*lécti* **eius**. *Ant.* Allelúia.

7 *Ipse* Dóminus De*us* **no**ster; * in univérsa terra iudí*cia* **eius**. *Ant.* Allelúia.

8 *Memor* fuit in sǽculum testamén*ti* **sui**, * verbi quod mandávit in mille gene*ratió*nes, *Ant.* Alléluia.

9 *Quod dis*pósuit *cum* **A**braham, * et iuraménti su*i ad* **I**saac. *Ant.* Allelúia.

10 *Et stá*tuit illud Iacob in *præ***cép**tum, * et Israel in testamén*tum æ***tér**num, *Ant.* Allelúia.

11 *Dicens :* « Tibi dabo ter*ram* **Chá**naan * funículum heredi*tátis* **ve**stræ ». *Ant.* Allelúia.

12 *Peti*érunt et venit *co***túr**nix, * et pane cæli satu*rávit* **eos**. *Ant.* Allelúia.

13 *Dirú*pit petram et fluxé*runt* **a**quæ, * abiérunt in *sicco* **flú**mina. *Ant.* Allelúia.

14 *Et e*dúxit pópulum suum in exsulta*tió*ne, * eléctos suos *in læ***tí**tia. *Ant.* Allelúia.

15 *Et de*dit illis regió*nes* **gén**tium, * et labóres populórum *posse***dé**runt, *Ant.* Allelúia.

16 *Ut cu*stódiant iustificatió*nes* **eius**, * et leges *eius* **ser**vent. *Ant.* Allelúia.

Hymnus

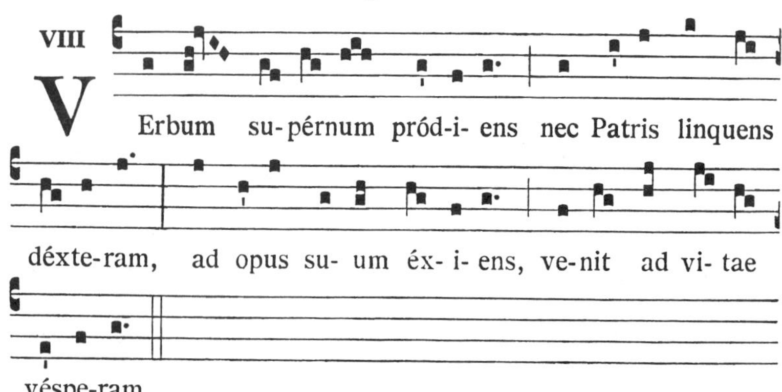

In mortem a discípulo
suis tradéndus ǽmulis,
prius in vitæ férculo
se trádidit discípulis.

Quibus sub bina spécie
carnem dedit et sánguinem,
ut dúplicis substántiæ
totum cibáret hóminem.

Se nascens dedit sócium,
convéscens in edúlium,
se móriens in prétium,
se regnans dat in prǽmium.

O salutáris hóstia,
quæ cæli pandis óstium,
bella premunt hostília :
da robur, fer auxílium.

Uni trinóque Dómino
sit sempitérna glória,
qui vitam sine término
nobis donet in pátria. Amen.

Hymnus

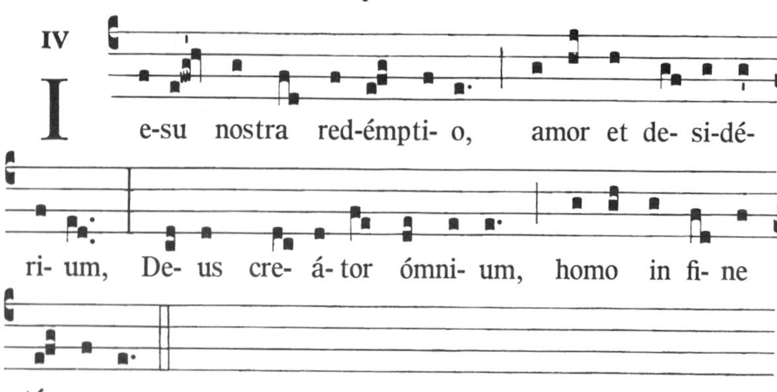

Quæ te vicit cleméntia,
ut ferres nostra crímina,
crudélem mortem pátiens,
ut nos a morte tólleres!

Inférni claustra pénetrans,
tuos captívos rédimens :
victor triúmpho nóbili,
ad dextram Patris résidens.

Ipsa te cogat píetas,
ut mala nostra súperes
parcéndo, et voti cómpotes
nos tuo vultu sáties.

Tu esto nostrum gáudium,
qui es futúrus prǽmium :
sit nostra in te glória
per cuncta semper sǽcula.
Amen.

Hymnus

Scandens tribúnal déxteræ
Patris tibíque cǽlitus
fertur potéstas ómnium,
quæ non erat humánitus,

Ut trina rerum máchina,
cæléstium, terréstrium,
et inferórum cóndita,
flectat genu iam súbdita.

Tremunt vidéntes ángeli
versam vicem mortálium :
culpat caro, purgat caro,
regnat caro Verbum Dei.

Tu, Christe, nostrum gáudium
manens perénne prǽmium,
mundi regis qui fábricam,
mundána vincens gáudia.

Hinc te precántes quǽsumus,
ignósce culpis ómnibus,
et corda sursum súbleva
ad te supérna grátia,

Ut cum repénte cœ́peris
clarére nube iúdicis,
pœnas repéllas débitas,
reddas corónas pérditas.

Iesu, tibi sit glória,
qui scandis ad cæléstia
cum Patre et almo Spíritu,
in sempitérna sǽcula. Amen.

Hymnus Te Deum laudámus, *ut supra*, 838-847.

Canticum Zachariæ

BEnedíctus Dóminus Deus Israel : * quia visitávit, et fecit redemptiónem plebis suæ :

Et eréxit cornu salútis nobis : * in domo David púeri sui.

Sicut locútus est per os sanctórum, * qui a sæculo sunt, prophetárum eius :

Salútem ex inimícis nostris, * et de manu ómnium qui odérunt nos :

Ad faciéndam misericórdiam cum pátribus nostris : * et memorári testaménti sui sancti :

Iusiurándum, quod iurávit ad Abraham patrem nostrum, * datúrum se nobis :

Ut sine timóre, de manu inimicórum nostrórum liberáti, * serviámus illi :

In sanctitáte et iustítia coram ipso, * ómnibus diébus nostris.

Et tu, puer, prophéta Altíssimi vocáberis : * præíbis enim ante fáciem Dómini, paráre vias eius :

Ad dandam sciéntiam salútis plebi eius : * in remissiónem peccatórum eórum :

Per víscera misericórdiæ Dei nostri : * in quibus visitávit nos, Oriens ex alto :

Illumináre his qui in ténebris, et in umbra mortis sedent : * ad dirigéndos pedes nostros in viam pacis.

Glória Patri.

Canticum B. Mariæ Virginis

MAgníficat * ánima mea Dóminum.

Et exsultávit spíritus meus * in Deo salutári meo.

Quia respéxit humilitátem ancíllæ suæ : * ecce enim ex hoc beátam me dicent omnes generatiónes.

Quia fecit mihi magna qui potens est : * et sanctum nomen eius.

Et misericórdia eius a progénie in progénies * timéntibus eum.

Fecit poténtiam in bráchio suo : * dispérsit supérbos mente cordis sui.

Depósuit poténtes de sede, * et exaltávit húmiles.

Esuriéntes implévit bonis : * et dívites dimísit inánes.

Suscépit Israel púerum suum, * recordátus misericórdiæ suæ,

Sicut locútus est ad patres nostros, * Abraham et sémini eius in sæcula.

Glória Patri.

Ad benedictionem Ss. Sacramenti

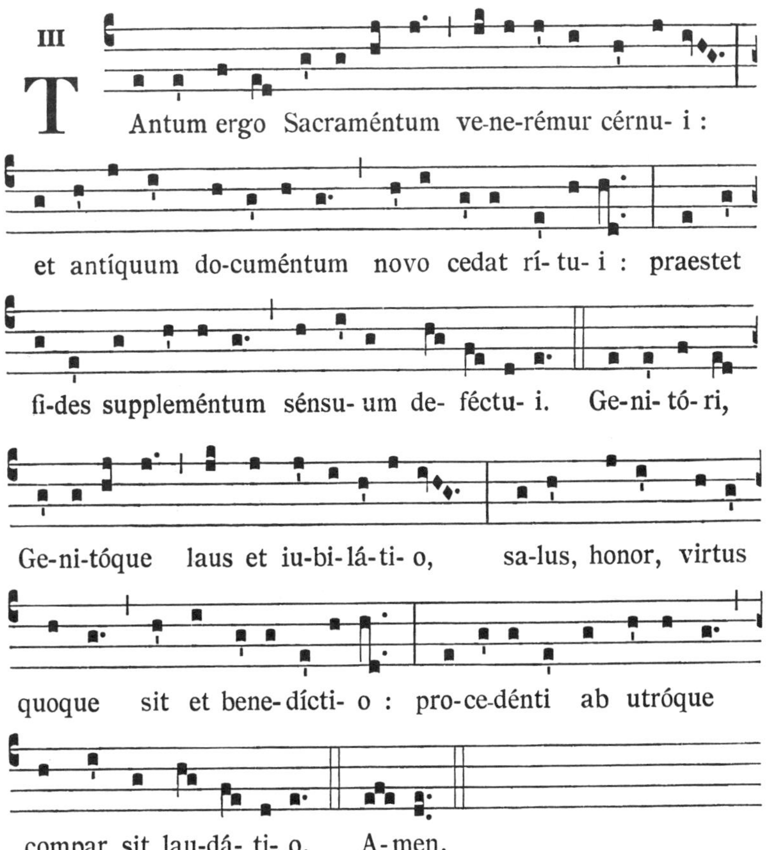

℣. Panem de cælo præstitísti eis.
℟. Omne delectaméntum in se habéntem.

Orémus.

DEus, qui nobis sub sacraménto mirábili passiónis tuæ memóriam reliquísti : † tríbue, quǽsumus, ita nos córporis et sánguinis tui sacra mystéria venerári; * ut redemptiónis tuæ fructum in nobis iúgiter sentiámus : Qui vivis et regnas in sǽcula sæculórum. ℟. Amen.

MISSÆ PROPRIÆ
ORDINIS
SANCTI BENEDICTI

C.S. = Missæ propriæ congregationis Solesmensis
C.S.G. = Item pro Gallia

IANUARIUS

C.S.G. Die 3 ianuarii

S. GENOVEFÆ, VIRGINIS

IN. Dilexísti iustítiam, 498.
GR. Spécie tua, 411.
AL. Hæc est virgo sápiens, 501.
OF. Afferéntur regi... próximæ, 504.
CO. Dóminus regit me, 365.

Die 10 ianuarii

S. GREGORII NYSSENI, EPISCOPI

IN. Sacerdótes eius, 448.
GR. Invéni David, 445.
AL. Dispósui testaméntum, 489.
OF. Glória et honóre, 434.
CO. Semel iurávi, 492.

C.S.G. Die 14 ianuarii

S. REMIGII, EPISCOPI

IN. Sacerdótes tui, 485.
GR. Sacerdótes eius, 488.
AL. Hic est sacérdos, 449.
OF. Posuísti, Dómine, 482.
CO. Pópulus acquisitiónis, 210, *cum* ps. **33***.

Die 15 ianuarii

SS. MAURI ET PLACIDI,
DISCIPULORUM S. PATRIS BENEDICTI Mem.

IN. Lætétur cor quæréntium Dóminum, 357.
GR. Veníte, fílii, audíte me, 298.
AL. Mirábilis Dóminus noster, 462.
OF. Immittet ángelus Dómini, 325.
CO. Qui meditábitur in lege Dómini, 67.

Die 26 ianuarii

SS. ROBERTI, ALBERICI ET STEPHANI,
ABBATUM CISTERCIENSIUM

IN. Timéte Dóminum, 453.
GR. Iustórum ánimæ, 457.
AL. Sancti tui, Dómine, florébunt, 464.
OF. Exsultábunt sancti, 466.
CO. Quicúmque fécerit voluntátem, 515.

C.S.G. Die 30 ianuarii

S. BATHILDIS, MONIALIS

IN. Ego autem sicut óliva, 424.
GR. Concupívit rex decórem tuum, 408.
AL. Propter veritátem, 415.
OF. Dómine Deus salútis meæ, 87.
CO. Posuísti, Dómine, in cápite eius, 483.

FEBRUARIUS

Die 11 februarii

S. BENEDICTI ANANIENSIS, ABBATIS

IN. Iustus ut palma, 508.
GR. Iustus ut palma, 510.
AL. Iustus germinábit, 496.
OF. In virtúte tua lætábitur, 512.
CO. Lætábitur iustus, 444.

C.S.G. Die 18 februarii

S. MARIÆ BERNARDÆ SOUBIROUS, VIRGINIS

IN. Vultum tuum deprecabúntur, 404.
GR. Dilexísti iustítiam, 499.
AL. O quam pulchra est, 501.
OF. Bénedic ánima mea Dómino, 362.
CO. Petíte et accipiétis, 83, *cum* ps. **33***.

MARTIUS

Die 21 martii

TRANSITUS S. PATRIS BENEDICTI Fest.

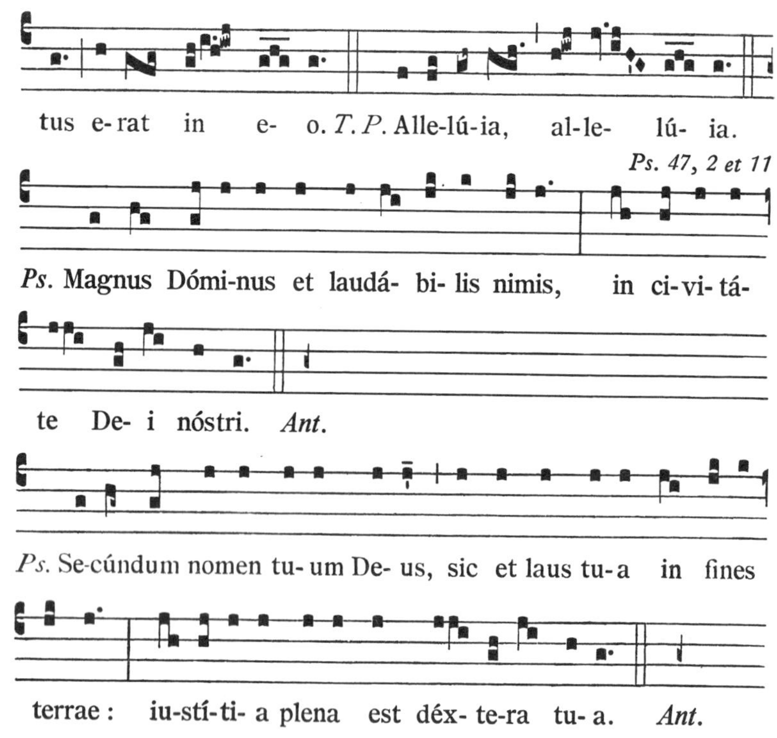

GR. Dómine, prævenísti eum, 509.
OF. In virtúte tua lætábitur, 512.
CO. Amen dico vobis : quod vos, 436.

APRILIS

Die 23 aprilis

S. ADALBERTI, EPISCOPI ET MARTYRIS

IN. Protexísti me, Deus, 442.
AL. Lætábitur iustus, 479.
OF. Benedícite, gentes, 231.
CO. Magna est glória eius, 437.

C.S.G. Die 26 aprilis

S. PASCHASII RADBERTI, ABBATIS

IN. Ego autem sicut olíva, 424.
AL. Pretiósa in conspéctu Dómini, 463.
OF. Benedícam Dóminum, 293.
CO. Panis quem ego dédero, 322.

MAIUS

Die 11 maii

SS. ODONIS, MAIOLI, ODILONIS, HUGONIS ET B. PETRI VENERABILIS, ABBATUM CLUNIACENSIUM

Mem.

IN. Veníte, benedícti, 205.
AL. Confitebúntur cæli, 478.
OF. Repléti sumus mane, 441.
CO. Ego sum vitis vera, 228.

Die 15 maii

S. PACOMII, ABBATIS

Mem.

IN. Sicut óculi servórum, 77.
GR. Ecce quam bonum, 351.
AL. Lætátus sum, 19.
OF. Desidérium ánimæ eius, 518.
CO. Amen dico vobis : quod vos, 436.

Die 19 maii

S. CÆLESTINI, PAPÆ ET EREMITÆ

IN. Sacerdótes eius, 448.
GR. Iurávit Dóminus, 486.
AL. O quam bonus et suávis est, 517.
OF. Posuísti, Dómine, 482.
CO. Qui meditábitur in lege, 67.

C.S.G. Eodem die

S. YVONIS, PRESBYTERI

IN. Dispérsit, dedit paupéribus, 519.
GR. Ego dixi : Dómine, miserére, 279.
AL. Meménto, Dómine, David, 490.
OF. Gressus meos dírige, 365.
CO. Feci iudícium et iustítiam, 529.

C.S.G. Die 30 maii

S. IOANNÆ ARCENSIS, VIRGINIS Mem.

Ex. 15, 1. 2; Ps. 97

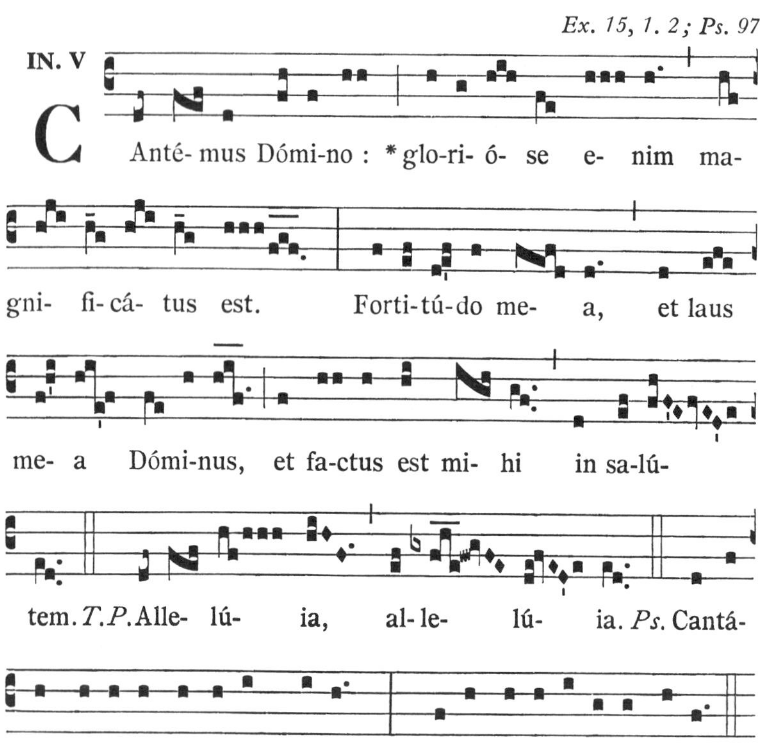

Iudic. 5, 8-11

GR. V
N
Ova bel- la * e- lé- git Dó- mi- nus, et portas hósti- um ipse subvértit.
℣. U-bi col- lí- si sunt
cur- rus, et hósti- um suffo-cá-
tus est ex-ér- ci- tus, i-bi nar- réntur iustí- ti- ae Dó- mi- ni,
et clemén- ti- a in for- tes Is- ra- el.

Iudith, 15, 11

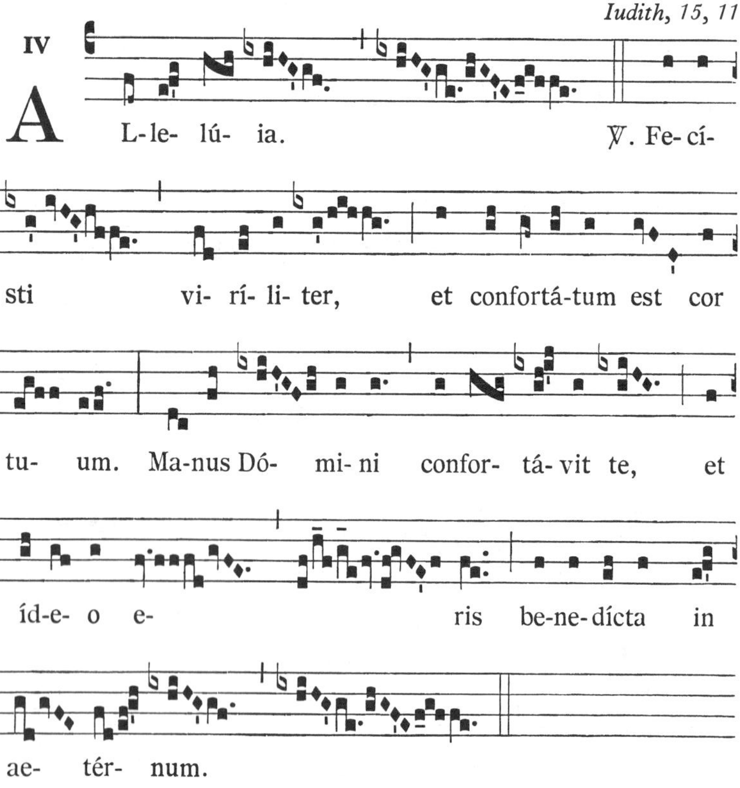
IV
A L-le- lú- ia. ℣. Fe- cí-
sti vi- rí- li- ter, et confortá-tum est cor
tu- um. Ma-nus Dó- mi- ni confor- tá- vit te, et
íd-e- o e- ris be-ne- dícta in
ae- tér- num.

Ad libitum :
Dómine, in virtúte tua lætábitur rex, 292.

Iudith, 15, 10

OF. VIII
B Ene- di-xé- runt * e- am o- mnes
u- na vo- ce di-cén- tes : Tu gló-

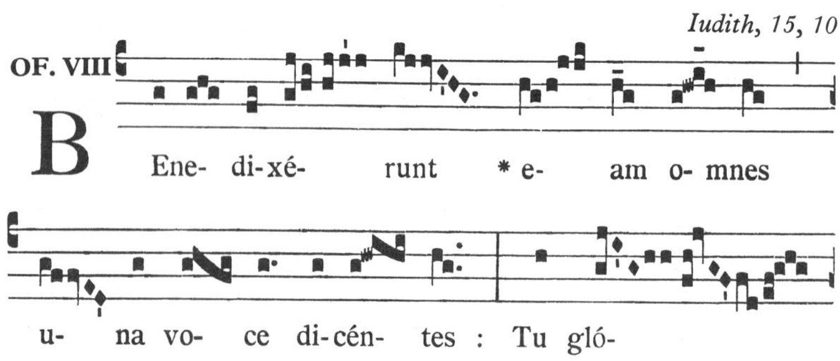

Ps. 22, 1 - 2 a. 2 b - 3 a. 3 b. 4 cd. 5 ab. 5 cd. 6 ab. 6 cd.

IUNIUS

C.S.G. Die 2 iunii

S. POTHINI, EPISCOPI ET SOCIORUM, MARTYRUM

Extra tempus paschale :

IN. Salus autem iustórum, 451.
GR. Anima nostra, 453.
AL. Iusti epuléntur, 461.
OF. Exsultábunt sancti, 466.
CO. Dico autem vobis, 470.

Tempore paschali :

IN. Sancti tui, Dómine, 440.
AL. Sancti tui, Dómine, florébunt, 464.
OF. Lætámini in Dómino, 443.
CO. Gaudéte, iusti, 442.

C.S.G. Die 4 iunii

S. CLOTILDIS

IN. Ego autem in Dómino sperávi, 111.
GR. Concupívit rex decórem tuum, 408.
AL. Diffúsa est grátia, 413.
OF. Sperent in te qui novérunt, 286.
CO. Dómine, memorábor, 332.

IULIUS

C.S. Die 9 iulii

B. MARIÆ VIRGINIS, MATRIS PROVIDENTIÆ Mem.

IN. Vultum tuum deprecabúntur, 404.
GR. Adiútor in opportunitátibus, 69.
AL. Dómine, refúgium factus es nobis, 321.
OF. Ave, María, grátia plena, 419 *vel* 630.
CO. Lætábimur in salutári tuo, 359.

Die 11 iulii

SANCTI PATRIS BENEDICTI Sol.

Antiphona ad introitum I

GR. Dómine, prævenísti eum, 509.

Quando canitur Allelúia, *cum suo* ℣., *addi potest Sequentia :*

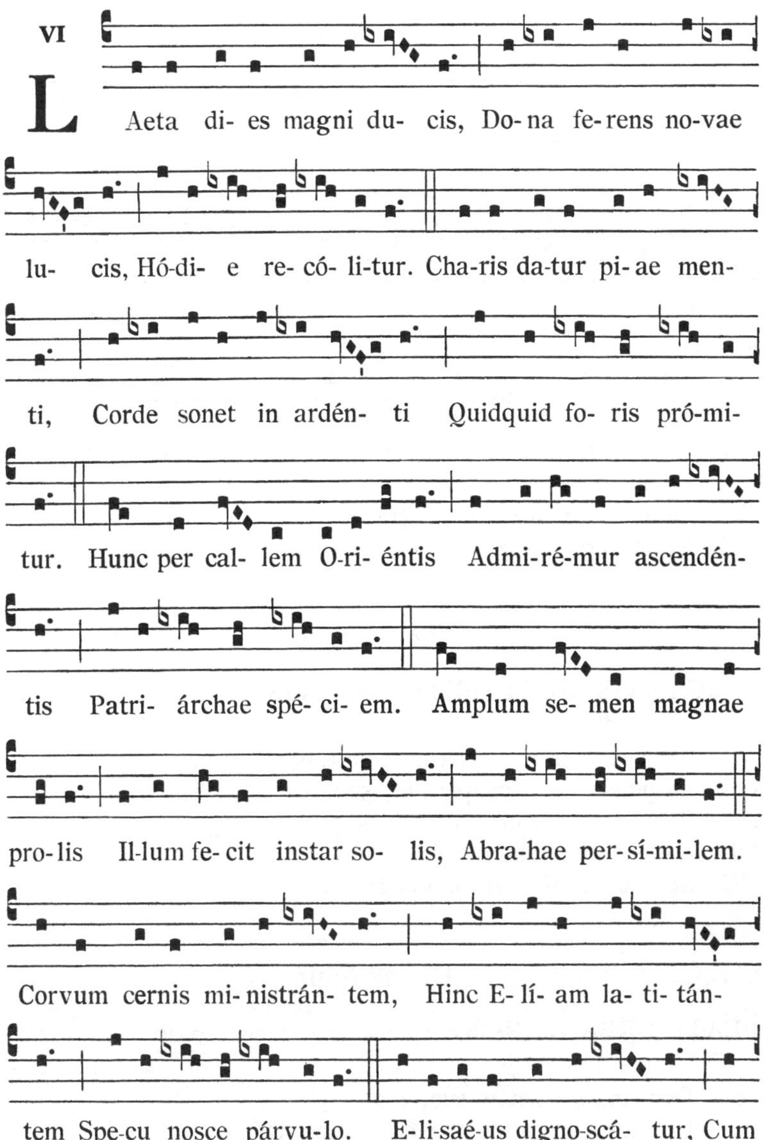

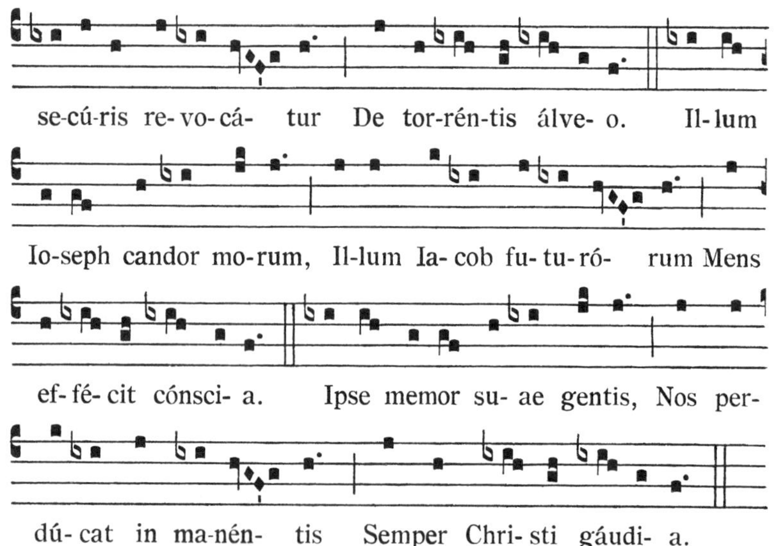

OF. Desidérium ánimæ eius, 518.
CO. Semel iurávi, 492.

Die 12 iulii

S. IOANNIS GUALBERTI, ABBATIS

IN. Audívit Dóminus et misértus est, 68.
GR. Dispérsit, dedit paupéribus, 520.
AL. O quam bonus et suávis est, 517.
OF. Bonum est confitéri, 369.
CO. Servíte Dómino in timóre, 68.

C.S.G. Die 28 iulii

BEATI URBANI, PAPÆ

IN. Deus in loco sancto suo, 310.
GR. Lætátus sum in his quæ dicta sunt, 336.

AL. Lætátus sum in his quæ dicta sunt, 19.
OF. Pópulum húmilem salvum fácies, 302.
CO. Ierúsalem quæ ædificátur, 370.

Die 29 iulii

SS. MARTHÆ, MARIÆ ET LAZARI, HOSPITUM DOMINI — Mem.

IN. Sitiéntes, veníte ad aquas, 114.
GR. Veníte, fílii, audíte me, 298.
AL. Hæc est vera fratérnitas, 460.
OF. Exsultábunt sancti in glória, 466.
CO. Optimam partem, 507, *cum* ps. **33***.
— Videns Dóminus flentes soróres, 124, *cum* ps. **129***.

AUGUSTUS

C.S.G. Die 13 augusti

S. RADEGUNDIS, MONIALIS

IN. In nómine Dómini, 155.
GR. Unam pétii a Dómino, 358.
AL. Posuísti, Dómine, super caput eius, 480.
OF. Prótege, Dómine, plebem tuam, 599.
CO. Per signum crucis, 600, *cum* ps. **33***.

Die 19 augusti

B. BERNARDI TOLOMEI, ABBATIS

IN. Ego autem sicut olíva, 424.
GR. Iustus cum cecíderit, 476.
AL. Qui séquitur me, 481.
OF. Exspéctans exspectávi, 328.
CO. Qui vult veníre post me, 484.

C.S.G. Die 26 augusti

S. CÆSARII ARELATENSIS, EPISCOPI

IN. Loquébar de testimóniis tuis, 526.
GR. Sacerdótes eius índuam, 488.
AL. Spíritus Sanctus docébit vos, 432.
OF. Benedícam Dóminum, 293.
CO. Ego vos elégi de mundo, 436.

SEPTEMBER

C.S. Die 2 septembris

BB. AMBROSII AUGUSTINI CHEVREUX, RENATI IULIANI MASSEY, ET LUDOVICI BARREAU DE LA TOUCHE, PRESBYTERORUM O.N., MARTYRUM Mem.

IN. Iusti epuléntur, 450.
GR. Gloriósus Deus in sanctis suis, 456.
AL. Córpora sanctórum, 459.
OF. Mirábilis Deus in sanctis suis, 469.
CO. Et si coram homínibus, 470.

Die 17 septembris

S. HILDEGARDIS, VIRGINIS

IN. Ego autem cum iustítia, 94.
GR. Dilexísti iustítiam, 499.
AL. Hæc est virgo sápiens, 501.
OF. Bénedic, ánima mea, 362.
CO. Notas mihi fecísti, 362.

OCTOBER

C.S. Die 12 octobris

DEDICATIO ECCLESIÆ ABBATIALIS Sol.

IN. Terríbilis est locus iste, 397.
GR. Locus iste a Deo factus est, 397.
AL. Adorábo ad templum, 270.
OF. Dómine Deus, in simplicitáte, 401.
CO. Domus mea domus oratiónis, 402.

NOVEMBER

Die 7 novembris

S. WILLIBRORDI, EPISCOPI

IN. Omnes gentes, pláudite mánibus, 297.
GR. Timébunt gentes nomen tuum, 265.
AL. Laudáte Dóminum, omnes gentes, 273.
OF. Exaltábo te, Dómine, 313.
CO. In salutári tuo ánima mea, 350.

Die 12 novembris

S. THEODORI STUDITÆ, ABBATIS

IN. Lex Dómini irreprehensíbilis, 86.
GR. Iustus ut palma florébit, 510.
AL. Iustus non conturbábitur, 479.
OF. Iustítiæ Dómini rectæ, 309.
CO. Iustus Dóminus et iustítias diléxit, 93.

Die 19 novembris

S. MECHTILDIS, VIRGINIS

IN. In excélso throno vidi, 257.
GR. Unam pétii a Dómino, 358.
AL. Parátum cor meum, 344.
OF. Conféssio et pulchritúdo, 589.
CO. Qui bíberit aquam, 99.

Die 26 novembris

S. SYLVESTRI, ABBATIS

IN. Sicut óculi servórum in mánibus, 77.
GR. Iacta cogitátum tuum in Dómino, 285.
AL. O quam bonus et suávis est, 517.
OF. Levábo óculos meos, 78.
CO. Cum invocárem te, exaudísti me, 80.

DECEMBER

Die 5 decembris

S. SABBÆ, ABBATIS

IN. Tibi dixit cor meum, 88.
GR. Angelis suis mandávit de te, 72.
AL. Verba mea áuribus pércipe, 280.
OF. Dómine Deus salútis meæ, 87.
CO. Qui meditábitur in lege Dómini, 67.

Pro monasterio S. Petri de Solesmis

Die 27 ianuarii

S. IULIANI, EPISCOPI Fest.

IN. Státuit ei Dóminus, 445.
GR. Ecce sacérdos magnus, 486.
AL. Iurávit Dóminus, 489.
OF. Invéni David, 447.
CO. Ego vos elégi de mundo, 436.

Die 28 aprilis

DEDICATIO ECCLESIÆ CATHEDRALIS Fest.

IN. Protéctor noster áspice, Deus, 323.
AL. Dómine, diléxi decórem, 400.
OF. Stetit ángelus, 610.
CO. Tóllite hóstias, 338.

ORDO EXSEQUIARUM

Omnia ut supra notatur pp. 678-704, *præter melodias proprias de libris monasticis :*

DE VIGILIA PRO DEFUNCTO

AD PROCESSIONEM AD ECCLESIAM

AN.
I f

E Xsultábunt Dómi-no * ossa humi- li- á- ta.

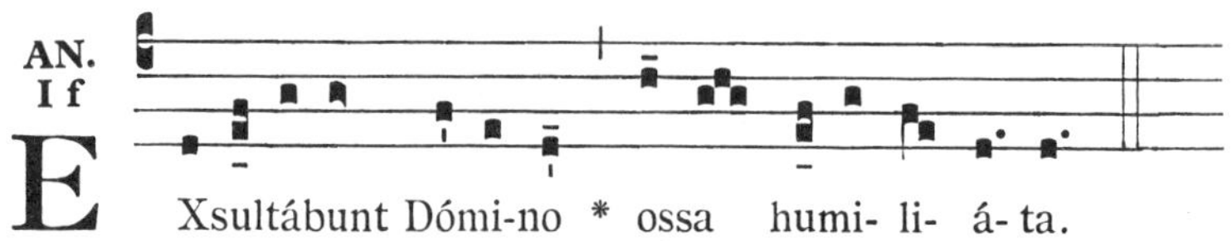

Psalmus 50, 688.

IN ECCLESIA

RESPONSORIA

IV

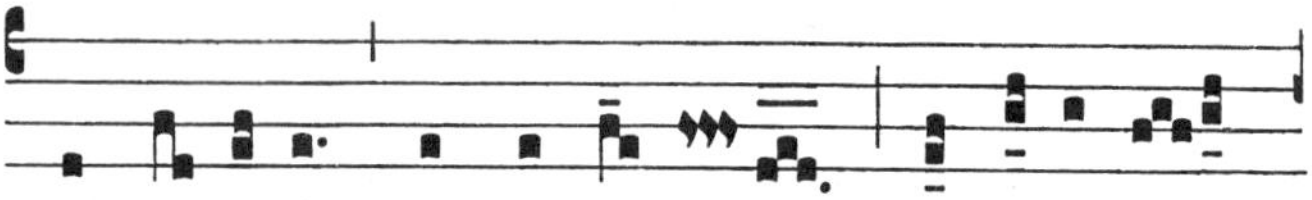

S Ubve- ní- te * sancti De- i, occúrri- te

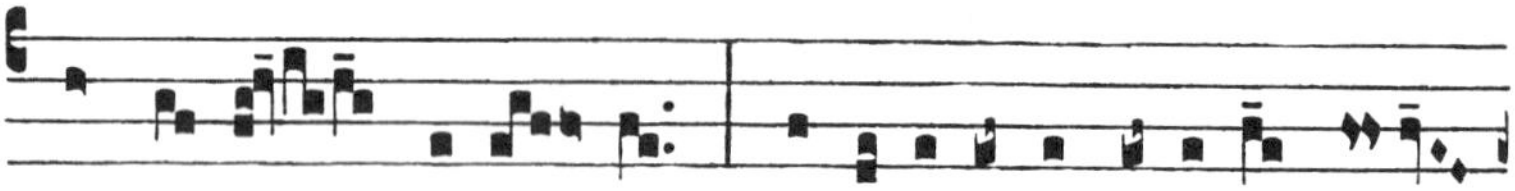

ánge- li Dómi- ni : * Susci-pi- éntes á-nimam e-

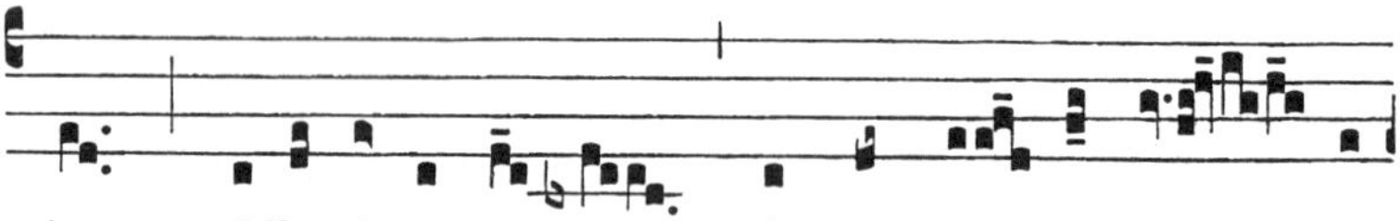

ius : Offe- réntes e- am in conspé- ctu Al- tís-

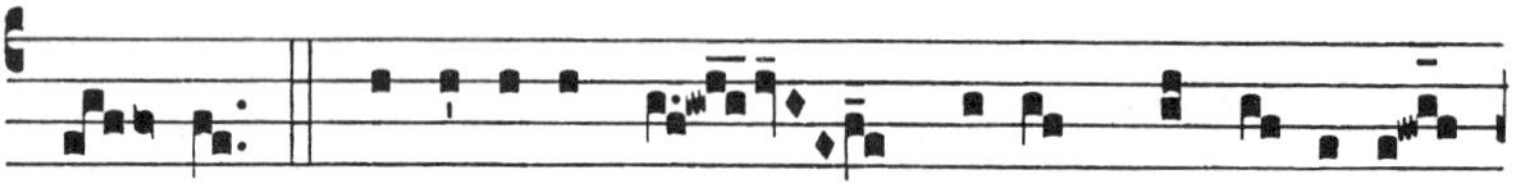

si- mi. ℣. Suscí-pi- at te Christus, qui vo- cá-vit

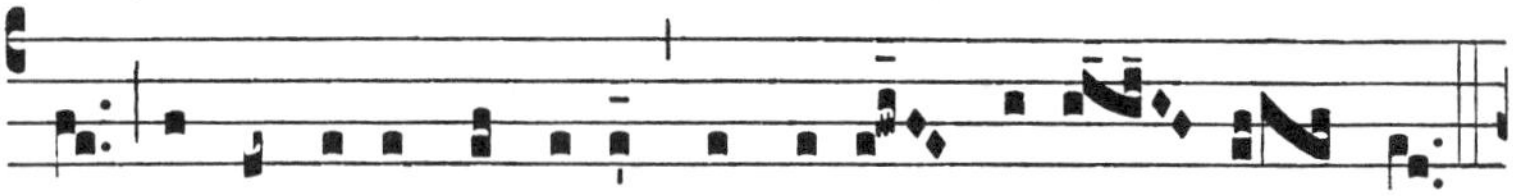

te, et in sinum Abrahæ ánge- li dedú- cant te.

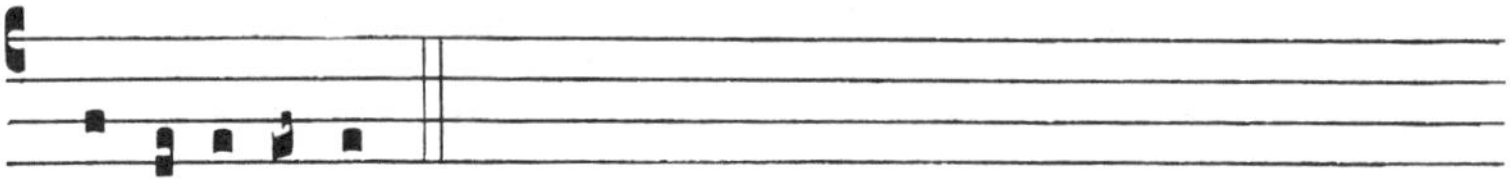

* Susci-pi- éntes.

Rogámus te, Dómine, 693.
Antequam náscerer, 694.

VIII
CRedo * quod Redémptor me- us vi- vit,
et in no-vís-si-mo di- e de terra surrectú-
rus sum: * Et in car-ne me- a vi-dé- bo De-
um Salva- tó- rem me- um. ℣. Quem vi-
sú-rus sum ego ipse, et non á-li- us, et óculi me- i con- spe- ctú-ri sunt. * Et in car-ne.
IV
QUI Lá- za-rum * re-susci- tá- sti a mo-nu-
mén- to fœ-ti- dum: * Tu e- is, Dó- mi- ne,

dona ré-qui- em et lo- cum indul- génti- æ.
℣. Qui ventú-rus es iu-di-cá-re vi-vos et mórtu-
os, et sǽcu- lum per i- gnem. * Tu e- is.
I
LI-be- ra me, * Dó- mi- ne, de vi- is inférni,
qui portas ǽ-re- as confre- gí- sti : et
vi-si- tá- sti inférnum, et de- dísti e- is
lu- men, ut vi-dé- rent te : * Qui e- rant in pœ-
nis tenebrá- rum. ℣. Cla-

mántes et di- cén-tes : Adve- ní- sti, Red-émptor no-
ster. * Qui e- rant.

ANTIPHONÆ

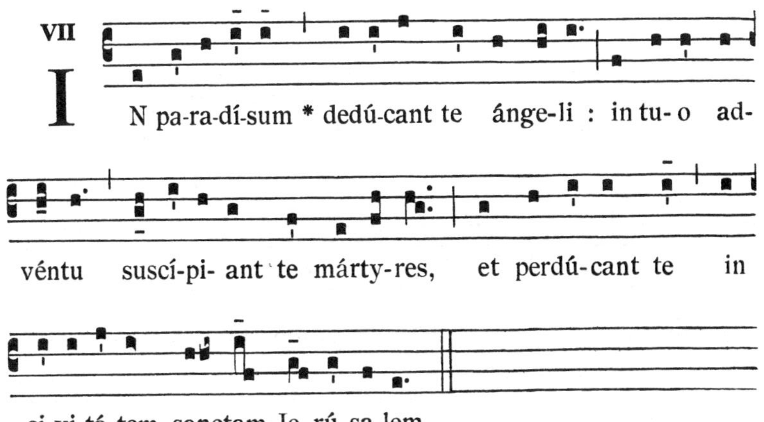
VII
IN pa-ra-dí-sum * dedú-cant te ánge-li : in tu- o ad-
véntu suscí-pi- ant te márty-res, et perdú-cant te in
ci-vi-tá-tem sanctam Ie- rú-sa-lem.

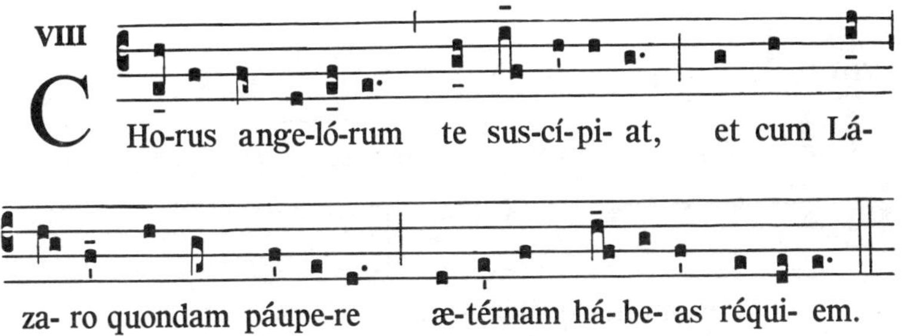
VIII
CHo-rus ange-ló-rum te sus-cí-pi- at, et cum Lá-
za- ro quondam páupe-re æ-térnam há- be- as réqui- em.

II
E-go sum re-surrécti- o et vi-ta : qui cre-dit in
me, é- ti- am si mórtu- us fú- e- rit, vi- vet : et o-mnis
qui vi-vit et cre-dit in me, non mo-ri- é-tur in æ-térnum.

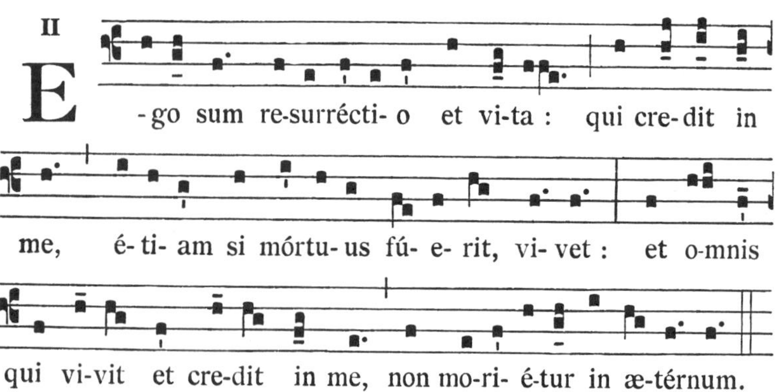

AD PROCESSIONEM AD CŒMETERIUM

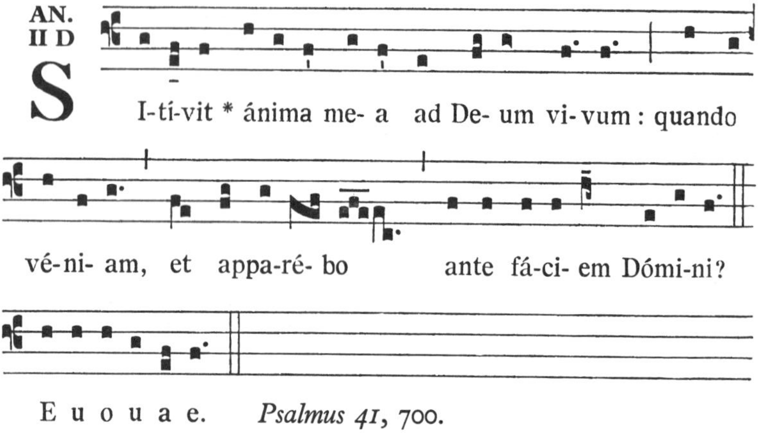
AN.
II D
SI-tí-vit * ánima me- a ad De- um vi- vum : quando
vé-ni- am, et appa-ré- bo ante fá-ci- em Dómi-ni?
E u o u a e. *Psalmus 41*, 700.

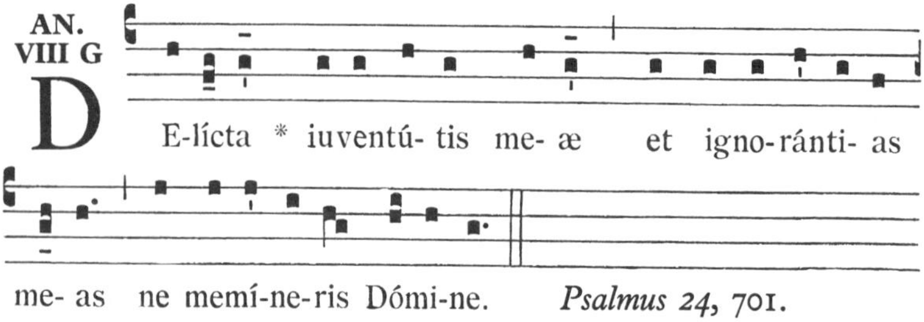
AN.
VIII G
DE-lícta * iuventú- tis me- æ et igno-ránti- as
me- as ne memí-ne-ris Dómi-ne. *Psalmus 24*, 701.

AN. VII c

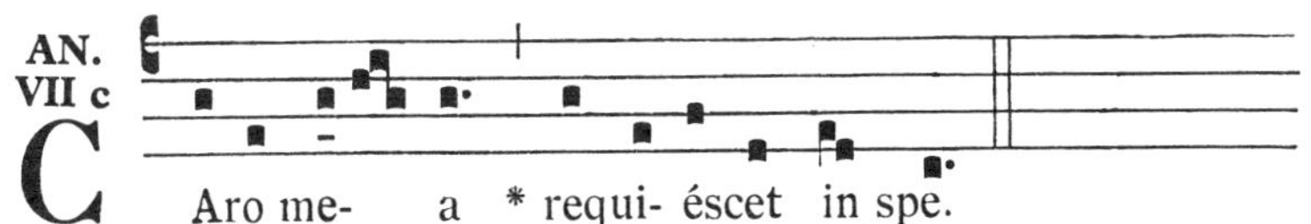

Psalmus 15

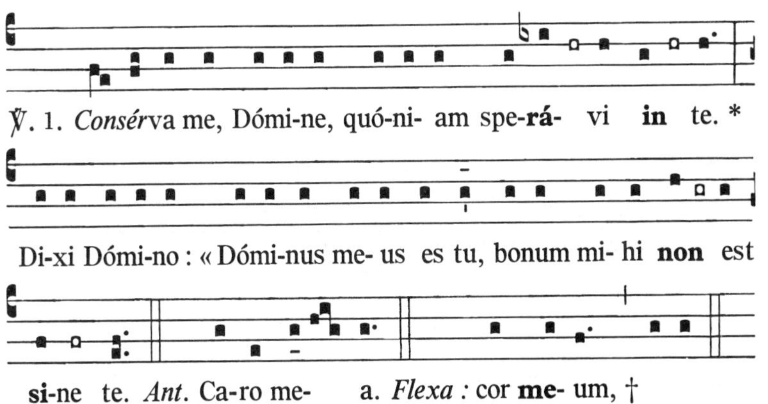

℣. *2 et seq.*, 702.

FERIA V HEBDOMADÆ SANCTÆ

ANTIPHONÆ AD LOTIONEM PEDUM

I

Cf. Io. 13, 4. 5. 15

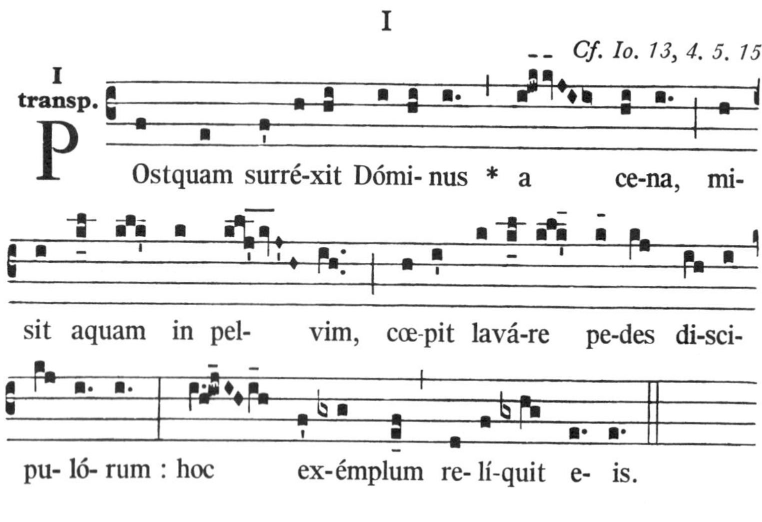

II *(ad libitum)*

Io. 13, 12. 13. 15

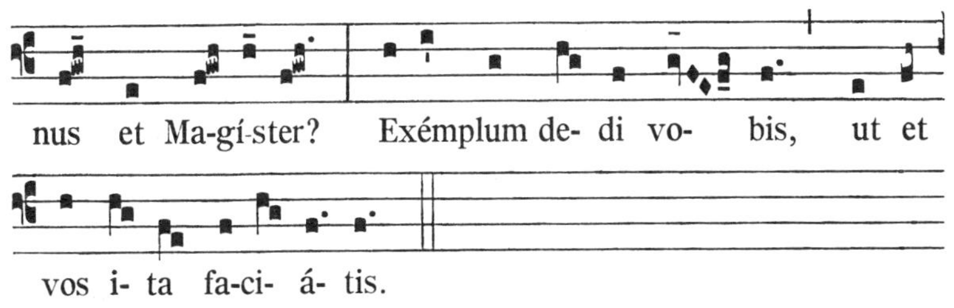

III

Io. 13, 6. 7. 8

IV

Cf. Io. 13, 14

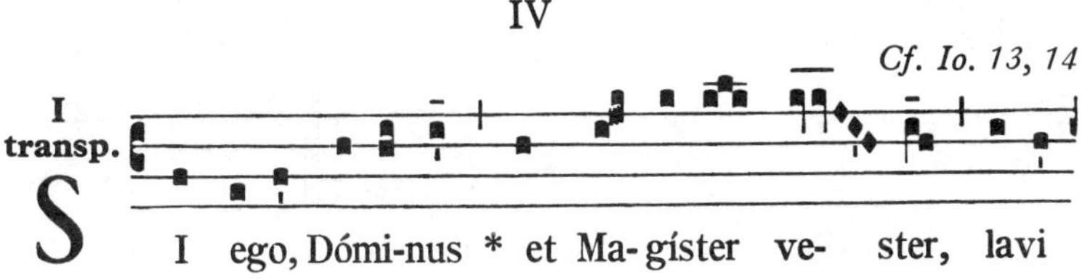

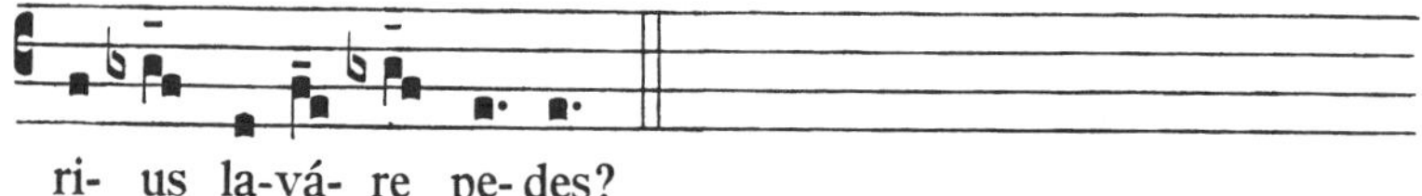

V

Io. 13, 35

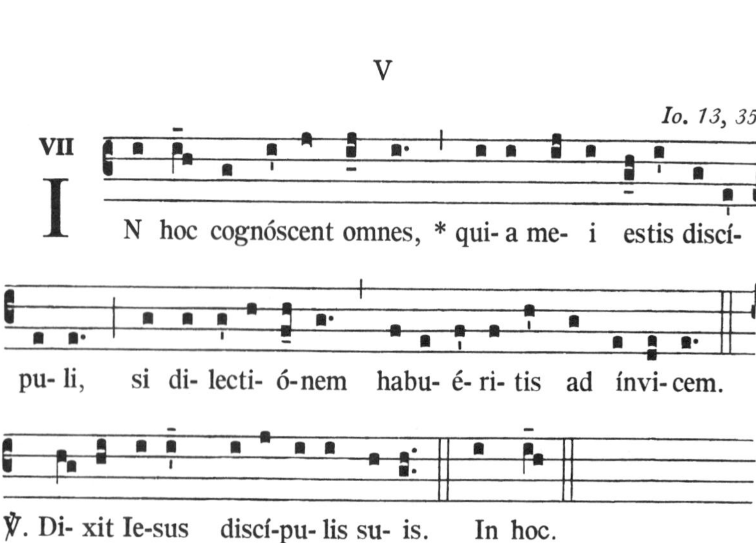

VI

Io. 13, 14

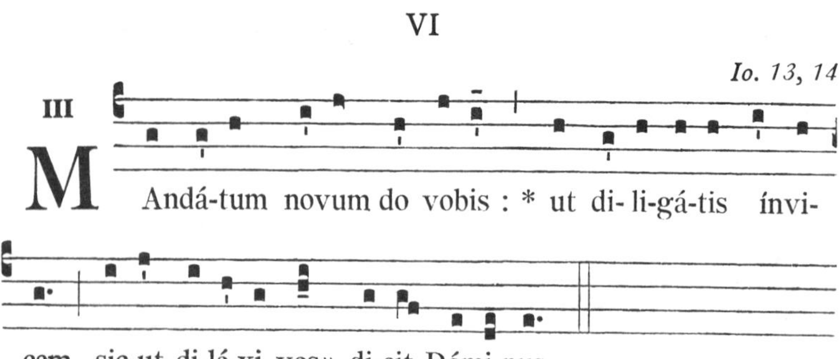

VII

1 Cor. 13, 13

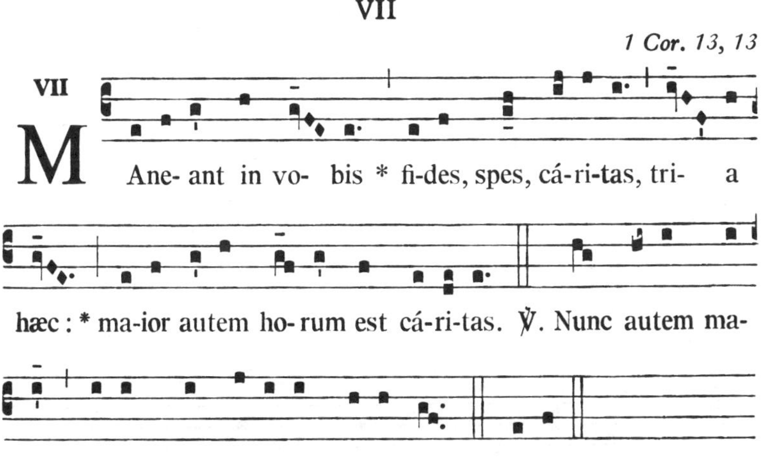

Pro OF. :

℣. Et ex corde di- li-gá-mus nos sin- cé- ro.
U - bi cá-ri- tas est ve-ra, De- us i-bi est.
℣. Simul ergo cum in u- num congregá-mur :
℣. Ne nos mente di-vi-dámur, cave- á-mus.
℣. Cessent iúrgi- a ma- lígna, cessent li- tes.
℣. Et in mé-di- o nostri sit Christus De- us.
U - bi cá-ri- tas est ve-ra, De- us i-bi est.
℣. Simul quoque cum be- á- tis vi-de- á-mus
℣. Glo- ri- ánter vul-tum tu- um, Christe De- us :

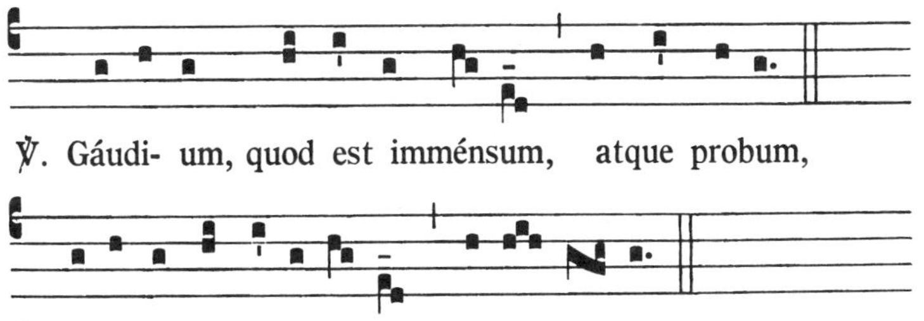
℣. Gáudi- um, quod est imménsum, atque probum,
℣. Sǽcu- la per in-fi-ní- ta sæcu- ló- rum.

INDICES

Numeri in indicibus positi ad paginas referunt, nisi aliter notatur.

INDEX ALPHABETICUS CANTUUM

Introitus

Gradualia

Versus alleluiatici

Sequentiæ

Tractus et cantica

Offertoria

Communiones

Antiphonæ

Hymni

Psalmi

Cantica evangelica

Responsoria

Responsa

Varia

CANTUS IN ORDINE MISSÆ OCCURRENTES

INDEX ALPHABETICUS CELEBRATIONUM

* *Missæ propriæ O.S.B.*

INDEX GENERALIS

MISSÆ RITUALES

MISSÆ AD DIVERSA

I. Pro sancta Ecclesia

II. Pro rebus publicis

III. In diversis circumstantiis publicis

MISSÆ VOTIVÆ

LITURGIA DEFUNCTORUM

CANTUS IN ORDINE MISSÆ OCCURRENTES

APPENDIX

AD USUM MONASTERIORUM ORDINIS S. BENEDICTI

INDICES